给以院士
社会尚未
贺教师节
重大攻关项目
成果丰硕

季羡林
两千又八

教育部哲学社会科学研究重大课题攻关项目
"十三五"国家重点出版物出版规划项目

我国城镇住房保障体系及运行机制研究

A STUDY OF URBAN AFFORDABLE HOUSING SYSTEM IN CHINA AND ITS OPERATING MECHANISM

虞晓芬 等著

中国财经出版传媒集团
经济科学出版社
Economic Science Press

图书在版编目（CIP）数据

我国城镇住房保障体系及运行机制研究/虞晓芬等著.
—北京：经济科学出版社，2018.12
教育部哲学社会科学研究重大课题攻关项目
ISBN 978 – 7 – 5218 – 0032 – 6

Ⅰ.①我… Ⅱ.①虞… Ⅲ.①城镇 – 保障性住房 –
保障体系 – 研究 – 中国　Ⅳ.①F299.233.1

中国版本图书馆 CIP 数据核字（2018）第 273822 号

责任编辑：杨　洋
责任校对：王肖楠
责任印制：李　鹏

我国城镇住房保障体系及运行机制研究
虞晓芬　等著
经济科学出版社出版、发行　新华书店经销
社址：北京市海淀区阜成路甲 28 号　邮编：100142
总编部电话：010 – 88191217　发行部电话：010 – 88191522
网址：www.esp.com.cn
电子邮件：esp@esp.com.cn
天猫网店：经济科学出版社旗舰店
网址：http：//jjkxcbs.tmall.com
北京季蜂印刷有限公司印装
787 × 1092　16 开　29.75 印张　570000 字
2018 年 12 月第 1 版　2018 年 12 月第 1 次印刷
ISBN 978 – 7 – 5218 – 0032 – 6　定价：92.00 元
(图书出现印装问题，本社负责调换。电话：010 – 88191510)
(版权所有　侵权必究　打击盗版　举报热线：010 – 88191661
　QQ：2242791300　营销中心电话：010 – 88191537
　电子邮箱：dbts@esp.com.cn)

课题组主要成员

著 作 者 虞晓芬 张娟锋 金细簪 曾辉 傅剑
其他成员 姚玲珍 陈杰 陈多长 黄忠华 贾生华
唐旭君

编审委员会成员

主 任 吕 萍
委 员 李洪波 柳 敏 陈迈利 刘来喜
　　　　 樊曙华 孙怡虹 孙丽丽

总　序

哲学社会科学是人们认识世界、改造世界的重要工具,是推动历史发展和社会进步的重要力量,其发展水平反映了一个民族的思维能力、精神品格、文明素质,体现了一个国家的综合国力和国际竞争力。一个国家的发展水平,既取决于自然科学发展水平,也取决于哲学社会科学发展水平。

党和国家高度重视哲学社会科学。党的十八大提出要建设哲学社会科学创新体系,推进马克思主义中国化、时代化、大众化,坚持不懈用中国特色社会主义理论体系武装全党、教育人民。2016年5月17日,习近平总书记亲自主持召开哲学社会科学工作座谈会并发表重要讲话。讲话从坚持和发展中国特色社会主义事业全局的高度,深刻阐释了哲学社会科学的战略地位,全面分析了哲学社会科学面临的新形势,明确了加快构建中国特色哲学社会科学的新目标,对哲学社会科学工作者提出了新期待,体现了我们党对哲学社会科学发展规律的认识达到了一个新高度,是一篇新形势下繁荣发展我国哲学社会科学事业的纲领性文献,为哲学社会科学事业提供了强大精神动力,指明了前进方向。

高校是我国哲学社会科学事业的主力军。贯彻落实习近平总书记哲学社会科学座谈会重要讲话精神,加快构建中国特色哲学社会科学,高校应发挥重要作用:要坚持和巩固马克思主义的指导地位,用中国化的马克思主义指导哲学社会科学;要实施以育人育才为中心的哲学社会科学整体发展战略,构筑学生、学术、学科一体的综合发展体系;要以人为本,从人抓起,积极实施人才工程,构建种类齐全、梯队衔接的高校哲学社会科学人才体系；要深化科研管理体制改革，发挥高校人才、智力和学科优势，提升学术原创能力，激发创新创造活力，建设中国特色新型高校智库；要加强组织领导、做好统筹规划、营造良好学术生态，形成统筹推进高校哲学社会科学发展新格局。

哲学社会科学研究重大课题攻关项目计划是教育部贯彻落实党中央决策部署的一项重大举措，是实施"高校哲学社会科学繁荣计划"的重要内容。重大攻关项目采取招投标的组织方式，按照"公平竞争，择优立项，严格管理，铸造精品"的要求进行，每年评审立项约40个项目。项目研究实行首席专家负责制，鼓励跨学科、跨学校、跨地区的联合研究，协同创新。重大攻关项目以解决国家现代化建设过程中重大理论和实际问题为主攻方向，以提升为党和政府咨询决策服务能力和推动哲学社会科学发展为战略目标，集合优秀研究团队和顶尖人才联合攻关。自2003年以来，项目开展取得了丰硕成果，形成了特色品牌。一大批标志性成果纷纷涌现，一大批科研名家脱颖而出，高校哲学社会科学整体实力和社会影响力快速提升。国务院副总理刘延东同志做出重要批示，指出重大攻关项目有效调动各方面的积极性，产生了一批重要成果，影响广泛，成效显著；要总结经验，再接再厉，紧密服务国家需求，更好地优化资源，突出重点，多出精品，多出人才，为经济社会发展做出新的贡献。

作为教育部社科研究项目中的拳头产品，我们始终秉持以管理创新服务学术创新的理念，坚持科学管理、民主管理、依法管理，切实增强服务意识，不断创新管理模式，健全管理制度，加强对重大攻关项目的选题遴选、评审立项、组织开题、中期检查到最终成果鉴定的全过程管理，逐渐探索并形成一套成熟有效、符合学术研究规律的管理办法，努力将重大攻关项目打造成学术精品工程。我们将项目最终成果汇编成"教育部哲学社会科学研究重大课题攻关项目成果文库"统一组织出版。经济科学出版社倾全社之力，精心组织编辑力量，努力铸造出版精品。国学大师季羡林先生为本文库题词："经时济世 继往开来——贺教育部重大攻关项目成果出版"；欧阳中石先生题写了"教育部哲学社会科学研究重大课题攻关项目"的书名，充分体现了他们对繁荣发展高校哲学社会科学的深切勉励和由衷期望。

伟大的时代呼唤伟大的理论，伟大的理论推动伟大的实践。高校哲学社会科学将不忘初心，继续前进。深入贯彻落实习近平总书记系列重要讲话精神，坚持道路自信、理论自信、制度自信、文化自信，立足中国、借鉴国外，挖掘历史、把握当代，关怀人类、面向未来，立时代之潮头、发思想之先声，为加快构建中国特色哲学社会科学，实现中华民族伟大复兴的中国梦做出新的更大贡献！

教育部社会科学司

摘 要

住房制度改革二十年来，我国居民住房整体水平得到根本性改善，但伴随着房地产市场的快速发展而带来的商品住房价格快速上涨，把相当一部分中低收入家庭甚至中等收入家庭排斥出商品住房市场，住房消费不平衡不充分矛盾突出，稳妥地解决好中低收入困难群体住房问题成为政府及至整个社会迫切需要解决的重大民生问题，建立健全我国城镇住房保障体系及运行机制已成为全面建成小康社会、迈向现代化国家进程中的重大课题。

本课题定义的住房保障体系，是指根据居民住房需求和国家财力，围绕国家住房发展目标而设计的、政府系统解决居民住房困难问题的"一揽子"方案，包括政府在解决居民住房问题上的定位、准入与保障标准体系、保障方式体系、责任分工体系、相关制度保障体系等内容。运行机制是指建立能更公平地、更高效率地保证住房保障事业可持续发展的一套运行体系，即如何"把保障工作高效率做好"的问题。经过多年探索，我国城镇住房保障体系逐渐形成，运行管理日趋规范，但问题依旧突出，主要有：一是住房保障体系的系统性和完整性不强，如保障对象与保障标准模糊，部分处于住房贫困状态的居民依然被排斥在外；"只租不售"的保障方式过于单一；法律、土地、资金等相关配套制度不完善；二是中央政府、地方政府、社会力量在保障体系中的角色与职能尚未清晰界定，地方政府和社会力量积极性不高；三是公共租赁住房退出难，存在较为严重的骗租、赖租现象；四是保障性住房资产缺乏有效的管理。

本书研究成果首先从经济学、法学、社会学视角，系统总结了住房保障理论的演变、发展以及各国最新实践,为完善我国住房保障体系和运行机制提供更扎实的理论依据和国际视野,详细分析了我国城镇商品住房市场特点——销售价格高、中低价位房源供给严重不足,租赁市场不规范、租金偏高;揭示了近年来中低收入家庭住房消费压力过大且住房消费能力呈大幅下降的趋势,指出住房保障是客观需要,住房保障事业在我国是一项长期性和基础性工程。

住房发展目标是住房保障体系建设的重要依据和努力的方向,研究认为国家应明确住房发展目标,应出台居民最低住房标准和舒适住房引导标准,深化"人人住有所居"的内涵,更好地落实和考核各级政府对基本居住权的保障,引导更舒适的居住。本书提出:2025年前,以解决住房绝对贫困和保障居住权为重点,缓解住房消费不平衡、不充分矛盾,提高经济可承受性住房供给比例,95%以上的城镇常住居民达到最低住房标准。到2035年,在全部居民达到最低住房标准、消除住房绝对贫困的基础上,全面提高住房空间舒适性、住房质量、居住环境和服务标准,80%以上的家庭达到舒适水平。到2050年,实现全体居民"享受舒适的居住条件"和"居者有其屋"的目标。完成人人"住有所居"到"住有优居"再到"居者有其屋"的跨越。

完善住房保障体系是重点。我国住房保障应由"小规模深度救济型保障+有限资助",向适度普惠型保障转变。政府住房保障的对象,应该包括住房没有达到最低居住标准且自己又无能力改变现状,或者是能达到最低居住标准但又影响其他方面正常生活质量的城镇常住人口;认定标准一:住房低于最低居住标准;认定标准二:住房负担能力不足;建立现有居住条件、家庭收入、家庭资产三维度的准入标准。建立"租、售、改、补"四位一体的"分层""多元化"供给体系,不同城市从方式上可以有所侧重;提供出售型保障房有其特殊的意义,推行共有产权住房具有产权清晰、寻租空间小、丰富住房供给、实现了个人0产权的公共租赁住房和100%产权的商品住房之间的转换等优势,应该加快在房价收入比高、夹心群体大的城市推广。加快健全配套制度体系,包括出台住房保障法,明确政府对居民基本居住权保障的义务,确立住房保障在政府公共服务中的地位,建立相关的资源保障机制,在法治的轨道上行使各项住房保障权力;建立住宅用地指标的分配与常住人口、与新增建设用地指标"双"挂钩机制，确保保障性住房用地占住宅供地量的 20% 以上；采用基金的方式运作住房保障归集的资金，明确各级财政每年用于住房保障的经费预算约束，继续实行土地出让净收益中不低于 10% 的比例进入住房保障基金；给予机构设置与工作人员配备的制度保障。政策性低成本融资体系是住房保障体系建设的重要内容，目前住房公积金制度已呈现出很大的局限性，要加快建立以住房公积金为基础的政策性住房银行。

明确中央政府与地方政府在住房保障中的职责，调动地方政府的积极性，是确保住房保障工作落到实处的关键。中央政府是住房保障产生各种社会问题与政治风险的最终承担者，肩负推进基本公共服务均等化和保证各地居民享受基本的居住权的责任，中央政府要有明确的住房目标、住房供给体系建设原则与思路、政府与市场的关系等涉及方向性的顶层设计，并制定中长期规划和年度计划，制定住房保障的法规，构建好政府资金、政策性融资和社会资金相结合的支持系统，确保保障性住房的用地指标，建立以有效保障户数、最低居住标准达到率、轮候时间等为核心的考核指标，强化顶层规划、指导、支持和监督职能。地方政府依据本区域的社会经济发展水平、房价水平、支付能力、最低居住标准未达标人数等实际情况，制定本区域的住房保障规划和政策，负责保障性住房的建设、分配、住户管理、资产管理等，承担住房保障失职带来的区域政治风险与责任。

鼓励社会力量参与保障性住房的建设与管理，对减轻政府压力、提高管理效率有积极作用，也是国际性趋势。本课题将社会力量参与保障性住房建设管理的行为决策过程纳入研究视野，发现目前社会力量参与度低的核心问题在于项目的低收益、高风险特征，政策环境不成熟，缺乏国家层面的法律支持，税收激励机制与金融支持体系不健全，政府管理服务不到位。建议尽快细化支持举措，明确资本退出机制，健全融资支持体系，发展专业从事住房保障的 NGO 组织等。

公共租赁住房退出难普遍存在。本课题对赖租、骗租行为进行实证，发现存在明显的学习与模仿效应，如果政府管理部门处理不到位，将有越来越多的人变成新的赖租或骗租人，解决赖租问题的核心是增强法律法规的威慑力和执行力，解决骗租问题的核心是解决信息不对称，提高居民资产、收入等信息的甄别能力。应利用大数据，建立统一的"居民经济状况核对中心"；利用智能化家居技术（如门禁系统）辅助解决承租人赖租问题；房型设计保基本，促使部分经济条件改善后的居民产生搬迁至条件更好住房的动力；提供购房补贴、租转售、租房货币化补贴、租金梯度调整等经济政策引导主动退出；配备专职队伍，建立市、区、街道、社区等多级监督管理体系；将骗租或赖租行为纳入个人征信体系，强化保障对象的守信、守约意识；加强社会舆论引导，营造合理使用保障房资源的氛围。

管理好越来越庞大的保障性住房资产是重大挑战。2008~2015年全国就完成公共租赁住房投资（含廉租住房）16 729亿元，但目前保障性住房资产管理存在较多漏洞，住房保障资金被挪用，保障性住房资产被违规出售或侵占，资源闲置等，直接导致保障性住房国有资产的流失或贬值。与选址不合理、资产管理的手段落后、现代资产管理理念缺乏、资产管理的制度不完善、资产管理的人员配备不足有关，研究认为在选址上应推行"大分散、小集中"模式、坚持TOD导向、与新城区开发联动发展；建设环节上，注重建筑品质和居住环境，重视外延资产的配置（商业、停车库等），全面提升住宅小区智能化水平；使用环节，严格准入与退出，严禁房屋转租和空置，推行租补分离，加强对小区的维护，可引入第三方对房屋完好率、居民满意率等进行评估，可采用政府购买服务方式引入社会力量建设管理保障性住房。

研究认为我国住房保障体系和运行机制应具有几大特征：一是广覆盖、保基本，通过直接保障或政策性支持有效解决难以通过市场解决住房的城镇常住人口基本居住需求。二是参与主体多元化，政府—社会—居民共同参与、共同分担。三是住房保障权利和义务相统一，保证每个公民都享有最基本的居住权，但同时又要通过制度约束防范"福利依赖"。四是统一性与层次性相融合，全国范围内推进住房保障的法制化、规范化，鼓励地方政府以"有效保障"为中心，结合当地实际需求确定合理的保障规模、保障方式和管理模式，激励地方政府从被动接受任务转向主动规划、主动作为。

Abstract

Over the past 20 years, overall housing conditions for urban residents have been significantly improved alongside China's housing reform. Meanwhile, in conjunction with the rapid growth of real estate market, the housing price has skyrocketed, which has excluded a great number of low-and-medium income families from entering the private housing market, while triggering the issue of uneven housing consumption. It has been an urgent task for Chinese government to ameliorate social well-being and housing difficulties of low-and-medium income population. Meanwhile, on the way to build a moderately prosperous society and modernized country, to establish urban affordable housing system and its operating mechanism have been a crucial agenda for the Chinese government to address.

In this project, we define "the affordable housing system" as a package of plans in line with urban residents' housing demands, to solve nation's housing issues on financial capacity and housing development. This system consists of a variety of contents, including the governments' roles in intervening in residents' housing issues; the thresholds and standards in affordable housing system; external supporting means; regulations and accountabilities of different stakeholders in affordable housing system, etc. The meaning for "operating mechanism" stands for establishment of a sustainable scheme which could guarantee the supply and demand of affordable housing in a fair and efficient manner. Due to constant exploration over the past decades, the urban affordable housing system in China has gradually taken the shape by having more standardized operating regulations. However, there are still several issues required to cope with. First, the affordable housing system has been generally fragmented: 1) The targeting group and standard are ambiguous, leaving some households excluded from the system. 2) Accessibility and externality of public rental housing is limited by only offering tenancy to tenants. 3) Laws, land supply and financial supports attached to the affordable housing are not yet in place. Secondly, the roles and responsibilities of the central government, local governments and non-governmental entities remain unclear. The incentives for local governments and non-entities to participate in the affordable housing provision are low. Thirdly, the regulations to vacate the disqualified public housing tenants are unsound, leaving a large number of dishonest tenants unwatched. Fourthly, the affordable housing assets are ineffectively managed.

This research primarily teases out the evolution of affordable housing theories and practices from the perspectives of economics, law and sociology, which provide solid theoretical grounds and international perspectives to improve China's affordable housing system and operating mechanism. Through analyzing the characteristics of China's urban housing market, which can be generalized as highly overall housing prices coupled with insufficient supply of low-and-medium price housing, and unregulated rent market accompanied with high rental. This Research uncovers a tendency that China's overall urban housing affordability is significantly declining, especially for those from the low-and-medium income background. This research also justifies that it is of high necessity for China to build its own affordable housing system, which will serve as a long-lasting and fundamental social scheme.

The housing development goal should be taken as the main focus alongside the establishment of affordable housing system. The national government should clarify the development goals, while enacting the detailed standard for both comfortable and minimum living conditions. To substantiate the slogan "everyone should be properly accommodated", the state should ensure and oversee that the basic right of habitation of urban residents are respected. Furthermore, this research provides a detailed agenda as follows. By 2025, the key focus should be assigned to eliminate the absolute poverty in housing and protect the right of habitation to soothe the issues raised by uneven housing consumption, to increase the supply of affordable housing, and to ensure at least 95% of urban residents meet the minimum living conditions. By 2035, besides reaching the goal of eliminating absolute poverty in housing and all urban residents meeting the minimum living conditions, the higher goal is set to improve the standard of living, housing conditions, living environment and property services, while ensuring over 80% of urban households reach the comfortable standard. By 2050, the ultimate aim is to accomplish that "all urban residents enjoy comfortable living conditions" and "everyone has their own houses". It is a great leap forward that the goal has been achieved from "everyone should be properly accommodated", to "everyone should be comfortably accommodated", to "everyone has their own houses".

The achievement of China's affordable housing system should be changed from limited financial supports and intense relief for some very specific groups to more inclusive supports, which target a larger group of people. The target of affordable housing should take consideration of those whose living conditions are lower than the minimum standard and incapable to ameliorate or whose living conditions are slightly higher than the minimum standard yet having financial difficulties to sustain other means. Minimum habitation standard and housing affordability can be regarded as the key parameters and criteria, while setting living conditions, household incomes, family assets as the thresholds. To establish a classified and diversified housing provision system in the form of "Rent, Sale, Transfermation and Subsidy", different cities could fit into this framework on a case-by-case basis. It is meaningful to have ownership-oriented affordable housing. The presence of co-ownership housing provides several advantages, such as clearer ownership structure, avoidance of rent-seeking behaviors of tenants, enriching the housing provision channels and gradient transformation between the pure public housing and pure private housing. Therefore, co-ownership housing is suitable to promote in cities with a large number of "sandwich class" and high housing price-to-income ratio. The foundation of supporting system should be accelerated to include the legislation related to the affordable housing and protection of residents' right of habitation from the government, reassurance the importance of affordable housing in public services, practicing powers related to affordable housing by law. Quota for residential land usage should be matched with the growth of urban residents and newly-increased land use quota for construction, while the land usage for affordable housing should reach no less than 20% of overall land use quota for housing. Special fund for affordable housing operation needs to be allocated and the budget spending for affordable housing from all levels of governments should be specified. Likewise, no less than 10% profit from land conveyance fees need to be supplemented to affordable housing fund. More necessary authorization should be granted to personnel working in the affordable housing related institutions. Due to the limitation of housing provident fund system, it is crucial to introduce housing bank and policy-oriented low-cost financing to support the construction of affordable housing.

To stimulate the incentives of local governments and to achieve the goals of affordable housing development, the roles of the central and local governments need to be clarified. The central government is responsible to fulfill the equalization of basic public services and urban residents' basic right of habitation. Meanwhile the central government plays the role as the final undertaker of political risks and social issues pertinent to affordable housing. As such, the central government need to have the clearer objectives, principles and blueprints on housing provision. The top-level design should be introduced to maneuver the relationship between the government and the market, enact the regulations associated with affordable housing, while making the medium-and-long-term and annual plans. An integrated supporting system should be built to coordinate the use of financial support, policy-oriented financing and private fund. An enhanced top-level design, guidance, support and inspection system should be carried out to safeguard the land use quota for affordable housing. The appraisal indicators should be set up in terms of the number of effective beneficial households, the ratio of reaching minimum living standard and the length of waiting period. The local government should formulate the localized affordable housing plans and policies accordingly by taking socioeconomic development, housing prices, affordability and minimum living standards into account. Furthermore, the local government should be accountable for the construction, distribution, household management and asset management, with political risks and responsibilities rendered by the breach of duty in affordable housing provision.

As a form of global trend, non-governmental entities should be encouraged to partaking in affordable housing construction and management, so as to improve the efficiency of management and reduce the financial burden of governments. This study brings the involvement and behaviors of non-government entities in affordable housing construction management to our attention, while identifying that the poor participation of non-governmental entities can be attributed to an array of reasons as follows: the low profit coupled with high risks; unsound policy environment; lacking legislative endorsement from the national level; underdeveloped financial supports, unsatisfied public management services. It is suggested that more detailed measures should be implemented to regulate the exit mechanism of public rental housing, to improve financial support system, and to support non-governmental entities dedicated to affordable housing sector.

There are always obstacles preventing the fulfillment of exit mechanism for public rental housing. In this study, through the empirical analysis of fraudulent behaviors in public rental housing, the imitation effect has been noticed. Once the functional departments could not take the initiative, more tenants tend to turn to frauds. The most appropriate approach to curb such deceptive conducts is to strengthen the law enforcement and reduce information asymmetry in terms of household's assets, incomes, etc. The big data should be employed to build an "Information Center for Household's Economic Status". Smart home technology (Access Control System) can be used as an auxiliary method to put sanction on frauds. The design of housing should guarantee the basic need of households, which could create motivates for some better-off households to relocate to upgraded neighborhoods.

Institutionalized subsidy for housing consumption/rent, and policies for rent-to-sale transformation and rental gradient adjustment should be established to steer the exit mechanism of public rental housing. Professional personnel at the local level government should be allocated to monitor the system. In order to strengthen people's awareness of credibility and integrity, deceptive behaviors should be recorded in personal credit system. Media should guide the public opinion that as a kind of public resources the affordable housing need to be operated in a sustainable manner.

It is a major challenge to manage the ever-growing affordable housing assets. From the years between 2008 and 2015, 1,672.9 billion RMB was spent on public rental and low-rent housing across the country. However, asset management associated with affordable housing is quite problematic, owing to special fund being appreciated, seized, idled or sold illegally. It also leads to depreciation and losses of state-owned assets. These problems can be triggered by unreasonable construction site selection, backward and unregulated methods of asset management and under-staffing in such field. As such, this research suggests that the site selection should follow dispersion-concentration model. By employing transit-oriented development, the construction of affordable housing should be integrated with the new town development. Both quality of buildings and living environment should be considered alongside the reasonable allocation of affiliated assets (e. g. commercial property, parking spaces, etc.) and enhanced intelligence of the neighborhoods. The rules for entrance and exit of public rental housing should be more regulated to avoid any misconducts such as sublease and vacancy. The rental and subsidy should be dealt with independently. The maintenance of the affordable housing estate should be reinforced. The third-party can be invited to carry out the appraisal on housing quality and residents' living satisfaction. Government procurement can be used to bring non-governmental entities into the management of affordable housing.

This research points out that China's affordable housing system and operating mechanism should contain several key features. Firstly, it should be set up to have a broad coverage and guarantee people's basic demands. Through the direct or indirect support from the government, the housing demands for those with poor affordability in private housing market should be met. Secondly, there should be multiple stakeholders involved and the responsibilities should be shared among the government, non-governmental entities and urban residents. Thirdly, the rights and obligations associated with affordable housing should be compatible. For one thing, each individual should be entitled to the basic right of habitation. Moreover the precautious measures should be taken to prevent "welfare dependence" from happening. Fourthly, an integrated system should be constructed by taking general and classified features into account. More institutionalized and standard affordable housing mode should be promoted. Effective measures undertaken by local authorities should be encouraged when the scale, means and management mode of affordable housing are according to local conditions. Rewarding measures should be deployed to divert the attitude of local authority from "passive recipients" to "active participants".

前 言

人人头上都需要有片瓦，安居才能乐业，实现人人"住有所居"到"住有优居"再到"居者有其屋"，已形成世界的共识，并成为各国政府努力的方向。住房制度改革以来，我国在住房历史欠账严重、土地资源短缺、城市化快速发展、需求集中爆发的背景下，通过调动市场与政府两方面的力量，大力繁荣商品住房市场，加大住房保障的投入，有效地改善了居民住房条件，2015年全国1%人口抽样数据显示，城镇人口住房自有化率79.16%，人均住房建筑面积35.27平方米，达到了统计意义上的户均一套、人均一间房，堪称人类历史上的奇迹。但是，必须清晰地看到，住房消费两极分化严重，部分居民居住过度拥挤、设施不全、环境不佳，大中城市高房价、高租金与中低收入家庭住房承受能力低的矛盾突出，越来越难以通过自己的力量改善居住条件。国际经验表明，土地限制越强，就越需要对中低收入住房困难家庭提供特殊的帮助；收入分配越不均匀，就越需要政府积极干预住房市场；市场住房价格越高，就越需要建立健全住房保障体系，加大住房保障。

中国共产党第十九次全国代表大会描绘了我国新时代的宏伟蓝图，明确了全面建设社会主义现代化国家的战略安排和路线图，到2020年全面建成小康社会，到2035年基本实现社会主义现代化，到2050年建成富强民主文明和谐美丽的社会主义现代化强国；明确了我国社会主要矛盾已经转化为人民日益增长的美好生活需要和不平衡不充分的发展之间的矛盾；明确了我国经济已由高速增长阶段转向高质量发展阶段。这将成为国家制定新时代大政方针、长远战略的依据，也是对各行各业各地区发展提出的总要求。新时代住房工作的核心就是要以增进人民福祉为出发点和落脚点，以缩小过大的住房消费两极化、让更多住房困难居民享受体面安全的住房为着力点，通过完善住房保障体系和运行机制，实现全体人民"住有所居"，并为"住有优居""居者有其屋"打下良好的基础。住房保障事业承担着完成这一使命的重任，只要坚持住房商品化基本方向，必定存在部分群体难以通过市场解决基本的住房问题，发达国家至今仍在不断完善住房保障政策就是例证，因此，可以肯定住房保障事业在我国是一项长期性、基础性的工作。

2013年教育部前瞻性地把《我国城镇住房保障体系及运行机制研究》列为哲学社会科学研究重大课题攻关项目，我们有幸中标，重大攻关项目依托于浙江工业大学，由上海财经大学、浙江大学等高校的专家组成重大项目攻关组。虞晓芬担任重大攻关项目首席专家，重大攻关项目组成员包括：姚玲珍教授、陈杰教授、贾生华教授、陈多长教授、张娟锋博士、金细簪博士、唐旭君博士、曾辉博士、傅剑博士、刘霞博士、韩国栋博士、胡金星博士、宫兵博士、王芳博士、黄忠华博士、任天舟等。在课题研究中，课题组成员紧密合作，按照课题申报书提出的建设有中国特色的城镇住房保障体系与四大运营机制展开。为保证研究质量，深入调研了北京市、上海市、重庆市、贵州省、浙江杭州市、江苏淮安市、湖北黄石市和宜昌市、云南保山市、新疆阿克苏地区等住房保障情况，并向公共租赁住房入住者、棚户区改造居民进行问卷调查；访问了美国住房和城市发展部（HUD）、英国住房协会、中国香港房屋署，比较研究了英国、美国、德国、俄罗斯、中国香港等国家和地区经验，召开了多次学术研讨会，在此基础上形成了较丰硕的研究成果，已经出版专著两本，分别是姚玲珍、刘霞、王芳撰写的《中国特色城镇住房保障体系研究》，虞晓芬、金细簪、陈多长撰写的《共有产权住房的理论与实践》，陈杰、曾辉、黄忠华、傅剑等在 Habitat International、Housing Studies、Journal of Housing Economics、《系统工程理论与实践》《学术月刊》《统计研究》等发表了系列研究成果，并先后有10余位博士生、硕士生围绕子课题开展研究，顺利通过答辩。

特别感到欣慰的是，在对共有产权住房进行系统理论和实践研究基础上，由虞晓芬撰写的"推广共有产权住房 促'共建共享'化解民众焦虑"的建议获得中央有关领导的肯定,"进一步完善北京共有产权住房方案的若干建议"获得北京市主要领导批示,目前共有产权住房这种保障方式得到住建部和越来越多地方政府的认可。作为学者,最大的价值就是研究成果能应用于社会经济发展中,我们将持续地研究中国城镇居民的住房问题,以绵薄之力推动住房领域不平衡不充分问题的缓解。

本书成果是在2018年2月1日,教育部社会科学司下发了重大攻关成果的结项通知和专家鉴定意见后,课题组专门召开会议,根据专家提出的有些成果可以单独出版,成果进一步精练的总体要求,由虞晓芬、张娟锋博士、金细簪博士、曾辉博士、傅剑博士进一步完善。张娟锋博士负责第六章,金细簪博士负责第四章和第五章第四节,曾辉博士负责第二章和第八章,傅剑博士负责第七章,虞晓芬负责其余各章,最后由虞晓芬对全书进行了全面修改和编稿。这些成果对完善我国住房保障体系和运行机制有一定的启发和决策参考价值。

成果出版之际,十分感谢教育部社会科学司对我们重大攻关项目组的信任和指导。感谢研究过程中得到住房和城乡建设部保障司的大力支持,感谢原住建部保障司司长、现任中国房地产业协会副会长冯俊的多次指导,感谢开题报告会参会专家和重大攻关成果鉴定专家提出的大量宝贵建议,感谢北京市、上海市、重庆市、浙江省住建厅、贵州省住建厅、湖北省住保局、杭州市、淮安市、黄石市、保山市、阿克苏地区、宜昌市等地方住保部门对调研工作的大力支持,也感谢浙江工业大学社科院、经贸管理学院为我们工作开展和项目管理提供的无私帮助。重大攻关项目结项成果顺利出版,还要特别感谢经济科学出版社细致、认真地工作。

在收笔之际,笔者心中自然地想起杜甫早在1200多年前就写下的"安得广厦千万间,大庇天下寒士俱欢颜!风雨不动安如山"的诗句,孟子在公元前300多年留下的"民之为道也,有恒产者有恒心,无恒产者无恒心"的名句。把人民利益高于一切作为核心思想和行动指南的中国共产党人,没有理由解决不好居民的住房问题。

虞晓芬
2018年10月25日

目 录

第一章 ▶ 绪论　1

　　第一节　研究背景　1
　　第二节　研究意义　4
　　第三节　概念界定与研究思路　8
　　第四节　内容框架与主要观点　13
　　本章小结　20

第二章 ▶ 住房保障的理论逻辑与实践发展　21

　　第一节　实施住房保障的理论逻辑　22
　　第二节　住房保障的国际发展趋势　33
　　第三节　借鉴与启示　46
　　本章小结　48

第三章 ▶ 我国城镇居民住房现状与压力　50

　　第一节　城镇居民住房条件改善明显　50
　　第二节　城镇居民住房占有与消费不平衡不充分严重　55
　　第三节　我国商品住房市场特征与居民住房消费压力　58
　　第四节　中低收入家庭住房消费压力与住房保障需求　68
　　第五节　住房保障是一项长期性基础性事业　74
　　本章小结　80

第四章 ▶ 我国城镇住房保障制度演变与现状评价　81

第一节　我国住房保障制度发展历程回顾　81
第二节　现行住房保障供给体系的构成及评述　92
第三节　我国住房保障事业总体成效评价　116
第四节　我国住房保障体系与运行机制存在的问题分析　128
本章小结　134

第五章 ▶ 我国城镇住房保障体系整体设计　136

第一节　明确住房发展目标　136
第二节　界定住房保障对象　147
第三节　构建"租、售、改、补"并举的供给体系　158
第四节　健全住房保障配套支持体系　172
第五节　建立政策性住房银行　179
本章小结　193

第六章 ▶ 中央与地方政府住房保障职责分工研究　195

第一节　住房保障公共服务职责划分的理论分析　195
第二节　住房保障政府间职责分工的国际经验　199
第三节　我国中央与地方政府住房保障职责分工现状　222
第四节　完善中央与地方政府职责分工　236
第五节　完善地方政府激励与考核体系建设　244
本章小结　250

第七章 ▶ 社会力量参与保障性住房建设管理的激励与规范研究　252

第一节　研究背景与现状　252
第二节　社会力量参与保障性住房建设运营现状与调查　263
第三节　社会力量参与保障性住房项目行为研究框架　270
第四节　社会力量参与保障性住房行为机理实证研究　280
第五节　社会力量参与保障性住房项目演化博弈分析　302
第六节　社会力量参与保障性住房激励与管理机制构建　315
本章小结　321

第八章 ▶ 公共租赁住房动态管理与退出机制研究　323

　　第一节　研究背景与现状　323
　　第二节　公共租赁住房动态管理与退出机制现状　329
　　第三节　公共租赁住房腾退意愿调查及影响因素分析　334
　　第四节　公共租赁住房退出管理中若干核心问题及对策研究　351
　　第五节　完善我国公共租赁住房动态与退出管理体系的建议　373
　　本章小结　379

第九章 ▶ 保障性住房资产管理与可持续运行机制研究　383

　　第一节　研究背景与内容　383
　　第二节　保障性住房资产及其流失现状研究　385
　　第三节　保障性住房资产管理的香港经验　390
　　第四节　保障性住房资产管理的内地城市先进经验　402
　　第五节　我国保障性住房资产保值增值策略　407
　　第六节　保障性住房资产可持续运营机制　414
　　本章小结　421

参考文献　423
后记　437

Contents

Chapter 1 Introduction   1

    1.1   Research Background   1

    1.2   Significance of Research   4

    1.3   Main Concepts and Research Ideas   8

    1.4   Research Framework and Key Findings   13

    Summary   20

Chapter 2 Theoretical Foundations and Empirical Development in Affordable Housing Related Field   21

    2.1   Theoretical Logic of Affordable Housing System   22

    2.2   Global Trend of Affordable Housing Practices   33

    2.3   Lessons and Experiences   46

    Summary   48

Chapter 3 Key Issues and Tasks of China's Affordable Housing System   50

    3.1   Significant Improvement of Urban Residents' Living Conditions in China   50

    3.2   Uneven and Insufficient Housing Consumption among the Urban Households   55

3.3　Characteristics of China's Commercial Housing Market and Residents' Housing Consumption Pressure　58

3.4　Pressure of Housing Consumption of Low-and-Medium Income Households and Affordable Housing Demands　68

3.5　Affordable Housing as a Foundational and Long-term Program　74

Summary　80

Chapter 4　Evolution of China's Affordable Housing System and Appraisal of Its Status Quo　81

4.1　Review of China's Affordable Housing System Development　81

4.2　Constitution and Appraisal of China's Present Affordable Housing Provision System　92

4.3　An Overall Effectiveness Evaluation of China's Affordable Housing Development　116

4.4　Issues of China's Affordable Housing System and Its Operating Mechanism　128

Summary　134

Chapter 5　The Top-level Design of China's Affordable Housing System　136

5.1　Setting Specific Goals for Housing Development　136

5.2　Clarification of Targeting Groups of Affordable Housing　147

5.3　Building a Provision System of "Rent, Sale, Transformation and Subsidy"　158

5.4　Ameliorating Affordable Housing Supporting System　172

5.5　Building Policy-oriented Housing Banking System　179

Summary　193

Chapter 6　Allocation of Responsibilities between the Central and Local Governments in Affordable Housing System　195

6.1　Theoretical Analysis of Responsibilities of Public Services Attached to Affordable Housing System　195

6.2　International Experiences in Intergovernmental Allocation of Responsibilities in Affordable Housing System　199

6. 3　Status Quo of Allocation of Responsibilities in Affordable Housing System between China's Central and Local Governments　222

6. 4　Ameliorating Allocation of Responsibilities between the Central and Local Governments　236

6. 5　Ameliorating Evaluation and Rewarding System for Local Governments' Participation in Affordable Housing System　244

Summary　250

Chapter 7　Rewarding and Regulation of Non-governmental Entities' Involvement in Affordable Housing System　252

7. 1　Research Background and Status Quo　252

7. 2　An Investigation on the Involvement of Non-governmental Entities' Affordable Housing System　263

7. 3　Research Framework for the Incentives of Non-governmental Entities' Involvement in Affordable Housing System　270

7. 4　An Empirical Analysis Based on Non-governmental Entities' Involvement in Affordable Housing System　280

7. 5　An Evolutionary Game Analysis of Non-governmental Entities' Involvement in Affordable Housing System　302

7. 6　Building Rewarding and Regulatory Mechanism for Non-governmental Entities' Involvement in Affordable Housing System　315

Summary　321

Chapter 8　Research on Dynamic Management and Exit Mechanism of Public Rental Housing　323

8. 1　Research Background and Status Quo　323

8. 2　Status Quo of Dynamic Management and Exit Mechanism for the Public Rental Housing　329

8. 3　An – Investigation on Tenants' Vacating Willingness of the Public Rental Housing and Its Determinants　334

8. 4　Key Issues and Countermeasures for the Management of Public Rental Housing Exit Mechanism　351

8. 5　Suggestions on Ameliorating the System of Public Rental Housing Dynamic Management and Exit Mechanism　373

Summary   379

Chapter 9   Research on Asset Management and Sustainable Operation of Affordable Housing System   383

9.1   Research Background and Contents   383

9.2   Research on Status Quo of Affordable Housing Assets and Their Losses   385

9.3   Affordable Housing Asset Management: A Success Story of Hong Kong, China   390

9.4   Successful Experiences of Affordable Housing Asset Management in Mainland China   402

9.5   Maintenance and Appreciation Strategy of China's Affordable Housing Assets   407

9.6   A Sustainable Operating Mechanism of Affordable Housing Assets   414

Summary   421

References   423
Postscript   437

第一章

绪　论

从社会经济发展的历史来看，解决好城镇居民住房问题是一项世界性的难题，在工业化、城市化进程中，各国都面临过严重的住房短缺和高房价的问题，由此产生的住房保障问题则是世界各国政府无法回避的重大社会、经济乃至政治难题，也是学术界长期研究的热点问题。我国停止城镇居民实物分房以来，不断探索优化住房保障的方式，不断增加住房保障的力度，不断完善住房保障体系，在比较短的时间内比较好地解决了城镇居民住房绝对贫困问题，有效地改善了居民居住环境，取得了举世瞩目的成就。但是，在新的时代背景下，城镇居民对"更舒适生活"的向往与住房不平衡不充分矛盾依然突出，现行住房保障体系特别是运行机制还存在不少问题，对我国城镇住房保障体系及运行机制研究有十分重要的现实和理论意义。

第一节　研究背景

加快完善我国城镇住房保障体系及运行机制，有许多现实背景：

1. 解决好居民住房问题是全面建成小康社会和实现现代化国家的重要内容。2012年，中国共产党第十八次全国代表大会报告确定了确保在2020年全面建成小康社会的伟大目标，并指出"住房保障体系基本形成"的建设目标。中国共产党第十九次全国代表大会报告提出"从2035年到本世纪中叶，在基本实现现代化的基础上，再奋斗十五年，把我国建成富强民主文明和谐美丽的社会主义现代化强国"。居民住房水平是衡量经济社会发展水平的重要指标和建设内容，根据2015年全国1%城镇家庭抽样调查结果显示：城镇居民人均住房面积小于等于8平方米的极端贫困户比重达3.26%，①按照2015年城镇常住人口77 116万人，户均2.95人计算，约有852.2万户家庭处于住房极端贫困状态；无独立厕所的比例为14.34%，可推测全国城镇约有3 748.6万户家庭无独立厕所；上述家庭绝大多数属于低收入家庭或经济存在阶段性困难的家庭，难以通过自身努力达到住房小康，更难以达到住房基本现代化标准，需要政府的力量提供帮助。因此，完善住房保障体系和运行机制是保证实现住房小康目标和住房现代化目标的必要手段。

2. 人口大国住房问题的复杂性，决定了住房难问题将长期存在，完善住房保障体系和运行机制将是政府的一项长期工程。目前，我国仍处在城镇化的加速期。2011年，我国常住人口城镇化率首次突破50%，达到51.3%，2017年我国常住人口城镇化率达到58.52%、户籍人口城镇化率仅为42.35%（国家统计局），远低于发达国家。在城镇化加速阶段，人口向城镇的集聚加快，必然带来住房需求的急剧增加，但受土地资源约束，拉动商品住房价格长期高位运行，并远超城镇中低收入居民的可承受能力。尽管近年来，我国住房保障工作取得了巨大效果，但是，城镇低收入和中低收入家庭、新市民的住房问题远未解决，并将不断产生新的住房问题，详见本书第三章的分析。我国住房问题的复杂性和长期性都超过其他国家。一是人口大国，2017年全国总人口13.9亿人，城镇常住人口81 347万人，世界规模第一，若按人均建筑面积30平方米计算，城镇住房总量静态需求就达到244亿平方米；二是城镇化速度快，2017年城镇常住人口净增加2 049万人，若按人均建筑面积30平方米计算，每年需新增6.1亿平方米（不考虑拆除需求）；三是人口大范围、大规模流动，2017年人户分离人口2.91亿人，其中流动人口2.44亿人，②即还有相当数量的流动人口从农村到城市、从小城市到大城市或从大城市到小城市，产生新的住房需求。在今后较长一段时期，大规模的人口流动迁移仍将是我国人口发展及经济社会发展中的重要现象。这些人口的流动方向具有较大的不确定性，对居住的需求具有多样性。四是土地资源有限，2017年末全国耕地面积20.23亿亩，人均耕地面积仅为1.445亩，③仅为世界平均水平的1/3，排世界各国126位之后，因此，保护耕地的压力巨大。

---

① 2015年全国1%人口抽样调查数据（ISO光盘版）。
② 2017年国民经济和社会发展统计公报，人户分离人口是指居住地和户口登记地不在同一个乡镇街道且离开户口登记地半年以上的人口。流动人口是指人户分离人口中扣除市辖区内人户分离的人口。
③ 自然资源部《2017中国土地矿产海洋资源统计公报》。

这些特点也决定了我国对市场弱势群体住房保障工作，不可能简单复制国外的模式，必须建立与我国国情相适应的住房保障体系和运行机制。

从全国范围来看，以2007年国务院下发《关于解决城市低收入家庭住房困难的若干意见》为标志，我国加大了住房保障体系建设的力度，初步形成了实物保障、货币补贴、棚户区改造相结合的住房保障体系，这是我国住房保障体系改革与完善的基础。然而，一个成功的住房保障政策不可能是静止的，必须随着外界条件和房地产市场的改变而不断演变。现行的住房保障体系仍然存在许多突出问题，还难以适应实现全面建成小康社会和促进人全面发展目标的现实要求。这些问题中最突出的有以下几个：第一，保障对象与保障目标模糊。对保障谁，保障到什么程度缺乏清晰的认识。例如，实践中各地简单地以家庭收入和人均住房面积为准入标准，把大量居住在缺少厨卫设施和公共服务设施、采光通气等不达要求的"住房贫困"居民排斥在外，不合理。第二，保障方式较为单一。2010年以后中央政府倡导以公共租赁房为主，一些地方简单地停止了销售型保障房，而没有充分考虑保障对象对产权的需求，没有充分考虑各地政府财政压力和市场供求状况差异，影响保障房资源投入效率和保障绩效，也造成如果要拥有住房产权，向市场买房成为唯一的路径。第三，住房保障体系的覆盖面不够广。住房保障还没有覆盖到全部常住人口，许多地方把中低收入的新移民排斥在住房保障体系之外，而把各类人才主动纳入住房保障的对象，更多地从保持城市竞争力角度考虑住房政策，忽略了城市同样不可缺少的低端岗位、低收入员工民生保障，暴露出我国现行住房保障体系的不完整性。第四，保障方式相互割裂产生巨大"悬崖效应"。现行住房保障政策通常是以收入水平和家庭住房面积划定"保障线"，而在实际执行中会使处于"线上"和"线下"的家庭，产生实际得益的"悬崖效应"，损害了住房保障资源分配的公平性，影响住房保障的效果。第五，政策多变。《国务院关于进一步深化城镇住房制度改革加快住房建设的通知》提出建立和完善以经济适用住房为主的住房供应体系，调整住房投资结构，重点发展经济适用住房；《国务院关于促进房地产市场持续健康发展的通知》提出调整住房供应结构，逐步实现多数家庭购买或承租普通商品住房；《国务院关于解决城市低收入家庭住房困难的若干意见》明确加快建立健全以廉租住房制度为重点、多渠道解决城市低收入家庭住房困难的政策体系；而《国务院关于坚决遏制部分城市房价过快上涨的通知》又调整方向，提出加快发展公共租赁住房；2015年各地出现商品住房高库存，配合去库存，又出台大力推行棚户区改造安置货币化和公共租赁住房货币化补贴，原则上不新建公共租赁住房的政策。短短的10多年时间里，住房及住房保障政策经历多次大的调整，某种程度上也造成地方政府和居民难以适从，凸显我国尚缺乏相对稳定的全国层面城镇住房保障体系的总体设计，还处在探索过程中。此外，要素保证体系、法律法规体系、管理体系等还不健全，急需系统研究。

3. 住房保障体系可持续运行机制尚未建立，难以完成住房保障的目标。第一，地方政府对保障房建设缺乏内在的动力，降低了住房保障的效果。住房保障的职责主要由地方政府执行，在对地方政府住房保障绩效考核机制不完善和缺乏相应的激励约束机制的情况下，地方政府只是被动地完成中央政府的住房保障计划目标。各地出现的保障房供需结构失衡、配套设施不完善、住房建设质量低等问题均与缺乏有效机制导致地方政府被动地完成保障房建设任务有关。第二，缺乏相关激励机制和配套政策，难以吸引社会组织积极参与保障房建设和管理。目前，我国保障房建设与管理的主体和房源渠道以政府为主体，很少有社会组织参与保障房供给和管理，造成政府财政压力大、房源供给短缺、效率低下，与缺乏吸引社会组织参与保障房供给和管理的政策设计有关。第三，保障性住房资产的管理机制仍未建立。随着大规模保障房建成投入使用，保障房是政府拥有的一笔巨大资产，但目前尚未建立有效经营管理这笔资产的机制和体系，从而可能出现类似于英国、美国等因对保障房破坏性使用而造成社区环境差、资产大幅贬值、维护费用高、财政支出压力大等问题，影响保障房资金的良性循环和住房保障体系的可持续运行。第四，促进住房保障可持续运行的保障对象动态管理与退出机制尚未健全。从近年来审计署审计结果反映出有较大数量的不符合条件的城镇家庭享受保障性住房。2017 年有 3.68 万户不符合条件家庭违规享受城镇住房保障货币补贴 8 639.90 万元，住房 2.66 万套；3.53 万户家庭条件发生变化不再符合保障条件但未按规定及时退出，仍享受住房 2.75 万套、货币补贴 1 384.43 万元①。这不仅直接损害保障房资源分配的公平性、降低巨额公共资源投入的效率，也会使中央政府提出的住房保障目标和住房小康的目标难以实现。

第二节 研究意义

一、现实意义

城镇居民住房保障问题无疑已经成为当前我国政府必须认真研究解决的重大

---

① 审计署《2017 年保障性安居工程跟踪审计结果》。

经济问题、民生问题和社会政治问题。因此，探索完善住房保障体系和可持续运行机制的思路，对实现全面建成小康社会和现代化国家的宏伟目标、推进新型城镇化战略的顺利实施、促进中国经济的可持续发展、确保社会和谐、政治稳定均具有重大现实意义。

第一，建立完善的住房保障体系和可持续的住房保障运行机制事关人民的切身利益。住有所居是关系到人民生活质量的重大民生问题，是人民最为关切的问题。人人都需要一个家，都需要一个安全的空间。今天，我国已经成为世界第二大经济体，2017年人均GDP 8 827美元，排名世界第74位，① 已进入中等收入国家行列，正朝着现代化国家大步迈进，在这过程中，我们必须高度重视解决好居民的住房问题，让人民有获得感。2013年10月29日，习近平总书记在政治局第十次集体学习会上指出"加快推进住房保障和供应体系建设，是满足群众基本住房需求、实现全体人民住有所居目标的重要任务，是促进社会公平正义、保证人民群众共享改革发展成果的必然要求。要努力把住房保障和供应体系建设办成一项经得起实践、人民、历史检验的德政工程。"这个目标鲜明地体现了中国共产党和政府执政为民的宗旨。保障"住有所居""安居乐业"是人民幸福、社会和谐的重要指标，也是政府工作努力的方向。因此，进一步完善我国城镇住房保障体系和运行机制，是让广大公民特别是中低收入者过上一种更有尊严的生活，能公平合理地分享经济增长成果，消除所面临的社会排斥，实现机会平等，进而促进人的全面发展，实现共同富裕的保障。

第二，建立完善的住房保障体系和可持续的住房保障运行机制有助于推进"新型城镇化"战略的顺利实施。中共十八大报告中提出的走中国特色新型城镇化道路，是中国共产党站在新的历史起点上，审时度势，谋划未来，推进中国现代化进程的重大战略选择。推进城镇化的核心是人的城镇化，目的是造福百姓（李克强，2013）。② 为此，中央在《国家新型城镇化规划》中首次提出推进以人为核心的新型城镇化，实现1亿左右农业转移人口和其他常住人口在城镇落户，完成约1亿人居住的棚户区和城中村改造，引导约1亿人在中西部地区就近城镇化。到2020年，常住人口城镇化率达到60%、户籍人口城镇化率达到45%的目标。目前我国推行新型城镇化的最大的难点在于如何让城镇新增人口享受市民化的待遇、能在城市长久居住。很多新移民进了城却留不下来，主要原因是没有住房。建立完善的住房保障体系和可持续的住房保障运行机制，把覆盖全体常住人口的住房保障作为政府重要职责承担起来，实质也是为工业化、城镇化的顺利推

---

① 世界银行网站。
② 《专家解析李克强城镇化思路：是现代化进程大战略》，中新网，2013年7月5日。

进，为经济的腾飞和走出"中等收入陷阱"扫清障碍。

第三，建立完善的住房保障体系和可持续的住房保障运行机制是我国经济可持续发展的重要保障。一方面，住房保障体系不完善，必然会有不少中低收入家庭被迫求助于商品房市场，住房需求的增加将推动商品房市场价格更快上涨，加剧房地产业的不健康发展。而商品房价格持续快速上涨，又扩大需要政府实施住房保障的居民群体规模。另一方面，高昂的房价、不完善的住房保障体系，不仅加大了企业的商务成本，对人才、资本乃至技术等要素的集聚产生强烈的挤出效应，影响实体经济发展和城镇化的进程，而且还对居民正常消费产生强烈的挤出效应。建立完善的、可持续运行的住房保障体系和运行机制，确保满足居民正常的基本住房需求，不仅可以促进商品房市场健康运行和房地产业的可持续发展，而且可通过降低企业商务成本促进人才、资本的正常集聚，支持实体经济的可持续发展。

第四，建立完善的住房保障体系和可持续的住房保障运行机制事关我国社会的和谐和政治的稳定。居住权是人权的重要内容，世界上任何一个国家的政府都有责任和义务为居民提供基本的居住条件。社会主义制度下的中国，保障居民基本居住需求是执政党和政府理所当然的职责，更是实现社会和谐的基本前提条件。建立完善的住房保障体系，实质是对社会经济发展成果的再次分配，是把部分财富以住房保障的方式转移到中低收入者手中，改善中低收入家庭居住条件，消除人民分享经济发展成果方面的障碍，有利于缩小正在加大的收入与财富分配的差距，化解社会不和谐因素。不仅如此，保障性住房的公平分配对政府的公信力和执政力都是重要考验。探索符合我国国情的住房保障体系和可持续运行机制，具有重大的政治意义与社会意义。

第五，我国保障性住房资源投入巨大，完善住房保障体系和可持续的住房保障运行机制有利于提高保障性住房资源配置的效率，实现公共财政资源配置效率的最大化。我国保障性住房的投入、生产、分配与管理也是一项经济行为，和其他经济活动一样，必须高度重视效率问题。近年来，随着保障性住房地位的确立，政府投入的资源庞大：2009年中央财政安排下拨保障性安居工程补助资金为427亿元，2010年为717亿元，2011年为1525亿元，2012年为1858亿元，2013年为1729亿元，2014年为1980亿元，2015年为2150亿元[①]，各级地方政府投入的资源规模更大。根据国家审计署公布的《2017年保障性安居工程跟踪审计结果》报告，2017年，全国各级财政共筹集安居工程资金7841.88亿元（其中，中央财政2487.62亿元），项目单位等通过银行贷款、发行企业债券等

---

① 资料来源：财政部和国家发展与改革委员会。

社会融资方式筹集安居工程资金21 739.02亿元。面对如此大规模的资源投入，无论是从提高公共财政支出绩效，还是最大幅度地发挥资源效益的角度，都迫切需要系统地研究探寻效用更高的保障方式、效率更高的资源配置方式。尤其是我国地域广阔，各地经济发展水平、房地产市场供求关系、居民住房基础等差异极大，政府的财力有限。完善住房保障体系和可持续的住房保障运行机制对提高公共资源利用绩效、实现更大范围的公平有重要现实意义。

二、学术价值

总体来看，本书研究的学术价值主要体现在以下几个方面：

第一，探索住房保障的"中国模式"，丰富住房保障理论，为发展中国家和转型经济体的住房保障研究与住房保障体系建设树立一个重要标杆。目前比较成熟的住房保障模式多以经济发达国家为背景，这些国家早已完成工业化、经过了城镇化加速期而进入后工业化时期、城镇化成熟期。后发展国家工业化、城镇化的环境已发生了巨大变化，其构建住房保障体系所面临的问题与先发展国家已经有很大不同。本书将基于国际经验比较研究特别是结合中国实际，系统提出符合我国国情的住房保障及运行机制体系，包括：保障责任体系、供给和配置体系、要素资源投入保证体系、管理体系等，对保障边界、住房贫困的界定、保障方式优化、共有产权制度等作出系统的理论研究，这些成果将丰富住房保障理论，也为发展中国家和转型经济体的住房保障模式研究与住房保障体系建设树立一个重要标杆。

第二，将激励—约束机制设计的理论应用于住房保障理论研究与政策设计，拓展了信息经济学相关理论的应用范围。地方政府与社会力量是保障性住房投资建设管理的两大主体，他们的积极性和责任性直接关系住房保障体系能否运行。本书将系统应用激励约束理论研究中央政府和社会公众如何激励、监督地方政府行使住房保障职责；政府如何激励和规范社会力量参与保障房投资建设管理的行为。根据信息经济学的有关理论，良好的激励约束机制设计，必须有一个科学设计的绩效考核机制，基于绩效考核结果设计激励、惩罚和约束机制，本书将提出建立一个基于保障对象轮候时间为核心的多指标绩效考核体系，设计"以事后的中央对地方住房保障财政转移支付"为核心的激励机制，旨在调动地方政府积极性，以更好地执行中央政府关于住房保障计划；利用信息经济学的相关理论，设计一套激励与规范管理机制，以吸引社会力量规范地参与保障性住房投资、建设、经营、管理，分担政府住房保障的压力，使住房保障制度可持续运行。激励约束机制设计的相关理论在本书中的应用，丰富了住房保障理论研究的内容，拓展了信息经济学的应用范围。

第三，探索破解各国保障房制度运行中普遍面临的"物的管理""人的管理"两大难题，构建保障房资产经营管理理论框架、创新保障对象动态管理与退出机制。保障房资产的流失（包括保障房资产维护不力等引起的实物流失和因为住房资产贬值导致的价值流失）以及带来的诸多社会问题，是英国、美国等发达国家长期未有效解决的难题，不仅影响了住房保障政策实施的社会效果，还极大地降低了公共资源/资产的利用效率，也必将成为影响我国住房保障制度可持续运行重大问题。为此，本书将系统运用现代资产管理理论，从提升我国保障房资源有效利用、保值增值、可持续运行角度构建保障房资产经营管理研究的理论框架，研究增强资产流动性的可行路径，这些问题的深入研究无疑可以丰富公共资产/资源利用、经营与管理等方面的文献。

对"人的管理"是另一大难题。对保障房破坏性使用、缺乏严格退出机制等不仅降低保障资源的使用效率，还会极大地增加政府财政的压力，致使住房保障制度运行不可持续。本书将利用相关理论和方法，一是分析我国保障房退出障碍的深层原因和现有机制的缺陷，研究保障对象的行为，总结发达国家和地区的保障对象动态管理和退出运作经验与教训，构建保障房产品梯度衔接、"体系内循环"与"体系外循环"结合，实现保障对象有进有出、补助水平有升有降的保障机制及运作模式。二是如何加强租户管理、社区管理，加强对其不良行为制约力，这些研究对住房保障可持续运行有重要意义。

第三节　概念界定与研究思路

一、概念界定

（一）住房保障

"保障"即保护防卫，多与政府帮扶弱势群体的行为相联系。由于住房是人生存的必要条件，为了保障每个人都有房子住，政府就需要实施一些特殊的政策措施来帮助这些单纯依靠市场解决住房有困难的群体（陈淮，2005）。[①] 政府帮

[①] 《建设部陈淮解读住房保障制度：要保障人人有房住》，中国经济网，2005年2月22日。

扶居民解决住房问题的所有举措都可称为住房保障。例如，我国在农村地区实行一户一宅"宅基地"的保障，在城镇推行住房公积金制度，提供经济适用住房、公共租赁住房，实施棚户区改造都属于住房保障的范围。

（二）住房保障体系

从词义上讲，体系（system）泛指一定范围内或同类的事物按照一定的秩序和内部联系组合而成的整体。尽管政界、学界都在普遍使用住房保障体系一词，但什么是住房保障体系？住房保障体系包含哪些内容？查阅大量文献尚未有明确的界定。上海市住房保障和房屋管理局原局长刘海生（2012）将由廉租住房、共有产权保障房、公共租赁住房、动迁安置住房组成的"四位一体，租售并举"作为上海的住房保障体系[①]；百度百科对我国住房保障体系的定义是：主要包括四个部分——经济适用房、廉租房、限价房和公共租赁房。这些都偏向于从供给或保障方式来定义住房保障体系。但从学者们对我国住房保障体系存在的问题分析，如覆盖面不够广、保障方式单一、保障方式之间缺乏衔接、政策与法律体系不完善、管理体系不健全等（曾国安、胡晶晶，2011；倪鹏飞，2013），[②③] 可以体会到住房保障体系不应只局限于供应体系。在研究国外的住房保障经验时，也往往从住房保障法律、住房保障方式、财政支持、金融和税收政策支持等方面开展。

因此，我们认为根据居民住房需求和国家财力，住房保障体系是围绕一个国家住房发展目标而设计的、政府系统解决居民住房困难问题的"一揽子"方案。核心围绕"谁保障、保障谁、怎么保障"三大问题而展开的，重点包含政府定位、准入与保障标准体系、保障方式体系、责任分工体系、要素保证与法规体系、管理体系等内容。

（三）住房保障运行机制

对住房保障运行机制也未见文献有系统的定义。按照经济学对经济运行机制是指经济机体中各种因素互相联系、互相制约的作用，以及为实现一定目标所采取的调节形式、方法、手段和实现途径的定义，住房保障运行机制则是指为实现确定的住房保障目标而采取的方法和手段。住房和城乡建设部部长姜伟新

[①] 《三降共有产权房"门槛"：沪保障房持续加大覆盖面》，中国政府网，2012年1月17日。
[②] 曾国安、胡晶晶：《论中国城镇住房保障体系改革和发展的基本思路与目标构架》，载于《江汉论坛》，2011年第2期，第15~20页。
[③] 倪鹏飞：《关于深化我国城镇住房制度综合配套改革的建议》，载于《学术动态：北京》，2013年第31期，第2~5页。

(2011) 曾提出完善保障性住房分配与使用的公众监督机制、进一步研究保障性住房退出机制。[①] 姚玲珍 (2012) 认为当前特别要关注供后"人的管理"和"物的管理",应着重围绕这两方面开展机制研究。[②]

我们认为住房保障体系解决的是"谁保障、保障谁、怎么保障"三大核心问题,而住房保障运行机制则是建立一套能更公平地、更高效率地保证住房保障事业可持续发展的运行体系,即解决的是如何"把保障工作高效率做好"的问题。

二、研究思路

研究的总目标:构筑体系健全、制度完善、管理有效、监督有力,充分体现效率与公平,具有中国特色的城镇住房保障体系与可持续运营机制。

研究的思路:概括为"一个核心、两大目标、三大要素、四项机制"。一个核心:围绕有中国特色的城镇住房保障体系与运营机制展开研究,挖掘核心问题,设计研究方案;两大目标:实现公平与效率"两大目标",是住房保障体系与运营机制研究与设计的出发点和归宿;三大要素为以解决"谁保障、保障谁、如何保障"三大要素问题,从住房发展目标、准入与保障标准体系、保障方式体系、要素保证体系、管理体系等入手,构建完善的住房保障体系;四项机制:对地方政府的激励与考核机制、对社会力量的激励与规范机制,"物"——保障房资产保值增值运营机制、"人"——保障对象动态管理与准入退出机制,调动两大实施主体积极性、解决好两大难点"人"与"物"的管理是保证住房保障体系可持续运营的核心问题,研究内容围绕"一个体系、四项机制"展开。本书研究总体框架如图1-1所示。

(一) 一个核心

面向全面建成小康社会和现代化国家,我国应该形成什么样的城镇住房保障体系与运营机制。研究认为,未来的住房保障体系应具有以下几大特征:一是广覆盖、保基本,保障公民"住有所居",为绝大多数难以通过市场解决基本居住需求的城镇常住人口提供直接或间接保障。二是参与主体多元化,住房保障最大

[①] 殷泓、王逸吟:《住建部将研究保障房退出机制》,《光明日报》,2011年10月26日第10版。
[②] 姚玲珍:《上海研究保障房退出机制,退出应与收入相对应》,乐居网。

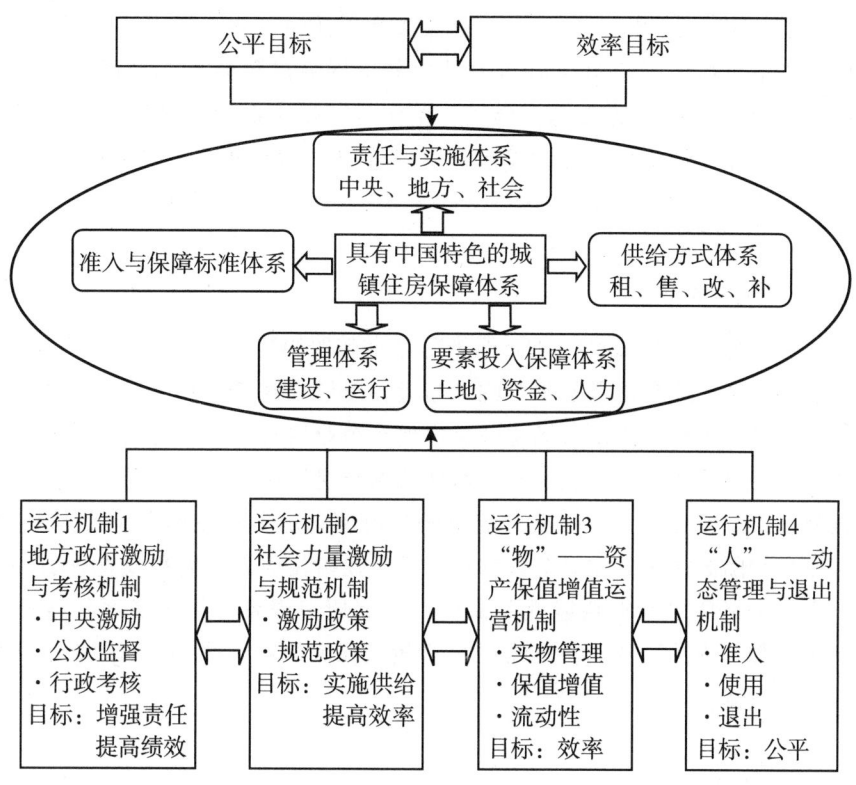

图 1-1 总体框架

的压力是资金来源,所有的保障资金全部由政府提供是不可行的,因此,要改变单向的"政府—居民"为"政府—社会—居民"共同参与、共同分担。三是住房保障权利和义务相统一,保证每个公民都享有最基本的居住权,是政府的责任,但同时又要通过制度约束和思想教育防范"福利依赖",构建权利和义务相统一的制约机制。四是统一性与层次性融合,一方面在全国范围内实现住房保障的法制化、规范化和大范围覆盖,另一方面又有可供地方和个人选择的多样化的保障方式,允许地方政府结合当地实际、依据本地财力确定合理的建设规模、创新住房保障模式和管理模式。五是保证可持续运营,坚持在发展中保障民生。

(二) 两大目标

实现公平性与效率性的统一是城镇住房保障的重要目标,是我国城镇住房保障体系设计与运营的首要指导思想。在住房保障体系的构建中,重点关注公平性,从保障对象非歧视性、审核、进入、退出等过程的公平性,以实现"机会公平""过程公平""结果公平"。在住房保障体系建设与运营阶段，注重"效率"以确保其可持续性，广泛引入市场力量使整体保障房资源投入发挥最大化的效能，避免重复"公房"的命运。总之，在住房保障体系设计过程中遵循"公平优先，体现效率"原则，而在建设运营阶段遵循"效率优先，兼顾公平"原则，最终实现"公平与效率"的统一。

（三）三大要素

围绕"谁保障、保障谁、如何保障"三大问题构建住房保障体系。本书提出政府是责任主体，社会力量是重要的参与者，要形成政府公共住房与社会住房两条保障性住房供应线，改变市场化就是房地产企业供应住房、对市场的补充就是政府供应的保障性住房的固化思维，增加由社会组织持有产权的住房。保障对象应覆盖所有在城镇工作生活的没有能力通过市场满足基本住房需求的困难家庭，即处于住房贫困的家庭，这里的住房贫困不仅仅指住房人均面积没有达到一定标准，而且还包括住房存在功能性欠缺的，如无厨卫设备、采光或通气达不到标准。围绕"如何保障"应建立相应的要素投入保障体系、产品供给体系、保障方式体系、管理体系等。

（四）四项机制

围绕"两大实施主体——地方政府和社会力量""两大管理难点——人和物的管理"设计四项机制。第一，建立对地方政府住房保障的激励与考核机制，实现地方政府从被动接受任务转向主动规划、设计住房保障供给方式与规模。第二，建立对社会力量参与投资建设管理保障性住房的激励与规范机制，设计土地、融资、税收、财政补贴等"一揽子"鼓励政策，同时又有相应的规制，构建社会力量积极而又规范地参与保障性住房的投资、建设、运营、管理的机制。第三，建立新型的保障房资产运营机制，创新保障房资产管理的思路与手段，围绕保持资产完好性、增强资产保值增值性与流动性三大目标，构建可持续运营的机制。第四，形成保障对象动态管理与退出机制，实现保障对象有进有出、补助水平有升有降的动态保障机制及运作模式。四项机制是保证住房保障体系持续、有效运行的重要支持体系，是推动我国城镇住房体系具有公平与效率的重要措施。

第四节 内容框架与主要观点

一、内容框架

围绕上述研究目标和思路,教育部哲学社会科学研究重大课题攻关项目《我国城镇住房保障体系与运行机制研究》课题组已形成较多学术成果,可以参见由姚玲珍教授团队出版的《中国特色城镇住房保障体系研究》,由虞晓芬教授团队出版的《共有产权住房理论与实践》,由陈杰、虞晓芬、黄忠华等分别在"Habitat International""Housing Studies""Journal of Housing Economics"《系统工程理论与实践》《学术学刊》《统计研究》等发表的研究成果。本书作为课题的最终成果,着重围绕以下几方面:

第一章,绪论。提出研究的背景,分析研究的理论意义和现实意义,阐述研究的主要思路、主要内容和研究成果的主要观点。

第二章,住房保障的理论逻辑与实践发展。深入剖析了实施住房保障的经济学理论逻辑、法学理论逻辑、政治学理论逻辑,得出在市场经济条件下,政府承担住房保障具有多重作用,不可缺位。结合大量文献整理,对国际上住房保障最新理念和最新实践进行了总结归纳,为完善我国住房保障体系和运行机制提供借鉴。

第三章,我国城镇居民住房现状与压力。住房保障是由住房问题产生的。精确把握住房市场问题,既是对住房保障工作定位的再认识,又是住房保障体系建设中必须要面对和努力解决的问题。本部分着重对我国城镇住房市场存在的问题进行了深入剖析,分析了居民住房消费承担能力,提出了住房保障在整个住房供给体系中的必要性,指出住房保障事业是一项长期性和基础性工程。

第四章,我国城镇住房保障制度演变与现状评价。对停止实物分房以来,我国城镇住房保障思路、保障方式、保障规模的演变,取得的成效、存在的问题等作了相对全面而系统的分析,为设计我国城镇住房保障体系和运行机制提供现实依据。

第五章,我国城镇住房保障体系整体设计。从我国住房发展目标入手,提出明确居民住房最低标准和舒适性引导标准、保障的广度与深度、住房保障"租、售、改、补"四位一体的供给方式、住房保障相关配套管理制度、政策性住房银行等方面系统的方案。

第六章，中央与地方政府住房保障职责分工研究。从住房保障公共服务职责划分出发，比较分析了住房保障政府分工的美国、英国模式，剖析了我国中央与地方政府在住房保障分工现状及存在的问题，提出了中央与地方职责分工体系，以及建立以"有效保障"为核心的评价机制和相关的激励机制，以更好地调动地方政府的积极性。

第七章，社会力量参与保障房建设管理的激励与规范研究。研究了社会力量参与保障性住房建设与运营的国际经验，我国社会力量参与保障性住房建设与运营现状，对社会力量参与保障性住房建设和管理的行为机理进行了实证研究，构建了社会力量参与保障性住房激励与管理机制。

第八章，公共租赁住房动态管理与退出机制研究。系统地分析了公共租赁住房动态管理与退出机制的国际经验，分析了我国公共租赁住房动态管理与退出管理的现状与存在的问题，基于问卷样本对公共租赁住房腾退意愿及影响因素进行了实证分析，揭示了具有赖租行为、骗租行为倾向的个性与心理特征，在此基础上提出了完善公共租赁住房动态与退出管理体系的方案。

第九章，保障性住房资产管理与可持续运行机制研究。对保障性住房资产可能产生实物流失和价值流失的形式及原因进行系统研究，对中国香港如何有效管理好公屋资产的经验进行了系统总结，提炼了部分典型城市管理经验，在此基础上，系统地提出了加强保障性住房资产管理和可持续运营的方案。

上述第一章至第四章内容是对整个研究作出的理论和实践铺垫；第五章至第九章内容是围绕"一个体系、四项机制"展开，形成清晰的我国城镇住房保障体系，构建起调动地方政府和社会力量两个积极性、管理好"人"和"资产"两大难点的运营机制，将国际先进经验和地方创新经验等穿插在相关内容。

二、主要观点

（一）我国住房保障工作取得的成就举世瞩目

我国住房保障事业是在住房历史欠账严重、人口众多且流动性大、商品房价格跳跃式上涨背景下展开的，面临前所未有的压力，政府通过健全要素保障和管理机制，建立经济适用住房制度、公共租赁住房制度、实施棚户区改造工程等，居民居住条件明显改善，取得了举世瞩目的成绩，是世界上至今还没有过的在如此短的时间内，较好地解决了居民安居问题的国家，基本消灭了城市贫民窟现象，推动了城市化健康发展，堪称世界的奇迹。

（二）我国住房保障工作领域问题依然突出

尽管我国已建立比较完整的政策体系和要素保障体系，但是住房保障政策不稳定性、要素保障存在缺口、长效机制尚未建立；供给体系不完整，供给方式单一，供给主体单一，社会力量参与比例低，地方政府积极性不高；资产管理不完善、违规或低效率使用现象严重、准入退出机制不健全等问题突出、亟待解决。

（三）我国住房保障事业是一项长期性、基础性工程

住房制度改革以来，我国形成了以市场为主满足居民需求的住房供应体系，但因区域性市场差异大、收入与财富两极分化严重、住宅用地供给的有限性、资金流动性过剩以及人口大量向大城市集中等，导致我国城镇住房市场销售价格与租赁价格偏高，中低收入家庭甚至部分中产阶级面临消费能力不足、难以通过自己力量解决住房，迫切需要政府提供保障。展望未来，城市化过程中收入与财富的两极分化将长期存在，城市中新分户家庭、新市民中一部分居民仍需要政府保障才能在城市立足，因此，各地政府特别是处于人口增长型地方的政府，要把住房保障视同城市基础设施列入城市规划，国家层面要建立保障住房保障事业健康稳定发展的长效治理机制。

（四）建立与国家发展战略相适应的住房发展目标

住房发展目标是制定一个国家住房保障制度和设计住房保障体系的重要依据。按照中共十九大对新时代中国特色社会主义发展作出的战略安排，现阶段要以保证全体人民安居为最低目标，以满足人民群众对"更舒适的居住条件"期盼为努力方向。为此，国家层面要制定城镇居民最低住房标准和舒适住房引导标准，分别明确到2020年、2035年和2050年达到最低住房标准和舒适住房引导标准比率，这既是住房保障工作的努力标准，也可成为考核各地住房保障工作绩效的指标，以保持住房消费水平改善与经济发展同步，实现人人"住有所居"到"住有优居"再到"居者有其屋"的跨越。

（五）我国住房保障要由深度救济型保障向适度普惠型保障转变

一方面，我国仍是发展中国家，政府的财力有限，一些地方政府存在巨大的财政缺口，政府还难以履行住房保障的全面责任型；另一方面，目前"少量深度救济型＋有限资助型"保障模式越来越受到高房价的挑战和迈向现代化国家新要求的挑战。迫切需要适当扩大住房保障的面、扩大资助的范围，由"小规模深度

救济型保障+有限资助型"向"适度普惠型"保障转变，既可以提供出租型保障房、出售型保障房、改造安置房、货币化补贴等直接保障方式，也可以提供优惠利率按揭贷款资助居民"居者有其屋"，实施大保障工程。

（六）我国城镇住房保障对象界定，应以消除住房绝对贫困、缓解住房相对贫困为出发点

认定标准之一是住房绝对贫困与相对贫困，要把住房过于拥挤，人均住房建筑面积在12平方米以下；住房存在安全与卫生隐患（危旧房屋、危险房屋或严重损坏房屋）、排水、交通、供电、供气、通信、环卫等配套基础设施不齐全或年久失修；住房使用功能不全，包括房屋室内空间和设施不能满足安全和卫生要求（无集中供水、无分户厨卫）；通风与采光没有达到基本要求；基本无私密保障的住房纳入绝对贫困范围；有条件的地方，扩大保障范围，把人均住房面积18平方米以下的，或者城镇无住房产权的居民，纳入住房相对贫困范围。认定标准之二是住房支付能力不足，对住房保障对象支付能力的考量，应综合其收入和财产状况，以住房消费占家庭收入之比不高于20%为限设定收入线，财产则结合各地房价水平确定。

（七）从全国层面看，应建立"租、售、改、补"四位一体的供给体系

"产权型"保障（包括实物出售型、购房货币补贴型）对增加中低收入家庭资产、缩小两极分化、维护家庭和社会和谐、提供向上流动的机会以及减轻政府管理与财政压力等都有十分积极的意义，不能缺位，尤其是房价高的城市或者房价处于快速上升时期，向中低收入家庭提供"产权型"保障，给中低收入家庭财富增值机会，对增强获得感和社会归属感等有十分积极的作用，也是共同富裕理论在住房保障领域的实践。实际操作过程中，各地可根据各地房地产市场情况，选择"租、售、改"为主，以"补"为辅；或以"租、改"为主，以"售、补"为辅；或以"售、改"为主，以"租、补"为辅；或者全部采用货币化补贴（包括购房补贴、租房补贴）等。对本地户籍中低收入家庭，通过"租、售、改、补"并举系统地改善他们的居住条件，低收入家庭主要通过出租型保障房、中低收入家庭主要通过产权型保障房、危旧房住户通过棚户区安置房或就地改造；对新就业大学和外来户籍人员，由于其工作与生活的不稳定性，主要通过"租、补"的方式解决他们阶段性住房困难，而且需要更多地动员单位的力量解决这些群体的住房困难。

（八）以共有产权住房为突破口，完善住房保障供应体系

共有产权住房是指在购房者无力购买一套完整商品住房情况下，仅购买部分所有权（如30%、50%或70%的产权份额），以与政府共同拥有住房所有权的形式实现"居者有其屋"目标的住房供应形式，如果将来购房者的收入条件改善，既可以按照合同约定的价格购买政府产权部分而获得房屋的全部产权，也可以个人退出。其特点：一是自住型，符合习近平总书记提出"房子是用来住的"的精神；二是具有产权收益，给中低收入家庭分享房产增值的机会（当然也可能需承担房价下跌的风险，但这种风险比购买完全产权商品住房小得多）。其优点：一是产权清晰，体现了"谁投资、谁收益、谁承担风险"的思想，既解决了居民住房保障，又体现了公平；二是与经济适用住房比，压缩了寻租空间；与公共租赁住房比，具有政府资金投入压力小、管理成本低等优势。三是在私人零产权的公共租赁住房与100%私有住房之间提供了一种过渡性产品，打通了商品住房体系与保障房体系连接渠道，弥补了商品住房和公共租赁住房现有两大住房供给体系之间存在的空缺；四是赋予居民一种资产选择的期权，适合有一定支付能力但尚未具有完全购房能力、收入增长有预期的家庭，有利于扩大中产阶级队伍。推广共有产权住房应作为完善我国住房保障供应体系重要举措，也应该成为房地产市场长效机制建设的重要内容。

（九）加快住房保障配套体系建设

一是健全法律保障，出台《住房保障法》或《住房保障条例》，明确政府对居民基本居住权保障的义务，确立住房保障在整个政府公共服务中的地位，建立相关的资源保障机制。二是用地保障，建立住宅用地指标的分配与常住人口挂钩机制，确保住宅用地指标占新增建设用地不低于20%，高房价且供不应求的地区要求在30%甚至更高，确保保障性住房用地占住宅供地量的20%以上。三是财政保障，采用基金的方式运作住房保障归集的资金，确保每年一定占比的财政资金进入住房保障基金，继续实行土地出让净收益中不低于10%的比例进入住房保障基金，把政府手里持有的一些资产划归住房保障基金。四是机构与人员保障，健全相应的管理机构、充实管理人力是做好住房保障工作、管理好这笔庞大资产的必要条件。

（十）以建立政策性住房银行为突破口，完善政策性住房金融支持体系

以现有住房公积金制度为基础建立住房银行，住房银行的定位是：服务民生和国家战略，依托会员互助、国家信用和政策支持、市场化运作，帮助中低收入家庭（新市民）提高在城镇获得适当住房的能力，帮助政府提高保障性住房供给能力，在实现人人住有所居和增强政府宏观调控能力方面发挥重要作用，资本充足、治理规范、内控严密、运营安全、服务优质、资产优良的专业性住房金融机构。具体可分两步走，过渡期：变住房公积金强制缴存为"强制缴存＋自愿缴存"相结合；变内源式为开放式融资；变地区性独立经营为全国统筹、省级独立运作；机构性质由事业变为金融机构，赋予完整的金融功能。成熟期：若政策性住房银行系统运行处于稳定、基于家庭的征税系统已经健全，住房银行服务对象调整为需要在城镇解决基本住房而未解决住房问题的在城镇工作的居民和支持保障性住房、长租公寓开发；从直接贷款业务拓展到住房抵押二级市场；自愿参加、契约管理；利率优惠、政府扶持；一、二级市场并举。

（十一）政府是住房保障的责任主体，强化地方政府实施住房保障的责任

基于中国各地区的发展差异和各级政府的财政收支不同，需要按照"央地协同、分级管理、属地负责"的原则，构建财权与事权一致、责任界定清晰的中央与地方政府联合工作机制。中央政府负责住房保障支持体系建设，包括国家住房政策顶层设计、加快制定全国住房保障的法律法规、制定中长期规划和年度计划、稳定政府财政资金支持、建设好政策性融资体系和社会资金支持系统、确保保障性住房用地指标、建立全国城镇住房保障信息平台、督查与考核、激励与惩罚措施。地方政府要承担住房保障的事权，包括规划与计划制定、政策出台、房源筹集、分配管理、住户管理、资产管理、退出管理等，要保证一定财政投入、土地投入。

（十二）激励社会组织参与保障性住房建设和管理是提高效率的重要举措

保障性住房建设和管理中，社会组织参与度低的核心问题在于项目的低收益、高风险。政府要增加非转移收益型激励，灵活运用项目优先权、用地特许权、配建商业项目、奖励容积率等措施提升激励效果。对参与项目运营的企业要给予收益缺口补助,要加大特许经营权、共有产权等权益型激励,项目到期未能实现合理利润的要给予经营权的延长,并建立项目服务质量评价激励机制,定期对项目运营管理绩效进行考评,据此进行正向和负向激励。加强合作模式创新,加快推广 BOO、TOT、IOT、ROO 等公私合营新模式,推动社会力量参与保障性住房投资、建设、运营全过程。

(十三)解决好公共租赁住房使用中的赖租及骗租问题是公共租赁住房这项制度可持续发展面临的最大挑战,必须采用法律的、技术的、经济的综合措施进行严治

通过实证研究发现:承租人之间存在明显的学习与模仿效应,如果骗租与赖租行为没有得到有效制止,将迅速扩散。研究发现解决骗租问题的核心是政府要提高资产、收入等信息的甄别能力,建议学习上海的做法,从顶层推动,加快建立包括银行、证券、车辆、房产、公积金、税务、工商等全面反映个人资产与收入的信息审核平台,把它作为社会诚信体系建设和政府治理能力现代化的重要举措。解决赖租问题的核心是增强法律法规的威慑力和执行力,如果对赖租人起诉的比例较高,则承租人赖租的风险成本大,多数群体会选择按时腾退,但目前司法处置成本高、程序复杂、时间长,急需要简化。基于公平与效率相结合原则设计引导机制和退出激励机制,使经济状况改善后保障对象自愿退出、或"以租转购",推动"保障房体系循环畅通"。

(十四)我国住房保障工作的重心应该从"建设供应"环节转向"建后管理"环节,要通过资产管理提升资源配置效率、提高保障效果、促进资产保值增值

当前保障性资产流失、资源闲置、分配使用不合理、违规占用等是我国保障性住房资产管理需要解决的重点问题,其引起原因主要有:资产管理的意识不强、职责不清;资产管理的手段落后;现代资产管理的理念缺乏;资产管理的法律法规体系不完善;资产管理的人员配备不足。建议:通过健全保障性住房资产管理体系、加强信息化管理、完善公共租赁住房运营管理制度、创新资产证券化模式等方式,健全保障性住房资产管理的长效运营机制;从项目层面,提高保障性住房选址的科学性、完善市政配套建设、提升住宅的宜居性和交通的便利性、提升物业服务水平、加强社区文化建设,这些都是促进保障房资产保值和增值的有效途径。

本 章 小 结

　　本章说明了本书研究的背景、研究的理论意义和现实意义，界定了住房保障体系和运行机制的概念，提出了本书总体研究框架和主要成果观点。住房保障体系是围绕一个国家住房发展目标而设计的、政府系统地解决居民住房困难问题的"一揽子"方案，运行机制则是解决如何高效率落实住房保障的"一揽子"方案。当前，我国政府需要进一步提高对住房保障工作战略意义的认识，牢固确立住房保障在整个国家经济社会发展中的地位，切实解决好中低收入家庭住房困难。进一步完善住房保障体系，包括适度扩大住房保障对象，完善住房保障方式，健全法律、财政、土地、政策性金融机构等相关配套保障，理清中央和地方政府的职责，完善对地方政府的激励与考核机制、对社会力量的激励与规范机制，建立"物"——保障房资产保值增值运营机制、"人"——保障对象动态管理与准入退出机制，把实现公平与效率作为住房保障体系与运营机制研究与设计的出发点和落脚点。

第二章

住房保障的理论逻辑与实践发展

工业化和城市化吸引大量农村劳动力转移到城市，造成城市住房供不应求，因此，城市住房问题是工业革命及城市化发展的必然产物。如何在促进经济发展的同时，保障不断涌入城市的居民的基本住房权，一直是世界各国普遍关注的焦点问题。西方发达国家早在19世纪就开始关注城市中低收入群体的住房问题，经过100多年的发展已经形成了相对完善的住房保障体系。2009年美国有710.4万个家庭获得了公共住房、租房券及低收入税收减免计划等形式的联邦政府资助的租赁住房（阿列克斯·施瓦兹，2008），[①] 2013年英国有17.35%的家庭租住在政府或住房协会提供的社会住房，[②] 但是这些国家也不断地面临着新的问题。发展中国家也日益重视住房保障，我国自2011年开始已累计完成超过3 600万套的城镇保障性住房和棚户区改造住房。各国政府高度关注城市中低收入群体的住房问题，是因为这一问题并非是单纯的住房问题。政府实施住房保障制度，具有深刻的经济学、法学及政治学理论基础，一直成为理论界研究的热点问题之一。

[①] ［美］阿列克斯·施瓦兹著，黄瑛译：《美国住房政策》，中信出版社2008年版。
[②] 英国社区及地方政府部，https://www.gov.uk/government/statistical-data-sets/stock-profile。

第一节 实施住房保障的理论逻辑

一、住房保障的经济学理论逻辑

（一）凯恩斯需求管理理论

从亚当·斯密、大卫·李嘉图、托马斯·马尔萨斯到约翰·穆勒等，这些古典经济学家都是"市场崇拜者"，认为市场经济是一架能够自发运行、自我调整并且运行良好的机器，经济一旦失衡，市场机制会迅速做出反应和调整，使经济恢复到供求平衡、充分就业的均衡状态。因此，政府应该放任市场的发展，做市场的"守夜人"，仅仅要求履行消极义务，即不侵犯个人权利与自由。但英国 20 世纪 20 年代的长期慢性萧条和 1929~1933 年的世界性大萧条，集中表明资本主义市场经济的自由发展达到了它的极限，引发经济学家深层次的思考和积极探索。20 世纪 20 年代中期，凯恩斯就宣布"自由放任主义终结"。1924 年他提出国家要通过大规模公共投资干预经济活动，此后他一直坚持这一主张，[①] 并形成系统理论。凯恩斯在 1933 年发表《繁荣的途径》，着重强调政府的财政政策在调节经济方面的积极作用。1936 年发表经济学巨著《就业、利息和货币通论》，其核心思想为需求管理理论，认为造成失业和经济危机的根源是有效需求不足，而这正是市场机制自发的产物。要增加有效需求就必须提高消费倾向以扩大消费与投资，但在经济低迷时，市场机制本身无法解决这一难题，必须依靠政府的力量实行国家干预经济以提高社会的消费倾向和加强投资引诱，扩大有效需求。依据凯恩斯的分析，在住房市场中，收入和就业的双重下降会导致工人等社会中低收入阶层无力购买住房，进而影响社会总需求。因此需要国家出台保障性政策来进行住房救济。

凯恩斯理论与当时罗斯福新政实践有着惊人的一致。[②] 1929 年美国爆发了资

[①] 方福前：《论凯恩斯理论与罗斯福"新政"的关系》，载于《经济理论与经济管理》，1998 年第 3 期，第 50~57 页。

[②] 一种观点认为罗斯福"新政"是以凯恩斯理论为基础的；另一种观点认为，罗斯福"新政"与凯恩斯理论无关。

本主义历史上最大的一次经济危机,在各个行业中建筑业首先出现衰退,当时美国建筑业的失业人数占其失业总人数的1/3,面对严重的经济危机,同时为解决中低收入家庭的住房困难问题,罗斯福政府纠正国家治理中的"自由放任"观念,强化"国家干预",成立公共工程局(Public Works Administration,PWA),全面介入住房领域。[①] 在其主持下,1934~1937年美国36个城市共开展了51项住房工程,实际新建住房21 640套。[②] 1934年美国出台了《国家住房法》,成立"联邦住宅管理局"和"联邦储蓄贷款保险公司",1937年颁布《公共住房法案》,这是一部直接针对解决低收入居民住房问题的法案,也是美国第一部关于公共住房的法案,正式确立了"联邦拨款资助、地方具体实施"的公共住房项目。住房法案第一部分就明确写着"减缓当前失业压力,改善低收入家庭不安全的、不卫生的居住条件,增加面向低收入家庭的体面的、安全的、卫生的住房供给"。但是在具体的实施过程中受到了利益集团,主要是美国储备与贷款同盟(Savings and Loan League)、美国商会(Chamber of Commerce)等组织的反对。反对者的主要理由是:政府大量建公共住房,等于政府成为公民的房东,有悖于住房市场是私人企业、私人的自由竞争市场的宗旨,不利于激发公民积极工作、努力改变自己的居住条件。因此,罗斯福总统只能缓慢地推进公共住房项目,至1939年仅建成4 960套。但1940年建成数量迅速增加至34 308套,1941年达到61 065套。随着第二次世界大战到来,政府重心发生转移,公共房数量直线下降,1947年只建成466套。[③] 第二次世界大战结束后,美国重新建立起一个复杂的住房体系,由各级政府介入的一系列法案组成。从自由市场经济到政府积极干预,无论是在西方经济学史还是资本主义发展史上都具有划时代意义,对资本主义社会经济各方面产生了深刻影响。

(二) 庇古福利经济学理论

庇古则从另一角度主张政府干预住房问题。庇古根据边沁的功利主义思想,以寻求最大化的社会经济福利为目标。他在1920年出版的《福利经济学》中第一次系统地论证了整个经济体系实现经济福利最大值的可能性,提出两个基本的福利命题:一是国民收入总量越大,社会经济福利就越大;二是国民收入分配越均等化,社会经济福利就越大。庇古的福利经济学思想认为在国民收入不变的前

---

① 曾辉、虞晓芬:《美国公共住房退出管理中的两难抉择及启示》,载于《中国房地产》,2016年第27期,第72~80页。

② 李莉:《美国公共住房政策演变述评》,载于《史学理论研究》,2010年第1期,第113~124页。

③ Bratt R. G.. *Rebuilding a low-income housing policy*. Temple University Press, Philadelphia, PA, 1989, P57.

提下，具有收入再分配性质的政策措施可以进一步扩大一国的经济福利，因为货币的边际效用是递减的，富人的货币边际效用小于穷人，要增加社会总福利，就必须使社会的生产资源得到合理的配置。房屋供给是庇古强调的福利国家建设的重点内容之一。如果有效需求不足，住房产业一蹶不振，无力为经济发展和增进人民福祉做出应有的贡献。住房等社会福利支出不仅仅是国家和中上阶层应尽的伦理义务，实际上可以增加居民的有效需求，从而进一步推动经济的发展，它对维护整个现存制度发挥着重要作用。在此基础上意大利学者帕累托，首先考察了"集合体的效用极大化"问题，提出了"帕累托最适度条件"。此后，出现外部经济理论、次优理论、相对福利学说、公平和效率交替学说及宏观福利理论等，这些新理论都企图说明，现代西方国家可以通过政府干预调节，实现资源的合理配置。

凯恩斯和庇古尽管主张政府干预住房问题，但他们的初衷不是人权和人道，而是为完善市场机制和挽救市场危机。他们认为住房问题首先是一个国家干预的宏观经济问题，其次才是一个社会问题，更为主要的是住房的社会保障性是为住房的商品性服务的，住房保障如同其他保障一样，是刺激经济发展的一种手段。①

（三）金融经济周期理论

20世纪90年代初日本房地产价格破灭、1998年亚洲金融危机、2008年席卷全世界的美国次贷危机，一次比一次严重的危机让人们认识到，住房产业横跨投资与消费两大部门，关联度高、带动作用强，既是国民经济增长的重要动力源，同时也是导致经济波动和诱发金融危机的重要因素。因此，与传统的经济周期理论方法相比，融入了金融中介、地产冲击等大量金融市场因素，从而在周期波动根源、传播机制等方面产生了显著的不同，这方面的理论被称为金融经济周期理论。利默（Leamer，2007）研究发现美国自第二次世界大战以来比较显著的10次萧条中有8次始于住房投资的最先撤退，当然几乎每轮经济的企稳走强又始于住房市场的复苏，住宅投资引导着商业周期。② 因此，作为资本高度密集的住房产业在金融经济周期中发挥着越来越重要的作用。越来越多的国家将住房价格、住房成交量加入宏观经济政策的研究中。③ 国内学者对住房市场与宏观经济的关

---

① 王宏哲、石雁：《"适当的"：住房人权的概念解读》，载于《北京科技大学学报》（社会科学版），2007年第4期，第83~87页。

② Leamer E. E. Housing is the Business Cycle, *Social Science Electronic Publishing*，2007，46（3）：149-233.

③ 何青、钱宗鑫、郭俊杰：《房地产驱动了中国经济周期吗？》，载于《经济研究》，2015年第12期，第41~53页。

系作了大量研究，普遍认为住房市场与宏观经济之间具有长期、显著的关联性。[1][2] 住房产业也成为各国政府进行反经济周期调节、平抑经济波动、防止金融风险的重要工具。其中，政府通过保障性住房的供给对住房市场的逆周期性干预，有助于稳定投资与消费，防止经济大起大落。例如，2008 年为应对次贷危机，英国、美国等国家迅速制订加大保障性住房建设计划。英国政府在 2008 年后期开始提供额外资金帮助住房协会，使未出售的房产转化为社会住房和租赁房，条件是住房协会继续建房。由于政府支持的增加，住房协会在信贷紧缩期间增加了住房产量，2008 年住房协会的完工率增长了 14%，2009 年（前三个季度）增长了 8%；而私营部门的建设却直线下降，2008 年竣工率下降了 23%，2009 年（前三个季度）同期下降了 25%。2009 年英国政府启动 Kickstart 计划，旨在"解锁受经济衰退影响的停滞不前的住房开发"。2008 年美国联邦政府通过《住房经济复苏法》临时增加了分配给低收入家庭的税收抵免，资助额从人均 2 美元提高到 2.2 美元。2009 年 2 月美国总统奥巴马通过低收入住房税收抵免援助计划（TCAP）和低收入住房税收抵免交流项目（TCEP）增加住房建设。TCAP 提供了 22.5 亿美元资金给国家住房金融机构。TCEP 计划允许州住房金融机构交易 2008 年和 2009 年的现金补助来获得 9% 税收抵免的一部分，对扩大就业、繁荣经济、稳定社会起到重要作用（Alex Schwartz，2011）。[3]

总之，从经济学的角度看，实施住房保障的目的是弥补住房市场的缺陷。住房市场的不完全竞争性、信息不对称性、外部性和公共品属性等因素都会导致市场失灵[4]，加剧市场的波动性。米利根（Milligan，2003）通过对澳大利亚与荷兰住房政策的比较研究发现，高度依赖市场解决住房问题并不成功，最有效的方式是分别对高收入家庭与低收入家庭实施不同的住房政策策略，构建与商品房市场平行的公共住房保障体系来解决低收入者住房问题[5]。维纳（Werna，1994）指出，即使政府给予私人部门各种支持，但私人部门在对低收入者的住房供给上仍

---

[1] 聂危萧、冯长春：《基于时间尺度的房地产市场与宏观经济发展的关联性分析》，载于《现代城市研究》，2013 年第 11 期，第 66~71 页。
[2] 黄忠华、吴次芳、杜雪君：《房地产投资与经济增长——全国及区域层面的面板数据分析》，载于《财贸经济》，2008 年第 8 期，第 56~60 页。
[3] Alex Schwartz, The credit crunch and subsidized low-income housing: The UK and US experience compared, *Journal of Housing & the Built Environment*, 2011, 26 (3): 353-374.
[4] 郝国彩、袁小霞：《关于住房市场失灵与政府干预的思考》，载于《财政研究》，2010 年第 12 期，第 22~24 页。
[5] Milligan V. How different? Comparing housing policies and housing affordability consequences for low income households in Australia and the Netherlands. *Nederlandse Geografische Studies*, 2003, 96 (318): 129-131.

没有起到很好的作用，对低收入住房的供给不能只靠私人部门。① 包宗华（2002）认为住房是一种特殊的商品，它既具有商品性的特征又具有福利性的特征，对于中低收入者而言，如果没有政府帮助，单靠市场的调节很难解决自身的住房问题。②

当然，经济学家也同时提醒在某些市场失灵的情况下，政府需要谨慎地进行干预，这些干预行为不能扭曲市场的信号，否则只会带来比市场失灵更糟糕的政府失灵。③ 如果保障性住房供给量过大，则会减少私营房地产商投资和减少居民对商品住宅购买，产生挤出效应，影响市场的效率。更可能会陷入"福利陷阱"，帕尔默（1968）在《福利国家的悲剧》一文中批评：福利国家的社会福利制度结果就变成了"公地"资源，导致所有人无论是富是穷，是自愿还是被迫，都趋于从中尽力攫取、过度利用，从而酿成"公地悲剧"。④ 大约从20世纪70年代开始，斯旺（Swan，1973）⑤、默里（Murray，1983）⑥、埃里克森（Eriksen，2010）⑦ 等学者以计量经济模型为分析工具，对各类保障性住房所产生的挤出效应进行了实证分析，这些研究成果对政府提高保障性住房资源配置效率有重要的政策启迪作用。通常认为在住房市场进入基本平衡阶段，应逐步转向政府与非营利性组织、私人机构以及其他公共机构之间的合作，政府的作用更多体现在对各种住房供应主体和市场运行的监管。怀特海（Whitehead，1993）认为英国政府通过住房协会等非营利性组织提供住房比地方政府直接提供更具有效率。⑧ 博恩和沃克（Boyne & Walker，1999）对英格兰和威尔士的社会住房改革效果进行分析，发现公共部门在提供公共产品时由于处于垄断地位而出现低效率。⑨ 普里默斯（Priemus，2003）指出荷兰住房协会既具有公共责任又以市场化的形式运行，

---

① Werna E. The provision of low-cost housing in developing countries: a post-or a pre-fordist process of production?. *Habitat International*, 1994, 18 (3): 95 – 103.

② 包宗华：《聚焦：住房分类供应和经济适用住房》，载于《住宅与房地产》，2002年第1期，第20~23页。

③ ［美］阿瑞斯蒂特·哈齐兹《"希腊福利国家：前车之鉴"》，汤姆·戈·帕尔默著，熊越、李扬、董子云等译：《福利国家之后》，海南出版社2017年版。

④ Hadin G.. *The Tragedy of Commons*. Science, 1968, P162.

⑤ Swan C.. Subsidized and Unsubsidized Housing Starts, *American Real Estate and Urban Economics Association Journal*, 1973, 1 (4), 119 – 140.

⑥ Murray, M. P.. Subsidized and Unsubsidized Housing Starts: 1961 – 1977, *Review of Economics and Statistics*, 1983, 65 (4), 590 – 597.

⑦ Eriksen M. D., Rosenthal S.. Crowd Out Effects of Place-based Subsidized Rental Housing: New Evidence From the LIHTC Program, *Journal of Public Economics*, 2010, 94 (12), 953 – 966.

⑧ Whitehead C M E. *Private finance for housing associations*. Avebury, 1993. P89.

⑨ Boyne G., Walker R.. Social Housing Reforms in England and Wales: A Public Choice Evaluation. *Urban Studies*, 1999, 36 (13): 2237 – 2262.

该"混合"状态使荷兰住房协会的效用和效果均处于良好状态。[1]

二、住房保障的法学理论逻辑

住房是每个人、每个家庭生活中不可或缺的物质条件和人身自由的自然延伸。而住宅权的实现是人能够过得上体面且有尊严的生活的一个标志。许多国家立法给予本国居民住房的司法救济或积极救济,为实施住房保障奠定法律依据。

(一) 住房权和适足住房权

人人均应有栖身之所,公民有通过各种途径获得住宅的权利。早在1937年斯特恩斯(Stearns,1937)就对住房权作出了定义,认为"公民有权获得可负担得起的适宜于人类居住的,有良好的物资设备和基础服务设施的,具有安全、健康、尊严,并不受歧视的住房权利"[2]。1948年住房权第一次出现在国际文件《世界人权宣言》,其第25条第1款规定:"人人有权享受为维持他本人和家庭的健康和福利所需的生活水准,包括食物、衣着、住房、医疗和必要的社会服务,在遭到失业、疾病、残废、守寡、衰老或在其他不能控制的情况下丧失谋生能力时,有权享有保障"。1966年的《经济、社会、文化权利国际公约》第11条明确:"本公约缔约各国承认人人享有为其本人和家庭获得相当的生活水准,包括足够的食物、衣着和住房,并能不断改进生活条件。各缔约同将采取适当的步骤保证实现这一权利,并承认为此而实现基于自愿同意国际合作的重要性。"1981年通过的《住宅人权宣言》明确指出:"享有良好环境,适宜于人类居所是所有居民的基本人权"。由此可见,住房权已成为最基础的人权之一,一方面是因为住房权是人时刻不可被剥夺的权利,每个人都需要住;另一方面,还关系到其他人权的实现,比如:人格尊严的权利,不受歧视的权利,适当生活水准的权利,人身安全的权利,个人隐私不受任意侵扰的权利等[3]。

把增进对人权的尊重作为重要宗旨之一的联合国相关机构一直致力于推动住房权的落实。特别是1991年第六届会议第4号"一般性意见"针对《经济、社会、文化权利国际公约》第11条第1款,首先阐述了适足住房的权利,并经过后来的不断完善,内涵十分丰富,包含:(1)住房权保障。指确保提供法律保

---

[1] Priemus H. Social housing management: Concerns about effectiveness and efficiency in the Netherlands, *Journal of Housing & the Built Environment*, 2003, 18 (3): 269–279.

[2] Stearns J. E.. Voluntary Bonds: The Impact of Habitat Ⅱ on U. S. Housing Policy, *Journal of General Physiology*, 1937, 21 (1): 1–16.

[3] 汤林弟:《论基于公民住房权的住房政策架构》,载于《理论导刊》,2012年第2期,第19~22页。

护，以免受到强迫驱逐、骚扰和其他威胁。如果居住者得不到一定程度的住房权保障，即不能视为适足的住房。（2）服务、材料、设备和基础设施的供应。如果居住者得不到安全的饮用水、适当的卫生设施、烹调、取暖、照明所需的能源、食物储藏设施以及垃圾处理，即不能视为适足的住房。（3）可负担性。如果住房成本危及或损害了居住者享有其他人权，即不能视为适足的住房。（4）宜居程度。如果不能保证人身安全，或提供适当的空间，以及提供保护，免受寒冷、潮湿、炎热、风雨、其他健康威胁和结构危险，即不能视为适足的住房。（5）无障碍。如果没有考虑弱势群体和边缘化群体的特殊需求，即不能视为适足的住房。如果剥夺了就业机会、保健服务、学校、保育中心和其他社会基础设施，或处于受污染或危险地区，即不能视为适足的住房。（6）文化环境。如果不尊重并且没有考虑文化特性的表达，即不能视为适足的住房。[①] 可以看出，适足住房的权利比拥有财产的权利广泛得多，它涉及大量与所有权无关的权利；适足住房的权利比一般的住房权保障标准高得多，旨在确保所有人在安全可靠的住所过和平与体面的生活。当然，住房权保障是适足住房权的基石。这些均为各国住房法、政策和制度的制定提供了方向性指引。

  联合国人居署还提出了三个方面的适足住房权国家义务，即尊重、保护和履行的义务。尊重义务要求缔约各国不直接或间接干扰适足住房权的享有，尤其重要的是，要求缔约各国不得实施鼓励或容忍强迫或专横地将任何个人或群体驱逐出自己的住宅。保护义务要求缔约各国应采用立法或其他措施，以确保私人行为方遵守与适足住房权相关的人权标准，比如保证银行和金融机构不歧视地给予住房融资；确保由私营部门提供供水、卫生和其他与住房相连的基本服务不损及其完备性、使用便利、可接受性和质量；确保第三方不随意非法撤回这些服务等。保护公民的适足住房权就是要求政府不仅从自身角度尊重住房权，还要从管理者的角度对非国家行为者进行管制，杜绝发生有第三方侵犯公民适足住房权的行为。要求采取适当的立法、行政、预算、司法、宣传和其他措施，以全面实现适足住房权。[②] 联合国还专门设立适足生活水准权所含适足住房问题以及在此方面不受歧视权问题特别报告员，工作内容包括：适足住房权的法律地位和内容；无家可归；强迫驱逐；全球化和适足住房权；歧视和适足住房权的享有；拟订指标；妇女的适足住房权等。2018年5月特别报告员批评韩国导致共同体、家庭崩塌的强制迁居有违《国际人权法》，应把住宅权视为基本人权。联合国人居署这些工作有力地引导和推动了各国对适足住房权的保障，也督促各国积极践行住房

[①] 联合国与适足住房，http：//www.un.org/zh/development/housing/obligation2.shtml。
[②] 联合国与适足住房，http：//www.un.org/zh/development/housing/obligation1.shtml。

保障义务。

（二）住房权法律保障的各国实践

世界上最早在宪法中对公民住房问题做出规定的是 1814 年的《荷兰王国宪法》，该宪法第 21 条规定："政府关心国家居住条件，保护和改善环境。"宪法首次体现了政府在关心公民住房方面的道德义务，但并没有将公民获得住房或者拥有适当住房条件作为政府的法定义务。进入 20 世纪，随着社会矛盾的凸显，各国普遍意识到宪法不仅仅应当防止国家"积极作为"带来的侵害，还要避免国家"消极不作为"而造成的社会问题。即在社会权领域，国家权力须承担积极作为的义务，承担国家保障的政治责任。在这一背景下，各国宪法相继规定公民的社会权，住房权便成为受宪法保障的基本权利。[①] 只有政府加强扶持力度，增加财政补贴支出，重点建设低于市场房价和市场租金水平的保障性住房，才能满足那些中低收入阶层的住房需求，实现每个人的居住权。一些国家宪法将公民的住房保障作为国家的基本政策和纲领，例如古巴、朝鲜、阿尔巴尼亚等国家在宪法中都明确规定：政府应该为每个劳动者提供充足的食物、衣物和住房；力求使每个公民都有舒适的住房。有的国家则在宪法公民权利部分中明确规定公民的住房权，例如：1978 年《西班牙宪法》在第 1 章 "基本权利和义务" 第 3 节 "社会和经济政策的指导原则"第 47 条规定："所有西班牙人有享受应得的和适当的住房的权利"。1993 年《俄罗斯联邦宪法》第 40 条规定：（1）每个人都有获得住宅的权利。任何人不得被任意剥夺住宅；（2）国家权力机关和地方自治机关鼓励住宅建设，为实现住宅权创造条件；（3）向贫困者或法律指明的其他需要住房的公民无偿提供住宅，或者根据法律所规定的条例由国家的、市政的和其他的住宅基金廉价支付。《芬兰宪法》第 19 条第 4 款规定：政府应该采取措施增进个人的居住权，并尊重其对自己的居住空间进行设置的自由。英国、美国、日本等则出台系统的专门的《住房法》规定政府的责任、住房保障资助项目和对象。例如，日本 1950 年制定了《住房金融公库法》，1951 年出台了《公营住宅法》，1955 年制定了《日本住宅公团法》，形成了公营住房、中央金融公库、公团住房三大解决中低收入家庭住房问题的支柱。

（三）积极救济模式和消极救济模式

现代法治观认为，"无救济即无权利"，救济就意味着从道德权利、规范权力

[①] 朱福惠、李燕：《论公民住房权的宪法保障》，载于《暨南学报》（哲学社会科学版），2009 年第 2 期，第 118~122 页。

转化为现实权利。综观各国政府对公民住房权的救济分为两种模式，积极救济模式和消极救济模式。

消极救济是指公民适足住房权受到国家或政府行为的侵犯或得不到保障后向专责机关提出赔偿或补救的请求，是一种通过公权力解决住房权利义务关系的事后救济。最为典型的案例之一，1969年费城新泽西的郊区，一群少数族裔居民以其支付能力无法在自己的家乡新泽西州劳雷尔山找到体面的住房为由，成立了斯普林维尔社区行动委员会并与当地一家承包商联系计划修建36套保障性住房，但这一方案遭到当地镇政府的否定。1971年斯普林维尔社区行动委员会的成员联合当地的致力于黑人民权事业的组织（NACCP）和卡姆登地区法务服务组织，提出诉讼反对镇政府（称为《劳雷尔山案》）。1975年新泽西州最高法院最终判定：发展中市镇有义务通过它们的土地使用政策和规制来承担地区中低收入者住房需求的公平份额。① 案例之二，苏格兰王国和法国给社会权利的司法救济开创了一条新的路径：通过国内议会立法，赋予公民享有"可抗辩住房权"，即无房者可以通过法律手段向政府提出住房需求，实现有房居住的权利。② 这些司法救济手段将适足住房权导向了一种真正的平等，它保证了那些缺乏起码的生存手段和能力的人的基本生存需要。当然，消极救济具有权威性、强制性、程序的正规性的优点，但是救济所耗费的资源也相对较大。

积极的救济模式是以国家住房保障义务为中心，强调国家应该积极主动地履行保障义务，一方面为住房权的实现提供最直接有效的措施，包括直接向社会成员提供通过公共住房和货币化补贴，满足其基本居住需求；另一方面为实现住房权提供一个良好的环境，包括为人们实现住房权利，并满足不断改善住房条件的权利提供良好的法律环境、金融支持、财政支持和其他的政策支持，包括发挥非政府组织或第三部门的作用增加可承受住房总供给等。朱福惠等（2009）③ 认为住房权的保障主要依赖积极的国家财政政策以及政府改善民生的政治合法性理念，而这正是宪法保障公民社会权实现的重要途径。

相对而言，我国现行宪法在总纲和公民的基本权利部分中均没有直接规定公民的住房权，甚至没有关于住房的专门立法，只能间接地从公民应获得的人权保障中为住房权找到一些依据，如我国《宪法》第三十三条规定："国家尊重和保障人权。"第十四条规定："国家建立健全同经济发展水准相适应的社会保障制

---

① 李泠烨：《城乡规划中"公共福祉"的判定研究——一则著名美国案例的分析及其对中国的启示》，载于《行政法学研究》，2012年第2期，第116~123页。
② 魏文：《法国通过"可抗辩居住权"法案》，载于《中国审计报》，2007年1月31日。
③ 朱福惠、李燕：《论公民住房权的宪法保障》，载于《暨南学报》（哲学社会科学版），2009年第2期，第118~122页。

度。"第四十五条规定:"中华人民共和国公民在年老、疾病或者丧失劳动能力的情况下,有从国家和社会获得物质帮助的权利"。为此,不少专家从基于公民住房权或适足住房权实现的国家义务等角度反思我国住房政策,认为与发达国家甚至部分发展中国家相比,我国在保障公民住房权方面还有相当的差距,当前住房问题是由于住房政策只看到了住房的商品属性而忽略了住房的社会属性造成的,建议重建住房政策的公民住房权之基础,加快住宅立法,制定国家住房权战略,完善我国住房保障制度。①②

三、住房保障的政治学理论逻辑

恩格斯在《论住宅问题》一书中阐述了产生住房短缺问题的根源,他认为许多城市有足够的住房,但由于集中在少数资本家手中,而身为资本家的房主考虑的只是从自己的房产中无情地榨取最高的房租。住房分配的不公会激化资产阶级与无产工人阶级的矛盾,直至引发社会革命推翻资产阶级政权。恩格斯的论述为政府实施住房保障奠定了政治学理论基础。

政府实施住房保障有助于促进社会公平正义。公平正义是现代社会进行制度安排和制度创新的重要依据,是协调社会各个阶层相互关系的基本准则,也是一个社会具有凝聚力、向心力和感召力的重要源泉。美国哈佛大学约翰·罗尔斯(John Rawls,1971)教授在《正义论》一书中将公平(正义)观概括为两个原则:"第一个原则:每个人对与所有人所拥有的最广泛平等的基本自由体系相容的类似自由体系都应有一种平等的权利。第二个原则:社会和经济的不平等应这样安排,使它们在与正义的储存原则一致的情况下,适合于最少受惠者的最大利益;并且依系于在机会公平平等的条件下,职务和地位向所有人开放"。依据罗尔斯教授的正义原则,在信息不完全、竞争不充分的市场经济条件下,由于机会的不平等而导致不同人群之间收入分配的不公平,从而产生社会"弱势"群体。城市各级收入群体都有平等自由的获得住房权的资格,不同能力、收入群体在住房层次上肯定有所差别,但为了减轻或消除社会不公平的状况,政府有责任和义务保证中低收入家庭也能安居乐业,住房公平就是在住房领域内的社会公平。

市场竞争的结果是经常而不是偶然地与公平相矛盾的。当住房成为一种商品,其稀缺性必然导致价格不断攀升,中低收入群体凭借自身能力无法获得适当

---

① 张清、严婷婷:《适足住房权实现之国家义务研究》,载于《北方法学》,2012年第2期,第82~91页。
② 张清、梁军:《适足住房权的司法救济研究》,载于《学习与探索》,2012年第12期,第71~75页。

的住房。如果政府任由市场调节房地产市场，将会导致大量弱势群体流离失所，这些群体就可能对社会产生失望甚至仇恨，进而可能做出不利于社会稳定的事。因此，合理的住房保障政策对于实现社会的公平正义和维护社会稳定有着十分关键的作用，政府理应在住房保障方面有所作为。保障性住房产生的原始出发点往往是一个国家或一个政府对于国民基本居住权利，特别是弱势国民基本居住权利的维护有所担当的体现，往往都被视为维护社会公正性的举措。[①] 国家应通过制定相应的社会政策，合理干预由于住房不平等而引起的社会不平等，甚至社会冲突问题，因为住房不仅是一个社会的公民住有其所的日常问题，更是影响一个社会公正或正义的重要问题。

保障性住房是政府向中低收入群体提供的一张社会安全网。[②] "为每一个居民提供适当良好的住房" 或 "居者有其屋" 的社会目标的实现，是维护社会稳定的重要手段。[③] 新加坡政府从建立之初就非常重视居民拥有住房产权问题，1964年政府制订住房拥有计划（the homeownership scheme），帮助居民购买公共住房，使低收入阶层能够以政府补贴的低价格拥有住宅产权。1968年出台公积金制度，政府决定允许居民使用中央公积金（the central provident fund）支付首付款，这些措施使得90%的新加坡居民拥有公共住房的产权。[④] 新加坡的组屋计划旨在建立和维护社会经济和政治稳定性，它使国家能够塑造社会经济结构。[⑤] 正如李光耀曾说："为了确保我们的人民深深扎根于此，而人民也有值得捍卫的事物，我们就得成立军队。但是，我们的人口又不足以成立一支正规军队，而要叫住在小房子的人来保卫住在豪宅里的人，也是行不通的。因此，我们一开始就认定每个国民都应该拥有房子，这样每户家庭才能拥有值得保卫的资产，而我们多年来已把组屋视为人民最为珍贵的资产。"[⑥]

在一些西方国家中，公共住房政策往往成为增加公众政治支持的重要工具。1979年英国保守党取得大选胜利的一个不可忽视的因素是其提出了一系列住房

---

① 张祚：《公共商品住房分配及空间分布问题研究》，中国地质大学博士论文，2010年。
② Ruel E., Oakley D., Wilson G. E., Maddox R. Is public housing the cause of poor health or a safety net for the unhealthy poor? *Journal of Urban Health Bulletin of the New York Academy of Medicine*, 2010, 87 (5)：827–838.
③ 龙雯：《公共住房保障中的政府责任研究》，湖南大学博士论文，2012年。
④ 曾辉、虞晓芬：《国外低收入家庭住房保障模式的演变及启示——以英国、美国、新加坡三国为例》，载于《中国房地产》，2013年第2期，第23~29页。
⑤ Goh L. E. Planning That Works：Housing Policy and Economic Development in Singapore. *Journal of Planning Education & Research*, 1988, 7 (3)：147–162.
⑥ 《李光耀如何让新加坡人居者有其屋》，搜狐焦点，2015年3月23日。

政策，尤其是"购屋权"计划。①韩国总统卢泰愚和金大中在总统竞选过程中都承诺推出宏大的公共住房计划，对其当选起到重要作用。20世纪90年代，韩国政府在房价上升、政治不满情绪高涨时，都会将公共住房政策作为增加公众支持的手段。②

综上所述，住房兼具经济发展、金融安全、人权保障、社会稳定等多种功能，因此，在市场经济条件下，政府承担住房保障具有多重作用，是不可缺少的。

第二节 住房保障的国际发展趋势

一、从政府主导到多元主体参与

工业化和城市化引发城市人口数量激增，引起住房供不应求、房价不断上涨。面对供给的短缺，政府通过直接建造大量公共租赁住房或低价格住房来弥补市场的不足，是见效最快的，不仅可以直接改善中低收入群体居住环境，还能有效的刺激经济发展。因此许多国家在保障性住房起步阶段、在住房市场严重供不应求阶段，都普遍采用政府主导下的大规模保障性住房投资与建设模式。英国在18世纪末出现了严重的住房问题进而引发了重大的社会问题（如工人运动），英国的住房问题开始引起政府的重视，并于1890年制定了《工人阶级住宅法》，用法律来保障低收入和平民阶层的住房需求。为缓解严重的住房供需矛盾问题，1919年英国出台《住宅法》，确定了以公营住宅为核心的住宅政策。1924年英国工党政府提出以其健康大臣名字命名的《威特立法》，标志着英国政府开始大规模建设保障性住房。截至1939年，地方政府建造了100万套出租住宅，约占住宅存量的10%，20世纪五六十年代，每年建设量达30万套，到1981年英国的公营住宅占全部住宅的比例达到29.08%。③美国1937年颁布《联邦公共住房法案》，至1939年建成4 960套，1940年建成数量增加为34 308套，1941年达到

---

① [英] 戴维·莫林斯，艾伦·穆里著，陈立中译：《英国住房政策》，中国建筑工业出版社2012年版，第35页。

② Kim S H. Belated but grand? The future of public housing in Korea. *City Culture & Society*，2014，5(2)：97-105。

③ 英国社区及地方政府部，https：//www.gov.uk/government/statistical-data-sets/stock-profile。

61 065 套,但随着第二次世界大战的到来,政府重心发生转移,公共住房数量直线下降,1947 年只建成 466 套,1949 年累计拥有 170 436 套公共住房。① 第二次世界大战结束,杜鲁门政府拉开了大规模城市更新运动的序幕,迎来了公共住房建设的第二个高潮,到 1959 年政府已拥有 422 451 套,1969 年达到 792 228 套,1979 年达到 1 204 718 套(如表 2-1 所示)。

表 2-1　　　　　　　美国公共住房数量变化　　　　　　单位:套

时间	总数量
1949 年	170 436
1959 年	422 451
1969 年	792 228
1979 年	1 204 718
1990 年	1 391 312
1993 年	1 407 923
1996 年	1 326 224
1998 年	1 300 493
1999 年	1 273 500
2004 年	1 234 555
2008 年	1 155 557

资料来源:美国住房和城市发展部(HUD),Picture of Subsidized Households(2008 年)。

但自 20 世纪 70 年代以来,政府在克服公共产品供给"市场失灵"的同时,也产生了新的"政府失灵"问题。主要有:一是保障性住房的运营维护成本不断提高,政府财政压力日益增大。以美国为例,公共住房最初的设想是政府承担建设成本,租户支付租金维持运营支出。起初,由于房屋维护成本较低,租金能够补偿各类成本开支,但由于通货膨胀及房龄老化后维护成本不断增加等原因,公共住房运营成本缺口不断增大。联邦政府 1969 年补助 1 490 万美元,1979 年增加到 72 700 万美元,1993 年进一步提高到 25 亿美元,2003 年达到了 35 亿美元。② 此外,联邦政府在 1990~2003 年平均每年提供 31 亿美元的公共住房设施更新补助,但 2000 年的调查分析发现,完成所有公共住房更新还需 246 亿美

---

① Bratt R. G., *Rebuilding a low-income housing policy*. Temple University Press, Philadelphia, 1989, P57.
② Hays, R. A. *The Federal Government and Government and Urban Housing* (2nd ed.). The State University of New York Press, 1995.

元。① 英国政府直接投资兴建公共住房虽然有效解决了住房短缺问题，却也背上了沉重的财政负担，这也是1979年执政的保守党政府推出"购屋权"计划，实行社会住房私有化改革的重要原因。二是公共租赁房长期缺少管理、缺少正常维修，房屋品质与居住环境差。美国"国家严重衰败公共住房工作委员会"在1992年向国会提交的报告中指出，全国范围内130万套公共住房中的近8.5万套已经出现了严重的问题，除了房屋本身因时间因素老化破败外，公共住房所在社区还常常伴随着种族与经济隔离以及警力、学校和卫生等公共设施不足等问题。更有甚者，暴力犯罪和吸毒贩毒现象充斥其间，社区居民长期生活在恐惧当中。三是公平性问题，例如1982年美国总统住房委员会提交的报告指出，由于政府的公共住房只能提供给一部分幸运的低收入者，使得这一部分居民能以更低的价格享受到比他的邻居更好的住房，这带来新的不公平。此外，政府投资建设运营保障性住房不仅效率低下，而且还会对私人住房市场产生挤出效应。

随着政府职能和规模的不断扩大，凯恩斯政府干预理论的弊端日益显现，政府机构膨胀、资源浪费现象严重，国家干预陷入困境。在此背景下，一批主张经济自由的经济学家论证了"公共产品民营化"的可行性。公共选择理论认为官僚机构是低效率的，因为官僚机构垄断了公共物品的供给缺乏竞争；政府官员的目标不是效益最大化，而是规模最大化以增加自身升迁机会；此外对政府官员也缺乏有效的监督。以埃莉诺·奥斯特罗姆为代表的新制度主义学派主张将市场机制引入公共服务领域，形成政府、市场、社会组织合作共治的公共事务多中心治理模式。在公共产品供给市场化理论的影响下，西方国家纷纷进行公共服务改革，强调用"市场"代替"官僚"。② 事实上，美国联邦政府从1954年就开始制定利率优惠、财政补贴等措施，鼓励私人开发商向低收入家庭提供住房。1968年推出"补贴住房建设计划"，通过利息补贴方式为公共住房建设环节提供资金，刺激开发商或非营利机构参与公共住房建设。1986年里根政府颁布《税收改革法案》，该法案推出了低收入税收抵免计划（low income housing tax credit program, LIHTC），③ LIHTC的核心是向开发商提供税收抵免额以激励他们向中低收入群体供应低租金住房。LIHTC项目问世至2014年，投资开发的项目总计为38 491个，开发建造了2 411 212个住房单元，即平均每年资助建设的住房单元就达到86 115个，规模上已超过政府拥有的公共住房。根据住房和城市发

---

① ［美］阿列克斯·施瓦兹著，黄瑛译：《美国住房政策》，中信出版社2008年版。
② Hughes O. E. *Public Management and Administration*. Macmillan Press，1994.
③ 低收入税收抵免计划（LIHTC）用于新建或重新改造住房项目，这些项目必须符合两个条件：（1）至少20%的住房是以政府控制的价格出租给家庭收入处在当地平均收入的50%以下的家庭，或40%的住房出租给收入在当地平均收入60%以下的家庭，简称"20，50""40，60"。开发单位在项目申报前就需要做好市场定位和作出选择。（2）物业以政府控制的价格出租的时间保证在15~30年。

展部（HUD）官网数据库公布的，2012 年住房券项目资助的单元数为 2 339 198 个，33.9%；LIHTC 排名第二，运营单元数为 1 974 163 个，占比 28.6%；排名第三的是公共住房计划，运营单元数为 1 156 839 个，占比为 16.8%。自 1996 年以后，除了改建老化的公共住房和资助印第安保留区的公共住房之外，美国住房和城市发展部的预算授权从没有资助过由政府直接新建公共住房[①]（如表 2-2 所示）。

表 2-2　　　　2005～2014 年 LIHTC 项目的建设情况

项目	2005 年	2006 年	2007 年	2008 年	2009 年	2010 年	2011 年	2012 年	2013 年	2014 年	合计
项目数（个）	1 662	1 640	1 685	1 438	1 178	1 167	1 607	1 352	1 117	685	13 531
住房数（个）	135 429	135 062	135 191	110 035	92 290	89 368	124 113	98 483	73 213	42 883	1 036 067
新建（%）	64	61	60	61	62	60	59	61	59	58	61
重建（%）	31	35	35	35	32	36	37	33	38	40	35
新/重建（%）	5	4	4	4	4	4	6	4	2	4	4

资料来源：https://www.huduser.gov/portal/Datasets/lihtc/tables9514.pdf.

1979 年英国撒切尔政府上台执政以后，面对严重的财政危机、恶化的经济形势和低下的行政效率，开始推行以市场化为价值取向的公共行政改革，在住房保障领域导入"购屋权"，推动了社会住房的私有化改革，并把保障性住房供给的任务大规模移交给非营利性组织——住房协会。伯查尔（Birchall，1992）认为 20 世纪 80 年代住房改革彻底改变了英国的住房供给形态，住房协会作为非营利性组织成为除政府和私人之外的"第三种力量"，扮演着社会租赁房主导供应商角色。[②] 英国政府建立了"准市场"机制——即竞争性分配资金，在该机制中，住房和社区局（HCA）确定年度拨款总额，因为拨款额度有限，住房协会之间必须相互竞争，住房和社区局代表英国政府对各个住房协会提交的方案进行评估，从而保证了有限的保障性住房建设资金用于急需的地方、用于效率更高的住房协会。住房和社区局对住房协会制定了包括监管要求、行为守则和监管方式三部分的内容，2 000 多家住房协会内部也建立完善的内控机制。地方政府给予土地资源、基础设施等支持（如图 2-1 所示）。

---

① Dolbeare, Sharaf & Crowley. Changing Priorities: The Federal Budget and Housing Assistance 1976 - 2007, Washington, DC: National Low Income Housing Coalition. https://nlihc.org/.
② Johnston Birchall. *Housing policy in the 1990s*. London: Routledge, 1992.

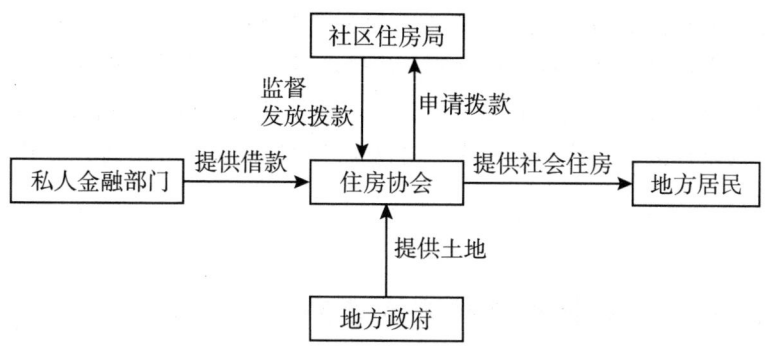

图 2-1 住房协会运行体系

此外,各国都积极探索引入社会资本、社会组织参与保障性住房的建设和管理。印度政府为了鼓励私人部门参与可负担住房的 PPP 项目,出台了一系列的激励措施[1]:公共部门通过给予土地补贴、快速审批、费用免除措施促进土地供给,给予容积率补偿和可转换开发权等。在第四个马来西亚计划(1981~1985 年)期间,马来西亚政府出台政策要求私人开发商在其超过一定土地开发面积的项目中提供 30% 的低成本住房(LIG),把从中、高档住房中获得的利润交叉补贴给低成本住房,这项交叉补贴政策促进了马来西亚低成本住房的发展。[2] 2000 年,加拿大发起了 Let's Built 项目激励不同领域的各方形成合作伙伴关系开发社会住房。[3] 莫斯卡利克(Moskalyk,2008)分析了三个加拿大成功运用 PPP 提供和管理社会住房的案例,他认为通过合作伙伴关系可以有效提供和管理社会住房,私人部门在建设、设计、房地产融资、土地开发、市场、资产管理、住房的购买与出售方面有丰富的经验,而且他们灵活、创新、更有能力承担和管理风险。[4]

通过上述分析可以发现,从政府主导到多元化主体参与是住房保障模式演变的基本趋向。政府主导建设运营保障性住房模式在住房市场处于供不应求阶段是适宜的,可以快速增加住房供给,但当住房市场达到供需均衡或者供大于求时,政府主导模式将产生资源浪费和阻碍住房市场的健康发展等问题。不同国家多元

---

[1] Parashar D. The Government's Role in Private Partnerships for Urban Poor Housing in India. *International Journal of Housing Markets and Analysis*, 2014, 7 (4): 524–538.

[2] Idrus N., Ho C. S.. Affordable and Quality Housing Through the Low cost Housing Provision in Malaysia. *Seminar of Sustainable Development & Governance*. 2008.

[3] Griffin L.. Creating Affordable Housing In Toronto Using Public – Private Partnerships. *Table of Contents Part One: Infill And The Affordability Crisis Part Two: The Partnership Strategy In Context Part Four?: Concluding Discussion*. Faculty of Environmental Studies York University, 2003, 9 (2).

[4] Moskalyk A. The Role of Public—Private Partnerships in Funding Social Housing in Canada. *CPRN Research Report*, 2008, (9).

化主体参与的形式各异，主要包括政府通过制定财政、税收、金融等一系列政策，激励私人或私人公司投资建设或配建保障性住房；将保障性住房交由非营利性社会组织（如住房协会）运营管理，政府根据绩效考核结果向其提供一定的财政补贴；或以社区土地信托的模式，向符合条件的低收入者出售其能够负担得起的住房等。

二、从实物配租到多种方式并举

实物配租（也称为"补砖头"）是指政府向符合条件的申请对象直接提供住房，并收取较低的租金，租金的定价标准一般以补偿运营成本为准则。纵观世界各国保障性住房的发展历程，无论是资本主义国家还是社会主义国家，大多都从实物配租开始，如美国的公共住房、英国的社会住房、新加坡的组屋、日本的公营住宅以及我国的廉租房和公租房等都属于实物配租保障模式。这与保障性住房政策出台的背景有关，基本都面临着住房市场供求关系失衡，住宅供应（特别是中低价位住房）严重不足，中低收入群体住房拥挤、居住环境恶劣，并无力承担适当住房的成本等问题。由于资本的逐利性，低收入阶层的住房问题很难通过市场机制解决。政府利用国家和社会的力量，通过行政手段为中低收入家庭提供适当住房，其目的在于保障社会成员的基本人权（包括生存权、居住权等）、维护社会稳定和促进社会公平。[①]

实物配租模式虽然可以在较短的时间内解决住房绝对短缺问题，但其负面效应也非常显著，一方面，政府投资建设、运营公共住房的财政负担较重，政府除了需要从财政中支出一大笔资金用于补贴保障性住房及配套设施的开发建设外，每年还需支付大量资金用于维持正常保养与维修，而且随着房屋老化、运营维护成本越来越高，财政压力也会越来越大；另一方面，随着住房供需矛盾逐渐缓解，保障性住房对商品房的挤出效应也逐步显现，住房产业界对政府大规模建设保障性住房的反对声音越来越强（Murray M. P., 1999; Malpezzi S. & Vandell K., 2002）。[②③] 此外，这种保障模式的效率和效果也开始受到学术界和政府部门

[①] 刘瑛：《河南省保障性住房建设现状及存在问题之分析》，载于《法制与经济》（中旬），2013年第5期，第82~83页。

[②] Murray M. P. Subsidized and Unsubsidized Housing Stocks 1935 to 1987: Crowding out and Co integration. *Journal of Real Estate Finance & Economics*, 1999, 18 (1): 107 - 124.

[③] Malpezzi S. & Vandell K. Does the low-income housing tax credit increase the supply of housing?. *Journal of Housing Economics*, 2002, 11 (4): 360 - 380.

的质疑（Morrison N. , 2000; Priemus H. , 2003）。①② 因此，各国政府逐步开始转变住房保障思路，从单一的实物配租模式向租房券、租金补贴等多种方式并举模式转变。

1965 年美国国会制定了"第 23 条款"，允许公共住房管理局租用私人住房出租给低收入家庭，标志着基于需求方的住房保障模式的开始。1974 年，美国《住房与社区开发法案》（housing and community development act of 1974）通过，美国国会制订了关于存量房计划的"第 8 条款"用以取代"第 23 条款"，该计划也称为"租金证明计划"（the Certificate Program），标志着美国联邦政府大规模兴建公共住房计划的终结。1983 年，又引入与租金证明计划有所区别的"租金券计划"（voucher program）。这两种基于承租人的住房保障模式同时存在，一直持续到 1998 年，才被新的结合两者特征的"住房选择券计划"（housing choice voucher program）取代。美国的住房保障政策已经完成从实物配租到多种形式货币补贴的战略性调整。

1954 年是英国住房市场供求关系发生转变的一个重要时点，也是英国住房政策的一个重要转折点。③ 此时由于第二次世界大战引发的住房极度短缺问题已经得到缓解，住房市场的供求关系从供不应求转向供过于求。英国保守党政府在 1955 年完成了最后 30 万套住房建设目标之后，几乎停止了所有住房建设补贴，仅保留了为老年人建设的只有一个卧室的住房建设补贴。④ 自此，英国的住房保障政策重点转向需求方的补贴。1956 年，英国出台住房补贴法（Housing Subsidies Act, 1956），明确减少地方政府直接干预住房，提供补贴给一般住房需要者；1967 年新的住房补贴法（Housing Subsides Act, 1967）规定购房者可以向建筑协会申请较低的利率贷款，其利息差额由政府补贴并减税。⑤ 1979 年撒切尔政府开始推行大规模社会住房私有化政策，将社会住房以较大的折扣出售给承租人，同时，通过住房金融与租税减免政策，鼓励人们自购住房，进而提高住房的自有率。

不同的发展阶段住房市场的主要矛盾不同。供不应求时期，关键是快速增加

---

① Morrison N. Examining the difficulties in letting social housing within England. *Geojournal*, 2000, 51 (4): 339 – 349.

② Priemus H. Social housing management: Concerns about effectiveness and efficiency in the Netherlands. *Journal of Housing & the Built Environment*, 2003, 18 (3): 269 – 279.

③ Malpass P. Fifty Years of British Housing Policy: Leaving or Leading the Welfare State? . *International Journal of Housing Policy*, 2004, 4 (2): 209 – 227.

④ ［英］戴维·莫林斯、艾伦·穆里，陈立中译：《英国住房政策》，中国建筑工业出版社 2012 年版，第 24 页。

⑤ 程益群：《住房保障法律制度研究》，中国政法大学博士论文，2009 年。

住房供给，应选择基于供给方的住房保障模式，如政府直接投资建设保障房，或者由政府制定财政、税收、金融等一系列政策，激励私人开发商投资建设保障房。虽然这种模式可以快速增加住房供给，但存在效率低、政府负担重且容易产生贫民窟等问题。当供需基本均衡或者供大于求时，关键是提高低收入家庭的住房可承受能力，降低租金收入比、房价收入比。可选择基于需求方的住房保障模式，如发放住房券、住房现金补贴、加大购房金融支持力度等方式。虽然这种模式可能会在短期内推高租金，但效率更高、低收入群体自主选择权更大。我国区域经济发展极不平衡，不同地区住房市场的发展水平差异较大，部分城市甚至出现较大的空置率，因此，在制订各地保障性住房发展计划时，应充分调查当地的住房供需状况。在供大于求的市场，应尽可能利用存量房解决低收入家庭的住房问题。[1]

三、从群体分异到促进融合居住

政府主导下的大规模集中建设运营保障性住房在一定程度上缓解了城市住房供给短缺问题，改善了低收入群体的住房条件。但由于大部分国家的保障性住房属于社会福利或救济范畴，其供给对象是城市低收入及贫困群体，结果是保障性住房成为贫困人群的聚集地。贫困人群大量集中带来了严重的社会问题，例如保障性社区逐渐沦为贫民窟，不仅脏乱差，而且卖淫、吸毒等犯罪活动盛行，社会隔离、社会排斥现象严重。简·雅各布斯（Jacobs, Jane, 1961）在其出版的专著《美国大城市的死与生》中对社会隔离现象作了生动的描述："有一种一厢情愿的神话，那就是，只要我们拥有足够的金钱——金钱的数目通常以数千亿美元计——那么我们就能在十年内消除所有的贫民区……但是请看看我们用最初的几十亿建了些什么：低收入住宅区成了少年犯罪、蓄意破坏和普遍社会失望情绪的中心。中等收入住宅区则是死气沉沉、兵营一般封闭，毫无城市生活的生气和活力可言。那些奢华的住宅区域试图用无处不在的庸俗来冲淡它们的乏味，而那些文化中心竟无力支持一家好的书店。"1993年科特勒维兹在《这里没有儿童》一书中，描述了芝加哥公共住宅的状况："这些物品上爬满了蟑螂和跳蚤，地下室的气味令人难以忍受，到处都是正在腐烂的老鼠、猫和其他动物的尸体、人和动物的粪便、沾满土的衣服"。

1987年美国学者威尔森在《真正的穷人》一书中分析了聚居区底层阶级、

---

[1] 曾辉、虞晓芬：《国外低收入家庭住房保障模式的演变及启示——以英国、美国、新加坡三国为例》，载于《中国房地产》，2013年第2期，第23~29页。

贫困与社会断裂等问题，激发了众多欧美学者对贫困集中问题的广泛关注。这些以弱势群体为主体的公共住房政策受到强烈攻击，越来越多学者、业界人士要求改变准入条件，促进混合居住。在当前的英国、荷兰、瑞典等欧洲国家，混合居住已经成为应对社会排斥、实施城市复兴的核心政策。[①②③] 早在 1846 年，伊尔福德的《城镇规划书》中就提出了混合居住的思想，这种思想是基于"通过中产阶级的角色模式和示范作用，使穷人移民向市民学习，从而变成'好'的居民"的假设而提出的。1946 年英国新城法规定，规划应该将所有社会群体融合起来。到 20 世纪 70 年代末，英国 1/3 的家庭生活在年龄、收入、家庭类型和住房所有权类型混合的住区中。[④⑤] 在欧洲不同的经济社会发展时期，混合居住有不同的内涵，工业化初期主要从社会经济角度强调各社会阶层的混居，如中低收入居民的混合和平衡；80 年代以后转向推动住房所有权类型的多样化，主要是通过增加社会住房地区的私人自有住房来降低社会住房的集中度；荷兰和瑞典还强调不同种族的混合。

美国在促进混合居住方面做了很多尝试和努力。早在 1959 年美国国会就开始弱化公共住房的低收入属性。1959 年《住房法案》取消了租户租金不超过公共住房租金五倍的限制。1961 年《住房法案》削弱了对特殊需要群体申请者的优待措施，并取消了驱逐收入超过上限规定但由于特殊原因无法从私人市场获得其他住房的家庭的义务，地方公共住房管理局可以自主决定是否选择通过收取更高租金的方式允许收入超过上限规定的租户继续租住公共住房。[⑥] 1974 年的《住房和社区发展法案》将减少地理上的贫困集中作为联邦住房政策的一个重要目标，提出要防止只将公共住房出租给最绝望的穷人，要求地方公共住房管理局确定租户选择标准，以保证居住在公共住房中的家庭收入呈现多样化特征，避免低收入家庭的过度集中，并取消租户收入上限和驱逐过高收入租户的规定。[⑦] 1992

---

① Musterd S., Ostendorf W., Vos S. D. Neighborhood effects and social mobility: a longitudinal analysis. *Housing Studies*, 2003, 18 (6): 877 – 892.

② Kleinhans R. Social implications of housing diversification in urban renewal: A review of recent literature. *Journal of Housing & the Built Environment*, 2004, 19 (4): 367 – 390.

③ Arthurson K. Australian Public Housing and the Diverse Histories of Social Mix. *Journal of Urban History*, 2008, 34 (3): 484 – 501.

④ 孙斌栋、刘学良:《欧洲混合居住政策效应的研究述评及启示》，载于《国际城市规划》，2010 年第 5 期，第 96 ~ 102 页。

⑤ Feitosa, F. F., Wissmann, A. Social-mix policy approaches to urban segregation in Europe and the United States. *Zentrum fur Entwicklungsforschung Center for Development Research Universitat bonn*, 2006.

⑥ Schill M. H. Distressed public housing: where do we go from here?. *University of Chicago Law Review*, 1993, 60 (2): 497 – 554.

⑦ Vale L. J. The future of planned poverty: Redeveloping America's most distressed public housing projects. *Neth. J. of Housing and the Built Environment*, 1999, 14 (1): 13 – 31.

年，美国国会采纳"国家严重衰败公共住房工作委员会"的建议，创立了城市复兴示范项目，目的是根除越来越衰落的公共住房问题。1993年将原城市复兴示范项目更名为希望六号计划（hope Ⅵ programme），其中一项重要任务是以低密度的开发模式代替原高度密集的公共住房建造模式，减少公共住房租户的贫困集中，促进社会的收入融合。① 1998年美国又出台了一项具有里程碑意义的《质量住房和工作责任法案》，明确将公共住房混合居住摆在优先位置，规定公共住房的租户中收入低于地区平均收入30%的家庭不能超过40%；为减少贫困集中和促进收入混合，地方公共住房管理局在出租空置单元时，考虑现有住户的收入水平，将高收入住户分配到低收入社区，而低收入住户分配到高收入社区。② 在土地规划方面，实施"包容性"分区规划方法，要求为可承受住宅预留一定比例。目前，"包容性"分区规划被许多发达国家采用。英国60%的开发区域在土地利用规划中设定了可承受住房比例，也出现少数案例，土地所有者和开发商要向规划当局支付一定的款项，以换取他们免除为社会住房提供土地的义务，从而保护其余部分土地的可销售性，然后将这些款项存入社会住房基金，用于在其他地方建造100%可承受住房。③ 西班牙2002年通过《加泰罗尼亚土地使用法案》，要求每个地方都应在城市开发或城市更新过程中，建造住房总数20%的可承受住房，法律通过提供可承受住房的约束比例来增强社会混合，此外，区域立法要求在同一城市地区进行更复杂的分区来促进社会混合。④

总体而言，欧美的混合居住政策在一定程度上产生了一些积极效应，包括：改善城市环境和低收入群体居住条件，提高低收入社区的安全感、满意度、健康及教育服务水平；促进社会交往和融合，缓解各收入阶层和各种族之间的紧张关系；阻止或减少反社会行为，有利于社会的和谐稳定等。但是也有一些学者研究结论表明，混合居住对促进不同社会群体间的交往作用非常有限，大多数居民的大部分活动发生在邻里之外，几乎不存在角色示范效应，甚至可能将原本的贫民窟问题扩散到其他邻里，导致不同社会群体间由于空间距离更近、接触更为频繁

---

① Kleit R G. & Manzo L C. To move or not to move: relationships to place and relocation choices in HOPE Ⅵ. *Housing Policy Debate*, 2006, 17 (2): 271 – 308.

② Walsh K. *Public Services and Market Mechanisms*. Macmillan Education UK, 1995.

③ Crook A. D. H.. Affordable Housing and Planning Gain, Linkage Fees and the Rational Nexus: Using the Land Use Planning System in England and the USA to Deliver Housing Subsidies. *International Planning Studies*, 2015 (1): 13 – 48.

④ Ponce J., Land Use Law, Liberalization, and Social Cohesion Through Affordable Housing in Europe: The Spanish Case. *Urban Lawyer*, 2004 (3): 317 – 340.

而冲突更加剧烈。[1][2][3] 因此，真正的社会融合并非就是将贫困集中人口进行空间分散那么简单，而是一个系统工程，需要从就业、教育、文化、心理等角度融合，促进更为全面、更为深入的社会价值体系的黏合。

四、从公有单一产权到混合共有产权

公有单一产权是由政府或政府授权机构管理、控制和享有的保障性住房产权。[4] 政府主导下大规模投资建设运营的保障性住房从产权角度来说都是属于公有或政府所有的，包括美国的公共住房、欧洲的社会住房及我国的公共租赁住房。但这种产权安排逐渐显现出许多弊端，例如美国的公共住房和欧洲的社会住房都出现了快速衰败的现象，产权所有人缺失和租户破坏性使用加剧房屋老化、社区环境恶化，沦为新的贫民窟。这是由于公有产权导致承租人缺乏房屋保护意识以及政府机构运营管理机构资金不足、管理效率低下和经常的不作为造成的。为此，西方国家在20世纪七八十年代开始盛行将提高住房自有率作为施政目标，但是在推行过程中出现了一部分居民想购房但又买不起房的情况，为解决这一问题，英美等国推行了包括共有产权住房、共享权益住房等混合产权模式。

共有产权住房（shared ownership housing）指的是政府机构或其组织机构与购房人共同拥有住房产权，购房人对政府机构或其组织机构持有的产权部分支付租金，在具备能力后购房人可逐步购买剩余产权。[5] 共有产权住房推行的目的是帮助有一定经济能力、一时又买不起商品房的夹心层居民提前实现"住房梦"。这对完善住房市场供给结构，增强中低收入阶层财产性保障与扩大财产性收益，缩小贫富差距，促进社会和谐稳定等都有十分积极的意义。[6] 共有产权住房最早始于20世纪80年代的英国，1980年英国政府启动"共有产权计划"，推出了以保障房市场化为核心的公共住房政策，主要目的在于减轻政府的财政负担，减轻

---

[1] Goodchild B. & Cole I. Social Balance and Mixed Neighbourhoods in Britain since 1979: A Review of Discourse and Practice in Social Housing. *Environment & Planning D Society & Space*, 2001, 19 (1): 103 – 122.

[2] Brophy P. C. & Smith R. N. Mixed-Income Housing: Factors for Success. *Cityscape*, 1997, 3 (2): 3 – 31.

[3] Beckhoven E. V. & Kempen R. V.. Social effects of urban restructuring: a case study in Amsterdam and Utrecht, the Netherlands. *Housing Studies*, 2003, 18 (6): 853 – 875.

[4] 吕萍、修大鹏、李爽：《保障性住房共有产权模式的理论与实践探索》，载于《城市发展研究》，2013年第2期，第144~148页。

[5] 吴立群、宗跃光：《共有产权住房保障制度及其实践模式研究》，载于《城市发展研究》，2009年第6期，第136~138页。

[6] 虞晓芬、金细簪、陈多长：《共有产权住房的理论与实践》，经济科学出版社2015年版。

部分中低收入家庭负担和提高住房自有率。① 共有产权住房含"半买半租"性质，购房者拥有不完全的住房所有权，并且其租金较低、带有补贴性质。

共享权益住房（shared equity home ownership）则是给予购房者一种金融支持，由住房协会向符合条件的购房者提供长期免息的购房权益贷款，一般占所购住房总价的 25%。② 共享权益住房是起源于美国，与共有产权住房相类似的另一种住房保障形式。20 世纪 90 年代后期至 21 世纪初期，美国房价经历了一次长时间的上升，政策制定者和实施者逐渐开始关注社区土地信托（community land trust）、限制合同住房（deed-restricted homes）、有限权益住房（limited equity co-operatives）以及分享增值收益贷款等新形式来帮助中低收入家庭获取住房。地方政府将公共补贴的投入与转售限制或增值收益分配结合在一起，既保证居民对住房的长期可负担性，也保持了公共补贴的价值。这些方式虽然在房屋的增值收益分配上有一定的限制，但提高了购房者的可承受能力，也为购房者提供了建立财富的机会。共享权益住房的补贴方式分为明补和暗补两种类型，明补的资金来源主要包括联邦 HOME（投资合伙人项目）基金和住房信托基金两种类型，此外，州和地方债券发行基金、慈善机构的投资以及诸如大学、医院等大型公共机构员工的善款也可以用来资助共享权益住房单元。③

住房是城市居民家庭财富的主要组成部分，拥有住房所有权对城市中低收入家庭而言意味着是否平等地拥有家庭财富积累的原始机会和社会学意义上的社会向上流动的机会。此外，让更多的中低收入家庭拥有住房产权有利于经济的发展和社会的稳定，如罗斯福总统有一名言："住房所有者组成的国度是不可征服的"。通过共有产权或共享权益住房保障方式，不仅有助于解决中低收入群体的住房问题，而且是壮大中产阶层队伍、缩小贫富差距的客观要求，也对改善创业环境、提高城市竞争力、保持社会稳定具有重要意义。在我国，住房产权与社会政策其他领域之间具有复杂的"嵌入性"，养老、医疗、教育甚至就业等领域均与住房产权密切相关。相比于经济适用住房，共有产权住房中政府与个人基于清晰的产权关系而产生的法律关系、经济关系更为合理，压缩了原来经济适用房制度存在的寻租空间，④ 2007 年 8 月，江苏淮安市首次推出了共有产权经济适用房

---

① 莫智、邓小鹏、李启明：《国外住房共有产权制度及对我国的启示》，载于《城市发展研究》，2010 年第 3 期，第 114~120 页。

② 虞晓芬、杜雪君、忠华：《英国共有产权住房的实践、经验及启示》，载于《中国房地产》，2014 年第 13 期，第 76~79 页。

③ 虞晓芬、邓雨婷：《美国共享权益住房制度与启示》，载于《中国房地产》，2014 年第 11 期，第 39~43 页。

④ 详见本课题组完成的成果：虞晓芬、金细簪、陈多长：《共有产权住房的理论与实践》，经济科学出版社 2015 年版。

模式，即在中低收入住房困难家庭购房时，可按个人与政府的出资比例，共同拥有房屋产权。① 2014 年中央政府将"增加共有产权住房供应"首次写进《政府工作报告》，目前该模式已在北京、上海等其他省市获得了推广，发展共有产权住房保障方式在我国将产生深远的影响。

五、从救济型保障到包容性增长

不同的国家或者同一国家在不同历史发展时期，发展保障性住房的理念往往是不同的。美国是一个高度发达的自由资本主义国家，起初在住房保障方面，主张住房问题要交给市场去调节和分配，政府仅向那些无法通过市场获得适当住宅的贫困家庭施以救助。因此，美国的住房保障最初遵循的是一种"救济型"的住房保障理念。这种理念在公共住房的设计和质量方面有充分的体现：其外观与其他住房有显著的不同，不仅建筑密度高、装饰简陋、缺乏配套设施，而且空间狭小、所用材料质量非常差，甚至用煤灰板代替石灰板做内墙，公共住房通常非常容易辨认（阿列克斯·施瓦兹，2008）。其目的只是以最低的成本向贫困人群提供一个避难所。

美国在公共住房规划设计中采取的这些措施后来被证明是极度短视的，建筑质量差导致后期维护修缮成本极其高昂，公共住房社区迅速衰败，重新沦为新的"贫民窟"。在公共住房政策遭到普遍质疑与批判之后，美国政府改变了住房保障的发展思路，开始更加关注住房保障群体的居住环境和条件、就业机会及其孩子的教育和成长问题。随之出台了一系列政策措施，包括改变公共住房准入与退出条件，允许不同收入群体混合租住（但高收入群体需缴纳更高的租金）；鼓励私人开发商建设不同收入阶层混合居住社区，并向其提供金融与税收政策支持；向保障群体提供货币补贴，增加其自主选择居住区位的权利等。

英国、德国等欧洲国家认为住房是一种全民福利，良好的住宅是公民有尊严的生活的基本要素，将居民住宅问题纳入社会福利和社会保障体系之中，投入了极大的财力、物力和人力，并建立起完善的法律体系保障公民住宅权的实现（邓花平，2012）。欧洲国家的"福利型"保障思路，在其提供的社会住房的品质上也有所体现。在 20 世纪 30 年代的英国，几乎所有的现代住宅都是社会住房，大部分社会住房都比私人出租房的质量更好、设施更完备。即使私人租赁住房经过

---

① 张根生：《淮安推行"共有产权房"模式》，载于《共产党员》，2010 年第 7 期，第 53 页。

重新整修，仍然无法与社会住房相媲美。[①]

自包容性增长概念提出以后，许多住房保障领域的学者也开始从包容性增长的视角重新审视我国住房保障制度的完善路径。包容性增长核心观点是机会均等的增长、共享式增长、广泛基础的增长，要使最弱势群体的基本权益得到保护，把经济发展成果最大限度地让普通民众受益。[②③④] 我国曾有学者提出，廉租房不应该提供户内厕所，甚至应该通过降低层高、禁止接入有线电视等措施降低居住舒适度，从而达到避免骗租、转租等违法行为的发生。显然，这与包容式增长的理念是相违背。"包容性增长"是一种"权利增长"，是在以人为本的基础上，解决权利贫困问题，反映在住房领域就是给予人们应有的住房权利[⑤]。包容性增长倡导机会平等的增长，贯彻全民共享经济发展成果的理念。我们认为，包容性增长体现在住房保障领域，不仅要让住房市场中的弱势群体平等地享有基本的住房权，还应让其有机会分享经济发展带来的住房条件改善和住房财产增值的权利。

第三节　借鉴与启示

根据上述对住房保障有关理论基础和各国住房保障实践的演变趋势分析，我们可以得到以下启示：

第一，实施住房保障既是政府义不容辞的责任，也是政府调节经济周期的重要手段。住房是一种特殊的商品，具有准公共产品的特征。自工业革命及城市化发展带来住房问题开始，各国政府就不断尝试各种手段和方法努力解决本国公民特别是中低收入群体的住房困难问题。从法理上讲，国际社会普遍认可住房权是一项基本人权，保障每一位公民享有适足的住房权是政府应尽的职责。从政治学角度看，政府实施住房保障是困难群体参与社会再分配，享受经济增长所带来的

---

① ［英］戴维·莫林斯，艾伦·穆里著，陈立中译：《英国住房政策》，中国建筑工业出版社 2012 年版，第 21 页。

② 汪海霞：《"包容性增长"的语义及其运行机理分析》，载于《求实》，2011 年第 4 期，第 38～40 页。

③ Chatterjee. Poverty Reduction Strategies—Lessons from the Asian and Pacific Region on Inclusive Development. *Asian Development Review*, 2005, 22 (1): 12－44.

④ Conceição P., Gibson D. V., Heitor M. V., et al. Knowledge for Inclusive Development: The Challenge of Globally Integrated Learning and Implications for Science and Technology Policy. *Technological Forecasting & Social Change*, 2001, 66 (1): 1－29.

⑤ 刘润秋、曾祥风：《包容性增长理念下的住房保障制度：公平与效率动态平衡》，载于《福建论坛》（人文社会科学版），2011 年第 2 期，第 118～122 页。

福利增加的一种必要手段,有助于促进社会公平正义,维护社会和谐稳定。此外,实施住房保障也是政府调节经济的重要工具,住房消费与投资是拉动经济发展的重要力量,英国、美国等西方国家在经济危机时期都曾通过大规模保障性住房建设计划刺激经济发展,取得了显著的效果。因此,尽管政府实施住房保障过程中具有较大的资金投入、土地投入、机构与人员投入,但因具有显著的政治、经济、社会等多重效应,是不能简单地算经济账的。

第二,政府在住房保障中的角色定位应随着住房供需矛盾的变化而改变。纵观各国住房保障发展历程和演变规律,大多从政府主导下的大规模保障性住房建设开始。在住房市场处于供不应求阶段,政府主导下的大规模保障性住房建设是必要的,有助于短期内快速增加保障性住房供给。但随着供需矛盾的变化,政府投资建设保障性住房对商品住宅市场会产生挤出效应,阻碍了房地产市场的健康发展。而且政府的财政压力会随着住房维护成本的不断增加而加大,英国、美国等国都曾出现财政不堪重负的先例。随着供求关系的基本缓和,政府从主导地位转变成引导角色,通过土地、财政、税收、金融等政策手段引入社会资本、社会组织参与保障性住房的建设和管理,是促进保障性住房及商品住宅市场可持续发展的重要举措。

第三,多样化住房保障模式有助于改善保障性住房资源配置的效率与效果。通过实物配租向符合条件(主要是低收入及贫困家庭)的群体集中供给保障性住房是各国政府最初采用的主要保障模式。单一的实物配租模式容易造成贫困人群大量集中,新建的保障性住房社区逐渐沦为贫民窟,不仅居住环境恶化、犯罪活动盛行,而且社会隔离、社会排斥现象严重。在此背景下各国政府开始探索多样化住房保障模式,制定了针对供给侧分散式保障性住房供给的各种激励政策(如税收抵免、贷款贴息、土地优惠等),针对需求侧的多种形式的货币化补贴政策(如租房券、租金补贴、购房补贴等),以及推出了旨在提高住房自有率的共有产权住房、共享权益住房等混合产权模式。实践证明,多样化住房保障模式提高了保障对象选择的自由权,有助于贫困人群分散居住,进而促进了社会的融合,并在很大程度上减轻了政府的财政负担,有助于改善保障住房资源配置的效率及效果。

第四,提高居民住房自有化率、鼓励中低收入家庭"居者有其屋"是趋势。大量的研究表明居民拥有自有产权的住房对社会和家庭稳定、子女教育、房屋和社区的良好维护,以及创造未来取向、刺激其他资产的发展、提供承担风险的基础、增强个体效能、增加政治参与和后代福利等都有十分积极的意义。[1] 因此,

---

[1] 详见虞晓芬、金细簪、陈多长:《共有产权住房的理论与实践》,经济科学出版社2015年版;迈克尔·谢若登著,高鉴国译:《资产与穷人:一项新的美国福利政策》,商务印书馆2005年版。

各个国家和地区开始重视给保障对象提供拥有住房产权的机会。英国在20世纪80年代推行住房私有化时为解决部分住户想买房又买不起房,创新共有产权住房保障模式,至今在高房价地区仍在实行;美国每年用于居民购买第一套住房的贷款利息扣除个人所得税的总额超过直接给中低收入家庭住房保障的总开支;香港2016年对永久性居住屋统计,公营租赁住房78.67万套,资助出售39.89万套。①

第五,完善的法律保障是住房保障事业可持续发展的保障。各国普遍通过《住房法》或《公共住房法》等确立了权利化的住房保障观念与制度,如美国1934年以来先后颁布《临时住房法案》《住房法》《国民住宅法》,英国1936年《住房法》、1975年《住宅出租和补偿法》、1980年《住房法》、1984年《住房及建房控制法》、1989年《地方政府和住房法》等,明确国家在保障公民适足住房权的责任,并设立专门的住房管理机关,建立包括财政资金支持、土地保障、税收支持、政策性银行支持等相对完整的体系和保障性项目,给社会形成可预期的住房保障措施。法国于2007年1月17日通过了"可抗辩居住权"法案,明确规定了公民有获得住房保障的权利,政府应满足低收入者、无家可归者等特殊群体对由政府补贴的社会住房的需要。当公民的居住权利得不到充分保障时,可向政府提出请求解决住房问题;如得不到解决,可向行政法院提起诉讼;如果裁决得不到及时执行,法院可以强制要求政府提供房屋给申请者,否则,将会因不履行义务而遭受罚金。② 法律的完善有助于巩固住房保障在国家社会保障体系和经济发展中的地位,有助于落实政府的责任和各类资源的配置。我国至今尚没有出台全国性的住房法或住房保障法,政府推动住房保障工作都是依靠行政文件,存在着一定的随意性,也很难形成上下统一的共识,不少地方政府至今还没有从根本上认识到政府的主要职责就是保障人民群众的基本需求、保障公共利益,住房保障是政府加强公共服务职能,加快健全覆盖全民的基本公共服务体系,推进基本公共服务均等化的重要内容,是全面建成小康社会和迈向现代化国家的重要标志。

本 章 小 结

人人头上都需要有片瓦,住房不仅仅是家庭一生最大的消费品、必需品,不

---

① 《香港统计年刊》,第8节《房屋及物业》,香港特别行政区政府统计,2017年版。
② Marie Loison. The Implementation of an Enforceable Right to Housing in France. *European Journal of Homelessness*, 2007, 1: 185 – 196.

仅仅蕴藏着家庭的幸福和财富，而且是社会经济稳定发展的重要基础。本章从经济学视角详细论述了住房保障对增强政府逆周期调控能力、防止经济萧条等方面的作用，从法学角度论述了住房权、适足住房权保障的必要性和意义，从社会学视角综述了住房对社会、家庭的重要性，凸显政府实施住房保障的理论依据、必要性和必然性，是各国政府义不容辞的责任。并结合大量文献整理，对国际上住房保障最新理念和最新实践进行了总结归纳，从政府主导到多元主体参与、从实物配租到多种方式并举、从群体分异到促进融合居住、从公有单一产权到混合共有产权、从救济型保障到包容性增长，这些都对完善我国住房保障体系和运行机制有重要的启发和借鉴意义。

第三章

我国城镇居民住房现状与压力

我国是在住房历史欠账严重、土地资源短缺、城市化快速发展、需求集中爆发的背景下，通过调动政府与市场两方面的力量，经过近二十年的努力，基本解决了居民住房的绝对"贫困"问题，堪称为人类历史上的奇迹，目前我国城镇居民住房条件总体超前于经济发展水平，2015年全国1%人口抽样数据显示，城镇人口住房自有化率79.16%，人均住房建筑面积35.27平方米，但不容忽视的是：居民住房条件在地区之间、家庭之间存在突出的不平衡性，居民住房消费能力在地区之间、家庭之间存在显著的两极分化，住房绝对贫困家庭还有一定数量，相对贫困家庭规模庞大，面对全面建成小康社会和现代化国家的发展目标，我们既要比较彻底地消灭住房绝对贫困，又要缩小相对贫困，更要有效防止"贫民窟"引发的城市病，住房保障任重道远。

第一节 城镇居民住房条件改善明显

1998年住房制度改革以来，我国大力发展商品住房市场，1999~2016年累计销售的商品住房建筑面积达到121.78亿平方米，[①] 按照平均每套100平方米计算，相当于为1.2亿户城镇居民家庭提供了商品住房；与此同时，各级政府加大

---

① 历年中国统计年鉴。

保障性安居工程建设，2008~2016 年已基本建成保障性安居工程 4 307.6 万套，1999~2007 年销售的经济适用住房建筑面积 3.18 亿平方米，① 按套均面积 90 平方米计算，新建约 350 万套；全国合计新建了约 1.7 亿套住房。通过大规模的建设，居民住房条件显著改善。②

一、居民住房自有化率高

住房产权状况根据产权归属分为自有住房、租赁住房和其他住房，其中自有住房包括购买新建商品房、购买二手房、购买原公有住房、购买经济适用房与两限房和自建住房；租赁产权包括租赁廉租房、公租房和租赁其他住房。根据以上分类标准，分别计算出各年份的自有住房率、租赁住房率和其他住房率，2015 年我国城镇家庭住户的住房自有率为 79.16%，比 2005 年提高 1.27 个百分点，稳中有升（如表 3-1 所示）。对比 2005 年、2010 年和 2015 年城镇居民住房来源可以发现，购买新建商品房或二手房作为住房来源的家庭户占比明显上升，而购买及租赁政府保障性住房的比例逐渐下降，说明随着我国住房市场化进程的加快，住房市场已成为我国城镇家庭户获得住房的主要途径；同时，反映出近年来我国大规模保障性住房建设总体上仍未跟上人口城镇化的步伐。

表 3-1 　　　　中国城镇家庭户住房来源构成情况　　　　单位：%

年份	购买新建商品房	购买二手房	购买原公有住房	购买经济适用房、两限房	自建住房	租赁廉租房、公租房	租赁其他住房	其他	住房自有化率
2005	14.08		18.27	5.71	39.82	6.76	10.98	4.37	77.89
2010	21.75	4.63	12.94	4.07	31.47	2.45	18.6	4.1	74.85
2015	23.46	7.29	11.28	3.02	34.11	2.19	13.89	4.77	79.16

资料来源：根据国家统计局统计资料整理。

---

① 数据来源：2000~2008 年中国统计年鉴；保障性安居工程数据来源于住建部；1999~2008 年之间各地实物建设的廉租住房规模小，且没有系统统计。

② 由于我国自 1984 以后就没有进行过城镇居民住房普查，我们主要用 2005 年、2015 年两次 1% 人口抽样调查和 2010 年人口普查中住房数据作分析说明，样本量大、具有代表性。

相比经济发达国家住房自有化率，我国城镇居民住房自有化率总体水平高。日本总务省统计局2008年10月1日统计，以东京为中心的关东都市圈的住房自有率为54.9%，[1] 而我国2015年1%人口抽样调查北京、上海高房价城市居民住房自有化率为60.36%、61.21%；2009年主要国家的人均GDP和住房自有化率对比如表3-2所示，发现我国居民住房总体水平领先于经济发展水平。

表3-2　2009年主要国家的人均GDP和住房自有化率

国家	人均GDP（万美元）	住房自有化率（%）
奥地利	4.77	56
荷兰	5.19	69
德国	4.17	46
法国	4.16	66
瑞典	4.62	38
美国	4.7	66.4
中国	0.368	74.85（第六次人口普查）

注：住房自有化率数据转引自 Andrey Tumanov, Affordable housing sector in Russia: evolution of housing policy through the period of transition, Housing Finance International, Spring 2013, 人均GDP来自世界银行。

二、人均住房面积已达到高收入国家20世纪90年代中期水平

根据国家统计局公布的数据，我国内地城镇居民人均住房建筑面积从1998年的18.66平方米扩大到2016年的36.6平方米，人均住房面积平均每年增加约1平方米，从无房、租房，向有房、住好房转变（如图3-1所示）。住房面积已达到高收入国家1996年人均住房建筑面积35.0平方米的水平（1996年联合国居住质量调查），已接近日本2008年人均37.3平方米，韩国2016年33.2平方米，英国2010年39.2平方米的水平。[2]

---

[1] 资料来源：东方网。

[2] 日本、韩国、英国按墙体中一中计算建筑面积。数据来源：韩国国土交通部统计。倪虹：《国外住房发展报告》，中国建筑工业出版社2014年版，第275页。

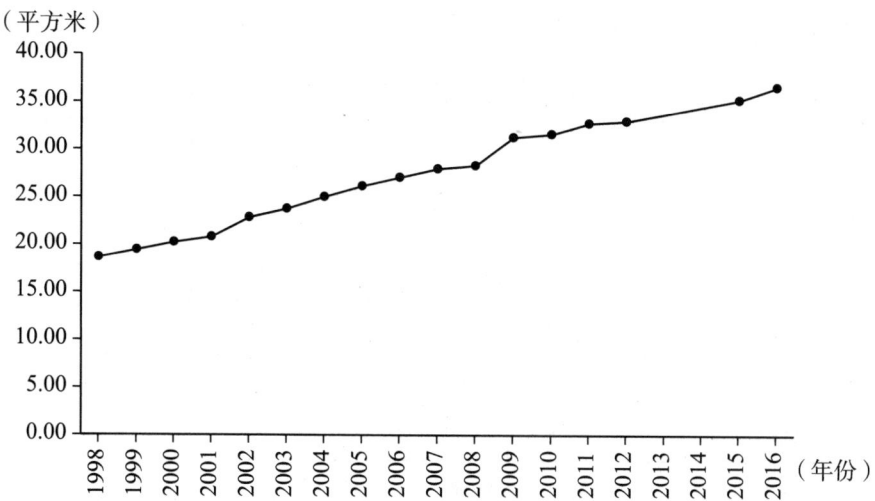

图 3-1　1998~2016 年我国内地城镇居民人均住房建筑面积情况

资料来源：2015 年数据来源于 2015 年全国 1% 人口抽样调查，2013~2014 年数据缺失，其他各年数据来自国家统计年鉴。

三、居住品质大幅度改善，住房绝对贫困家庭大幅度减少

改革开放初期，我国城市是由大杂院、筒子楼组成，无独立的厨卫浴设施，无私密性，无数中国人在筒子楼里结婚生子，奏鸣着锅碗瓢盆交响曲，[①] 属于典型的住房绝对贫困，即大多数家庭住房具有以下特征之一：（1）住房过于拥挤；（2）住房存在安全与卫生隐患（危旧房屋、危险房屋或严重损坏房屋），排水、交通、供电、供气、通信、环卫等配套基础设施不齐全或年久失修；（3）住房使用功能不全，包括房屋室内空间和设施不能满足安全和卫生要求（无集中供水、无分户厨卫）；通风与采光没有达到基本要求；（4）基本私密无保障。但目前住房状况发生巨大变化：

（1）住房过于拥挤状况得到彻底改变，已达到统计意义上的人均 1 间住房。2005 年、2010 年和 2015 年我国城镇家庭平均每户住房间数分别为 2.73 间、2.65 间和 3.16 间；城镇居民人均住房间数呈稳步上升趋势，2015 年首次突破人均 1 间住房。

（2）住房设施大幅度完善。2015 年 1% 人口抽样显示，住房内独立使用厨房的比例达到 92.42%，比 2005 年提高 5.24 个百分点；住房内独立使用抽水/冲水

---

① 蒲潇：《一组图看 40 年中国人的住宅变迁》，新浪网。

式的比例为 74.23%，比 2005 年提高 26.69 个百分点（如表 3-3 所示）。

表 3-3　　　　中国城镇家庭户住房设施构成情况　　　　单位：%

年份	住房内有无厨房			住房内有无厕所			
	本户独立使用	本户与其他户合用	无	独立使用抽水/冲水式	合用抽水/冲水式	独立使用其他样式	合用其他样式	无
2005	87.18	2.38	10.44	47.54	1.93	28.66	4.76	17.12
2010	87.09	2.94	9.97	58.37	2.59	19.48	3.93	15.63
2015	92.42	1.73	5.85	74.23	2.17	11.43	1.87	10.30

资料来源：根据国家统计局统计资料整理。

（3）住房功能环境改善明显。2015 年纯作生活用房（普通住宅）的比重为 97.85%，较 2005 年（95.8%）上升 2.05 个百分点，兼作生产经营用房（集体宿舍和工棚、工作地宿舍）的比重为 1.96%，下降趋势明显（如表 3-4 所示）。建筑层数的比例分布也可反映出我国城镇家庭住房功能环境的改善，平房比例逐渐减少，7 层及以上住房大幅增加，整体建筑层数有向高层发展的趋势，且随着城市大规模的旧房拆迁和新房建设，2015 年城镇居民居住在 2000 年以后新建的房子比例提升至 51.98%，住房的功能环境得到了极大改善。

表 3-4　　　中国城镇家庭户住房用途与建筑层数分布　　　单位：%

年份	住房用途			建筑层数		
	只作生活用房	兼作生产经营用房	无房	平房	6 层及以下	7 层及以上
2005	95.80	4.06	0.14	35.88	52.18	11.94
2010	97.16	2.70	0.15	25.24	57.30	17.46
2015	97.85	1.96	0.19	20.61	56.60	22.78

资料来源：根据国家统计局统计资料整理。

上述指标都表明，住房总量短缺矛盾已经得到明显缓解，城镇居民住房的数量指标和质量指标都取得大幅改善，住房总体状况领先于经济发展水平。这对于住房历史欠账严重、人多地少的大国来说，成绩斐然。

第二节　城镇居民住房占有与消费不平衡不充分严重

一、住房绝对贫困依然存在

住房绝对贫困是指缺乏为维持家庭正常生活而绝对必需的住房条件的状态。联合国在20世纪70年代末提出将居住水平分为三个层次：一是最低标准，每人一张床，人均居住面积达到2平方米；二是文明标准，每户一套房，人均居住面积达到8平方米（约合建筑面积10平方米）；三是舒适标准，每人一间房，人均居住面积10平方米（约合建筑面积13平方米）以上。[①] 韩国最低住房标准由建设和交通部于1999年颁布的，包括面积、房间数和配套设施三个指标。前两者是由家庭类型决定的，如家庭人数和家庭结构。举例来说，四人型家庭（父母和一对子女）的最低居住面积是37平方米，最少房间数为3间，且应配备一个西式厨房、抽水马桶和热水器，[②] 低于37平方米和未配备这些设施属于绝对贫困。

住房绝对贫困分数量绝对贫困和质量绝对贫困，我国还没有统一界定住房绝对贫困的标准。但最低数量指标，在实践中有两类指标可以替代：（1）住房建筑控制标准。自1978年以来，我国的设计最低控制指标为户均建筑面积不低于42平方米，如果以户均3人计算，折合人均建筑面积14平方米；（2）各地廉租房保障对象家庭人均住房面积准入标准，一般在13~15平方米之间。为与我国居民住房统计口径相对应，本书用人均住房建筑面积12平方米，再结合设施状况，提出界定我国城镇居民住房绝对贫困的标准（如表3-5所示）。

表3-5　　　　　住房绝对贫困质量指标的设置

指标	绝对贫困标准	指标	绝对贫困标准
人均建筑面积	12平方米以下	洗澡设施	无独立洗澡设施或合用
厨房设施	与其他用户合用厨房或无厨房	饮用水设施	无自来水

[①] 易成栋、张中皇：《中国城镇家庭住房状况分析——基于第五次和第六次人口普查资料》，载于《中国房地产》，2015年第16期，第3~11页。

[②] Chung E C. *Low Income Housing Policies in Korea：Evaluations and Suggestions.* Konkuk University, 2005.

续表

指标	绝对贫困标准	指标	绝对贫困标准
厕所设施	合用抽水或其他样式马桶或无		

资料来源：本课题组根据相关的资料整理。

根据这一标准，结合2015年1%人口抽样数据分析，发现住房绝对贫困现象不容小觑，而且，住房质量贫困较数量贫困更为严重。

（一）数量贫困

2015年1%人口抽样数据显示，我国城镇居民人均住房建筑面积8平方米的占3.26%，8~12平方米的占4.68%，即12平方米以下的合计占7.94%，尽管比例较2010年下降了8.55个百分点，但按照2015年城镇常住人口77 116万人，户均2.95人推算，全国城镇约有2 075.6万户家庭住房处于数量贫困状态（如表3-6所示）。

表3-6　　　　　住房绝对数量贫困家庭占比　　　　　单位：%

年份	<8平方米	8~12平方米	合计
2015	3.26	4.68	7.94
2010	9.42	7.07	16.49

资料来源：根据国家统计局公布的2015年1%人口抽样调查，2010年人口普查资料计算。

（二）质量贫困

2015年抽样调查数据显示，全国城镇居民合用厨房或无厨房的占比为7.58%，合用抽水或其他样式马桶或无独立厕所占比为14.34%。仅按合用抽水或其他样式马桶或无独立厕所占比计算，全国至少有3 748.6万户处于质量贫困（如表3-7所示）。

表3-7　　　　　住房绝对质量贫困家庭占比　　　　　单位：%

年份	其他用户合用厨房或无厨房	合用抽水或其他样式马桶或无	无自来水
2015	7.58	14.34	无统计
2010	12.91	22.15	13.35

资料来源：根据国家统计局公布的2015年1%人口抽样调查，2010年人口普查资料计算。

二、住房相对贫困问题突出

住房消费相对贫困是由社会作出的一种主观判断,一是指各地区、各个社会阶层之间和各阶层内部的差异;二是指对低于平均消费水平。[1] 我国城镇居民住房消费相对贫困主要体现在地区之间的差异大和个体之间的差异大。

(一)家庭之间住房消费水平差异大

从住房面积看,2015年1%抽样调查仍有3.26%的家庭居住在8平方米以下过于拥挤的住房里,但同时家庭人均住房面积在70平方米以上占11.90%(如表3-8所示);从住房产权看,相当一部分家庭在城镇工作但无房,同时相当数量的家庭拥有两套及以上住房。中国社科院发布的2016年《社会蓝皮书》显示:19.7%城镇居民家庭有两套以上住房;从住房设施看,相当多的家庭有2个以上独立厕所或厨房,但还有7.58%家庭与其他用户合用厨房或无厨房,14.34%家庭与其他用户合用抽水或其他样式马桶或无。

表3-8　　　　　2015年我国城镇居民人均住房建筑面积　　　单位:平方米,%

地区	人均住房建筑面积									
	8及以下	9~12	13~16	17~19	20~29	30~39	40~49	50~59	60~69	70及以上
2015年	3.26	4.68	7.18	4.88	23.81	18.63	12.85	6.99	5.83	11.9
2010年	8.42	6.41	8.62	5.75	23.42	16.98	10.99	5.76	4.65	8.99

资料来源:2015年全国1%人口抽样资料。

(二)地区之间住房消费水平差异大

数量消费水平差异大。从2015年31个省(市)1%人口抽样数据分析,人均住房建筑面积指标,最小的省份只有27.85平方米,最大的43.81平方米;平均每户住房间数,最低的省份只有2.03间/户,最高的达到5.05间/户;人均住房间数最小的0.81间/人,最大的1.57间/人(如表3-9所示)。

住房自有化率差异大。31个省市中,城镇居民住房自有率最高的为河南省,高达91.93%,最低的为广东,只有59.93%。

---

[1] Townsend, Peter. *A sociological Approach to the Measurement of Poverty A Rejoinder to Professor Amartya Sen*, Oxford Economic Papers, New Series, 1985, Vol. 37, No. 4.

住房绝对贫困程度明显分化。根据人均建筑面积小于 12 平方米这一指标，低的省份只有 2.78%，高的省份达到 19.98%；厨房设施贫困，低的省份只有 1.23%，高的省份达到 26.44%；厕所设施贫困，低的省份只有 5.52%，高的省份高达 44.29%。

表 3-9　2015 年 31 个省（市）城镇家庭户住房平均水平基本统计特征

	最小值	最大值	均值	中位数	标准差	偏度	峰度
平均每户住房间数（间）	2.03	5.05	3.18	3.23	0.7	0.36	0.39
人均住房建筑面积（平方米）	27.85	43.81	34.68	35.22	4.67	0.14	-1.26
人均住房间数（间/人）	0.81	1.57	1.06	1.1	0.16	0.65	1.63
住房自有化率	59.93%	91.93%	79%	81%	0.09	-0.82	0
人均建筑面积≤12 平方米占比	2.78%	19.98%	8.31%	7.77%	0.05	0.9	-0.04
厨房设施贫困占比	1.23%	26.44%	9.17%	7.89%	0.57	0.96	1.38
厕所设施贫困占比	5.52%	44.29%	16.67%	15.81%	0.08	1.49	3.5

注：均值为全国平均水平，其余为指标值的描述性统计，未考虑各省（市、区）家庭户数的权重。厨房设施贫困指无独立卫生间的占比，厕所设施贫困占比指无独立厕所占比。

资料来源：根据 2015 年全国 1% 人口抽样资料计算所得。

第三节　我国商品住房市场特征与居民住房消费压力

上一节的分析表明，住房制度改革以来，我国城镇居民住房状况得到大幅度的改进，取得了举世瞩目的成就，但是，还有相当数量的家庭住房处于绝对贫困或相对贫困状况。改善这些居民住房条件的路径无非是：一通过私人住房市场，二通过政府的保障。[①] 那么，在中国现有的商品住房市场下，依靠市场解决中低收入家庭住房困难的可行性如何？本节着重通过分析我国城镇商品住房市场特点，以便更清晰地认识我国城镇居民住房保障现实必要性和面临的巨大压力。

尽管 2008 年、2013~2015 年我国城镇房地产市场经历了调整期，但总体看，我国商品住房市场呈现以下三大特征，进一步加大了城镇居民对政府住房保障的期盼与需求。

[①] 解决居民住房困难还可以通过用人单位或非营利性社会组织，但中低收入家庭往往就业层次低，通过单位解决住房问题的可能性极小；而我国目前土地垄断性和其他方面的原因制约了非营利性社会组织提供低价格住房的可能性。

一、销售市场需求过旺、供不应求是常态

分析国家统计局发布的数据，我国商品住房市场除个别年份（2008年）外，一直处于供不应求状况，当然，区域上存在较严重的不平衡现象。2005～2015年全国累计销售的住宅为8 827.5万套、竣工的住宅为6 566.1万套，供销比达到1∶1.36，2015年的供销比高达1∶1.5，2016年供销比高达1∶1.72（如图3-2所示）。因此，各地普遍实行期房销售，不少城市出现一房难求。造成我国城镇住房市场长期处于供不应求状态的主要因素为：

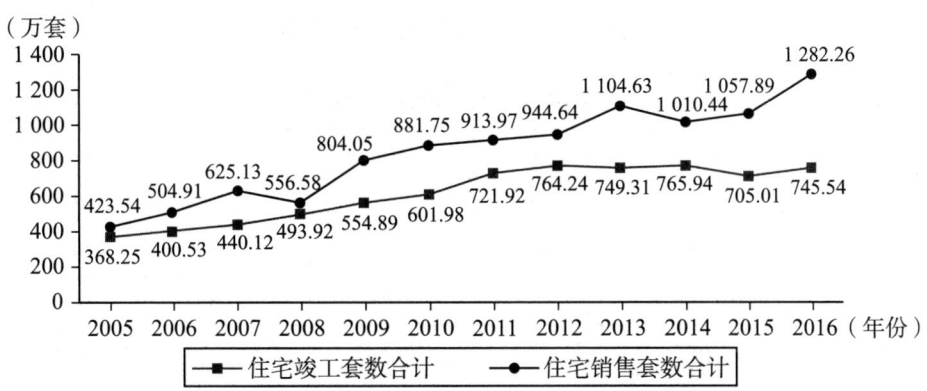

图3-2　房地产开发当年成套住宅竣工套数与销售套数

一是人多地少，实行最严格的土地管理制度，新增建设用地规模有限。为保证饭碗牢牢地端在自己手中，我国一直以来坚持最严格耕地保护制度和最严格的节约用地制度。首先，耕地红线绝对不能突破。根据中共中央、国务院《关于加强耕地保护和改进占补平衡的意见》，已经确定的耕地红线绝不能突破，已经划定的城市周边永久基本农田绝不能随便占用；其次，严格落实耕地占补平衡责任，非农建设占用耕地的，建设单位必须依法履行补充耕地义务，无法自行补充数量、质量相当耕地的，应当按规定足额缴纳耕地开垦费。因此，每年城市新增的建设用地数量有限，土地指标成为各地政府最为紧缺的资源。未来，我们土地的供应只会更趋紧张，这个紧张过程将一直伴随着我国的城市化、工业化、现代化全过程。①

二是在有限的城市用地中，住宅用地配置比例太低，供应量偏少，公建用

---

① 屠国玺、王政、张周来：《第一块：推山填海造地》，载于《半月谈》，2013年第14期，第6~9页。

地、工业用地配置比例过高。2011~2016年我国国有建设用地共供应了371.69万公顷,其中,工矿仓储用地占27.03%,商服用地占7.57%,基础设施等占48.15%,住宅用地只占17.24%(如表3-10所示)。以上海为例,根据上海市统计年鉴公布的数据,2011~2015年出让商服用地1 504万公顷,住宅用地4 039万公顷,工矿仓储用地5 227万公顷,住宅用地与工矿仓储用地之比是1∶1.294。作为中国第三产业最为发达的上海市,工矿仓储用地投放依然大于住宅用地投放,可以推算其他城市比例更高。而2000年巴黎城市大区用地中住宅用地占比最高,达30%,是工业用地的3.75倍(如图3-3所示);纽约市住宅用地占比也是最高(如图3-4所示),1~2户住宅用地占比为27.4%,多户住宅占12%,而工业用地只占3.7%。我国住宅用地配置比例偏低,既与国家经济发展阶段有一定关系,但更多是各地政府追求GDP的结果。

表3-10　　　　　我国国有建设用地供应结构　　　　单位:万公顷

年份	合计	工矿仓储用地	商服用地	住宅用地	基础设施等
2016	51.8	12.08	3.46	7.29	28.97
2015	53.36	12.48	3.71	8.26	28.91
2014	60.99	14.73	4.93	10.21	31.12
2013	75.08	21.35	6.7	14.2	32.83
2012	71.13	20.72	5.09	11.47	33.85
2011	59.33	19.13	4.26	12.65	23.29
占比	100%	27.04%	7.57%	17.24%	48.15%

资料来源:国土资源部。

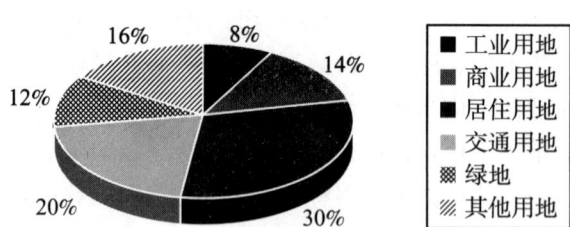

图3-3　巴黎大区土地利用结构(2000年)

资料来源:虞晓芬、陈前虎、吴一洲:《城市公共建筑规模与空间分布研究——以杭州为例》,中国建筑工业出版社2010年版。

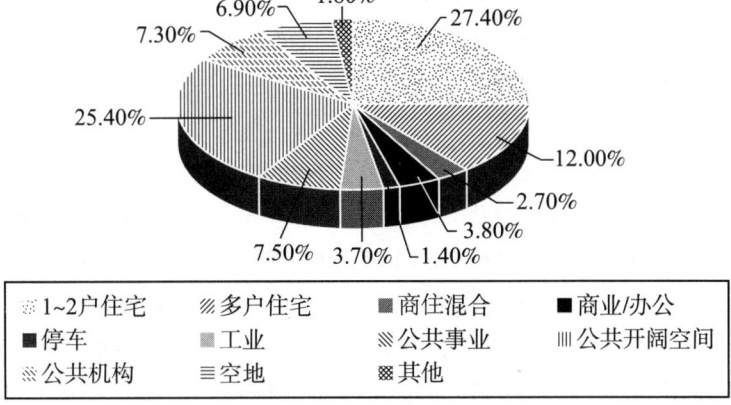

图 3-4 纽约市土地利用结构（2006 年）

资料来源：虞晓芬、陈前虎、吴一洲：《城市公共建筑规模与空间分布研究——以杭州为例》，中国建筑工业出版社 2010 年版。

三是居民拥有自有住房的强烈偏好，购房需求大。一方面，中国人偏好拥有住房，有着深刻的历史和社会文化背景。历史学家司马迁早在《史记》里就写道："去就与时俯仰，获其赢利，以末致财，用本守之"，即通过经商赚钱，再去购买房屋和田产，用房屋和田产把赚来的钱牢牢守住。进入现代，财富组合中田产的地位下降，但房产的地位提升，房产成为居民财富象征和财富保值的主要形式。不仅如此，在国人的婚姻文化中，女方家长择婿都会优先考虑男方有无房产。一方面，有房是勤奋工作和善于持家的象征，也是家庭生活稳定的重要保障，这种文化影响根深蒂固；另一方面，住房兼有投资品和消费品的双重经济属性。当个人租赁住房时，住房是纯粹的消费品，当拥有住房所有权时，居民不仅可以享受当前住房服务、未来住房服务，还可以有潜在的增值收益。特别是近二十年来各地房价一直处于上升态势，居民在买涨不买跌的心理作用下，进一步放大了购房需求。此外，购房需求旺盛也与我国投资渠道不畅、住房租赁市场不规范等有密切的关系。

二、商品住房价格高、中低价位房源供给不足

由市场机制形成的房价，很大程度上取决于供求关系。供不应求，必拉升房价；供大于求，内生房价下跌的动力。由于我国城镇商品住房市场总体处于供不应求状态（除部分城市外），造成房价上涨速度过快、价格畸高。2000 年我国城镇新建商品住房成交均价为 1 948 元/平方米，2016 年达到 7 203 元/平方米，年

复合增长率为8.5%，如果以同地段、同品质比，房价上升的幅度更高；2016年全国城镇居民人均可支配收入为23 821元，按3口之家计算，购买一套90平方米的小康水平住宅，平均的房价收入比达到9倍，远高于国际平均房价收入比一般在4～6倍的标准。[①]

省会城市、直辖市、自治区首府商品住房价格普遍偏高。采用中国房地产业协会主办的中国房价行情网数据库，按家庭人口3人、以2017年当地平均年收入水平，分别购买当地一套90平方米和上市二手房的平均面积住房，计算得到的各地房价收入比指标如表3－11所示。发现平均收入家庭以当地平均房价水平、购买一套住房面积90平方米住宅，有3个城市房价收入比超过20倍，9个城市房价收入比在10～20倍之间，13个城市房价收入比在6～10倍之间，只有5个城市在6倍以下。如果家庭以当地平均房价水平、购买一套当地挂牌的二手房平均面积，有4个城市房价收入比超过20倍，有13个城市房价收入比在10～20倍之间，10个城市房价收入比在6～10倍之间，只有3个城市在6倍以下。房价收入比最高的是北京，最低的是银川。

表3－11　部分直辖市、省会城市、自治区首府房价收入比（二手房）

城市	2017年可支配收入（元）	2017年6月二手房均价（元/平方米）	2017年6月二手房套均价（万元）	平均出售户型面积（平方米）	购买一套90平方米的住房房价收入比（%）	购买一套当地平均面积住房的房价收入比（%）
北京	62 406	66 428	840	126.4	31.9	44.8
上海	62 596	48 604	503	103.4	23.2	26.8
南京	54 538	26 031	252	96.9	14.3	15.4
天津	40 339	27 272	268	98.4	20.3	22.2
广州	55 400	28 033	290	103.6	15.2	17.5
福州	40 973	24 450	285	116.6	17.9	23.2
石家庄	32 929	16 461	172	104.3	15.0	17.4
杭州	56 276	23 840	274	114.8	12.7	16.2
郑州	36 050	14 492	155	106.9	12.1	14.3
武汉	43 405	16 747	178	106.3	11.6	13.7
合肥	37 972	14 465	140	96.7	11.4	12.3

---

① 黄国生：《从房价收入比看中国的房价问题》，载于《教育观察》，2012年第10期，第51～53页。

续表

城市	2017年可支配收入（元）	2017年6月二手房均价（元/平方米）	2017年6月二手房套均价（万元）	平均出售户型面积（平方米）	购买一套90平方米的住房房价收入比（％）	购买一套当地平均面积住房的房价收入比（％）
济南	46 642	16 405	171	104.3	10.6	12.2
海口	33 320	10 312	118	114.4	9.3	11.8
兰州	32 331	9 399	89	95.0	8.7	9.2
重庆	32 193	9 290	103	110.9	8.7	10.7
太原	31 469	8 811	97	110	8.4	10.3
成都	38 918	10 666	121	113.3	8.2	10.4
南昌	37 675	10 062	108	107.1	8.0	9.5
南宁	33 217	8 711	103	118.1	7.9	10.3
昆明	39 788	9 411	119	126.1	7.1	9.9
西安	38 536	8 718	102	117.2	6.8	8.8
哈尔滨	35 546	8 069	74	91.5	6.8	6.9
贵阳	32 186	6 709	80	119.7	6.3	8.3
长春	33 168	6 927	68	97.5	6.3	7.3
西宁	38 536	6 032	64	106.5	4.7	5.6
长沙	46 946	9 467	117	123.5	6.0	8.3
乌鲁木齐	37 028	6 867	71	103.4	5.6	6.4
沈阳	41 359	7 427	69	92.9	5.4	5.6
呼和浩特	43 518	7 009	73.5	104.9	4.8	6.6
银川	32 981	5 035	57	113.0	4.6	5.8

资料来源：价格数据来源于中国房地产业协会主办的中国房价行情网数据库。

对一些城市二手房源调查来看，中低价位住房供给严重短缺。根据中国房地产协会办的中国房价行情网提供的资料显示：2017年6月上海挂牌的二手房中，每平方米建筑面积价格在2万元以下的房源供给仅占7.82％，单价2万～3万元/平方米只占12.59％，3万～5万元/平方米的占34.36％，5万～7万元/平方米的占30.92％，7万元/平方米以上占14.31％（如图3-5所示）。同样地，北京挂牌的二手房中，每平方米建筑面积价格在2万元以下的房源供给仅占5.09％，单价2万～3万元/平方米只占10.10％，3万～5万元/平方米的占25.12％，5万～7万元/平方米的占23.88％，7万元/平方米以上占35.81％，北京整体房价水平最高（如图3-6所示）。

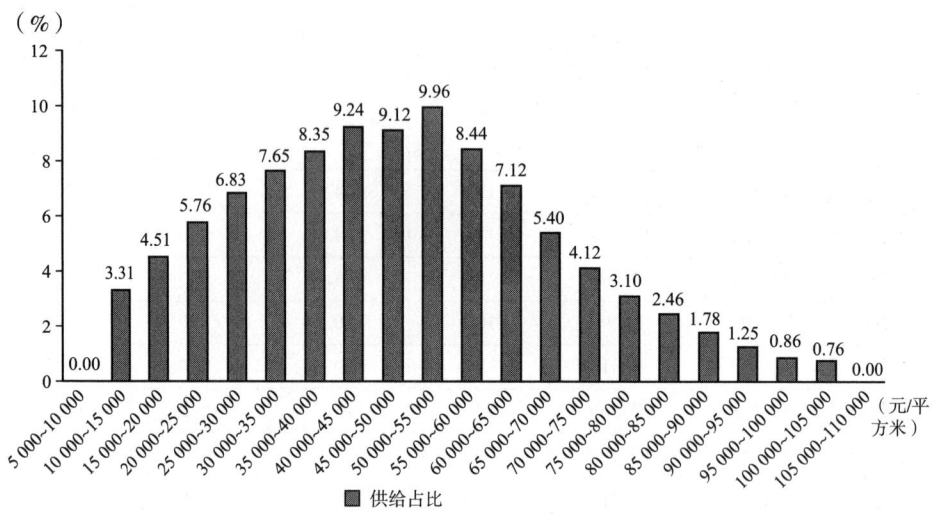

图3-5　上海市二手房源价格结构分布

资料来源：中房协——中国房价行情网数据库。

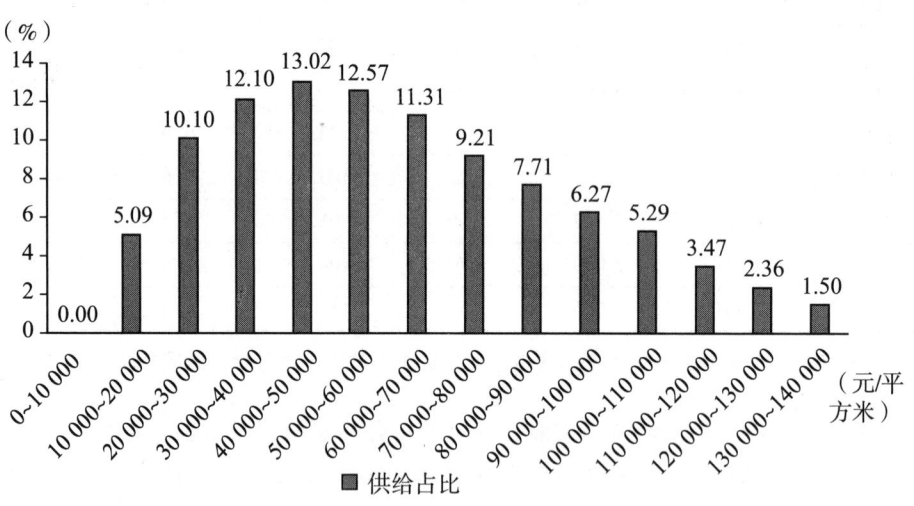

图3-6　北京市二手房源价格结构分布

资料来源：中房协——中国房价行情网数据库。

在北京、上海，假定某居民购买一套60平方米、2万元/平方米价格的商品住房，总价120万元，已属市场上很难寻找到的低价住房，假定居民家庭能支付首付款30%即36万元，申请银行按揭贷款84万元，贷款期限20年，则按 2017 年 6 月份 4.9% 的基准利率,每月需还款 5 497 元,其按揭支出相当于北京一个能获得平均可支配收入家庭的月收入的 41.9%,[①] 相当于上海一个能获得平均可支配收入家庭月收入的 40.5%,即一个在北京和上海能达到平均收入水平的标准型家庭,若在市场上购买 60 平方米、最低价位类住房,在首付支出 30% 的购房款后,每月房贷支出要占家庭收入的 40% 以上,很显然,房价过高。

再看杭州、西安、重庆二手房房源的供应结构。2017 年 6 月杭州单价在 3 万元/平方米以上的二手房房源占 28.24%,单价在 1.5 万元/平方米以下的二手房房源仅占 26.2%;重庆、西安尽管单价为 5 000 元/平方米以下的房源分别占 13.39%、12.70%,价格集中在 5 000～10 000 元/平方米房源分别占 56.15%、61.73%(如表 3-12 所示),但当地收入水平相对也低,如果购买一套单价为 7 500 元/平方米、60 平方米的商品住房,假定居民家庭能支付首付款 30% 即 13.5 万元,申请银行按揭 31.5 万元、20 年期,按 4.9% 的利率计算,每月需还款 2 062 元,分别相当于西安、重庆一个能获得平均可支配收入家庭的月收入的 27.85%、23.14%,尽管住房消费压力明显低于上海、北京、杭州,但仍然是偏高的。

表 3-12　　重庆、西安、杭州二手房房价分布对比(2017 年 6 月)

城市	0～5 000 元/平方米(%)	5 000～10 000 元/平方米(%)	10 000～15 000 元/平方米(%)	15 000～20 000 元/平方米(%)	20 000～25 000 元/平方米(%)	25 000～30 000 元/平方米(%)	大于 30 000 元/平方米(%)	2016 年人均年可支配收入(元)
重庆	13.39	56.15	25.01	4.93	0.52	0.00	0.00	29 610
西安	12.70	61.73	20.43	5.17	0.00	0.00	0.00	35 630
杭州	0.50	8.51	17.19	15.60	14.84	15.10	28.24	52 185

资料来源:中房协——中国房价行情网数据库。

三、租赁市场不规范、租金偏高

房屋租赁是住房持有投资者与消费者之间形成的一种社会分工,是一种最高

[①] 统计部门公布,2016 年北京城市居民人均可支配月收入为 4 733 元,上海为 4 525 元。家庭人口均按 3 人计算。

效率的住房消费方式,是更高级的住房流通方式。发达国家房屋租赁业都十分发达,以美国为例,2007年"房地产出租业"在房地产业总收入中占比为31.97%,[①]居房地产业内各行业之首,而且企业提供的出租房源在房地产出租业中占比近半,由于租赁市场规范,居民大量地选择租房,促进了人才在城市间的就业流动,满足了处于不同家庭生命周期的人对住房的多层次需求,更重要的是改变了买房是唯一选择的思维,抑制了住房销售市场过热现象。但是,在我国,由于多方面原因,租赁市场不规范且价格高。首先,租赁市场是以居民自由式的出租为主体,完全是"散户市场",带来众多问题:一是租赁关系不稳定,个体与个体之间签订的合同违约追究成本高、约束力低,一些房东合同期没到,就随意提价甚至中止合同,很多居民对租房都心存余悸,从内心产生购房的强烈冲动,也加大了买卖市场的压力。二是难管理,一方面,房东精力有限,对租客使用管理困难,存在较大的租金催缴风险和影响邻里生活风险;租客对承租的房屋缺乏归属感和责任感,对家具电器的损坏较大,在一定程度上损害了出租方的利益;另一方面,政府、物业企业、社区也很难对房东、租户的行为进行管理,包括被媒体高度关注的扰民的群租现象一直屡禁不止,导致邻里纠纷多;所以,部分房东怕麻烦,不愿意出租房源。同时,房屋内装修或设施参差不齐,特别是生活服务不配套,难以满足大学毕业生、创业人员等高层次人才住房需求,也间接影响着城市创业环境和生活品质。其次,租售不同权,租赁户难以像发达国家一样,享受到与房东相同的社会公共服务,特别是子女的义务制教育和失业保障等,租户生活不方便、归属感不强。最后,出租方的税费高,按照目前税收政策,房东需要交纳房产税、增值税、所得税等,税费高,企业不愿意投资开发租赁住房,造成租赁市场以散户为主。

中国房价行情网数据库提供的数据显示,我国主要城市住房租金价格也同样偏高,以当地一个能获得平均可支配收入的典型家庭(3人)为例,租用一套90平方米、当地平均水平租金的住宅,各地租金开支占家庭年收入的比例如表3-13所示,发现享受人均住房面积30平方米(小康标准)的住房,有4个城市租金支出占家庭收入的比重超过40%,有14个城市租金支出占家庭收入的比重在25%~40%,12个城市占比在17%~25%,没有1个城市在17%以下。按照国际上通常认为住房支出占收入的比例超过25%就存在较大财务压力的标准,很显然仅从租金的角度,这30个城市中有60%的城市有较大的住房消费压力。

---

① 崔裴、王梦雯:《培育机构出租人是租赁市场发展关键》,载于《城市开发》,2017年第18期,第36~37页。

表 3-13　　我国主要城市租金水平和占家庭收入比重

城市	2017年6月租金平均水平（元/月/平方米）	一套90平方米住房平均租金（元/年）	2016年可支配收入（元/年）	年租金/一个3口之家年收入（%）
北京	75.09	81 097.2	52 530	51.46
上海	63.36	68 428.8	54 305	42
广州	43.86	47 368.8	37 684	41.90
天津	29.54	31 903.2	34 074	31.21
南京	36.53	39 452.4	29 772	44.17
福州	31.24	33 739.2	37 833	29.73
杭州	44.32	47 865.6	52 185	30.57
武汉	28.41	30 682.8	39 737	25.74
石家庄	18.77	20 271.6	30 459	22.18
济南	24.64	26 611.2	43 052	20.60
郑州	27.42	29 613.6	33 214	29.72
合肥	21.26	22 960.8	34 852	21.96
成都	23.85	25 758	35 902	23.92
海口	28.31	30 574.8	30 775	33.12
南昌	20.72	22 377.6	34 619	21.55
长沙	24.32	26 265.6	43 294	20.22
昆明	23.3	25 164	36 739	22.83
兰州	26.91	29 062.8	29 661	32.66
重庆	22.85	24 678	29 610	27.78
太原	22.45	24 246	29 632	27.27
西安	22.92	24 753.6	35 630	23.16
南宁	24.58	26 546.4	30 728	28.80
哈尔滨	29.05	31 374	33 190	31.51
沈阳	20.63	22 280.4	39 135	18.98
呼和浩特	19.26	20 800.8	40 220	17.24
长春	22.08	23 846.4	31 069	25.58
乌鲁木齐	20.53	22 172.4	34 200	21.61
贵阳	21.01	22 690.8	29 502	25.64
西宁	19.56	21 124.8	27 539	25.57
银川	15.34	16 567.2	30 478	18.12

资料来源：房价数据来自中房协——中国房价行情网数据库，收入数据来自统计年鉴。

教育部哲学社会科学研究
重大课题攻关项目

　　主张通过私人住房市场来解决中低收入家庭住房困难的理由是，私人住房市场通过每年新开发一定数量的住房，高收入群体会选择比他们原来住房更好的新住房，搬入新的住房后，这些次好住宅被中高收入群体利用，中高收入群体搬入次好的住房后，又把相对差的住房过滤给经济条件再低一层次的居民，市场存在不断"筛选"功能，产生"向下"的住房，最低层次的就给中低收入家庭。但是，市场发挥解决中低收入家庭住房困难的作用前提是：城市区域内可用住房的单元数量明显大于家庭的需求量。供不应求时，住房销售价格、租金价格不断上涨，并保持在一个较高水平，意味着即使破旧的住宅，其房价或租金对低收入家庭来说也会偏高。当前，我国一些大城市就处于这种状况。

第四节　中低收入家庭住房消费压力与住房保障需求

　　上一节采用居民家庭的总体收入数据，已反映出主要城市居民购房和租房消费压力巨大的现实。本节将利用统计部门公布的居民收入等数据，分析低收入家庭、中低收入家庭的住房消费压力。

一、中低收入家庭住房消费压力过大

　　房价收入比指标是衡量居民住房消费能力的最常用、最容易理解的指标。在确定究竟多大倍数的房价收入比值才算合理的标准方面，国内很多学者和媒体都提到过国际上一般用 4～6 倍房价收入比的标准。以房价收入比 4～6 倍为居民住房合理负担能力标准的观点起源于世界银行住房问题研究专家贝特朗雷诺（Bertrand Renaud）于 1989 年 10 月在香港大学城市研究中心作的一份研究报告。[①] 他认为在发达国家中房价收入比为 1.8～5.5 倍，房价收入比的范围在发展中国家要宽一些，大约为 4.0～6.1 倍。1998 年，联合国人居中心对 96 个国家和地区进行了统计调查，公布了世界各国的房价收入比。虽然各国的房价收入比离散度比较大，但大多数国家的房价收入比为 3～7 倍，中位数为 6.4 倍。因此，可以说 4～6 倍的房价收入比数值的确

[①] 罗力群、刘鹏田：《"房价收入比"和居民住房价格承受能力》，载于《价格理论与实践》，2006年第9期，第43～44页。

定是比较符合大多数国家的情况。但对于 4~6 倍是否能够成为我国的标准，国内很多学者提出了质疑。

尽管对合理的房价收入比值存在很大的争议，但国际上对住房月支出占家庭收入的合理比值在 25% 或 30%，极限值不超过 50% 基本达成共识。2004 年，我国银监会发布《商业银行房地产贷款风险管理指引》（以下简称《指引》），明确规定：借款人每月交的供房款，不能超过其月收入的 50%，2009 年央行再次重申我国房贷借款人每月偿还额不得超过月收入 50%。按照住房月支出占家庭收入的合理比值在 25% 或 30%，极限值不超过 50%，我们可以推算对应的房价收入比。

按贷款最长期限 30 年，首付款比率为 30%，分别按我国 2006~2016 年 6 月 30 日执行的五年期以上基准利率，按照公式：

$$A = 70\% \times P \times \frac{\frac{i}{12}\left(1+\frac{i}{12}\right)^{12\times30}}{\left(1+\frac{i}{12}\right)^{12\times30}-1} \quad (3-1)$$

$$A/YP = \left[70\% \times P \times \frac{\frac{i}{12}\left(1+\frac{i}{12}\right)^{12\times30}}{\left(1+\frac{i}{12}\right)^{12\times30}-1}\right]/YP \leq 30\%（或25\%，50\%）\quad (3-2)$$

其中：A：月还款额

P：房价总额

i：贷款年利率

YP：月收入

70%：贷款额/总房价

因此，由公式（3-2）可以推导出：

$$房价收入比 = \frac{P}{YP\times12} \leq \frac{30\%（或25\%，50\%）\times\left[\left(1+\frac{i}{12}\right)^{12\times30}-1\right]}{70\%\times i\left(1+\frac{i}{12}\right)^{12\times30}}$$

$$(3-3)$$

计算结果如表 3-14 所示，即根据 2006~2015 年利率水平，绝大多数年份合理的房价收入比应该在 6 倍左右；极限的房价收入比应该控制在 10 之内。2015 年以来，因利率维持在相对低的水平，合理的房价收入比在 8 倍左右，极限的房价收入比不应该超过 13 倍。

表 3-14　　不同利率下合理（极限）房价收入比变化

年份	年利率	住房月支出/月收入 30%（合理值）	住房月支出/月收入 50%（极限值）
2006年6月30日	6.39%	5.72	9.53
2007年6月30日	7.20%	5.26	8.77
2008年6月30日	7.83%	4.95	8.24
2009年6月30日	5.94%	6.00	9.99
2010年6月30日	5.94%	6.00	9.99
2011年6月30日	6.80%	5.48	9.13
2012年6月30日	6.80%	5.48	9.13
2013年6月30日	6.55%	5.62	9.37
2014年6月30日	6.55%	5.62	9.37
2015年6月30日	5.40%	7.94	13.22
2016年6月30日	5.40%	7.94	13.22

我们选择直辖市、省会城市中统计部门公布的最新的五等分家庭收入数据和新建商品住房成交均价数据，分别计算，得到2015年全国、部分城市的低收入户（20%）、中低收入户（20%）、中等收入户（20%）、中高收入户（20%）、高收入户（20%）房价收入比（如表3-15所示），发现全国层面，低收入家庭的房价收入比达到15.88倍，突破13倍的极限值，中低收入户为9.05值，突破8倍的合理值；北京、上海，低收入户房价收入比分别为28.96、25.30，中低收入户分别为18.01、16.51，中等收入户13.77、12.90，表明中等收入家庭都难以承受住房价格水平。其他11个城市住房消费压力相对好些，但是，低收入户依然难以承受房价，有5个城市低收入户的房价收入比超过13，有5个城市低收入户房价收入比在10~13之间，只有1个城市在10以下。且事实上，2016年以后，随着新一轮房价上涨，低收入家庭、中低收入家庭的住房消费能力进一步恶化。

表 3-15　　各城市城镇居民 2015 年五等分收入与房价收入比

城市（2015年新建商品住房成交均价）		低收入户（元/年）	中低收入户（元/年）	中等收入户（元/年）	中高收入户（元/年）	高收入户（元/年）
全国（6 473元/平方米）	收入	12 230.9	21 446.2	29 105	38 572.4	65 082.2
	房价收入比	15.88	9.05	6.67	5.03	2.98

续表

城市（2015年新建商品住房成交均价）		低收入户（元/年）	中低收入户（元/年）	中等收入户（元/年）	中高收入户（元/年）	高收入户（元/年）
北京（22 633元/平方米）	收入	23 442	37 709	49 314	64 206	103 748
	房价收入比	28.96	18.01	13.77	10.58	6.54
上海（20 949元/平方米）	收入	24 841	38 060	48 710	62 423	100 688
	房价收入比	25.30	16.51	12.90	10.07	6.24
广州（14 612元/平方米）	收入	26 370	37 192	45 229	55 781	80 743
	房价收入比	16.62	11.79	9.69	7.86	5.43
重庆（5 486元/平方米）	收入	12 531	20 486	26 213	32 979	50 683
	房价收入比	13.13	8.03	6.28	4.99	3.25
沈阳（6 861元/平方米）	收入	14 679	23 944	30 789	38 843	74 150
	房价收入比	14.02	8.60	6.69	5.30	2.78
呼和浩特（5 193元/平方米）	收入	13 432	21 586	28 129	35 841	55 496
	房价收入比	11.60	7.22	5.54	4.35	2.81
西安（6 501元/平方米）	收入	16 408	25 877	32 702	40 560	60 302
	房价收入比	11.89	7.54	5.96	4.81	3.23
银川（4 947元/平方米）	收入	11 552	20 242	27 818	37 163	53 769
	房价收入比	12.85	7.33	5.34	3.99	2.76
郑州（7 537元/平方米）	收入	13 880	23 273	29 575	38 519	62 271
	房价收入比	16.29	9.72	7.65	5.87	3.63
合肥（5 741元/平方米）	收入	16 166	23 736	30 265	38 279	59 328
	房价收入比	10.65	7.26	5.69	4.50	2.90
长沙（5 856元/平方米）	收入	23 886	34 664	41 548	49 784	74 933
	房价收入比	7.35	5.07	4.23	3.53	2.34

续表

城市（2015年新建商品住房成交均价）		低收入户（元/年）	中低收入户（元/年）	中等收入户（元/年）	中高收入户（元/年）	高收入户（元/年）
武汉（8 556元/平方米）	收入	16 408	27 848	36 267	46 951	74 270
	房价收入比	15.64	9.22	7.08	5.47	3.46
南昌（7 126元/平方米）	收入	17 700	25 020	31 074	37 891	57 953
	房价收入比	12.08	8.54	6.88	5.64	3.69

二、中低收入家庭住房消费能力呈大幅下降趋势

利用浙江省统计局公布的 2000~2015 年城镇居民收入分等数据，分别计算各个不同收入群体家庭的住房负担能力情况（如表 3-16 所示），由表中数据可得到以下结论：

第一，越是购房承受能力弱的中低收入阶层，房价收入比提高越快。2000~2012 年，最低收入家庭的房价收入比从 12.94 提高到 23.69，上升了 83.08%；低收入家庭的房价收入比从 9.84 提高到 16.67，上升了 69.41%；高收入家庭房价收入比从 4.39 提高到 5.53，只上升 25.97%；最高收入的家庭房价收入比只从 3.02 提高到 3.43，仅提高 13.58%。即购房能力弱的中低收入家庭，其购房承受能力不但没有改善，反而在快速恶化，高收入家庭的房价收入比仍在合理的范围。2011~2015 年浙江房地产市场进入调整期，各类收入群体家庭的房价收入比都出现了下降趋势，低于 2009 年高峰值，是件好事，但是，2016 年开始的新一轮房价上升又改变了这一趋势。① 出现这种现象的根源是，在过去的年份里，收入增长的两极分化呈扩大化趋势。越是低收入家庭，其收入增长越慢，明显落后于平均收入的增长，滞后于房价上涨速度。2000~2015 年，最低收入家庭收入增长 4.09 倍，而高收入的家庭收入增长 5.24 倍。② 造成原本购房能力弱的低收入阶层，在房价上升背景下，购房承受能力进一步削弱。而高收入家庭的收入增长基本与房价快速上升的速度相匹配，房价收入比变化不大。这可以很好地阐释

---

① 因统计部门未公布 2016 年各类群体的收入水平，故不能给出具体的数据。
② 2000 年居民收入按七等分统计，分最低收入户（10%）、低收入户（10%）、较低收入户（20%）、中等收入户（20%）、较高收入户（20%）、高收入户（10%）、最高收入户（10%），我们将最低收入户、低收入户合并，计算简单算术平均值为低收入户收入；高收入户（10%）、最高收入合并，计算简单算术平均值为高收入户收入，以便于与 2015 年五等分收入相对比。

为什么中国市场存在奇怪现象:许多家庭买不起房,但同时市场又表现出对高价房巨大的需求。

第二,中等收入家庭住房消费能力不断被弱化、面临较大的购房现实压力。如果说,最低收入家庭、中低收入家庭在收入与房价巨大差距面前,可以完全放弃通过市场购房的想法与计划,因为政府的保障性住房有可能使这些家庭可以不通过市场解决住房问题,但中等收入家庭在现行住房供给体制下,面临越来越大的购房压力,他们必须也只能通过市场解决或改善住房条件,但其购房负担能力却在不断下降。如表3-16所示的计算结果,较低收入家庭、中等收入家庭的房价收入比分别从2000年的7.75、6.16扩大到2015年的10.51、7.98,此后,由于房地产市场新一轮上涨,可以预期2016年以后的房价收入比更高。

表3-16　　2000~2015年浙江按不同家庭收入等分计算的静态房价收比

年份	平均	最低收入户(10%)	低收入户(10%)	较低收入户(20%)	中等收入户(20%)	较高收入户(20%)	高收入户(10%)	最高收入户(10%)
2000	5.84	12.94	9.84	7.75	6.16	5.12	4.39	3.02
2001	5.49	13.28	9.43	7.49	5.91	4.73	3.75	2.93
2002	5.81	15.41	10.72	8.00	6.54	5.16	4.09	2.93
2003	5.96	15.81	11.26	8.84	6.91	5.42	4.06	2.78
2004	6.06	16.82	11.52	9.29	7.04	5.14	4.02	2.72
2005	7.84	23.76	15.26	11.99	9.37	6.87	5.40	3.61
2006	7.99	24.70	15.45	12.29	9.71	7.34	5.61	3.46
2007	8.98	27.12	17.58	13.61	10.93	8.21	6.23	3.83
2008	8.95	25.24	17.28	13.60	10.94	8.14	6.15	3.61
2009	10.77	31.00	20.34	16.74	13.50	9.74	7.34	4.42
2010	9.24	27.37	19.27	14.56	11.05	8.32	5.95	3.66
2011	8.61	24.27	17.75	13.23	9.98	7.54	5.57	3.47
2012	8.43	23.69	16.67	12.53	9.67	7.32	5.53	3.43
2013	8.91	17.01		11.44	9.12	7.08	4.00	
2014	7.86	19.27		11.48	8.68	8.01	3.79	
2015	7.38	17.37		10.51	7.98	6.26	3.73	

注:按家庭人口3人,人均住房消费面积30平方米计。
资料来源:浙江省统计年鉴。

上海也呈现这样的特征:2000~2016年低收入家庭房价收入比从14.49倍提

高到 32.11 倍，上升了 121.6%；高收入家庭只从 4.99 倍提高到 7.53 倍，仅上升 50.9%（如表 3-17 所示）。2016 年按统计局公布的商品住房均价 25 910 元/平方米计算，中低收入户房价收入比达到 20.57 倍，中等收入户达到 15.49 倍，这些家庭如果原来没有丰厚的财产积累，依靠正常的年收入很难拥有自己的住房，已经被挤出商品住房市场。

表 3-17　　2000~2016 年上海按不同家庭收入等分计算的静态房价收比

年份		平均收入（元/年）	低收入户（元/年）	中低收入户（元/年）	中等收入户（元/年）	中高收入户（元/年）	高收入户（元/年）
2000	收入	11 718	6 888	8 815	10 529	12 893	19 992
	房价收入比	8.52	14.49	11.32	9.48	7.74	4.99
2015	收入	49 867	24 841	38 060	48 710	62 423	100 688
	房价收入比	12.6	25.30	16.51	12.90	10.07	6.24
2016	收入	54 305	24 204	37 786	50 174	65 148	103 219
	房价收入比	14.3	32.11	20.57	15.49	11.93	7.53

注：根据上海市统计局公布的数据计算，2000 年新建商品住房成交均价 3 327 元/平方米，2015 年为 20 949 元/平方米，2016 年 25 910 元/平方米。按家庭人口 3 人计，人均住房建筑面积 30 平方米，计算房价收入比。

第五节　住房保障是一项长期性基础性事业

有一种观点认为：随着经济发展和人民生活水平的提高，住房保障将逐渐退出舞台，交给市场解决。事实上，从国际经验和我国的国情看，从居民收入与财富分布的不均匀规律分析，我国的住房保障事业将是一项长期工程。

一、从国际经验看，住房保障事业是一项长期工程

最早提供住房保障的是英国政府，英国公共租赁房可追溯到 1890 年的《工人阶级住房法》，1919 年出台了《住宅法》，确定了以公营住宅为核心的住宅政策，即由政府投资建设公房，然后以低租金租给居民居住。到目前，英国住房保

障事业已经历了100多年的时间。但今天,英国政府还在花大力气、投入大量资金用于低收入住房困难家庭的住房保障。2013年住房协会提供的保障房为234.16万套、地方政府提供了169.2万套,合计403.36万套,比2012年净增加21.68万套。[①]

美国大规模公共住房建设开始于20世纪30年代经济大萧条时期,1937年联邦政府制定了首个全国住房法案,授权地方政府成立公共住房委员会负责低收入家庭的公共住房建设,保持较低房租,由联邦政府拨款和规定入住者标准。经过多年的各种努力,尽管美国2013年人均GDP已经达到5.3万美元,但仍然面临较繁重的为低收入家庭提供住房保障的任务。根据美国住房和城市发展部公布的数据,2013年底还有770万户的租房家庭其租金开支超过收入的50%或居住在未达到标准的住房里。[②] 因此,每年联邦政府都有大笔预算经住房和城市发展部(HUD)之手用于全国的住房保障,2015~2018年美国总统批准给HUD的可自由支配的年度资金预算保持在400亿~560亿美元之间,如果按美国2016年3.231亿的人口计算,每年人均得到的住房直接补贴124~173元,这一数据尚不包括规模更大的购房按揭利息抵税补贴(如表3-18所示)。

表3-18　　　　　2015~2018年经政府批准的美国
住房和城市发展部(HUD)预算

年份	预算金额
2018	HUD可自由支配的资金预算406.8亿美元;同时,还有22.5亿美元帮助地方社区住宅和无家可归者
2017	HUD可自由支配的资金预算489亿美元;另有一笔110亿美元在10年里支出
2016	HUD可自由支配的资金预算493亿美元
2015	HUD可自由支配的资金预算560亿美元

资料来源:美国住房和城市发展部(HUD)网站。

应该说,这些老牌资本主义国家早就完成了工业化和城市化,房地产市场也有长达百年的历史,相当发达,且国土面积大、人口相对少,他们至今还没有完全解决好低收入家庭的住房困难问题,可以推测像我国这样人多地少、发展极不均衡的国家,住房保障事业并非能一蹴而就。

---

① 资料来源:https://www.gov.uk/government/statistical-data-sets/stock-profile。
② 资料来源:https://archives.hud.gov/news/2015/pr15-013.cfm。

二、从国内住房不平衡看，解决好全体居民住房问题任重道远

本章第一节利用全国 2015 年 1% 人口抽样数据显示，我国还有相当数量的城镇居民住房条件处于数量和质量贫困状态，尤其是人口迁移带来的大量保障需求：每年全国有大量的人口从农村到城市，从小城镇到大中城市。以国家统计局公布的全国城镇人口数据，2010~2017 年平均每年新增城镇人口 2 052 万人（如表 3-19 所示），如果其中的 20% 人口需要保障，则每年需要 200 万套（间）左右住房。

表 3-19　　　　　　　　全国城镇人口与城镇化率

年份	2010	2011	2012	2013	2014	2015	2016	2017
全国城镇人口（亿人）	66 978	69 079	71 182	73 111	74 916	77 116	79 298	81 347
新增城镇人口（亿人）	2 466	2 101	2 103	1 929	1 805	2 200	2 182	2 049
城镇化率（%）	49.95	51.27	52.57	53.73	54.77	56.10	57.35	58.52

资料来源：国家统计局。

经济发达地区集聚了大量外来务工人员，长期以来他们的居住条件没有纳入政府的视线。2017 年 8 月 15 日至 9 月 8 日，我们对杭州外来务工人员开展一对一现场访谈和典型租户居住状况记录分析，调研对象为西湖区五联西苑、骆家庄、屏峰新村；拱墅区总管堂；余杭区三角村；滨江区新生社区、东冠社区；下城区华丰村、石桥村共计 9 个城中村和绿晶家政、地铁运行公司、杭州市公交集团、佑康食品公司、百瑞国际大酒店共 5 家代表型企业，以及沿街的美容美发、服装店、零星房屋中介、顺丰快递等的企业员工进行线下调研，共计回收问卷 1 806 份，发现：受访者的收入处于较低区间，月收入在 2 000 元及以下的占 11.5%，2 001~4 000 元占比 42.7%，4 001~6 000 元占 30.7%，6 001~8 000 元占 8.6%，8 001~10 000 元占 3.3%，10 001 元及以上占 3.2%。未缴纳社保或者公积金，占比 53.2%。调研样本中，租住城中村比例高达 82.40%，租赁商品房公寓，占比为 9.20%，由单位提供的宿舍占比 8.3%。其居住条件有以下特点：（1）城中村成为外来务工人员的密集居住地，由于城中村房屋以间为单位出租，价格相对便宜，成为外来务工人员天然的选择，人口高度密集。比如：西湖区五联社区，本地人口 2 800 人，房屋 573 幢，集聚的外来登记人口 27 840 人；下城区石桥社区，本地人口 3 000 人，房屋 1 215 幢，集聚的外来登记人口

25 096 人；华丰村本地居民 4 110 人，二联户 827 幢、547 套多层农居，集聚的外来人口登记在册 25 000 人，实际 27 000 人。对 2017 年 8 月 28 日公安局提供的各社区承租人口分布统计，仅 178 个城中村领取《居住证》登记在册的外来承租人员达到 65.7 万人。（2）合租比例高。1 人居住的比例仅占 16.17%，选择 2 人同住比例为 45.35%；选择 3 人同住占比 20.87%；多人居住（指 4 人以上）占 7.31%。（3）人均居住面积小，人均居住面积在 4.0 平方米及以下的占比为 14.45%，人均居住面积在 4.1～8 平方米占比高达 43.58%，人均居住面积在 10.1 平方米及以上的仅占 26.92%。（4）厨卫设施简陋，卫生条件差。房间内仅有一个简单的卫生间甚至没有，在过道、阳台搭简易灶台现象屡见不鲜，消防隐患大。（5）租金开支压力增大，月租金在 500 元以下的仅占 5.9%、501～750 元的占 18%、751～1 000 元占 29.4%、1 000～1 500 元占 28.4%、1 500 元以上占 15.3%；部分单位给予了租金补贴，占被调查样本的 14.6%，但未发放住房租赁补贴占比为 85.4%，普遍反映租金水平高、经济压力大，部分被调查者租金开支占收入的比例已超过 30%。（6）40% 的受访者未签租赁合同。调查样本中只有 59.20% 的租户与房东签订了住房租赁协议以保障租赁关系，40.80% 的租户则未与房东签订住房租赁协议，他们与房东仅是口头协议。访谈中发现，房东之所以不签合同，一是担心城中村拆迁时间不确定，引起维权事件，二是房东希望租金能随行就市，可根据市场行情作适当调整。（7）居住满意度偏低。租金贵、租金涨得太快是最不满意的因素。43.20% 的租客对住房状况满意度表示一般，24.50% 的租客表示不满意，7.90% 的租客表示很不满意，表示较满意和很满意人群分别仅占 8.10% 和 6.30%。最不满意的因素中，"租金贵"名列第一，占比 34.68%；"租金上涨太快"排第二，占比 24.69%；"面积太小"排第三，占比 20.10%。（8）普遍存在不安全感、焦虑感。随着城中村拆迁的大规模推进，出租房源异常紧缺，不仅仅外来务工人员需重新寻找出租房，被拆迁的大量居民也需要寻找过渡房，一房难求，租金快速上涨，给不少外来务工人员带来焦虑感、不安全感，外来务工人员抱怨情绪重、意见大。这需要政府加以保障或创造良好的政策环境让企业提供住房保障。

每年还有大量的高校毕业生走向社会，2017 年全国高校毕业生达到 795 万人，可以判断在较长时间里高校毕业生都将维持在 700 万人以上，这些大学生其工作地与父母生活的城市大多是分离的，相当部分的毕业生存在明显的阶段性住房困难，进而对保障房存在较长期需求。

三、从收入财富分布不均衡性看，住房保障事业是基础性工程

在现代经济中，居民收入结构发生了变化，收入来源日益多元化，有工资性收入、财产性收入、转移性收入、经营性收入。其总体趋势是：工资性收入占比逐渐下降，2000 年全国城镇居民工资性收入占 75%，2016 年下降到 61.47%，可能还将继续呈下降趋势。知识、资本在社会一次分配中所占比重越来越大，导致主要依靠劳动力获得收入的低收入家庭与拥有高学历和财富积累的中高收入家庭的收入差距越来越大。而且，高收入家庭有更多的资本积余投资资本市场，存在明显的财富积累的"滚雪球"效应，财富差距成倍扩大。以浙江省为例，2015 年人均可支配收入的中位数为 40 161 元，即 50% 的居民收入在 40 161 元以下，其中最低 20% 家庭的人均可支配收入只有 18 573 元，仅为高收入 20% 家庭的 21.5%；[①] 高收入 20% 家庭群体如果每年支出水平控制在人均可支配收入的中位数水平，每年每人有 46 355 元积余可用于投资，进一步增加其财富效应。

我国尚没有权威的关于家庭财富分布的数据。以美国为例，财富两极化远大于收入两极化，根据美国经济政策研究所的统计报告，2009 年美国最富有 1% 家庭的收入占所有家庭收入的 21.2%，10% 最富有家庭的收入占全部家庭收入的 47.1%，余下 90% 家庭的收入只占全部家庭收入的 52.9%；财富集中度更高，2009 年美国最富有 1% 家庭金融净资产占全部家庭金融净资产的 42.7%，最富有 10% 家庭所拥有的金融净资产占全美家庭所拥有金融净资产的八成以上，而余下 90% 家庭占有的金融净资产只占美国家庭金融净资产的 17.1%。1% 最富有家庭平均财富 1 397 万美元，前 20% 富有家庭平均余额 171 万美元，分别是家庭财富中位数的 225 倍和 27.58 倍（如表 3-20 所示）。

表 3-20　　　　　　　美国家庭财富差异　　　　　　单位：万美元

家庭	1962 年	2001 年	2007 年	2009 年
1% 最富有家庭	638	1 537	1 917	1 397
接下来 4% 家庭	101	297	378	273
接下来 5% 家庭	47	113	124	90
接下来 10% 家庭	26	59	66	48

---

① 资料来源：《浙江统计年鉴（2016）》。

续表

家庭	1962 年	2001 年	2007 年	2009 年
20% 富有家庭平均余额	77	194	236	171
按下来 20% 家庭	12.8	26	30	20.8
中间 20% 家庭	5.2	9	10.9	6.5
低收入 20% 家庭	0.91	1.7	1.8	0.55
贫困 20% 家庭	-0.7	-0.99	-1.3	-2.7
家庭财富中位数	5.1	8.9	10.6	6.2
家庭财富平均数	19.1	46	55.4	39.3

资料来源：《美国贫富差距成西方最大 20% 人拥有总财富 80%》，http：//finance.ifeng.com/a/20111108/5009993_0.shtml。

最终影响房价的因素来自两个方面：在供求基本平衡或供不应求的市场环境里，房价取决于供给量与居民消费能力之间的平衡，供给量越少，则房价就是由少数高净值人群购买力决定的房价，房价就会越偏离大众的消费能力，需要保障的人群越多；在供大于求的市场环境下，房价又主要由土地成本、建安成本等构成的社会平均成本决定，在成本价附近波动。但由于土地的稀缺性和垄断性，决定了即使是在供应严重大于需求的背景下，房价也不可能低到户户都买得起或租得起的水平。如图 3-7 所示，在供不应求市场，价格高于开发成本，若均衡价格为 P_1，则由 P_1 线和 Q_1 线围成的需求就难以通过市场满足；如果在供大于求的市场，价格在 P_2 点波动，依然存在由 P_2 线和 Q_2 线围成的需求难以满足；因此，在这个社会里，只要坚持市场化，一定有居民是无法通过市场解决住房问题的，特别是老弱病残家庭，因其劳动能力十分有限甚至完全丧失。在社会一次分配以效率为主的格局下，必须通过二次分配——政府的住房保障解决其基本生活需求，以体现公正性。

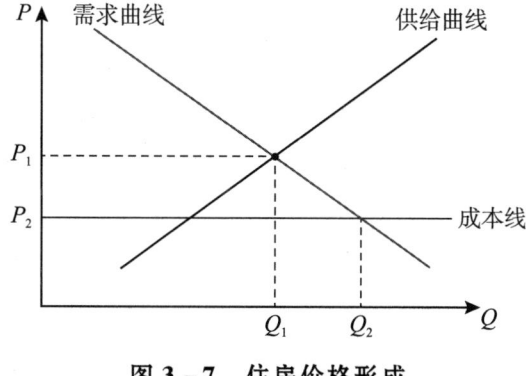

图 3-7 住房价格形成

社会财富的创造和社会发展的动力必须依靠"每个人"和"一切人"的共同努力,"多劳多得,少劳少得,不劳不得"能最大限度激励"每个人"和"一切人"的劳动积极性和能动性,也成为世界各国普遍的制度设计。但是,每一个人的身体状况、能力、贡献有大小,就必然会出现收入与财富分配的不均衡。而一个城市房价水平又更多地取决于这个地方的居民平均收入水平和住房平均开发成本水平,因此,就必定会有一部分家庭难以通过自己的能力解决基本的住房困难或者获得相对体面的住房消费。这就需要政府有形的手,为市场弱势群体提供帮助。

本 章 小 结

本章利用大量统计数据,既肯定了住房制度改革以来我国住房领域取得的巨大成就,又客观分析了住房领域存在的不平衡不充分现象,指出不少居民家庭住房条件处于数量与质量两重贫困的状况。而我国商品住房市场总体处于供不应求和高房价的现实,不仅造成中低收入家庭难以通过市场解决住房问题,而且在一些大城市中等收入家庭也被排斥出商品住房市场。通过房价收入比数据分析得到中低收入家庭住房消费能力不但没有上升,反而呈下降趋势。房价越脱离普通居民的正常收入水平,住房保障的需求和压力就越大。因此,有的专家提出"市场归市场,保障归保障"(任志强,2011)[①] 的观点有失偏颇。从国际经验看、从国内住房消费不平衡状况看、从收入与财富分布的不均衡性看,住房保障事业是一项长期性和基础性工程,任重而道远。

[①] 任志强:《中央经济工作会议的信息——市场归市场、保障归保障》,载于《房地产导刊》,2011年第1期,第24页。

第四章

我国城镇住房保障制度演变与现状评价

第一节 我国住房保障制度发展历程回顾

住房保障是一个不断动态的调整过程，它与一国或地区的财政支付能力、经济发展水平、住房发展阶段和人口结构特征及其社会制度等紧密相关。我国住房保障制度的变迁与住房制度的发展密不可分，与中国经济体制改革历程和经济的发展息息相关。新中国成立以来，住房制度经历了住房实物分配的福利制度、住房制度改革推进和住房制度改革深化发展等阶段，住房保障的范围也随之发生着阶段性的变化，其间有四个关键性的节点：1978年改革开放；1998年停止实物分房，逐步实行住房分配货币化改革；2003年提出用普通商品房取代经济适用住房作为市场的供应主体；2007年保障性住房被重新赋予重要地位。这四个关键的时间节点将我国住房保障制度的变迁历程划分为以下五个阶段，如图4-1所示。

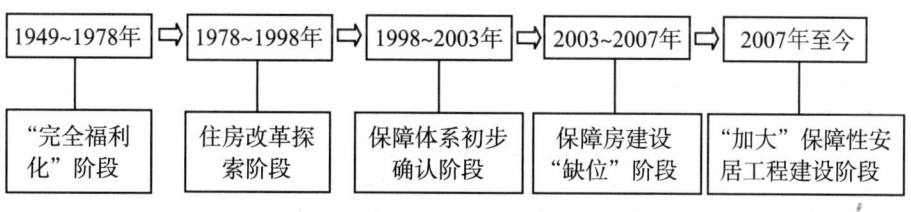

图4-1 我国住房保障制度的变迁

一、计划经济体制下的住房完全福利化阶段（1949~1978 年）

1949 年新中国成立后至 1978 年改革开放前的三十年时间内，实行土地无偿无限期使用，住房采取了完全福利化的模式。城市居民居住所需的住房一律由国家（含各级政府和单位）统一建造，建设资金全部来源于国家基本建设资金，住房从投资、建设、分配到管理和维修全部纳入国家计划。当时，住房作为一种具有使用价值的社会福利形式存在，按照工作年限、职位高低等排序，以实物形式无偿分配给城市居民使用，居民只需缴纳象征性的房屋维修租金，是一种完全福利化的住房体系。①

完全福利化的住房制度在当时物质资料匮乏、生产落后、生活困难的条件下，为人们的居住提供了基本保障。但是，由于计划经济模式的局限，加之重生产轻生活的政策导向，住房投资严重不足，住房供给严重短缺，人们的居住条件得不到根本改善，全民化的住房保障难以到位。据统计，1978 年，全国城镇居民人均住房面积仅有 6.7 平方米，农村人均住房面积只有 8.1 平方米。② 与此同时，住房的完全福利化，其建设、分配、管理、维修等均由政府负责，产生了巨大财政压力与诸多社会问题，直接挑战了我国住房福利制度，住房制度改革迫在眉睫。

二、住房商品化和住房制度改革探索阶段（1978~1998 年）

由于福利分房制度逐渐暴露出的问题以及住房供给不足的矛盾突出，促使我国政府必须寻求解决途径。1978~1998 年的 20 年是我国住房制度改革不断探索和发展的阶段，也是现有城镇住房保障制度的初步探索阶段。

1980 年，邓小平同志提出住房改革思想——出售公共住房，调整公共住房租金，鼓励个人购买公房或自建住房，③ 拉开了住房制度改革的大幕。1980 年，

---

① 董昕：《中国政府住房保障范围的变迁与现状研究》，载于《当代财经》，2011 年第 5 期，第 84~91 页。

② 住建部：《中国城市人均住房建筑面积达 30 平方米》，http://finance.ifeng.com/news/house/20101230/3133879.shtml。

③ 1980 年 4 月 2 日，邓小平说："要考虑城市建筑住宅、分配房屋的一系列政策。城镇居民个人可以购买房屋，也可以自己盖。不但新房子可以出售，老房子也可以出售。可以一次付款，也可以分期付款，10 年、15 年付清。住宅出售后，房租恐怕要调整。要联系房价调整房租，使人考虑买房合算"。转引自刘志锋撰写的《我所经历的住房制度改革》一文，新浪网。

中共中央、国务院批转了《全国基本建设工作会议汇报提纲》，正式提出实行住房商品化政策，公有住房出售的试点在一些城市陆续展开。1991年6月，国务院又下发《关于继续积极稳妥地进行城镇住房制度改革的通知》以进一步完善房改的有关政策和措施，10月8日，全国第二次房改工作会议在世界住房日当日召开，时任建设部部长的侯捷提出未来10年"两步走"的设想，"第一步，'八五'期间，以解危、解困为主，重点解决人均居住面积在3~4平方米以下的住房困难户，使人均居住面积达到7.5平方米，住房成套率达到40%~50%；第二步，到2000年，以改善、提高为主，重点解决人均居住面积在5~6平方米以下的住房困难户，使人均居住面积达到8平方米，住房成套率达到60%~70%"。[①] 1994年，国务院颁布《关于深化城镇住房制度改革的决定》，其基本内容把福利分房制度下住房建设投资由国家、单位统包的体制改为国家、单位、个人三者合理负担的体制；把国家、单位建房、分房和维修、管理住房的体制改为社会化、专业化运行体制；把住房实物福利分配方式改为以按劳分配的货币工资分配为主的方式；逐步建立以中低收入家庭为对象、具有社会保障性质的经济适用住房供应体系和以高收入家庭为对象的商品房供应体系；建立住房公积金制度；发展住房金融、保险，建立政策性、商业性并存的住房信贷体系；建立规范化的房地产交易市场和房屋维修、管理市场。各地也积极探索，由企业主导开发的商品房陆续上市，住房供应主体由政府或单位转变为"政府＋市场"，政府住房保障的范围逐渐缩小，以安居工程为主要形式的经济适用住房的建设，拉开了我国市场经济下的保障性住房建设的序幕。

三、以经济适用住房为主的住房保障体系建设阶段（1998~2003年）

1998年7月，国务院发布《关于进一步深化城镇住房制度改革加快住房建设的通知》，明确提出"停止住房实物分配，逐步实行住房分配货币化，建立和完善以经济适用住房为主的多层次住房供应体系，对不同收入家庭实行不同的住房供应政策。最低收入家庭租赁由政府或单位提供的廉租住房；中低收入家庭购买经济适用住房；高收入家庭购买、租赁市场价商品住房"，确定了以经济适用住房作为国家解决城镇居民住房问题的主要途径，拉动国民经济发展的新经济增长点。随后，住建部等陆续发布了《关于大力发展经济适用住房的若干意见》《经济适用住房价格管理办法》等文件，至此我国的经济适用住房迅速发展。

---

① 臧美华：《新中国城市住房发展历程：1949~2016》，人民出版社2018年版。

1998～2002年，每年的经济适用住房新开工面积占商品住房新开工面积的比例平均达19.58%，每年的经济适用住房投资额占同期商品住房比重平均为14.28%[①]，对稳定住房价格、调整消费结构、促进住房消费、保障中低收入家庭困难都起到了积极作用。

四、保障房建设缺位阶段（2003～2007年）

2003年9月，全国首次房地产工作会议在北京召开，会议首次提出房地产业已成为国民经济的支柱产业，要坚持住房市场化的基本方向，更大程度地发挥市场在资源配置中的基础作用，会后下发了《国务院关于促进房地产市场持续健康发展的通知》，提出"完善住房供应政策，调整住房供应结构，逐步实现多数家庭购买或承租普通商品住房"。该文件表明国家住房政策的重点从经济适用住房转向商品住房。自此，我国城镇保障性住房建设进入收缩阶段，经济适用住房投资额占商品住房投资额比例从2002年的11.27%，下降至2005年的4.78%、2007年的4.56%；经济适用住房新开工面积占同期商品住房的比重从2002年的15.21%，下降至2005年6.37%、2007年的6.10%，如表4-1所示。而廉租住房仅限于最低收入家庭（低保户），且以发放租赁住房补贴为主，实物配租、租金核减为辅，保障面相对有限。

表4-1　　　　1997～2008年经济适用住房建设与销售情况

年份	新开工面积（万平方米）	占同期商品住房比重（%）	投资额（亿元）	占同期商品住房比重（%）	销售面积（万平方米）	占同期商品住房比重（%）
1997	1 721	15.65	185	12.05	1 212	7.82
1998	3 466	20.83	271	13.01	1 667	20.78
1999	3 970	21.12	437	16.56	2 701	22.69
2000	5 313	21.77	542	16.38	3 760	20.17
2001	5 796	18.98	600	14.22	4 021	16.89
2002	5 280	15.21	589	11.27	4 004	13.50
2003	5 331	12.16	622	9.18	4 019	9.64
2004	4 257	8.88	606	6.86	3 262	6.46

① 资料来源：《中国统计年鉴》。

续表

年份	新开工面积（万平方米）	占同期商品住房比重（%）	投资额（亿元）	占同期商品住房比重（%）	销售面积（万平方米）	占同期商品住房比重（%）
2005	3 513	6.37	519	4.78	3 205	6.02
2006	4 379	6.80	697	5.11	3 337	5.00
2007	4 810	6.10	821	4.56	3 508	6.49
2008	5 622	7.04	983	4.45	3 627	7.82

资料来源：历年《中国统计年鉴》。

在住房高度商品化、市场化阶段，尽管我国城市居民总体住房条件得到了较大改善：《中国统计年鉴》的数据显示，1988～1997年城市人均住宅建筑面积由13.0平方米增至17.8平方米，平均每年人均增加0.48平方米；1998～2006年城市人均住宅建筑面积由18.7平方米增至27.1平方米，平均每年人均增加1.05平方米。但不断上涨的房价以及萎缩的保障性住房建设使城镇中低收入家庭住房困难日益严重，住房问题逐步演化成影响社会安定和谐的重大民生问题。2005年全国1%人口抽样数据显示，城镇居民人均建筑面积已达到28.42平方米，但人均建筑面积在8平方米以下的仍占7.49%。

五、大力推进保障性安居工程阶段（2007年至今）

为解决城市低收入家庭越来越大的住房困难，2007年8月，国务院发布《关于解决城市低收入家庭住房困难的若干意见》（以下称24号文件），要求各级地方政府将解决城镇低收入家庭的住房问题作为住房制度改革的重要内容及政府公共服务的重要职责，提出"建立健全以廉租住房制度为重点，多渠道解决城市低收入家庭住房困难的政策体系；改进和规范经济适用住房制度，合理确定经济适用住房供应对象、标准；逐步改善其他住房困难群体的居住条件等"。24号文纠正了我国住房体制改革中出现的过度市场化的趋势，保障性住房被重新赋予重要地位，住房供应从"重市场、轻保障"向"市场、保障并重"方向回归，是我国城镇保障性住房制度发展的里程碑事件。

24号文件出台之后，城市低收入住房困难家庭住房保障问题得到了空前的关注，国家相关部门出台了一系列关于加强廉租住房和经济适用住房建设管理的配套政策：2007年9月，住建部等9部委出台了《廉租住房保障办法》；10月，财政部发布《廉租住房资金管理办法》；11月，建设部等7部委联合发布《经济适用住房管理办法》等。2007年我国中央财政安排了廉租住房资金77亿元，超过历年累计安排资金的总和。2008年，这一数据达到356亿元。[①] 2008年11月，继国家推出"四万亿"计划之后，9 000亿元安居工程出炉。2009年我国制定保障性住房发展规划，计划用3年解决750万户城市低收入住房困难家庭住房问题。

到2010年，城市低收入群体的住房困难已大大缓解，然而城市中低收入群体（夹心阶层）、外来务工人员、新就业大学毕业生等群体的住房困难问题日益凸显，2010年6月，住建部等联合发布《关于加快发展公共租赁住房的指导意见》提出"大力发展公共租赁住房，是完善住房供应体系、培育住房租赁市场、满足城市中等偏下收入家庭基本住房需求的重要举措，是引导城镇居民合理住房消费、调整房地产市场供应结构的必然要求"。全国范围内启动了大规模公共租赁住房建设计划，标志着我国住房保障制度"以售为主"进入"以租为主"新阶段。2011年，国务院办公厅发布《关于保障性安居工程建设和管理的指导意见》，提出"大力推进以公共租赁住房为重点的保障性安居工程建设""到'十二五'末期，全国保障性住房覆盖面达到20%左右，力争使城镇中等偏下和低收入家庭住房困难问题得到基本解决"。

与此同时，为解决棚户区住房简陋、环境较差、安全隐患多等问题，自2008年以来，国家将棚户区改造纳入城镇保障性安居工程，大规模推进实施。2014年，国务院总理李克强在两会政府工作报告中表示，今后一个时期，着重解决好现有"三个1亿人"问题，其中包括改造约1亿人居住的城镇棚户区和城中村。2015年国务院印发《关于进一步做好城镇棚户区和城乡危房改造及配套基础设施建设有关工作的意见》，按照推进以人为核心的新型城镇化部署，实施三年计划，2015~2017年改造包括城市危房、城中村在内的各类棚户区住房1 800万套（其中2015年580万套），农村危房1 060万户（其中2015年432万户）。

随着中央政府对保障性安居工程建设的大力推动，各地不仅有步骤、分阶段地加大了对城镇住房困难家庭保障力度，还在实践中探索调整住房保障制度。从以售为主的经济适用住房全面转向以租为主的公共租赁房；从解决居民无房到着力改变住房贫困[②]，保障性安居工程的重点进一步向包括旧住宅区、城镇危房、城中村在内的棚户区改造转移；保障对象从当地城镇户籍家庭逐渐向新就业职工和符合条件的外来务工人员转移。制度体系不断完善，保障范围不断扩大。我国住房保障主要政策演变如表4-2所示。

---

① 资料来源：中华人民共和国住房和城乡建设部网站。
② 住房贫困是指人均面积、设施、配套低于基本标准的住房。

表 4-2　　　　　　　　我国住房保障主要政策演变

阶段	时间	政策、文件	主要内容
第一阶段 1949~1978年	1955年	《中央国家机关工作人员住房公房宿舍收租暂行办法》	公房实行低租金制。机关干部住房租金每平方米为0.12元
第二阶段 1978~1998年	1994年	《国务院关于深化城镇住房制度改革的决定》	全面推行住房公积金制度，积极推进租金改革，稳步出售公有住房，大力发展房地产交易市场和社会化的房屋维修、管理市场，加快经济适用住房建设
	1998年	《国务院关于进一步深化城镇住房制度改革加快住房建设的通知》	停止住房实物分配，逐步实行住房分配货币化；建立和完善以经济适用住房为主的多层次城镇住房体系。最低收入家庭租赁由政府或单位提供的廉租住房；中低收入家庭购买经济适用住房；其他收入高的家庭购买、租赁市场价商品住房
第三阶段 1998~2003年	2003年	《国务院关于促进房地产市场持续健康发展的通知》	明确经济适用住房是具有保障性质的政策性商品住房。调整住房供应结构，逐步实现多数家庭购买或承租普通商品住房，增加普通商品住房供应。建立和完善廉租住房制度，切实保障城镇最低收入家庭基本住房需求
第四阶段 2007~2010年	2007年	《关于解决城市低收入家庭住房困难的若干意见》	进一步建立健全廉租住房制度，建立廉租住房保障资金，改进和规范经济适用住房制度，加大棚户区、旧住宅区改造
	2007年	住建部等九部委《廉租住房管理办法》《经济适用住房管理办法》	明确廉租住房制度、经济适用住房制度建设的总则、保障方式、保障资金及房源、申请核准、监督管理、法律责任等

续表

阶段	时间	政策、文件	主要内容
第四阶段 2007~2010年	2008年	《关于促进房地产市场健康发展的若干意见》	加大保障性住房建设、多渠道筹集资金、开展住房公积金用于保障性住房建设贷款试点。到2011年底,基本解决747万户现有城市低收入住房困难家庭的住房问题,基本解决240万户现有林区、垦区、煤矿等棚户区居民住房的搬迁维修改造问题。2009~2011年,全国平均每年新增130万套经济适用住房
	2010年	《国务院办公厅关于促进房地产市场平稳健康发展的通知》	增加保障房有效供给、增加用地供应、力争到2012年末解决1 540万户低收入家庭住房问题
	2010年	《国务院关于坚决遏制部分城市房价过快上涨的通知》	加快保障房建设,确保完成2010年建设保障房300万套、各类棚户区改造住房280万套任务
第五阶段 2010年至今	2011年	《国务院办公厅关于保障性安居工程建设和管理的指导意见》	建立健全中国特色的城镇住房保障体系,合理确定住房保障范围、方式、标准,逐步形成可持续的投资、建设、运营和管理机制。"十二五"期末,全国保障性住房覆盖面力达20%左右
	2012年	《关于鼓励民间资本参与保障性安居工程建设有关问题的通知》	鼓励和引导民间资本通过直接投资、间接投资、参股、委托代建等多种方式参与廉租住房、公共租赁住房、经济适用住房、限价商品住房和棚户区改造住房等保障性安居工程建设
	2012年	《公共租赁住房管理办法》	规范公共租赁住房申请与审核、轮候与配租、使用与退出、法律责任
	2013年	《国务院关于加快棚户区改造工作的意见》	指出棚户区改造是重大的民生工程和发展工程,需加快推进各类棚户区改造。2013~2017年要改造各类棚户区1 000万户

续表

阶段	时间	政策、文件	主要内容
第五阶段 2010年至今	2013年	《关于公共租赁住房和廉租住房并轨运行的通知》	提出从2014年起，公共租赁住房和廉租住房并轨运行，统称为公共租赁住房。并进一步完善相关公共租赁房制度
	2014年	《关于运用政府和社会资本合作模式推进公共租赁住房投资建设和运营管理的通知》	提出逐步建立"企业建房、居民租房、政府补贴、社会管理"的新型公共租赁住房投资建设和运营管理模式。从财政、税收、土地、融资等方面构建政府支持政府和社会资本合作模式公共租赁住房的政策体系
	2015年	《关于进一步做好城镇棚户区和城乡危房改造及配套基础设施建设有关工作的意见》	加快棚改项目建设，积极推进棚改货币化安置，加快完善配套基础设施。2015~2017年，改造包括城市危房、城中村在内的各类棚户区住房1 800万套，农村危房1 060万户，加大棚改配套基础设施建设力度，使城市基础设施更加完备，布局合理、运行安全、服务便捷
	2016年	《棚户区改造工作激励措施实施办法（试行）》的通知	激励年度棚改工作积极主动、成效明显的省（自治区、直辖市、含兵团，下同）。年度激励支持的省（区、市）数量在8个左右，并适当兼顾东中西部地区的差异
	2016年	《住房城乡建设部财政部关于做好城镇住房保障家庭租赁补贴工作的指导意见》	城镇住房保障采取实物配租与租赁补贴相结合的方式，逐步转向以租赁补贴为主。要求各地要研究制定租赁补贴申请家庭的住房、收入、财产等准入条件，原则上租赁补贴申请家庭的人均可支配收入应低于当地城镇人均可支配收入的一定比例，分档确定租赁补贴的标准和租赁补贴面积
	2017年	《住房城乡建设部关于支持北京市、上海市开展共有产权住房试点》	支持北京市、上海市深化发展共有产权住房试点工作，鼓励两市以制度创新为核心，在共有产权住房建设模式、产权划分、使用管理、产权转让等方面进行大胆探索，力争形成可复制、可推广的试点经验

资料来源：本书课题组整理。

六、我国住房保障制度演变特点

纵观我国住房保障制度演化历程，呈现以下几个特点的转变：

第一，保障思路由"有住房"到"有房住"的转变。2007年以前，一直遵循"居者有其屋"的保障理念，但从字面理解，"居者有其屋"更多强调的是公民对住房的所有权，受到部分专家和舆论质疑，[1] 而经济适用住房分配、退出过程中存在的寻租问题又进一步促使政府下决心构建"住有所居"的住房供给方式，大力发展公共租赁住房，租赁型住房占比明显提升，销售型保障性住房占比大幅度下降，从原来的"重售轻租"转向"重租轻售"。2011~2015年建成的保障性住房中出租型保障房（公共租赁住房、廉租住房）为1 086万套，出售型保障房（经济适用住房、限价商品房）仅为376万套，出租型占比高达74.3%。而2008~2010年建成的保障性住房中，出租型保障房（公共租赁住房、廉租住房）为225万套，出售型保障房（经济适用住房、限价商品房）为257万套，出租型占46.7%。[2]

第二，保障模式从补砖头向"补砖头""补人头"并行转变。在工业化和城市化加速时期，我国城市人口大量增加，各地住房市场实物供应短缺，无法满足居民快速增长的住房居住需求，但政府主导的公共住房又未成规模，在此情况下，政府大规模新建或鼓励各类主体建造保障住房，增加住房实物供应，从"补砖头"起步，这是十分必要的。进入"十二五"中后期，特别是2015年以来，绝大多数城市住房供应趋向充足，而纯粹实物保障方式又暴露出各种弊端，各地适时推出具有针对性的公共租赁住房货币补贴和棚户区改造安置货币化制度，保障模式从补砖头向"补砖头""补人头"并行转变。

第三，保障力度不断加大。一是建设规模不断增大，1998~2010年的12年时间，全国约开工了2 700万套的保障性安居工程，平均一年225万套；"十二五"期间（2011~2015年），共开工了4 013万套，平均一年802万套，是1998~2010年的3.57倍。二是保障覆盖面逐步扩大。全国住房保障覆盖面从2011年的12.4%提高到2015年的20%。三是中央政府支持力度大，2008年保障性安居工程中央补助资金（含财政和发改委）197.8亿元，到2011年达到1 525.7亿元，2015年高达2 149.83亿元，短短8年时间里增长了10.8倍。不仅如此，2011年开始还通过国家开发银行的政策性金融安排加大资金投入，有

---

[1] 中新网：《香港信报发表社论：住有所居还是居者有其屋》，2010年7月28日。
[2] 资料来源：中华人民共和国住房和城乡建设部。

力地支持了各地保障性安居工程的实施。"十二五"保障性安居工程建设完成情况如表4-3所示。

表4-3　　　　　　保障性安居工程建设完成情况　　　　单位：万套

	年份	2011年	2012年	2013年	2014年	2015年
开工	计划	1 000.00	700.00	630.00	700.00	740.00
	实际	1 043.00	781.00	666.00	740.00	783
	完成率%	104.3	111.6	105.7	105.7	108.1
基本建成	计划	—	500	470	470	480
	实际	432	601	544	511	772
	完成率%	—	120.2	115.7	108.7	160.8

资料来源：住建部。

第四，政府角色由包办开始走向吸引社会力量参与。住房制度改革前，我国实行"统一管理、统一分配、以租养房"的住房政策，完全依靠政府力量完成城镇居民住房的建设、分配、维护等全过程。停止实物分房后，在相当长的时间里，经济适用住房、廉租住房等保障性住房的建设、分配与管理也是由政府包办。近年来，国家层面开始重视鼓励和引导民间资本参与保障性住房建设与管理，开始重视市场化筹集保障房房源和大力推进货币化，与发达国家相比，我国利用市场力量解决中低收入家庭住房问题的占比还不高，但也标志着已开始走向政府与市场分工合作。

第五，中央政府与地方政府走向路径协同，共同参与。2007年以前中央政府对住房保障仅停留在制度设计和宏观政策指导层面，没有实质性激励或考核机制，由于保障性住房用地行政划拨、建设资金由地方政府负担，在商品房价格快速上涨、商品房出让用地收益巨大的背景下，地方政府缺乏建设保障性住房的内在积极性。因此，当2005~2006年中央政府要求各地增加保障性住房，作为抑制房价过快上涨的重要举措时，地方政府表现也是"千呼万唤始出来，犹抱琵琶半遮面"。针对这一问题，2007年24号文件明确了中央与地方政府共同分担责任，要求省级人民政府对本地区解决城市低收入家庭住房困难工作负总责，实行目标责任制管理，并将其纳入对地方政府的政绩考核中，且中央政府通过提供资金补贴、用地指标保障和下达保障房建设目标任务书等，建立起中央与地方协同参与的机制，有力地促进了住房保障事业的发展。

第二节 现行住房保障供给体系的构成及评述

近年来,我国住房保障范围不断扩大,保障方式不断创新调整,其中,出租型保障房经历了从廉租住房、廉租住房与公共租赁住房并存、廉租住房与公共租赁住房并轨为公共租赁住房的过程;出售型保障房经历了从经济适用住房、限价商品住房到共有产权住房的探索;棚户区改造从城镇危旧住房改造扩大到城中村改造,对于保障城镇中低收入家庭基本住房权益、维护社会稳定发挥了重要作用。

一、出售型保障房:从经济适用住房到共有产权住房的探索

"有恒产者方有恒心",有条件地支持居民拥有住房,有利于帮助中低收入家庭获得基本的财产积累,共享改革发展的成果;有利于优化社会结构和促进社会和谐安定。我国出售型保障房经历了从经济适用住房、限价商品房到共有产权住房的探索过程,当然,也经历了从"主体"到"配角"的转变。

(一)经济适用住房的兴起与调整

经济适用住房制度是我国最早的保障性住房制度之一。1994年,国务院出台的《关于深化城镇住房制度改革的决定》,提出了建设经济适用住房的政策,规定地方政府在划拨土地、规划、拆迁、税费、金融等方面给予政策性支持。同年,住建部等颁布《城镇经济适用住房建设管理办法》,标志着经济适用住房制度初步确立。该文件明确指出"经济适用住房是指中低收入家庭住房困难户为供应对象,并按国家住宅建设标准(不含别墅、高级公寓、外销住宅)建设的普通住宅",并对经济适用住房供应对象、用地安排、资金来源、住房标准、建设方式等操作化细节做了简要规定。

1995年国家开始在全国部分城市推行以"安居工程"为核心的经济适用住房建设试点,国家提供50亿元固定资产投资额,计划用5年时间兴建1.5亿平方米安居房,面向中低收入群体。1998年,正值亚洲金融危机的爆发时期,我国整体经济受外部影响处于下降风险,客观上要求国家出台积极的刺激经济发展的政策。在此背景下,国务院下发《关于进一步深化城镇住房制度改革加快住房建设的通知》,全面启动个人住房消费,明确了"建立和完善以经济适用住房为

主的多层次城镇住房供应体系",确定了将经济适用住房作为国家解决城镇居民住房的主要途径和拉动国民经济发展的新经济增长点,建设开始全面铺开,1997年经济适用住房的新开工面积占全国商品住宅新开工面积的 15.65%,1998 年上升至 20.83%,1999 年达到 21.12%。

然而,随着商品住房价格的快速上升,经济适用住房的逐利空间增大,加上一些地方经济适用住房开发标准过高、准入把关不严等,造成了经济适用住房并不"经济"的现象,引发了激烈的经济适用住房的存废之争,影响经济适用住房制度形象。2007 年 8 月国务院发布了《关于解决城市低收入家庭住房困难的若干意见》,要求改进和规范经济适用住房制度,合理确定经济适用住房供应对象、标准等意见。其明确规定:一是将销售对象从面向中低收入家庭改为面向低收入家庭;二是将经济适用住房建筑面积从 80 平方米降为 60 平方米;三是严格经济适用住房的上市交易管理。同年 11 月,住建部等部委联合发布新修订的《经济适用住房管理办法》,再次以法律的形式明确经济适用住房制度。

但由于经济适用住房始终存在着的产权模糊性、有限性以及无风险套利空间等问题,多地先后停建经济适用住房,开始探索限价商品住房、共有产权住房等出售型保障房新模式。2007 年江苏淮安,利用共有产权改革传统经济适用住房。随后,上海市在充分吸取各地实施经济适用住房经验、调研淮安共有产权房实施情况、广泛听取社会各方面意见基础上,2009 年 6 月发布了《上海市经济适用住房管理试行办法》,明确提出按照"共有产权"的方式,实行经济适用住房"有限产权"的运作机制,2016 年 2 月 29 日,上海市政府发布了《上海市共有产权保障住房管理办法》。至此,经济适用住房制度历经了"新的住房供应制度的试验——住房供应的主体——住房保障的主体——逐步淡化"的演变(如表4-4所示)。

表 4-4　　　中国经济适用住房制度建设和发展里程表

时间	主要内容
1994 年 7 月	国务院出台《关于深化城镇住房制度改革的决定》,基本上建立了住房消费群体的梯度消费,提出建设经济适用住房政策
1994 年 12 月	住建部出台《城镇经济适用住房建设管理办法》,对经济适用住房性质、供应对象、用地安排、资金来源、住房标准、建设方式等操作化细节做了简要规定,标志经济适用住房制度初步形成
1995 年 3 月	住建部出台《实施安居工程的意见》,决定实施国家安居工程,推动经济适用住房建设的起步和发展

续表

时间	主要内容
1998年7月	国务院发布《关于进一步深化城镇住房制度改革加快住房建设的通知》，进一步明确了"建立和完善以经济适用住房为主的多层次城镇住房供应体系"
1998年7月	住建部等部门联合印发了《关于大力发展经济适用住房的若干意见》《关于进一步加快经济适用住房建设的有关问题》《经济适用住房开发贷款管理暂行规定》等文件
2004年5月	出台了《经济适用住房管理办法》，我国开始着手建立和完善新形势下的住房保障制度
2007年8月	发布了《国务院关于解决城市低收入家庭住房困难的若干意见》，提出改进和规范经济适用住房制度，合理确定经济适用住房供应对象、标准等意见
2007年11月	住建部等联合部门发布新修订的《经济适用住房管理办法》
2009年6月	上海发布《上海市经济适用住房管理试行办法》明确提出按照"共有产权"的方式，实行经济适用住房"有限产权"的运作机制
2011年12月	淮安印发《淮安市共有产权经济适用住房管理办法（试行）》

尽管"居者有其屋"的经济适用住房政策受到了一些学者的质疑，[1][2] 但是，经济适用住房问世十多年来，在解决我国城市低收入家庭（包括一部分中低收入家庭）住房问题中扮演过重要的角色，对保障中低收入阶层住房发挥了重要作用。

一是弥补了商品房市场低价位住房供给短缺，缓解了中低收入阶层购房难。根据城镇保障性安居工程跟踪审计结果显示，多数市县经济适用住房销售均价比商品房优惠30%以上，极大地增加了中低收入家庭拥有住房的机会，1997~2008年我国经济适用住房累计新开工面积达53 458万平方米，销售面积高达38 323万平方米，[3] 按平均每套100平方米计算，至少解决了383万户家庭的住房问题。2008~2015年开工经济适用住房573万套，基本建成435套。

二是赋予中低收入家庭一笔财产性保障。住房制度改革以来，房产成为拉开居民家庭财富差距的重要载体，而经济适用住房扮演了很重要的平衡作用。经济适用住房采用无偿划拨供地，建筑物以保本微利的价格卖给中低收入家庭，尽管

---

[1] 茅于轼：《三谈经济适用房弊病》，腾讯网。
[2] 李文钊：《我们不需要经济适用房》，博客网。
[3] 资料来源：《中国统计年鉴》。

上市时要补交土地出让金,但政府让渡了很大部分的收益给中低收入家庭。中低收入家庭通过购买经济适用住房,分享房价不断上升收益,保证了家庭积余资金的保值增值性。

三是政府投入少、负担轻。尽管政府对经济适用住房用地让渡了土地出让收益,但是,其销售价格基本可以回收全部建设成本,与公共租赁住房相比,政府的投入少、资金回笼快、管理压力轻。

四是有利于社会和谐稳定。大量理论研究和中外经验事实表明,与租房相比,拥有住房给居民个人更大安全感、更高满意度和更多经济优势,[①②③] 更有利于增强居民对国家和社会的认同感和归属感。假若住房制度改革以后,我国没有通过经济适用住房解决大量中低收入家庭居民住房困难,今天的政府将面临更大的社会压力与经济压力。因此,经济适用住房制度在特定阶段,不仅是解决中低收入群体住房问题的有效途径,更是实现和谐社会和包容性增长的重要支撑。

(二)限价商品住房的探索与发展

限价商品住房,是指政府采取招标、拍卖、挂牌方式出让商品住房用地时,提出限制销售价格、住房套型面积和销售对象等要求,由建设单位通过公开竞争方式取得土地,进行开发建设和定向销售的普通商品住房。限价商品房政策最早出现在2006年国务院下发的《关于调整住房供应结构稳定住房价格意见的通知》的内容里,其规定"双限竞"的宏观调控措施,提出了限价商品住房的概念。限价商品住房是针对我国住房市场价格持续高位增长,住房供给结构性矛盾突出,中低价位、中小套型住房供给不足等问题,为解决中等及以下收入家庭的自住型住房需求,弥补住宅供应与消费层次的空挡和不足而提出的一种新的住房供给类型。据住建部统计,2008~2015年全国共开工限价商品房282万套,基本建成198万套。

限价商品住房与经济适用住房相比,其优点:一是土地采用出让方式,这样政府可以回收一部分土地出让收益,减轻财政的压力,有利于调动地方政府的积极性,且出让的土地便于开发过程中和流通环节的抵押融资;二是房价高于经济适用住房价格、低于商品住房价格,压缩了寻租空间,也便于政府扩大保障对象受益范围,解决一部分既不符合经济适用住房条件又买不起商品住房的夹心群体住房问题;三是按照"以房价定地价的思路",采用政府组织监管、市场化运作

---

① Ryan A. *Public and private property*, in: S. Benn & G. Gaus (Eds) *Public and Private in Social Life*, London: Croom Helm, 1983.

② Saunders, P. A. *Nation of Home Owners*, London: Hyman and Unwin, 1990.

③ Lindsey Appleyard, Karen Rowlingson. *Home-ownership and the distribution of personal wealth*, Birmingham: University of Birmingham, 2010.

的模式，通常情况下更具效率。

  由于限价商品房价格明显低于市场价格，政府又是按照上市时的评估价（可人为压低）征收一定比例增值收益，存在一定的寻租空间，难以杜绝市场的逐利行为。且从法理上看，消费者购买了出让用地上由开发商建造的住房，理应拥有完整的占有、使用、收益和处分的权利，除非法律或者行政法规规定，其他任何人无权作出禁止性规定。一些地方通过地方政府文件形式规定 5 年或一定时期内不能转让，目的是限制居民的投资行为，但是，法律依据不充分，约束力偏低，因此，不少城市将限价商品房作为安置房，而不是作为通常意义上的保障性住房。

（三）共有产权的探索与发展

  自各地逐步停建经济适用住房后，不符合申请公共租赁住房条件的只能向市场租房或购房，向市场买房几乎成为拥有住房所有权的唯一选择。但是，随着各地房价的急速上涨，形成了新的夹心阶层，不符合申请公共租赁住房条件但又买不起商品住房，对拥有住房产权的呼声十分强烈。在此背景下，为进一步保障中低收入群体的居住权，满足居民对"居者有其屋"的强烈需求，解决传统经济适用住房产权不清、寻租严重等问题，一些地方开始积极探索出售型保障性住房的新模式。2007 年初，淮安最早在旧城改造中实施共有产权住房，有效地解决了中低收入家庭购买力不足问题。2009 年黄石结合国家法律法规及棚户区改造政策，在棚改拆迁还建项目中推出了共有产权性质的安置房。2010 年上海推出共有产权经济适用住房，把政府对经济适用住房的各种投入转化为政府产权，和购房人形成共有产权。2014 年，中央首次将"增加共有产权住房供应"写进了政府工作报告，共有产权模式正式进入顶层设计视野，开启了探索共有产权住房的道路。住建部在《关于做好 2014 年住房保障工作的通知》中确定北京、上海、深圳、成都、淮安、黄石为共有产权住房试点城市。2017 年，住房城乡建设部印发《关于支持北京市、上海市开展共有产权住房试点的意见》，支持北京市、上海市深化发展共有产权住房试点工作，鼓励两市以制度创新为核心，结合本地实际，在共有产权住房建设模式、产权划分、使用管理、产权转让等方面进行大胆探索，力争形成可复制、可推广的试点经验。

  从这些地方的探索经验来看，共有产权住房的主要做法是地方政府让渡部分土地出让收益，有的给予适当财政补助、税费减免，然后以略低于市场价格配售给符合条件的购房家庭。配售时，按个人与政府的出资比例，共同拥有房屋产权。在合同中明确共有双方的产权份额及将来上市交易的条件和增值所得的分配比例。其间，房屋产权由政府和保障人群共同持有，随着经济收入的提高，保障人群可向政府"赎回"产权。

从理论上讲，推行住房共有产权的主要目标有：一是解决中低收入群体尤其是"夹心层"的住房困难，并希望以其"资产建设"的功能性，调动群众依靠自身努力改善住房条件的积极性。二是改变经济适用住房等此类出售型保障性住房产权归属模糊和产权权能虚化的缺陷，推进保障性住房产权的完整化、清晰化，通过统一、具有可调整性的共有产权合约模式，有效实现保障性住房内部的转换和保障性住房与商品房之间的转换，构建起由商品房、共有产权房、公共租赁房等，可过渡性、整体性和动态多层次可持续转换的，具有合理衔接的新住房体系（如图4-2所示）。三是促进保障性住房产权的价值市场化，使政府投入的财政资源和土地资源价值的显性化和资本化，以维持住房保障效率和可持续性，使中低收入人群以其所有的共有产权份额，分享国民经济发展和城市发展所带来的资本收益，共享经济发展的成果，缩小资产性收入带来的贫富差距，加强住房保障的公平性。从目前上海、北京等地的试点实施情况来看，由于居民与政府对房屋产权的收益共享、补缴差价等因素，使得溢价幅度显著缩小，降低了不符合条件居民违规参与的比例，为真正落实"居者有其屋"的住房保障理念提供了可能。目前，北京市、上海市积极发展共有产权住房，取得了阶段性成效。2017年，北京市出台了《共有产权住房管理暂行办法》，明确了未来五年供应25万套共有产权住房的目标，着力满足城镇户籍无房家庭及符合条件新市民的基本住房需求。上海市截至2016年底已供应共有产权保障住房8.9万套，着力改善城镇中低收入住房困难家庭居住条件。到2017年淮安市共向市区1 300户家庭供应了共有产权房，其中761户中等偏下收入家庭、7户新就业人员、9户进城务工人员和520户棚户区改造家庭，有538户家庭回购了政府产权，通过购房人征购政府产权回笼资金3 007万元，实现了政府和保障居民的双赢局面。

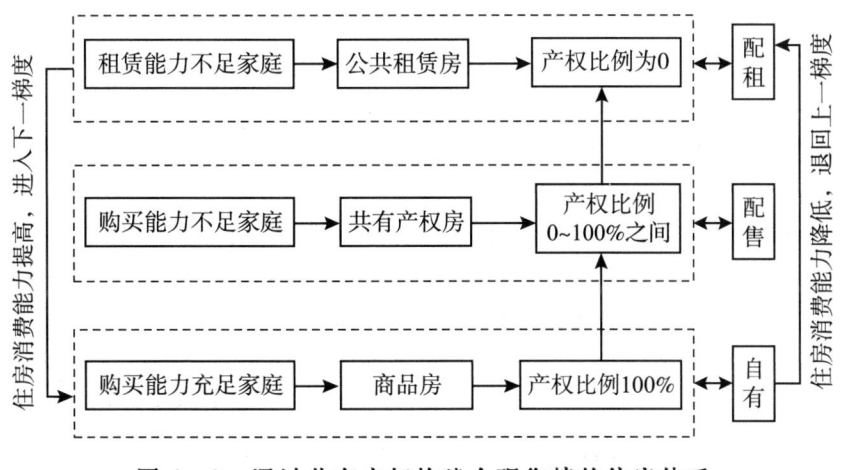

图4-2　通过共有产权构建合理衔接的住房体系

二、出租型保障房：从廉租住房到公共租赁住房

出租型保障房是我国城镇保障性住房制度的重要组成部分，已经是城镇低收入家庭、阶段性困难群体（新就业大学生、外来务工人员）解决阶段性住房困难的主要渠道。其经历了从廉租住房、廉租住房与公共租赁住房并存、廉租住房与公共租赁住房合并为公共租赁住房的过程。

（一）廉租住房的兴起与调整

廉租住房是我国出租型保障房的最早形式，1999年公布的《城镇廉租住房管理办法》明确规定：廉租住房是政府和单位在住房领域实施社会保障职能，向具有城镇常住居民户口的最低收入家庭提供的租金相对低廉的住房。其发展经历了四个阶段：

1. 第一阶段（1998~2003年）：廉租房制度建立初期。

1998年，国务院发布了《关于进一步深化城镇住房制度改革加快住房建设的通知》，指出"对不同收入家庭实行不同的住房供应政策，最低收入家庭租赁由政府或单位提供廉租住房"，标志着廉租住房制度正式成为我国住房供应体系的一个重要组成部分，并作为只售不租的经济适用住房的补充，发挥政策的托底作用。与此同时，为了进一步在全国范围内建立统一的廉租房制度，1999年，住建部出台《城镇廉租住房管理办法》，对廉租住房的定义、房源筹集、租金定价、申请、审批管理及违规行为惩罚等细节做出规定，该办法的出台使廉租住房政策走向规范化、法制化轨道，为各地落实廉租住房政策进行了制度约束，保障了政策的有效落实。

2. 第二阶段（2004~2006年）：廉租房制度全面启动阶段。

2004年3月，住建部等五部委结合实际情况，在《城市廉租住房管理办法》的基础上修订产生了《城镇最低收入家庭廉租住房管理办法》，同时废止了《城市廉租住房管理办法》，要求各地根据当地社会发展实际情况以及居民住房状况因地制宜建立城镇最低收入家庭廉租住房制度，并对于廉租住房的实施对象、运作程序、保障面积标准、房屋和资金来源、保障方式等都提出了更为具体和严格的规定。2005年3月《城镇廉租住房租金管理办法》出台，同年7月《城镇最低收入家庭廉租住房申请、审核及退出管理办法》颁布，这些法规和文件促进了廉租房制度在此阶段的全面发展。截至2005年底，在291个地级以上城市中已经有221个城市实施了廉租住房制度，占地级以上城市的75.9%。全国累计用于最低收入家庭住房保障的资金为47.4亿元，有32.9万户最低收入家庭被纳入了

廉租住房保障范围。[①]

3. 第三阶段（2007~2013年）：廉租房的快速发展阶段。

随着商品住房价格的快速上升，如何促使各地加大廉租房保障量成为此阶段的主要发展任务之一。2007年8月，国务院出台了《关于解决城市低收入家庭住房困难的若干意见》，提出"加快建立健全以廉租住房制度为重点、多渠道解决城市低收入家庭住房困难的政策体系"。同年11月，住建部、发改委等九部门联合发布《廉租住房保障办法》，同时废止《城镇最低收入家庭廉租住房管理办法》，进一步明确了廉租住房的保障对象为"城市低收入住房困难家庭"；廉租住房保障方式实行货币补贴和实物配租等相结合，并明确新增土地出让净收益不低于10%的比例用于廉租住房保障资金等规定。2009年5月，住建部、发改委、财政部联合发布《2009~2011年廉租住房保障规划》，要求再次加大廉租住房建设力度，建立以廉租住房制度为重点的住房保障体系。据住建部的资料显示，1999~2005年全国廉租住房新开工量仅为2.5万套左右。但2008年开工建设廉租住房高达60万套，2009年全国廉租住房新开工量甚至达到199多万套，远超2009年以前的历年累计数量，实物配租比例由2006年的14.1%提高至2009年48.3%（如表4-5所示），至2006年全国尚有70个地级城市未建立廉租住房制度，而至2012年底，全国所有市县均建立了廉租住房制度，廉租住房租赁补贴平均水平达到每人每月75元。

表4-5　　　　　2008~2014年全国廉租住房建设规模　　　　单位：万套

年份	2008年	2009年	2010年	2011年	2012年	2013年	2014年
新开工	60	199	142	173	98	64	18
基本建成	25	65	114	99	123	96	54

注：2014年以后，廉租住房与公共租赁住房并轨，不再单独统计。

4. 第四阶段（2014年至今）：廉租房并入公共租赁住房阶段。

2014年，根据住建部、财政部、发改委联合发布的《关于公共租赁住房和廉租住房并轨运行的通知》要求，各地公共租赁住房和廉租住房并轨统称为公共租赁住房，统一轮候配租、统一申请标准、统一租金补贴。已建成并分配入住的廉租住房统一纳入公共租赁住房管理，其租金水平仍按原有租金标准执行。公共租赁住房和廉租住房并轨运行是完善住房保障制度体系，提高保障性住房资源配置效率的有效措施。

廉租住房各发展阶段对应的标志性文件如表4-6所示。廉租房制度的建立

---

① 资料来源：http://www.paigu.com/a/553/136658.html。

和发展，有效解决了我国城市最低收入或贫困家庭的低保问题，为实现"住有所居"的目标提供了有利条件。"十二五"期间，我国低收入（廉租住房）租赁住房补贴在保户数（万户）累计达 1 613 万户，规划"十三五"期间，将再增 1 200 万户，有效地改善了低收入群体的住房问题。但由于我国廉租房面向最低收入生活保障的困难家庭，因而存在覆盖面窄等问题，尤其是随着社会的不断发展和进步，一些中等偏下收入的家庭、进城务工人员以及新就业大学生等群体由于不符合廉租房的申请条件又无力依靠自身解决住房问题，成为住房问题的"夹心层"群体，住房压力不断加大。

表 4-6　　　　　　　　廉租住房发展阶段对应的标志性文件

发展阶段		标志文件	主要内容
1998~2006 年面向最低收入家庭	1998~2003 年：廉租住房制度建立初期	《关于进一步深化城镇住房制度改革加快住房建设的通知》	指出对不同收入家庭实行不同的住房供应政策，最低收入家庭租赁由政府或单位提供的廉租住房
		《城镇廉租住房管理办法》	对廉租住房的定义、房源筹集、租金定价、申请、审批管理及违规行为惩罚等细节做出规定
		《国务院关于促进房地产市场持续健康发展的通知》	提出建立与完善廉租住房制度的目标，要求强化政府住房保障职能
	2004~2006 年：廉租住房的建立阶段	《城镇最低收入家庭廉租住房管理办法》	对于廉租住房的实施对象、运作程序、保障面积标准、房屋和资金来源、保障方式等都提出了更为具体和严格的规定
		《城镇廉租住房租金管理办法》	规定了廉租住房租金的主管部门、租金标准等事项，廉租住房租金实行政府定价，原则上由房屋的维修费和管理费两项构成
1998~2006 年面向最低收入家庭	2004~2006 年：廉租住房的建立阶段	《城镇最低收入家庭廉租住房申请、审核及退出管理办法》	规范了廉租住房的准入、退出机制
		《国务院办公厅转发住建部等部门关于调整住房供应结构稳定住房价格意见的通知》	要求加快城镇廉租住房制度建设，稳步扩大廉租住房制度覆盖面

续表

发展阶段		标志文件	主要内容
1998~2006年 面向最低收入家庭	2004~2006年：廉租住房的建立阶段	《廉租住房保障办法》	进一步明确廉租住房的保障对象、保障方式、资金来源、土地供应、建设方式等
2007年至今 面向低收入家庭	2007~2013年：廉租住房的快速发展阶段	《关于解决城市低收入家庭住房困难的若干意见》	提出加快建立健全以廉租住房制度为重点、多渠道解决城市低收入家庭住房困难的政策体系
		《廉租住房保障资金管理办法》	明确了廉租住房保障资金的来源渠道，对廉租住房保障资金实行专款专用以及预算管理、资金拨付、决算管理、监督检查等作出详细规定
		《2009~2011年廉租住房保障规划》	要求加大廉租住房建设力度，建立以廉租住房制度为重点的住房保障体系
		《中央补助廉租住房保障专项资金管理办法》	加强中央补助廉租住房保障专项资金管理
	2014年至今：并轨阶段	《关于公共租赁住房和廉租住房并轨运行的通知》	提出从2014年起，公共租赁住房和廉租住房并轨运行，统称为公共租赁住房。并进一步完善相关公共租赁房制度

（二）公共租赁住房兴起与发展

2007年全国各地房价又有一轮跳跃式上升，2007年12月，全国70个大中城市新建商品住房销售价格同比上涨11.4%，二手住房销售价格同比上涨11.4%，已大大超出中等偏下收入家庭、新就业毕业生以及外来务工人员等大批量夹心群体的可承受能力，急需政府创新住房保障模式，解决住房保障政策缺位的"夹心层"群体的住房问题，公共租赁住房在此背景下兴起。纵观我国公共租赁住房的发展历程主要可以归纳为以下几个阶段：

1. 公共租赁住房探索阶段（2006~2008年）。

公共租赁住房的初探来自我国最大的移民城市——深圳。在房价居高不下的背景下，为解决低收入群体住房问题，借鉴中国香港经验，2006年9月深圳颁布

《深圳市住房建设规划（2006~2010）》，首次提出要促进住房保障由"以售为主"转向"以租为主"，建立公共租赁住房体系。2007年12月，深圳市政府正式发布《关于进一步促进我市住房保障工作的若干意见》中增加了"公共租赁住房的保障方式"，并要求"公共租赁住房逐步占保障性住房总量的80%左右"。随后，杭州、天津、南宁等一些城市则相继出台了《经济租赁房管理暂行办法》，对面向"夹心层"群体的住房保障进行了一些有益的探索。2008年2月在全国建设工作会议上，住建部表态鼓励各地进行政策性租赁房的探索。

2. 公共租赁住房推广阶段（2009~2010年）。

2009年，温家宝总理在《政府工作报告》中首次提出要"积极发展公共租赁住房"，正式将公共租赁住房纳入住房保障体系中。2010年6月，住房和城乡住建部等七部委共同公布《关于加快发展公共租赁住房的指导意见》，正式确立了公共租赁住房在我国住房保障体系中的地位。随后，国务院各部门相继下发了《关于支持公共租赁住房建设和运营有关税收优惠政策的通知》《关于进一步加强房地产用地和建设管理调控的通知》《关于保障性安居工程资金使用管理有关问题的通知》，完善与公共租赁住房相关的财税政策、土地政策、资金使用管理等，为公共租赁房制度顺利推行做好了配套措施。据统计，2009~2011年底，全国开工建设公共租赁住房321万套，面向城镇中等偏下收入住房困难家庭、新就业无房职工和在城镇稳定就业的外来务工人员出租。①

3. 公共租赁住房快速发展阶段（2011~2014年）。

2011年9月，国务院发布了《关于保障性安居工程建设和管理的指导意见》，明确提出大力推进以公共租赁住房为重点的保障性安居工程建设，自此公共租赁房进入了快速发展的阶段，各级政府在新增的保障性住房建设计划中，公共租赁住房占据了大部分。北京市"十二五"期间计划新建、收购各类保障房100万套，保障房要占到整个住房供应的60%，而公共租赁住房则力争在公开配租配售保障房中占到60%；上海市住房发展"十二五"规划提出：通过新建、配建、改建、收购和转化等方式，预计开工建设和筹措公共租赁住房（含单位租赁房）1 000万平方米、约20万套（间）。重庆市计划2010~2020年，全市公共租赁房总建设规模达到2 000万平方米左右，平均每年200万平方米。据住建部资料显示，"十二五"时期，全国累计开工建设公共租赁住房（含廉租住房）1 359万套，基本建成1 086万套。

4. 廉租住房与公共租赁住房并轨阶段（2014年至今）。

廉租住房与公共租赁住房同时并行运行，产生了一些问题：一是同为租赁性

---

① 资料来源：住建部：《保障房50%以上并非系福利分房？》，楼盘网。

保障住房，面向的对象不相同，造成申请人容易混淆；二是同为租赁性保障住房，资金不能联通使用、房源分割，增加管理工作量，使资金和房源的使用效率低下；三是保障对象的收入与资产情况处于动态变化中，廉租住房保障对象可能不再符合廉租住房申请条件，但符合公共租赁住房申请条件，公共租赁住房保障对象可能变为符合廉租住房申请条件，在廉租住房与公共租赁住房并行运行时，都先要退出，再重新申请、重新安排房源，给居民带来许多不便。为此，一些地方在廉租住房和公共租赁住房统筹建设、并轨运行方面作出了积极探索。在总结各地经验的基础上，2014年，根据住建部等联合发布《关于公共租赁住房和廉租住房并轨运行的通知》，各地公共租赁住房和廉租住房并轨统称为公共租赁住房，统一轮候配租、统一申请标准、统一租金补贴。已建成并分配入住的廉租住房统一纳入公共租赁住房管理，其租金水平仍按原有租金标准执行。公共租赁住房各发展阶段标志性文件如表4-7所示。

表4-7　　　　　　公共租赁住房各发展阶段标志性文件

发展阶段	标志文件	主要内容
2006~2008年：深圳探索公共租赁住房实践	《深圳市住房建设规划2006~2010》	首次提出要促进住房保障由"以售为主"转向"以租为主"，建立公共租赁住房体系
	《关于进一步促进我市住房保障工作的若干意见》	增加了"公共租赁住房的保障方式"，并要求公共租赁住房逐步占保障性住房总量的80%左右
2009~2010年：公共租赁住房推广阶段	《关于加快发展公共租赁住房的指导意见》	第一次以指导性文件的形式，对加快发展公共租赁住房的重要意义、基本原则、租赁管理、房源筹集、政策支持、监督管理做出明确规定
2010~2013年：公共租赁住房快速发展阶段	《关于保障性安居工程建设和管理的指导意见》	明确规定大力推进以公共租赁住房为重点的保障性安居工程建设
	《公共租赁住房管理办法》	该办法涵盖了公共租赁住房的申请与审核、轮候与配租、使用与退出等各环节，明确提出新就业无房职工和在城镇稳定就业的外来务工人员属于保障范围

续表

发展阶段	标志文件	主要内容
2014年至今	《关于公共租赁住房和廉租住房并轨运行的通知》	公共租赁住房和廉租住房并轨统称为公共租赁住房，统一轮候配租、统一申请标准、统一租金补贴

(三) 公共租赁住房的作用

公共租赁住房是在城市化加速推进、居住需求大幅增加、住房市场供应结构不合理、租赁市场不规范，大学毕业生、外来务工人员等群体暂无力通过市场购买或租赁房源困难等问题不断凸显的背景下，政府履行公共服务职能所需而产生的，其政策意义除保障基本居住外，更多的也基于城市发展战略考虑，是提高城市竞争力的需要，被赋予了完善住房市场结构、丰富住房市场选择、规范和引导住房租赁市场的健康发展以及引导居民住房合理梯度消费理念的作用。可以说公共租赁住房是住房市场发展的必然产物，是住房保障体系不断完善的结果。其具体的作用主要有：

一是打造了面向中低收入家庭"全覆盖"保障体系，扩大了住房保障体系覆盖的范围，为"中低收入群体"、特别是为新就业大学生、外来务工人员、广大的"蚁族""蜗居"群体提供住房解决方案，有利于城市竞争力和社会稳定。以杭州市为例，市区已累计向 23 454 户常住非本地户籍人口提供了公共租赁住房或货币化补贴，占市区保障住户的比例为 48.96%。① 公共租赁房制度具有灵活多样、覆盖面大、可持续发展的多种优势，势必是中国住房保障体系中必不可少的重要手段。根据住建部统计，至 2015 年末，正在实施实物配租户数达 9 892 767 户，不仅使现有城镇低保家庭基本实现了应保尽保，还解决了大量城镇中等偏下收入住房困难家庭、新就业无房职工、在城镇稳定就业的外来务工人员和进城落户农民的住房问题。

二是以租赁形式阶段性保障中低收入群体居住权，是对传统产权观念的创新，有助于推动住房消费理念从"有住房"到"有房住"转变，从拥有产权向注重居住使用转变，也有助于规范私人租赁住房市场，进而完善住房供应体系，发展持续健康的住房市场。住房租赁市场是住房市场的重要组成部分，是满足居民住房消费需要的基本方式，且在住房租赁市场发育程度较高的住房市场上，

---

① 资料来源：杭州市住房保障局。

"房地产租买选择机制"存在并发挥着调节住房买卖价格的作用。[①] 但长期以来,与住房销售市场相比,我国住房租赁市场发展滞后,消费者租赁意识较弱,市场供应主体发育不充分、市场秩序不规范、法规制度不完善、管理相对薄弱等问题较为突出。近年来通过大力推进公共租赁住房,以租赁形式阶段性保障低中收入群体,有助于推动人们的住房消费理念从"有住房"到"有房住"转变,且在提供长期稳定租赁合约的公共租赁住房的引导之下,也有助于培育和引导规范的租赁住房市场,进而完善住房供应体系,发展持续健康的住房市场。

(四) 公共租赁住房实施中面临的挑战

公共租赁住房其核心特征是通过"租赁"方式保障居民"住有所居",这对引导居民树立正确的住房消费观念,形成合理的住房梯度消费模式,具有很好的促进作用。但是,公共租赁住房建设投入大、维护运行成本高、退出难等是个世界性难题,极易沦为"福利陷阱"。[②] 尽管发达国家与地区已实施公共租赁住房保障制度多年,积累了丰富经验,但仍面临严峻的问题。

1. 所有者缺位导致的"公房"悲剧现象。公共租赁住房的产权是属于国有产权,政府作为权利的行使者,但又没对住房资源行使占有、使用等权利,因而监督与管理成本高。而拥有使用权、占有权的居民,作为一个经济理性的个体会尽其所能的使用住房,以期增加自身收益,尽量减少成本负担,从而缺乏对于房屋维护的积极性,这就是所谓的"公房"悲剧。租户对保障房破坏性使用,造成物业破损、社区环境恶化,社会问题增多。恶劣的居住环境可能抵消了低收入家庭住房保障效用。[③] 我国不少城市已经出现公共租赁住房收租难、退出难,管理与维修成本高等问题。

2. 财政负担重。公共租赁住房最大的优点在于覆盖人群广,房源掌握在政府手中,可重复使用,但是投资量大、资金沉淀严重、回收期长,政府财政压力大。从国外的经验来看,美国公共住房的建设成本由联邦政府承担,但运营成本靠租赁收入维持。刚开始运营期间,由于新房维护成本较低,运行良好,但之后住房保障财政负担逐渐加重。我国香港房屋署 2015/2016 财年每套租住房屋直接管理成本 5 890 港元、维修费用 4 270 港元,整个收入 143.86 亿港元,支出

---

① 崔裴、胡金星、周申龙:《房地产租赁市场与房地产租买选择机制——基于发达国家住房市场的实证分析》,载于《华东师范大学学报》(哲学社会科学版),2014 年第 1 期,第 121～127 页。

② 张娟锋、虞晓芬:《公共租赁房在住房供应体系中的定位分析》,载于《中国房地产》,2012 年第 1 期,第 65～67 页。

③ Aaron, Henry J.. Shelter and Subsidies: Who Benefits from Federal Housing Policies? and Downs, Anthony, Federal Housing Subsidies: How Are They Working? *American Journal of Agricultural Economics*,1974,56 (3).

150.23亿港元，亏损6.37亿港元。① 一些国家和地区由于资金紧张，很多住房管理机构不得已停止公共租赁住房的修缮和维护，造成公共住房居住环境更加恶劣，使得社会租赁住房越来越集中于面向社会劣势群体的住房供给，在空间上形成了"贫民窟"，产生了严重的社会隔离和阶层对立，引发严重的社会问题。

相比于其他发达国家，我国大规模推行公共租赁住房的压力更大。首先，我国很多地方开始供应公共租赁房是在高度城市化阶段。土地可供应量减少，公共租赁住房大规模推行难度加大。中国2010年开始大规模供应公共租赁住房，此时全国的城镇化率已达49.68%，北京、上海、深圳等更是高达80%以上，而发达国家一般在城市化起步阶段就开始公共租赁住房建设。其次，发达国家的公共住房计划是在经济高速增长时期实施的（如表4-8所示），虽然当时人均国民收入相对较低，但在经济高增长率下可以支持公共支出总费用快速增加。我国大规模供应公共租赁住房是在经济开始下行的背景下实施的，政府财务负担更重。2010年GDP增长速度达10.6%，2011年下降至9.5%，2012年为7.9%；2013年为7.8%，2014年为7.3%，2015年只有6.9%，2016年为6.7%。在经济增长持续走低的状态下，如何保障公共支出稳定的资金来源成为一项巨大的挑战。

表4-8　　一些发达国家和地区的公共租赁住房扩张期特征

国家和地区	扩张期	公共租赁住房率（%）	住房自有化率（%）	人均国民收入（美元）	城镇化率（%）	每1000人住房数（套）
荷兰	1947~1974年	12→33	28→38	→5 000	→60	→300
瑞士	1945~1970年	6→23	38→34	→4 500	→80	→390
英国	1948~1977年	17→29	34→57	→4 500	→78	→380
法国	1954~1984年	3→16	36→51	→9 800	→73	330→450
中国香港	1954~1986年	0→43	→35	→7 000	100	→240
日本	1963~1975年	4→8	64→60	700→4 000	50→57	210→300

注："→"左右两边的数字分别代表扩张期起始和结束的值。

资料来源：Kim S H. Belated but grand? The future of public housing in Korea, *City Culture & Society*, 2014, 5（2）：97-105。

因此，相较于发达国家在经济增长快、城市化率较低、扩大国家福利和住房库存量的情况下推广公共住房政策，相对容易获取建设公共住房的土地和资金，我国开展大规模公共租赁住房建设和供应，面临的压力更大。

---

① 资料来源：香港房屋署网站。

出租型保障房投入大、回收期长。我们以浙江省杭州市某公共租赁住房地块和台州市某公共租赁住房为例，分别计算公共租赁住房租金在市场租金的60%、80%、100%情形下的投资回收期，假定年租金保持不变，全部租金用于回收投资，杭州市项目静态投资回收期（不计利息）分别为30年、22年、18年，内部收益率为2.39%、3.93%、5.31%；台州市项目静态投资回收期为35年、27年、21年，内部收益率为1.54%、2.94%、4.18%。两地公共租赁住房的动态投资回收期（资金贴现率为7%）都为无限长，根本无法回收投资。如果假定年租金每年增2%，全部租金用于回收投资，杭州市地块项目的静态投资回收期（不计利息）分别为24年、19年、16年，台州为27年、22年、18年；除杭州地块租金为市场租金100%的情况下，动态投资回收期（资金贴现率为7%）为43年，其余依然为无限长，难以回收投资，如表4-9和表4-10所示。当然，随着房价的普涨，公共租赁住房资产价值也快速增加，从拥有资产的角度看，投资建设公共租赁住房是合算的，但如果某保障对象长期占有公共租赁住房，则资产的价值有名无实。

表4-9　　杭州某公共租赁住房项目投资回收期测算

（成本4 700元/平方米）

公共租赁住房租金水平	静态投资回收期（年租金保持不变）	静态投资回收期（年租金每年增2%）	动态投资回收期（年租金不变，资金贴现率7%）	动态投资回收期（年租金每年增2%，资金贴现率7%）	假定租金不变的内部收益率（按50年寿命计）	假定租金每年增2%条件下的内部收益率（按50年寿命计）
市场租金的60%（13.5元/平方米）	30年	24年	收不回成本	收不回成本	2.39%	4.34%
市场租金的80%（18元/平方米）	22年	19年	收不回成本	收不回成本	3.93%	5.89%
市场租金的100%（22.5元/平方米）	18年	16年	收不回成本	43年	5.31%	7.29%

表 4-10　　台州某公共租赁住房项目投资回收期测算
（成本：3 000 元/平方米）

公共租赁住房租金水平	静态投资回收期（年租金保持不变）	静态投资回收期（年租金每年增 2%）	动态投资回收期（年租金不变，资金贴现率 7%）	动态投资回收期（年租金每年增 2%，资金贴现率 7%）	假定租金不变的内部收益率（按 50 年寿命计）	假定租金每年增 2% 条件下的内部收益率（按 50 年寿命计）
市场租金的 60%（7.2 元/平方米）	35 年	27 年	收不回成本	收不回成本	1.54%	3.48%
市场租金的 80%（9.6 元/平方米）	27 年	22 年	收不回成本	收不回成本	2.94%	4.89%
市场租金的 100%（12 元/平方米）	21 年	18 年	收不回成本	收不回成本	4.18%	6.14%

三、货币化补贴

（一）货币化补贴产生的背景与发展过程

我国的住房保障货币化补贴早期实践，主要是租赁类保障性住房中廉租住房实行的货币补贴保障，但早期各地在廉租房补贴形式、补贴比例和接受补贴的条件等方面的规定差异明显。直至 2004 年，由住建部、财政部、民政部、国土资源部、国家税务总局共同发布《城镇最低收入家庭廉租住房管理办法》，规定城镇最低收入家庭廉租住房保障方式应当以发放租赁住房补贴为主，实物配租为辅。

在廉租住房货币补贴保障的具体实施上，补贴对象是：符合廉租住房保障条件但尚未达到实物配租要求或符合实物配租条件但放弃实物要求货币补贴的家庭；补贴资金来源是廉租住房专项资金；补贴标准和发放标准由各地区依据相关管理办法自行执行。在各地实践中，保障对象大多认为货币补贴需要自行租赁房源，只有实物配租才能从根本上解决其实际住房困难，尤其是随着住房价格的不断上涨，要求享受实物配租的呼声日益高涨。为此，2007 年以后，我国不断加大保障力度，降低实物配租门槛，加大实物供应。在此背景下，符合条件的住房困难家庭申请实物住房保障的比例大幅增加。但随着大批量公共租赁房等保障性住房的上市，纯粹实物保障方式开始暴露出各种弊端，且自 2011 年后，随着限购限贷政策效应的释放，各大城市商品住宅库存积压规模呈现逐月攀升的态势。为此，既着眼于住房保障，同时也兼顾了当时市场库存量巨大的现实，各地开始探索扩大货币补贴范围。2015 年国务院《政府工作报告》首次提出"住房保障逐步实行实物保障与货币补贴并举"的要求，2016 年 6 月《国务院办公厅关于加快培育和发展住房租赁市场的若干意见》指出，推进公共租赁住房货币化，完善租赁补贴制度，结合市场租金水平和保障对象实际情况，合理确定租赁补贴标准。自此，各地进入"实物配租"和"货币补贴"并举时代。据住建部相关数据显示，2015 年末，我国低收入（廉租住房）租赁住房货币化补贴在保户数已高达 317 万户，有效减轻了低收入家庭的住房压力。规划"十三五"期间，我国低收入（廉租住房）租赁住房补贴在保户数再增 1 200 万户。

(二) 实施货币化补贴的优势

从世界各国实践来看，随着住房制度的不断完善，基于市场住房充足供应和政府有效引导，适时推出货币补贴制度，是符合市场化的发展趋势和价值取向。而事实上，通过各地几年的实践，货币化补贴的作用除了实现对低收入家庭的保障外，确实更有利于资源配置的效率。在政府层面，货币化补贴方案政府支出成本较之直接参与的公共住房计划和补贴私营发展商新建计划大大降低，政府职责更多地转向引导监管住房市场方向，契合市场化对于政府角色的定位。同时由于货币化补贴的退出机制相对简单，更有利于保障资源的有效配置。因为一旦享受货币补贴的家庭因收入、房产等发生变化不再符合准入条件的，住房保障管理部门通过停发补贴款项就可以使其退出保障，较实物配租的退出机制明显顺畅许多；在市场层面，通过增强低收入家庭通过市场解决住房问题的能力，使之成为市场供应链条的有机组成部分，有效盘活市场中的空置房源，培育和发展住房租赁市场，促进市场机制的有效运转；在社会层面，增加了居民住房的市场选择，特别是对于低收入家庭有助于实现其职住平衡，从而大大降低了城市交通压力和居民生活成本，也避免了由于实物集中保障导致了贫富居住隔离，形成类贫民窟地区。

(三) 实施货币化补贴面临的挑战

住房货币补贴是住房保障市场化发展的重要实践，其作用除了实现对低收入家庭的保障外，较之实物配租更契合市场化发展方向，但也面临信用道德风险和寻租风险，由于目前住房市场环境尚未成熟，货币补贴在实施过程中也暴露出执行层面的障碍。

第一，低价位房源市场供应不足，导致部分保障家庭通过市场租赁存在障碍。实践中，地段、租金价格均适合保障家庭的房源偏少，再加上保障家庭的特殊性，出租人不仅不能从向政府要求的保障对象出租房屋中得到额外的优惠，而且相比出租给其他群体，自身信息公开多，手续更加烦琐，所以很多出租人并不愿意将房源出租给住房保障家庭，导致其无法在市场中租赁到合适房源，这也是保障家庭一直希望享受实物配租的重要原因。

对我爱我家房产网 2016 年 12 月 19 日挂牌的出租房统计表明，杭州、上海、北京出租住宅房源总套数分别为 8 650 套、5 148 套、4 615 套。杭州、上海、北京月租金在 1 500 元/平方米以下的房源分别占 0.95%、0、0；在 1 500 ~ 3 000 元/平方米以下的分别占 17.55%、5.32%、11.66%（如表 4 - 11 所示），市场租金远超出政府给予的杭州最高 720 元/户、上海最高 3 440 元/户、北京 2 565 元/户货币化补贴标准。从房型结构看，尽管杭州、上海、北京 50 ~ 70 平方米中小面积房源占比分别达到 26.65%、30.75%、31.44%（如表 4 - 12 所示），但在实际中，也存在区位不匹配、户型不匹配等问题。

表 4 - 11　　　　　出租住宅各价位房源数量占比　　　　　单位：%

出租住宅各价位房源数量占比	小于 1 500 元	1 500 ~ 3 000 元	3 000 ~ 5 000 元	5 000 ~ 8 000 元	8 000 ~ 10 000 元	大于 10 000 元
杭州	0.95	17.55	50.76	21.64	3.98	5.12
上海	0.00	5.32	53.13	32.46	4.91	4.18
北京	0.54	11.66	28.47	38.14	8.47	12.72

资料来源：整理自我爱我家 2016 年 12 月 19 日挂牌房源。

表 4 - 12　　　　　出租住宅各面积段房源数量占比　　　　　单位：%

出租住宅各面积段房源数量占比	小于 50 平方米	50 ~ 70 平方米	70 ~ 90 平方米	90 ~ 110 平方米	110 ~ 130 平方米	130 ~ 150 平方米	150 ~ 200 平方米	大于 20 平方米
杭州	20.17	26.65	22.75	8.67	6.60	7.42	4.76	2.97

续表

出租住宅各面积段房源数量占比	小于50平方米	50~70平方米	70~90平方米	90~110平方米	110~130平方米	130~150平方米	150~200平方米	大于20平方米
上海	39.20	30.75	15.68	7.38	3.52	2.39	0.89	0.19
北京	14.71	31.44	21.19	15.17	6.96	4.38	4.33	1.82

资料来源：整理自我爱我家2016年12月19日挂牌房源。

第二，租赁市场不规范，租赁关系不稳定，降低了货币化补贴的效用。住房保障实行货币补贴需要良好的法律体系保障和信用体系。从发达国家的经验来看，住房保障货币化制度均建立在完备的法律体系保障基础上。以德国为例，在政府层面，以法律规范政府住房保障各项权力，严防权力寻租风险，出台了租房补贴方面的《房租补贴法》和低收入家庭公共福利住房方面的《住宅法》；在市场层面，为政府加强对住房租赁市场的引导和监管提供法律保障，出台了规范房屋租赁市场方面的《租房法》，对市场承租人实现租赁保障；在社会层面，通过法律规范社会管理范畴的各项制度，防范信用道德风险，为货币补贴计划构建透明的收入水平和完善的信用制度基础，出台了针对领取社会救济者和收入特别低家庭的《失业金法》。但我国由于租赁市场中缺乏保障承租人权益的制度设计，使承租人尤其是像廉租住房保障家庭这样的弱势群体，往往因出租人擅自提高租金、解除租赁关系等原因不得不寻找其他房源，或者只能租住设施设备较差的老旧房，居住的稳定性和安全性得不到保障，降低了租赁货币化补贴的效用。

第三，部分保障家庭接受货币补贴存在心理障碍。从保障家庭的来信来访中，发现大部分保障家庭基于实物配租居住稳定、配套设施齐全、退出强制性不足等的考虑，认为实物配租优于货币补贴，更乐于选择实物配租。杭州市主城区（不包含萧山、余杭）2018年9月符合公共租赁住房申请条件，正在等待实物配租的轮候对象达到16 884户。

四、棚户区改造

（一）棚户区改造产生的背景与发展过程

棚户区改造，是我国政府针对住房质量差、缺少必要配套设施、环境卫生条件恶劣、中低收入居民相对集中的城市棚户区集中区域，组织实施的住房改造专项行动计划，实行政府补助、企业投资和个人出资相结合的方式。2004年，我国棚户区改造实验试点和安置房建设率先在东北三省展开，到了2008年，国家将棚户区改造作为保障性安居工程的主要内容，开始推向全国。2009年12月24日住建部等五部委出台了《关于推进城市和国有工矿棚户区改造工作的指导意见》；2010年4月13日住建部和发改委联合下发了《关于中央投资支持国有工矿棚户区改造有关问题的通知》；2010年6月25日财政部、住建部印发《中央补助城市棚户区改造专项资金管理办法》，标志我国棚户区改造的制度框架基本搭建完成。截至2012年底，根据住建部资料，全国5年内开工改造各类棚户区1 260万户，基本建成750万套，覆盖全国31个省区市，虽然成效显著，但各类棚户区改造任务依然艰巨。

2013年7月《国务院关于加快棚户区改造工作的意见》正式发布，意见总体要求是"以改善群众住房条件作为出发点和落脚点，加快推进各类棚户区改造，重点推进资源枯竭型城市及独立工矿棚户区、三线企业集中地区的棚户区改造，稳步实施城中村改造"。2014年3月，《国家新型城镇化规划（2014~2020年）》出台，强调了棚户区改造对建设新型城镇化的重要意义，提出"3个一亿人"的工作目标，到2020年将完成3 650万户棚户区改造任务。同年7月，国务院办公厅印发《关于进一步加强棚户区改造工作的通知》，部署有效解决棚户区改造中的困难和问题，进一步加强棚户区改造工作，扎实推进改造约1亿人居住的城镇棚户区和城中村，由此新一轮棚改的序幕拉开，棚户区改造进入了全面提速阶段。根据住建部资料显示，2014~2017年，全国棚户区开工改造累计高达2 322万套。2018年，李克强总理指出，为了更好解决群众住房问题，启动新的三年棚改攻坚计划，将再改造各类棚户区1 500万套，2018年开工580万套。（如表4-13所示）

表4-13　　　　　　　　国家棚改相关政策变迁

时间	棚改相关政策内容
2005年10月	国家启动对中央下放东北三省煤矿棚户区的改造
2008年10月	中央出台的扩大内需十项措施中明确提出加快建设保障性安居工程，棚户区改造作为保障性安居工程的主要内容全面启动
2009年12月	国务院在山西大同召开全国城市和国有工矿棚户区改造工作会议，全面部署和推进城市和国有工矿棚户区改造工作。住建部等四部委和人民银行下发《关于推进城市和国有工矿棚户区改造工作的指导意见》
2010年4月	住建部和发改委下发《关于中央投资支持国有工矿棚区改造有关问题的通知》，全面推进城市和国有工矿棚户区改造工作

续表

时间	棚改相关政策内容
2012年3月	铁道部、住房和城乡住建部、国家发展和改革委员会、财政部、国土资源部、中国人民银行联合印发《关于做好铁路棚户区改造有关工作的通知》,将铁路棚户区统一纳入城市和国有工矿棚户区改造范围
2012年12月	住建部、国家发展和改革委员会、财政部、农业部、国家林业局、国务院侨办、中华全国总工会联合下发《关于加快推进棚户区（危旧房）改造的通知》,加快推进非成片棚户区（危旧房）改造、城中村改造和城镇旧住宅区综合整治
2013年7月	《国务院关于加快棚户区改造工作的意见》出台,进一步加大棚户区改造力度
2014年3月	新型城镇化提出"3个1亿人"的工作目标,到2020年将完成3 650万户棚户区改造任务
2015年6月	国务院常务会议决定,实施三年计划,改造包括城市危房、城中村在内的各类棚户区1 800万套,农村危房1 060万户,同步规划和建设公共交通、水气热、通信等配套设施
2015年6月	《国务院关于进一步做好城镇棚户区和城乡危房改造及配套基础设施建设有关工作的意见》落实国务院常务会议精神,要求加快城镇棚户区改造,完善配套基础设施,推进农村危房改造。创新融资体制机制
2018年4月	财政部、住房城乡建设部联合印发了《试点发行地方政府棚户区改造专项债券管理办法》,有序推进试点发行工作

（二）棚户区改造取得的成效

从棚户区改造政策发展过程看,我国棚户区改造范围不断拓展,力度不断加大。从最初的中央推进煤矿棚户区改造,逐步扩大到林区垦区、城市和国有工矿棚户区改造;在加快推进集中成片城市棚户区改造的基础上,逐步将其他棚户区、旧住宅区整治、危旧房改造、城中村改造统一纳入城市棚户区改造范围,稳步有序推进;近年来,又把铁路、钢铁、有色金属、黄金等行业棚户区纳入棚户区改造政策,推动力量空前,有效改善了困难群体的居住环境,完善了城市功能,提升了城镇综合承载能力,是深得民心的民生工程。根据2015年国家统计局社情民意调查中心组织的关于城镇棚户区改造群众满意度调查显示,高达

92.5%居民对加快棚户区改造政策表示"满意";有72.7%的参与改造的棚户区居民表示对当地棚户区改造政策措施表示"满意"。① 棚户区改造相对于其他住房保障产品,其成效主要体现在:

1. 棚户区改造有效消灭住房绝对贫困,提升了整体居住水平。棚户区是城市中环境最差的贫困人口聚居地,房屋建筑面积小、建筑密度大、建筑标准低、居住人口密度大、治安和消防隐患大、户区内普遍没有排水、供暖、供气设施,卫生条件差,多户合用一个厕所,居民生活条件非常糟糕。实施棚户区改造有效地消灭了棚户区用户的住房绝对贫困,提升整体居住水平。以武汉黄石十三排为例,其建于20世纪50年代,是煤矿厂为解决当时职工住宿困难而盖起的十三排红砖瓦房,是黄石市最大的工矿棚户区,占地面积约270亩,搬迁范围内各类公私房屋20万平方米,总户数1852户,总人口8753人。其中,建筑面积不足30平方米房屋有426户,建筑面积30~50平方米的房屋有305户,建筑面积50平方米以下的房屋占总户数的45%。② 这里的房子大多是砖木结构平房,空间狭窄、居住拥挤、污水横流、环境恶劣,存在安全隐患。2009年武汉黄石将十三排棚户区改造纳入当年重点民生工程,并启动了中国首个棚户区改造的国家康居示范工程项目——金广厦项目的建设,主要满足十三排棚户区和项目原址房屋征收还建需要,以及人民街等棚户区的拆迁安置,让数千户、上万人走出了脏乱差的居住环境,也因此改善了城市面貌,提升了整体居住水平。

2. 棚户区改造提升和完善了城市功能,改善了城区落后面貌。棚户区改造首先解决的是脏乱差面貌和基础设施落后的现状,通过改造,统筹规划布局了城市的道路系统、给排水系统、绿化系统等,并配备相应的服务配套和基础条件。改变了原棚户区布局分散、土地利用混乱无序,城镇功能和风貌极度不协调,城市规划难以落实的局面,有效完善了市政设施和公共服务设施,拓展了城市骨架,改善了城市面貌,加快了城市化进程。以宜昌市为例,"十二五"期间,随着棚户区改造项目的推进,宜昌市中心城区道路总长由150公里,增加到577.6公里;城区供水普及率由95%增加到100%;污水集中处理率由85%增加到91%;城市燃气普及率由82%增加到95.6%;绿地率由35%增加到43.5%;绿化覆盖率由40.85%增加到48.2%;城区人均公园绿地面积由10.84平方米增加到14.24平方米,城市功能不断完善、城市面貌焕然一新。③

3. 棚户区改造优化配置了土地资源,促进土地合理利用。连片棚户区缺乏科学规划,房屋多以二、三层为主,乱搭乱建现象普遍,土地使用过程中存在容

---

① 资料来源:国家统计局。
② 资料来自本课题组实地调研。
③ 资料来自本课题组参与的《"十二五"期间湖北省宜昌市棚户区改造后评价报告》。

积率低、利用粗放、布局零乱、效率不高等问题。通过棚户区改造项目的实施，将充分挖掘建设用地的潜力，大大提高土地使用效率，盘活现有存量土地，实现有限土地资源的"再生"利用，达到从严控制建设用地总量、土地节约集约利用的目的。

4. 棚户区改造增加了社会就业，促进地区的产业结构调整，拉动经济成效显著。棚户区改造，以土地置换为依托，大力调整产业结构，加快发展现代服务业，优化产业结构，进一步焕发老城区的生机和活力，提高城市经济发展质量和效益，拉动经济成效显著。以宜昌为例，据测算，"十二五"期间，宜昌全市棚户区改造直接投资410.86多亿元，实际累计投入建设资金209.87亿元。如果把相关产业的投资和腾出的土地进行房地产开发的投资计算在内，由棚户区改造带动的投资超过了1 000亿元。长沙市，"十二五"期间通过棚户区改造，引进万达广场、九龙仓等多个新型城市综合体，增加15万个就业岗位，促进了经济增长和居民收入提高。

(三) 棚户区改造面临的挑战

近年来，棚户区改造在不断加速，推动力量空前，有效改善了困难群体的居住环境，完善了城市功能，提升了城镇综合承载能力。但由于历史原因，棚户区改造的任务主要集中在老工业城市和开采历史较长的资源性城市。这些城市大多经济比较落后，政府财政能力较差，棚户区居民的收入相对低，这使得棚户区改造面临的困难相当复杂。

1. 面临庞大资金缺口。按2018～2020年再改造1 500万套、每套50平方米、3 000元/平方米建设成本计算，需投入资金2.25万亿元，还不包括前期土地整理和后续的基础设施配套所需资金支持。现存的棚户区建筑密度大，拆迁成本高，项目自身成本与收益平衡性差。而从目前明确的资金来源来看，仅包括中央财政补贴和国家开发银行数千亿元中长期贷款，其他资金来源均需通过土地出让来平衡，如果房地产市场走弱，许多项目难以启动。未来棚户区改造任务依然艰巨，改造面临较大的资金缺口。

2. 部分棚户区居民生活困难，抵御经济风险的能力下降。由于棚户区居民基本上都是城市中的低收入家庭，还有相当一部分属于"低保"家庭，居民自身筹钱或贷款买房的能力不强，但在棚户区改造过程中，居民需要对新增的居住面积按一定价格支付一定的费用，且棚户区居民迁入新居，又必然会因装修、添置家具等增加一定的开支，也减少了就近就业的机会。因此，伴随棚户区改造带来的新增开支很可能使部分棚户区居民的生活陷入困境，如果政府和社会不能帮助他们渡过难关，就可能成为社会不稳定的新因素。

3. 拆迁安置难，影响项目推进速度。棚改涉及千家万户的利益，过程极其复杂，情况千差万别，拆迁难也成为限制棚改发展的难题之一。棚户区内普遍违法违章建筑较多，拆迁动员难度大，加上个别用户抱有侥幸投机心理，希望利用拆迁之机多得补偿，采取闹赖不走政策，给拆迁带来一定难度，影响项目开工建设。

4. 大拆大建多，因地制宜改造少。受多重因素的影响，包括：追求形象工程、政绩工程；中央对拆迁安置房建设有专项经费补助，对综合整治没有经费补贴；中央对安置房建设有具体的考核指标；大拆大建能盘活更多土地资源等，因此，各地棚户区改造更偏重于"造"而非"改"。根据住建部统计，2016 年，全国各类棚户区改造 600.8 万套，其中旧住宅小区整治只有 75.9 万套，仅占 12.6%。拆迁改造在迅速改变居民住房现状和提升城市功能的同时，也存在着重复建设、千城一面、破坏城市文化与历史等问题。

5. 棚改安置区后续物业管理难。由于棚改安置小区入住群众普遍收入偏低，有偿服务意识不够，部分棚改项目质量保证期过后维护维修问题难以厘清，虽已明确质保期后由居民自行负责，但个别群众以政府组织施工为理由，发生漏雨等相关问题，一直寻求政府解决。居住条件的改变没有完全改变居民"等、靠、要"心态，长期形成的"棚户区文化"转移到了棚改安置区，后续管理问题突出。

第三节 我国住房保障事业总体成效评价

我国住房保障事业是在住房历史欠账严重、人口众多且流动性大、城市化快速推进、商品房价格跳跃式上涨、居民期望高的背景下展开，政府面临前所未有的压力。应该说，过去的十多年，政府高度重视住房保障事业，不断探索与创新，已构建起较为完善的住房保障体系和要素资源保证体系，保障性安居工程建设力度空前，居民住房条件得到显著改善，其成效举世瞩目。

一、保障体系不断完善，保障力度不断加大

（一）整体保障水平显著提高

经过多年的不断完善和发展，我国住房保障范围不断扩大，住房保障对象从

城镇低收入住房困难家庭扩大到中低收入住房困难家庭,同时打破"户籍限制",将新就业大学生、创业人员以及外来务工人员纳入住房保障体系。保障类型不断创新调整,进一步加大了公共租赁住房建设和棚户区改造,建立实物与货币有机结合的住房保障模式,保障力度不断加大。根据住建部统计,2008~2015年,我国累计开工建设城镇保障性安居工程5 342万套、基本建成3 649万套,按三口之家估算,累计开工建设的安居工程解决1.6亿人的住房困难。其中,累计开工改造棚户区住房2 681万套、基本建成1 822万套,累计开工建设保障性住房2 661万套,基本建成1 944万套(如表4-14所示),至"十二五"时期末,我国的保障性住房覆盖率(含租赁补贴)已达20%,不仅基本实现了现有城镇低保家庭应保尽保,还解决了大量城镇中等偏下收入住房困难家庭、新就业无房职工、在城镇稳定就业的外来务工人员和进城落户农民的住房问题,更是解决了很多国有工矿、国有林区、垦区、国有煤矿职工的住房问题,整体保障水平显著提高。

表4-14 我国保障性安居工程建设发展状况

年份	2008~2015年	"十二五"期间				
		小计	2011年	2012年	2013年	2014年	2015年
开工合计(万套)	5 342	4 013	1 043	781	666	740	783
其中:保障性住房	2 661	1 822	613	450	343	234	182
其中:棚户区改造	2 681	2 191	430	331	323	506	601
基本建成合计(万户)	3 649	2 977	432	601	544	511	772
其中:保障性住房	1 944	1 462	251	332	326	282	271
棚户区改造	1 822	1 515	209	287	244	274	501
安置住房	—	1 218	181	269	218	229	321
货币安置		297	28	18	26	45	180
低收入(廉租住房)租赁住房补贴在保户数(万户)	—	—	340	364	316	300	293
期末保障性安居工程覆盖面(建成)	9.4	—	11.0	—	—	—	18.9
期末保障性安居工程覆盖面(建成+货币)	—	—	12.4	—	—	—	20

资料来源:住建部相关统计。

（二）重点解决了本地户籍低收入群体住房困难，满足其基本住房需求

各地通过廉租住房、经济适用住房（或共有产权房）、公共租赁住房、棚户区改造拆迁安置等多渠道已基本解决了城镇本地户籍低收入群体的住房困难，保障体系较为完善，各地住房保障体系如表4-15所示。以浙江省为例：至2012年底浙江省已全面实现低保标准两倍以下城镇住房困难家庭廉租住房"应保尽保"，基本满足当地城镇居民人均可支配收入80%以下的城市住房困难家庭租购需求。

表4-15　主要城市面向本地户籍居民的住房保障体系

城市	廉租住房	共有经济适用房（限价商品房、安居房）	公共租赁住房	棚户区改造
上海	3人及以上家庭：人均年可支配收入≤39 600元；人均财产≤12万元（2018）	3人及以上家庭：人均年可支配收入≤72 000元；人均财产≤18万元（2018）	无自有住房或人均住房建筑面积低于15平方米，申请时未享受本市廉租住房、经济适用住房等其他住房保障政策，无收入与资产限制	在列入棚户区改造的区域有房产的居民
北京	人均年可支配收入≤6 960元；3人家庭，人均财产≤10万元	年满30周岁，家庭符合本市住房限购条件且家庭成员在本市均无房	家庭年收入不超过10万；家庭成员人均住房面积不超过15平	在列入棚户区改造的区域有房产的居民
深圳	市民政部门核定的享受最低生活保障待遇的家庭或市政府认定的优抚对象的家庭	在本市未拥有任何形式自有住房、未在本市享受过购房优惠政策，可以购买安居房	连续两年均不超过本市规定的购买保障性住房的收入线标准；无住宅建设用地或自有住房	在列入棚户区改造的区域有房产的居民

续表

城市	廉租住房	共有经济适用房（限价商品房、安居房）	公共租赁住房	棚户区改造
杭州	家庭人均收入为杭州市区城镇居民低保标准的2.5倍（含）以下，人均现有住房建筑面积在15平方米（含）以下，或3人以上家庭现有住房建筑面积在45平方米（含）以下	经济适用住房停售	申请家庭人均可支配收入低于规定标准；无房的	在列入棚户区改造的区域有房产的居民
武汉	家庭月可支配收入600元（含）以下；人均住房建筑面积12平方米（含）以下	家庭人均收入低于上一年末统计公布的本市城区居民人均可支配收入；人均住房面积（建筑面积）低于本市城区居民人均住房面积	家庭上年度人均月收入低于3 000元，无房户或人均住房建筑面积低于16平方米	在列入棚户区改造的区域有房产的居民

资料来源：根据各地保障性住房管理文件整理。

（三）大力推进"棚户区"改造

棚户区是城市中环境最差的贫困人口聚居地，房屋建筑面积小、建筑标准低、居住人口密度大、治安和消防隐患大、普遍没有排水、供暖、供气设施，卫生条件差，多户合用一个厕所，居民生活条件非常糟糕。以湖北黄石市为例，据黄石市政府部门调查统计，全市共有各类棚户区164片，占地面积约200万平方米。其中城市重点棚户区面积约60万平方米，聚居居民12 000余户，重点国有工矿棚户区面积约12万平方米，聚居居民3 000余户，全市80%以上的低收入家庭聚居于此类棚户区中。这些棚户区半数以上的房屋房龄超过40年，严重损坏房占23.6%，危险房占33.3%，60%的棚户区没有排水设施，98%的棚户区没有供暖、燃气、消防设施。[①] 这些住房无论是面积还是功能，都不符合现代人生活的需要。

纵观世界城市发展史，无论是发达国家，还是发展中国家，都曾经或者正在

---

① 《创新公共租赁房制度设计完善住房保障体系》，黄石市人民政府网，2010年8月4日。

面临贫民窟及类似贫民窟问题的困扰。极差的居住环境，极高的人口密度，极高的失业率，使得贫民窟成为贫困、堕落与犯罪的聚集地。虽然各国在公房建设、税收、信贷等方面提供优惠政策以期消除贫民窟现象，但是效果甚微。贫民窟成为当地城市发展、影响居民生产生活的"顽疾"和"毒瘤"。我国的棚户区与国外的贫民窟在住房质量、人口特征、居住环境等方面具有相似之处，若处理不好极有可能产生贫民窟现象。为此，我国政府充分吸取拉丁美洲国家和印度的贫民窟恶化成为城市发展肿瘤、扼杀城市发展活力、激化社会分化的经验教训，通过推进棚户区改造，把贫民窟消灭在萌芽、不留发展死角、让所有人民共享发展成果，有效解决城市内部的二元矛盾，为实现社会和谐与包容性增长奠定坚实的基础。以辽宁省为例，统计数据显示，辽宁省户均居住面积由棚改前的39平方米增加到棚改后的57平方米，平均增幅达46.2%，人均住房面积由棚改前的10.6平方米增加到棚改后的16.6平方米，增幅达56.6%。[①]

截至2017年5月，全国棚户区改造已经累计开工3 287万套，其中城镇棚户区2 592万套，国有工矿棚户区302万套，国有林区（场）棚户区164万套、国有垦区危房229万套，通过棚改，使8 000多万居民"出棚进楼"。[②] 按照2017年5月国务院常务会议的决定，2018~2020年三年时间里，我国将再改造各类棚户区1 500万套，这是棚户区改造的第二个三年计划。大规模推进棚改，是消灭住房绝对贫困、缩小住房相对贫困的有力举措，是缓解城市内部二元矛盾，提升城镇综合承载能力，推进以人为核心的新型城镇化建设，促进经济增长与社会和谐的重要途径。

（四）着力解决外来务工人员住房困难，保护新型城镇化的源动力

当前，大规模的人口流动和随之而来的住房问题是摆在各城市新型城镇化进程中的现实难题。2016年我国流动人口规模为2.45亿人，[③] 而"五普"资料显示2000年只有1.2亿人。其中，大部分流动人口由乡村直接流入城市。流动人口进城务工就业，为城镇提供了丰富的劳动力资源，弥补了城镇劳动力供给的结构性不足，有力地促进了城市工业化和新型城镇化进程。然而，也带来了住房、教育等准公共产品的供给短缺。

---

① 李莉、张辉：《我国新型城镇化建设进程中棚户区改造理论与实践》，中国经济出版社2014年版，第58页。
② 数据来源：住建部。
③ 资料来源：《中国流动人口发展报告2017》。

近年来，政府在解决外来务工人员①住房问题上的责任不断加强，不断出台相关政策，创新体制，着力解决外来务工人员的住房需求，保护新型城镇化的原动力。2007 年，国务院将外来务工人员住房纳入住房保障范围，明确要求多渠道改善外来务工人员居住条件。住建部等 5 部委下发《关于改善农民工居住条件的指导意见》，2012 年住建部发布的《公共租赁住房管理办法》，主动把新就业无房职工和在城镇稳定就业的外来务工人员归入公共租赁住房保障范围。2014 年出台的《国务院关于进一步做好为农民工服务工作的意见》再次提出，要将符合条件的外来务工人员纳入住房保障体系，积极为外来务工人员租赁购买商品房提供政策优惠。上海、广州、深圳、嘉兴等地不断完善积分落户制度，让外来务工人员可凭积分享受住房保障。2015 年广西出台《关于加强农民工住房保障工作的实施方案》规定，各地每年竣工的公共租赁房房源按一定比例定向提供给外来务工人员。2017 年，北京在公租房、自住型商品住房中拿出不低于 30% 比例的房源面向长期稳定就业的非京籍无房家庭分配。

同时，各地政府为了更快更好地解决量大面广的外来务工人员、新就业员工、技术人才住房问题，进一步强化用工单位住房保障的社会责任，鼓励企业以各种形式参与住房保障建设，允许企事业、村集体以及其他社会力量在符合用地规划前提下，得到政府一定的优惠政策支持，利用受让土地或存量土地投资建设相关保障性住房，或者改建闲置的厂房、仓库、办公楼等为相关保障性住房，建成后纳入政府统一管理或接受政府管理指导的房源，解决外来务工人员的住房问题。尽管这些工作尚处于起步阶段，离新城市居民的期盼还有很大的距离，但已迈出重要的步伐。

二、长效管理体制机制日趋完善

（一）初步构建住房保障法规体系

国家先后颁布和修订了多个住房保障法规，包括：《经济适用住房管理办法》（2007）、《廉租住房保障办法》（2007）、《公共租赁住房管理办法》（2012）等法规和文件，对明确各类保障房定位、保障对象的界定，规范建设分配与退出管理，推动住房保障制度体系建设起了十分积极作用，初步搭建了与分配制度改革

---

① 为体现对进城务工人员的尊重和防止给这些人员"贴标签"造成心理伤害，越来越多的政府文件及媒体都以"外来务工人员"的称谓代替"农民工"。因此，本文除早期政府发文用农民工外，一律用"外来务工人员"。

和住房市场初步发展阶段相适应的住房保障法规体系。各地的政策法规不断完善，如2009年全国第一部社会保障性住房地方法规——《厦门市社会保障性住房管理条例》正式施行，2010年深圳市公布并多次修正了《深圳市保障性住房条例》，条例明确了住房保障方式、制定住房保障年度规划和计划的要求，指出了住房保障资金、住房的来源渠道和价格确定的内容，并完善了保障性住房的申请条件、准入和退出机制，对住房保障过程中涉及的法律责任作出规范；2011年，河北省发布了《河北省城镇住房保障办法》；2013年，广东省发布了《广东省城镇住房保障办法》。

（二）形成由地方政府负责的住房保障管理体系

国家城镇住房制度改革之初，其行政主管部门是国家体制改革委员会下属的城镇住房制度改革领导小组，各省、市、自治区和各市、州、县也大都承袭了国家的机构设置。1997年地方机构改革以后，特别是2000年机构改革以后，住房制度改革和经济适用住房制度建设、管理工作统一归口到建设（房产）部门管理，并按照住房公积金监管分离的要求，将住房制度改革工作和住房公积金管理工作分离，基本形成了较为统一规范的住房保障管理格局。此后出台的各项文件都明确房管部门（建设）作为住房保障的主管部门的职责，强调发改、建设、国土、规划、民政、财政等相关职能部门依职责配合住房保障工作，在一定程度上理顺了相关部门职能。2007年我国住建部住房保障司成立，地方政府分别成立了各级住房保障机构，配备了相关人员，制定当地的住房保障制度、规划，推动、落实地方的住房保障工作，地方保障房管理制度逐渐完善。如北京市，市级层面成立住房保障工作领导小组、市住房保障工作联席会议、市住房保障办公室，2011年6月市政府一次性注资100亿元，成立北京市保障性住房建设投资中心，主攻公租房建设、棚改安置房建设"两大任务"，打造投融资管理、建设收购、运营管理"三大平台"，截至2018年3月底，保障房中心资产总额1 025.42亿元，所有者权益461.39亿元。持有保障房项目已达125个，保障房11.66万套、900多万平方米，其中公租房项目76个共计10.35万套，近800万平方米，已配租公租房项目56个约4.14万套，改善居民居住生活条件近20万人，占全市公开配租公租房总量的50%以上。北京各区都成立住房保障工作领导小组、区住保科、住保中心；街道（社区）成立住房保障科，配备住房保障专职人员，形成比较完善的管理体系。

（三）初步实现保障性住房的信息化管理

保障性安居工程离不开科学的管理手段，建立和完善管理信息系统平台有利于实现管理的透明化、规范化和信息化，保证保障性安居工程顺利实施，切实保证保障性安居工程发挥最大效益。按照《关于开展保障性安居工程建设政策落实情况监督检查工作的通知》中"各地要加快建立住房保障管理信息系统，完善保障性安居工程建设项目信息库"的要求，各地陆续搭建了保障性安居工程建设与管理全过程信息化管理平台，实现保障性安居工程建设与管理的动态监管；实现房源、保障对象、分配、管理过程的公开，提高管理效率。如 2012 年，陕西省政府投资 1.5 亿元，在全国率先建设了覆盖全省的住房保障信息平台，由"一网两库五级平台"以及 26 个子系统组成，2015 年 6 月通过风险评估和信息安全等级评估。2009 年 6 月上海成立"居民经济状况调查评估中心"，市政府专门出台"上海市居民经济状况调查评估暂行办法（草案）"，授权调查评估机构可以运用入户调查、邻里访问、信函索证以及调取政府相关部门信息等方式开展保障性住房、最低生活保障、医疗救助、教育救助等社会保障项目所涉居民经济状况核对工作，出具核对书面报告。2009 年率先与人保、民政、税务、公积金、银行、房管、银监、证监等 14 个部门建立"电子比对专线"，目前已发展到约 30 个部门，其中，银行存款核查已覆盖全市 51 家中资银行及外资银行，证券信息查询已实现沪深证交所的信息全覆盖，可以全面掌握申请家庭的实际经济状况。作为全国首个为民生政策实施提供经济状况权威核对信息的支持性政务平台，2009～2012 年核对中心成立仅三年多，就累计向房管部门出具了 63 342 份经济状况核对报告，共有 10 313 户家庭经核对发现不符合申请条件，自愿退出廉租房或经济适用住房的申请，为公共财政节省资金约 11.9 亿元。[1] 2013 年杭州在全国率先研发了具有自主知识产权的保障房智能化管理系统，有效破解了公共租赁房租金收缴难、资格退出难问题。总体而言，各地已初步实现保障性住房的信息化管理。

（四）初步形成以政府为主导、社会力量为辅的保障性住房供给体系

在保障房建设与供应中，地方政府承担了主体责任。政府通过中期规划、目标责任制、资金与土地要素保障、项目督查等手段保证保障房建设任务落到实处，向住房困难家庭提供了大量保障性住房，弥补了住房供应结构单一的不足，丰富了住房市场的供应，初步形成了与多层次居民收入体系相适应的多层次住房供应结构。

同时，为了进一步提高保障性住房的供给效率，推进保障性住房投资建设和运营管理，提升保障性住房资源配置效率，改善住房保障服务，近年来鼓励社会

---

[1] 郭儒逸：《上海三年查出逾万假困难户 16% 廉租房申请者不合格》，《东方早报》2012 年 5 月 6 日。

力量参与住房保障，鼓励运用政府和社会资本合作模式推进相关保障性住房的投资建设和运营管理。2012年6月20日，住建部联合7部委联合发布了《关于鼓励民间资本参与保障性安居工程建设有关问题的通知》；2014年11月，《国务院关于创新重点领域投融资机制鼓励社会投资的指导意见》出台。2015年5月，财政部会同6部委印发《关于运用政府和社会资本合作模式推进公共租赁住房投资建设和运营管理的通知》，鼓励地方政府运用PPP模式推进公共租赁住房投资建设和运营管理。2015年6月，国务院发布《关于进一步做好城镇棚户区和城乡危房改造及配套基础设施建设有关工作的意见》要求推动政府购买棚改服务，构建多元化棚改实施主体，鼓励多种所有制企业作为实施主体承接棚改任务。从政策层面看以政府为主导、社会力量为辅的保障性住房供给体系已初步形成，当然，在实际推动过程中社会力量介入不多。

三、要素保障不断加强

（一）要素保障的政策体系基本形成

2011年《国务院办公厅关于保障性安居工程建设和管理的指导意见》提出五项保证：一是确保用地供应，储备土地和收回使用权的国有土地，优先安排用于保障性住房建设。二是增加政府投入，中央继续加大资金补助力度。地方各级人民政府要在财政预算安排中将保障性安居工程放在优先位置，加大财政性资金投入力度。住房公积金增值收益在提取贷款风险准备金和管理费用后全部用于廉租住房和公共租赁住房建设，土地出让净收益用于保障性住房建设和棚户区改造的比例不低于10%，中央代发的地方政府债券资金要优先安排用于保障性安居工程建设。三是符合规定的地方政府融资平台公司可发行企业债券或中期票据，专项用于公共租赁住房等保障性安居工程建设。四是加大信贷支持。五是落实税费减免政策。尽管在执行过程中还存在许多执行不力问题，但政策支持体系已基本明确。

（二）资金要素保障不断加大

近年来，财政不断加大对保障性安居工程的补助力度，2012~2017年全国各级财政累计筹集安居工程资金36 479亿元，其中中央财政资金累计达13 005亿元。保障性安居工程资金来源渠道也不断拓宽，目前已经形成了多渠道、多层次的财政投入机制。主要包括：中央财政安排的专项资金，省市县财政一般预算安排的资金，住房公积金增值净收益安排的资金，从土地出让净收益中安排的资金，地方债券安排的资金以及社会融资等。根据2017年保障性安居工程跟踪审计结果，2017年，全国各级财政共筹集安居工程资金7 842亿元（其中中央财政2 488亿元），项目单位等通过银行贷款、发行企业债券等社会融资方式筹集安居工程资金21 739亿元。

（三）土地要素优先保障

在土地保障方面，近年来各地不断完善保障性住房建设用地的保障机制，确保优先落实用地指标、优先供应、优先办理审批手续。以浙江省为例，2006年省政府文件明确要求落实保障性住房建设用地计划。2007年又明确了廉租住房、经济适用住房建设用地实行行政划拨，占居住用地比例不低于10%，并在土地供应计划中予以优先安排。2009年，浙江省进一步明确保障性住房建设用地在年度建设用地计划中单列下达并列入考核。2012年，浙江省国土资源部门建立了保障性安居工程建设用地审批绿色通道，简化审批程序，提高审批效率。对全国层面的保障性安居工程建设用地的数据进行整理发现，2009~2015年大约供地17.67913万公顷。[①] 但遗憾的是安置房建设用地占比高，纯保障性住房用地供给少，浙江省2015~2017年拆迁安置用地供给65 340亩，公共租赁住房供应只有345亩。

四、拉动经济发展效应凸显

（一）拉动经济增长贡献显著

保障房建设既是改善民生的利器，也是整个经济发展的稳定器。2008年，为应对国际金融危机冲击，中央决定大规模实施保障性安居工程，支撑了国民经济快速走出低谷。2010年初，为遏制房价过快上涨，政府采取一系列严厉措施调控房地产市场。在这轮房地产调控中，2011年1 000万套保障房开工建设所创造的1.3万亿元投资，对冲了商品房投资的下滑。在国内外经济形势充满不确定性的情况下，保障房建设支持了房地产调控，成为改善民生和促进经济又好又快发展的最佳结合点。2016年城镇安居工程完成投资1.66万亿元，占城镇住宅投资的21.66%，占全社会固定资产完成额的2.78%，竣工2.28亿平方米，带动了房屋建筑和市政基础设施上下游相关产业的投资，在拉动投资、保增长方面发

[①] 资料来源：2009年数据根据2009年《中国国土资源年鉴》得到，2010年数据根据2011年《中国国土资源公报》推算得到，其余数据均来自2011~2015年《中国国土资源公报》。需说明的是包含了大量拆迁安置用地。

挥了重要的作用，通过棚改货币化安置等措施，全国还消化库存商品房174.66万套。① 根据国家信息中心经济预测部2015年4月份曾经做出的预测，2015~2017年，若我国完成1 800万套棚户区改造计划，仅改善棚户区居民住房方面的投资就可以带动房地产开发投资增加约2个百分点左右，进而拉动全社会固定资产投资0.4个百分点左右，提高GDP增长率0.2个百分点左右。② 如果再考虑通过财政支出、企业债券等其他融资渠道对保障房的投资资金，以及棚户区基础设施投资资金，则作用更大。这是我国经济稳定增长的重要驱动力量之一。另推进保障性安居工程建设，让更多群众住上新居，还会直接带动家具、家电和其他生活用品等方面的消费需求，假设一套房子的家具平均消费是1万元，2008~2015年仅保障房就将催生约3 000亿元的家具消费市场，甚至更多。总之，保障性安居工程建设一头连着发展，一头连着民生，既能增加投资，又能带动消费，对扩内需、拉动经济增长等都具有重要作用。

（二）协调城市空间发展，促进城市经济转型

近年来，我国不少城市通过实施保障性安居工程特别是推进棚户区改造，既解决了贫困人口集中成片居住的问题，又促进了产业再造和经济转型，起到"建设改造一片、带动提升一方"的作用。一方面，由于棚户区改造腾空了大量土地，许多城市利用这些土地引进建设工业项目、工业园区或商业综合体等，为产业转型提供了良好的空间载体，不仅加快了产业聚集，而且推动了很多城市市中心"退二进三"的产业结构调整，促进了第三产业的发展。例如，辽宁省本溪市在郑家棚户区腾空的土地上新建的郑家工业园和彩北物流园区，为促进钢铁深加工业发展创造了条件；抚顺市则在腾出的土地上规划建设了3个工业园，促进了工程机械及制品、化工新材料等产业集群的发展，城市环境的改善也使抚顺市旅游知名度和吸引力迅速提升。杭州拱墅区阮家桥村利用城中村改造的10%留用地政策引进了银泰百货和富强商业广场，既提升了城市生活品质，又增加了村民可持续的收入。

另一方面，近年来各地政府城市建设意识不断提高，坚持城市空间拓展、优化与保障性安居工程相结合，充分依托大项目带动优势来推进保障性安居工程项目的建设，走出了一条以"大项目带改造、带整治、带开发、带建设"之路。如盘锦市将棚户区改造与城市商业开发并举，在改造魏嘉棚户区的同时，规划建设

---

① 资料来源：2016年保障性安居工程跟踪审计结果。
② 林凤鸣：《更大规模推进棚户区改造解决群众住房困难——访住房和城乡建设部住房保障司副巡视员刘霞》，载于《中国房地产》，2015年第10期。

了以五星级酒店为核心的商圈构架，居住人口达20万人，原来的棚户区变成了集购物、休闲、餐饮、娱乐等多功能为一体的时尚商业区；这不仅大幅度改善了棚户区居民的居住环境，而且优化了城市空间结构，为城市经济发展提供了新的增长点。辽宁省本溪市抓住棚户区改造的契机，把棚户区改造与新区建设结合起来，在新区新建了60多万平方米回迁房，使数万人口流向新城区，加速了"城市东进"，拉开了城市发展的框架，凝聚了新城区的人气，进一步扩大了保障性安居工程对城市经济、区域经济的拉动作用。总体而言，近年来，各地将保障性安居工程与经济发展紧密结合，在利用经济发展促进保障性安居工程建设的同时也充分发挥保障性安居工程本身对城市空间发展和经济发展的积极效应，促进保障性安居工程和城市发展的良性循环，促进城市经济转型。

（三）扩大居民就业，盘活、优化资源配置

保障性安居工程的建设通过加强公共服务，对收入进行再分配，有利于舒缓群众住房困难，调节收入分配关系，起到平衡财富的作用。2008～2015年，我国累计开工建设城镇保障性安居工程5 342万套、基本建成3 649万套，不仅使1.6亿人[①]住上了安全舒适的房屋，让拥有产权式房屋的保障性人群的房屋资产价值增量，居民财产收入呈几何级数增长。"十二五"期间，以2015年全国商品住房平均价格6 472元/平方米、全国保障房平均造价2 300元/平方米计算，将有数以万亿的财富转移到中低收入者身上，这将是新中国成立以来最大规模的财富成果共享。

同时，保障性安居工程也为扩大居民就业，盘活优化资源配置，提升土地价值等方面做出了巨大的贡献。其一，大规模的保障性安居工程建设，提供了大量直接和间接服务于工程建设的就业岗位。其二，在新建保障性住房小区内设置物业管理、基础设施配套建设等岗位，吸纳了再就业人员。其三，各城市充分利用棚户区改造腾出的土地，兴建了劳动密集型小企业、创业市场等，也增加了就业机会。以辽宁省抚顺市为例，为鼓励棚户区居民创业，专门出台政策，利用棚改腾空土地，规划建设了3个工业园区和7个创业市场，安置就业人口1.3万人，扶持新区创业带头人100余人，鼓励创办"无围墙工厂"和小微企业，让一部分人在家中就能增加收入。其四，通过棚户区改造等保障性安居工程的建设，有效地整合了土地资源，提高了土地利用率，为城市发展赢得新空间。以杭州市为例，经测算，"十二五"期间，拆迁前每户农户住宅用地约为0.6亩，多层安置户均用地约为0.27亩，高层安置户均用地约为0.16

---

① 按三口之家估算，累计开工建设的安居工程可以解决1.6亿人的住房困难。

亩,以"十二五"期间拆迁住户约 7.3 万户,按高层安置房计算,通过棚户区改造征收盘活土地面积约 2 141 公顷,这些土地为城市今后的发展储备了宝贵的空间资源。① 其五,通过了保障性安居工程的建设,带动了周边的基础、公建配套设施的规划、建设,大大提高了区域周边地区的可居住性,带动了区域土地升值。

第四节 我国住房保障体系与运行机制存在的问题分析

尽管各级政府在健全工作机制、加大要素投入、扎实推进城镇住房保障各项工作,取得了明显成效。但是,由于我国的城镇住房保障工作尚处于不断探索和发展阶段,在推进过程中仍存在不少的问题,急需完善。

一、住房保障法律体系不完善

从国际经验来看,制定较为全面的法律体系是解决住房问题的重要保障。我国现有住房保障立法体系层次不高,尚未出台国家层面的住房保障法律法规,也没有专门的行政给付法,与我国现阶段大规模保障房建设实践极不相适应,导致:(1)住房保障的地位与目标不清晰。住房保障工作在我国经济社会发展的各项事业中到底占据什么地位?从 2000 年以来住房保障政策的变化看,时而把住房保障工作作为民生工程;时而又被看作影响房地产市场繁荣的障碍,要为繁荣房地产市场让路;更多的时候被作为拉投资、保经济增长的工具。由于地位与目标不清晰,因此政策的摇摆性就大。(2)政策稳定性差。由于没有形成稳定的法律层面制度保障体系,住房保障政策在年度间甚至季度间的变动都极大,给各地住房保障事业的开展带了极大的不确定性。如 2008 年之前是"重售轻租",租赁性保障房占比很低;之后,则又"重租轻售",许多城市都停止了销售型保障房建设和分配。2015 年底配合房地产去库存,要求各地停止建设各类保障性住房和拆迁安置房,一律实行货币化,加上 2016~2017 年各地超大规模棚户区改造,产生大量引致性需求,造成各地商品住房供不应求,成为拉升房价的重要动因。(3)要素保障缺乏刚性。供地方面,尽管保障性安居工程用地量大,但真正用于保障性住房的用地(公共租赁住房和销售型保障性住房)量少;资金保障方面,

---

① 浙江工业大学承担的《杭州市城镇住房保障"十三五"发展规划》课题。

尚不稳定，2016年中央加大对各地棚户区改造项目的贷款支持，但到了2017年进入去杠杆化，一些已开工的棚户区改造项目都很难申请到贷款。(4) 政出多门，有时相互矛盾。如中央一方面要求地方政府严控地方政府债务增量，并设终身追责制，但另一方面又有完成保障性安居工程的指标。财政部分管财政资金的分配，住建部负责计划下达与考核，审计部门审核资金使用情况和项目建设与分管情况，由于没有统一的法律作依据，各部门有自己的政策掌握标准，有时出现各部门对同一事件解释或统计口径不一样，基层显得无所适从。(5) 对保障对象违法违规行为缺乏法律手段。对一些居民弄虚作假骗取保障房、违规出租出售保障房、拖欠租金和物业管理费、到期不符合条件不肯搬出、损坏公共财物等违法违规行为缺乏法规层面的操作依据，各地法院普遍不愿意介入，导致一些公租房小区欠租愈演愈烈，重现房改前"公房"现象。

因此，进一步完善我国保障性住房的规范化制度化建设，建立稳定的、持续的长效机制，首先应加快推进住房的法律法规建设进程，尤其应尽快出台《住房法》或《住房保障法》，通过法律的形式明确住房保障工作的地位、发展目标、保障对象、保障标准，界定中央和地方政府在住房保障中的责任与定位，包括资金投入、土地提供、金融支持、财税优惠等方面的具体责任，使住房保障事业的发展有章可循。

二、供给体系不完整，缺乏可持续的合理分层机制

站在新时代，面对人民群众对"更舒适的居住条件"的期盼，我国现行住房保障供给体系还存在不少问题：

第一，存在悬崖效应，"夹心层"群体住房难问题越来越突出。随着新一轮商品住房价格上升，保障房和商品房市场之间大断层，导致出现大量外地户籍、中低收入等"夹心层"群体，既消费不起商品房又不符合现有保障房申请条件。虽然地方政府也在提高货币化补贴标准和加大住房保障，但"夹心层"的住房问题依然突出。以杭州市为例，2017年货币补贴的保障面积标准为人均建筑面积15平方米，补贴住房建筑面积不低于36平方米、不高于60平方米，租金补贴标准从2016年每平方米补贴6元/月，提高至12元/月，翻了一倍，但市场平均租金已达55元/月·平方米，[①] 导致对住房保障的需求增大。（如表4-16所示）

---

① 资料来源：我爱我家杭州公司统计的2018年8月租金价格。

表 4-16　2017 年杭州公共租赁房的实物补贴和货币补贴

	保障面积（平方米）	补贴金额（元/月）	低收入住房困难家庭月补贴金额（元/月）	市场租金开支（元/月）
1 人户	36	432	864	1 980
2 人户	36	432	864	1 980
3 人户	45	540	1 080	2 475
4 人及以上户	60	720	1 440	3 300

第二，重租轻售。政府从最早单一的经济适用房，到 2008 年以后基本停止经济适用房、大力推进公共租赁住房，造成很多地方目前向市场买房几乎成为拥有住房所有权的唯一选择。但是，近年来随着各地房价的急速上涨，不仅把中低收入家庭排挤出了商品住房市场，也导致部分城市不少中产阶级同样难以通过自身的力量购买商品住房，这些群体对拥有住房产权的呼声尤为强烈。虽然北京、上海等地已试点共有产权房，但开发规模小且大部分地区还未试行。事实上，"有恒产者方有恒心"，有条件地支持居民拥有住房，有利于帮助中低收入家庭获得基本的财产积累，共享改革发展的成果；有利于优化社会结构和促进社会和谐安定。

第三，重拆轻改。在当前我国大力推进棚户区改造的现阶段，各地政府普遍存在着重拆轻改，重建轻管的现象。面对旧城区的危房和旧房，大部分城市会选择将这些与城市发展不相符的建筑统一拆除，取而代之的是千篇一律的高楼大厦，造成千城一面。以杭州主城区为例，178 个城中村，涉及 101 717 户，拆除重建 154 个，拆整结合 11 个，综合整治 13 个。

因此，如何针对住房市场的新变化和新需求，加快研究建立符合国情、适应市场规律的"租售补改"并举的基础性制度和长效机制，构建合理衔接的"分层"住房保障体系，既能满足居民对"居者有其屋"的强烈需求，又不造成国家经济利益的流失；既不显失公平、又能兼顾各方的利益诉求，是政府急需解决的重大现实问题。

三、供给主体单一，社会力量参与比例低

尽管近年来中央不断出台各类文件鼓励社会力量建设投资保障性安居工程的建设，但企业作为盈利单位，参与保障房建设都面临一个经济平衡问题。保障性

住房尤其是出租型公租房等由于租金低廉，开发企业投资回收期长、资金积淀严重，政策优惠力度小，很难形成企业或社会机构大规模参建的强烈直接利益驱动。即使是国家极力推动的 PPP 项目，企业的参与度也不高，对财政部发布的第一、二、三批共 754 个项目统计，棚户区 PPP 只有 4 个项目，总投资 46.09 亿元；对发改委第一、二批 PPP 推介项目共 2 532 个统计，只有 32 个棚户区改造项目，总投资 347.95 亿元，表明企业对参与保障性安居工程持谨慎态度。较单一的供给模式使得保障性住房供给市场化不足，竞争效率较低，公共性难以实现，最终导致了随着保障性住房规模不断扩大，政府的压力越来越大，工程质量、资金、管理等方面都暴露出较多问题。因此，急需进一步切实加强用地、财政、金融、税收等方面的政策扶持，积极鼓励大中型企事业单位、行业系统、开发区及产业园区、房地产开发企业、农村集体经济等多种社会力量参与保障性安居工程的建设。

四、地方政府积极性不高，保障性住房缺乏内在建设动力

在中国现有政府组织体系架构中，中央政府为了改革住房制度和解决住房问题，主动设计住房保障制度并且依靠中央权威进行强力推行，同时，把部分决策权下放，赋予地方政府制定地方细则、条例或有关办法的权利。但由于地方政府具有双重属性，既是中央政府政策的执行者，也是管理辖区事务的独立主体。由于提供住房保障用地挤压可创造巨额土地出让金的商品住宅用地出让量，导致土地出让金"缩水"，地方政府缺乏建设保障性住房的积极性，对中央政府下达的住房保障工作安排一般都视为政治任务，再加信息不对称、监管体制缺乏和考核不完善等原因，势必会影响到住房保障政策在地方执行过程中的实际效果，其主要表现在：

第一，现有政治激励的制度安排中，为了完成中央政府下达的指标任务，地方政府大多会选择以集中新建为主。集中建设容易加剧居住空间分异和社会分化，损害弱势群体的利益，甚至容易会导致一系列类贫民窟等社会问题。

第二，在现有财政分权的制度安排中，为了实现财政收益最大化，地方政府会将保障房选址在城市边缘区域，位置相对偏僻，一方面，造成远离了就业中心，降低了低收入者的就业机会，增加了中低收入群体的就业困难和交通成本。另一方面，由于所处城市边缘区域，配套设施相对滞后，生活配套设施不足，造成弃租、弃购较严重。根据审计署公布住房保障审计公报显示，2016 年，有 27.24 万套住房因位置偏远、户型设计不合理等，已办理竣工验收备案但空置超过 1 年。2017 年有 9.71 万套住房由于位置偏远、配套基础设施建设滞后等原因，

基本建成1年以上未分配或分配后无法入住；14.21万套已竣工验收的住房至2017年底空置超过1年。

第三，在现有保障房融资的政策框架下，为了弥补可用财力的相对不足，地方政府会选择让相对低成本的企业建设保障房。近年来，全国各地曝出部分保障性住房存在使用"瘦身钢筋"等情况，造成保障性住房质量不高等问题。根据《2015年保障性安居工程跟踪审计结果》显示，海南昌江、文昌等8个市县的1 712套保障性住房，存在未按照工程设计图纸和施工技术标准施工，以及偷工减料、墙面开裂等质量问题无法交付使用。

五、要素保障仍需加强，空间配置需要优化

一方面，尽管近年来一直在探索实施公积金盈余、中期票据、债券融资、保险和社保资金等新的融资模式，但受地方债务清理和保障性安居工程项目自身收益性差的影响，保障性住房建设资金筹措和平衡存在较大困难。当前的保障资金仍主要依靠地方土地出让金净收益和中央专项补助，新的融资渠道拓展不理想，资金短缺成为大规模建设保障性住房的"瓶颈"。例如，2011年5月银监会提出的"中期票据融资模式"，目前仅有个案出现。2011年7月，国家发改委提出"地方政府可以发行公司债支持保障房建设"，进展缓慢。至今社会资本还没有大规模进入保障性住房开发，低成本、稳定的、长期的政策性融资体系尚没有建立。

另一方面，土地优先保障的机制尚未完全建立。一是各地仍坚持先经济后民生，产业用地供地占比高（见第三章第三节），且闲置量大，2017年6月底，仅广东省批而未供土地高达127.5万亩、闲置土地10.9万亩。① 二是没有建立与人口相挂钩的保障性用地供给机制，东部发达地区人口多、人口集聚速度快，但新增土地指标少，保障性住房和棚户区改造占比低，供不应求；中西部地区土地指标多、中央政府财政转移支付力度大，保障性住房和棚户区改造开发量大，但人口少，出现较高的闲置。对2011~2015年保障性住房新开工统计，西部地区占44.12%，而2016年常住人口仅占23.54%，2010~2016年常住人口增量只占28.61%；东部地区占26.57%，常住人口占43.76%，新增常住人口增量41.64%（如表4-17所示）。

---

① 冯善书、张普辉：《超额完成批而未供土地"去库存"》，网易新闻转载。

表4-17　　　　2011~2015年新开工的保障性安居工程
区域分布与人口分布匹配性　　　　单位：%

地区	占比全国			
	保障性住房	城市棚户区改造	2016年常住城镇人口	常住城镇人口增量（2010~2016年）
东部	26.57	23.10	43.76	41.64
中部	24.59	31.41	24.28	26.66
西部	44.12	33.51	23.54	28.61
东北	4.72	11.98	8.43	3.09

注：本表中东部包括：北京、天津、河北、上海、江苏、浙江、福建、山东、广东、海南10省（市）；中部包括：山西、安徽、江西、河南、湖北和湖南6省；西部包括：内蒙古、广西、重庆、四川、贵州、云南、西藏、陕西、甘肃、青海、宁夏和新疆12省（区、市）；东北包括：辽宁、吉林和黑龙江3省。

六、资产管理不完善、准入退出机制不健全

随着住房保障制度的不断完善，政策覆盖面的不断扩大，受益群体的不断增多，保障房管理难度逐步显现，尤其以资产管理不完善、准入退出机制不健全尤为突出，其主要表现在：

第一，保障对象收入财产信息审核困难，退出处理难，资产被泛用。主要因为：一是保障家庭成员就业率低且工作不稳定，临时性（隐性）收入的变化情况很难追踪；二是大部分地区未整合金融资产、车辆、企业注册等部门信息，建立居民财产完整信息系统；三是目前惩戒退出的主要法律是各地方各部门的规章，权威性不足；违规惩罚措施偏轻，起不到应有的警戒作用。根据审计署公布的审计结果显示，我国保障性住房被违规占用的形势相当严峻，2017年有3.68万户不符合条件家庭违规享受城镇住房保障货币补贴8 639.90万元，住房2.66万套；1.84万户不符合条件家庭违规享受农村危房改造补助资金1.46亿元；3.53万户家庭条件发生变化不再符合保障条件但未按规定及时退出，仍享受住房2.75万套、货币补贴1 384.43万元。

第二，部分公共租赁住房资产与维护不到位、折旧老化快。保障性住房建设项目往往以最低价中标，用材、施工质量管控相对差，且面向本地户籍居民的公共租赁住房入住的人口密度相对较高、不上班人员多，对电梯等的使用频率高，加上业主文化层次相对低、又只拥有房屋的使用权，对小区、房屋的损坏程度更大，同样的小区物业管理费成本比普通商品房高。对贵阳公共租赁住房小区调

研，2016年实际物业管理成本费达到2.35元/平方米，比普通商品住房小区高30%左右。但大部分的保障性住房小区配备的管理人员和拨付的物业管理费用却有限，资产处于快速折旧状态。

第三，拖欠租金处理成本高、有扩大的趋势。拖欠租金是公共租赁住房管理中普遍面临的难题。杭州市为了解决收缴难问题，在新建公共租赁住房小区安装了智能系统，每天提醒欠租户交租金，拖欠租金到一定时间就禁止入户，通过这样的措施才保证了平均98%的租金收缴率，但不装智能系统的小区平均收缴率仅为89%。通过司法起诉欠租户，成本相当高，但若不起诉，就存在欠租愈演愈烈的风险。

第四，资产的盘活运作机制尚未建立，资产价值效能得不到有效发挥。公共租赁住房投入资金大，地方政府资金沉淀严重，资产证券化等公共租赁住房资产的盘活运作机制未建立，资产价值效能得不到有效发挥。如果说欠发达地区公共租赁住房租金水平低、收缴率相对低，还难以通过租金回收的现金流去支持证券化的利息的话，但在经济发达城市应该具备了此条件，资产的盘活运作机制未建立，则影响滚动开发。

第五，政府重建设轻管理，体制机制保障不到位。各地政府以完成建设任务为目标，对保障房资产管理投入的人力、财务不足。国内外大量的经验教训表明，保障性住房管理机制不健全、管理不到位会导致保障性住房被侵占、挪用和破坏，造成保障房资产流失、价值的贬值和国家利益的损害，严重影响到政府住房保障事业在公民心目中的形象，威胁城镇住房保障体系的可持续运行。

本 章 小 结

我国住房保障工作经过多年的不断完善和发展，保障范围不断扩大，保障方式不断调整，其中出租型保障房经历了从廉租住房、廉租住房与公共租赁住房并存、廉租住房与公共租赁住房并轨为公共租赁住房的过程；出售型保障房经历了从经济适用住房、限价商品住房到共有产权住房的探索；棚户区改造从城镇危旧住房改造扩大到城中村改造。

我国保障体系的快速构建和保障房建设强力推进，取得了举世瞩目的成就：一是保障体系日益完善，保障力度不断加大，整体保障水平显著提高。其中重点解决了本地户籍低收入群体住房问题，保障其基本住房需求；大力推进了"棚户区"改造，防止出现城市"贫民窟"现象；着力解决外来务工人员的住房需求，保护新型城镇化的原动力。二是初步构建了住房保障法规体系，形成了由地方政府负责的住房保障管理体系，初步实现了保障性住房的信息化管理，长效管理体制日益完善。三是资金、土地要素不断加强，中央政府加大了地方补助力度、用地供给实行指标单列。四是保障房建设大规模推进，拉动了投资和消费，扩大了居民就业，盘活、优化资源配置，有力地促进了我国经济转型及可持续发展。但是，我国住房保障制度建设依然面临严峻形势，还存在住房保障法律体系不完善，政策与要素保障的稳定性不够，土地供给空间失配，长效机制尚未建立；供给体系不完整，从原来的只售不租完全转向重租轻售，难以满足居民多层次需求；供给主体单一、社会力量参与比例低，地方政府积极性不高；资产管理不完善、准入退出机制不健全等一些亟待解决的问题。因此，面对国际国内经济发展的新背景和新趋势，面对全面建成小康社会的目标任务，进一步加快完善住房保障体系和运行机制建设，进一步改善城镇居民住房条件的任务依然任重道远。

第五章

我国城镇住房保障体系整体设计

住房制度改革以来，我国一直在不断完善城镇住房保障体系，努力提高住房保障的公平和效率，取得了巨大的成效。但是，商品住房价格的快速上涨、居民收入和财富分配两极分化、大量居民跨地区流动，都给住房保障体系的完善提出新的要求和新的挑战。本章着重根据城镇住房保障体系的内涵，在借鉴国外经验基础上，围绕住房发展目标，抓住当前我国城镇住房保障体系中急须解决的重点问题，提出完善我国城镇住房保障体系的思路与建议。

我们认为住房保障体系是为推动国家住房发展目标的顺利实现而提供的系列制度保障，对照住房发展目标，明确居民应有的基本的居住条件，进而界定保障谁、谁来保障和如何保障的问题。住房保障体系随着不同经济发展阶段国家住房发展目标的变化应做出相应的动态调整。

第一节 明确住房发展目标

明确住房发展目标是制定一个国家住房保障制度和设计住房保障体系的重要依据。

一、国际经验

一些国家政府对本国住房发展确定了明确的目标。1949年，美国颁布《住房法》，设定住房目标为："让每一个美国家庭都能生活在宜居环境里的体面住房之中。"其最初含义包括必要的住房设施、不拥挤的住房空间等,明确的住房发展目标带动了美国住房制度发生重大改变,政府从不干预住房市场转向积极地大规模建设公共租赁住房、发放租房券并提供税收抵免等多方面政策支持。新加坡政府在1964年推行"居者有其屋"计划,并建立住房制度中的两大核心:组屋制度和公积金制度,成为世界上住房问题解决得最好的国家之一。加拿大在1954年提出让每个家庭拥有和居住一套家庭住宅单元的目标,开始大规模建设公共租赁住房、大力支持非营利性住房的建设和合作住房开发。

联合国将居住水平分为三个层次:第一层次为最低标准,每人一张床;第二层次为文明标准,每户一套房,第三层次为舒适标准,每人一间房。[①] 联合国积极推动各国政府努力改善居民居住水平。1988年12月通过《到2000年全球住房战略》,该战略的主要目标是,在2000年前帮助世界上10多亿住房条件困难的人解决居住问题。2012年通过《可持续性城市中的可持续性住房——发展中国家的政策框架》,2016年,启动的《2030年可持续发展议程》中提出了17个可持续发展目标和169个具体目标,其目标11明确指出"建设包容、安全、有抵御灾害能力和可持续的城市和人类住区"的愿景,并在具体目标中优先强调"到2030年,确保人人获得适当、安全和负担得起的住房和基本服务,并改造贫民窟"。同年10月,召开的"人居三"大会上通过了《新城市议程》,提出确保今世后代的所有居民不受任何歧视,都能居住和建设公正、安全、健康、便利、负担得起、有韧性和可持续的城市和人类住区,以促进繁荣,改善所有人的生活质量(如表5-1所示)。[②]

表5-1 联合国和部分国家住房发展目标

地区或国家	文件(法律)	住房发展目标
联合国	《人居议程》(1996年)	"人人享受适当住房"。适当住房是指个人不受干扰的适当的地方;适当的空间;适当的安全;土地使用期的法律保障;适当的照明、取暖和通风;适当的基础设施,如供水、卫生和垃圾管理设施;适当的环境质量和与保健有关的因素;以及相对工作地点和方便的位置,所有这一切都应当在可负担的范围内取得
	《2030年可持续发展议程》(2016年)	到2030年,确保人人获得适当、安全和负担得起的住房和基本服务,并改造贫民窟

---

① 资料来源:http://www.doc88.com/p-5814400961864.html。
② 资料来源:联合国人居署,https://cn.unhabitat.org/。

续表

地区或国家	文件（法律）	住房发展目标
美国	《合众国住宅法》（1949年）	让每一个美国家庭都能生活在宜居环境里的体面住房之中
	《国家可负担住房法》（1990年）	住房应该是可负担的（在美国，住房消费超过家庭收入30%的家庭，被认为是存在着过度的费用负担；若超过50%，则被认为是存在严重的费用负担。）
	《新住宅法》（1998年）	通过加强公有和私有机构的合作，使每个美国公民能够获得在适宜的环境下舒适而体面的生活
加拿大	《国家住房法》（1954年）	让每个家庭拥有和居住一套家庭住宅单元
新加坡	《居者有其屋计划》（1964年）	"居者有其屋"
澳大利亚	《住宅法》（1983年）	确保每一位公民能以自己承担得起的价格获得足够及合适的住房

资料来源：根据相关文献整理。

围绕住房发展目标，一些国家细化反映居住水平提高的具体指标。日本从1966年开始连续编制实施"住宅建设五年计划"，每一阶段均有明确的国民居住标准和居住环境改善计划。"一五"计划（1966~1970年）的住房目标为一户一套房；"二五"计划（1971~1975年）提出一人一间房的目标要求；"三五"计划（1976~1980年）开始制定住房面积最低标准和平均面积，要求在1980年之前一半以上家庭达到最低标准；"五五计划"（1986~1990年）制定新的最低居住水准和诱导性居住标准，提出到1990年之前尽可能使所有家庭达到最低居住水准，到2000年确保半数以上的家庭能够达到引导性居住水准。[1] 实际执行情况是，1968年实现了全国统计意义上一户一套，1973年实现了各都道府县（省份）统计意义上的一户一套，1983年约半数以上的家庭达到平均居住水准以上，1988年全国未达到最低居住水准的家庭比例降至9.5%，2003年52.3%的家庭达到诱导居住水准以上，未达到最低居住水准的家庭比例降至4.2%。[2]

---

[1] 熊衍仁等：《国外住房发展报告》，中国建筑工业出版社2016年版，第3页。

[2] 吴东航、章林伟主编，小见康夫、栗天纪、佐藤考一编著：《日本住宅建设与产业化（第二版）》，中国建筑工业出版社2016年版，第19页。

反映居住水准的重要指标之一：人均住房面积和住房拥挤程度。1949 年美国就把每个房间居住人数超过 1 人（除夫妻外），定义为拥挤；若每个房间居住人数超过 1.5 人，视为过度拥挤。① 1940 年美国约 700 万户家庭每个房间居住至少 1 人，占家庭总数的 20%；且有 9% 的家庭每个房间居住人数超过 1.5 人。到 1980 年住房拥挤家庭只有 360 万户、占家庭总数的 4.5%；2007 年只有 3% 的家庭每个房间居住人数超过 1 人，不到 1% 的家庭每个房间居住人数超过 1.5 人。② 英国英格兰和威尔士地区 1951 年过于拥挤的家庭 66.4 万户，居住在法定标准下住房的家庭 750 万户，1976 年分别下降到 15.0 万户、165.0 万户，表明居住条件得到大幅度改善（如表 5-2 所示）。③

表 5-2　英格兰和威尔士居住条件不佳的家庭数量变化　　单位：万户

家庭类型	1951 年	1961 年	1971 年	1976 年
过于拥挤的家庭[a]	66.4	41.5	22.6	15.0
居住在法定标准下的住房的家庭[b]	750.0	470.0	284.6	165.0

注：a 表示平均每一房间居住人数超过 1.5 人；b 表示不合适或缺乏一项或多项配套设施。

反映居住水准的重要指标之二：住房质量是否达到标准。不同国家有不同的标准，美国住房和城市发展部（HUD）对房屋质量不合格的定义，把住房质量缺陷分为 10 类，并为每个类别建立了详细性标准（如表 5-3 所示）。④

表 5-3　HUD 房屋质量不合格定义标准

导致住房单元被判断为物理上不合格的缺陷——基于 AHS 项目，修订后的定义	
缺陷类型	缺陷描述
水暖	缺少或分享部分或全部管道设施。该设备必须有冷热水管、冲水马桶和浴缸或淋浴——所有这些都在结构内部，并且专用于设备 缺乏足够的污水处理设施。该单元必须与公共下水道、化粪池、污水池或化学厕所连接

---

① Weicher J C. Urban Housing Programs：What Is the Question？. Cato Journal，1982，2（2）：411 - 436.
② ［美］阿列克斯·施瓦兹，陈立中译：《美国住房政策（第二版）》，中国社会科学出版社 2012 年版，第 31 页。
③ Lansley S. Housing and public policy. Croom Helm，1979，94（8）：81 - 82。
④ Weicher J C. Urban Housing Programs：What Is the Question？. Cato Journal，1982，2（2）：411 - 436.

续表

缺陷类型	缺陷描述
厨房	缺少水槽、冰箱或烹饪设施，或只能分享部分或全部厨房设施。厨房必须安装带有自来水的水槽、有炉灶和冰箱。所有这些都在结构内部并且专用
物理结构	有6个结构问题中的3个或更多：内墙或天花板上的屋顶开裂缝或洞漏；室内地板上有洞；在每一平方英尺的内墙上剥落油漆或破碎的石膏；过去90天内有小鼠或大鼠的证据；地下室漏水
公共区域	有4个常见区域问题中的3个或更多：在公共走廊没有灯具（或没有工作灯具）；在结构内部的公共楼梯上或附着在其上的台阶松散、破损或缺失；楼梯栏杆松动或缺失；建筑物内没有电梯（建筑物主楼入口处的两层或更多楼层或更高的楼层）
供暖	没有通风的室内加热器燃烧石油。如果主要由燃烧煤气、汽油或煤油的室内加热器加热，则加热器必须有烟道或通风口。 上一年冬天加热设备连续6小时或更长时间出现问题3次或更多次
供电	缺电； 符合3个标志：一个或多个房间没有工作的墙壁插座；在过去的90天内，保险丝被烧毁或环绕断路器跳闸3次或更多次；在家里暴露布线

资料来源：Weicher J C. Urban Housing Programs: What Is the Question?. Cato Journal, 1982, 2 (2): 411-436.

2003年我国住建部在全国住宅与房地产工作会议提出小康社会住房标准，其具体内容是：到2020年，住房从满足生存需要，实现向舒适型的转变，基本做到"户均一套房、人均一间房、功能配套、设备齐全"。2004年发布《2020年中国居民居住目标预测研究报告》，提出"户均一套、人均一间"的住房总体目标，到2020年我国城镇人均住房建筑面积应达到35平方米、户均面积120平方米具体的目标，① 曾经成为各级政府制定住房发展战略重要的决策依据，发挥了较大的指引作用。国家统计局公布的2015年1%人口抽样调查，我国城镇居民人均住房建筑面积为35.27平方米，人均住房间数1.08间，也已表明提前实现了统计意义上的规划目标。人均指标作为一个统计指标可以反映群体住房消费总体水平和改善的趋势，但是，它无法描述数据的变化范围和离散程度，难以揭示

---

① 东建：《建设部首次分析预测我国居民2020年居住目标》，载于《城市规划通讯》，2004年第24期，第4页。

个体消费水平的差异。即如果少数家庭拥有多套住房或大面积住房，就会严重拉高平均数，部分住房面积拥挤的家庭被平均化。应该看到，我国还有大量居民尤其是新市民住房处于数量贫困和质量贫困状态，详见第三章分析。由于我国还没有明确的住房最低标准和合理标准，各地住房发展规划针对的是某一时段住房建设的规模和供给结构，没有系统的面向中长期保证居民应该达到什么样住房空间、质量水平的目标，因此，也很难衡量地方政府住房工作成效。当然，对居民住房状况的家底不清，也影响了政府把住房发展目标具体化。

二、我国城镇居民住房发展目标与居住标准

中国共产党第十九次全国代表大会对新时代中国特色社会主义发展做出了战略安排，分为三个标志性阶段：从现在到 2020 年，是全面建成小康社会决胜期……从 2020 年到 2035 年，基本实现社会主义现代化；从 2035 年到 21 世纪中叶，把我国建成富强民主文明和谐美丽的社会主义现代化强国。而住房是衡量一个国家经济社会发达程度和现代化水平的重要标志，基于我国人多地少的国情和建设社会主义现代化强国的总体步骤，需要明确我国住房发展总体目标与分阶段目标，这是住房保障体系建设的重要依据和为之努力的方向。基于国家发展战略的总体安排，学习借鉴发达国家住房管理经验，确定我国新时代背景下的城镇居民住房发展的总体目标和阶段性目标。

（一）发展目标

现阶段以保证全体人民安居为最低目标，以满足人民群众对"更舒适的居住条件"期盼为努力方向，保持住房消费水平改善与经济发展同步，实现人人"住有所居"到"住有优居"再到"居者有其屋"的跨越，需分三步走：

第一阶段，2025 年前，建立健全多主体供给、多渠道保障、租购并举的住房制度，以解决住房绝对贫困和保障居住权为重点，逐步缩小住房消费不平衡不充分矛盾，改善住房质量，提高经济可承受性，95% 以上的城镇常住居民达到最低住房标准。

第二阶段，2025～2035 年，全面提升住房质量，使住房基本达到舒适水平，实现"全体居民住有宜居"。即在全部居民达到最低住房标准、消除住房绝对贫困的基础上，全面提高住房空间舒适性、住房质量、居住环境和服务标准，80% 以上的家庭达到舒适水平。

第三阶段，2035～2050 年，是住房现代化的阶段，实现"全体居民享受舒适的居住条件"和"居者有其屋"的目标。

（二）最低住房标准

最低住房标准是指满足现代人基本安居生活所必需的空间和设施。我国应该出台最低住房标准，其意义重大：一是深化"人人住有所居"的内涵，更好地落实对基本居住权的保障。"住有所居"从本意上理解，即不管有没有收入和资产，不管家庭收入和资产多少，都有房子住。但如果没有一定的居住标准，很可能"人人住有所居"会停留在很低水平、很低标准，不符合全面建成小康社会和现代化国家的要求，不能满足人民群众的期盼。二是解决住房领域不平衡不充分矛盾的关键，当前，我国急需要解决的是部分居民居住空间过于拥挤、基本设施不全、经济压力过大，而通过出台最低住房标准，重点解决住房条件处于底部的群体尽快达到基本安居的水准，以缩小两极分化。三是便于地方政府明确住房保障的任务和保障对象，把未达到政府出台的最低住房标准的、即住房处于绝对贫困的家庭作为政府住房保障工作的重中之重，这可以加快住房保障工作的推进，也便于建立以结果为导向的考核机制。

韩国、日本与我国一样均是人多地少的国家，且经济与社会发展领先于我国，他们制订的最低居住标准对我国具有很强的参考价值。

1. 韩国最低居住标准。

韩国按家庭构成分类的最低居住面积及房间数量如表5-4所示，根据不同的家庭人口设置不同的最低居住面积和房间数，基本按人均一间房（夫妻一间）紧凑型结构设计。①

表5-4　韩国按家庭构成分类的最低居住面积及房间数量

家庭人口数（人）	标准家庭结构	室（房间）数量	总居住面积（平方米）
1	1人家庭	1K	14
2	夫妻	1DK	26
3	夫妻+子女1	2DK	36
4	夫妻+子女2	3DK	43
5	夫妻+子女3	3DK	46
6	老人+夫妻+子女2	4DK	55

注：（1）3人家庭的子女1是以6岁以上为标准；（2）4人家庭的子女2是以8岁以上为标准；（3）4人家庭的子女3是以8岁以上子女（一男两女，或两男一女）为标准；（4）K是厨房，DK是餐厅兼厨房，数字代表的是卧室（兼用客厅）或者可以用作卧室的房间数；（5）房间数量划分标准：A. 夫妻使用一张床，B. 6岁以上子女使用单独的房间，C. 8岁以上的异性子女不使用一间房，D. 老人使用单独的卧室。

---

① 沈绥文、熊衍仁：《国外住房发展报告》，中国建筑工业出版社2016年版，第303页。

2. 日本最低居住标准。

日本按不同家庭人口制订不同的面积标准,1976 年日本内阁通过的《第三个住宅建设五年计划》(1976～1980 年)明确指出,力争到 1980 年解决一半未达到"最低居住标准"家庭的住房困难,到 1985 年确保所有家庭都能达到"最低居住标准"(如表 5-5 所示)。日本的最低标准不仅包括了住房面积,还包括了对房间数、厨房餐厅、卫生间、环境等的要求。[①]

表 5-5　　　　　　　　　日本最低居住水准　　　　　　　单位:平方米

家庭人数		最低居住水准			
^		房间(1)	居住面积(2)	住户专用面积(3)	住宅总面积(4)
住房面积标准	1 人	1K	7.5	16	21
^	2 人	1DK	17.5	29	36
^	3 人	2DK	25.0	39	47
^	4 人	3DK	32.5	50	59
^	5 人	4DK	37.5	56	65
^	6 人	5DK	45.0	66	76
房间	卧室	夫妇有独立房间,最多可与一名 5 岁以下儿童(学龄前儿童)同屋			
^	^	6 岁到 17 岁的孩子(小学生到高中生),需有与父母不同的单独房间。每个房间最多 2 人;			
^	^	12 岁以上的孩子(初中生以上)需按性别分住不同房间			
^	^	18 周岁以上的家庭成员,需有自己的单独房间			
^	^	面积:主卧 10 平方米,次卧 7.5 平方米			
^	厨房餐厅	住房需有厨房兼餐厅,单人家庭只保证有厨房即可			
设施		原则上每个家庭需有专用卫生间及洗漱室			
^		原则上每个家庭需有专用浴室,单身家庭除外			
^		在寒冷地区,需有取暖设施			
环境		要具备抵御灾害的安全性			
^		要有确保卫生和安全的日照、通风、采光条件			
^		尽量避免噪音、震动、大气污染、恶臭等对居住环境的影响			

注:(1)"房间构成"的符号,同上;(2)"居住面积"只包括卧室和餐厅兼厨房的部分;(3)"住户专用面积"包括卧室、餐厅、厨房、厕所、浴室、储藏室等,是墙体中到中的面积,但不包括共用部分和阳台;(4)"住宅总面积",对于单元式多层集合住宅包括共用部分及阳台(阳台只计 1/2 面积)。

---

① 马庆林:《编制住房建设规划的几点思考》,载于《城市规划》,2012 年第 2 期,第 37～42 页。

3. 我国城镇居民最低居住标准建议。

我国各地制定了保障对象准入条件，其中人均住房面积低于一定标准是申请保障性住房的重要指标，某种程度上也反映了政府认为居民应有的最低居住标准。但存在的问题：一是指标单一，只有单一的人均住房建筑面积指标，既不与家庭人口相挂钩，又没有设立反映住房质量的指标，其结果是把人均建筑面积已达标但质量未达标的住房困难对象排斥在外。二是标准不一，如天津规定本地户籍居民人均住房建筑面积不到12平方米（含）可以申请公共租赁住房；乌鲁木齐、兰州、重庆要求人均住房建筑面积低于13平方米的住房困难家庭；北京、石家庄、银川是家庭人均住房建筑面积在15平方米以下；沈阳要求人均住房建筑面积为16平方米以下；西宁申请经济适用房要求人均住房建筑面积低于（含）15平方米，公租房低于（含）18平方米；郑州要求人均住房建筑面积20平方米以下，差异较大。[①] 各地准入门槛不一样，反映了地方财力和住房保障压力不同，但却忽视了在同一个国家居民应该享受相同或接近的基本居住条件的权利。

参考日本和韩国的做法，加快建立与家庭人口挂钩的最低住房面积标准和住房质量标准。根据我国一、二线城市人地矛盾突出，鼓励人口向三、四线城市流动的总体原则，在住房面积上可划分为三个等级，住房质量上保持同一水平要求（如表5-6所示）。

表5-6　我国城镇常住人口住房最低居住标准建议（建筑面积）

单位：平方米

居住标准		房间数	住房建筑面积		
			一线城市（北、上、深）	二线城市（副省级城市、其他直辖市、计划单列市）	其他城市
面积	1人	1K	22	24	26
	2人（夫妻）	1DK	40	44	48
	3人（夫妻+1孩）	2 DK	55	60	65
	4人（夫妻+2孩）	3 DK	70	77	84
	5人（三代型）	4 DK	85	94	102
房屋质量	质量符合国家安全规定的标准；结构基本完好或达到完好标准；装修基本完好或达到完好标准				

---

① 见各地经济适用住房或公共租赁住房申请条件。各地对外地户籍居民均要求无房才具备申请公共租赁住房的条件之一。

续表

居住标准		房间数	住房建筑面积		
			一线城市（北、上、深）	二线城市（副省级城市、其他直辖市、计划单列市）	其他城市
设施	独立卫生间； 2人（含2人）以上需有专用浴室、有厨房； 设备基本完好或达到完成标准，水电正常使用				
环境	良好的通风、采光条件； 除单身公寓外，有较充足的日照； 小区物业管理基本到位，保洁、保安服务及时； 除单身公寓外，周边有义务制学校配套；购物、交通方便				
经济可承受性	居住最低标准住宅的开支不超过家庭月收入的25%；或购买最低标准住宅的房价收入比不超过6倍（按当地平均收入计算）				

注：高层住宅公摊面积大，可再放大10%。

上述最低居住标准，一是考虑到了不同家庭人口数量和人口结构对住房需求的差异。通常人口越少，单位人口的平均居住面积要求越大，因为卫生间等公用空间并不随着人口增多成正比例增加。各地还可以在此基础上进一步细化家庭结构，比如性别不同的2个小孩和性别相同的小孩，在住房空间保障上有所区别。总体原则，除夫妻合住一间外，有条件的地区应该实现每人一间房。二是考虑到了质量、设施和环境的基本保障，不应该让居民居住在房屋有较大缺陷、没有现代生活设施、生活不便的住宅楼或小区里。三是设置了经济可承受的指标，参照国际上通行的标准，提出居住最低标准住宅的开支不超过家庭月收入的25%，或购买最低标准住宅的房价收入比不超过6倍（按当地平均收入计算）。

从人均建筑面积看，上述最低居住标准，一般为当地人均住房建筑面积的50%~60%的水平。在各地统计公报或统计年鉴中，可查到30个直辖市、副省级城市人均住房面积统计，我国已经有6个城市达到人均建筑面积40平方米以上，22个城市达到30~40平方米，只有2个城市在30平方米以下，因此，保证到2025年95%以上在城镇居住居民达到上述最低居住标准，是起码的、也是合理的目标（如表5-7所示）。

表 5-7　　部分城市城镇居民人均住房建筑面积（2016 年）　　单位：平方米

城市	人均住房建筑面积	城市	人均住房建筑面积
北京	32.38	厦门	30.77
上海	36.1	南昌	35.42
重庆	34	青岛	31.7
石家庄	38.26	郑州	32.39
太原	33.51	武汉	32.47
呼和浩特	32.3	长沙	44.77
沈阳	32.1	兰州	36.1（人均住房使用面积）
大连	26.68	深圳	19.6
哈尔滨	26.3（人均住房使用面积）	南宁	35.3（2015）
南京	36.7	海口	29.95（2013）
苏州	43.3	成都	36.6（第六次人口普查）
杭州	35.8	贵阳	37.17（2015）
宁波	41.82	昆明	43.76
合肥	35.8	西安	33.4
福州	41.68	银川	31.13

资料来源：各地统计年鉴和统计公报。

4. 我国城镇居民舒适住房引导标准。

为满足人民群众对"更舒适的居住条件"的期盼，鼓励各地在参照现代化国家住房水平和我国城市居民现有的住房水平基础上，制订舒适住房引导标准，基本的标准按达到目前的平均消费水平来设置。比如：一线城市大中规模家庭（人口大于等于 3 人）人均建筑面积达到 30 平方米、小型家庭达到 35~40 平方米；二线城市大中规模家庭人均建筑面积达到 35 平方米、小型家庭达到 40~45 平方米；其他城市大中规模家庭人均建筑面积达到 40 平方米、小型家庭达到 45~50 平方米。配套设施、居住环境等更加完善，达到现代化水准。比如：结构达到完好标准；装修达到完好标准；独立卫生间；有专用浴室、厨房；设备达到完好标准，水电正常使用；智能化家居；无障碍设施建设率达到 100%；小区车位配置率 1∶1；物业服务全覆盖；在 15 分钟步行可达范围内，分别形成以儿童、老人以及上班族为核心使用人群的设施圈，配备基本服务功能与公共活动空间；全面实施小区生活垃圾分类收集。

第二节　界定住房保障对象

住房保障对象的确定与住房发展目标和住房保障制度设计定位有关。弥补发展目标与居民住房现实之间的差距，需要住房保障制度发挥作用，而采用什么样住房保障制度定位又决定了住房保障对象的广度与深度。

一、由深度救济型保障向适度普惠型保障转变

综观世界各国住房保障制度，有三种基本模式：

第一，全面福利型。以国家统包、低租金、无限期使用为特点的实物福利性住房制度，比如住房制度改革前的中国，朝鲜，人人都是政府保障对象。我国住房制度改革前长达30年的实践已证明，选择全面福利型是失败的、也是最缺乏效率的。

第二，救济+资助型。对少部分低收入住房困难家庭提供深度救济性的住房补贴，住房直接保障面相对较窄，主要是以市场化住房来满足居民住房需要，政府对低收入家庭的保障是不以牺牲市场效率为代价的。但同时政府又通过税收、政策性金融等帮助居民提高市场化购租住房的能力。美国最为典型，其直接保障救济的对象是家庭收入位于当地收入中位数80%以下住房困难居民，主要是三种方式：公共租赁房、住房券、低收入住房税收抵免项目（LIHTC），[1] 2017年公共租赁房104.1万套、居住207.06万人；住房券248.92万套、528.8万人；LIHTC 128.05万套、205.82万人，合计941.68万人，[2] 占当年美国32 276万人的2.91%，但同时美国又通过住房抵押贷款利息税前扣除（home mortgage interest deduction，HMID）、租金抵扣所得税提高居民购租房能力，按美国国会税收联合委员会统计，2014年HMID支出额为717亿美元，位列政府税收支出前三位。[3] 日本、韩国、包括20世纪80年代以后的英国都属于这类。

---

[1] LIHTC项目根据1986年颁布的《税收改革法》设立，并于1990年之后大规模实施。该方案针对供给端进行税收抵免和补贴，条件是至少有20%的单元可为收入不高于都市区平均收入50%的住户所承受，或者有40%的单元可为收入等于或低于都市区平均收入60%的住户所承受，联邦政府根据该方案给予十年税收减免额度，开发商承诺在未来至少十五年内以政府规定的租金出租。

[2] 资料来源：美国住房部（HUD）。

[3] 马珺：《美国税法中的住房抵押贷款利息税前扣除：历史、现状与改革提议》，载于《经济研究参考》，2016年第58期，第3~17页。

第三，适度普惠型。主要特点是：实施比救济型更为广泛的住房保障政策，相当比例的居民可以以较低的成本从政府这里得到住房福利。德国是比较典型的适度普惠型。1949～1979年，德国政府建设了780万套公共福利性住宅，占同期新建住宅数的49%①。随着供求关系缓和，住房供给主体进一步多元化，《所得税法》扩大了自建房家庭所得税减免，《私人住房促进法案》通过低息贷款和房租补贴政策鼓励私人业主和开发商投资兴建社会福利住宅，形成多元化供给格局。德国的住房制度有几个特点：一是政府通过法律来严格管理市场，比如明确房东中止合同必须有正当理由并提前9个月通知房客；房租必须合理，三年内涨幅不能超过20%；房价每三年可调整一次，但调整不宜过高，超过50%则会受到政府干预。市场的力量并没有像自由主义模式国家那样得到无限释放。② 二是完备的税收体系和税收优惠政策，德国持有环节征税比例为市场价值或租金的0.98%～2.84%，流转环节税率3.5%～6.5%，为鼓励居民自建和购买，对居民自有的第一套住房免房产税，建房费最初8年内折旧40%可抵税③。三是以住房储蓄银行为特色的金融体系，购房者可与特定住房储蓄银行签订资金存贷合同，当储蓄达到一定时间和数额后，便有从住房储蓄银行获取固定的低利率住房抵押贷款的权利，在近4 000万套住房中，有约1 700万套是通过住房储蓄银行融资的④。四是形成多主体的面向中低收入家庭的充足供给和保障，8 200万人口，3 900多万家庭，约4 030万套住房，供需总体平衡，租房比例较高。当然，德国模式也面临因政府对私人住房市场的过多干预而影响效率的问题受到质疑。⑤新加坡则是普惠型，长期坚持以政府分配为主、市场出售为辅的原则，2016年，住在政府组屋人口比例达到82%，组屋的95%是购买型的（新加坡统计）。⑥ 但是新加坡模式不适合我国这样人口流动性极强的大国。

一直以来，我国住房保障采用少量深度救济型＋有限资助型模式，即对住房困难的本地户籍中低收入群体通过公共租赁住房和货币化补贴实施了深度的救济型保障，应保尽保；在一些城市，少量的新就业人员和外来务工人员获得公共租赁住房和货币化补贴，得到有限资助；部分居民获得公积金制度资助。但总体

---

① 向春玲：《165岁的德国住房保障制度》，载于《城市住宅》，2012年第3期，第30～33页。
② 陈怡芳、高峰、于江涛：《德国、瑞士低收入家庭住房保障考察报告》，载于《财政研究》，2012年第3期，第54～56页。
③ 高波等：《我国城市住房制度改革研究：变迁、绩效与创新》，经济科学出版社2017年版。
④ 刘中起：《德国住房政策对中国的借鉴——以德国为例》，载于《中国名城》，2014年第10期，第56～61页。
⑤ 黄燕芬、唐将伟：《福利体制理论视阈下德国住房保障政策研究》，载于《价格理论与实践》，2018年第3期，第16～21页。
⑥ 资料来源：https://www.singstat.gov.sg。

看，保障的面不宽、资助的面不广，根据住建部统计，2015 年底全国正在实物配租 9 892 767 户、货币化配租 3 170 934 户、实物配售 4 183 584 户，经济适用住房货币化补贴 109 429 户，约占全国城镇常住人口的 6.75%，[1] 低于荷兰（34.1%）、奥地利（26.2%）、丹麦（22.2%）、法国（18.7%）、英国（17.6%，不含大量销售型保障房）、芬兰（12.8%）[2]。2008 年日本自有住房 3 032 万套、租赁住房 1 777 万套；租赁住房中公营住房 209 万套（4.35%）、都市再生机构住房 92 万套（1.9%）、企业员工住房 140 万套（2.91%），即低成本租赁住房占比达到 9.16%。[3] 我国目前"少量深度救济型+有限资助型"保障模式越来越受到：高房价的挑战和迈向现代化国家新要求的挑战。通过第三、四章的分析可以得出，依靠现有的住房保障制度是难以实现与现代化国家相匹配的住房发展目标，因此，迫切需要扩大住房保障的面、扩大资助的范围，由小规模深度救济型保障+有限资助向适度普惠型保障转变，既可以通过提供出租型保障房、出售型保障房、改造安置住房、货币化补贴等直接保障方式，也可以提供低利率按揭贷款资助居民"居者有其屋"，实施大保障工程。

二、住房保障对象认定

所谓住房保障对象，是指住房没有达到最低居住标准且自己又无能力改变现状，或者是能达到最低居住标准但又影响其他方面正常生活质量，需要借助政府或社会力量改善住房条件和生活质量的家庭或个人。

（一）认定标准

认定标准之一：住房低于最低居住标准，也可称为住房绝对贫困。住房绝对贫困分为两种：一是住房质量符合要求，但居住过于拥挤型；二是住房空间达到标准面积以上，但住房质量没有达到现代生活的要求。包括：房屋结构不安全；设施不能满足生活要求，无集中供水、无厨卫；通风与采光没有达到基本要求；基本私密无保障；周边严重缺乏教育、医疗、公共交通等配套设施。住房相对贫困是指最低居住标准以上但又在平均线以下。消除住房绝对贫困、减少住房相对贫困是政府住房保障工作重要内容，前者主要通过直接给予实物型保障，后者主

---

[1] 城镇常住人口按每户 3 人计算。
[2] 经济合作与发展组织（OECD）可支付性住房数据 http://www.oecd.org/social/affordable-housing-database.htm。
[3] 倪虹：《国外住房发展报告》，中国建筑工业出版社 2014 年版，第 192 页。

要通过政策性支持来解决。

认定标准之二：住房负担能力不足。现在经常使用的住房支出收入比法来源于19世纪德国杰出的统计学家恩格尔（Ernst Engel）所做的关于家庭收入与各种生活消费品支出关系规律的调查研究工作。在19世纪末、20世纪初的交替时期，关于住房合理支出与家庭收入之间的关系曾被概括成简单的一条经验表达式——工薪家庭一周的工资支付一月的住房租金（one week's wage for one month's rent）而用于实际对家庭住房可负担能力的评价应用中。在20世纪50年代之前，加拿大以20%作为标准比率，50年代开始使用25%，但到了80年代又被30%所取代。[①] 1968年美国政府规定住房支出的标准比例为25%，1981年开始提高到30%。[②] 德国《住宅补贴法》规定，正常租金超过家庭收入的25%，居民实际交纳租金与可以承受租金之间的差额由政府负担。这种传统的用住房开支比家庭收入的做法，最大的问题是没有考虑适当的住房标准。[③] 合理住房负担能力应该是使中低收入家庭能够有足够的收入用以维持适当的住房，又不需要大量地牺牲其他生活必需品的合意消费，否则，就需要政府的保障。在美国，合意的非住房必需品消费主要依据两类标准：联邦贫困门槛线标准[④]和家庭预算标准[⑤]。

根据国家统计局公布的收入五等分家庭收支情况统计，把人均可支配收入减去非居住的现金支出，最低收入家庭最大只能承受收入的20%，较低收入户、中等偏下收入户约为30%用于住房开支，即在保持该阶层现有非居住消费水平条件下，承担住房消费的极限值分别是收入的20%和30%（如表5-8所示）。

表5-8　　2010~2012年我国城镇中低收入家庭的收支
与住房最大可承担能力　　　　　　　　　单位：元

项目	2008年			2010年			2012年		
	最低收入户	较低收入户	中等偏下收入户	最低收入户	较低收入户	中等偏下收入户	最低收入户	较低收入户	中等偏下收入户
人均年可支配收入（1）	4 753.59	7 363.28	10 195.56	5 948.11	9 285.25	12 702.08	8 215.09	12 488.62	16 761.43

---

① Bacher, W. C.. *Keeping to the Marketplace*: *The Evolution of Canadian Housing Policy*, Montreal, McGill-Queen's University Press, 1993.

② 刘琳：《我国城镇住房保障制度研究》，中国计划出版社2011年版，第9～10页。

③ 关于住房负担能力的定义与评价可详见：虞晓芬、任天舟、朱旭丰：《居民住房负担能力与房价合理性研究》，经济科学出版社2011年版。

④ Kutty, N K. *The House Poor - Are High Housing Costs Keeping Non - Poor Americans at Poverty Standards of Living?* Paper Presented at the ENHR 2002 Conference in Vienna, Austria, 2002.

⑤ Stone, M E. What Is Housing Affordability? The Case for the Residual Income Approach, *Housing Policy Debate*, 2006, 17 (1), 151-184.

续表

项目	2008年 最低收入户	2008年 较低收入户	2008年 中等偏下收入户	2010年 最低收入户	2010年 较低收入户	2010年 中等偏下收入户	2012年 最低收入户	2012年 较低收入户	2012年 中等偏下收入户
人均年现金消费支出（2）	4 532.88	6 195.32	7 993.67	5 471.84	7 360.17	9 649.21	7 301.37	9 610.41	12 280.83
其中：居住（3）	556.19	688.39	841.3	656.28	775.1	1 009.97	823.6	924.49	1 160.43
非居住的现金支出（2）-（3）	3 976.69	5 506.93	7 152.37	4 815.56	6 585.07	8 639.24	6 477.77	8 685.92	11 120.4
非居住的现金支出/人均可支配收入的比例（%）	83.66	74.79	70.15	80.96	70.92	68.01	78.85	69.55	66.35
最大可用于居住的比例（%）（保持该阶层的消费水平）	16.34	25.21	29.85	19.04	29.08	31.99	21.15	30.45	33.65

资料来源：《中国统计年鉴》，2009年版、2011年版、2013年版。

考虑到适度提高中低收入家庭非居住消费水平和兼顾同一阶层内不同收入家庭个体之间的差异，最低收入、较低收入户的住宅开支控制在收入的10%、中等偏下收入群体控制在收入的20%之内比较合理，由此，根据各地2017年6月份市场租金平均水平价格，若维持最低居住标准，公共租赁住房保障的收入线如表5-9所示，租金高、可支配收入相对低的地区，保障收入线水平相对越高。

表5-9 我国主要城市租金水平和公共租赁住房保障收入参考线[a]

城市	2017年6月租金平均水平（元/月/平方米）（1）	最低居住标准（典型家庭，3人，平方米）[a]（2）	保障最低居住标准，需要的家庭支配收入（年租金20%）[（3）=（1）×（2）×12/20%]	2017城镇居民人均可支配收入（元/年）（4）[c]	公共租赁住房保障收入线[（保障对象收入相当于平均收入的百分比，（5）=（3）/（4）×3）]
北京	75.09	55	247 797	62 406	130
上海	63.36	55	209 088	62 596	110
广州	43.86	60	157 896	55 400	100
天津[b]	29.54	60	106 344	40 339	90
南京	36.53	60	131 508	54 538	80
福州	31.24	60	112 464	40 973	90

续表

城市	2017年6月租金平均水平（元/月/平方米）(1)	最低居住标准（典型家庭，3人，平方米）a (2)	保障最低居住标准，需要的人均支配收入（年租金/20%）[(3) = (1)×(2)×12/20%]	2017城镇居民人均可支配收入（元/年）(4)c	公共租赁住房保障收入线[（保障对象收入相当于平均收入的百分比，(5) = (3)/(4)×3)]
杭州	44.32	60	159 552	56 276	100
武汉	28.41	60	102 276	43 405	80
石家庄	18.77	60	67 572	32 929	70
济南	24.64	60	88 704	46 642	65
郑州	27.42	60	98 712	36 050	90
合肥	21.26	60	76 536	37 972	70
成都	23.85	60	85 860	38 918	75
海口	28.31	60	101 916	33 320	100
南昌	20.72	60	74 592	37 675	70
长沙	24.32	60	87 552	46 946	65
昆明	23.3	60	83 880	39 788	70
兰州	26.91	60	96 876	32 331	100
重庆	22.85	60	82 260	32 193	85
太原	22.45	60	80 820	31 469	85
西安	22.92	60	82 512	38 536	70
南宁	24.58	60	88 488	33 217	90
哈尔滨	29.05	60	104 580	35 546	100
沈阳	20.63	60	74 268	41 359	60
呼和浩特	19.26	60	69 336	43 518	60
长春	22.08	60	79 488	33 168	80
乌鲁木齐	20.53	60	73 908	37 028	70
贵阳	21.01	60	75 636	32 186	80
西宁	19.56	60	70 416	30 043	80
银川	15.34	60	55 224	32 981	60

资料来源：房价数据来自中房协——中国房价行情网数据库，收入数据来自统计年鉴。a. 公共租赁住房保障收入线应用的前提是各地平均租金保持在2017年6月的水平。b. 天津按2016年城镇居民人均可支配收入，乘以2017年全市居民可支配收入增长率得到。c. 对第5列数据进行了取整处理。按3口之家进行计算。

同样地，根据各地 2017 年 6 月份市场二手住房平均水平价格，若维持最低居住标准，按 2018 年 6 月人民银行公布的 5 年期以上贷款基准利率 4.9%，假定购房者承担 30% 的首付比例，月还款额不超过标准型家庭收入（3 口之家）的 20%，贷款期限为 20 年，则出售型住房保障的收入线如表 5–10 所示，住房价格高、可支配收入相对低的地区，保障收入线水平相对越高。

表 5–10 我国主要城市二手房价格水平和出售型保障房收入线参考标准[a]

年份	2017 年可支配收入（元）(1)	2017 年 6 月二手房均价（元/平方米）(2)	最低居住标准（典型家庭，3 人，平方米）[a] (3)	月还款额（元）(4)[c]	销售型住房保障收入线(5)=(4)×12/0.2×3×(1)（保障对象收入相当于平均收入的百分比）
北京	62 406	66 428	55	13 573.2	400
上海	62 596	48 604	55	9 931.2	300
广州	55 400	28 033	60	6 248.7	200
天津[b]	40 339	27 272	60	6 079.1	300
南京	54 538	26 031	60	5 802.5	200
福州	40 973	24 450	60	5 450.0	270
杭州	56 276	23 840	60	5 314.1	190
武汉	43 405	16 747	60	3 733.0	170
石家庄	32 929	16 461	60	3 669.2	220
济南	46 642	16 405	60	3 656.3	160
郑州	36 050	14 492	60	3 230.3	180
合肥	37 972	14 465	60	3 224.3	170
成都	38 918	10 666	60	2 377.5	120
海口	33 320	10 312	60	2 298.6	140
南昌	37 675	10 062	60	2 242.9	120
长沙	46 946	9 467	60	2 110.2	90
昆明	39 788	9 411	60	2 097.8	100
兰州	32 331	9 399	60	2 095.1	130
重庆	32 193	9 290	60	2 070.8	130

续表

年份	2017年可支配收入（元）(1)	2017年6月二手房均价（元/平方米）(2)	最低居住标准（典型家庭,3人,平方米）a (3)	月还款额（元）(4)	销售型住房保障收入线(5) = (4) × 12/0.2 × 3 × (1)（保障对象收入相当于平均收入的百分比）
太原	31 469	8 811	60	1 964.0	125
西安	38 536	8 718	60	1 943.3	100
南宁	33 217	8 711	60	1 941.7	120
哈尔滨	35 546	8 069	60	1 798.6	100
沈阳	41 359	7 427	60	1 655.5	80
呼和浩特	43 518	7 009	60	1 562.3	80
长春	33 168	6 927	60	1 544.1	100
乌鲁木齐	37 028	6 867	60	1 530.7	85
贵阳	32 186	6 709	60	1 495.5	100
西宁	30 043	6 032	60	1 344.6	90
银川	32 981	5 035	60	1 122.3	70

资料来源：价格数据来源于中国房地产业协会主办的《中国房价行情》网数据库。a. 按2018年6月份贷款基准利率、首付30%、贷款期20年计算月还款；b. 天津按2016年城镇居民人均可支配收入，乘以2017年全市居民可支配收入增长得到。c. 对第5列数据进行了取整处理。

（二）分层次加快扩大保障面

鉴于上一节提出的住房发展目标和由"小规模深度救济型保障＋有限资助"向"适度普惠型保障"转变这一基本方向，各地应根据住房保障需求和地方财力，分层次、分步骤扩大住房保障对象。

第一层次：收入与资产在一定水平以下，在本地无房的本地户籍居民或未达到最低居住标准、处于住房贫困的本地户籍产权人，即住房处于贫困状态、收入与资产又处于"双低型"的本地户籍居民，应保尽保。

第二层次：收入与资产在一定水平以下，在市场上获得最低居住标准住房的消费支出超过合理的承受范围的常住人口，即把外来非户籍人口纳入住房保障，政府通过多种措施保障，让非本地户籍常住人口能以可承担的价格达到最低居住标准。

第三层次：收入与资产在一定水平以下，在市场上获得舒适住房引导标准的住房消费支出超过合理的承受范围的户籍居民和部分非户籍常住居民。即政府住房保障责任扩大到更大的范围，支持"夹心层"家庭达到舒适住房引导标准。

第四层次：城市中没有自有住房或者未达到最低居住标准住房的所有居民，不限收入与资产水平，只要未享受过政府住房保障优惠政策的公民，如果需要，都可以列入保障的范围。

在我国现行财政体制下，地方政府承担了住房保障的大部分支出，因此，第一步，地方政府的责任是解决长期生活和工作在本地，其中的绝大多数也将继续生活工作在本地的户籍居民住房问题，使得这些居民达到最低居住标准的住房条件，缩小住房消费两极化。住房保障工作推进以来，各地十分重视本地户籍住房困难家庭，基本应保尽保，但需要引起注意的是：一些地方住房保障的标准偏低，如人均住房面积12平方米以下的才列入保障，应该适度提高保障标准，达到按照最低住房标准进行保障的水平；一些本地户籍住房困难家庭随着子女进入婚育年龄，贫困的代际传导又产生新的住房保障需求，应该给予充分的保障。第二步，解决外来人口的住房困难，使得这些群体也能达到最低居住标准，享受较为体面的生活，加快推进城镇化。对解决这些外来人口的安居问题，中央政府十分重视，多次要求把它纳入保障对象。理论界存在一定的争议：这些外来人口中相当部分是农村居民，他们在农村已经得到了宅基地的保障，如果在城市再得到保障，存在重复保障的问题，认为政府的财力和土地资源难以承受；实践中，人口净流入地区的政府也缺乏积极性的，各地呈现抢人才、要低价劳动力，但又不想把低学历的人口留在本地的状况，有些地方政府甚至担心住房保障搞得越好，低层次人口集聚越多。但是，理论界忽略了我国农村宅基地至今不能流动，在一定程度上削弱了农村居民的财产权，削弱了农村居民在城镇安家落户的能力。而地方政府忽略了几个基本事实：一是保障每个公民住有所居、住有安居是其基本的人权；城镇化归根到底是人的城镇化，安全感是城镇化的灵魂，而在城镇拥有属于自己的住房是产生安全感的根源；二是这些人在城镇工作，实质是以各种方式为这个城镇的发展做出贡献，地方政府理应通过多种途径解决他们的安居；三是这些群体在经济发达的地方（如北京、上海、广东等）工作和生活，创造着比在户籍所在地——欠发达地区更高的劳动生产率，从全国角度，有利于跨越中等收入陷阱，有利于保持经济持续发展，需要地方政府有大局观念，当然，中央政府应建立一定的补偿机制，以常住人口为基数划拨住房保障经费。第三步，支持本地户籍居民和一部分非户籍居民住房条件达到舒适住房引导标准，通过提供优惠的购房贷款利率、可承受的住房价格等，帮助他们实现对"更舒适条件"的期盼。严格地说政府的责任是保障居民的基本居住条件——达到最低居住标准，而达到舒适住房引导标准更多的是依靠居民自身的努力，但考虑到我国城市高房价的现实（详见第三章）、建设现代化国家总体安排和人民群众对美好生活的向往，需要政府提供更多政策性的支持，帮助居民更容易地、更快地实现"住房梦"。第四步，进入高级状态，支持所有在城市里没有一套自有住房或者未达到最低居住标准住房的居民购房置业，真正实现"居者有其屋"，即学习新加坡的做法。在现阶段，由于尖锐的人地矛盾、大规模的流动人口和政府财力受限，我国还难以做到新加坡政府的保障水平，但是，预计2035～2050年，随着我国经济的进一步发展、城镇化率处于稳定期、住房供求关系的全面缓和，有条件、有理由让全体人民共同享有富裕、体面的居住条件，实现共同富裕。

（三）住房保障对象范围与对商品住房市场的影响

许多人担心住房保障对商品住房市场产生负向的影响，这里我们根据不同的情况分析政府向住房保障对象提供公共租赁住房和销售型保障住房，对商品住房市场的影响。[①]

情景一：如果住房保障对象仅局限于无能力进入商品住房市场的消费群体，住房保障只是改善那些本来就不属于商品住房市场的群体需求，因此，不会替代商品住房市场，商品住房市场的总需求不变。供给又分两种情况：第一种情况，如果保障住房的供给不显著减少商品住宅用地、进而不显著减少商品住宅的供给，住房保障对商品住宅市场的影响十分有限，其市场价格不会有显著变化。第二种情况，由于城市土地用途之间的竞争性，一种土地供应增加可能会减少其他用途的土地供应，假如因为扩大保障性住房用地供应，相对地显著减少了商品住房用地供给（商品住宅供给也相应减少），则保障房供给增加反而可能会导致商品住房市场价格上涨，商品住房市场价格均衡点从图 5-1 中的 E_1 上升到 E_2。

[①] 政府提供货币化补贴毫无疑问地将刺激商品住房市场的需求，因此不在此做分析。

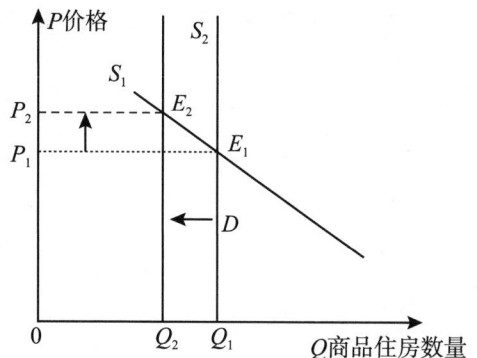

分配仅限于无能力进入商品房市场人群,且减少了商品住房供地,增加保障房供应引起商品住房价格上升。

图 5-1　保障房增加引起商品住房价格上升的状况

情景二:如果保障性住房分配不局限于无能力进入商品住房市场的消费群体,则保障房的供应会替代原来已进入或准备进入商品住房市场的需求,通常会引起商品住房市场需求减少。在这种情况下,如果不减少商品住房用地的供应,其市场效应是商品住房市场价格会下降,图 5-2 中商品住房价格从 E_0 下降至 E_1。从这个意义上看,扩大保障房供应会起到抑制商品住房市场价格上涨甚至打压商品住房市场价格的作用。

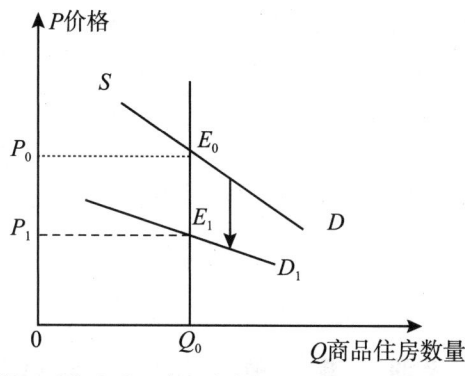

分配不限于无能力进入商品房市场的人群,且不减少商品住房供地,增加保障房供应引起商品住房价格下降。

图 5-2　保障房增加引起商品住房价格下降的状况

假如因为扩大保障性住房用地供应,相对地显著减少了商品住房用地供给,进而相应减少商品住宅供给,则保障性住房供给的增加:一方面会由于分流商品住房市场需求而使房价下降,另一方面又会因为减少商品住房市场供给而使房价上升,其对商品住房市场的影响是不确定的,取决于来自这两方面的力量哪一个更大些。如分流需求的效应为主，则市场的净效应是导致商品房价格下降，只是下降幅度低于图 5-2，如图 5-3 中的从 E_0 到 E_2。

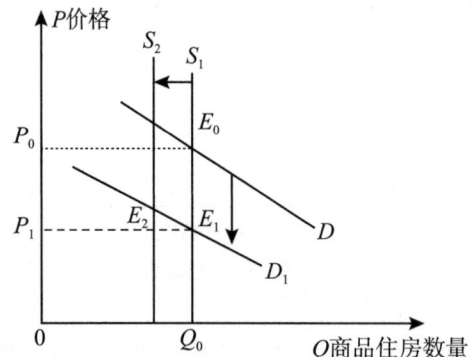

分配不限于无能力进入商品房市场的人群，且小幅度减少商品住房供地，增加保障房供应引起商品住房价格下降。

图 5-3 保障房增加引起商品住房价格小幅下降的状况

因此，政府需明确增加保障性住房与商品住房市场的关系，如果政策的目标是：既要繁荣商品住房市场又要解决中低收入群体住房困难，则要把住房保障对象严格限定在无力通过商品住房市场解决住房问题的群体上，扩大保障性住房供应，同时适当控制好商品住房市场的供给量。如果政策的目标是：稳定商品住房市场又解决中低收入群体住房困难，政府可采取扩大保障性住房供应，确保受益人群是那些无力通过市场实现住房需求的低收入人群，同时又保证不减少商品住房（用地）供应，这种情况下可以起到抑制商品房市场价格上升，稳定商品住房成交量的良好市场效果。如果政策的目标是：适度降低商品住房价格，又解决中低收入群体住房困难，地方政府可采取放宽保障准入条件，同时又要保证较充足的商品住房用地供给。

第三节 构建"租、售、改、补"并举的供给体系

从基于满足保障对象的多元化需求、政府财力的可负担性等角度出发，从全国层面看，应建立"租、售、改、补"四位一体的供给体系，形成合理衔接的"分层""多元化"的住房保障体系。不同城市从方式上可以有所侧重。

一、"租、售、改、补"保障供给体系内涵

"租、售、改、补"是指由出租型保障房、出售型保障房、棚户区改造、货币化补贴构成的"四位一体"供给体系，当前结合我国实际，就是由"公共租赁住房、共有产权住房、货币化补贴、棚户区安置房"组成。

（一）出租型保障房

指政府通过直接建设，或配建，或向社会收储房源，或者是企业享受优惠政策等，以低廉或优惠的租金向保障对象提供限定标准的普通住房。早期，我国出租型保障房分廉租房和公租房两类，从2014年起，各地公共租赁住房和廉租住房并轨运行，并轨后统称为公共租赁住房。

（二）出售型保障房

指政府通过直接建设，或配建，或向社会收购房源，或者是企业享受优惠政策，然后以优惠价格向中低收入者出售的限定建设标准的普通住房。共有产权住房是对经济适用住房的改进，是相对合理的出售型保障方式。

（三）棚户区改造

指通过拆迁或就地综合治理对城市建成区范围内使用年限久，房屋质量差，人均建筑面积小，基础设施配套不齐全，交通不便利，治安和消防隐患大，环境卫生脏、乱、差的区域，或者危旧房进行改造，是消灭住房绝对贫困的最有效手段。

（四）货币化补贴

指政府向城镇部分中低收入住房困难家庭发放直接的购房补贴、租房补贴或货币化安置，提高其住房支付能力，使其通过市场上购买或租赁商品住房来解决住房问题，具体形式包括租赁补贴、购房补贴、安置补贴等。

上述这四种方式囊括了国际上解决中低收入家庭住房困难的各种方式，可构建起切合不同需求的、合理衔接的"分层""多元化"的住房保障供给体系，有助于"低端有保障，中端有支持，高端有市场"差异化住房政策体系形成。

二、公共租赁住房必要性与定位

(一) 提供出租型保障房——公共租赁住房的必要性

发展公共租赁住房是我国现阶段住房制度改革和住房保障发展的重要支撑之一,主要原因有四个方面:第一,符合阶段性住房困难的需求特征。公共租赁住房的供应主要对象是低收入群众或阶段性住房消费能力不足的新市民,前者是无能力购房或在市场上租房;后者对居住场所的选择有较强的流动性且承受能力弱,因而低租金的公共租赁住房更符合其住房要求。在人口流动呈常态化的现代社会,租赁住房有其存在的合理性。以杭州市区为例,2018年6月统计,租房居住半年以上的人口达395万人,占常住人口的47.9%,[①] 对低成本、租赁关系稳定的住房需求大。第二,可重复使用,受益人群广,是保障"人人有房住"的重要途径。第三,增加低于市场租金的房源供给,直接干预租赁市场,既有助于平稳租赁市场,又有利于弥补租赁市场发展滞后的问题。第四,从世界各国的住房保障经验来看,公共租赁住房是各国公共住房政策的重要组成部分,能有效解决住房制度面临的阶段性困境。2017年韩国租赁住房占43.2%,公共住房在整个租赁市场占15.05%;[②] 中国香港公营租房成功解决了30.66%中低收入居民的住房困难。[③]

因此,政府提供一定规模的公共租赁住房是非常有必要的,但由于出租型保障房也存在着明显的不足之处:投入资金大、投资期长,面临大量资金沉淀的风险,此外,物业管理、退出管理、租金收取等后期任务繁重,运营成本高。因此,如果规模过大,会带来极大的财政压力、社会管理压力,也会给市场带来一定的冲击。当然,如果把公共租赁住房作为唯一的保障供应方式,一律采取只租不售的方式也是极其片面的,因为它难以从根本上解决政府面临的中低收入家庭住房问题。

(二) 公共租赁住房定位及面向对象

公共租赁住房的定位:面向城市最低收入群体和存在阶段性住房困难的群体。具体地说,一是买不起出售型保障房、通过市场租房消费开支已超出正常负

---

① 资料来源:杭州市流动人口管理办公室。
② 韩国统计厅:《人口及住房普查》,http://kosis.kr/stat.html。
③ 香港特别行政区政府统计处:《香港统计年刊》2017年版,第8节房屋及物业。

担能力的本地户籍最低收入群体，主要是原来的廉租住房对象和少量的中低收入家庭。二是面向存在阶段性住房困难的群体，即买不起商品住房、通过市场租房消费开支已超出正常负担能力的群体，如新就业大学生、部分外来务工人员。至于各城市在实践中如何确定保障家庭的收入线、资产水平、户口现状、婚姻状况，形成具有操作性的规则程序，具体由各城市根据现实状况把控。

（三）公共租赁住房的供应方式

公共租赁住房的供应方式可以有：一是政府投资并直接管理，以香港、重庆为代表；二是政府提供政策支持，引导社会组织、企业投资经营公共租赁住房，并以政府规定的租金价格向保障对象提供，如上海通过专业机构采用市场机制运营公共租赁住房。采用政府投资并直接管理，在我国特有的体制下，见效快、好掌控，但可能的问题是质量低、做事官僚、管理成本高；若委托企业投资经营，可能谈判的成本也高，有些项目会出现政府不愿意看到的偏差，但投入产出的效率高。一般在保障初期，保障需求大，通常采用政府投资并直接管理的模式；随着供求缓和以及政府积累了相关经验，逐渐转移给企业，由社会力量来经营管理。公共租赁住房的建设模式又有独立选址集中建设、配建、存量利用等三种方式，各种模式相互补充相互促进。

集中建设模式，指由政府相关部门直接负责在城市选择合适的地块规划，集中新建供应公共租赁住房。其优点是可以较快速度、较大规模增加公共租赁住房供应，便于房源掌握、质量标准和租金标准的控制。但它最大的问题是政府的投入大，难以长期持续；大量低收入家庭的集中居住也可能产生一些社会问题；建设选址困难，租房者相对缺少区位选择机会。政府集中建设的供应模式适用于住房供应比较短缺，迫切需要增加租赁型住房的供给，同时政府要具备监管能力。这种模式是世界各国在解决住房保障问题初期常用的方法。

住宅项目配建模式，是指通过土地规划指标和项目立项审批控制，在新开工建设的各类住宅项目中，有计划地配建一定比例的公共租赁住房。相对于集中建设方式，在住宅开发项目中配建公共租赁住房可以避免集中建设所带来的一次性投资大、住房布局集中、居民层次单一等问题，有利于形成持续性房源供应机制。配建房源最终或通过政府回购的方式或开发商无偿移交给政府的方式进入配租系统。对于地方政府而言，采用配建方式，省钱省心省力。但对开发商而言，这种模式会影响开发商竞拍土地的积极性，主要是建成后不同收入的居民对物业管理的要求和价格承受能力不一样，进而降低楼盘档次。可采取布局相对独立，以幢为单位进行建设。

存量住房利用模式之一是政府出资收购市场上现存的住房，这种模式本质上与新增建设模式并没有多大区别。另一种由公共租赁住房经营管理机构以长期合同的形式统一承租居民住房并配租给保障对象，优点是公共租赁住房分散在一般的住宅小区，有成熟的配套设施，住房的多样性和分散性好；以政府信誉确保规范运营、合理维护，既可使房主收取稳定的租金，又能减轻政府大规模建设的压力；而且把中低收入群体分散到各小区，可减少社会问题，适合于存量房源充足的城市。

三、共有产权住房必要性与定位[①]

一直以来，学者对政府提供出售型保障房有争议，争议点集中在：有没有必要给保障对象提供出售型保障房？如果有必要，以什么方式来提供出售型保障房更为合理？我们认为提供出售型保障房有绝对的必要性，共有产权住房是目前相对合理的选择。

（一）提供出售型保障房的必要性

第一，中等收入及以下群体住房消费压力大。近年来随着房价的跳跃式上升，中等收入、中等偏下收入群体通过市场解决住房问题的难度越来越大，向这些被市场排斥在外的、有一定购房能力的夹心阶层提供价格优惠的出售型保障房，有利于化解民众焦虑情绪、化解社会矛盾。以杭州市区为例，2018 年 1~8 月二手房签约均价为 24 630 元/平方米，购买一套 90 平方米的二手房，需 222 万元，而 2017 年市区 504.5 万人就业职工中，税后年收入低于 5 万元的占 65.5%，5 万~10 万元的占 20.0%。[②] 即使对一个夫妻双方均能达到税后收入 10 万元的中产家庭，其房价收入比在 11 倍以上。房价越高，被市场排斥在外的家庭越多，就越需要保障。

第二，让居民拥有自有住房，具有特殊的意义。"民之为道也，有恒产者有恒心，无恒产者无恒心"。我国人民偏好拥有住房，有着深刻的历史和社会文化背景。从各国经验来看，大量的研究表明拥有住房所有权，可以提高居民对社会的满意度、增强居民社会安全感、归属感，有利于子女教育、鼓励创造未来的价值取向、增强承担经济风险的能力，从长期看，贫困家庭可以借由积累的资产衍生更多的所得收入，进而增进后代的福利。本课题组在 2017 年 5 月对杭州主城

[①] 可详见课题组成果。虞晓芬、金细簪、陈多长：《共有产权住房的理论与实践》，经济科学出版社 2015 年版。

[②] 杭州政府部门相关统计。

区 650 位入住公共租赁住房的对象进行问卷调研，表示对目前居住状况很满意的仅占 2.62%，比较满意的仅占 19.69%，在不满意因素中排第 1 位的是"不是属于自己的房子"，有 80.77% 的被调查者认为"应该拥有自己产权的住房"，其中排第 1 位的理由是"有套自己产权的住房才有归属感和安全感"。84.31% 的被调查者认为"在杭州拥有一套自己的住房已经成为生活中最大的压力"；92.15% 的认为"拥有自己产权住房的年轻人，在择偶上占明显优势"，82.46% 的认为"是否在杭州买得了房，是决定日后留在杭州的最重要因素"，68.92% 的认为"住房压力已经影响对生活和工作的热忱"，只有 21.69% 的被调查者表示可以接受"永不买房，租房居住到老"。如果政府推出共有产权住房，47.85% 的表示"肯定购买"，45.38% 的表示"不一定，视价格情况"，只有 6.77% 的表示"不会购买"，这些都反映出住房消费压力和对住房产权的强烈诉求。

第三，给予居民住房资产保障，符合社会主义共同富裕理论。让更多的家庭拥有"财产性收入"不仅是壮大中产阶级队伍、缩小贫富差距的客观要求，对改善创业环境、提高城市竞争力、保持社会稳定都具有重要意义。从长期看，中国的住房仍是保值增值最好的产品之一，因此，不仅不能剥夺中低收入家庭拥有住房资产的机会，反而应该给他们创造拥有住房资产的机会，让广大群众包括大量的中低收入家庭分享经济发展带来的红利，这是社会主义共同富裕理论的具体实践与要求，也是对政府投资巨大的公共租赁住房难以解决的社会与经济问题的弥补。

第四，发达国家和地区重视给居民出售型住房保障。美国通过购房按揭利息抵扣个人所得税鼓励居民拥有自有产权的住房，每年支出金额超过公共租赁住房和货币化补贴；俄罗斯政府推出青年住房保障制度，对于没有孩子的青年家庭，购房补助额不得少于根据制度需求（42 平方米）确定的住房平均价值的 35%；有 1 个或更多孩子的家庭，购房补助额不得少于根据人均 18 平方米确定的住房平均价值的 40%；[1] 我国香港特区有"公共租屋"和"资助自置居所"两类，资助自置居所占住房存量的 15.25%。[2] 英国推出"公房购买资助方案""新建住房购买资助方案"等，使得英国住房自有化率从 1971 年的 51.88% 提高到 1991 年的 68.11%。[3]

第五，政府压力较轻。与公共租赁住房建设投资大、管理任务重相比，出售型保障房在减轻政府负担方面具有明显的优势，对于政府而言，可以回笼建设资

---

[1] 余劲、李凯：《俄罗斯的青年家庭住房保障制度》，载于《城市问题》，2010 年第 3 期，第 81~86 页。
[2] 香港特别行政区政府统计处：《香港统计年刊 - 第 8 节房屋及物业》，2017 年。
[3] 资料来源：英国社区及地方政府部，Ministry of Housing, Communities & Local Government, https://www.gov.uk/government/statistical-data-sets/stock-profile。

金投入甚至还有部分盈利，住户出于资产保值增值需要，通常会爱护社区、爱护物业，因此，政府管理压力小。

总之，我国经济经过40年的发展，城镇居民住房保障应该由生存保障转向发展保障，向中低收入家庭提供一定的产权住房保障是必要的、必须的。

（二）以共有产权住房统领出售型保障住房

共有产权住房，是指政府提供政策支持，由建设单位开发建设，限定建设标准、供应对象和销售价格，并限定使用和处分权利，实行政府与购房人按份共有产权的政策性住房。购房者在无力购买一套完整商品住房情况下，仅购买部分所有权（如30%、50%或70%的产权份额），以与政府共同拥有住房所有权的形式实现"居者有其屋"目标的住房供应形式，若将来购房者的收入条件改善，既可以按照合同约定的价格购买政府产权部分而获得房屋的全部产权，也可以个人退出。以共有产权住房替代经济适用住房并统筹各类出售型保障房（如限价商品房、自住型商品房）更合理。其主要理由是：

第一，产权清晰。共有产权住房是按照个人实际出资、政府实际给予的优惠金额占取相应的产权比例，体现了"谁投资、谁收益、谁承担风险"的思想，既没有造成国有资产的流失，又解决了居民住房问题，体现了公平与效率的兼顾。

第二，压缩了寻租空间。经济适用房存在的大量寻租现象是促使政府停止开发的重要原因，它因为以远低于市场的价格购买，退出时按增值收益与政府分成，这种无风险的退出机制设计对购房需求者具有极大的吸引力。近年来公共租赁住房也暴露出通过户口造假、伪造收入证明等骗租，租赁期到后不肯退出等问题。而共有产权住房按照"谁投资、谁收益"原则，建立起"收益与风险共担"的机制，压缩了寻租空间。表5-11就经济适用房与共有产权住房的收益与风险做了对比发现，如果房价不变或房价上涨，采用共有产权方式，个人的获益明显低于经济适用房方式；若房价下降，采用共有产权方式，个人需承担亏损，而经济适用房购买者仍有一定的净收益。因此，采用共有产权方式再配合居民家庭收入与财产审核将减少寻租性的购房需求，可真正用于需要稳定居所的居民。

表5-11　共有产权住房与经济适用住房收益分配与风险承担机制对比

指标	经济适用房收益分配机制	共有产权住房收益分配与风险承担机制
购买时周边商品房价格	100万元	100万元

续表

指标	经济适用房收益分配机制	共有产权住房收益分配与风险承担机制
消费者购入价格	30 万元	30 万元
初始登记时的产权比例	有限产权,规定上市时产权人应按届时同地段普通商品住房与经济适用住房差价的 70% 缴纳土地收益等价款	共有产权,个人占 30%,政府占 70%
五年后若周边的商品房价格保持不变,房价 100 万元	上市交易: 个人获得:51 万元(净收益 21 万元) 政府获得:49 万元	上市交易: 个人获得:30 万元 政府获得:70 万元
五年后若周边的商品房价格上涨 30%,房价 130 万元	上市交易: 个人获得:60 万元(净收益 30 万元) 政府获得:70 万元	上市交易: 个人获得:39 万元(净收益 9 万元) 政府获得:91 万元
五年后若周边的商品房价格下降 30%,房价 70 万元	上市交易: 个人获得:42 万元(净收益 12 万元) 政府获得:28 万元	上市交易: 个人获得:21 万元(亏损 9 万元) 政府获得:49 万元

第三,丰富住房供给。共有产权住房不仅有效地满足居民对住房产权的需求,而且在 0 私人产权的公共租赁住房和 100% 私人产权的商品住房之间提供了一种过渡型产品,实现了保障性住房与商品房之间的转换,构建起可过渡性、动态性和多层次可持续转换的,具有合理衔接的新的住房供给体系(如图 5-4 所示)。

第四,共有产权住房退出机制简便易行,合理、合法。共有产权住房应参照个人投资与政府投资确定产权比例,退出时按照产权份额购买或分成,权属关系清晰,合情、合法、合理。既不会产生政府与民争利,也不会让部分寻租者获得不正常的收益。既不会让购房人投资吃亏,也不会因为购房人弄虚作假而相对于其他纳税人造成国有资产过度流失。而且实现政府投入的资源循环利用,提高社会住房保障资源的利用效率。

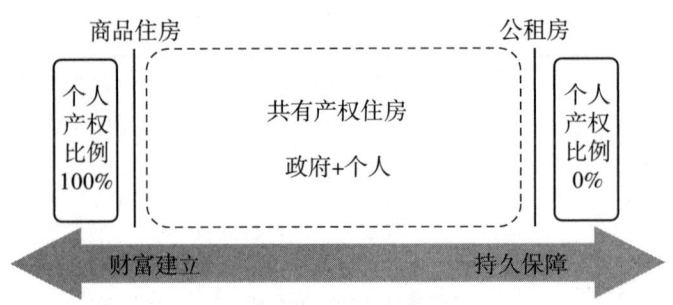

图 5-4 共有产权住房在住房供给体系中的地位

第五,从试点城市情况看,效果较好。上海是推行共有产权住房规模最大的城市,"十二五"期间已完成共有产权住房 11.7 万套,"十三五"期间共有产权住房仍是重要的保障方式。从 2009 年以来的实施情况看,效果较好:满足了居民拥有自有住房的诉求,填补了商品房市场中低价位住房供给空缺,赋予了居民享受资产保值与增值的机会,克服了原经济适用住房制度存在的缺点——财富寻租效应,有效地疏散了市中心人口,带动了周边发展。本课题组追踪了上海闵行区某退休居民,一家人一直居住在一间 30 多平方米老房子里,相当拥挤,儿子将要结婚成家,2015 年底下决心筹措资金,以每平方米 8 800 元的单价购买了建筑面积为 72 平方米的浦江瑞和城共有产权经济房,个人拥有产权 70%,购房时周边商品房价格已接近 14 000 元/平方米,到 2018 年 7 月已上升到了 30 000 元/平方米以上,如果当时没有共有产权住房的供给,就失去了资产增值的机会,也不可能有两代人居住条件的改善,现在父母要求儿子努力工作,争取五年内把政府产权部分买下来。本课题组追踪的另一样本——江苏淮安市福星花园某家庭,一家 3 人,女儿患有唐氏综合征,夫妻 2008 年双双下岗后,靠每个月低保收入和做家政服务赚钱维持生活,没有稳定的收入,也难以获得银行按揭贷款。2008 年 4 月花费 6.6 万元,购买了一套 59.09 平方米的保障房,与政府形成 5:5 的共有产权。2013 年按当地"五年内可以原价回购政府产权"的政策,又出资 6.6 万元,拥有了完整的产权,此时该套住房的市场价值达到 24 万元。到 2018 年 7 月,此套住宅的市场价值已超 45 万元,如果没有共有产权住房,这样的家庭不可能拥有一套属于自己的住房,也不可能分享到资产增值 3.4 倍的机会。

(三) 共有产权住房定位及面向对象

共有产权住房是产权型保障房,产权型住房保障缺陷之一就是容易形成居住固化,影响就业的流动,所以,共有产权住房更适合在一个城市已经稳定下来的人群,所以共有产权住房的保障对象应该是:居住稳定的本地户籍的住房困难中低收入家庭,以及稳定居住、就业达一定年限以上的中低收入非户籍人群。各城市可根据当地住房价格水平和具体的住房需求设置相应的收入和资产准入门槛。

(四) 共有产权住房的供给方式

共有产权住房供给方式主要有两种:第一种是以"限房价、竞地价"或"综合招标"出让方式,遵循竞争、择优、公平的原则优选建设单位,并实行建设标准和工程质量承诺制,以略低于同地段、同品质普通商品住房价格为完全产权销售价格,项目实际销售基准价格占完全产权销售价格之比为购房人产权份额,项目实际销售基准价格以项目开发建设成本和适当利润为基础,并考虑家庭购房承受能力等因素综合确定。第二种是政府在行政划拨的土地上建设,以略低于周边同品质商品住房的价格确定完全产权价格,综合考虑居民购买能力,确定个人产权可购买的比例和所需的金额,政府则以隐性的土地投入、规费优惠等作为政府出资额。政府产权份额,均由当地国有代持机构持有。这二种方式的区别是:土地性质不同,前者直接为出让性质,后者为行政划拨;开发方式不同,前者委托市场,政府无资金投入压力,后者由国有企业承担;销售方式不同,前者是开发商以政府确定的价格向特定保障对象销售,但政府又在开发商向保障对象销售的商品住房中持有一定的产权,其背后产权的法律关系更为复杂,后者则直接由国有代持机构向保障对象销售,产权关系简单。

(五) 加快推广共有产权住房的若干建议

第一,尽快出台"共有产权住房实施意见",从国家层面鼓励从"以租为主"转向"租售并举",在政策上对共有产权住房的开发、销售对象、产权管理、上市等做出指导性规范。条件成熟时,出台"共有产权住房管理办法"。

第二,在公共租赁住房建设量大、入住率低的地区,要加快将一部分公共租赁房转化为共有产权住房,既提高保障性住房的利用效率、盘活存量资产,又满足部分居民拥有住房产权的需求。房价收入比偏高、"夹心"群体占比高的城市,要加大共有产权住房供给。

第三,有选择性地实施实物配售型和货币化两种形式。在供不应求的市场,政府直接或委托建设共有产权住房,然后销售给保障对象;在供大于求的市场,政府直接发放货币购房补贴,按政府补贴金额占商品住房成交额的比例确定与个人产权比例关系,形成共有产权。

第四,共有产权住房制度设计应发挥以下几个方面优势:一是最大限度地解决"夹心层"购房困难,保证部分保障对象能以相对较低且符合自身支付能力的价格购买部分住房产权,既解决基本住房问题,又满足对产权住房的需求。二是形成对购房人的扶持和制约机制，购房人按本人出资份额享受房屋增值收益，积累经济能力，为将来退出住房保障、进入市场改善住房创造条件，形成住房保障体系与房地产市场体系的有机衔接；同时又要压缩保障对象的获利空间，减少寻租的动力。三是维持政府对保障性住房投入资源的高效率循环利用。保证政府的各种投入转化为政府持有的产权份额，避免了国有资产的无序流失，将来房源上市转让时分享的相应收益可循环用于住房保障，减轻了财政负担，保证住房保障工作的可持续发展。四是通过共有产权建立适合多层次可转换的住房保障体系，构建合理的、可衔接的、分层清晰的"租售并举"的新住房体系。一方面，保障性住房体系内部建立了"租—售"转换体系，更精准地保障；另一方面，通过共有产权，衔接了公租房（个人产权为零）和商品房市场（个人产权为百分之百），实现保障性住房与商品房之间的转换，构建了合理可衔接的新住房体系。

四、棚户区改造工程必要性与面向对象

（一）棚户区改造必要性

尽管我国经过大规模棚户区改造，已经消灭了相当数量或质量处于贫困状态的住房，但是，根据 2015 年 1% 人口调查数据推测，全国城镇约有 2 134 万户家庭住房处于数量贫困状态，仅按合用抽水或其他样式马桶或无独立厕所占比推算，全国至少有 3 854 万户处于质量贫困。2015 年上海市仍有 9 万居民还在"拎马桶"，这些老房屋普遍建筑面积小、标准低、居住人口密度大，区域内没有排水、供气设施，卫生条件差，与现代生活不相适应。居住在棚户区内的居民大多数是中低收入家庭，他们中大多数无力通过自身的力量去改善居住条件，只能通过政府有计划地实施改造工程，通过重新规划、土地重整、设施新建，或者综合整治去改变这种现状。

（二）棚户区改造工程面向对象

棚户区改造是重要的民生工程和发展工程，对改善居民居住条件、完善城市基础设施、统筹城乡发展、全面提升城市品质、拉动地方经济发展等都有十分重要的意义。其改造范围主要包括城市规划区范围内的棚户区、危旧房和城中村等。其中成片棚户区，适合拆除新建方式，可以解决居住在成片棚户区内的住房困难的中低收入家庭住房问题。城市中零星分布的，则要通过详细的调查，采用"一个项目一策"的方法，有针对性地解决中低收入家庭住房困难问题。

(三) 棚户区改造方式

棚户区改造方式主要包括：(1) 拆除新建。对不符合规划用地性质或群众改造要求迫切的棚户区房屋予以征收拆除。这一方式的优点是实现"一张白纸上画最美的图画"，有利于提高土地整体利用效率，提升区域形象，从根本上改善居民的居住环境。但是，这种方式投资大、拆迁难、时间长，往往需要大工程、大项目的带动，才能提升项目资金的平衡能力，加快项目的推进，且拆除新建方式，对城市文化是一种破坏。(2) 综合整治。对因规划限制、资金筹措平衡等原因，近期难以征收拆除的棚户区房屋，以改善居民的居住条件和生活环境为重点，结合现状实施综合整治（包括房屋维修养护、配套设施完善及环境综合整治等）。即通过修复小区路面、增设停车位和休闲设施、铺设燃气管网、疏通排水管网、整治小区绿化，以及住宅扩面、增加独立厨卫设施等，标本兼治，在不拆不搬迁的情况下，改善居民生活环境，提升城市整体形象。这种方式的优点是：可以保留城市的文化；不影响居民生活，满足居民原地居住的需要；投入资金相对少。但是，需要"一房一改造方案"，投入的精力大；若房子结构欠缺或周边空间有限，难以比较好地改善居住环境。[①] 这两种方式会产生不同的效应，各地应该结合地块的实际情况并充分尊重群众意愿和地域文化，选择合适的方式。通常对有文化保护价值且有改造空间的，更多地采用就地改造的方式；对没有保护价值且密度大、改建难的、群众愿意拆迁的成片棚户区，应采用拆除重建。

(四) 完善棚户区改造建议

棚户区改造涉及面广，迫切需要政府的大力推动并讲究方式方法：一是明确城镇要以基本消灭设施不全、质量不合格住房为目标，不把住房绝对贫困带入第十四个五年规划。二是各地政府要改变棚户区改造项目资金自求平衡的习惯做法，把其上升到作为民生保障、人权保障重要内容的高度进行认识，统筹资金使用，加大加快对成片棚户区、危旧房的改造。三是棚户区改造项目要因地制宜，在充分尊重群众意愿基础上，对有文化保护价值且居民原地居住愿望强烈的采用原地改造方式，对没有保护价值且密度大、改建难的采用重建，异地安置或就地安置。四是注重改造过程的公平，本课题组对宜昌、长沙、杭州棚户区改造居民满意度调查，得分最低的均为改造过程，包括补偿政策公平性、拆迁补偿标准、安置房建设进度等内容，受访者反映在整个拆迁过程中出现政策不公开、不透

---

① 相关成果见：虞晓芬、张利花、范建双：《危旧房改造增值评估——实物期权方法》，载于《管理评论》，2015 年第 10 期，第 54~59 页。

明，拆迁工作没有做到公平、公正、公开，拆迁工作人员的工作态度差等问题。要落实公共参与机制，大力推进"阳光征收"信息公开系统。五是充分调动政府、社会、个人三方力量，形成改造的合力。

五、货币化补贴必要性与定位

（一）货币化补贴必要性

对于实物型保障模式统称为供给方政策，是对市场进行直接干预，从经济学角度看，必然导致一定程度的消费者剩余损失，换句话说，降低了资源配置效率。从被保障者角度看，供给方政策没有赋予被保障家庭足够的选择权，只是被动地接受，而且这种被动接受往往滞后于实际需求，因为住房供应需要时间来实现。供给方政策在西方国家的实践中已经产生许多社会问题，导致低收入家庭集聚、社会隔离、青少年成长受到影响等，因此，在经历了一段政府出资建设住房保障的时期后，大多数发达国家开始辅以政府发放货币补贴的保障方式。

从各国实践来看，基于市场住房充足供应的条件和政府有效引导，推出货币补贴制度符合市场化的发展趋势和价值取向。对政府来说货币化补贴方式的好处是：容易建立退出机制；相同数额的保障资金可以惠及更多的人群；中低收入群体分散在住房市场的各个角落，不容易引起群体性事件，社会管理的压力小；充分利用了市场资源、提高了整个社会资源利用效率。对保障对象来说，其主要优点是：可灵活地根据自己的需要综合选择住房，比实物性保障房具有更好的适宜性。对房地产市场而言，增加了市场的需求量，尤其是在供大于求的市场，货币补贴则更有利于盘活消化存量资源，有利于市场的稳定与活跃。货币补贴制度在各层面上实现了资源的优化配置，是实现住房市场化的必然要求。

（二）货币化补贴定位及面向的对象

货币补贴较之实物配租更契合市场化发展方向，但也面临突出的信用道德风险和权力寻租风险，需要在住房保障、住房市场乃至整个社会管理范畴内建立和完善相应的配套措施，确保政策落实到位。如消费者能在市场上找得到相应需求（租、购）的住房；市场上的相应房源供给充分，不会因货币化带来的需求而推动房价上涨；需要规范的租购市场环境和良好法律体系保障等。因此，货币化补贴适合在消费者比较容易寻找到适合的房源的地区实施。供大于求的城市适合租金补贴货币化或采用购买共有产权住房给予货币化补贴。实施租金补贴的对象，也是适合在市场上比较容易寻找到适合房源的家庭，如年轻人、外来创业人员，但不适合有老弱病残成员的家庭，也不适合单亲家庭，住房的流动性越大、越可能对缺乏家庭完整关爱的单亲子女教育产生不良的影响。

（三）完善货币化补贴的相关建议

从对已有实践的分析中，可以发现，货币化补贴的顺利实施，需要一个成熟、规范、健全的市场环境。具体而言，一是住房市场要房源结构合理、各等级房源数量充足。货币化补贴是充分发挥市场机制作用的保障方式，保障对象只有能根据自身收入水平在市场上租赁/购买到户型、价格均合适的房源，才能真正享受到货币补贴的好处。因此，政府应引导构建房源结构合理、各等级房源数量充足的住房市场。二是租赁市场要规范。加快租赁市场立法，通过规范租赁期限、租金价格等内容，保障承租人权益；加强房屋租赁的税收征管，对向享受公共租赁住房货币化补贴低收入家庭提供住房的出租人，给予一定的税收减免；保障承租人权益的制度设计，完善子女入学等社会管理配套政策；以及事先的保障和事后的救济途径等，引导租赁市场规范化运作，促进租赁市场的健康发展。三是收入审核要严格。货币化补贴能够实现保障资源的最优化，主要原因是其能够根据保障对象不同的收入水平确定不同的补贴额度，并根据收入变化动态调整补贴额，由此实现差别化、动态化的保障模式，而这一模式的实施无疑需要透明的收入体系和严格的收入审核机制为基础。四是法制基础完善，社会信用体系健全。一方面，实行货币化补贴是住房保障坚持市场化导向的实践，构建完备的法制基础需要加强住房保障和住房/租赁市场两方面的立法，通过法律明确公民享受政府住房保障、获得市场租赁保障的权利，也需明确对公民违规占用保障资源行为的罚则。另一方面，构建健全的社会信用体系则为货币化补贴的实施提供道德支撑。

六、"租、售、改、补"供给体系结构

"租、售、改、补"各类保障方式均有其适用的条件，有各自的优缺点。绝对地排斥某一种而选择实施其中的一种，都不利于住房保障制度的可持续运行。应该综合运用"租、售、改、补"多种方式（如图5-5所示），建立内涵清晰、相对稳定、合理衔接的"分层"、可转换的住房保障体系，全面改善中低收入家庭居住条件，全面提高中低收入家庭对我国城镇住房保障制度的满意度。

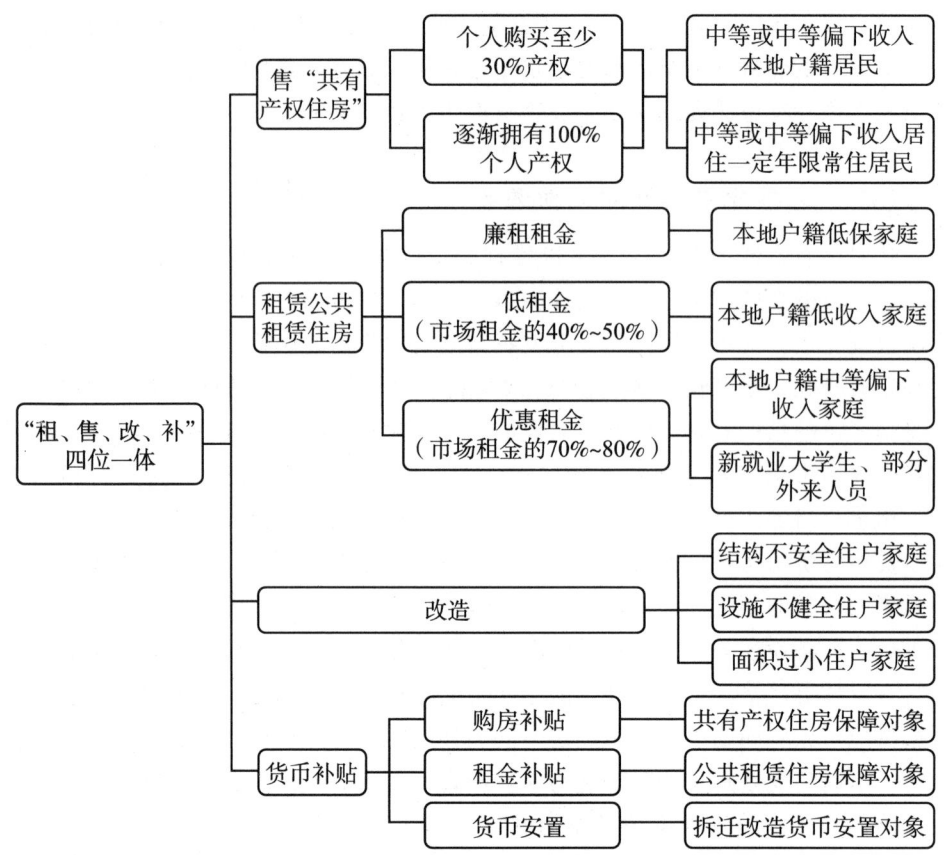

图5-5 "租、售、补、改"四位一体保障方式

第四节 健全住房保障配套支持体系

切实解决好保障对象住房问题、落实好住房保障供应体系,需要相关制度和配套政策的支持。当前,我国需要着重解决:法律保障、用地保障、资金保障、机构和人员保障。

一、法律保障制度

中共十八届四中全会通过的《中共中央关于全面推进依法治国若干重大问题

的决定》明确提出"深入推进依法行政,加快建设法治政府"。依法行政是市场经济体制条件下对政府活动的总要求,也是政治、经济及法治建设本身发展到一定阶段的必然要求。作为每年投入大量财政性资金、涉及规模庞大中低收入群体切身利益的住房保障工程,在实施过程中,必须遵循法治思维、运用法治方式,在法治的轨道上行使各项权力,因此,首先是要完善我国的住房保障法律制度,要立法先行,做到有法可依、依法办事。

(一) 制定专门住房保障法的必要性

纵观各国的住房保障制度发展历程,大多数都有一部专门的住房保障法,还有相关的配套法规,构成完整的住房保障法律体系。我国目前还没有一部专门的住房保障法,只有国家有关部委及地方政府颁布的一些行政法规、部门规章、地方性法规等,大多只是作为暂时的措施,且规定较原则、笼统,完整性、系统性和配套性不够,效力等级较低,导致住房保障制度的法律权威性和约束性不够,带来一些突出的问题:住房保障的目标不明确,政府的责任不清晰,要素投入随意性大、刚性不足,退出管理法律依据不充分,监督考核依据缺乏,经常出现地方利益高于全国利益、部门利益高于群众利益、经济功能重于民生保障现象等,这些将会从根本上影响住房保障工作的推进以及实施的效果。

住房保障是一项长期性、基础性工程,只要坚持住房商品化基本方向,总有一部分中低收入甚至中等收入家庭无法自力解决住房问题,因此,住房保障工程就像城市里的学校、医院、道路、加油站等,是不可缺少的。迫切需要建立健全住房保障法律制度,为我国的住房保障制度的发展保驾护航。

(二) 住房保障法主要内容

住房保障法的作用是明确政府对居民基本居住权保障的义务,确立住房保障在整个政府公共服务中的地位,建立相关的资源保障机制,便于政府实施相关的保障工程和管理服务。

第一,明确住房保障的目标,把实现全体人民"享有体面的住房"作为保障事业努力的目标,把保证最低居住标准作为阶段性任务。

第二,明确住房保障的对象。城镇住房保障范围为住房承受能力不足以达到最低居住标准的城镇家庭和在城镇稳定就业的外来人员,对住房困难的最低生活保障家庭优先保障,城镇住房保障对象的最低居住标准、收入准入线、财产准入线等具体标准,由直辖市、市、县人民政府制定和公布。

第三,明确政府责任。明确中央政府和地方政府在住房保障上的共同责任。中央政府负责法律制度体系、资源保障体系和监督体系建设,建立中央财政支持保障性住房建设和运行基金，建立低成本融资体系，优先保障用地指标；地方政府要在掌握保障性住房需求基础上，编制住房保障规划和年度计划，落实用地，落实资金，做好项目建设和运行管理，做好准入、使用和退出管理等。

第四，确立住房保障的基本方式。通过公共租赁住房、共有产权住房、安置住房、货币化补贴四种方式有效解决中低收入家庭住房困难，各地应根据居民需求和房地产市场供求关系选择合适的保障方式，提高住房保障满意度和保障效率。

第五，明确规划与建设原则要求。选址布局科学合理，优先安排在交通便利、公共设施较为齐全的区域，并配套建设相关设施，提高宜居性。保障性住房的建设严格执行国家建设标准，达到同地段普通商品房的水准，遵守有关面积标准和套型结构的规定，落实项目法人责任制、合同管理制、工程监理制与建筑材料验核制度，全面实行质量安全监督机构重点监管和工程质量责任终身负责制。

第六，明确准入、分配、使用和退出。要求申请人如实申报信息，申报的信息需经过审核、公示，符合准入条件的进入轮候。承租人应当合理使用住房及其附属设施，并按时缴纳租金；承租人、承购人不得损毁、破坏、出租、转租、出借、擅自调换或者转让保障性住房。不再符合保障条件、违规使用保障性住房的、租赁期满未续租的应当腾退保障性住房。

第七，建立要素保障机制。明确各地新增住宅用地中用于保障性住房（不含拆迁安置用地）的比例不低于20%，明确中央财政收入中的一定比例进入住房保障基金，明确各地土地出让净收入的10%进入各地住房保障基金，建立政策性住房银行，支持保障性住房开发和提供低利率购房贷款。

第八，建立鼓励社会力量参与的机制。鼓励社会力量投资建设、持有和运营保障性住房，享受投资补助、财政贴息、金融等支持政策；政府部门可采用购买服务方式为社会力量参与住房保障创造条件、提供便利。

第九，建立考核机制。上级部门和同级人民代表大会定期要对住房保障工作进行监督检查，建立以"有效保障"为核心的考核指标体系，包括轮候时间、有效供给、最低居住标准达标率等。

第十，明确法律责任。明确有关人民政府、部门及其工作人员未履行住房保障职责或者滥用职权、玩忽职守、徇私舞弊的，依法追究行政责任和刑事责任；明确单位帮助提供虚假信息，申请人隐瞒、虚报、伪造信息骗购骗租保障性住房的依法追究经济责任和刑事责任；明确承租人、承购人出租出借、损毁破坏等违规使用保障性住房的，或拖欠租金的惩处规定。

二、用地保障制度

土地限制越强,就越需要对中低收入住房困难家庭提供帮助;收入分配越不均匀,就越需要政府的积极干预。[①] 发达国家比较早地从土地规划阶段就开始为建造经济适用住房(affordable housing)提供保障,英国国家层面,1989 年的一项倡议允许农村规划当局破例批准在本来不开发的地点建造经济适用住房,从这时开始,就出现了通过规划制度确保新的经济适用住房开发的政策工具。[②] 1998 年,英国政府第 6/98 号通告加强了立法要求,规定开发商没有提供足够的经济适用住房,可以拒绝开发商开发提案,经济适用住房开发的需求最终完全纳入总体规划立法。此后将经济适用住房纳入新住房的目标,从占英格兰北部和西部新供应的 15% ~20% 到伦敦等东南部高增长地区的 50%,其中也包括伦敦,与社会出租房屋相比,这种转变几乎不需要政府直接补贴。[③]

(一)我国住房保障用地制度评析

住房保障用地供给受到整个用地制度的影响。我国长期以来各地经济社会发展对土地大量需求和后备资源不足、耕地保护压力矛盾十分尖锐,为此,建立了富有中国特色的土地制度,相关的制度有:一是实行全国土地统一管理制度,1986 年 3 月,成立国家土地管理局,负责全国土地、城乡地政的统一管理工作。同年 6 月通过的《土地管理法》规定,国务院土地管理部门主管全国土地的统一管理工作,县级以上地方人民政府土地管理部门主管本行政区域内的土地的统一管理工作。2003 年底实行省以下国土垂直管理体制,意味着全国土地统一管理的力度进一步加大。二是编制土地利用总体规划。《土地管理法》第四条规定:国家编制土地利用总体规划,规定土地用途,将土地分为农用地、建设用地和未利用地。土地利用总体规划其期限一般为 15 年,使用土地的单位和个人均必须严格按照土地利用总体规划确定的用途使用土地,这从根本上对住宅用地总量、区域分布等做出了刚性规定。三是实施土地利用年度计划管理。为严格实施土地

[①] Crook, A. D. H. & Whitehead, C. M. E. Social housing and planning gain: is this an appropriate way of Providing affordable housing? *Environment and Planning A*, 2002, 34 (7): 1259 – 1279.

[②] Crook, A. D. H. & Whitehead, C. *The Achievement of Affordable Housing Policies through the Planning System. Restructuring Housing Systems: From Social to Affordable Housing?*. New York: York Publishing Services, 2000.

[③] Nicole Gurran, Christine Whitehead. Planning and Affordable Housing in Australia and the UK: A Comparative Perspective. *Housing Studies*, 2011, 26 (7 – 8): 1193 – 1214.

用途管制，切实保护耕地，节约集约用地，合理控制建设用地总量，国土资源部出台《土地利用年度计划管理办法》（2016年修订）对计划年度内新增建设用地量、土地整治补充耕地量和耕地保有量、城乡建设用地增减挂钩和工矿废弃地复垦利用纳入土地利用年度计划管理。县级以上地方国土资源主管部门，以本级土地利用总体规划安排为基本依据，综合考虑规划管控、固定资产投资、节约集约用地、人口转移等因素，提出利用计划，经同级政府审查后，报上一级国土资源主管部门。国土资源部会同国家发展改革委根据未来三年全国新增建设用地计划指标控制总规模，结合省、自治区、直辖市和国务院有关部门提出的计划指标建议，编制全国土地利用年度计划草案，纳入国民经济和社会发展计划草案，报国务院批准，提交全国人民代表大会审议确定后，下达各地执行。2017年全国土地利用计划安排的全国新增建设用地计划指标为600万亩，这一数据相较于2016年减少了100万亩。县市人民政府作为国有建设用地使用权的提供方，根据法律规定，在符合相应的规划、计划，在控制指标范围内，提供国有建设用地使用权。四是实行占补平衡，指建设占用多少耕地，各地人民政府就应补充划入多少数量和质量相当的耕地。相关文件规定，落实补充耕地任务，以地方各级政府为主体开展，并以县域自行平衡为主、省域内调剂为辅、国家适度统筹为补充。

　　从上面的分析可以发现，市县住房保障用地规模受制于多方面：土地利用总体规划、上一级政府下达的年度新增建设用地计划指标、占补平衡潜力、新增土地总供应中的供应结构、政府对住房保障的重视程度、财政实力等。长期以来，在重生产轻生活、重经济轻民生的指导思想下，大量的土地规划用于工业、用于开发区，土地规划的源头就对住宅用地配置的总量不足；① 经济发达地区人地矛盾更为激烈，大量流动性人口涌入，而新增的建设用地指标十分有限；地方政府由于政绩和财政等的压力，又不得不陷入"占地—卖地—基础设施建设—占地"的循环中，有限的住宅用地主要以出让方式用于房地产开发，以获得更多的土地收益，以杭州市区为例，2018年6月底，市区累计建成公共租赁住房6.575万套，经济适用住房100 467套，企业建设公共租赁住房17 109套，合计18.33万套，仅占存量房产250万套的7.33%；住房保障用地不仅不能给地方产生收益且需要政府投入征地、拆迁、基础设施配套成本，地方政府从内心排斥保障性住房的开发。因此，如果不从国家层面明确住宅用地、保障性住宅用地刚性规划的指标保障，保障性住房供给体系的建设就是空中楼阁。

---

① 详见第三章第三节分析。

（二）建立"双"挂钩的住宅用地指标分配体系

一切的发展都是为了使人民群众生活得更加幸福、更有尊严。建设用地首要保障是民生工程。我国目前的状况是：经济越发达、供地指标越紧张、房价水平越高。以深圳为例，2017年常住人口1 252.83万，预计至2035年将达到1 800万人，按照国际上每千人住宅开发的套数在10套以上的标准，应每年开发12.5万~18万套以上的住房，而公布的《关于深化住房制度改革加快建立多主体供给多渠道保障租购并举的住房供应与保障体系的意见》中计划到2035年，筹集建设各类住房170万套，平均每年9.4万套，供给严重不足。要解决经济发达城市用地困境需要有大举措，除大力发展都市圈，把产业和人口向周边的县镇转移外，在用地制度上，需要建立"双"挂钩：一是住宅用地指标的分配与常住人口挂钩，改变原来根据户籍人口分配指标的做法，扩大人口净流入城市的住宅用地指标，从源头上缓解供求矛盾；二是住宅用地指标与新增建设用地指标挂钩，新增建设用地越多，相应地吸纳的劳动力越多，因此，需要的住房就越多。住房供求基本平衡的地区，住宅用地占建设用地的比例保持在20%以上，高房价且供不应求的地区要求在30%甚至更高。

（三）确保保障性住房用地占住宅供地量的20%以上

在保证住宅用地投放规模基础上，从国家顶层设计要求各地保障性住房用地占新增住宅用地20%以上。目前我国城市居民收入的分布大部分呈金字塔型，以经济发达的杭州市区为例，[①] 2017年对全部纳税人群税后收入统计，50万元以上的仅占2.05%，20万~50万元的仅占4.69%，10万~20万元的占7.74%，5万~10万元的占20%，5万元以下的占65.5%（如图5-6所示）。即使未来随着经济的发展，居民收入分布将呈橄榄型结构，仍有部分群体的收入难以承受正常的住房消费，因此，需要政府为这些群众从土地供给的源头开始，就着手建立起保护机制，提供与其消费能力相适应的低成本住房。

之所以提出保障性住房用地占住房供地量20%以上的政策设计，一是住宅用地供地量越大的城市，说明当地市场需求量越大，但必定有相应比例的城市居民需要保障；二是借鉴国外包容性增长中，土地规划时划出20%~30%的比例用于可承受住宅建设的做法。

---

① 杭州市区包括萧山区、余杭区、富阳区、临安区和主城区。

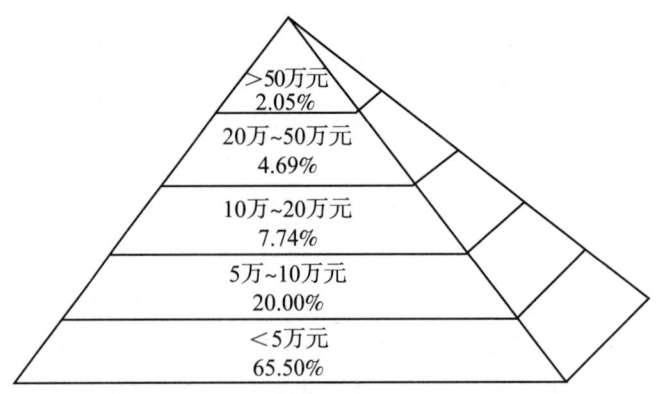

图 5-6　2017 年杭州市区居民税后收入分布

三、财政保障制度

住房保障是社会保障的重要组成部分,是政府应尽之责。建立中央财政、地方财政稳定地支持住房保障建设和运行的机制,既是保证住房保障事业可持续发展的需要,更是政府通过财政的二次分配调节居民收入、维护社会公平、缩小两极分化、促进共同富裕的需要。

2007 年中央下发《廉租住房保障资金管理办法》,建立了廉租住房保障资金,其中明确土地出让净收益中按照不低于 10% 的比例、住房公积金增值收益扣除计提贷款风险准备金和管理费用后的全部余额、各级财政预算安排用于廉租住房保障的资金,实行专项管理、分账核算、专款专用,专项用于廉租住房保障开支,保障了各地住房保障资金的基本来源,具有标志意义。但也存在一些问题:一是住房公积金增值收益用于住房保障缺乏法理依据,到 2017 年末,全国住房公积金增值收益累计用于城市公共租赁住房(廉租住房)建设达到 2 904.59 亿元[①],但根据《住房公积金管理条例》第三条规定:职工个人缴存的住房公积金和职工所在单位为职工缴存的住房公积金,属于职工个人所有,既然公积金属于职工个人所有,公积金增值收益也应归于个人所有,公积金增值收益用于保障性住房建设,属于侵权行为,应该立即停止。二是土地出让收入受房地产市场影响太大,具有极大的不稳定性。三是各级财力对于保障性住房支出预算的安排,往往存在着一些难处和弹性,支持力度小。建议:一是改住房保障资金为住房保障基金,采用基金的方式运作住房保障归集的资金,暂时不用的资金可以投向安全性好、回报率相对较高的资产;二是明确各级财政每年用于住房保障

---

① 2017 年度全国住房公积金年报。

的经费预算约束，确保一定数额的财政资金进入住房保障基金；三是继续实行土地出让净收益中不低于 10% 的比例进入住房保障基金；四是把政府手里持有的一些资产划归住房保障基金。

四、机构与人员的保障制度

住房保障工作涉及计划管理、建设管理、分配管理、租户管理、资产管理、退出管理等大量事务，随着保障房规模的扩大，健全相应的管理机构、充实管理人力是做好住房保障工作、管理好这笔庞大资产的必要条件。

我国香港特区公共租赁住房小区之所以没有出现"贫民窟"，得益于机构和人员的保障。1973 年成立房屋委员会，负责推行香港地区的公共房屋计划，向低收入居民提供设施齐全、环境优美且租金低廉的出租房；策划、兴建和管理各类公营房屋。为加强房委会和政府之间对提供房屋服务的合作，从 2003 年 4 月起，运输及房屋局局长同时出任房屋委员会主席一职。房屋署是房屋委员会下属的执行机构，负责策划、兴建、编配和管理公屋，以及其他行政工作。涉及公共房屋和租户的各项事宜都由其负责实施管理。截至 2010 年 12 月 1 日，房屋署共有 8 412 名员工，其中公务员 7 489 人，约占整个公务员队伍的 1/16，合约雇员 923 人。为防止保障对象转租、骗租，成立打击"滥用公房资源"办公室，配备 100 多名工作人员。香港立法局通过的《房屋条例》对房屋委员会组成、权力等有明确的规定。

在政府精简机构的背景下，我国各地普遍存在住房保障机构不到位、人手严重不足的问题。对某一个常住人口达到 120 万人的大县调研，建设局内设住房保障科，编制仅为 2 人，承担着申请受理、审核、分配、资产管理、统计报表等大量工作。政府转变职能，需要强化民生保障和服务职能，弱化对微观经济的干预。建议：健全从中央、省、市、县到街道的住房保障机构体系，推进公共租赁住房属地管理机制，按照"属地管理、条块结合、以块为主"原则，建立以"属地街道办事处（乡镇政府）为主，市、区两级住保房管部门为辅"的社会化管理。

第五节 建立政策性住房银行

住房是跨期大额消费品，需要资金融通。因此，在解决中低收入家庭住房困难问题时，政府除采取出租型保障住房、出售型保障住房、货币化补贴等直接保障方式外，各国普遍通过提供政策性低成本融资，帮助支持居民实现"居者有其屋"，也支持保障性住房开发，因此，建立政策性低成本融资体系也被纳入广义的住房保障体系。20世纪90年代，为配合住房制度改革，我国学习新加坡经验，建立了住房公积金制度，由职工及其所在单位每月按职工工资一定比例缴存，归职工所有，专项用于职工住房消费和低利率政策性住房资金融通。在解决居民住房困难、支持保障房建设、稳定房地产市场等方面均发挥了重要的作用。但是，随着城镇化的快速推进和房地产市场的变化，我国住房公积金覆盖面不广、精准性不强、流动性不足和机构职能不匹配等问题日益突出，难以满足人民群众合理的住房需求，从解决发展不平衡不充分、支持人民群众住有所居、增强逆周期调控宏观经济能力、扩大金融开放力度等角度，迫切需要建立稳定的、低成本的支持居民住房消费金融支持体系。

一、我国公积金制度评析

住房公积金制度是我国目前唯一的支持居民购房的政策性制度安排，具有以下几个特点：（1）强制性，按照《住房公积金条例》（简称《条例》）规定，单位不办理住房公积金缴存登记或者不为本单位职工办理住房公积金账户设立的，按照《条例》的规定，管理中心有权力责令限期办理，逾期不办理的，可以按《条例》的有关条款进行处罚，并可申请人民法院强制执行；（2）互助性，用不购房或暂时不购房职工缴存积余资金为拟购房职工提供购房融资帮助，是一种基于互助的内源式融资模式；（3）福利性，除职工缴存的住房公积金外，单位也要为职工交纳一定的金额，而且国家实行所得税减免，住房公积金贷款的利率低于商业性贷款；（4）长期性，每一个城镇在职职工自参加工作之日起至退休或者终止劳动关系的这一段时间内，须缴纳个人住房公积金，所在单位也应按规定为职工缴存住房公积金。至2017年底全国实缴住房公积金职工达到13 737.22万人，已累计发放住房公积金个人住房贷款3 082.57万笔，金额75 602.83亿元，贷款余额45 049.78亿元，更重要的是不少家庭通过住房公积金组合贷款撬动了商业性按揭贷款，扩大了住房消费能力。2017年，住房公积金在个人住房贷款市场占有率17.06%，支持职工购建住房面积3.15亿平方米，占全国商品住宅销售面积的21.76%，[①] 在住房消费领域发挥了重要作用。但在新形势下，住房公积金制度性缺陷日益明显：

---

① 全国住房公积金2017年年度报告。

（一）从公积金内部运行状况看，流动性严重不足和机构职能不匹配正威胁着该项制度的持续、安全运行

从2014年下半年国家出台了一系列放宽住房公积金使用与提取的政策以来，打破了惯常的住房公积金资金运行格局，以往基于互助性来支持住房公积金住房贷款的机制已面临严峻挑战。2017年全国发放住房公积金个人住房贷款9 534.85亿元，住房公积金提取额12 729.80亿元，缴存额18 726.74亿元，回笼贷款5 022.86亿元，当年净现金流出1 485亿元。过去经济发达地区存在的资金流动性压力漫延到全国。打破了"归集净额＋贷款回收≈住房贷款"基本平衡。一些地区个人住房贷款率已超过100%，不仅向商业银行、地方财政借钱，且开始动用风险准备金发放贷款，存在着巨大的流动性风险。而与此同时，住房公积金中心作为事业单位，管理着大量资金，却又不具备合法的金融职能，与业务发展越来越多地要求机构承担资金融通、资金担保和金融产品创新等金融职能极不匹配，进而极大地影响了住房公积金事业的持续健康发展。这种状况倒逼着住房公积金制度必须在管理体制、机制设计等方面进行深刻的改革。

（二）从公积金运行的结果看，制度的严肃性受到冲击、制度精准性和有效性在下降，加剧社会分层的负面效果已显现

住房公积金制度是20世纪90年代初期中国住房制度由计划体制主导向以市场体制主导的演变过程中所产生的住房金融制度创新。当时的社会背景：一是城市居民人均收入低，住房消费能力弱。二是住房严重短缺。因此，制度设计上突出普遍性和强制性原则。但经过20多年的努力，到2017年全国实缴职工13 737.22万人，仅占城镇就业人员32.35%，[①] 占参加城镇职工基本养老保险人数的34.17%，覆盖面不广。由此带来的问题：一是制度的严肃性受到冲击。按照《条例》规定，单位必须为在职职工缴存公积金，但实际覆盖率不高，存在有法不依、执法不严、违法难究的现象，法规的严肃性受到严重冲击。在国家越来越强调全面依法治国、强化国家治理能力建设的背景下，这种矛盾状况不容存在，公积金改革迫切需要解开这个结。二是制度精准性和运行的有效性在下降。经过20多年的发展，我国城镇原居民住房问题已经得到了很大程度的解决，特别是公积金覆盖面较高的机关、事业单位、国有企业老职工普遍解决了住房问题，住房领域不平衡、不充分的矛盾主要集中表现为新市民在城镇居住条件差、居住成本过高，而这些新市民中的大多数被排斥在公积金制度之外。换言之，目

---

① 2017年全国城镇就业人数42 462万人，参加基本养老保险人数40 199万人。

前出现了缴存公积金的相当一部分职工已经解决了住房问题，而没有解决住房问题的新市民职工又没有缴存公积金，制度设计的精准性、有效性随着住房市场的发展和住房问题的变化而明显下降，因此，没有必要对所有职工普遍实行强制性储蓄的住房公积金制度，应实行与新时代实际情况相适应的更具针对性的新政策性住房金融制度，以便更高效地解决新市民和少数老市民的住房问题。三是加剧了社会的分层。住房公积金的覆盖率在不同单位职工中有明显差异，对浙江省统计，机关、事业单位缴存率接近100%，国有企业、集体单位缴存率在80%左右，外资和民营企业不到50%，公积金被批评为体制内的福利。由于交纳的住房公积金可以抵扣个人所得税、购房又可以享受低利率贷款，因此，交与不交、交多与交少、贷与不贷，进一步拉大了收入的分化，带来较大的制度性不公平。缴存公积金带来实质性利益的差异，已经成为单位福利好坏的重要标志，成为个人信用的重要背书，成为加剧社会分层的因素之一。

（三）从满足人民群众的需求和保持宏观经济平稳运行来看，迫切需要建立稳定的、低成本的支持居民住房消费的金融支持体系

我国住房领域不平衡不充分问题突出，大量合理的住房需求尚未被满足，解决居民基本的居住需求、满足居民对更舒适居住条件的向往仍是拉动我国未来经济发展的重要增长极。但是，我国人多地少、又处在快速城镇化时期，居民购买力与高房价的矛盾突出并将长期存在：以杭州主城区为例，2017年各区城镇居民可支配收入在56 164~60 510元之间，商品住房成交均价为31 883元/平方米，按一家3口购买90平方米的住房计算，房价收入比已经高达15.8~17倍。解决没有过多储蓄的居民住房问题的最有效的途径是，构建"三元化结构"，即：困难家庭，由政府提供基本住房保障；中低收入群体包括新市民，借助政策性支持与自身支付能力结合解决住房问题；中高收入群体，完全通过市场完成住房消费。政策性支持最为重要的方面是提供低成本、稳定的融资体系。尽管我国缴存公积金的职工也可享受一定金额的低息贷款，一是覆盖面窄，二是贷款额度小，难以满足居民住房消费的需要。

一直以来，商业银行成为满足居民购房资金需求的主体，2017年占个人住房贷款市场82.94%。国家也通过行政权力要求商业银行对首套房提供优惠利率来弥补我国政策性住房银行空缺，但政策性与经营性住房银行业务融合的这种做法不可持续：一是我国商业银行本质上是自负盈亏的企业，不应该承担理应由政府承担的社会职能；二是我国商业银行资产端的信贷市场和证券市场已经实现了利率市场化，未来发展的趋势是现存的商业银行存款利率的自律上限将逐渐放开，银行的融资成本和融资规模越来越具有不确定性。而随着资本市场的发展和投资渠道的多元化，资金脱媒将成为必然趋势。受自身经济利益的驱动、资金供

求关系等因素影响，商业银行会加大选择性贷款的力度并提高个人住房贷款利率水平。2011~2014年和2018年以来银根收紧，首套房贷利率水平急剧上升，首当其冲受影响的是急需解决住房问题的刚性需求。因此，高房价与居民消费能力之间的矛盾越来越突出和我国商业银行的经营环境已经发生变化等基本事实，决定了我国比以往更迫切需要建立低成本的、稳定的支持居民住房消费的政策性金融体系，为在商品房市场中处于弱势地位的中低收入群体、新市民提供资金保障，也为宏观经济平稳运行提供新工具。

（四）从金融业发展现状来看，直接融资市场占比低、政策性金融不足、国际开放度不够，住房抵押资产的证券化有助于债券市场发展和助推人民币国际化

一是促进债券市场发展。尽管我国国内债券市场已是世界第三大债券市场，仅次于美国和日本。但是，债券相对于中国GDP总量仅占到77%，不及马来西亚、泰国等亚洲新兴市场国家，更是远低于日本、美国、英国等发达国家的占比水平。提升直接融资比重，提高金融资源配置效率，促进多层次资本市场发展是我国金融业改革的基本取向。中国债券市场有很大的潜力，而住房抵押证券是债券市场的重要组成部分。二是扩展吸引国际资本的渠道。住房公积金违约率低、资产质量好，2017年底，我国公积金贷款逾期率为0.02%，风险准备金率3.75%。逾期率远远低于其他国家，因此，中国的公积金证券化产品在国际上具有强的吸引力。"兴元2018年第一期个人住房抵押贷款资产支持证券"在银行间债券市场成功发行，发行规模为79.49亿元，这是银行间市场首只通过"债券通（北向通）"引入纯境外投资者的个人住房抵押贷款证券化（RMBS）产品，已证明可以成为吸引外资的重要产品，可以抵冲资本外流的风险，有利于加快人民币国际化进程。三是推动金融业，深化改革开放。目前我国已经有国家开发银行、中国进出口银行、中国农业发展银行三家政策性金融机构，在服务国家战略和进行宏观经济逆周期管理方面发挥了重要作用，唯独缺少住房政策性银行。目前住房公积金无论是资金的筹措、运用还是机构的管理都是封闭的、互助式的、地区性的、行政性的，由此导致了以下问题的出现：一是增加了不必要的成本，以杭州为例，每年支付给银行的代理手续费就达到9 000多万元；资金短缺时，各地普遍采用的"公转商"① 方式，融资成本

---

① 公转商是指为住房公积金中心为解决资金不足而采取的保障缴存职工利益的一种方法，即商业银行先向缴存职工发放商业性购房贷款，个人每期按商业银行利率偿还本息后，然后公积金中心给予公积金贷款额度内每期因商业性住房贷款利率高于公积金贷款利率而产生的利息差额补贴。该类贷款可保证借款人享受到与公积金贷款同等的优惠政策。

高于银行间资金拆借成本；二是支持居民住房合理消费的力度不够，尤其是在高房价城市，公积金贷款仅能解决总房价的 20%～30%，甚至更低。

因此，公积金制度必须改革，改革的目标以支持和满足居民合理住房需求、提高居民住房消费能力为宗旨，以提高制度安排的公平性、有效性、开放性、安全性为着力点，通过政策性支持与金融化运作的有机融合，健全我国住房消费金融支持体系，为人人享受合适的住房、最终实现"居者有其屋"提供重要的制度性保障。

二、改革模式选择

从国际政策性住房金融模式上看，其主要有四种模式：政策性住房银行模式（日本）、合作住房储蓄模式（德国）、住房公积金模式（新加坡）、政策支持下的市场化模式（美国）。

（一）政策性的住房银行模式

参照日本住房金融公库模式，由政府提供启动资金，通过会员制募集或财政补贴、发行债券的方式来为日常运作资金进行融资，向符合条件的个人或开发单位提供低廉的住房消费资金以及贷款。选择这一模式最大的优点为：公平性、针对性强，改革的力度大，有利于提升政府形象，即政府承担了为中低收入家庭提供低成本购房资金的责任，大大减轻了用人单位的压力。但困难在于：按照 2017 年我国新增商业性住房按揭贷款和公积金贷款中的 60% 符合无房购买或中低收入家庭改善性购房，若贴息 2 个百分点计算（2017 年含公积金贷款的新增个人住房贷款 4 万～5 万亿元，2017 年个人住房贷款余额 21.9 万亿元，公积金贷款余额 4.5 万亿元），则在刚开始实施的年份约需补贴 300 亿元，然后逐年快速增加，存在的最大问题是财政压力大。

（二）合作住房储蓄模式

参照德国住房储蓄银行模式，以互助合作为理念，即具有买房需求的个体，借助专业性住房金融机构，按照自愿、合作、互惠原则相互融资，形成一种住房互助体。运营体系相对封闭，资金使用按照内部循环原则，以保障资金的安全运行，最大的好处是：安全性高，政府压力相对小。选择这一模式面临的一些挑战：一是出于保持流动性、安全性的需要，通常要求"存一贷二"，居民可得到的贷款支持有限。二是我国尚处在城镇化快速推进期，房价保持平稳的难度十分大，通过储蓄积累到一定程度才能获得贷款的机制设计可能远远满足不了居民需要；三是如果政府不出台贴息、免所得税的政策，制度的吸引力有限，可能面临归集的资金不足，且可能造成政府在帮助居民解决住房问题上的力度出现倒退的现象（力度弱于公积金）；四是面临流动性风险。

（三）住房公积金模式

继续沿用目前的模式，优点：强制归集相当规模的资金直接用于居民住房消费，政府负担轻、积极性高。缺点：政策的覆盖面和受益面不广，部分居民被排斥在制度之外，部分已经解决住房问题的职工被强制要求缴存，公平性、有效性不足，流动性面临挑战。

（四）政策支持下的市场化运作模式

政策支持下的市场化运作模式以美国为代表，一是允许购买首套住房的贷款利息抵扣个人所得税，已成为美国联邦政府保障居民住房的最大一笔开支；二是成立吉利美，向中低收入家庭购房提供贷款担保，降低首付款和利率；三是通过联邦住宅银行、房利美、房地美、吉利美等筹集大规模低成本资金，向储蓄银行等注入流动性，鼓励商业银行发放居民住房贷款，并压低了商业银行个人住房贷款利率。优点：一是公平性强、运作的效率非常高。二是以国家信用为基础大规模向国际市场筹集低成本资金，值得我国学习借鉴。操作上的难度：一是我国尚未建立一个完善的基于家庭征税的系统，直接以利息抵扣所得税在操作上存在难题；二是完全打破原有体系建立这套体系的成本高；三是运作不当，可能会产生较大风险，2008年美国次贷危机就是一个案例。

上述四种模式各有优缺点。在公积金改革中必须充分吸收各种模式的优点，比如：美国模式中资金来源的广泛性、流动性好的优点；德国模式中的会员互助，调动拟购房者积极性与政府的适度支持结合起来，减轻了政府负担；日本模式中的政府承担低成本融资责任；新加坡模式优点是用人单位、个人、政府共同来解决住房问题，政府提供低价格的住房、单位和个人每月按一定标准缴存公积金，确保一定的住房消费能力。

结合我国实际，当前，可供选择的方案有两套：

方案一：纯政策性住房银行方案。如果中央政府把解决居民住房问题列为中央政府之重要职责，下大决心减轻职工住房消费负担，可采用纯政策性住房银行模式，由政府全额注资成立政策性住房银行，专门为符合条件的个人购（建）房和保障房建设提供长期低息贷款。运营资金主要来源于：（1）养老金、房屋维修基金等靠国家政策归集起来的资金，有偿低成本借贷给政策性住房银行；（2）中央政府的息差补贴；（3）以政策性住房银行名义发行的住房抵押证券化产品；

（4）回收的借贷资金等。同时，停止公积金制度，将现单位缴存的公积金转为个人工资收入。这一方案最大优点：一是把支持居民住房消费上升到国家层面，把对符合条件的居民住房消费给予政策性融资支持纳入整个住房保障体系，有利于打破地方财政对外来人口购租房支持的歧视，鼓励人口在全国流动、推动城镇化；二是政府把缴存公积金免税政策转变为购房贴息支持，政策的精确性大幅提高，可以加大支持新市民、中低收入家庭购房融资的力度，包括提高贷款额度、降低首付比率；三是改革起步阶段财政压力没有增加或增加不多，2017年全国缴存公积金18 726.74亿元，按5%~10%税收抵扣比率，相当于少交936亿~1 873亿元个税，如果这笔减免税收用于贴息，按平均贴息2个点计算，可支持46 800亿~93 600亿元的贷款，超过2017年含公积金贷款的新增个人住房贷款；四是直接增强中央政府逆周期调控能力，中央政府可根据宏观经济走向和房地产市场状况及时调整住房政策性信贷支持政策。

这个方案最大缺点：一是后续财政补贴压力增大，随着贷款发放的积累，后续财政补贴压力会大幅度增加；二是淡化了单位对职工住房保障的责任，解决职工住房问题，需要政府、用工单位、职工三方努力，我国如果简单地取消住房公积金，一些已缴存单位会变相降低对员工的住房保障责任；三是淡化了地方政府对职工住房保障的责任，即向中低收入家庭购房和保障性住房开发提供优惠利率的责任由中央政府承担，对我国这样一个人口规模大的国家，中央政府的压力可能非常大；四是制度冲击力大，彻底取消公积金制度，对现有公积金机构近4万名职工安置、对正缴存且正在还款的职工如何过渡到新体制、对现在已经形成的公积金资产处置等都会带来较大冲击。

方案二：基于现有住房公积金基础的政策性住房银行方案。这是一种集上述四种模式之优点的方案，"四变一不变"：保持现有住房公积金制度基本不变；变强制缴存为"强制缴存+自愿缴存"相结合；变内源式融资为开放式融资；变地区性独立经营为全国统筹、省级独立运作；机构性质由事业变为金融机构，赋予其完整的金融功能。这个方案的核心是"会员互助+政策性支持+金融化运作"。

采用这种方案的主要理由：一是能继续发挥好就业单位在解决职工住房问题上的应尽职责，我国目前仍处于快速城镇化过程中，大量居民特别是新市民的住房需求未被满足，尽管单位用工可以通过补贴、提供宿舍等解决员工的住房问题，但是，仍有相当多的职工在用工市场上处于相对弱势地位，而通过公积金制度性安排和约束，可以引导企业增强解决职工住房的责任。二是公积金制度已经在社会上产生了广泛的影响。本课题组对杭州市487位未缴存公积金的职工调研表明，48.87%的受访者表示很羡慕朋友工作的单位缴存住房公积金，表示无所谓的占35.32%，表示不羡慕的仅占15.81%；59.4%的受访者表示愿意自愿缴存公积金。对缴存公积金的职工调研，51.37%的受访者愿意自愿缴存，其中又超过半数的人会选择高于现在的缴存金额，仅7.52%的受访者表示想缴纳更少的金额。如果停止公积金制度，一是会引起社会的广泛议论。二是若没有更有力的制度出台，则在保障职工权益上会出现倒退。三是"强制+自愿"缴存结合，"强制"保证了住房银行资金基本的来源和规模，"自愿"又尊重企业和员工的选择权，既体现制度的公平性、又提高制度的准确性。四是变内源式融资为开放式融资，即通过发放证券化产品等筹集资金，既解决机构运行中面临的流动性问题，又可以提高对居民住房消费支持的强度。五是变地区性独立经营为全国统筹、省级独立运作，变事业单位为金融机构，尊重住房金融营运规律，又降低经营风险、提高运行效率。六是稳妥性好，对现有公积金机构、职工、资产处置等冲击小。

三、基于住房公积金基础的政策性住房银行方案设计

（一）机构定位

服务民生和国家战略，依托会员互助、国家信用和政策支持、市场化运作，以帮助中低收入家庭（新市民）提高在城镇获得适当的住房能力，帮助政府提高保障性住房供给能力为使命，在实现人人住有所居和增强政府宏观调控能力方面发挥重要作用的，资本充足、治理规范、内控严密、运营安全、服务优质、资产优良的专业性住房金融机构。首先，这是一项"政策性"制度，以提高中低收入家庭住房消费能力、实现住房公平性为目标，通过抵个税、政府信用背书、政府性资金低息提供等政策设计，加大制度的吸引力，扩大参与面，做大资金盘子，提高制度的受益覆盖面，给中低收入家庭实实在在的优惠。其次，这是一项"金融"制度，金融运作是手段也是关键。通过金融运作，丰富投资渠道，盘活资产，降低融资成本、做大资金池、提高收益水平，增强制度支持缴存者特别是中低收入解决居住问题的能力，增强政府或社会组织提供中低价位保障性住房的能力，增强制度可持续发展能力。

（二）机构设置

"全国统筹、省级独立运行"，条块结合。考虑到我国地域经济发展很不平衡和现行公积金管理规模，借鉴美国的联邦住房贷款银行，将各地分散的住房公积金管理中心整合成分层次、上下贯通、全国统筹、省级独立运作的金融机构体系（如图5-7所示）。

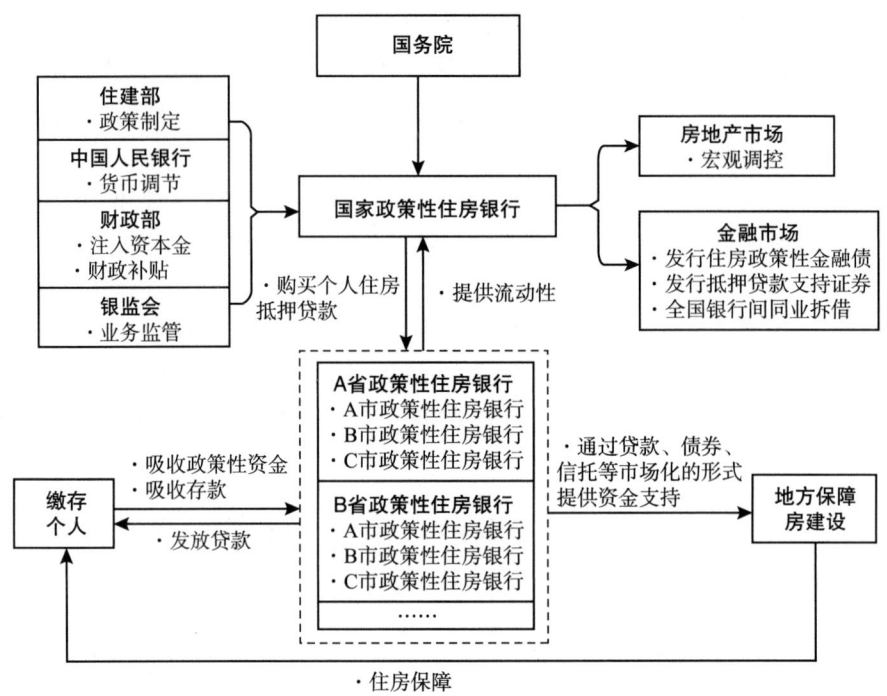

图 5-7 政策性住房金融体系构成

国家住房银行，直属国务院领导，主要职责：负责政策制定、业务指导、资金融通（资金调剂、产品证券化、争取中央财政贴息支持）、信息系统建设、业务监管（安全管理、流动性管理）等。各省住房银行是独立的法人，是自主经营、独立核算的地方性银行机构，在各设区市设立分支机构，负责人财物管理，主要职责：住房公积金的缴存、提取、使用业务；资产的保值业务；资金预算与结算业务；人力资源管理；信息化管理；地区性政策制订（如图5-8所示）。这样设置的好处：兼顾各省经济的差异，避免改革过程中造成省间利益的较大转移，影响改革的推进；兼顾各省房地产市场、住房保障压力、政府财力不一样，允许各地根据各地实际适当做政策的微调；促进地方政策性金融事业的发展；并得到地方政府的积极支持。条件成熟时，形成全国完全统一经营的住房银行，各省为分行，设区市为支行。

机构性质为政策性国有金融企业。具有金融职能和牌照，主要变化是自主管理、自建网点、自行结算、自行放贷，不再委托银行，不再支付归集和委贷手续费。国家住房银行及各省银行设董事会、监事会、高管层，根据分级职责和业务发展需要设置内设机构。

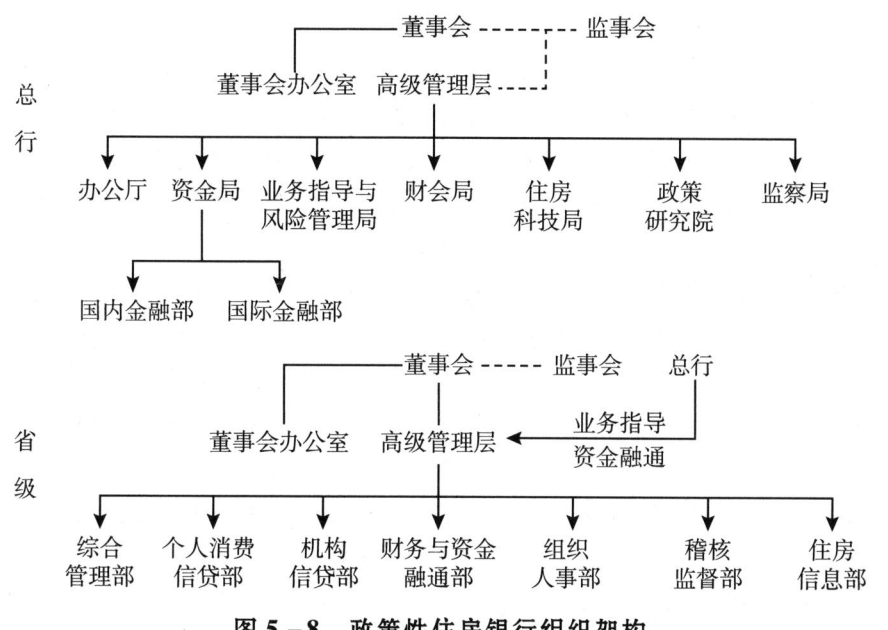

图 5-8 政策性住房银行组织架构

资金统筹实行全省统筹,并需建立准备金制度,按照缴存余额的一定比例上缴中央住房银行,或者将各地部分风险准备金集中交国家住房银行。国家住房银行主要负责解决各地的流动性,包括准备金管理,对外发债、融资、证券化等。

(三) 过渡阶段住房银行运行模式

过渡阶段:强制+自愿、先存后贷、利率优惠、政府扶持、市场化运作。

1. 缴存机制:强制缴存和个人自愿缴存结合。

单位职工继续沿用现有公积金制度的方式,按照各自工资基数乘以缴存比例计算。缴存比例实行弹性制度,在 5%~12% 之间,兼顾不同效益单位的负担能力,调动企业缴存的积极性。这样做的好处是,保证住房银行在起步阶段,有稳定的资金归集来源,也有利于与现有制度无缝衔接。无雇工的个体工商户、单位未建制的就业职工、非全日制从业人员以及其他灵活就业人员等群体实行自愿缴存,自愿缴存可不封顶,包括比例和额度,为方便管理,可以分档定额缴存(按百整数),其中需要规定的是可免个人所得税的额度,超过部分应交税,目的是提高他们获得制度支持的能力。对未享受免个人所得税的缴存群体,加大政府支持,在制度起步阶段由财政补贴(地方或中央)应免税所得,鼓励自愿缴存,按照一定年限一定额度内实行补贴。

2. 使用机制:重点支持居民合理住房消费和保障性住房开发。

第一,"购、改、租"住房贷款。包括:购置住房贷款、新建住房贷款、旧房改造贷款、租赁住房贷款。对于首次贷款的，采用存贷挂钩与贷款保障额度托底的办法，既有一定数量贷款额度保障，又体现多存多贷的政策导向；对改善型需求（二次贷款）完全实行存贷挂钩，根据家庭成员公积金积余金额的一定倍数给予优惠利率，超出部分实行市场利率。建立信用约束机制，在缴存者申请贷款后，用合同的形式规定继续履行缴存的义务，直至完全还清贷款，对提前中止缴存义务的，恢复市场化利率并记入个人诚信档案。

第二，公积金提取。缴存职工实行有条件提取，条件主要参照现有公积金制度，分为住房消费提取和非住房消费提取，包括：购买、建造、大修自住住房的；偿还住房贷款本息的；无房职工支付自住住房租金的；离休、退休的；出境定居的；完全丧失劳动能力，并与单位终止劳动关系的。与现有公积金制度相比，对已还清贷款、已解决住房问题的群体，增加装修自住住房和支付自住住房物业费的提取。自愿缴存实行按缴存时合同约定提取，根据缴存年限实行差别存款利率。

第三，保障性住房和长租公寓开发贷款。主要指以优惠利率支持保障性住房和长租公寓建设相关的土地开发、工程建设和配套设施建设贷款，构建支持保障性住房和长租公寓开发的政策性融资体系，把国开行住房金融事业部划归住房银行。

第四，投资理财。为确保资金的安全性和高效性，各地方住房银行不得各自为政进行保值增值运作，应交由国家级或省级机构将各地多余运作资金集中委托金融机构或投资基金理财，净收益按出资比例返还。

3. 资金筹集：公积金缴存 + 财政支持 + 资本化运行。

第一来源是住房公积金，"强制 + 自愿"缴存的住房公积金可以作为一个稳定的资金来源，包括单位缴存和个人缴存。第二，政府财政资金。政府提供资本金，地方政府提供一定的贴息资金（如1%），政府以此来管理或影响政策性住房金融活动。第三，政策性资金。廉租住房资金、财政积余资金，以低利率定向存储在住房银行。第四，发行住房抵押债券。发行长期住房抵押债券是主要筹资手段，通过这种方式进行融资正被越来越多国家采用，占比正在逐步提高。第五，从其他机构拆借资金。从中国人民银行、储蓄银行、养老基金、保险公司等拆借资金。第六，余缺调剂。必要时国家住房银行协调各地方的公积金余缺，通过贷款的方式为地方住房银行提供流动性支持，实现其利用最大化。

4. 公积金缴存吸引机制：税收抵免 + 财政补贴 + 住房保障。

一是税收抵免，企业在税前列支单位缴存的公积金，额定比例（金额）的个人缴存部分免交个人所得税。二是适度给予一定财政补贴，方案一，地方政府对所有缴存者给予1个百分点的贴息，鼓励积极缴存；方案二，对自愿缴存的个体工商户、自由职业者、未建制单位自愿缴存等群体，由财政补贴（地方或中央转移支付），鼓励自愿缴存，按照一定年限一定额度内实行补贴，相当于把应该享受而未享受的免税收益以补贴形式发放。三是提高职工住房公积金存款利率，方案一，给缴存职工住房公积金享受国民储蓄利率政策，职工和单位缴存的住房公积金，当年的按零存整取计息，自第二年起按最长年限（目前为 3 年）定期存款计息，期满后结息并再转存最长年限定期存款，职工提取的住房公积金存期不满 5 年的，可按实际存期的整年数定期存款计结息；方案二，借鉴新加坡公积金的存款利率政策，给缴存职工住房公积金享受适当高于国民储蓄利率政策。新加坡对公积金存款利率实行高利率政策，且与市场利率挂钩，本息都不缴税。新加坡的公积金利率水平基本上在 6.5% 的水平线上波动，由于新加坡的通货膨胀率较低，公积金利率平均高于通货膨胀率 2% 左右，所以中央公积金一般不会贬值。此外，政府可规定公积金法定最低利率为 2.5%，以保护公积金会员的基本利益。① 四是保障房分配适度倾斜公积金缴存者，地方政府对公积金缴存者在保障房分配方面予以倾斜，公积金直接投资或发放项目贷款的楼盘，可以按项目套数的一定比例切块，分配给符合配租条件的缴存者，对缴存者可采用积分制，按积分从高到低进行分配。五是引入首付款保险机制，实施低首付。保持比商业银行贷款利率低 1~2 个点的优势。降低首付款比例，着重解决"没钱付首付"问题，对首付款低于正常比例（30%）的购房群体，引入首付款保险机制，允许住房银行降低首付款比例发放贷款。

5. 资金保值增值运作机制：集中委托专业机构理财。

借鉴中央社保资金集中理财进行保值增值的经验，由立法规定，各市住房银行不得各自为政进行保值增值运作，必须交由全国性或全省性机构，集中打包委托金融机构或投资基金理财，净收益按出资比例返还各地住房银行。根据全国社会保障基金理事会发布的《全国社会保障基金理事会社保基金年度报告（2017年度）》数据显示，全国社保基金自 2000 年 8 月成立以来，年均投资收益率 8.44%，2017 年社保基金权益投资收益额 1 846.14 亿元，投资收益率 9.68%，明显跑赢同期通货膨胀率。

6. 风险防控机制：风险准备金 + 制度建设。

提升住房银行系统从业人员素质，包括合规经营理念、风险底线意识等，建立包括流动性风险和其他突发事件风险在内的风险准备金制度，出台《住房银行贷款管理办法》《住房银行资本管理办法》《住房银行监督管理办法》等，加快建成"统一平台、集中管理、统一核算、实时监控、信息共享、决策支持"的信

---

① 陈杰：《五国住房公积金制度的比较》，载于《中国中小企业》，2009 年第 8 期，第 23~27 页。

息化系统提高信息化管理水平。

7. 相关配套政策支持。

财政注资资本金,把过去公积金增值收益上交各地财政纳入公共租赁住房(廉租住房)资金的部分,划转给各省的住房银行,作为资本金,不足部分由省级财政或中央财政出资。低成本政策性资金支持,将各地公共租赁住房(廉租住房)资金、地方住房维修基金(商品房和房改房)等沉淀资金纳入住房银行资金池,约定以一年期基准存款利率计息。住房银行运行产生的增值收益不再上交,并建立事业发展基金。住房银行免交营业税、所得税等(包括融资、证券化等)。

(四) 成熟期住房银行运行方案

政策性住房银行系统运行处于稳定,基于家庭的征税系统健全之后,住房银行服务对象可调整为需要在城镇解决基本住房保障而未解决住房问题的所有在城镇工作的居民和支持保障性住房、长租公寓开发;从直接贷款业务拓展到住房抵押二级市场。特点:自愿参加、契约管理;利率优惠、政府扶持;一、二级市场并举。

1. 缴存机制:自愿缴存。新就业职工,在就业聘用时,个人与单位就是否缴存公积金,以及是否通过单位财务缴存还是自己直接缴存等达到协议,在聘任合同中明确。缴存职工中已解决住房问题的,在还清所有贷款的条件下,经与就业单位协商,可以申请退出公积金缴存。这样做的好处:兼顾个体多样化的需求,充分尊重职工对自身权益的选择权。

2. 管理体制:全国一体或区域一体。随着住房需求的回落和公积金实行自愿缴存,住房银行的业务量将会下降。机构上可调整为:国家住房银行变为实质性的总行,负责各项政策制定、业务操作指导、资金统筹、财务核算;各省变为分行;设区市变为支行。也可以按大区域(华东、华南、东北等)成立若干个独立法人的住房银行。

3. 吸引机制:"高存低贷"+税收抵扣。这里的所谓"高存",通过财政补贴和资本化运行,对自愿缴存公积金者实行最高年限定期储蓄利率政策。"低贷",是指对缴存公积金者贷款实行最小的存贷款利率差政策。实行"高存低贷"利率政策有以下几个好处:一是,实行"高存"利率政策,有利于调动职工(居民)参加住房互助储蓄贷款制度的积极性。二是,实行"低贷"利率政策,可以使储贷户得到更多的实惠。如何实现"高存低贷":一是财政补贴支持;二是超出贷款额度部分以商业银行利率放贷获得的收益和发放开发性贷款的收益反馈缴存者;三是资产证券化,低成本筹集资金。继续实行个人和单位缴存公积金(额度内）可以税前列支和抵扣个人所得税。

4. 发展机制：资本化运作和政策支持。住房银行可持续发展的机制：一是资本化运作，学习社保基金运作经验，通过专业化团队，在国内外金融市场进行科学、审慎的投资决策，构建投资组合，确保资金安全和保值增值。二是政策支持，包括财政贴息、政策性低成本定向存储等；三是加大对居民购房低成本融资支持力度，增强制度吸引力。

5. 业务拓展：住宅抵押二级市场。住宅抵押二级市场是我国未被开发的市场，可学习日本住宅金融支援机构（Japan Housing Finance Agency，JHF）[①]的做法，开展住宅抵押贷款的"购买型"和"保证型"证券化支持业务。其中"购买型"类似于美国的FNMA和FHLMC，主要通过从商业银行购买居民住宅贷款，向商业银行提供贷款，同时将购买的信贷打包，在公开市场发行抵押支持债券或者抵押贷款证券化（MBS）来融资。"保证型"功能类似于美国的GNMA，为其他机构发行MBS提供担保。即拓展服务内容，从支持缴存职工住房消费和支持保障性住房建设，到服务于国家的住宅抵押二级市场的发展，做商业银行更好地提供个人住房贷款的坚强后盾。

本 章 小 结

本章围绕我国住房保障体系建设，在借鉴国外先进经验基础上，系统地提出了我国城镇居民住房发展目标和最低居住标准、住房保障对象界定、完善住房保障方式、健全住房保障相关制度和加快建立政策性住房银行。主要研究成果有：

第一，明确我国住房发展的目标。以保证全体人民安居为最低目标，以满足人民群众对"更舒适的居住条件"期盼为努力方向，可分三步：2025年前，建立健全多主体供给、多渠道保障、租购并举的住房制度，以解决住房绝对贫困和保障居住权为重点，缩小住房消费不平衡不充分，95%以上的城镇常住居民达到最低住房标准；2025年到2035年，全面提升住房质量，80%以上居民达到舒适水平；2035年到2050年，是住房现代化的阶段，实现"全体居民享受舒适的居住条件"和"居者有其屋"的目标。

第二，提出最低住房标准、舒适住房标准。最低标准应满足现代人基本安居

[①] 2007年4月，根据《住宅金融支援机构法案》，日本住宅金融支援机构（Japan Housing Finance Agency，JHF）挂牌成立，取代了原来的住宅金融公库。

所必需的最小空间和设施，体现家庭不同人口数量和人口结构对住房需求的差异，舒适住房引导标准可按目前的平均消费水平来设置。出台住房标准的意义是深化"人人住有所居"，缩小住房消费两极分化，便于地方政府明确住房保障工作的重点，并考核完成绩效。

第三，我国住房保障应由小规模深度救济型保障＋有限资助，向适度普惠型保障转变，让更多的居民实现"住有所居""住有优居"到"居者有其屋"。住房保障对象，应该包括住房没有达到最低居住标准且自己又无能力改变现状，或者是能达到最低居住标准但又影响其他方面正常生活质量的城镇常住人口。认定标准之一：住房低于最低居住标准；认定标准之二：住房负担能力不足。建立现有居住条件、家庭收入、家庭资产三维度的准入标准。

第四，建立"租、售、改、补"四位一体的住房保障供给体系，出租型保障房、出售型保障房、棚户区改造、货币化补贴之间形成"分层""多元化"的合理衔接，不同城市从方式上可以有所侧重。以共有产权住房统领出售型保障房具有产权清晰、寻租空间小、丰富住房供给等优势，而且在私人0产权的公共租赁住房和100%产权的商品住房之间提供了一种过渡型产品，实现了保障性住房与商品房之间的转换，应该加快在房价收入比高、"夹心"群体大的城市推广。

第五，健全住房保障配套制度体系。一是出台住房保障法，明确政府对居民基本居住权保障的义务，确立住房保障在政府公共服务中的地位，建立相关的资源保障机制，在法治的轨道上行使各项住房保障权力。二是用地保障制度，建立住宅用地指标的分配与常住人口、新增建设用地指标"双"挂钩机制，确保保障性住房用地占住宅供地量的20%以上。三是财政保障制度，采用基金的方式运作住房保障归集的资金，明确各级财政每年用于住房保障的经费预算约束，继续实行土地出让净收益中不低于10%的比例进入住房保障基金，把政府手里持有的部分资产划归住房保障基金。四是机构与人员保障制度。

第六，建立政策性住房银行。政策性低成本融资体系是住房保障体系建设的重要内容，目前我国唯一的支持居民低利率购房的住房公积金制度已呈现出很大的局限性，在比较国际上四种典型的住房融资体系基础上，建议在现有公积金基础上成立政策性住房银行，变公积金强制缴存为"强制缴存＋自愿缴存"相结合；变内源式融资为开放式融资；变地区性独立经营为全国统筹、省级独立运作；赋予机构完整的金融功能，政策性住房银行的特色是"会员互助＋政策性支持＋金融化运作"。

第六章

中央与地方政府住房保障职责分工研究

住房保障在政府之间的职责划分,是确保住房保障工作落到实处的关键,其基本逻辑:确定政府在住房保障上的职能,明确各级政府之间分工与责任,并提供住房保障公共服务、检查与效果评估。本章在分析公共服务职责划分的理论、剖析具有典型意义的国家或地区不同层级政府住房保障职责划分等的基础上,提出完善我国城镇住房保障政府职责分工的思路与建议。

第一节 住房保障公共服务职责划分的理论分析

一、政府在住房市场中扮演重要角色

住房作为一种特殊的商品,具有异质性、不可移动性、耐久性、昂贵性、迁移成本高、区位垄断性、外部性与信息不确定性的特征。[1] 住房市场也区别于一般市场,存在内生性缺陷,有效率损失与市场失灵的问题,需要政府进行干预。如:具有垄断性的特征导致市场自身缺乏向中低收入群体提供住房的激励机制,

---

[1] Malpass, P. Housing and the New Welfare State: Wobbly Pillar or Cornerstone? *Housing Studies*, 2008, 23 (1): 1–19.

这种市场失灵长期持续会导致面向中低收入人群的住房短缺。因此，即使美国这样人少地多的市场经济体，市场都不能解决居民的住房问题，联邦政府、州、县政府都不同程度参与保障性住房工作。所以，市场经济中政府需要承担住房公共服务提供者的角色。

对于政府而言，住房保障是一项由中央与地方政府共同承担的工作，其中权利和职责分工直接影响工作效率与效果，包括不同层级政府的分工与同级政府职能之间的关系。国际上来看，政府职能划分存在的趋势是，中央政府负责政策制定、承担较大比例的财政投入，地方政府负责评估、规划、建设、管理等具体工作，[1][2] 并在中央政府设置统一的专项职能机构。例如，美国的住房与城市发展部、英国的社区与地方政府部、新加坡的建屋发展局。

提供公共服务是政府存在的主要目的，合理划分中央与地方之间的财权与事权是高效率提供公共服务的前提条件。住房保障作为政府提供的公共服务之一，政府间公共服务职责的界定遵循的一般原则也是处理和安排中央与地方政府在住房保障上的职责分工的基础。一般而言，政府间公共服务职责的划分普遍遵守以下基本原则：一是事权法定原则，事权法定是众多国家的普遍做法。发达国家普遍在法律上对各级政府职权做了明确的规定，减少相互之间的博弈和责任。但我国《宪法》和相关法律中，只原则性地规定了政府间责任划分，并没有详细规定事权在中央政府、省级政府、县级政府之间的分配，实践中我国多以文件规定处理政府间关系，缺乏必要的法律约束，导致一些领域事权安排存在一定的偶然性和随意性，客观上增加了各级政府间的博弈与谈判成本。二是受益范围原则，即根据公共物品和公共服务的受益范围确定中央和地方之间对事权和支出责任划分。一般意义上，全国性受益的公共产品由中央政府提供，仅地方一定区域受益的公共产品由地方政府提供，跨区域的公共产品由上一级政府承担。三是效率原则，即事权实现的经济性。谁能最优地提供，相应的事权就列入谁的职能范围。由中央政府提供的成本若低于地方政府提供的成本，则由中央政府提供，反之则由地方政府提供。四是财权与事权相匹配原则，即在合理划分中央与地方政府事权的基础上，明确中央和地方政府的财政税收关系，保证事权与财力相匹配。合理划分政府间住房保障职责的关键是处理好纵向间政府财政关系：是强调中央政府在住房保障体系中的主要责任，还是推崇地方优先，或是中央政府与地方财政共同承担，有不同的观点。在实际操作中，中央与地方政府权利和职责分工直接影响工作效率与效果。

---

[1] Bramley, G. An Affordability Crisis in Britain: Dimensions, Causes and Policy Impact, *Housing Studies*, 1994, 9 (1): 103 – 124.

[2] Goodlad, R K. *The Housing Authority as Enabler. Coventry and Harlow*, England: Institute of Housing and Longman Group UK, 1993.

二、中央政府负责论

此类观点认为应该由中央政府来承担,其主要理由是:(1)有利于保障基本的社会公平。居住权是基本生存权的主要组成部分,给予每个居民基本的居住权是中央政府应尽的职责。特别是在市场经济条件下,各区域存在显著的不平衡性,由中央政府来统一实施和保障,最有利于实现公共服务的均等化,化解社会矛盾,保障基本的社会公平。(2)有利于矫正外部效应。国家内部人口流动频繁,而地方政府往往站在地方政府利益角度出发有选择性地给予特定人群住房保障,例如:高层次人才是地方政府最乐意提供住房保障的群体,而对在此工作与生活的社会基层居民重视程度不足,低层次的流动人口常常被排除在保障范围之外。相对而言,社会中低收入群体与弱势群体支付能力弱,需要得到社会的支持多。因此,地方政府存在着忧虑,面向中低收入家庭住房保障做得越好、可能越多地吸引社会基层人员的集聚,地方政府负担越重。如果中央政府不介入,一些城市保障房供给数量很可能出现严重不足,一些住房困难群众得不到保障。(3)有利于把住房保障工程纳入宏观经济调控决策的范畴,有利于宏观经济的稳定性。住房保障不仅仅是民生工程,更是调节经济周期波动的重要工具。中央政府更容易视宏观经济状况主动调整住房保障的政策。当社会总供给小于社会总需求出现通货膨胀时,政府需要增加住房实物保障,而当社会总供给大于社会总需求出现通货紧缩时,通常政府为增加社会总需求而往往发放大量住房货币化补贴。(4)有利于收入再分配。由中央政府提供住房保障公共服务,实质上是中央对各地上交的财政收入进行二次分配,具有很强的横向再分配功能,有利于区间公平,有利于根据各地经济发展状况、住房困难程度调整住房保障政策。

三、地方政府负责论

地方政府负责论者认为住房保障工作应该由地方政府来承担,其最重要的理由是:信息获取方面的优势。最典型的是施蒂格勒的"最优分权"理论,这一理论认为与中央政府相比,地方政府更贴近于地区民众,比中央政府更容易获取辖区内的居民的需求和偏好,由于地方政府在信息获取方面的优势,在确定区域性公共服务的数量和种类上,地方政府应该获得充分的自主支出的权力。施蒂格勒同时指出,中央政府的优势在于解决分配不公,调节全国区域和区域之间的竞争和摩擦。[①]

---

① 周坚卫:《地方公共财政理论与实践》,中国财政经济出版社2008年版。

瓦斯勒·奥茨（Wallace E. Oates）在《财政联邦主义》一书通过对自由配置和社会福利最大化一般均衡分析发现，在提供等量的公共物品前提条件下，相当部分公共物品由地方提供优于由中央政府提供，也就是说，如果下级政府能够和上级政府提供同样的公共品，那么由下级政府提供则效率会更高。① 世界银行《1997年世界发展报告》也指出，最明白无误和最重要的原则是，公共物品和服务应当由能够完全支付成本和赢得收益的最低级政府提供，主张由地方政府来提供公共服务。

住房市场是区域性的市场，从理论上地方政府最了解民众的需求，由地方政府来决策和提供住房保障是最富效率的。但是，拥有相对独立的利益结构的地方政府，会运用自主能力按照自己的意志实现其行政目标，并由此表现出一种区别于上级政府和地方公众意愿的行为逻辑。② 在地方政府的责任体系中，往往把住房保障放在次要位置，这是最大的问题。

四、共同负责论

史密斯（Smith, 1973）③创建的政策执行模型认为，理想化的政策、执行机构、标的团体、环境因素是政策执行过程涉及的重大因素，要实现政策目标，要求执行机关人员必须拥有强烈的目标认同。伯曼（Berman, 1978）④指出，地方机关在执行联邦政策时如果在意见上不能很好地沟通，在行动上不能匹配和协调，政策执行必然困难重重，这说明简单的行政命令并不能解决实际问题，政策制定和执行过程必选考虑行为人的利益。如果信息是全面的、准确的，那么由中央政府或由地方政府提供住房保障是无差别的。但是，社会经济生活中的信息并不完全、也不确定。地方政府尽管能较好地了解掌握居民的偏好，但缺乏住房保障投入的积极性。而中央政府所掌握的关于公民偏好的信息则带有随机性和片面性，中央政府在提供住房保障时必然会受到失真信息的误导，提供的产品太多造成浪费，或者太少满足不了需要，从而不能达到资源配置优化与社会利益最大化。兼顾这二者的优缺点，共同负责论认为：一方面，需要强调中央政府在住房保障支出上的责任，以保障基本的社会公平；另一方面，要增加地方政府在供给中的管理权限、保障责任，并赋予相应的财力，以调动其积极性，发挥地方政府在信息获取方面的先天优势，提高供给效率。⑤

---

① 周坚卫：《地方公共财政理论与实践》，中国财政经济出版社 2008 年版。
② 郭晓云：《地方政府住房政策议程的影响因素及作用机理研究》，经济科学出版社 2017 年版，第 36~37 页，第 199 页。
③ Smith, T B. The Policy Implementation Process, Policy Science, 1973, 4 (2): 197–209.
④ Berman, P. The Study of Macro And Micro Implementation of Social Policy, *Public Policy*, 1978, 26 (2): 157–184.
⑤ 谭禹：《保障性住房供给缺失研究》，经济科学出版社 2015 年版，第 212 页。

尽管理论上还存在不同观点，实践探索中已呈现出一些重要的原则与趋势。不少发达国家在住房保障上的分工原则为中央政府是最主要的出资者，但更多的精力投入到相关法规政策的制定，以及通过转移支付和财政补贴的方式，保障地区间住房保障公共服务的均等化，具体的管理活动则愈来愈倾向于委托给各个层级的地方政府办理。这在一定程度上既发挥了中央政府在收入再分配、宏观调控等方面的优势，同时也有效地发挥了地方政府的信息优势，也有利于调动其积极性。总体而言，在住房保障工作上中央与地方政府存在权力与职责分配、协调，共同承担住房保障职能的问题。目前的趋势有两点：第一，中央政府与地方政府之间的权责逐渐明晰化。中央政府负责全国性政策制定，承担较大比例的财政支出，承担检查与效果评估职能；而地方政府承担政策的具体实施，评估当地的住房需求，选择合适的项目，从规划、土地供给、开发组织、配置管理、资产管理等提供全面的公共服务。第二，政府、市场与社会形成分工与配合的组织架构。私营部门和非营利机构（社会住房部门），如英国、加拿大等国家成立的半官方性质的住房协会、住房合作社逐渐承担起越来越多的保障性住房开发、运营与管理工作，成为国家住房保障政策的实体主体，而中央与地方政府负责给政策、给资源，减少直接参与保障性住房工作。

第二节 住房保障政府间职责分工的国际经验

英国与美国作为住房保障发展先进的国家，在住房保障上经历了几十年的发展与探究，形成了较为稳定与可靠的住房保障体系。本节通过对英美两国住房保障模式与政府间分工特点的分析，指出两者住房保障模式上的优劣势，为我国住房保障发展提供了经验借鉴。

一、美国模式

从 20 世纪 30 年代开始，美国联邦政府开始出现全国性的住房保障政策，法律体系是美国住房政策的基石。1937 年《联邦住房法》为联邦政府开始介入住房保障工作提供了法律依据，后经过多次政策调整形成相对稳定的保障模式，即明确政府的有限责任，以市场为基础，以财政补贴为主要手段，强调地方政府与私营部门的参与。住房与城市发展部是美国联邦政府负责保障性住房事务中的住房部门，成立于 1965 年，职责包括住房市场监管、住房保障政策制定与城市社区发展，演变过程如表 6-1 所示。具体来看，其职责包括提高住房自有率，促进社区融合发展，提供平等的住房保障机会等。为支持低收入家庭的住房需求，该部门通过与地方政府、非营利机构、私营部门、公共机构、宗教机构和社区组织合作，提供保障性住房供给，并负责制定保障性住房的质量与居住环境标准。

表 6-1　　美国联邦政府住房相关管理机构的演变

时间	机构名称	职责
1932 年	联邦住房贷款银行系统	为抵押贷款发放机构提供资金支持
1934 年	联邦住房管理局	监管住房贷款保险体系的联邦机构
1937 年	联邦国民抵押贷款协会	开辟住房抵押贷款的二级市场，主要购买联邦住宅管理局担保的抵押贷款
1937 年	联邦公共住房管理局	向地方公共住房管理机构提供贷款，资助低租金的公共住房建设
1937 年	农民住房管理局	农业部下属机构，管理农业住房贷款事务
1942 年	国家住房管理局	管理城市住房问题的联邦机构，下设联邦住房管理局和公共住房管理局
1943 年	住房与住房金融管理局	国家住房管理局的替代部门，住房与城市发展部的前身
1965 年	住房与城市发展部	取代住房与住房金融管理局，作为联邦政府的内部部门行使住房与公共住房管理职能，存在至今
1989 年	美国退伍军人事务部	为退役军人提供医疗服务、住房贷款担保和就业帮助

资料来源：美国住房与城市发展部网站，HUD（Historical Background），https://en.wikipedia.org/wiki/United_States_Department_of_Housing_and_Urban_Development。

美国在联邦政府层面设置统一负责住房保障的机构也经过多次调整与演变。早期的联邦机构主要为中低收入家庭提供贷款担保等金融支持。例如，1934 年通过的《国家住房法》设立联邦住房管理局和联邦储蓄贷款保险公司，主要目标是帮助更多的购房家庭降低贷款成本。1937 年，为进一步推进公共住房建设，成立了联邦公共住房管理局（Federal Public Housing Authority），主要负责向地方公共住房管理局提供贷款，支持公共住房建设。1942 年并入新成立的国家住房管理局（National Housing Agency），该部门是住房与城市发展部的前身。住房与城市发展部的成立，完成了联邦政府层面对于住房市场监管、保障性住房与城市社区发展职能的统一。

美国联邦政府层面住房支持体系由三大部分组成：住房金融支持体系、住房消费与投资税收减免支持体系、住房保障计划。前二部分注重提高美国家庭住房自有化率，针对性更为广泛，其中不乏对中产阶级家庭的特殊支持；第三部分则倾向于解决中低收入家庭的住房困难，保障对象更具目标性，需要一定的准入标准。美国的住房支持体系主要由如图 6-1 所示的组织体系负责推进，通过这个组织体系的明确分工和有力联合，确保了美国住房支持体系的运行。住房金融体系、住房消费与投资税收减免支持体系、住房保障计划三者的有机结合对美国居民实现"住房梦"做出了较大贡献，本节将在介绍三者的基础上分析美国联邦政府、州、地方政府，营利与非营利组织在其中的定位与职能，在本节的最后，对美国中央政府与地方政府支持住房职能进行了归纳总结。

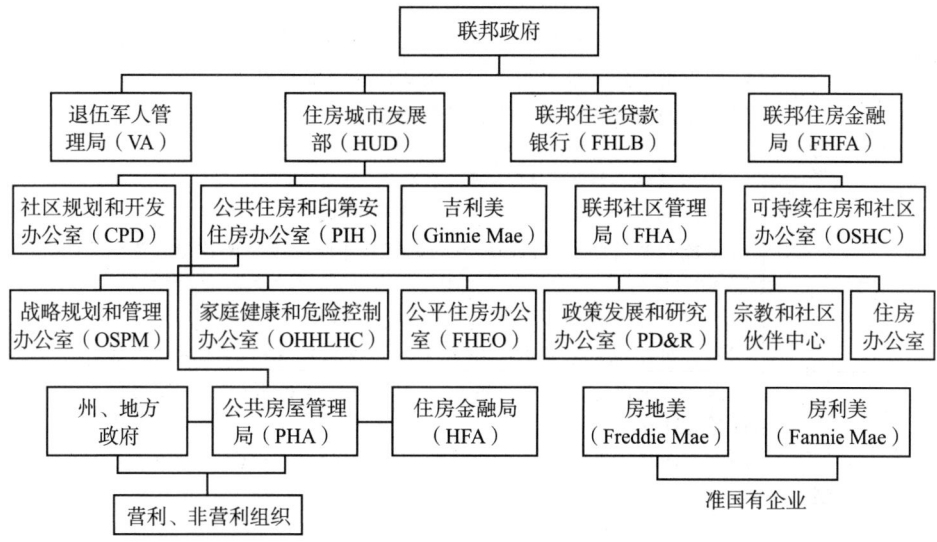

图 6-1 美国住房保障的中央与地方组织构架

资料来源：美国 HUD 官网，http：//portal.hud.gov/hudportal/HUD。

（一）美国联邦政府的职能

1. 领导组织职能。

HUD 作为美国联邦政府的负责住房工作的代表职能部门，拥有庞大的功能结构。各职能办公室根据分工的不同，管理不同的住房保障计划，主要职能办公室有社区规划和开发办公室（CPD）、公共住房和印第安住房办公室（PIH）、吉利美（Ginnie Mae）、联邦住房管理局（FHA）（如表 6-2 所示）。PIH 负责所有和公共住房有关的计划，并和地方公共住房管理局（PHA）进行对接，保证公共住房计划的全面实行。CPD 则负责更为广泛的社区规划和开发计划，也与州、地方政府，以及地方金融机构充分合作，更好地发挥着住房计划的灵活性。而 FHA

和吉利美作为 HUD 直属的金融机构，其在住房金融体系中发挥着重要作用。FHA 在一级市场上对住房抵押贷款提供贷款保险，以鼓励商业银行开展住房抵押贷款业务保障贷款人的购房资金来源，并通过向贷款人收取抵押贷款保险费用来维持日常运营。吉利美的主要职能是在二级市场为中低收入者住房抵押贷款的证券化提供可靠的背书和担保，以提高证券的资信等级，而其自身并不参与证券的发行和买卖。当然，HUD 还包含其他职能部门，如公平住房办公室（FHEO）、住房办公室、家庭健康和危险控制办公室等。

表 6 - 2　　　　　　　　　　HUD 主要职能部门介绍

部门	职能
吉利美 （Ginnie Mae）	(1) 为抵押贷款机构提供担保，使它们在二级市场获得充裕的资金 (2) 保证投资者及时获得抵押贷款证券的本金和利息 (3) 本身不购买、销售或者发行证券
联邦住房管理局 （FHA）	(1) 为贷款人提供违约保险 (2) 以向贷款人收取保险费维持日常运营 (3) 能自我盈利，是目前联邦政府机构中唯一不需要花费联邦预算的部门
公共住房和 印第安住房 办公室（PIH）	(1) 负责监督和监控低收入家庭的住房计划 (2) 保证给低收入家庭提供安全、体面和可支付的住房；为居民创造就业机会；确保计划参与者的财政完整性；支持混合收入发展计划替代不良公共住房 (3) PIH 的三个主要业务领域：租赁券计划（HCV）、公共住房计划、印第安住房办公室
社区规划和 开发办公室 （CPD）	(1) 为州、地方政府、营利和非营利组织提供资金，并管理住房、经济发展、无家可归的援助、基础设施、灾难复原工作和其他的社区发展活动 (2) 合作方面，CPD 和当地资金接受者通过提供体面的住房、合适的生活环境，一起发展可行的社区。并扩大中低收入者的就业机会
可持续住房和 社区办公室	(1) 降低社区住房、交通、环境成本，发展住房节能及社区可持续新经济 (2) 具体工作：帮助社区制定与主要利益相关主体的发展计划；帮助社区利用区域资产；通过实现社区内住房与工作相结合，培养当地创新能力，以及支持节能的经济适用住房等措施最终实现社区住房、经济、环境可持续发展

资料来源：美国 HUD 官网，http://portal.hud.gov/hudportal/HUD。

美国联邦金融机构占据了保障支持体系组织构架的半壁江山，除了 HUD 直属的吉利美和 FHA 外，主要职能部门还有退伍军人管理局（VA）、联邦住宅贷款银行（FHLB）、联邦住房金融局（FHFA）、房利美（Fannie Mae）、房地美（Freddie Mac），其中房利美和房地美为私营机构，但因拥有强大的政府背景也作为联邦政府机构放入体系之内。以上金融机构在实现住房融资、担保上起到了重要作用（如表 6－3 所示）。

表 6－3　　　　　　　　美国联邦住房金融机构职能介绍

金融机构	职能
退伍军人管理局（VA）	为退伍军人的住房抵押贷款提供联邦担保
联邦住宅贷款银行（FHLB）	为成员银行提供稳定的住房贷款资金来源
联邦住房金融局（FHFA）	监督房利美和房地美的市场行为
房利美、房地美	（1）向不同的贷款银行购买尚未偿清的住房抵押贷款，进行分类打包组合、评级，发行到市场交易流通 （2）通过住房抵押贷款证券化提高资金的流动性 （3）美国准国有企业，资信水平高 （4）可豁免联邦和州政府客税 （5）可不在证监会注册，即不受证监会监管 （6）购买的住房贷款中必须有 40%～60% 的比例来自中低收入者和贫困地区

资料来源：美国 HUD 官网，http：//portal.hud.gov/hudportal/HUD。

2. 立法保障职能。

20 世纪 30 年代以后，美国出台了一系列有关住房的法案，以保证联邦政府政策实施。1932 年根据《住宅抵押贷款法》成立了"房产贷款公司"（HOLC），由联邦政府负责担保，培育了提供长久性、分期还款方式运作的抵押市场。根据 1934 年《国家住房法》设立了两个机构：HUD（住房城市发展部）和 VA（退伍军人管理局），之后又在 HUD 之下建立了 FHA（联邦住房管理局）和 FNMA（联邦国民抵押贷款协会）。1937 年的住房法案明确"由联邦政府向地方住房管理部门提供资金，为有孩子的低收入家庭、老人伤残者或生理上有障碍的人建造、经营和维修住宅"，标志着联邦政府对住房领域的干预由间接调控向直接管理的转变。创建了美国住房管理局（US Housing Authority），职能是为地方政府建造和管理公共住房，地方层面则创造了公共住房委员会（PHA），PHA 拥有并运作公共住房，资金来源于销售房屋的收入（免税）和联邦政府的拨款。PHA 的创建是因为联邦政府没有土地征用权来建造公共住房，当地政府创立 PHA 来获得公共住房土地。1949 年《住房法》提出了"让每一个美国人拥有合适的住宅和居住环境"的住房发展目标，并且制订了住房发展计划，计划在 6 年内每年兴建 135 000 个公共住宅单元。1961 年《国民住宅法案》重要内容是"对私人建房者提供大大低于普通抵押贷款利率的资金，鼓励私人建设者从事低收入家庭公寓住房的大规模兴建和维修"。1968 年《住房和城市发展法案》中的条款为购建房提供丰厚的补贴，235 条款为中等收入家庭购买住房的抵押贷款提供补贴，236 条款为租赁房的建造提供补贴。国会全额资助这两项计划，1970～1979 年这两项计划创造了 100 万个低收入住房单元。[①] 1968 年《公平住房法》规定在住房的销售和出租中、与住房相关的交易活动中、中介活动中、宗教组织活动的相关业务中，不得执行歧视性规定。1990 年《全国可支付住宅法》采用税收支持计划州和地方政府计划及私营部门参与来解决可支付住宅问题。这些法律明确了美国联邦政府在解决公民住房问题上的目标、公民权益、政府职能、机构保障、资金保障和税收优惠等。

3. 金融支持职能。

美国联邦政府与地方政府在公共住房支出上的基本模式是，联邦政府负担住房建设的资本投入，地方政府通过收取租金来支付运营成本。美国住房金融支持体系的特征是：发挥政策性金融机构的担保、保险功能，降低商业银行贷款的流动性风险和违约风险，吸引商业银行加大对中低收入者购房贷款支持，提高中低收入人群购房支付能力。当前，美国的住房金融体系以抵押型房地产制度为核心，分为抵押贷款一级市场和抵押贷款二级市场。一级市场以商业性金融为主导，由贷款人、商业性金融机构以及政策性金融机构（联邦住宅管理局 FHA、退伍军人管理局 VA、联邦住宅贷款银行 FHLB）组成。商业性住房贷款机构发放住房抵押贷款给中低收入人群，由 FHA、VA 等机构为中低收入人群的住房抵押贷款进行保险，当中低收入人群因经济能力无法偿还贷款时，由 FHA、VA 等保险机构对住房抵押贷款进行清偿，同时联邦住宅贷款银行还为其成员住房贷款机构提供贷款，以此保证住房贷款机构获得充足的资金提供给中低收入人群。

二级市场以政策性金融为主导，主要金融机构为吉利美、房利美、房地美。其中房利美和房地美直接对一级市场上中低收入群体的住房抵押贷款进行证券

---

① 刘志琳、景娟、满燕云：《保障性住房政策国际经验：政策模式与工具》，商务印书馆 2016 年版，第 70～71 页。

化，以提高资金的流动性，并确保资金迅速回到住房贷款机构以提高中低收入人群获得住房抵押贷款的获得性，在此过程中吉利美对中低收入人群的住房抵押贷款证券进行信用担保，大大降低了其发行风险，为向中低收入群体提供资金起到了重要作用（如图 6-2 所示）。

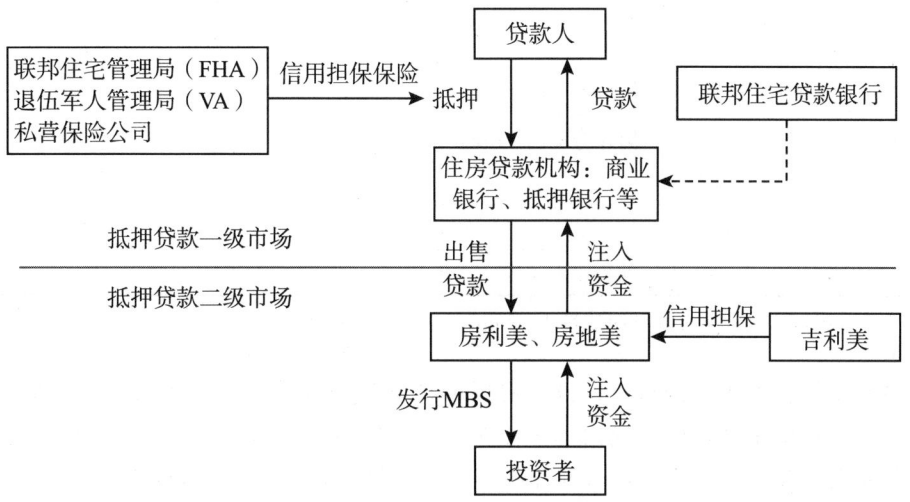

图 6-2　美国住房金融体系基本构架

资料来源：美国 HUD 官网，http：//portal.hud.gov/hudportal/HUD。

4. 税收支持职能。

联邦政府的税收政策分两部分：一是对住房拥有者的税收补助，二是对开发保障性住房的投资者的税收补助，将税收补助分为以下几类（如表 6-4 所示），从 2012 年数据估计上看，美国联邦政府对房主的住房税收补贴高达 2 080 亿美元，对投资者的税收补贴为 217 亿美元，可见对房主的税收补贴远远大于对投资者的税收补贴，其中很大一部分来自对房主净租金收入的免税（HCV 计划中实行）和自住住房抵押贷款利息的减免。从政府职能的角度看，联邦政府通过立法进行强行规定，而州、地方政府则扮演着执行者的角色。

表 6-4　　　　　　美国住房税费支出估计值　　　　单位：十亿美元

		2012 年	2016 年	2012~2016 年
	合计	208.0	304.1	1 272.00
房主	净租金收入免税	50.6	75.5	302.80
	自住住房抵押贷款利息减免	98.6	143.7	609.20
	自住住房州和地方财产税免税	24.9	31.4	142.30

续表

		2012 年	2016 年	2012～2016 年
房主	销售收入分期收款的延缓	0.8	1.6	6.10
	房屋销售中资本利得税减免	35.2	52.4	216.80
	购房信贷（临时的）	-2.2	-0.5	-5.20
投资者	合计	20.9	29.2	123.60
	自住住房抵押贷款债券利息的减免	1.5	2.1	9.30
	因租赁被动损失规则例外造成的 25 000 美元的租赁损失	13.1	20.2	83.80
	LIHTC	6.3	7.6	36.10
	廉租房的折旧（正常的税收方法）	-1.6	-0.7	-5.60

资料来源：国际货币基金网站报告，https：//www.imf.org/external/index.htm。

在美国税费支出排行中，自有房屋抵押贷款利息的减免、净租金收入免税、房屋销售中资本利得税免税的排名分别为前第 2、第 5、第 12 位，可见联邦政府对住房税收支持力度大。在税收支持中，对于投资者（开发商或租赁商）的收税减免政策，是公共政策中一种特殊类型。[①] 联邦政府通过房利美向私人房贷商提供房贷保险，使得营利性与非营利性开发商能够得到低于市场利率（通常 3%）的住房贷款。

5. 计划制定与项目推进职能。

美国的联邦住房保障计划由 HUD 相关部门发起并负责，但并不是由联邦机构独立运营，而是需要州、地方政府及相关机构的配合才得以顺利运行。公共住房和印第安住房办公室（PIH）及社区规划和开发办公室（CPD）为这几项住房计划中主要的联邦职能机构。

（1）公共住房计划。公共住房在 1937 年的新政立法中通过，后修改过多次。该法案授权给 PHA，发行债券融资，由联邦政府支付债券利息和本金，公共住房运作的成本由租户租金来弥补。据 2003 年统计，有 50% 的公共住房已经超过了 30 年。[②] 1993 年国会推出了 Hope VI 计划，以拆去和重建不良的公共住房，通过这种方式将极端贫困的社区转变成功能性、可持续的混合收入社区。在过去 20 年里，HOPE VI 计划共资助了约 15 万个住房单元的拆迁，并在 247 个公共住房

[①] Green, R. K. and Malpezzi, S. *A Primer on U. S. Housing Markets and Housing Policy*，Washington D. C.：The Urban Institute Press. 2003.

[②] Robert M. Buckley and Alex F. *Housing Policy in the U. S.：The Evolving Sub-national Role*，http：//milanoschool.org/wp-content/uploads/2013/04/Buckley_and_Schwartz_2011-06.pdf.

项目中投资了 61 亿美元。截至 2009 年，租赁券计划帮助了 220 万户家庭，占 HUD 计划援助家庭的 42%。① 两项计划中，由 HUD 的公共住房和印第安住房办公室（PIH）对项目进行拨款，由州、地方的公共房屋管理局（PHA）进行具体的项目操作。

（2）CDBG 社区发展财政补贴计划。1974 年《住房和社区发展法案》有两项主要内容：社区发展资金（CDBG）和住房补贴计划。CDBG 是联邦政府的专项拨款资金用于社区的发展与改进的计划，并赋予了州、地方政府使用 HUD 拨款资金更大的自主权，并且至少 70% 的资金用于中低收入人群（收入为地区平均水平 80% 以下的）。2013 年，用于 CDBG 的非联邦实物资产投资为 11.29 亿美元（如表 6-5 所示）。在该项计划中 HUD 的社区规划和开发办公室（CPO）提供并负责项目拨款，针对不同情况实行不同职能。如在一般社区的住房支出上，需要州、地方政府提出申请并制定使用方案，方案中需提出州或自治区住房需求，并制定符合需求的使用策略以及如何实现。

表 6-5　　　　　　　　非联邦实物资产的投资　　　　　　　　单位：亿美元

项目	2009 年	2010 年	2011 年	2012 年	2013 年
CDBG	11.8	10.83	11.32	11.15	11.29

资料来源：2013 HUD Agency Financial Report。

（3）HOME 计划。HOME 计划是最大的联邦补助计划，其资金必须使用在住房计划和项目中，且受益者必须是低收入家庭。截至 2009 年 3 月，HOME 计划提供了超过 277 亿美元的资金，帮助了 110 万租户和业主。在政府职能上，由 HUD 的社区规划和开发办公室（CPO）根据各地需求直接拨款给州、地方政府，其中城市和地方政府每年获得 60% 的 HOME 资金，州获得另外的 40%。② 同时要求所有参与的州和地方政府每年至少分配 15% 的 HOME 资金给社区非营利组织。

（4）LIHTC 税收抵免计划。LIHTC 是对低收入租赁房屋最大的税收抵免补贴，相比公共住房项目帮助了更多的家庭。税收信用额度由联邦政府按人口分配到各州，通过州住房金融机构（HFA）分配，开发商向 HFA 申请信用额度，其中至少 10% 的信用额度必须分配给非营利组织。从某种意义上说，税收减免计划类似于联邦拨款，即每个州分配到固定的税收信用额度，以及拥有如何使用税收抵免的决定权。开发商开发的住房中，政府控制的租金至少 15 年，保证 20%

①② Robert M. *Buckley and Alex F. Housing Policy in the U. S. : The Evolving Sub-national Role*，http://milanoschool.org/wp-content/uploads/2013/04/Buckley_and_Schwartz_2011-06.pdf.

的单元用于收入为地区中位数收入 50% 以下家庭，或者 40% 的住房单元用于收入为中位数收入 60% 以下的家庭，政府适当控制租金。LIHTC 解决了之前的很多问题，它足够灵活，州可以根据个人需求和优先事项调整计划，鼓励混合居住，由于住房产权归开发商，对住房的管理与维修更为良好。

（二）地方政府的职能

1. 组织实施职能。

美国住房保障计划的实施，还需依靠与州地方政府、公共房屋管理局（PHA）、住房金融局、营利和非营利组织的合作。联邦政府为大部分项目提供资金补助，但是在决定项目方面不像以前那么深入。州和地方政府对于哪类住房进行补贴，哪些家庭可以享受优先权，房子要建在哪里，哪些营利或非营利组织应该参与进来，甚至是提供的补贴类型更有话语权。其中，州、地方政府主要负责地区的住房发展，实现联邦资金的优化配置，并执行联邦政府的减免税条款；公共房屋管理局实则是 HUD 公共住房和印第安住房办公室的地方机构，主要负责该部门的地方公共住房相关工作，以保证公共住房计划的顺利开展，职能更具针对性；而住房金融局（HFA）分为州 HFA 及地方 HFA，为地方的金融机构，负责相关州、地方信托基金及免税、应税债券的发行，并协助联邦政府完成住房计划，但其完全脱离联邦住房金融体系。

2. 住房支持职能。

地方政府结合各地情况，在联邦支持项目基础上，又推进品种多样的帮助解决中低收入家庭住房困难的项目或提高其支付能力的计划。

（1）住房信托基金。住房信托基金是 1980 年由一些州创立的多项政策改革中的一种，为保障房资金提供一项稳定的资金来源。住房信托资金的收入来源在很多州中都不一样，但是总的来说，很多来源于州拨款或者指定的收入来源的结合。指定的收入来源包括行政收费和税收。住房信托基金面向中低收入家庭，支持了多种住房计划。2000 年美国 39 个州、县、市已经建立了近 600 个信托基金，每年有超过 16 亿美元的资金用于住房援助。[①] 在政府职能上，信托基金由州、地方住房金融局（HFA）建立并运营，受监督委员会的监管。其中，银行、房地产经纪人、营利和非营利开发商、倡导组织、工会、服务提供者、低收入居民在其中扮演着顾问的角色。

（2）免税、应税债券融资。免税、应税债券是由州政府直接发起的住房金融计划，主要针对首次购房者和租赁房产开发的抵押贷款进行债券融资。2007 年，

---

① 资料来源：NCSHA, State HFA Factbook：2000。

各个州发行的债券中,最少的债券融资为 2.562 亿美元,发行量最大的州为 31 亿美元。在政府职能上,免税、应税住房债券由州住房金融机构 HFA 发行,并决定资金的去向,联邦政府没有管理权和使用权。

（3）容积率奖励。一些地方为鼓励开发商向中低收入家庭提供可承受住房,出台通过放宽容积率,一般是提高 20% 的容积率,放宽容积率多建部分的住房约定以建安成本低价供给中低收入家庭,或以政府规定的租金出租。

（4）土地规划保障。一是有的地方通过实施包容性规划,即混合利用和混合收入住房规划,既实现社区的多样化,又提高中低收入住房的供给,从而可以在长期内保持一个充满活力的社会。二是有的地方通过附属住宅条例,即允许独立屋的住宅可以再附带一个另外的住房单元的土地规划条例。附属住宅可以用多种方式建造,包括转换现有住宅的一部分,在现有住宅基础上加入一部分,或者建造一个新的建筑。这些附属住宅建设既向社会提供了一个新的出租保障房单元,他们又为业主提供收入来源来增加房屋的保障性。有些地方政府为鼓励附属住宅开发,向业主提供低息贷款,但要求业主同意向收入在当地平均收入 80% 以下的不同收入人群出租,并且不低于 15 年。三是对未充分利用的建筑进行更大程度的利用,如利用老学校、军事基地和看护所用来建造保障房。一些社区和州政府通过放松土地规划条例,限制财产税,对居住单元的再开发提供低息贷款等鼓励将这些地方作为保障房。美国加州的洛杉矶市采用了选择性再利用条例,未被充分利用的商业建筑可以转换成公寓、艺术家的阁楼以及办公区等。这个项目在加速批准程序的同时,放松对停车库建设、开发密度以及其他的管制。

对美国联邦政府及州、地方政府在住房支持体系中的职能进行归纳总结发现,在财政支持方面,联邦政府以财政拨款为主,但对资金的具体用途干涉较少,更多的是由州、地方政府或机构来决定资金的使用方向,对住房计划进行实地运行;而在税收支持方面,联邦政府的职能为立法及联邦税收减免,州、地方政府则负责税收减免的执行,分工十分明确;而金融担保在美国住房保障中起着十分重要的作用,决定了整个住房保障体系以"资本市场"为主导,在金融融资担保上,联邦和州、地方政府的住房金融体系均相对独立,联邦住房金融体系下的融资与担保由联邦政府金融机构执行,如一级市场的住房抵押贷款保险与二级市场的住房抵押贷款证券化中,均由联邦金融机构执行,不存在任何地方性质的金融机构,而由州发起的融资则完全交由州、地方 HFA 来执行,联邦金融机构不会进行任何援助（如表 6-6 所示）。

表6-6　　　　　　　　美国联邦政府与地方政府职能归纳

类型	项目	联邦政府	地方政府
财政支持	CDBG 灾后重建	直接拨款	社区复原
	CDBG 住房支出	审核申请决定是否拨款	提交申请、方案，获得拨款用于社区发展
	HOME 计划	每年固定拨款，分配给州、地方政府	收到拨款，15% 分配给非营利组织，基金用于提高住房拥有率和保障房
	HOPE VI 计划	拨款给 PHA	PHA 将资金用于改造不良公屋，并交由私人管理公司管理
	HCV 租赁券计划	设定支付标准，划拨租赁券	PHA 根据当地情况调整标准并选择使用人群，分配租赁券
税收支持	LIHTC	根据州人口分配信用额度	州 HFA 选择合适的开发商分配信用额度
	减免税债券	—	州 HFA 直接发起，对发行的融资债券减免联邦所得税
	资本利得税减免	立法规定（纳税人救助法案）	出售主要住所资本收益不超过 250 000 美元的免联邦所得税
	抵押贷款利息减免	立法规定（税法改革法案）	对符合标准的住宅的抵押贷款利息减免
	租金收入所得税减免（HCV）	立法规定	对 HCV 计划中的租赁房屋租金实行所得税减免
金融担保、融资	CDBG 贷款担保	HUD 直接担保，并提供金融资源	—
	抵押贷款保险	FHA、VA 提供贷款保险，收取保险费	—
金融担保、融资	抵押贷款证券化担保、背书	吉利美为抵押贷款证券化提供担保、背书	—
	抵押贷款证券化	房地美、房利美将住房抵押贷款证券化，在二级市场发行	—
	为银行提供低息贷款	FHLB 为成员银行提供资金来源	—

续表

类型	项目	联邦政府	地方政府
金融担保、融资	免税、应税债券	—	州 HFA 发起，进行债券融资，用于为首次购房者和租赁房开发提供低息贷款
	住宅信托基金	—	州、地方 HFA 建立并运营信托基金
土地	容积率奖励	—	地方政府给开发商一定的容积率奖励，多建部分的住宅作为可承受住宅（租金或价格管控）
	包容性规划	—	地方政府规定一定比例的用地或建筑面积用于中低收入家庭的住房

资料来源：作者根据相关资料整理。

总体看，美国联邦政府相比地方政府在住房保障中发挥着更大的作用，一是主导着全国住房政策与法律体系建设，职责清晰明确；二是建立了完整的、庞大的管理机构体系；三是金融、税收等支持力度大。但是，州在这方面的行动也活跃起来了，表现在新的州住房机构数量上升，以及州住房拨款数量的增加，另外每个州的住房计划的类型还开始攀升。特别是 1980 年以来，州政府在健康护理、经济、环境、保障房政策上的角色变得活跃起来。国家政策制定者还在继续讨论国家解决低收入住房问题的可负担性或可行性，以及供给计划是否能解决问题。在州层面上，住房机构发现有很多方法可以尝试解决中低收入家庭的保障房问题。

二、英国模式

英国的住房支持体系是典型的资本补贴型，政府直接提供财政资金并以各种补贴的形式来加强保障性住房建设并提高中低收入人群的住房私有率。目前，英国的住房支持体系从供给补贴和需求补贴两个角度出发，创建多个住房支持计划，以提高保障性住房的供给并实现中低收入人群居者有其屋的目标。在各项住房支持计划中，英国中央政府通过与地方政府及机构的紧密合作，成功发挥了住房协会等社会组织作用，达成甚至超越了预期的建设和分配目标，对实现英国中低收入人群的住房梦做出了突出贡献。鉴于英国由英格兰、苏格兰、威尔士、北爱尔兰组成，各地的住房政策及机构设置整体大同小异，因此本节以拥有最大面积、最多人口的英格兰地区为例，解析英国中央政府和地方政府在住房支持体系中的分工与合作。

（一）演变阶段

从 18 世纪末开始，在工业化与城市化进程中，英国的住房问题成为一项比较突出的社会问题。英国住房体系与政策经历了四个阶段。

1. 1914~1944 年，早期的政府干预。

1919 年颁布的《住房与城镇规划法》通过立法形式规定了地方政府有责任满足当地的住房需求与制定规划的职责，确立了中央政府为地方政府兴建公共住房提供财政补贴的资金保障模式。1924 年与 1930 年的《住房法》鼓励地方政府建设公共住房，扩大中央住房补贴范围。经过多次博弈，总体上确立了中央政府通过财政补贴引导地方政府完成住房保障与社区改造的基本制度框架。同时，政府开始采取租金控制，应对住房不足与租金上涨。1939 年开始，仅对价值较低住房进行控制，约占出租的存量租房额 44%。①

2. 1945~1969 年，公共住房模式形成。

第二次世界大战后，政府干预住房市场的力度加强，1945~1950 年实施大规模的公共住房建设，中央政府通过为"基本需求"住房建设提供补贴，这一时期有 4/5 新建住房为公共住房。1964~1969 年公共住房模式延续和调整，政府认识到公共住房的问题，开始同时强调公共住房与住房市场的重要性，公共住房与私有住房各占一半。②

3. 1970~1979 年，保障性住房政策丰富化。

基本住房问题解决之后，政府开始鼓励和支持自有住房，鼓励私营部门参与保障性住房供应，开始对需求端进行补贴，强调非营利性机构的作用。1970 年开始，公共住房模式有所转变，地方政府主导的公共住房开始市场化，1972 年颁布《住房金融法》规定公共住房租金标准应当逐步向市场化"公允租金"调整，将市场机制引入租赁住房体系，提高对存量公共住房资源的利用效率。这一政策取向构成了英国保障性住房政策的长期取向。1975 年政府进一步颁布《住房租金与补贴法》，强调公共住房的租金保持在"合理租金（reasonable rents）"范围内。1974 年《住房法》正式引入住房协会作为保障性住房的供应主体的法律地位。住房协会可以申请中央政府的住房协会基金（Housing Association Grant），新建、购置或者修缮租赁租房，并收取公平租金。

4. 1980~1996 年，混合式的住房保障政策。

这一时期的住房政策包括鼓励住房自有，减少政府对保障性住房的直接干

---

①② Lund, B. *Understanding Housing Policy*, The Policy and the Social Policy Association, Bristol, UK, 2006.

预、鼓励私营部门和非营利机构参与住房供应。针对需求端补贴手段在保障房政策的作用不断增大。1988年，《住房法》建立以住房补贴为核心的需求端补贴政策，提高租户对市场租金的支付能力。1975年，80%的政府住房补贴是以促进保障房供应为目标，而到2000年，超过85%的住房补贴用于降低低收入家庭住房成本的需求方补贴，住房补贴是主要部分。并通过共有产权住房等方式鼓励居民购房，提高住房自有率。对住房抵押贷款利率进行税收减免，对存量公共住房实施"购买权"计划，允许长期租住公共住房的家庭以较低的折扣购买住房，减少政府管理和维护公共住房的财政压力。地方政府退出住房建设，住房协会成为租赁住房的供应主体。20世纪90年代地方政府停止了公共住房的建设，取消私营出租住房的租金管制。政府采取多措施鼓励住房协会成为保障性住房的供应主体，逐渐将地方政府的职能转移到公共住房协会。

5. 1997年至今，进入稳定阶段。

1997年以后，英国的保障性住房政策进入稳定状态，重点放在存量住房、社区更新，并对政府公共住房和社会租赁住房提出"宜居住房（decent homes）"标准。[①] 2004年，新颁布的《住房法》（*The Housing Act* 2004），确定在2010年之前为所有家庭提供"宜居住房"的目标。政府设立了低成本自有住房计划（low cost home ownership schemes）以及相应住房信息服务，提升租房家庭的权利和居住条件，2016年要求新增住房达到零碳标准。新增保障性住房基本以住房协会提供的社会租赁住房为主，住房协会通过申请中央政策的社会住房补贴并在资本市场上融资进行社会住房的建设和维修，并向租户收取社会租金，低收入租户可以向政府申请住房补贴提高其支付能力。

（二）组织机构与职能分工

社区与地方政府部是英国联邦层面负责保障性住房事务的机构，负责制定住房政策、社区更新、公共服务与地方政府工作绩效评价、规划、防火与救援等相关国家政策。在住房政策方面，社区与地方政府部的工作目标是"让每个人都有机会以可支付的价格、在自己生活和工作的地方租住或购买适宜住房"，下设住房和社区局，是社区和地方政府部的执行机构，也是社会住房供应商的监管机构，负责注册社会房东的融资和配合城市更新的保障房工作，确保保障性住房与社区更新政策的统一性与协调性。租房管理局负责监管注册社会房东的运作（如图6-3所示）。

---

① Holmans, A E. London Housing and Housing Policy in England 1975–2002: Chronology and Commentary. Report for the Office of the Deputy Prime Minister. Cambridge: Centre for Housing and Planning Research, 2005.

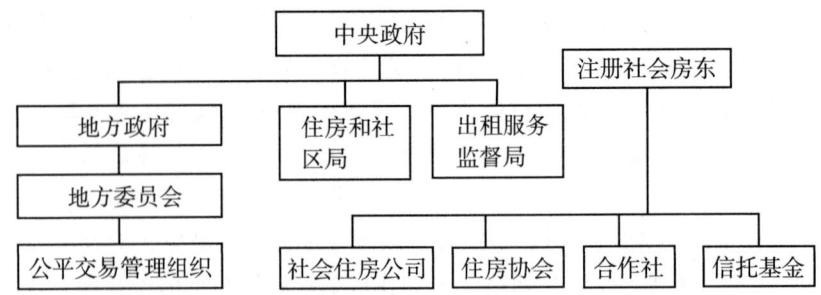

图 6-3　英格兰住房支持体系中政府及社会组织机构

资料来源：作者根据相关资料整理。

地方委员会是名副其实的地方行政部门，主要负责议会公屋的管理、出售以及住房补贴的发放，公平交易组织是由地方当局和社区协商建立起由社区租户（占 1/3 以上）、地方当局官员、独立成员等共同组成的负责管理、维护和改善社区内议会公屋住房条件的非营利组织。

注册社会房东（registered social landlord，RSL）是登记注册的受政府资助的非营利机构，它负责建设符合"体面住宅"标准的保障性住房，在注册社会房东中，有住房协会、社会住房公司、信托基金、合作社等，大多数是住房协会。全国住房联合协会是自律组织，管理着英国 2 000 多个住房协会。

1. 中央政府的职能。

中央政府的职能主要是：住房政策的制定，财政拨款，提供金融支持，地方政府工作绩效评价，注册社会房东的监管等。住房与社区局是中央职能具体的执行部门，2008 年通过的《住房与城市更新法》规定住房与社区局的职能包括：（1）提升英格兰的住房供应与质量。（2）确保英格兰的土地与基础设施更新与开发。（3）支持英格兰的社区建设、更新、发展及长期福祉。（4）在保障人民住房需求的基础上，为可持续发展和优质住房设计做贡献。住房与社区局在法律授权下，具体工作内容包括：住房与基础设施供应、推动或者获取（强制购买、更新、土地高效利用）；建立公司；提供金融支持；推动社区服务；提供咨询、培训、研究和信息服务。①

2. 地方政府的职能。

满足地方居民的基本住房需求是地方政府提供公共服务的重要内容。尽管地方政府由议会通过选举产生，但其在保障性住房政策上的权利、职责、财政能力都一定程度上受中央政策的影响。1919 年英国颁布《住房与城镇计划法》，第一次明确规定政府具有住房保障的法定职责，允许地方政府使用中央财政资金建造

---

① 英国社区与地方政府部网站，http://www.communities.gov.uk/housing/。

社会住房，向中低收入家庭出租，以保障他们的住房需求。2007年《住房绿皮书》提出地方政府承担"为满足不同产权的住房需求而进行有效规划和供给相关的策略性决策与行为"的职责，具体包括：①

（1）评估当地居民对各种产权住房的需求，制定相应规划。

（2）最大程度利用存量住房。

（3）规划并推动新增住房供给。

（4）规划与推动和住房有关的支持性服务。

（5）与相关部门合作，确保有效的住房与社区管理。

（6）最大化利用社会和私营住房的存量供应。

（7）推动混合型社区。

（8）与有关服务机构合作（学校、社会服务），推动可持续社区建设。

（9）制定有关政策，促进社会住房租户的就业和技能培训。

3. 非营利组织参与保障性住房建设与管理。

1988年以来，非营利性的社会组织——住房协会（社会租赁机构）成为保障性住房供给的核心，2013年住房协会拥有出租社会住房234.16万套，占整个住房供给量的10.07%，已超过地方政府拥有的数量。② 1988年《住房法》将住房协会定性为专门从事建筑、维修、管理低收入群体住房需求的非营利组织，住房协会可获得公共资金资助，承担相应的社会职能，政府还巧妙设计激励私人资本与住房协会一起参与投资保障房的政策框架，促进了住房协会的发展。

英格兰的住房支持体系中，中央政府与地方政府部门、住房协会等社会组织通过如图6-3所示的方式运行，以实现居有其屋、住有所居的住房目标。首先，住房和社区局获得中央财政部门拨款后对资金进行管理，1980年以前中央拨款主要给地方议会，鼓励其建造保障房；1980年以后，受撒切尔夫人经济自由化思想影响，中央拨款主要面向非营利组织，通过审核的住房协会（现在私人机构也可以参与）可参与建设资金的投标，中标的单位将建设资金用于保障性住房建设，同时住房和社区局在一些住房支持计划中为中低收入人群提供住房净值贷款，减轻其购房压力。其次，住房和社区局掌握着大量的公共土地，通过合理的规划要求将土地出让或低价出让给住房协会。而作为中央机构，社会和地方政府部不但要制定全国的住房支持政策与计划，还在一些住房支持计划中为住房协会提供融资担保和抵押贷款担保，以降低资金风险。另外中低收入群体被赋予购买

---

①② 资料来源：英国社区及地方政府部，https://www.gov.uk/government/statistical-data-sets/stock-profile。

议会公屋和社会住房的权利,使其能以折扣的方式低价购买租赁的住房。对于无法购买全部产权的群体,政府还允许他们购买住房的部分产权,剩余产权与地方委员会或住房协会进行共享。对于依旧无法购买住房的群体,社区和地方政府部通过地方委员会提供住房补贴使其有房可住。可见,根据中低收入者需求的梯度住房支持方式十分有效。

(三) 住房保障项目分工

1980 年以后非营利组织——住房协会越来越多地替代地方政府承担项目的建设和具体管理,而地方政府和机构则负责项目的筛选、管理和评估(如图 6-4 所示)。住房协会资金来源:一是中央政府拨款;二是存量项目出售或出租的收入;三是企业捐赠;四是向私人企业和银行融资。中央政府主要通过财政支持的方式来保障住房的供给方和需求方,一方面缓解了住房协会建设保障性住房的资金压力,另一方面给予中低收入群体购房和租房的资金补贴,减少了其住房成本。

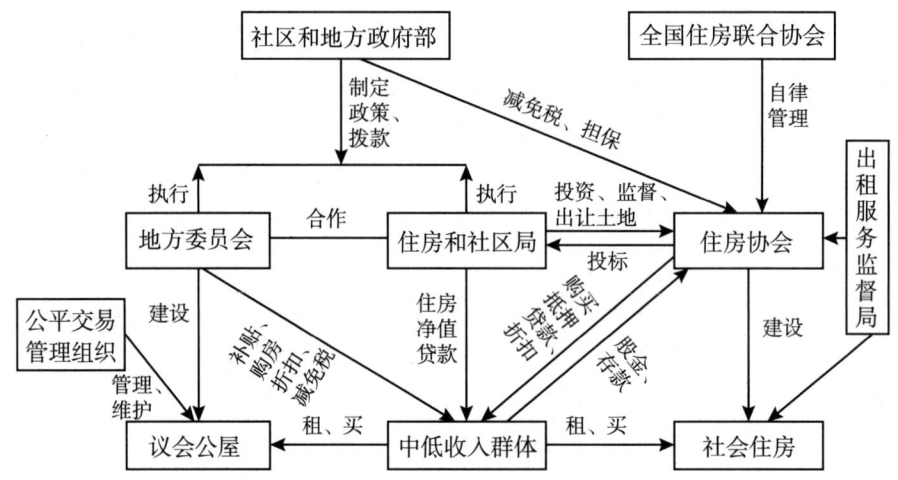

图 6-4　英格兰住房支持体系中各部门、机构的运行模式

资料来源:作者根据相关资料整理。

主要的项目有:

1. 社会住房计划。2013 年住房协会拥有出租型的面向中低收入家庭的社会住房 234.16 万套,地方政府拥有出租房 169.20 万套,合计占社会全部住宅总数的 17.35%,占整个租赁市场的 47.48%。① 有效地稳定了市场供给和租金。

---

① 英国社区及地方政府部, https://www.gov.uk/government/statistical-data-sets/stock-profile。

2. 购买住房的权利。购买住房权利的实行使很多租住在议会公屋的中低收入人群有机会获得居住的房屋，该项计划针对的住房不仅是现有的议会公屋，同时也针对之前转移所有权至住房协会的"原议会公屋"。该计划为购房者提供折扣，同时购买议会公屋并住满 5 年即可上市，而地方委员会作为议会公屋之前的房东在 10 年内拥有优先回购权。2013 上半年共销售议会公屋 5 000 个单元，是 2012 年同期销售数量的三倍，同时中央政府将在 2015～2018 年对其投资 233 亿英镑。[①] 2012 年 4 月以来英国政府对"购买权"政策进行改革，逐渐加大英格兰地区社会住房出售的折扣幅度。从 2015 年 4 月开始，英格兰地区社会住房购买者最高可享受的折扣额由先前的 16 000 英镑提高到 77 900 英镑（伦敦为 103 900 英镑），同时放宽了租期年限的限制，将租期达到 5 年才有资格购买改为租期达到 3 年即可购买。[②] 作为该计划的制定者，社区和地方政府部不但要根据具体实行情况每年对计划进行调整，还负责该计划的年度投资，而地方委员会作为地方部门需要审核购房者的购房申请，对于未通过审核的则需要交代缘由。

3. 拥有住房的权利。租户在社会住房中住满 5 年的，可以根据需要进行购买，但其社会房东必须是经住房和社区局认可并通过注册的房东。同时，经过审核的购房者可以获得 9 000～16 000 英镑的折扣，在居住满 5 年后即可上市交易，但原先的注册社会房东具有优先回购权。在该计划中，社区和地方政府部负责计划的制订及拨款，并根据实施情况对计划进行合理调整，而社会住房的注册社会房东则负责具体的事宜，需要负责审核购房者的申请书，并做出答复，向不符合申请的购房者交代具体缘由。

4. 社会住房购买计划。即共享产权模式，在上述两种计划中无法购买议会公屋或社会住房时，中低收入购房者便可以向地方委员会或注册社会房东提出共有产权的申请，申请人可以在能力范围内购买房屋的部分产权，剩下的部分仍然租赁。但是对于申请人购买的权限比例也有所限定，要求申请人至少购买 25% 的产权，年租金为剩余产权价值的 3%。目前，并不是所有的地方委员会和注册社会房东都加入了该项计划。

5. 住房补贴。住房补贴面向低收入人群，主要用于补贴租金，补贴的金额取决于申请人的收入和生活状况。议会公屋和社会住房的租赁补贴金额取决于租赁的条件、备用房间数量、家庭收入和家庭人员情况；而私人租赁的补贴金额则取决于当地住房津贴的规定、个人的收入和状况。中央政府每年都会对住房补贴进行拨款，而地方委员会则需要管理这项拨款，对住房补贴申请人进行资格审查

---

① 资料来源：Department for Communities and Local Government, *Mid-year report to Parliament*。
② 李罡、聂晨：《英国是如何解决青年住房问题的？》，载于《当代世界》，2016 年第 11 期，第 66～69 页。

和判定，对符合条件的申请人支付相应的住房补贴。

（四）金融职能分工

英国政府的金融支持职能主要表现在住房净值贷款和金融担保上，其金融支持职能离不开财政拨款。从住房需求者和供给者两个角度出发，英国中央政府制定了不同的金融支持方式，针对住房需求者，英国中央政府通过住房和社区局在各项计划中为购房者提供相当于房价20%的住房净值贷款，极大地提高了中低收入人群的住房购买力，同时还通过抵押贷款担保的方式，直接为住房抵押贷款的放贷人提供金融担保，以降低其贷款风险；对于住房供给者，英国中央政府则通过金融担保的方式，降低其融资成本，以吸引更多的投资者对私人租赁房和保障性住房建设进行投资。当然，不同于美国，英国没有专门的住房金融体系。

1. 住房净值贷款（help to buy：equity loans）。提供的对象是英格兰的首次购房者或搬入新建住房的家庭，房价的20%由住房净值贷款提供。不同于共有产权计划，该项计划中购房者将获得全部产权。2013~2014年，购房者通过住房净值贷款购买19 394个住房单元，住房净值贷款额共计7.9亿英镑（如图6-5所示）。①

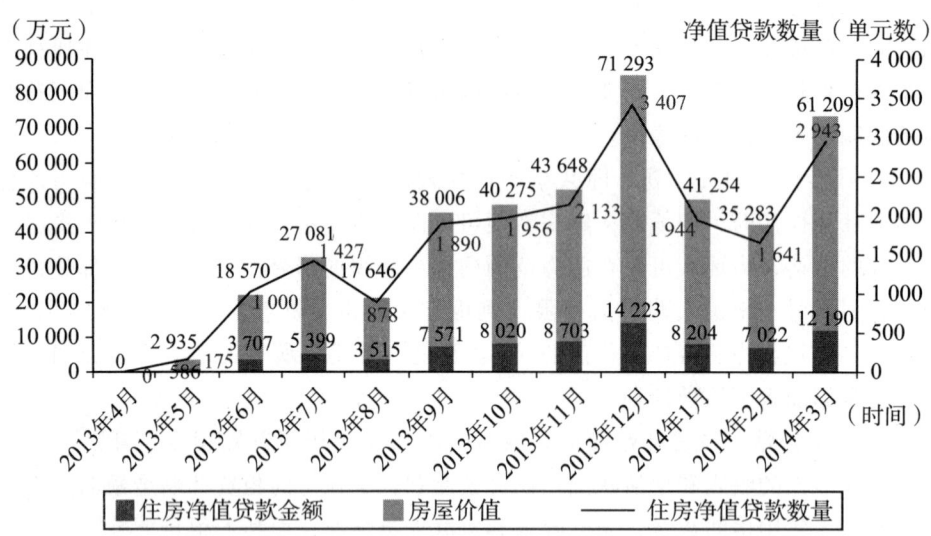

图6-5　2013年4月~2014年3月住房净值贷款发放情况

资料来源：Help to Buy（Equity Loan scheme）and Help to Buy：NewBuy statistics：Data to 31 March 2014，England。

---

① 资料来源：https：//www.gov.uk/government/statistical-data-sets/help-to-buy-equity-loan-scheme-monthly-statistics，*Help to Buy（equity loan）*，scheme monthly statistics。

初期住房净值贷款的使用情况并不乐观，但随后使用人群不断增多，在 2013 年 12 月达到高峰，金额达到 1.4 亿英镑，所购买的房屋价值为 7.1 亿英镑。由此可见，通过住房净值贷款支付 20% 的房价提高了中低收入人群的购房能力，目前还处于积极使用阶段。中央政府对该计划进行拨款用于支付住房净值贷款，住房和社区局则需要审核用于该项计划的住房，并向购房者支付住房净值贷款。

2. 抵押贷款担保（help to buy：mortgage guarantees）。抵押贷款担保使购房者通过抵押贷款获得 95% 的房款，提高了中低收入人群的住房私有率。而这项担保提供的对象是抵押贷款放贷者，而不是借款者，购房者可以直接通过指定的银行进行抵押贷款申请，因此该项担保提供给贷款银行。在该项计划中，担保直接由英国中央政府提供，而不是通过地方机构进行担保。

（五）税收职能分工

英格兰政府在住房支持上的税收减免种类并不多，主要的几种税费减免有家庭税的减免、对房东资本利得税的减免和租赁收益税的减免，但每年税费的减免额度相当之大，可称得上是数以亿计，与租赁收益税减免一同始于 1963 年实行的抵押贷款利息税减免已在 2000 年废除，在 37 年里也使大量的家庭获益，抵押贷款利息税减免的废除减轻了政府对于住房支持的财政压力，但并没有减小其在税收支持上的作用。

1. 物业税减免（council tax reduction）。物业税是由英国地方政府针对住宅征收用于支持地方性公共服务的税负，2013 年 4 月 1 日起物业税减免替换了原来的物业税补贴，中低收入家庭可以申请物业税减免，地方委员会根据申请人的状况、家庭收入、居住位置等进行判定，决定减税幅度或者免税。英格兰的物业税从最高到最低分 8 个等级，这种梯度的差异很好地区分了不同收入的人群，更有效地保障了低收入群体。

2. 资本利得税和租赁收益税减免（capital gains tax and rental income tax reduction）。为鼓励房主出租，对出租房减免资本利得税和租赁收益税，从而降低中低收入群体的住房成本。如图 6-6 所示，其中租赁收益税的减免一直高于资本利得税的减免，资本利得税减免和租赁收益税减免分别在 2003/04（171 亿）、2006/07（67.78 亿）达到减免额高峰，2011~2012 年净租金收益减免税额为 127 亿英镑，净资本利得税减免额为 67.32 亿英镑。

从财政支持的角度看，每年中央政府对各项住房支持计划进行巨额拨款或投资，地方政府和机构则需要管理并运用这部分资金增加保障性住房的供应，并保

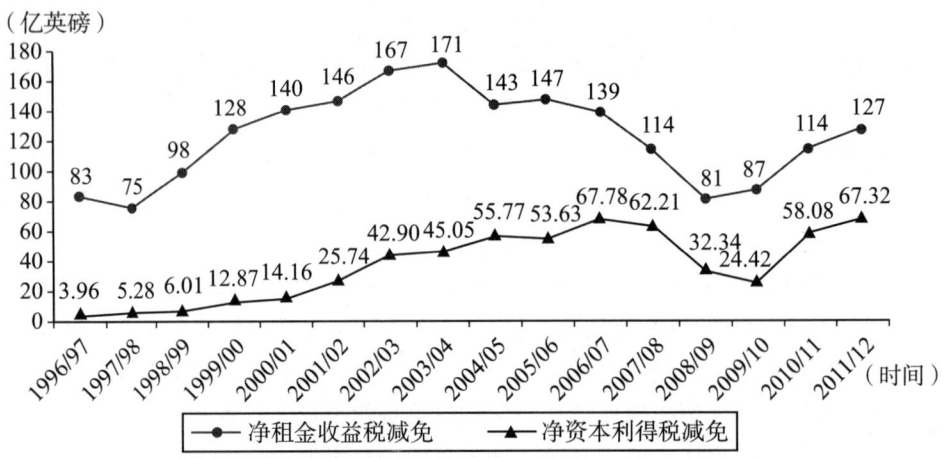

图 6-6　1996~2011 年英格兰净租金收益税和净资本利得税减免税情况

资料来源：史提夫·威尔考克斯（Steve wilcox）、哈尔·鲍森（Hal Pawson）：《2013 英国住房政策回顾》，https://www.ukhousingreview.org.uk/ukhr13/index.html。

障中低收入人群住有所居，努力增加居者有其屋的机会。在金融支持上，中央政府主要以直接担保的方式提高中低收入者的贷款获得率，降低住房开发商的融资风险，并通过地方机构向中低收入者发行住房净值贷款，以此提高其住房购买力，也可以看到英国政府并没有专业的住房金融机构，更多的是通过以上方式给予金融支持。在税收支持上，主要的税费减免种类不多，但每年的税费减免数额相当惊人，因此税收支持的作用并未减小。

三、模式比较

如表 6-7 所示，英美两国中央与地方分工整体方向趋于一致，但因国内的情况不同也有所差异。(1) 从住房保障的主体来看，两国都依靠中央政府形成强有力的财政保障，中央政府作为财政支持的主体在住房保障中占据着不可或缺的地位。(2) 通过中央政府立法和制定住房保障政策，确定全国的住房保障发展目标。英美两国通过中央政府的强制立法确立保障性住房项目，保证财政支持、住房保障中各项税费减免的实施，并由地方政府具体执行。(3) 两国由中央政府提供贷款、担保给予需求方和供给方金融支持，地方政府也可通过发行债券来进行住房融资。

表 6-7　　　　　　　英国、美国住房保障模式比较

类型	中央政府		地方政府	
	美国	英国	美国	英国
立法	住房法	住宅法	执行	执行
立项	制订保障性项目计划	制订保障性项目计划	执行	执行
财政支持	制定政策、拨款	制定政策、拨款	分配拨款，管理公共住房	执行政策并管理公共住房，项目招投标以及资金管理
税收支持	立法规定、减免	立法规定、减免	执行	执行
金融支持	政府提供担保背书，依靠强有力的金融市场使资产证券化	制订计划，部分提供担保和拨款	发起州信托基金、减免税债券	提供贷款、担保，并进行地方融资发债

资料来源：作者根据资料整理。

但英美两国在很多做法上也不同。首先，美国主要依靠政府机构的力量、现转向动员私人的力量来实施住房保障计划，非营利组织在住房保障中的作用虽然重要但却不是主要力量，而英国的非营利组织——住房协会却在住房保障中起着主力军的作用，确保英国保障房的供给与管理，英国中央政府主要承担计划制订与拨款的职责，并由地方政府管理资金和计划的实施，最终通过招投标的形式选取优秀的住房协会建造保障房。其次，两国住房保障方式也有所不同。美国偏重于通过提供公共租赁房或租赁券租赁式保障方式和税收激励向中低收入住房困难家庭提供租赁房，通过所得税减免鼓励居民拥有自有住房。英国既提供租赁型保障房，也通过现有公共住房的低价出售和实行共有产权住房向保障对象提供出售型产权保障房。最后，资金来源方式上不同。美国的住房保障体系依靠强大的金融市场，通过担保与二级市场实现了住房抵押贷款的证券化，创造了住房保障市场的盈利空间，尽管这种模式存在较高的金融风险，容易牵一发而动全身，但却是一种很好的创新。而英国的金融市场不如美国发达，但其特有的住房协会却使英国的住房保障发展呈现另一种繁华。英国的住房保障资金：一是依靠中央政府拨款保障，制定的诸多的住房计划，每一项计划都拥有中央政府强有力的资金保障，正是这种资金"诱惑"，确保了社会中的住房协会竞相角逐保障房项目。二

是出台优惠政策吸引社会资本的介入,例如,立法规定私人资本是住房协会优先债权人,对住房协会的资产具有第一求偿权,降低私人资本风险回报率。住房协会可以按照盈亏平衡原则,考虑开发、管理及资金成本来自行确定房屋租金(不高于政府设定市场租金上限),政府对租金支付能力不足的家庭给予补贴,补贴直接发放给住房协会,实际上是以政府信用保证私人资本的回收,实现住房协会的可持续发展。可以说,英国的中央政府更多的是决策和"发粮"的角色,并由地方政府负责管理,最后由社会组织"领粮"并创造贡献。

从这两种模式的主要区别可以看出,美国为典型的"资本市场型",依靠发达的金融市场和手段实现住房保障的发展,而英国政府则属于典型的"资本补贴型",中央政府通过强大的资金补贴来实现住房保障计划。美国的住房保障模式依赖于发达的金融市场,而英国则有完善的社会组织作为支撑,相比来看,我国的国情更适合资本补贴型的住房保障模式,这就需要依靠完备的政府政策来支持社会组织的发展。

因每个国家政治体制的不同,其中央与地方政府的各项职能也有所差异。但总体看,中央政府主导住房保障工作,比如:俄罗斯联邦政府是住房保障政策的制定者,同时还提供财政拨款进行住房补助,通过地方政府进行资金分配和发放。[①] 在马来西亚,保障房的建造主要由联邦政府拨款,地方政府负责选址和规划,有关部门通过签署合约的方式使私人开发商成为廉价房屋建设的主要力量。[②] 在巴西,住房保障工作中,住房部、国家住房银行做出了很大贡献。[③]

第三节 我国中央与地方政府住房保障职责分工现状

住房保障事关广大中低收入人群的生活质量,是中央与地方政府重点推进并着力完成的政府职责之一。2007 年以后,我国强化了中央对地方住房保障任务的分解与考核,加速了住房保障事业的推进。但是,一方面,现行的主要依赖行政命令方式下达保障性住房建设目标,不区分各地原有的住房基础、市场化程度和居民消费能力等实际情况,而采取"由上而下"的分解指标要求在"十二五"

[①] Tumanov A. Affordable housing sector in Russia: evolution of housing policy through the period of transition, *Housing Finance International*, 2013 (Spring): 25 – 31.

[②] 资料来源:马来西亚政府网站。

[③] Morais M D P, Cruz B D O. Housing Demand, Tenure Choice, and Housing Policy in Brazil, *Urban Land Markets*, 2009 (10): 253 – 282.

期末保障面达到20%的做法，加剧了供求失衡；另一方面，地方政府缺乏用地指标、建设资金来源也造成了地方政府积极性不高、保障绩效偏低；再者，中央政府政策具有较大的不稳定性，导致地方政府政策的针对性与实施效果受到影响。刘琳（2009）针对住房保障体系建设缓慢的问题，认为其深层次原因是中央政府和地方政府在住房保障方面的事权和财政支出责任不明。[①] 因此，需要梳理中央与地方政府在住房保障中的职责，明确现有分工的优势及其问题，以目标为导向，从"效率原则"出发进一步探索中央与地方在住房保障的职责与财政支出职责，持续推进我国住房保障体制机制建设。

一、住房保障组织机构现状

（一）中央政府的住房保障组织机构

住房与城乡建设部（简称住建部）代表中央政府负责住房保障工作，主要职责包括：拟订住房保障相关政策并指导实施、拟订住房保障规划及政策并监督地方组织实施、编制住房保障发展规划和年度计划并监督实施。发改委、国土资源部、人民银行、监察部、审计署、财政部也在住房保障工作中发挥重要作用。

（二）地方政府的住房保障组织机构

地方政府的住房保障机构分为两种类型，直辖市的住房保障部门为住房城乡建设委员会，省级政府负责住房保障工作的为住房城乡建设厅，其下达到地方的住房保障机构为住房保障局或建设局，存在一定的地方差异。以浙江省为例，浙江省负责住房保障工作的机构为浙江省住房和城乡建设厅（如图6-7所示），内设住房保障处，处内编制仅5人，负责拟订全省住房保障相关政策并指导实施；编制全省住房保障规划及政策，会同有关部门做好国家、省有关住房保障资金安排，监督各地组织实施；制订住房保障年度计划并监督实施等；由于事多人少，导致忙于应付。湖北省为加强住房保障工作的力量，在省级层面成立副厅级别的湖北省住房保障局，内设综合处、督查与管理处等，与住建厅住房保障处合署办公。

---

① 宏观经济研究院课题组：《我国城镇住房保障制度研究》，载于《宏观经济研究》，2009年第8期。

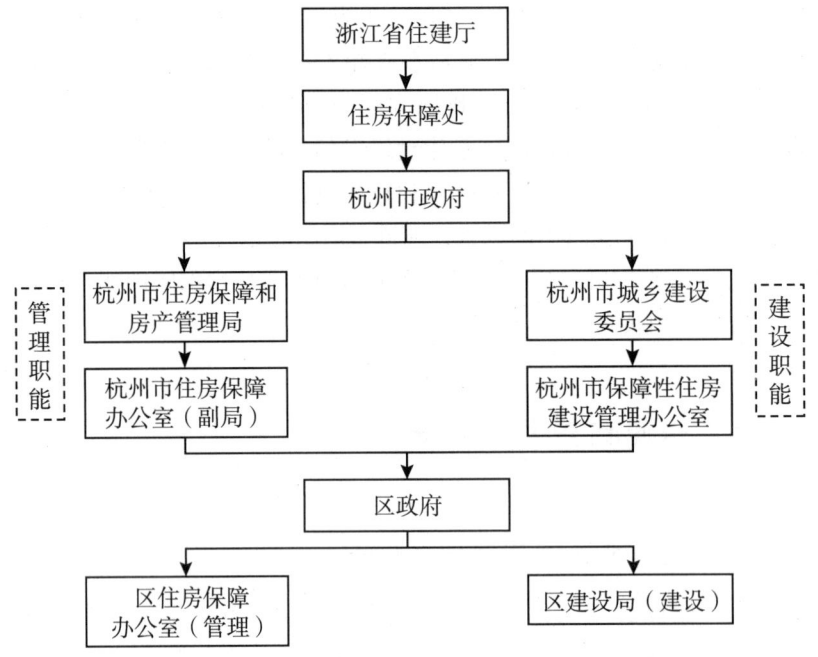

图6-7 浙江省及杭州市的住房保障机构

与省级单位不同的是,各地市加强了住房保障机构设置和人力配置,以杭州市为例,2011年实行保障房"建、管"分离以后,保障房建设的相关职责划入杭州市城乡建设委员会及所属事业单位,保障房的管理职责划入杭州市住房保障办公室,住房保障办公室是市住房保障和房产管理局所属的副局级财政事业单位。杭州市发展和改革委员会、财政局、公积金中心、国土资源局、规划局在住房保障工作中承担着项目立项、供地、提供资金等政策性支持。各区又根据各自实际,成立区级住房保障办公室,负责区级层面保障房建设任务和申请、审核和分配管理等。可见,我国住房保障工作已经形成自上而下的模式,保证了住房保障工作落到实处。

二、中央与地方政府职责分工现状

长期以来,我国解决中低收入家庭住房困难一直是地方政府的职责,中央出台相关政策和要求,地方出资金、出土地,并全方位实施与管理。2007年国务院《关于解决城市低收入家庭住房困难的若干意见》文件强调"省级人民政府对本地区解决城市低收入家庭住房困难工作负总责,要对所属城市人民政府实行目标责任制管理,加强监督指导"。有关工作情况,纳入对城市人民政府的政绩考核之中。解决城市低收入家庭住房困难是城市人民政府的重要责任。"城市

(地县级)人民政府要把解决城市低收入家庭住房困难摆上重要议事日程",突出地方政府在住房保障上的主体责任,奠定了中央与地方政府在住房保障中的分工原则,即"决策在中央,执行靠地方"(如图 6-8 所示)。但同时提到"财政部会同建设部、民政部等有关部门抓紧制定廉租住房保障专项补助资金的实施办法,发展和改革委会同建设部抓紧制定中央预算内投资对中西部财政困难地区新建廉租住房项目的支持办法"也开启了中央分担一部分财政资金、标志着中央政府也把住房保障列入其事权的进程,此后,中央政府从资金、用地指标等加大了对住房保障工作的支持力度。

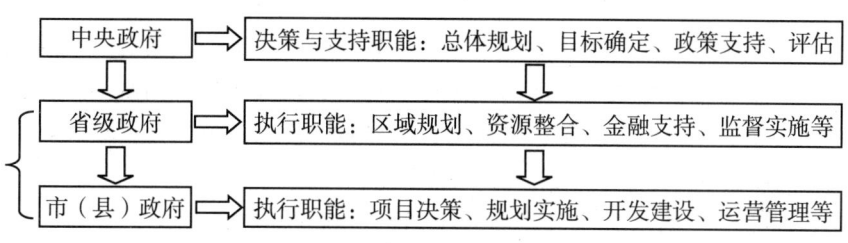

图 6-8 中央与地方在住房保障中的职责分工

资料来源:作者整理。

在"中央决策、地方执行"的分工原则下,中央与地方政府在住房保障中的职能进一步确定下来。

(一)住房保障的规划、指标确定与落地

中央政府对全国保障性住房建设任务的决策职能强化于 2009 年《关于印发 2009~2011 年廉租住房保障规划的通知》,文件中提到"从 2009 年起到 2011 年,争取用三年时间,基本解决 747 万户现有城市低收入住房困难家庭的住房问题,三年内再新增廉租住房 518 万套、新增发放租赁补贴 191 万户",并分阶段设定了 2009 年、2010 年、2011 年的建设目标。紧接着,在 2010 年中央政府发布《关于做好住房保障规划编制工作的通知》,提出了"十二五"住房保障规划重点和基本目标。并从 2012 年起发布"做好城镇保障性安居工程工作的通知",明确当年的任务。

在这项工作中,中央政府的主要职责是根据全国的情况进行决策,设定一个宏观的保障性住房年度或阶段性的建设目标,并下指标给省级政府,省级政府再进行指标分解,下达到各地(市),各地(市)再分解部分指标到各县(区),各地(市)政府可根据当地需要超额完成指标,但通常不能减少分配的任务。任务的完成与考核:一是层层签订保障性安居工程工作目标责任书;二是建立巡查

机制、监督检查和考核机制，将市县的开工建设和完工情况，市县完成保障性住房的建设任务情况纳入政府的绩效考核，未完成目标任务的市、县，省将对其约谈和问责，未完成目标任务的省，中央将对其约谈和问责。这种自上而下的执行方式使中央政府在有限的人力、物力情况下能更好地动员各地的力量实现全国的住房保障建设目标，由地方政府执行也更贴合本地的实际情况，但是一旦监督不力就可能难以落到实处。当住房保障目标超出或不适合地方需求时，也会出现盲目多建，导致市场的扭曲。

近年来，中央在下达保障房建设任务时，也开始注重与地方需求的对接。2014年部署地方政府开展"十三五"期间住房保障规划编制的前期研究工作，要求通过实地调研、部门访谈、专家座谈等方式广泛征求各界的意见与建议，科学、客观、合理地制定适应本地的住房保障规划，将最终规划编制结果上报至省级政府，再由省级政府上报至中央政府，这样做的好处，是避免中央下达的指标脱离地方的实际。

2012年起，中央政府在关注新开工指标、竣工指标的同时，开始关注保障性住房的可居住性，增加了保障性住房配套设施的建设目标，如在《关于做好2013年城镇保障性安居工程工作的通知》中提到"加大配套设施投入力度，做到配套设施与保障性安居工程项目同步规划、同期建设、同时交付使用，确保竣工项目及早投入使用等"。中央财政给予单独支持，2014年用于配套设施建设1 177.49亿元，①并且要求加大对配套设施建设的省级资金支持，将地方政府对市政基础设施和公共服务设施建设进度纳入省级政府对市县工作的年度目标考核。各省对各个地区保障房配套建设情况进行考核和检查，幼儿园、小学、医院、超市等大型配套正在逐步进入保障房小区的生活空间。

总体来看，我国是典型的以中央集权为特征的单一制国家，中央对全国性的事务具有决定性的权力，各级地方政府"下管一级"，下一级政府要对上一级政府负责，接受上级政府的指导、监督和检查。虽然上级政府在政策制定过程中也听取下级政府的意见和建议，但最终决定权还是在上一级政府。这样的体制，也集中反映在住房保障领域，政策的"一刀切"往往难以兼顾各地的实际情况，地方政府无法发挥自身的优势和独立性，处于被动应付状态。

（二）要素筹集与分配

从资金筹集主体来看，可以划分为地方政府自筹与中央政府补助资金。尽管中央补助资金占当年住房财政性保障资金支出的40%左右（如表6-8所示）。

---

① 财政部综合司：2014年各级财政支持保障性安居工程建设情况。

但从现实来看，地方政府承担了大部分的住房保障支出，相当部分向社会筹集的借贷资金需要地方政府通过政府性基金、财政资金等偿还。2011~2016 年保障性安居工程总投资 79 018 亿元，各级财政筹集 33 637 亿元，其中中央财政补助 12 043 亿元，财政筹集仅占总投资的 42.57%。

表 6-8　2010~2016 年全国住房保障投资及支出结构

年份	总投资（亿元）	各级财政筹集（亿元）	其中：中央下达补助资金（亿元）	中央住房补助占当年中央财政支出比重（%）	中央住房补助/总投资（%）
2010	7 000	—	717	1.5	10.2
2011	12 140	5 000	1 526	2.7	11.05
2012	11 000	4 129	1 861.65	2.9	16.92
2013	10 915	4 723	1 749	2.5	16.02
2014	12 963	5 602	1 984	2.7	15.30
2015	15 400	6 633	2 544.83	3.1	16.53
2016	16 600	7 549.75	2 377.37	2.7	14.32

资料来源：2012~2016 年城镇保障性安居工程跟踪审计结果，2010 年、2011 年数据来源于住建部统计。

从纵向看，中央财政支持保障性安居工程力度不断加大，2015 年高达 2 544.83 亿元，中央级住房补助资金支出占当年中央财政支出比重的 3.1%，对比各国中央政府财政支出中住房及其社区环境支出比重，总体与英国、美国、韩国 20 世纪末的水平相当（如表 6-9 所示），但低于日本、印度、印度尼西亚等。相比我国规模庞大的保障性安居工程投资、多年的历史欠账以及正处于城镇化高峰期，中央财政资金支持规模依然偏小。

表 6-9　各国中央政府财政支出中住房及其社区环境支出比重[①]　单位：%

国家	年度	中央政府财政支出中住房及社区环境所占比重
日本	1993	13.76
英国	1999	2.24
加拿大	1997	1.57

---

① 张锐：《我国政府住房保障支出水平分析》，载于《山西财经大学学报》，2007 年第 1 期，第 112~113 页。

续表

国家	年度	中央政府财政支出中住房及社区环境所占比重
澳大利亚	1998	1.22
罗马尼亚	1997	0.79
印度	1999	5.66
印度尼西亚	1999	13.56
泰国	1999	4.10
马来西亚	1997	7.31
新加坡	1998	12.10
缅甸	1998	0.25
韩国	1997	2.26
埃及	1997	5.30
巴西	1997	0.72
美国	1999	2.88

资料来源：张锐：《我国政府住房保障支出水平分析》，载于《山西财经大学学报》，2007年第1期，第112~113页。

地方自筹资金，包括银行贷款、发行企业债券等社会融资方式，根据审计署公布的资料，2012~2016年项目单位等通过银行贷款、发行企业债券等社会融资方式筹集安居工程资金54 936.6亿元。2014年银监会批准成立国家开发银行住宅金融事业部，加大了政策性银行对保障性安居工程支持力度，2014年发放贷款4 417亿元，比2013年净增加2 789亿元；2015年发放贷款7 655亿元；2016年发放棚改贷款9 725亿元。

土地是实施保障性安居工程重要的资源要素。尽管2009年国土资源部下发《关于切实落实保障性安居工程用地的通知》，要求在土地供应计划中优先安排，提前介入、早做安排，及时办理农用地转用和土地征收手续，对用地的保障发挥了积极的作用。但在执行过程中，由于中央政府对新增建设用地指标实行计划管理，严格总量控制，占补平衡，因此，地方政府负责用地的落实仍面临多重困难，既来自土地利用总体规划的限制，又有供地计划指标额度的控制，更要受到土地征收成本的影响，实际推进过程取决于地方政府面临的压力与决心。

总体来看，中央政府财政支持力度不断加大，但在总投资中所占比重不高。而地方政府限于财力，新增可用于住房保障的能力有限，因此，出现大量的负债,一些欠发达地区地方债务中有一半来自保障性安居工程。① 如果不是硬性分配指标和目标考核制,地方政府社会缺乏住房保障的积极性与主动性。在土地配置上,中央在用地计划、土地供给等方面给出了优先保障的政策,但受多种因素的影响,地方政府具体落实过程中面临诸多压力。

(三) 政策制定与实施

中央根据全国经济形势、住房保障的需求和房地产市场的变化,负责出台相关的政策,以指导各地的实践。如关于公共租赁住房,2010 年要求各地加大公共租赁住房建设力度;2015 年配合去库存,要求各地停止新建公共租赁住房。关于棚户区改造,2009 年住建部等下发《关于推进城市和国有工矿棚户区改造工作的指导意见》提出,从多渠道筹措资金、加大税费政策支持力度、落实土地供应政策、完善安置补偿政策,扎实推进城市和国有工矿棚户区改造。2010 年住建部和发改委下发文件,明确中央投资补助范围和申请程序。2012 年国务院下文提出进一步加大棚户区改造力度,2013~2017 年改造各类棚户区 1 000 万户;2015 年国务院又下文,明确 2015~2017 年改造包括城市危房、城中村在内的各类棚户区住房 1 800 万套的目标任务,提出推动政府购买棚改服务、推广政府与社会资本合作模式等。这些政策的出台,为各地推进住房保障工作提供了有力的政策依据与业务指导。各地再结合自身的情况,出台相应的政策。

保证保障房的质量也是中央关注的重点问题,中央政府在保障房建设的技术上给予了指导,颁布了《关于发布〈绿色保障性住房技术导则〉的通知》来指导保障房建设。同时,在保障房建设的工程质量管理上,中央政府曾在 2011 年出台《关于加强保障性安居工程质量管理的通知》,提出严格执行工程质量管理的法律法规等,并要求各地部门要把握建设特点,在当地根据实际建立绿色审批通道,提高效率,另外,各地履行工程质量监督管理职责,把工程质量管理纳入住房保障工作考核、约谈和问责范围,对违法违规行为和工程质量不符合强制性标准的责令整改。

(四) 住房保障运营与管理

在保障对象的选择上,中央政府有明确的指导意见,《经济适用住房管理办法》《公共租赁住房管理办法》等对保障对象都做了明确的规定。在《关于做好2014 年住房保障工作的通知》中要求地方政府通过摸底调查的方式对救助对象

---

① 数据来自课题组对云南、新疆部分地区的调研。

进行调查，优先安排困难人群的住房，同时还在《关于改善农民工居住条件的指导意见》中提出要从多渠道为外来务工人员提供居住场所，保障居住场所的安全、卫生，要求地方政府将外来务工人员的居住问题纳入建设规划，在外来务工人员集体宿舍的选址、供地、配套等方面给予支持，并对外来务工人员集聚区域加强治安和卫生的管理。优先保障困难人群，一直以来都是中央政府和地方政府在住房保障工作上的重点工作。

在保障房管理上，中央先后出台《关于加强经济适用住房管理有关问题的通知》《关于加强廉租住房管理有关问题的通知》《公共租赁住房管理办法》，在建设管理、准入审核、轮候和配租/交易管理、使用和退出、监督管理上明确了中央的意见。各级地方政府根据中央精神并结合本地实际情况出台实施办法，制定相应实施方案，比如2014年各地开启廉租房和公租房两者的互通管理对调模式，在申请、审核、使用、退出上完善廉租房和公租房的互通模式，这种做法是保障房体系不断完善的体现，也符合我国住房保障的可持续发展，实现了保障房房源和管理的优化配置，增加了保障对象在申请程序上的便利性和有序梯度退出。各地积极根据当地市情，创新更具效率的供给体系与管理模式，如上海、淮安实施共有产权经济适用住房，重庆推出"先租后买"公共租赁住房，浙江北仑区出台《工业企业建设公共租赁住房办法》等，即在中央统一的政策指导下，地方政府创新保障方式和建设运行模式。

（五）风险防控与监督激励

风险包括外部风险和内部风险，外部风险包括保障对象虚报收入信息、私下转租保障房等风险，内部风险指政府工作人员滥用职权、玩忽职守、徇私舞弊，不重视保障房的工程质量等风险。中央政府对于保障房各个环节的廉政风险制定了相关文件，如《住房城乡建设部关于加强住房保障廉政风险防控工作的指导意见》，要求各地政府对照住房保障主管部门工作职责，梳理住房保障业务流程、权力运行程序，采取自查和互查方式，全面排查住房保障主管部门、内设机构、工作岗位的廉政风险点，以及排查房源筹集、准入轮候、分配管理、运营管理、退出管理、投诉处理环节的廉政风险点，严格投诉处理。同时还要求地方政府根据住房保障廉政风险环节和廉政风险点，确定风险等级，明确风险岗位职责，建立健全廉政风险防控制度措施，并贯穿于住房保障业务全过程，有效制约权力运行，预防违法违纪行为的发生。各地也都制定了具体的实施办法，通过实践不断完善住房保障中的监督机制，减少廉政风险的数量。

保障性安居工程跟踪审计在廉政风险防控、发现问题、督促整改、推动国家保障性安居工程政策制度完善方面发挥了重要作用。2009年审计署组织对19个省市2007~2008年中央投资补助的棚户区改造情况开展了第一次全面审计。2010年审计署第一次对保障性安居工程审计项目开展跟踪审计，及时纠正了廉租住房保障资金被挪用和利用虚假材料套取新建廉租住房中央预算内投资补助资金等问题。此后，每年对城镇保障性安居工程的投资、建设、分配、后续管理及相关政策执行情况的全面审计。2016年在全面审计基础上，重点审计了1.72万个安居工程项目，发现：安居工程专项资金被套取挪用、安居工程建设管理监督不够严格、准入与退出管理不严格、税费减免和金融支持优惠不到位等。跟踪审计发挥了巨大的监督作用，及时发现问题，及时处理与纠正，列年审计报告公布的主要问题。（如表6-10所示）

表6-10　　　　　各年国家审计报告公布的主要问题

年份	主要问题
2012年	（1）10.84万户不符合保障条件的家庭，因提供不实资料、相关部门审核把关不严，违规享受保障性住房实物分配3.89万套、领取租赁补贴1.53亿元，另有1.13万户家庭重复享受保障性住房实物分配2 975套，重复领取租赁补贴2 137.55万元 （2）34个项目代建企业等单位违规出售保障性住房1.83万套，另有5 333套住房被有关单位、个人违规用于拆迁周转、转借出租等 （3）360个项目或单位挪用保障性安居工程专项资金57.99亿元，用于归还贷款、对外投资、征地拆迁以及单位资金周转等非保障性安居工程项目支出 （4）45个项目未办理建设用地规划许可等手续用地1 433.16亩，12个项目将建设用地601.53亩用于商业开发等其他用途
2013年	（1）237个项目或单位挪用安居工程财政补助、银行贷款、企业债券等专项资金78.29亿元 （2）38个单位和部分个人通过虚报资料、重复申报等方式，套取骗取棚户区改造资金15亿~41亿元；55个棚户区改造项目拆迁安置实施不规范，违规分配安置住房933套、发放改造安置资金1 291.84万元 （3）有4.75万户不符合条件家庭违规享受保障性住房实物配租1.93万套、住房货币补贴5 035.99万元 （4）2.65万套保障性住房被代建企业等单位违规销售，或被用于经营、办公、转借、出租、拆迁周转等其他用途 （5）72个项目或单位存在未办理转用审批手续占用农用地、违规获取或处置安居工程用地的问题，共涉及土地2 033.34亩

续表

年份	主要问题
2014年	（1）16个项目单位通过编造项目资料、拆迁安置协议等方式，套取财政补助、项目贷款等专项资金4.85亿元 （2）182个项目单位、融资平台公司和住房城乡建设、财政等部门违规使用安居工程专项资金93.83亿元 （3）139个用房管理、项目建设等单位未及时拨（支）付建房款、工程款等，形成拖欠131.95亿元，共涉及116个市县 （4）394个项目被违规收取应减免税费5亿~2亿元，61个廉租住房建设项目贷款未按规定享受利率优惠，多支付利息3 273.41万元 （5）2.06万户不符合保障条件的家庭以不实材料申请并通过审批，违规享受保障性住房配租（售）1.02万套、住房租赁补贴等货币补贴2 191万元。5 895套保障性住房被违规用于转借出租、办公经营或对外销售 （6）有2.34万户收入、住房等条件发生变化不再符合保障条件的家庭，未按规定及时退出，仍享受保障性住房1.53万套、住房租赁补贴1 421万元
2015年	（1）102个单位以多报改造户数、重复申报、编造农户花名册等手段套取城镇安居工程财政资金2.72亿元、农村危房改造财政资金1.83亿元。142个单位挪用安居工程财政资金4.86亿元（含农村危房改造1 847.64万元）、银行贷款和企业债券融资13.22亿元 （2）部分地区安居工程建设管理监督不够严格。2 663个项目未履行工程规划许可、环境安全性评价等基本建设审批程序，或未采取必要的质量控制措施 （3）232个市县891个城镇安居工程项目未按规定享受城市基础设施配套费等税费减免22.49亿元，14个市县17个廉租住房建设项目贷款未执行下浮10%的优惠利率，多承担利息2 857万元，共涉及贷款36.73亿元 （4）348个棚户区改造项目存在货币化安置数据不实、未按计划实施、虚报任务完成量等问题，涉及住房22.94万套。335个项目直接相关的道路、供水、供电等配套基础设施建设滞后，造成19万套住房不能按期交付使用
2016年	（1）有10.31亿元安居工程资金（含农村危房改造资金466.58万元）被违规用于商品房开发、弥补办公经费、出借等；有4.21亿元安居工程资金（含农村危房改造资金640.8万元）被通过提供虚假资料、重复申报等方式套取骗取或侵占 （2）有12.87万套基本建成的住房因配套基础设施建设滞后，搁置1年以上无法交付使用；有744个项目未严格执行设计、施工等招投标规定；有333个项目未严格执行监理、建筑强制性标准等要求，部分项目存在屋顶渗漏、墙面开裂等质量缺陷 （3）有2.96万户不符合条件家庭违规享受城镇住房保障货币补贴2 244.53万元、保障性住房1.57万套；有3.36万户不再符合条件的家庭未及时退出，违规享受住房2.63万套、补贴1 197.44万元；有5 949套住房被违规转借、出租、销售或用于办公经营；有27.24万套住房因位置偏远、户型设计不合理等，已办理竣工验收备案但空置超过1年

资料来源：作者根据相关资料整理。

政策落实情况的监督检查工作主要由中央部门来完成，出台了《关于开展保障性安居工程建设政策落实情况监督检查工作的通知》，首先明确了责任分工，由住建部监督检查住房保障目标任务执行情况；监察部会同有关部门监督检查保障性安居工程建设情况，查处政府部门及其工作人员的违纪违法行为；审计署负责对保障性安居工程资金筹集、管理、使用和安全运行的审计监督。通过全面监督检查和重点抽查相结合的方式，由省级政府的相关部门对本地区的保障性安居工程进行监督检查。检查内容主要针对地方政府在建设任务完成、信息公开、政府资金使用、保障房用地、税费政策是否落实以及保障房的管理情况。由中央政府分部门进行专项检查的举措可以有效地减少各个政策落实环节执行不到位的情况，也可以使地方政府更加重视政策执行方案的合理制定，但检查的系统性、专业性都比不上跟踪审计，我们认为住房保障工作进入正常化后，应该减少行政检查、增加审计的力度与强度。

三、存在的问题分析

我国目前由中央统一决策、地方政府执行的模式优势是决策效率较高，能够在较短时间内提升住房保障水平。尽管地方政府在执行上缺乏利益激励，但是在中央集权的管理体制下，通过层层下指标、层层考核检查，被证明是行之有效的推进方式。如果没有建立这套机制，我国不可能完成人类历史上最大规模的住房建设与住房改造运动。但是，需要注意到的是，英美国家在国家层面更多的制定政策，而不是直接制定建设目标。其原因在于各地的住房情况差异较大，保障房的需求量、供给量及地方政府的财政状况差异较大。由中央政府下达指标的方式并不一定适应地方的情况，保障效果并不理想。从国际经验来看，中央政府需要强化保障性住房规划、保障水平、宜居标准等全国性的政府法令制定，而住房保障具体建设指标由地方来制定和落实。

（一）政策随意性大，职责不清

由于我国至今缺乏一部统一的住房保障法，加上政府五年一届的任期制，导致住房保障政策的稳定性差。中央政府住房保障政策在年度间甚至季度间的变动都极大，比如保障性安居工程建设的中央财政资金补助、国家开发银行信贷资金支持没有一个相对固定的标准，财政收入好的年份、实行量化宽松的年份，补助资金多、融资容易，反之，资金紧张。又如财政部分管财政资金的分配，住建部负责计划下达与考核，审计部门审核资金使用情况和项目建设与分管情况，各部门有自己的政策掌握标准，有时出现各部门对同一事件解释或统计口径不一样，基层显得无所合适。此外，住房保障事业既涉及中央、又涉及地方，中央政府应该承担什么责任、做什么事，地方政府应该承担什么责任、做什么事，没有明确的法律规定。因此，应加快推进住房的法律法规建设进程，尤其应尽快出台《住房法》或《住房保障法》，通过法律的形式明确住房保障工作的地位、发展目标、保障对象、保障标准，界定中央和地方政府在住房保障中的责任与定位，包括资金投入、土地提供、金融支持、财税优惠等方面的具体责任，使住房保障事业的发展有章可循，走规范化制度化之路。

（二）决策与实施主体不一致，过度强调数量指标

中央政府往往站在更高的政治与宏观经济层面来审视、评判住房保障工作在整个经济社会发展中的位置，把住房保障放在一个比较重要的位置，因此，各国住房保障工作的推动力更多来自中央政府的压力。而地方政府往往局限于本地区的经济社会发展，而保障房解决的是社会底层民众，这些居民在当地经济发展中的贡献显性度低，保障房建设又增加了地方财政负担，因此，地方政府更多是被动型应对。从中央的态度看：2008 年底我国为应对国际金融危机冲击，党中央、国务院确定了进一步扩大内需、促进经济平稳较快增长的十项措施，其中第一项就是加快保障性安居工程建设。[①] 因此，基于这种出发点考虑，中央政府希望保障性安居工程建设规模越大、建设速度越快越好，从 "十二五" 期间建设城镇保障性住房和棚户区改造住房 3 600 万套（户），而且曾要求 "当年供地，当年开工"，2015~2017 年要求计划开工改造棚户区 1 800 万套，就可以看出中央政府对数量的关注。中央政府过度依赖数量指标，强调 "明确任务"，相比之下，对保障性住房质量、供给结构、位置分布、周边配套等维度上的重视程度则较低；且存在建设量脱离地方需求的现象。地方政府作为实施主体，在保障房实施过程中，需投入资金、土地等要素，但为了完成上级政府下达的建设任务，必会选择如何以最小的代价或成本完成建设目标，更着眼于开工面积、竣工面积或套数，而忽略对保障对象在区位、套型（面积）、配套等方面的诉求。这就导致部分建成的保障性住房或者因为位置过于偏远、供需结构错位等问题而难以出租/出售，或者虽然售出/租出，但因为位置偏远、配套设施缺乏，给保障对象家庭带来很大不便。换言之，部分住房尽管建成，但并未形成真正服务于政府住房保障政策目标的 "保障效用"。审计署公布的 2015 年保障性安居工程跟踪审计结果，与 335 个项目直接相关的道路、供水、供电等配套基础设施建设滞后，造成 19 万套

[①] 李克强：《大规模实施保障性安居工程逐步完善住房政策和供应体系》，http://www.gov.cn/ldhd/2011-04/16/content_1845614.htm。

住房不能按期交付使用，集中反映了过度强调数量指标的结果。

（三）缺乏客观的考核评价体系

在"数量"引导下，上级政府对下一级政府住房保障工作绩效的考核主要依据下达的"数量"的完成情况，完成或超额完成"数量"指标的地区，就会在年度考核中获得较好评价。这容易导致三个方面的问题：一是各地为了能更有把握地完成考核指标，就会尽全力与上级政府讨价还价，每年下达保障性安居工程建设指标，都是谈判的结果。二是地区之间分配这些指标，缺乏一套科学的依据，造成有的地区建设量过大，有的地区建设量偏少；而建设量大的不一定得到好的评价，建设量小的也不一定得到不好的评价。三是注重实物量指标的下达，轻视货币化补贴。

作为上级部门，如何客观、科学地评价下级政府住房保障的绩效？绩效是指用合理的投入实现目标的程度。因此，关于这一问题的回答，又需回到政府实施住房保障的根本目的。住房保障的目标不仅仅是稳增长、拉投资，重要的是用有限的资金实现国家制定的住房发展目标以及加快推进人的城镇化等，因此，"数量"完成型考核方式既可能存在不计成本地投入建设而脱离了当地居民实际需求的情况，也可能因数量规划不足满足不了当地居民实际需求情况。"数量"完成型的考核，是一种对下达指标完成度的考核，而不是对实际保障效果的考核。

（四）地方政府决策权与积极性不足

目前的决策体系中，中央政府与地方政府博弈的焦点在于保障房的开发建设规模与保障人数。尽管地方政府有责任承担住房保障的义务，但是各地政府的积极性不高，其主要原因：保障房用地大多采用划拨或者协议方式出让，地方政府无法获得土地出让收入，由于地方政府过度依赖土地财政，就会本能地抵制住房保障建设；保障房建设投入资金大，增加财政负担；保障房建设增加了住房供给，可能会抑制商品房价格；保障房解决的是中低收入家庭住房困难，这些中低收入家庭在地方经济发展中贡献不明显；由于保障房建设是费力不讨好的"苦差"，在以 GDP 为导向的政绩观影响下，地方政府的积极性不高，因此，其与中央政府采取博弈的策略，重"量"不重"质"。这也是出现中央政府不断出文件、不断地进行监督检查的原因。

（五）监督链条缺乏完整性

在保障房建设过程中，保障性住房投资实施主体或是政府下属的国有开发公司,或是委托房地产开发公司,尽管在中央政府的指导下,已经建立起监理制度、审计制度、工程质量检查制度,并且通过设立永久标识牌等措施增强建设单位的责任性,但这种政府—企业之间的委托与代理关系,普遍存在产权主体缺位、监督不力。只要建设单位不发生严重的质量事件,即守住质量、用材、施工规范等的底线,就意味着可以通过项目的顺利交付验收。与商品房开发相比,由于缺乏最重要的一环监督:用户监督或产权人的有效监督,一直以来保障性安居工程质量问题屡见不鲜、公共租赁住房"退出难"问题突出。

第四节 完善中央与地方政府职责分工

一、完善中央与地方政府职责分工的关键点

(一)明细不同层级政府责权利

住房是不动产,外溢效应小;保障房受益对象主要是为本地区经济社会服务的工作者或曾经的工作者,属于区域性公共产品,且地方政府更贴近于自己的民众,因此,理论上由地方政府承担住房保障,则效率会更高。但在现实中,有两类因素在中央与地方之间的事权划分中起显著作用,一是经济收益;二是政治收益。住房保障作为一项具有规模效应的公共产品,经济收益不明显甚至为负,如果再失去政治收益,则地方政府完全没有内在的驱动力实施住房保障。尽管地方政府是住房保障上的执行者,但在民众的心目中,住房问题解决得好与不好是整个政府的责任,换句话说,地方政府并不最终承担住房问题而引起的社会风险与政治风险,而中央政府则是住房保障产生的社会问题与政治风险的最终承担者。

因此,在划定中央与地方职权时,需要考虑到目前我国的行政管理体制与住房保障的特殊性,即执行与受益主体在地方,风险承担主体在中央。目前地方人民代表大会在住房保障监督功能不足的条件下,中央政府对住房保障工作的规划、指导、支持、监督依然是十分必要的。中央与地方住房保障职权划分中,依然需要巩固与强化中央的规划、指导、支持、监督职能,而不是完全放权。通过建立国家层面法规与政策对住房保障事业的强力推进有其必要性。

另外,在我国中央集权的体制下,开展住房保障工作所需的用地指标、资金、优惠政策都掌握在中央政府手里,如果中央政府不提供资源与政策支持,地

方政府难以有所作为。

(二) 以"有效保障"为核心目标

住房保障政策的首要目标概括为确保辖区范围内全体居民,特别是中低收入群体等特殊群体享受体面的基本居住条件,并不断改善其居住质量。相应地,凡有利于这一政策目标实现的各种保障方式,都是有价值、有意义的。相反,如果开工(甚至建成)的保障性住房因为位置过于偏远、供给结构不合理等问题未被认购或认租,或者建成的保障性住房虽然被认购或认租,但因为存在区位偏远、配套设施不足等问题并没有实现保障对象家庭居住质量和生活质量的实质性提升,甚至给其带来更大的不便,这样的保障性住房是难以服务于政府的住房保障政策目标,换言之是一种"无效"的保障性住房供给。这种无法形成"有效供应"的保障性住房建设实际上是一种公共资源的浪费,而且开工/建成数量越大,浪费也就越大。

因此,有必要明确提出以"提供有效的保障性住房"作为政府保障性住房供给的核心目标,从而确保保障性住房供给发挥实效,真正服务于保障对象家庭居住质量的改善,真正服务于住房保障政策目标的实现,变"形象工程"为真正的"惠民工程"。相应地,有必要以"有效保障"取代目前比较单一的"开工量"或"竣工量"指标,并使之逐步成为下达各地级市年度建设任务、分解下达市县建设任务、制订建设实施计划、组织项目实施到考核任务完成情况的全过程中所使用的核心指标。"有效保障"定义为实际解决保障对象家庭住房困难的户数,包括实际承租、认购、货币化补贴的户数或人数。换言之,保障性住房只有同时满足了"达到规定质量要求""被实际承租或认购"这两项要素,才能够被认定为形成"有效保障",相应地各级政府职能部门或项目实施主体才能被认定完成了给定的保障任务。

根据公共政策理论基本原理,政府公共政策目标通常需要具备一定的层次性,即除了最终希望实现的核心目标外,还需要具有一系列为核心目标服务的、更为细化和具体的中介目标,以及围绕各中介目标形成的、具备实践意义的操作目标,从而形成完整的目标体系。具体到地方政府保障性住房建设过程中,为了实现"有效保障"这一核心目标,有必要以"形式多样、数量充足、质量适宜、结构合理"作为中介目标,并相应提出操作目标,形成一个多维度的目标体系。

"数量充足"强调保障性住房需要保证一定的规模,从而能够在数量上满足保障对象家庭需求。尽管单纯强调数量并不科学,但"数量"维度仍然是"质量"和"结构"维度的基础。"数量充足"既包括新建,也可以通过市场化筹措，政府掌握一定数量的可控房源，是提供"及时保障""有效保障"的前提条件。

"质量适宜"强调保障性住房在硬件条件、生活配套设施、社区环境、区位条件等方面达到适宜的水平。所谓"适宜"，即既不过高（尤其是在套型面积、装修等方面），也不能过低，而在目前情况下，对后者的要求尤其有必要加以强化。根据"以人为本"的要求，保障性住房供给的目的并非单纯的加大保障对象家庭的居住面积，更在于帮助其实现居住质量——甚至生活质量的实质性提升。因此，在制定各地级市目标、分解区县任务、明确项目规划要素等环节中，除了继续坚持建筑用材、施工质量等硬件方面要求外，有必要在区位条件（项目位置或交通条件）、社区环境、配套设施，甚至就业条件等方面提出更为细化、量化的标准和要求，并将其作为考核保障性住房建设目标完成情况时的重要指标。"结构合理"强调保障性住房在区位、户型、面积、价格等方面的供应结构，应当在满足相关政策导向的基础上，尽可能与保障对象能够支付、愿意支付的需求结构相匹配，进而提升保障对象家庭的满意程度，缓解保障性住房出租/出售困难等问题。综上所述，围绕"提供有效保障"这一核心目标，从时间、数量、质量和结构四个方面进行分解，并细化为对保障性住房供给方式、区位分布、建设规模、房屋硬件条件、生活配套设施等多方面的具体要求，从而形成多层次、多维度目标体系，以取代当前单纯强调"开工、竣工数量"的建设任务。

（三）构建完善的激励与监督体系

建设与管理保障性安居工程需要大规模资金投入、用地投入。尤其是公共租赁住房和棚户区改造项目，投入资金大、回收期长、收支平衡难度大，地方政府普遍缺乏积极性。由于资金平衡难，已经出现一些地方政府把公共租赁住房改为共有产权住房出售；一些城市更愿意大规模改造城中村、而不愿意率先改造城市中环境脏乱差、市政基础设施不足、危旧平房集中片区。因此，建立完善的激励体系是必要的且是必须的，中央政府要在宏观政策层面切实解决资金保障、用地保障、法律保障，并将保障性安居工程推进工作列入各地政府考核绩效。同时，要加强保障绩效、资金使用、用地使用、保障房配置等方面的监督。

构建多种方式并举的住房保障层级监督方式，完善住房保障监督管理机制的措施，树立多机制并存、优化机制组合的理念。住房保障的监督管理始终需要立法监督管理机制、行政监督管理机制、司法监督管理机制、社会监督机制等多种监管机制共同发挥作用，要充分考虑不同机制的特点和优势，通过不同机制的功能组合，达到住房保障的监督管理行之有效的目标。推进住房保障监督管理的制度创新，进一步完善住房保障的监督管理机制，建立起住房保障监督管理的新机制，必须对现行的住房保障监督管理制度进行改革和创新。一是要加强立法监管机制；二是要完善行政监管机制；三是要强化司法监管机制；四是要充分运用经济机制；五是要从多方面着手创造社会监督机制发挥作用的条件。

二、中央与地方职责分工的思路

"选择性集权"是指在中央与地方事权划分过程中，针对某一项地方公共产品供给权的具体划分，中央政府主要从两个方面进行考虑：一是一项权力由中央政府集权时，所可能失去的由地方分权提供公共产品所产生的供给效率的改进和提高，以及满足民众需求和促进地方经济增长等好处（或经济效率效应）；二是当权力从中央授权地方之后，由于地方软预算约束的存在，地方政府在提供某些公共产品时所可能给中央政府造成的"财政风险"或财政风险效应（周杰，2013）。"两害相较，取其轻"，当分权所导致的潜在"财政风险"与"社会风险"大于集权所丧失的效率改进等好处时，中央政府将选择集权，不向地方下放此项权力；反之则采取分权。

目前，缺乏中央集权的住房保障工作是很难推进，而过度集权则导致住房保障失去效率。因此，有必要将住房保障事权与财权下放，而中央政府"有选择的集权"，即控制和强化监督权。同时，通过中央有效的激励，调动地方的积极性且平衡地区间的差距。因此，可以进一步调整中央政府、省级政府与市县政府的分工，从激励支持、监督考核两个角度进行职权划分（如图6-9所示）。

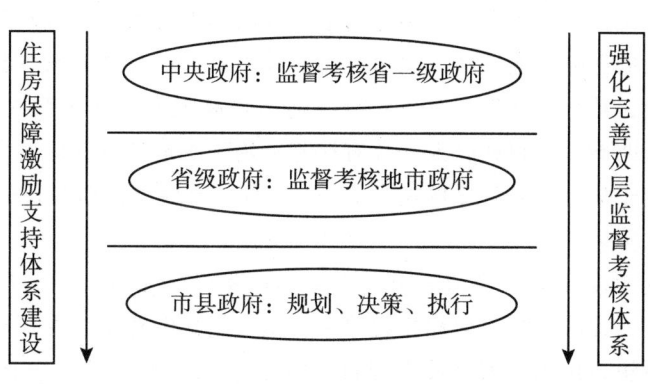

图6-9 中央与地方在住房保障中职权划分的调整思路

（一）中央政府：承担国家住房保障体系建设和分担部分资金

住房是不可缺少的生活必需品，具有准公共产品的性质，解决好居民住房问题是化解社会矛盾和防范社会风险的重要举措，是政府工作的重要内容。在我国人口流动的大背景下，为实现基本公共服务均等化和保证各地居民享受基本的居住权，中央政府承担住房保障方面的责任，主要包括：

1. 顶层设计国家住房政策。由于住房保障是国家整个住房政策的一部分内容，它服从于、服务于国家整个住房制度的安排，因此，中央政府首先要有明确的住房目标，即公民住房最低标准和引导性标准、住房供给体系建设原则与思路、政府与市场的关系等涉及方向性的大的制度安排。

2. 制定全国住房保障的法规，提供法律支持。重点是应该出台《住房保障法》，从法规层面明确：哪些群体需要保障、保障的水平、怎么保障、如何退出保障，以及对违法违规行为的惩治，以法制形式推进住房保障制度建设，即将住房保障事业制度化、法制化、规范化，改变人为因素对住房保障事业的干扰，形成稳定的制度，有利于稳定社会预期，也能稳定政府的职责所在和资源配置保障。

3. 制订中长期规划和年度计划。根据全国经济社会发展的总体趋势和住房保障总体需求，制订国家 5~10 年住房保障规划，提出明确的阶段性居民住房目标，保证居民住房质量、改善幅度与经济社会发展水平相适应。结合各地住房保障中长期规划和年度计划建议稿，明确年度计划与工作重点。

4. 构建好政府资金保障体系。住房保障需要大量资金投入，从国家层面形成稳定的资金保障体系，是做好住房保障事业的重要保证。一是通过立法明确中央财政支出用于住房保障的比例，参照近几年中央财政用于住房保障的占比，和英国、美国这些大国中央政府用于住房保障占财政支出的占比，以及我国住房保障逐渐进入常轨，建议中央财政用于住房保障的比例在 2.5% 左右。二是明确中央财政用于住房保障的资金使用用途与下拨办法，考虑到地方政府最了解当地需求以及最佳化的保障方案选择（"租、售、改、补"），中央财政应以各省市的常住人口为基数，结合经济发达水平系数（适当调高欠发达地区系数），下拨到各省统筹。三是明确地方财政收入、政府性基金用于本地住房保障的资金比例。建议地方财政用于住房保障的比例也在 2.5% 左右，土地出让净收益中提取 10% 统筹用于住房保障。

5. 建设好政策性和社会资金支持系统。政策性资金支持对象既包括承担保障性安居工程建设的地方政府和建设单位，也包括保障对象。在住房银行成立之前，国家开发银行作为国家政策性银行，需建立稳定的支持地方政府各类保障性安居工程建设的低息、长期资金并保持一定的信贷规模。中央财政支持地方政府发行地方债、准市政债券筹集保障性安居工程建设资金。通过免税、提供低息国家开发银行长期贷款、土地无偿或低价使用、配建等举措吸引社会资本参与保障性安居工程建设和管理。发展REITS，盘活保障性住房存量资源。开通支持中低收入家庭购买共有产权住房、经济适用住房、限价商品房的信贷渠道，改变目前大量商业性银行限制向销售型保障房发放按揭贷款的做法。在条件成熟时，应建立政策性住宅银行。通过贴息、补贴、容积率奖励等办法吸引社会资本投资开发保障性住房。

6. 确保保障性住房的用地指标。居民收入的低、中、高分布规律，决定了即使到了经济十分发达的阶段，也有一定比例的居民是难以租购得起市场上的商品住房（欧美国家就是例证），因此，保证用地的供给是保障性住房供给的源头。建议可按住房用地供给总量的20%～25%的比例（不包括棚户区改造用地），确保公共租赁住房和销售型保障性住房用地的供给，可以采取单独供地或配建的方式。提出20%～25%的比例的依据：一是按照居民收入五等份划分，目前我国低收入和中等偏下收入群体占比超过50%，[①] 但其中有部分居民通过继承、通过大规模棚户区改造已解决了住房问题。二是借鉴发达国家经验，例如：法国2000年立法规定，在人口超过5万的城镇中，廉租房占全部住房的比例不能低于20%；美国马里兰州土地区划中要求20%用于可承受住宅；英国许多州要求20%～30%比例的住宅用地用于社会住房。三是住建部曾提出"十二五"末期住房保障覆盖面为20%，如果不能保证在新开发住房总量中保障性住房占20%以上，则会降低住房保障覆盖面。

7. 督查、考核与奖惩。为确保各地政府承担起住房保障的责任，为确保工程建设的质量，在我国现行的行政体制下，督查和考核是必须的，但需进一步完善督查和考核的形式，借力信息化平台，以有效保障户数、最低居住标准达到率、轮候时间、投诉率等作为核心指标，在考核基础上，建立对地方班子、干部的奖励与惩罚措施。

8. 信息管理。为保证决策的科学性和准确性，为从源头上防范保障性资产的流失，减少保障对象利用信息不对称多地申请保障性住房，避免保障对象违规违法占用保障性住房，国家层面要加强信息化顶层设计，加快建立全国城镇住房保障信息统一平台，实现信息公开、信息互通，以提高决策分析能力、监督管理能力和公共服务水平。政府在住房保障中的职责（如图6-10所示）。

[①] 资料来源：中国社科院《社会蓝皮书：2017年中国社会形势分析与预测》课题组，利用中国社科院社会学研究所2015年开展的全国社会状况综合调查（CSS2015）数据来测算，2014年低收入群体占39.9%，中低收入群体占18.9%，网易财经，2016年12月22日。

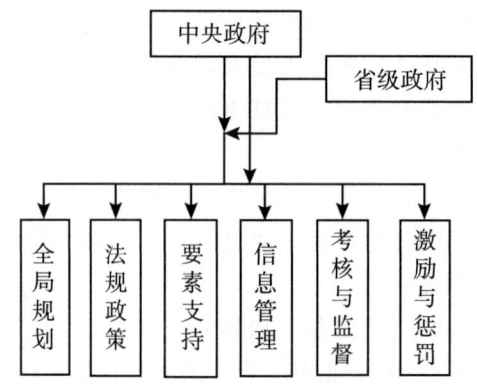

图 6-10　中央政府在住房保障中的职权设计

(二) 省级政府：规划、指导、监督本省住房保障和分担部分资金

省政府对本地区住房保障工作向中央、向辖区居民负双责，把解决好本辖区内常住居民的住房问题放到重要的议题上。应该承担以下职责：

1. 制定全省住房保障相关政策。根据中央的要求，结合本省的实际，出台适合本省实际的法规和政策。例如，住房保障条例。

2. 积极争取国家要素资源支持。包括争取中央财政资金支持，国家开发银行、商业银行等机构的信贷资金支持，争取自然资源部更多的用地指标支持，以及政策创新上的支持。

3. 编制住房保障发展规划和年度计划。根据本省国民经济发展规划和国家住房保障发展规划，结合居民住房现状，编制住房保障中长期发展规划。在上下互动基础上，制订年度计划。

4. 建立省级层面支持体系。包括省级财政支持、用地支持、吸引社会资本参与建设和管理的政策支持体系，发行地方债，构建省级住房保障融资大平台，统筹用好国家、省有关保障房资金安排。

5. 监督评估各地建设与管理情况。对照计划，检查实施的进度、实施的质量、项目交付入住情况，评估各地保障性住房分配的公平性、管理的科学性，以及分析当地保障房供求关系，及时发现问题予以纠正。

(三) 市县政府：承担住房保障的事权、赋予相应的财权

在这一轮的中央与地方事权划分中，住房保障的事权与相匹配的财权应当都划归地方政府。事权的下放中一项重要的内容就是地方政府根据中央、各省确定的居民住房阶段性最低标准设定保障标准，自行决定住房保障的五年规划和年度

具体指标，然后通过省汇总，报中央政府备案，作为考核的依据。在事权下放的同时，财权也应当相应的下放，中央政府、省政府明确财政收入中的一定比例必须用于各地的住房保障，建立与"有效保障户数"挂钩的中央和省财政补贴机制；建立中央级、省级住房保障基金，调节年度之间的余缺；各地必须将土地出让收益的一定比例、地方财政收入的一定比例、保障性住房租售资金回笼、中央与省级政府拨付资金等集合在一起，组成地方保障性住房专项基金，专款专用。

通过下放决策权，让市县政府真正成为区域住房保障的实际决策人，包括该区域内的住房保障规划、住房保障政策制定、保障规模、保障方式等，充分授权给地方政府（如图6-11所示）。市县政府依据本区域的社会经济发展水平、房价水平、支付能力、最低居住标准未达标人数等实际情况，制定本区域的住房保障规划和政策。负责保障性住房的建设、分配、住户管理、资产管理等，也要承担住房保障失职带来的政治风险与责任，而这种风险的判断则需要强有力的监督考核体系。

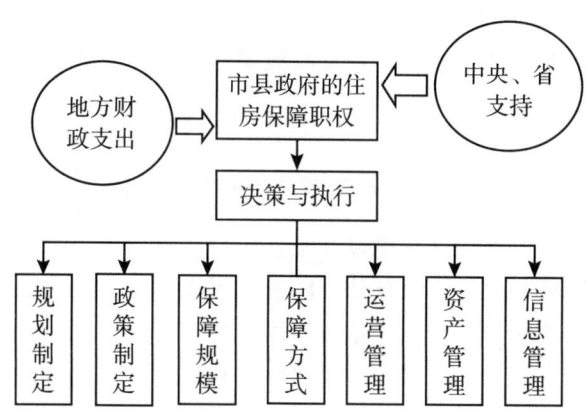

图 6-11　地方政府在住房保障中的职责

三、实施建议

新的责权利分工需要进一步强化地方的积极性与权利，少用中央政府任务式的管理模式。

（一）通过加快住房保障工作立法工作，确定各级政府的责权利

1. 明确保障性住房的政策目标，保障公民的基本居住权，保障"住有所居"的目标，保障社会公平、公正享有居住权。从供应数量目标向住房质量、社区融合发展、居住融合等综合目标转变。

2. 确认中央政府和地方政府在住房保障上的共同责任。在此基础上，明确职能分工，保障公民的住有所居是中央政府的职责；而住房的地域性决定了地方政府必须承担相应的责任。通过立法途经，在各级政府中明确各应承担相应的责任、权利与义务。

（二）优化现有的职权分工，进一步明确中央与地方的责权利

目前，中央政府更多扮演决策人的角色，而地方政府是政策的执行者。这一分工导致问题就是中央与地方政府之间的博弈，地方政府缺乏主动性与积极性。因此，借鉴比较中国香港、新加坡等制度相似地区的经验，需要将住房保障的具体决策权下放，强化中央政府的政策制定权、监督权与金融决策权。

1. 中央政府承担政策制定、金融支持与监督等具有全国统一性、协调性的职权，不直接参与保障房的建设、规划、运营管理等具体工作。地方政府享有相应的决策权。

2. 地方政府掌握本地区保障性住房的规划、开发、建设、运营管理的决策权，接受中央政府的评估与监督。地方政府掌握决策权，其执行效果的评估与奖惩权由中央政府享有。

（三）形成明确的以"有效保障"为目标的住房保障评估方法

各地方住房保障工作的评估多以开工、建设、竣工等实际开发量作为评价指标，而对实际保障效果缺乏有效评估。随着大规模住房开发建设的基本完成，新建住房的规模将逐渐缩小，转向存量住房的有效利用与管理。因此，以数量指标为主的考核办法需要修改和完善，而以实际"保障效果"为评估标准，注重住房保障的实际效用。

第五节 完善地方政府激励与考核体系建设

在下放决策权的同时，保持并加强激励体系与监督考核。激励体系包括中央政府、省政府对保障房建设和管理的财政资金补贴、用地指标保障、低成本融资支持、机构和人员保证等。监督考核维持现有体系运行效率的关键点。需要特别明确的是，应打破按年度考核"数量指标"完成，转向从住房保障的有效性角度设置指标体系。从单纯强调"开工数量""竣工面积"到形成以"有效保障"为核心的多维度目标体系，这不仅是一种指导思想或政策理念上的提升，还

需要通过一系列政策措施或制度安排,使其体现到地方政府保障性住房建设的全过程中。

"有效保障"的内涵丰富:一是指当地常住人口居民居住条件达到国家、省制定的住房最低标准的比例。中央政府需要根据经济发展阶段与政府的保障能力,分别从人均住房面积、水卫电厨设施等维度,制定全国最低的住房标准,提出"住房达标率"指标;省级政府根据各省实际,制定不低于国家级标准的本省最低的住房标准;各县市可以制定不低省级政府的标准;但是如果没有住房普查数据作配合,要全面掌握一个城市住房"未达标"率是困难的。二是轮候家庭的合理轮候时间,在实际操作过程中,收入与资产在一定标准以下、住房未达到标准的家庭,均可以申请政府住房保障,然后采用轮候制,如果一个地方保障房的轮候时间过长,则反映了需要保障的人群有效保障率还不高,政府住房保障工作的力度不够大,此指标直观、容易度量且可捕捉。因此,上级政府可以将轮候时间作为考核下级政府工作绩效的重要指标之一。三是"有效供应"概念,即与居民需求的匹配度,在制定保障性住房建设五年规划、明确地级市保障性住房建设年度、分解实现任务、考核任务完成的过程中,引入"有效供应"指标,进而发挥其导向作用。具体实践过程中,根据"路径依赖"原则,可以考虑首先将"有效供应"作为现有的"开工量"的辅助指标,之后逐步强化"有效保障"指标的重要性,最终实现以"有效保障"为核心指标。

一、考核轮候时间

轮候时间是指符合申请条件的申请者提交保障房申请从开始到拿到住房的时间长度。它反映了当地保障房申请者与房源之间的关系。轮候时间过长,影响大量住房困难家庭的居住条件的改善,引发社会压力。轮候时间过短,会激发处于边缘地带的人群也来申请保障房,可能会放大需求。例:A 申请时符合条件,很快就拿到了保障房,但很可能一年后,他的收入超过准入门槛,不符合保障性住房申请条件;B 在提出申请的 2~3 年时间内一直符合申购条件,则再过一年,正常情况下,其收入超过准入门槛的概率明显低于 A。规定一个合理的轮候时间,其好处是:居民依申请先后获得保障房,公平合理;给居民一个明确的、合理的预期,这是政府治理能力现代化的一个重要体现,有利于社会和谐;政府还可以根据申请者的数量来安排房源,避免供过于求或供不应求;轮候时间又可以作为上级政府、同级人民代表大会考核地方政府工作绩效的重要指标。

我国香港特区公屋一直采取轮候、审查制度,非常严格,首先要通过审查，符合条件的才能拿到轮候的电脑号码，然后在分配房源的前一年，房屋署将会进行第二次审查，最后在编配房源前，还要再申报一次。其间申请人可以在房屋署的网站上查看自己的轮候情况，基本上所有的轮候排队情况都会在网站上公开，杜绝了插队现象。特区政府把申请公屋的平均轮候时间作为重要的指标予以公布，1999/2000 年度普通居民轮候时间目标是 6 年，实际是 5.2 年；2000/2001 年度目标是 3 年，实际是 3 年；2001/2002 年度目标是 4 年，实际是 3.2 年；2002/2003 年度目标是 3.5 年，实际是 2.3 年；2002/2003 年度以后，目标值为 3 年，大多数年份实际轮候值都没有超过 3 年，但随着香港特区住房价格的上涨，2016 年 6 月底，香港特区房屋署的公共房屋轮候册的申请约有 28.83 万宗，一般申请者的平均轮候时间为 4.1 年，当中长者一人申请者的平均轮候时间为 2.4 年，超过了政府公布的目标值（如表 6 - 11 所示）。轮候人数与轮候时间的变化可清晰地反映出政府住房保障的压力，并为政府决策提供了科学的依据。

表 6 - 11　　　　我国香港特区申请公屋平均轮候时间　　　　单位：年数

指标		1999/2000 年度目标（实际值）	2004/2005 年度目标（实际值）	200920/10 年度目标（实际值）	2015/2016 年度目标（实际值）
公屋的平均轮候时间（年数）	整体	6（5.2）	3（1.8）	3（1.9）	3（4.1）
	长者	3.5（3）	2（1）	2（1.2）	（2）2.4

资料来源：香港房屋署，中华人民共和国香港特别行政区政府网。

二、考核实际入住率

入住率是反映有效供应、资源被有效利用的重要指标。"十二五"期间，我们在加大保障性住房建设的过程中，由于追求数量为中心，一些地方公共租赁住房建设规模超出本地需求，一些地方公共租赁住房选址偏远，一些项目生活配套设施不全，出现一批已建成的公共租赁住房无人申请、无人居住的现象，以 2016 年 9 月底统计，全国公共租赁住房分配入住比率仅为 67%，[①] 高的省份达到 96.1%，最低的省份只有 45.1%。集中反映出部分公共租赁住房供给的无效性。以致国家将入住率纳入地方住房保障工作考核的重要内容，提出"2013 年底前政府投资开工建设的公共租赁住房，原则上 2017 年底前 90% 要完成分配入住。

---

① 分配入住比率是指累计分配入住套数/历年开工建设套数，其中也包含了一部分尚未交付的公租房。

2014年开工建设的公共租赁住房,原则上2017年底前85%要完成分配入住"的工作任务。青海省截至2017年5月底,2013年底前政府投资开工建设的公共租赁住房入住率达92.01%,2014年开工建设的公共租赁住房入住率为达65%~78%。①

因此,需要采用已竣工交付的保障性住房的入住率来反映有效供应。如果已经建好的住房长时间没有分配出去,则可能的情况:一是供给大于需求,造成资源的极大浪费;二是供给与需求不匹配,主要是地段、户型、生活配套等,造成无效供给;三是政府部门没有及时把应该配置的房源分配出去,出现房等人的情况,这也是一种资源浪费。

加强入住率考核,旨在消除地方政府以数量为中心的盲目决策、盲目规划、盲目建设,提高保障性住房的有效供给率,以减少土地、资金等资源的浪费。加强入住率考核,就是要强化地方政府对保障对象家庭需求特点的调研和了解。只有本着"以需求定供给"的原则,以保障对象家庭需求特征作为规划、设计和审批的主要依据,提高供给与需求在各个维度上的匹配程度,才能够确保更多的"开工量"转化为"有效供应"。

三、考核年度计划完成率

年度计划完成率是指实际完成与计划指标之比。每年地方政府应该根据本地的实际,向人民代表大会提出当年住房保障工作的计划,接受人民代表大会审核和监督,并上报上级政府,年度计划应该包括:当年新开工的各类保障性安居工程建设项目和规模;当年应竣工完成的各类保障性安居工程建设项目和规模;当年应分配入住的各类保障性安居工程建设项目和规模;当年货币化补贴规模;新增保障家庭计划完成率等,作为年度的考核指标,以督促各个部门积极地配合支持任务的完成。年度计划的完成情况,是做好住房保障事业的基础,也是完成合理的轮候时间、入住率、保障覆盖率等重要指标的保障。

四、考核最低居住标准达标率

一直以来,我们把住房保障覆盖率作为重要指标,其通过享受了保障性住房和通过棚户区改造改善住房条件的家庭户数除以城镇常住家庭户数得到。住房保障的覆盖率反映了多少占比的家庭享受了政府的住房保障政策,可以反映出住房

---

① 青海省人民政府网站,http://www.qh.gov.cn/。

保障的惠及面，住建部公布的数据表明，2012年底我国城镇住房保障覆盖率达12.5%，2015年底已达20%，集中体现出"十二五"期间住房保障工作成效。《青岛市"十三五"住房保障发展规划》明确提出到2020年，力争实现城镇常住人口住房保障覆盖率达到23%以上。如果用住房保障覆盖率作为考核指标存在两个问题：一是目前把所有棚户区（含城中村改造）改造的户数都统计为住房保障绩效，存在着扩大化，因为其中一部分居民拆迁改造并不是因为住房条件不达到标准，而是城市建设的需要；二是没有充分体现不同城市的差异，如上海、北京房价高，客观上保障的面应该大。

建议采用最低居住标准达标率作为考核指标，一是从居住权保障角度，政府有责任有义务让所在城市的居民居住条件都达到最低居住标准；二是促进各地加快完成住房发展目标，建立居民的居住条件改善与国家经济社会发展相一致的发展机制，让住房困难群体有获得感。

五、综合管理绩效评估

当大规模公共租赁住房投入使用，工作的重心由建设转向管理时，对管理绩效的考核越来越显得重要。可以把租金收缴率、房屋完好率、平均每套管理平均、信息化管理水平、审计发现的违规占用等指标列入考核体系。

再辅助其他性指标，如质量完成绩效，包括项目施工质量、装修质量；要素保障绩效，包括资金到位情况、土地保障情况。

总之，围绕"有效保障"，设置"合理轮候时间""实际入住率""年度计划完成率""最低居住标准达标率"等若干考核指标，定期考察各级政府（尤其是市县级别的政府）对保障性住房任务的完成情况与工作绩效，督促其提高住房保障工作的质量。具体而言，从"有效保障"的内在含义出发，考核过程中可既需要继续采用"开工套数"等指标考察各级政府在保障性住房建设方面的建设情况，更有必要同时通过"申请家庭平均轮候时间""最低居住标准达标率""入住率"等多个指标，综合考察政策实施效果。

此外，政府有必要围绕保障性住房区位条件、社区环境、配套设施、公共基础设施等方面的要求，制定若干标准或规范。同时，在制定和分解年度保障性住房建设任务时，也有必要在这些方面提出更为细化、明确的要求，以确保建设的保障性住房在质量、结构等方面能够达到特定标准。

具体考核指标如表6-12所示。

表 6-12　　上级政府对下级政府住房保障工作考核指标体系

		指标	定义
核心指标	目标绩效	轮候时间	符合申请条件的申请者提交保障房申请从开始到拿到住房的时间长度
重要指标	有效供给	入住率	已交付6个月的保障住房，入住比率
	保障水平	最低居住标准达标率	达到最低居住标准家庭人数/城镇居民家庭总人数
	年度计划完成绩效	当年开工计划完成率 当年竣工计划完成率 当年入住计划完成率 新增保障家庭计划完成率 （出租、出售、货币化补贴三种方式合在一起考核，鼓励各地根据各地的市场情况选择合适的保障方式）	实际开工规模/计划开工规模 实际竣工规模/计划竣工规模 实际新入住户数/计划新入住户数 实际新增保障户数/计划新增保障户数
		当年棚户区改造户数计划指标完成率	按照年初上下互动后确定的年度保障计划，考核：当年实际完成的棚户区改造户数/计划指标
辅助指标	质量完成绩效	公共租赁房建设质量	符合标准
		棚户区安置房建设质量	符合标准
		销售型保障房建设质量	符合标准
	要素保障绩效	财政资金到位度	实际财政归集资金/应归集财政资金
		用地保障到位度	应保尽保，保障性住房用地占住宅用地的比例不低于一定比例（建议不低于20%）
	管理绩效	信息化管理水平	实现"人""房"动态式系统化管理
		租金收缴率	已交租金家庭户数/应交租金家庭户数
		每套管理与维修成本	年度管理成本与维修成本开支/公共租赁住房套数

续表

		指标	定义
辅助指标	管理绩效	房屋完好率	质量完好房屋套数/出租型保障房总套数
		满意度	保障对象对小区物业管理和租户管理满意度

注：将保障性住房与棚户区改造分开，是因为棚户区改造包含了部分中低收入住房困难家庭，但又不完全是中低收入住房困难家庭。

本 章 小 结

本章围绕中央与地方在住房保障中职责分工，研究了英国、美国的分工体系，分析了我国职责分工现状与存在问题，系统地提出了完善中央政府和地方政府分工体系的建议。主要研究成果有：

第一，从英美两国情况看，联邦政府（中央政府）是住房保障的最强有力推进者，不同党派出身的政府都主动把解决住房困难作为施政的重要内容。联邦政府层面都建立人员充足的独立机构，来指导管理全国住房保障工作，通过立法和制定住房保障政策，明确全国的住房保障发展目标，明确财政资金支持力度、支持方式和支持的项目。在实施方式上，英国主要依靠住房协会和地方政府，美国则以联邦政府推出的各类保障性项目为主，地方政府配合，地方政府并辅以容积率奖励、土地信托等方式帮助住房困难群体。

第二，我国中央与地方政府住房保障职能分工经历了由地方政府完全承担、到2008年以后中央政府与地方政府共同推进的过程。2008年以后，中央政府在财政资金配套、用地指标保证、融资支持、监督考核等方面加大了力度，各地也加强机构建设、加大投入力度，有效地推进了住房保障工作。但是，仍存在着：中央住房保障政策与要素支持的随意性大；中央以"建设任务"为导向的资源配置与考核机制设计导致各地"重建设、轻效用"；地方政府内在的积极性不足；监督链条缺乏完整性；地方基层住房保障工作人员配备严重不足、机构不全，出现这些问题与对住房保障认识还不到位、我国没有建立一部权威的住房保障法有关，因此，中央与地方尚处于被动式地完成住房保障任务的阶段，还没有把它视作一项长期性、系统性民生工程。

第三，中央与地方政府应共同承担住房保障职责。中央政府是住房困难引发社会问题与政治风险的最终承担者，而地方政府基于住房是属于区域性公共产品，且更贴近于自己的民众，因此，二者都有不可推卸责任。中央政府要负责国家住房保障支持体系建设和分担部分资金，包括国家住房政策顶层设计、加快制定全国住房保障的法律法规、制订中长期规划和年度计划、稳定政府财政资金支持、建设好政策性融资体系和社会资金支持系统、确保保障性住房用地指标、建立全国城镇住房保障信息平台、督查与考核、激励与惩罚措施。地方政府要承担住房保障的事权，包括规划与计划制定、政策出台、房源筹集、分配管理、住户管理、资产管理、退出管理等，要保证一定财政投入与土地投入。

第四，强有力的监督考核是推进住房保障工作必不可少的，也是维持现有体系运行效率的关键点。建议强化"有效保障"的考核，重点指标包括：当地常住人口居民居住条件达到国家、省制定的住房最低标准的比例；轮候家庭的实际轮候时间是否小于目标轮候时间；供给与居民需求的匹配度——"有效供应"；以及房屋完好率和满意度等管理绩效。

第七章

社会力量参与保障性住房建设管理的激励与规范研究

第一节 研究背景与现状

一、现实背景

我国实施大规模保障性安居工程以来，城镇住房保障覆盖率从2007年的5%提高到2015年的20%以上（住建部），[①] 取得了巨大成效。然而，仍然还有大量家庭存在不同程度的住房困难，需要加大住房保障，并且存在一些突出的矛盾和问题亟待解决：

第一，建设资金来源渠道狭窄且不稳定。近年来国家一直在探索新的融资举措，如实施公积金增值收益用于保障性住房建设、发行地方债券融资等，但是保障房资金依旧主要依靠地方土地出让金净收益和中央专项补助，无法满足项目巨额资金需求。2011~2015年国家各级财政投入总额仅2.61万亿元，不到资金需

[①] 住建部计算城镇保障覆盖率的公式是享受了保障性住房和通过棚户区改造改善住房条件的家庭户除以城镇常住家庭户数。棚户区改造的情况很复杂，例如，经济发达地区把大量城中村改造也列为棚户区改造，这些居民安置房不应该列为保障性住房。

求总量的40%，资金筹集压力十分巨大（如表7-1所示）。2018~2020年，我国将再改造各类棚户区1 500万套，按每套50平方米、3 000元/平方米建安成本计算，需投入资金2.25万亿元，尚不包括做地成本。而同时，随着土地收入和公共预算收入增速放缓，特别是《国务院关于加强地方政府性债务管理的意见》剥离地方平台公司政府融资职能和新《预算法》实施，资金约束问题已经成为推进保障性安居工程建设的最大障碍。①

表7-1　　"十二五"期间全国保障性安居工程资金来源　　单位：亿元

年份	总投资	各级财政筹集
2011	12 140	5 000
2012	11 000	4 129
2013	10 915	4 723
2014	12 963	5 602
2015	15 400	6 633

资料来源：数据来自审计署网站，截至2015年12月。

第二，保障性住房由政府主导采用行政方式建设运营，造成资源使用效率与房屋建筑质量低下。与私人部门相比，公共部门由于体制机制的束缚、专业经验的缺乏，在住房开发建设方面存在先天不足。加之近年来，为完成保障房建设目标，中央部委通过大量行政手段向各地下达保障性住房建设任务，虽有力推动了大规模保障性住房的建设，但由于用上级命令取代地方政府的自主治理，造成区域性房源不足与过量配置并存。同时，各级考核指标"重数量，轻质量"，造成保障房建设管理粗放，影响资源投入整体绩效。② 我国在保障性安居工程推行初期，由于任务重、时间紧，由政府主导采取行政方式建设是必要的，也取得了积极效果。但是，随着大量保障房的建设完工，未来在保障性安居工程由规模扩张到内涵提升、由量变到质变的发展过程中，必然不能再沿用过去政府大包大揽、主要依靠行政手段的那种粗放方式。积极引导社会专业机构参与建设运营，让市场在资源配置中起决定性作用，构建"政府主导、社会参与"的良性机制是提升

---

① 郭实：《棚户区改造项目收益债券的运作与实施》，载于《债券》，2014年第10期，第56~61页。分析了2014年全国计划改造棚户区470万户以上，如果按每户50平方米、建安成本3 000元/平方米计算，仅2014年棚户区改造资金的建安成本将超过7 000亿元，而中央财政才下发1 193亿元，也认为资金缺口是推进棚户区改造面临的最大障碍。

② 黄忠华、虞晓芬：《厘清政策边界　探索未来方向》，载于《中国房地产》（学术版），2013年第2期，第3~6页。

保障性住房供给效率与服务质量的重要选择。

从先进国家和地区的经验看，引导社会力量参与保障性住房建设与运营，使保障房供应体系从政府单一主体过渡到社会多元主体，并建立政府向社会力量购买住房保障服务的机制是应然趋势，并被证明行之有效。我国近年来也在积极推进。2012年6月20日，住建部联合7部委联合发布了《关于鼓励民间资本参与保障性安居工程建设有关问题的通知》；同年11月，党的十八大报告提出，要"建立市场配置和政府保障相结合的住房制度"；2013年10月29日，中央政治局就加快推进住房保障体系和供应体系建设进行集体学习，习近平总书记指出，要探索建立非营利机构参与保障性住房建设和管理的体制机制，形成各方面共同参与的局面。2014年11月，《国务院关于创新重点领域投融资机制鼓励社会投资的指导意见》又明确提出"进一步鼓励社会投资特别是民间投资，增加公共产品有效供给"。可见，鼓励社会力量投资，构建保障房多元参与的供给模式和运营机制已经成为加快住房保障体系建设、优化公共服务供给机制的重要路径选择和亟待破解的课题。

我国社会力量参与保障性住房建设还刚刚起步，目前出台了一些指导性意见，但缺乏相应实施细则。从实践效果看，受各种因素的制约，社会力量参与积极性不高，推进的速度还不够快。据《中国房地产企业社会责任实践报告》数据显示，2013年中国房地产百强企业中参与保障性住房建设的只有28家（住房和城乡建设部政策研究中心，2013）。另据全国工商联在2015年8月25日发布的报告显示，2014年全国民营企业500强通过PPP等方式进入公共服务及基础设施建设运营领域的只有58家，占比仅11.6%，有意愿进入的企业有136家，占比也只有27.2%（全国工商联，2015）。2015年，在财政部、发改委及各地政府公布的PPP项目中，社会力量签约参与的仅755项，落地率仅20.69%，其中，保障性住房项目仅36项。而纵观世界先进国家，社会投资一般都在60%以上，如美国75%以上的保障房建设资金来自私人机构；[1] 英国90%的公共住房建设由非政府组织承担；[2] 而荷兰政府更是完全退出了保障性住房建设领域。[3] 可见，我国与世界先进水平相比还存在较大差距，与政府的期望相比也有不小距离。

因此，对社会力量参与保障性住房项目的激励与管理机制进行研究，厘清其

---

[1] 阳建、王晓洁：《国外保障房建设融资更倚重市场》，载于《中国中小企业》，2014年第8期，第64~67页。

[2] Overmeeren A V, Gruis V: Performance assessment of housing associations, *Journal of Housing and the Built Environment*, 2010, 25 (1): 139–151.

[3] 胡毅、张京祥等：《荷兰住房协会——社会住房建设和管理的非政府模式》，载于《国际城市规划》，2013年第3期，第36~42页。

在保障房投资选择过程中的行为偏好、决策因素和影响机理,探究目前体制机制中存在的障碍性因素;同时,考察保障性住房公私合作过程中的政府作用机制与企业逐利风险,探讨政府最优控制策略;在此基础上,建立能够有效引导社会力量参与保障性住房项目的路径、机制和规制措施,对于构建"政府主导、市场参与"的多元投资模式,推动住房保障体系建设和可持续发展,提升公共服务效率具有理论价值和现实意义。

二、基本概念界定

(一) 社会力量

社会力量广义上是指所有能够参与、作用于社会发展的基本单元,包括自然人和法人,其角色和职能是生产、制造和供给公共服务。国外关于公私合作的文献中,社会力量主要是指私人机构和非营利性组织。2013年9月26日,国务院办公厅印发《关于政府向社会力量购买服务的指导意见》,明确要求在公共服务领域更多利用社会力量,住房保障等领域要逐步加大政府向社会力量购买服务的力度,其中对社会力量的概念范围进行了明确界定,即社会力量的主体包括依法在工商管理或行业主管部门登记成立的企业、机构,以及依法在民政部门登记成立或经国务院批准免予登记的社会组织。该意见指出社会力量应具有独立承担民事责任的能力,具备提供服务所必需的设施、人员和专业技术,并符合登记管理部门依法认定的其他条件。按照上述定义,现阶段住房保障领域可以依靠的社会力量主要包括大中型企事业单位、房地产开发企业、建筑行业系统、开发区及产业园区等,其主体是企业。因此,本书对社会力量的概念范围做如下定义:有能力直接或间接从事住房开发与运营,提供住房服务与保障的企业、机构或行业组织。

(二) PPP

政府和社会资本合作模式(public-private-partnership,PPP),是政府利用私人部门所掌握的资源提供公共产品与服务的手段。尽管各国对PPP的表达不完全一致,但内涵基本相同(如表7-2所示)。我国将PPP称之为政府和社会资本合作模式,与国外相比,我国PPP合作对象范围更广,包括了符合条件的国有企业、民营企业、外商投资企业、混合所有制企业或其他投资经营主体等,排除了政府融资平台和其他政府控股的国有企业。

表 7-2   发达国家或地区及主要国际组织关于 PPP 的定义

组织机构	定义
联合国发展计划署（United Nations Development Programme）	政府、私人机构形成的相互合作关系的形式，同时向私营机构提供某些形式的投资
欧盟委员会（European Commission）	公私部门之间的一种合作关系，其目的是为了提供传统上由公共部门提供的公共项目或服务
英国财政部（HM Ttreasury）	公私部门为了共同利益的一种长期合作模式，主要包含三个方面内容：完全或部分私有化、PFI、与私营企业共同提供公共服务
美国 PPP 国家委员会（National Council for Public - Private Partnerships，USA）	介于外包和私有化之间并结合了两者特点的一种公共产品提供方式，它充分利用私人资源进行设计、建设、投资、经营和维护公共基础设施，并提供相关服务以满足公共需求
澳大利亚基础设施发展委员会（Council for Infrastructure Development，Australia）	公私部门一起工作，双方有义务为服务的提供尽最大努力。私营部门主要负责设计、建设、经营、维修、融资、风险管理；公共部门负责战略计划的制定、核心业务的提供、消费者保护
中国香港效率促进组（Efficient Unit，Hong Kong SAR，China）	公营部门和私营机构共同提供公共服务，双方通过不同程度的参与和承担，各自发挥专长

资料来源：作者整理。

PPP 常见的运作模式主要包括以下几种：作业外包、运营与维护合同（O&M）、建设—运营—移交（BOT）、建设—拥有—运营（BOO）、转让—运营—移交（TOT）、租赁—运营—移交（LOT）、投资—运营—移交（IOT）、改建—运营—移交（ROO）、租赁—建设—经营（LBO）、购买—建设—经营（BBO）、民间主动融资（PFI）等。除了作业外包、运营与维护合同（O&M）外，其他模式一般都兼具融资功能。PPP 项目的合作运行模式如图 7-1 所示。

（三）政府购买公共服务

政府购买公共服务是指将原本应由政府直接承担的公共服务事项通过公开招标、定向委托、邀标等方式交给具备资质的社会力量来完成，事后依据约定的程序和标准对服务的数量和质量进行评估验收并向服务承担单位支付费用的一种新

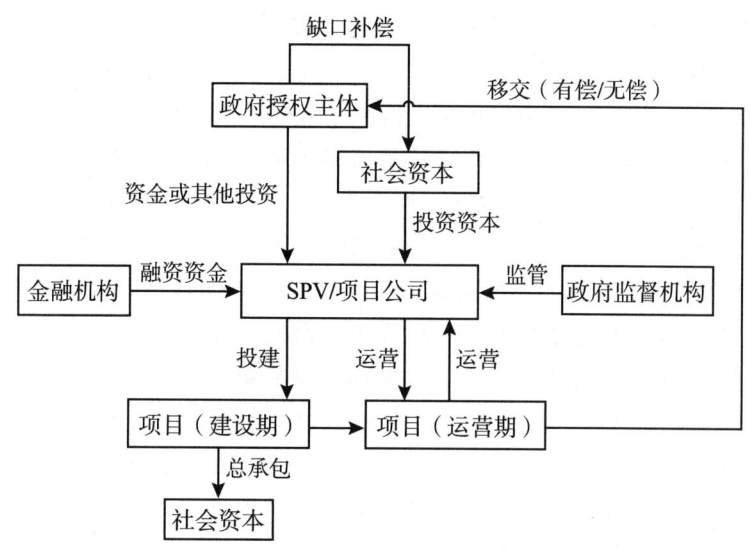

图 7-1 PPP 运行模式

型的公共服务供给方式。① 它与 PPP 的相同之处在于，在合作伙伴选择上，政府都需要按照《采购法》的规定选择合作对象。不同之处主要在于它的范围与形式比 PPP 更大、更多样，它包含了 PPP 又不局限于 PPP。

本书研究的问题本质上也属于政府购买公共服务问题，借鉴并运用政府购买公共服务的相关理论与研究方法对本研究具有参考价值。

三、保障房供给引入社会力量的理论依据与学术观点

住房保障的社会参与是 20 世纪 70 年代随着新公共管理理论的提出而产生的一个社会命题，无论国外或是国内研究文献对于住房保障服务供给的多元化与民营化都进行了较多的理论和案例研究，主要集中在以下方面：

(一) 公共服务供给多元化的理论依据

住房保障属于国家基本公共服务，传统经济学认为，公共物品必须由政府来提供。② 但是，政府提供公共服务虽然能够克服"搭便车"问题，但由于自身存

---

① 徐家良、赵挺：《政府购买公共服务的现实困境与路径创新：上海的实践》，载于《中国行政管理》，2013 年第 8 期，第 28~32，100 页。

② PA Samuelson. The Pure Theory of Public Expenditure, *Review of Economics & Statistics*, 1954, 36 (4): 387-389.

在垄断性、自利性和信息的不完全性等制约，会造成一系列因"政府失灵"所带来的问题。因此，20世纪70年代，西方国家提出新公共管理理论，倡导公共服务供给多元化。[①] 鼓励民间资本和私人组织参与公共服务的供给成为改革的重要手段。[②] 一批经济学家从不同视角进行了深层次论证，科斯（Coase，1974）[③] 在其《经济学中的灯塔》一文中论证了许多公共产品可以通过向私人组织颁发许可证的方式进行生产。德姆塞茨（Demsetz，1970）[④] 研究指出，如果存在排他性技术，私人就可以很好地供给某些公共产品。萨瓦斯（Savas，1987）[⑤] 在他的著作《民营化：改善政府的要径》中，从民营化的理论、背景、实践三个方面论证了民营化是改善政府服务的最佳途径，主张将市场机制引入公共服务领域，形成政府、市场、社会组织合作共治的公共事务多中心治理模式。孙成城（1999）[⑥]、王永齐（2002）[⑦]、王俊豪（2014）[⑧] 提出公共服务供给公私合作机制是对传统公共服务供给方式的有效替代。还有很多学者针对我国目前公共服务供给不足、效率低下的现状，从不同的角度论述了公用事业民营化的政策建议（汪飞燕，2006[⑨]；项辉，2014[⑩]；梅锦萍，2016[⑪]）。

（二）社会力量提高住房保障服务的作用和效率

大量研究表明，民间组织、非政府机构、企业等社会力量参与公共事业能够

---

① Daniel Simonet. The New Public Management Theory and the Reform of European Health Care Systems：An International Comparative Perspective，*International Journal of Public Administration*，2011，34（12）：815 - 826.

② Hvidman U，Andersen S C . . Impact of Performance Management in Public and Private Organizations，*Journal of Public Administration Research & Theory*，2014，24（1）：35 - 58.

③ Coase R H. . The Lighthouse in Economics，*Journal of Law & Economics*，1974，17（2）：357 - 376.

④ Demsetz H. The Private Production of Public Goods，*Journal of Law & Economics*，1970，13（2）：293 - 306.

⑤ [美] 萨瓦斯著，周志忍等译：《民营化：改善政府的要径》，中国人民大学出版社2002年版，第10～15页。

⑥ 孙成城：《关于社会力量办学若干问题的探析》，载于《教育研究》，1999年第3期，第25～29页。

⑦ 王永齐：《民间资本介入地方公共产品供给的理论思考》，载于《上海交通大学学报》（哲学社会科学版），2002年第2期，第78～82页。

⑧ 王俊豪、付金存：《公私合作制的本质特征与中国城市公用事业的政策选择》，载于《中国工业经济》，2014年第7期，第96～108页。

⑨ 汪飞燕、赵定涛：《基于博弈分析的公共服务民营化中的责任关系研究》，载于《管理学报》，2006年第3（1）期，第31～35页。

⑩ 项辉、汪锦军：《中国公共服务民营化改革的理论反思》，载于《浙江学刊》，2014年第4期，第201～206页。

⑪ 梅锦萍、杨光飞：《从公共服务民营化到政府购买公共服务——基于公共性视角的考察》，载于《江苏社会科学》，2016年第4期，第140～148页。

降低成本，鼓励专业化。[1] 格里斯比威廉（Grigsby William G, 1990）[2] 研究发现，私营部门在提供服务方面比公立部门更有效率，能够引起竞争从而改善服务质量。萨瓦斯（Savas, 2002）[3] 通过调查对比发现，公共部门单独提供服务的成本平均比承包商提供服务的成本要高出 35%~95%。华勒斯（Wallace, 1995）[4] 研究了公共住房的建设成本问题，指出引导私人资本参与公共住房建设是一种提高政府效率、使资本更有价值的途径。雨果（Hugo, 2003）[5] 对荷兰、澳大利亚社会住房运作模式的研究表明，住房协会等非政府组织可以独立承担保障房的建设与管理，政府可以完全退出。

（三）政府与市场在公共住房供给中的角色定位

20 世纪前期，西方各国普遍出现住房短缺，不少学者主张政府应进行大规模干预，直接投资或补贴建设保障性住房。20 世纪 70 年代，随着西方国家住房供需矛盾逐步改善，一些学者批评政府干涉导致了住房市场的混乱和住房供给的无效[6]。哈洛（Harloe, 1995）[7] 认为是否需要政府对住房市场进行干预，需要通过对未来人口的预测、市场的供应以及可供应的数量来决定。普里默斯与史密斯（Priemus, Smith, 1996）[8] 探讨了政府是否应该介入公共住房市场问题，提出政府应通过干预和引导两种手段发挥作用。有许多学者认为，政府在公共住房供给中应起主导作用，[9][10] 但是所扮演的角色应该由直接建设和经营者转变为监督指

---

[1] Knack S. Does Social Capital Have an Economic Payoff? A Cross-Country Investigation, *Quarterly Journal of Economics*, 1997, 112 (4): 1251-1288.

[2] Grigsby William G. Housing Finance and Subsidies in the United States, *Urban Studies*, 1990, 27: 831-845.

[3] [美] 萨瓦斯著，周志忍等，译：《民营化与公私部门的伙伴关系》，中国人民大学出版社 2002 年版。

[4] Wallace James E. Financing affordable housing in the United States, *Housing Policy Debate*, 1995, 6 (4): 785-814.

[5] Hugo Priemus. Dutch housing associations: current developments and debates, *Housing Studies*, 2003, 18 (3): 327-351.

[6] Ronald V K, Priemus H. Revolution in Social Housing in the Netherlands: Possible Effects of New Housing Policies, *Urban Studies*, 2002, 39 (2): 237-253.

[7] Harloe M. The people's home: Social rented housing in Europe and America, *Blackwell*, 1995: 24-27.

[8] Priemus H, Smith J. Social housing investment: Housing policy and finance in the UK and the Netherlands, 1970-1992, *Netherlands Journal of Housing and the Built Environment*, 1996 (4): 401-419.

[9] Rolnik R. Late Neoliberalism: The Financialization of Homeownership and Housing Rights, *International Journal of Urban and Regional Research*, 2013, 37 (5): 1058-1066.

[10] Zhou J, Ronald R. The resurgence of public housing provision in China: the Chongqing programme, *Housing Studies*, 2016: 1-21.

导者。① 玛丽埃塔（Marietta，2010）②、格伦哈特（Groenhart，2014）③ 的研究证实了发达国家公共住房供给模式已经从单一政府供给模式转变为政府主导多元参与的供给模式。仇保兴（2016）④ 等明确提出我国保障房建设不可能单纯依靠政府投入，应按照"政府主导、市场参与"的模式吸引社会力量参与。⑤⑥ 另外，从世界范围看，多数国家的住房保障都是通过政府力量、社会力量和第三方共同承担。⑦ 荷兰社会住房占总存量的37%，其中住房协会在社会出租屋供应中占主导地位，荷兰住房协会在"住房法"的公共框架内高效运作，日益成为新型的"社会企业"。⑧

（四）社会力量参与住房保障服务的条件和要素

回报率低、缺乏成熟的盈利模式（张永岳，2011）⑨、政策波动性大（葛扬，2011）⑩、虞晓芬，2012⑪）是导致我国目前社会力量参与比例低的主要原因。格雷戈瑞（Gregory，1995）⑫ 认为如何拓宽私人部门进入社会住房的融资体系，如何使新的开发商的利益依赖最小化，如何创立一个平衡的社区使对公共住房项目

---

① Priemus H. Regeneration of dutch post-war urban districts: The role of housing associations, *Journal of Housing and the Built Environment*, 2006（4）：365 – 375.

② Marietta Haffner. *Housing Statistics in the European Union*, Delft: Delft University of Technology Press, 2010.

③ Groenhart L. What has happened to Australia's public housing? Thirty years of policy and outcomes, *Australian Journal of Social Issues*, 2014, 49（2）：127 – 150.

④ 仇保兴：《推进政府与社会资本合作（PPP）的有关问题和对策建议》，载于《城市发展研究》，2016年第23（5）期，第1～3页。

⑤ 巴曙松、牛播坤、杨现领：《保障房制度建设：国际经验及中国的政策选择》，载于《财政研究》，2011年第12期，第16～19页。

⑥ 吕萍、丁富军、王建华等：《政府与市场相结合的住房保障模式——以沈阳市住房货币补贴为例》，载于《公共管理与政策评论》，2016年第4期，第13～20页。

⑦ Vries P D, Boelhouwer P.. Local house price developments and housing supply, *Property Management*, 2003, 23（2）：80 – 96.

⑧ Taylor & Francis. Dutch Housing Associations: Current Developments and Debates, *Housing Studies*, 2003, 18（3）：327 – 351.

⑨ 张永岳、谢福泉：《房地产企业参建保障房的利益驱动和主要风险》，载于《科学发展》，2011年第11期，第63～67页。

⑩ 葛扬、贾春梅：《廉租房供给不足的事实、根源与突破路径——基于转型期中国地方政府行为视角的分析》，载于《经济学家》，2011年第8期，第27～35页。

⑪ 虞晓芬、周力锋：《公共租赁房企业化建设运营面临的问题》，载于《中国房地产》，2012年第13期，第23～26页。

⑫ Gregory L. Financing social housing in the United Kingdom, *Housing Policy Debate*, 1995, 6（4）：849 – 865.

的政治支持最大化是公共住房吸引私人资本最为关键的三个问题。贝里[1]认为有效吸引私人组织投资的先决条件有以下几点：第一，政府必须承诺有支持公共住房供应的相关政策与监管制度；第二，必须修正和增加当前需求方的利益；第三，地方政府需要共同努力做好规划，使其产生高质量的规划受益。还有研究表明，灵活的财税激励[2]、健全的法律保障[3]、稳定的政策环境[4][5]也是影响私人资本进入公共住房市场的重要条件。

（五）社会力量参与保障性住房的途径

西方国家从 20 世纪 50 年代起开始在住房保障中引入社会力量，形成了一系列富有成效的做法和模式。[6] 美国通过"低收入住房建设税收抵免计划"（low income housing tax credit，LIHTC），运用"投资性"税收抵免手段鼓励私人开发商向低收入家庭提供住房，有力地推动了低收入住房的建设。德国通过住房储蓄政策，吸引了大量分散的民众资金，为住房保障提供了巨大的资金支持。[7] 英国在公共项目中推行"私人主动融资"（private finance initiative，PFI）模式，政府以特许经营权方式委托私营机构承担公共项目。澳大利亚通过 PPP 项目获得私人部门的资本，实现技术创新、风险转移和节约成本。[8] 荷兰、瑞典从 20 世纪 50 年代开始，财政支持转向住房协会等非营利性机构。[9] 另外，还有大量学者对保障房

---

[1] Berry M, Whitehead C, Williams P, Yates J. Involving the Private Sector in Affordable Housing Provision: Can Australia Learn from the United Kingdom？*Urban Policy & Research*，2006，24（3）：307–323.

[2] Desai M, Dharmapala. Tax Incentives for Affordable Housing: The Low Income Housing Tax Credit，*Nber/tax Policy & the Economy*，2008，24（1）：181–205.

[3] Yates J. Why Does Australia Have an Affordable Housing Problem and What Can Be Done About It？*Australian Economic Review*，2016，49（3）：328–339.

[4] Silverman R M. Nonprofit perceptions of local government performance in affordable housing，*International Journal of Housing Markets & Analysis*，2013，2（3）：253–262.

[5] Williams P. The affordable housing conundrum: shifting policy approaches in Australia，*Town Planning Review*，2015，86（6）：651–676.

[6] Yong H A, Wang Y, Kang H L, Jeon M H. The greening of affordable housing through public and private partnerships: Development of a model for green affordable housing，*Journal of Green Building*，2014，9（1）：93–112.

[7] Heitel S. Multiple interests as management challenge for German housing companies: How diverse and conflicting are their stakeholders'expectations？*Journal of the Japan Foundrymens Society*，2015，78（45）：1441–1445.

[8] Wilson D I, Pelham N, Duffield C F. A review of Australian PPP governance structures，*Journal of Financial Management of Property and Construction*，2010，15（3）：198–215.

[9] Crook T. New housing association development and its potential to reduce concentrations of deprivation: An English case study，*Urban Studies*，2016，53：3388–3404.

融资方式进行了探讨，以 ABS 融资①、REITs 融资②发展最为迅速（如表 7-3 所示）。

表 7-3　　　　　　　　　　部分相关研究文献梳理

研究主题	代表性人物或论著	主要观点或结论
公共服务供给多元化的基础理论	Demsetz（1970）；Coase（1974）；Savas（1987）；Lane（2004）；张五常（2009）；王俊豪（2014）	政府提供公共服务无法使资源配置达到"帕累托最优"，民营化是改善政府服务的有效途径，改革政府垄断，推行管制放松，扩大社会参与是重要举措
社会力量参与公共服务的作用	Peterself（1993）；Savas（2002）；Travers（2011）；Donoghue（2012）	社会力量参与公共事业能够降低成本，鼓励专业化，增加投资。引导私人资本参与公共住房建设是一种提高政府效率、使资本更有价值的途径
政府与市场在住房保障中的定位	Ronald（2002）；Marietta（2010）；秦虹（2011）、仇保兴（2016）	政府在公共住房供给中应起主导作用，保障性住房应更多发挥市场力量实现供求平衡，政府应该由直接建设和经营者转变为监督指导者
社会力量参与保障房项目的条件	Berry（2006）；张永岳（2011）；虞晓芬（2012）；Yates（2016）	政策引导、财税激励、融资支持、法律保障以及稳定的收益预期和健全的合作机制是吸引私人资本进入公共住房市场的重要因素
社会力量参与保障房项目的途径	Plaut（2004）；Peter（2007）；Desai（2010）；Wilson（2010）；Wang（2015）	主要途径：LIHTC 计划；住房储蓄制度；PPP、PFI 模式；住房协会等非政府机构等

资料来源：作者整理。

---

① Zhong L. Analysis on BOT financing model and ABS financing model, *Science - Technology and Management*, 2007.

② LI Jing - Jing, DU Jing. Study on the Application of REITs in Low - Income Housing Financing, *Journal of Engineering Management*, 2011.

第二节　社会力量参与保障性住房建设运营现状与调查

一、基本概况

近年来，我国以公共租赁住房建设、棚户区改造为突破口，通过出台优惠政策、强化工作氛围、加大典型示范调动企业等社会力量投资建设保障性住房。

浙江：2012年，浙江省印发了《关于鼓励支持企业等社会力量投资建设公共租赁住房的意见》（以下简称《意见》），《意见》明确社会力量投资建设公共租赁住房，在纳入保障性安居工程建设计划后，可享受项目审批、用地供应、资金筹措、税费减免等优惠政策。尤其在用地方面，对大中型企事业单位、行业系统利用自有存量土地建设的，可调整规划用地性质，保留原土地用途和取得方式，无须缴纳因用地性质改变而相应产生的土地差价。符合条件的工业企业在行政办公及生活服务设施用地范围内既可建设集体宿舍也可建设成套房。对开发区及产业园区建设公共租赁住房，可采取行政划拨方式供应土地。之后，浙江省绍兴、台州、衢州、宁波北仑、诸暨等市县相继出台实施意见，细化落实扶持政策。例如，对房地产开发企业投资建设的非营利性租赁住房可以采取行政划拨方式供应土地；对工业项目建设用地控制指标适度从宽掌握，鼓励企业自建外来务工人员宿舍；进一步明确社会力量投资建设公共租赁房的税收规费优惠政策和申请国家、省财政的补助程序等。同时，按照"谁投资、谁所有、谁受益"的原则，鼓励社会力量通过多种模式投资建设保障房。

广东：2010年，广东省印发《关于加快发展公共租赁住房的实施意见》，明确指出鼓励各地充分调动社会各方力量参与投资建设。2016年6月，广州市政府又进一步发布了《广州市公共租赁住房保障办法》（以下简称《办法》），《办法》新增"社会力量参与"章节，鼓励社会力量通过直接投资、间接投资、参股、委托代建等方式参与公共租赁住房建设、运营和管理。社会力量投资的公共租赁住房，纳入全市住房保障中长期规划或年度计划，并按照国家有关规定享受税费优惠政策。《办法》还明确了，社会力量投资的公共租赁住房，租金标准不得高于政府公布的本地区公共租赁住房租金标准上限，租金收入归公共租赁住房的所有权人或者其委托的运营单位所有。除上述规定以外，广东还积极鼓励集体经济组织利用集体建设用地建设和经营公共租赁住房，房屋建成后可直接面向符合承租条件的对象出租,或者由政府团组后再向符合承租条件的对象出租。

云南：近年来,云南积极转变"政府包揽"模式,采取服务外包等方式引入社会力量参与保障房建设和管理。例如,昆明市打破了"政府投资建设与政企合建"这一传统模式,大胆尝试,引入万科地产、俊发地产等实力强、信誉好的房地产开发企业参与保障性住房建设。一方面,利用企业自有存量土地进行开发建设,建成后由昆明市公共租赁住房开发公司将其回购作为公租房房源。另一方面,由昆明市公租房公司委托昆明万科地产公司全过程代建,克服了在短时期内大规模建设保障性住房所带来的困难,提高了保障房这一公共产品的设计、施工和物业运营水平。同时,为按质按量完成这一"外包"项目,昆明市相关部门在设计单位和施工队伍方面,按照国家规范要求,制定了严格的设计、施工、房屋交付标准,对户型设计、建筑材料、作业方式、内外部环境、重点设备配置等各方面进行了统一规范,从源头上确保结构安全、质量可靠、经济实用。

深圳：面对大批量保障房集中上市的形势,深圳大胆探索引进社会力量参与保障房分配、管理,一是引入专业物业管理,推动保障性住房"智慧社区"建设,通过信息化、智能化的指纹门禁等手段,实现规范化管理,解决房屋空置和违法转租问题。二是2012年出台的《深圳市住房保障制度改革创新纲要》提出,建立政府直管、业主代管、企业托管的"三位一体"管理模式,借助社会力量资源优势,提升保障房管理和服务水平。

通过以上举措,当前在一些发达地区,引导社会力量参与保障房建设取得一些进展,社会投资建设的占比有所提高。但是,从参与方式看,目前社会力量大多数还是选择代建、配建等传统模式,选择直接投资、参与运营等深度合作模式还非常少见。而且,总体上看,项目效益不佳,社会力量主动参与的比例不高。

二、数据调查与描述性统计

为深入掌握社会力量对参与保障性安居工程项目现状和需求,本书专门开展了一次较大规模的调研,并在此基础上作系统的实证分析。调研内容主要包括三个部分,第一部分主要包括社会对住房保障的认知态度,社会力量参与项目的结构比例与行为倾向,影响因素与主要障碍,政府激励方式等内容。第二部分内容是围绕行为模型中各个变量而设计的量表。第三部分是调研对象的背景资料。根据前文所述,保障房项目可以依靠的社会力量主要是指有能力参与住房投资开发、建设运营的企业组织或行业机构,为保证样本数据选择的科学性和有效性,本书在文献梳理的基础上,经过对浙江省住房和城乡建设厅、杭州市住房保障和房产管理局以及住房保障相关行业专家学者的访谈咨询，最终将调研对象定位在与房地产开发、建设、经营相关的企业单位和行业组织，包括一些涉足房地产项目，从事多元化投资经营业务的大型企事业单位。同时，在征求专家意见的基础上，确定了如下数据采集渠道：（1）借助2016年第十六届杭州人居展，向参展房地产企业发放调研问卷并进行访谈调研；（2）依托世界华人不动产学会2016年会暨"新经济、新型城镇化与房地产业可持续发展"国际研讨会（其中专设"住房政策与住房保障"论坛），对参会的住房开发相关企业、行业协会与机构进行访谈调研；（3）利用浙江省住房和城乡建设厅、杭州市政策研究室的数据平台，对住房投资开发、建筑施工、项目运营相关单位与行业组织进行了问卷和访谈。

为消除样本个体差异，所有调研均采用问卷和半访谈相结合的方式进行，调研对象以目标单位中高级管理者为主。调研时间为2016年4月至7月，共发放问卷480份，回收问卷458份。经过重复性删除、有效性审核之后，共获得有效问卷383份。麦克奎蒂（Mcquitty，2004）[①]指出有效问卷至少应该5倍于指标题项。本书正式量表中指标题项为31项，有效问卷383份，有效样本量是指标题项的12.35倍，符合样本容量要求。样本数据描述性统计分析结果如下：

（一）样本特征

根据调研获得的数据，得到描述性统计结果如表7-4所示。

表7-4　　　　　　　　　调查样本基本特征　　　　　　　　单位：%

项目	频率	项目	频率	项目	频率
组织规模：		组织类型：		是否参与过公共服务项目：	
特大型	1.83	国有企业	16.45	是	28.20
大型	22.98	民营企业	45.95	否	71.80
中型	48.83	合资企业	4.70	是否参与过保障房项目：	
小型	21.66	投资机构与行业协会	16.98	是	5.22
微型	4.70	其他	15.93	否	94.78
相关从业年限：		被调研者年龄层次：		被调研者文化水平	
>5年	28.21	30岁及以下	1.83	博士	7.05
3~5年	19.58	31~40岁	44.65	硕士	15.40

---

① Mcquitty S. Statistical power and structural equation models in business research, *Journal of Business Research*, 2004, 57 (2): 175-183.

续表

项目	频率	项目	频率	项目	频率
1~3年	19.32	41~50岁	32.38	本科	61.88
0~1年	5.74	51~60岁	19.32	专科	14.10
无	27.15	60岁以上	1.83	高中及以下	1.57

注：表中数值表示的是样本频率。

从数据看，参与此次调研的单位属于特大型、大型、中型、小型和微型的比例分别为1.83%、22.98%、48.83%、21.66%和4.70%，呈现明显正态分布特征。从类型看，民营企业、国有企业、合资企业分别占到45.95%、16.45%和4.70%，另外，投资机构与行业协会约占16.98%。样本中有28.21%的单位曾经参与过基本公共服务项目建设，对社会公共服务事业具有一定的认知和参与基础。从专业相关性角度看，被调研单位中有72.85%直接或者间接从事住房的投资开发、建设经营业务或具有房地产相关从业资质。相关从业年限在3年以上的占47.78%，其中，具备5年以上从业经验的占28.20%。

（二）对参与保障房的认知

从认知角度看，社会力量对保障性住房项目表示非常关注、比较关注的分别仅占8.36%和29.77%，表示偶尔关注、不太关注、不关注的比例分别为27.15%、21.41%和13.32%，总体看，关注程度不高。

进一步调查发现，社会关注程度不高的原因大致有以下几点：一是当前保障房产权和收益归属不够明晰，造成社会投资者顾虑重重。二是相关法制建设滞后，导致社会力量参与保障房建设无章可循、无法可依。而且，目前保障房制度带有明显的政策性和阶段性，这些都给社会资本进入保障房市场带来巨大的政策风险。三是激励力度弱，金融支持不到位，项目投资回收期长，企业保本压力巨大。四是参与模式不成熟，退出机制缺位。目前，我国保障房建设社会参与机制还处在摸索之中，没有规范的文件，各地执行标准也不统一。而且目前未明确参与保障房建设的退出机制，这与社会资金希望保持较高的流动性和周转率相矛盾。

关于"谁应该成为保障性住房建设运营的责任主体"这一问题，受访对象普遍认为政府应该是推动保障性住房建设第一责任人的占94.84%；同时，认为社会专业力量应该积极参与的占57.70%。关于运营主体，35.25%的受访者认为保障性住房建设运营是政府的责任，应该由政府直接投资建设与运营。45.17%的受访者认为政府应该提供政策保障，通过一定方式（如委托代建等）引导社会力量有限参与，政府承担项目的主要经营风险。另有 19.58% 认为可以交由专业的社会力量承担（如表 7-5 所示）。

表 7-5　　　　受访者对于保障性住房建设运营主体的观点

观点	频数（次）	频率（%）
政府直接投资建设并承担经营风险	135	35.25
社会力量投资建设并承担经营风险	75	19.58
社会力量有限参与，政府提供政策保障并承担经营风险	173	45.17

（三）实际参与保障房项目情况

调研发现，受访单位中只有 20 家（5.22%）参与过保障房项目，比例较低。从参与意愿看，调研对象中表示未来愿意参与的约占总样本的 21.87%，其中表示非常愿意和愿意的分别占 6.73% 和 15.14%。进一步地说，根据是否参与过保障房项目将样本分为"参与过"和"未参与过"两组进行对比分析发现，在已参与过的单位中，有 35% 表示今后愿意继续参与，其中，表示非常愿意和愿意的比例分别为 15% 和 20%。而在未参与过的单位中，表示未来愿意参与的比例只有 21.15%，其中，表示非常愿意和愿意的比例分别为 6.27% 和 14.88%，均低于"参与过"组（如表 7-6 所示）。也就是说，参与过保障房项目的社会力量总体上再次参与的意愿较高，这一方面可能与路径依赖有关，另一方面可能与已参与者积累了一定的实践经验，对项目的运作模式、市场前景、成本收益等各方面更加熟悉，因而在投资决策时，相较于无经验者能够更加积极主动地做出选择。

表 7-6　　　　被调查对象保障性住房项目参与意愿情况　　　　单位：%

样本组	非常愿意	愿意	不确定	不愿意	非常不愿意
总样本	6.73	15.14	36.81	31.59	9.72
参与过	15.00	20.00	35.00	25.00	5.00
未参与过	6.27	14.88	36.91	31.96	9.98

在参与方式的选择上，在已参与的样本企业中委托代建、配建、BT 方式是目前社会力量的主要选择，其中代建和配建方式约占 85%。未来有可能参与的调研对象中，选择以代建、配建、BT 方式参与的分别占 30.68%、26.14% 和 23.86%，愿意以 BOT 方式参与的占 10.23%。可见，在参与方式的选择上，社会力量还是青睐于做法成熟、风险可控的传统方式，而对于 BOT 等需要参与项目运营环节的方式，选择热情不高（如图 7-2 所示）。

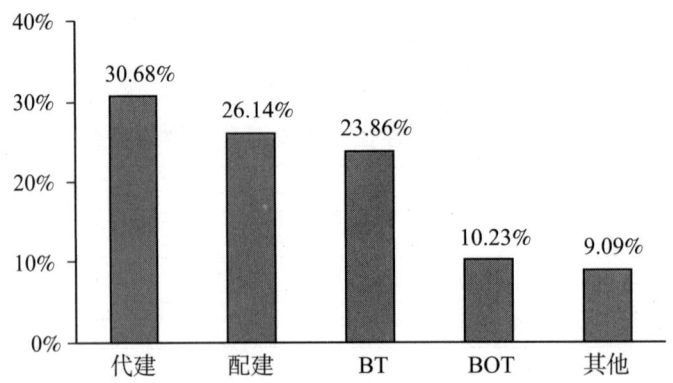

图 7-2 保障性住房项目社会力量参与方式选择情况

(四) 参与保障房目的

有研究指出,参与保障房项目虽然直接利润不高,但是蕴含显著的隐性效益(中国指数研究院,2011)。第一,参建保障房,积极履行社会责任,蕴含巨大的社会效益。第二,协助地方政府完成住房保障任务,容易得到政府在其他方面的政策支持。第三,保障房项目能够成为企业稳定的收入来源。项目虽然利润率不高,但成本压力也相对较小,同时,商品房市场风险较大,相对而言,保障房在政策调控以及遭受市场风险时波动较小,可以成为平衡风险的一种方式。第四,可以丰富产品线,争取更多的市场机会。调查结果证实了上述观点,社会力量在投资保障房项目时主要追求目标依次是:"盘活富余资金,获得稳定投资收益",占48.83%;"改善政企关系,提升社会形象",占42.56%;"获得土地划拨、财税激励、行政审批、金融贷款等政策优惠",占37.86%;"多元化经营,分散企业风险",占37.60%;"弥补业务不足,稳定人员队伍",占18.80%[①](如图7-3所示)。

(五) 参与保障房项目期望收益水平

调研中,不少企业表示,由于**参建保障房项目一般要申请中长期贷款,因此要能够对社会力量产生有效驱动,项目的期望收益率平均应该要比5年期基准贷款利率高3.75个百分点,即必要收益率为8.65%**(调查时点,5年期基准贷款利率为4.9%[②])。而通过对20家已参加企业的调研发现,项目实际直接利润率最高不到5%,部分处于保本状态,有的甚至出现亏损,加上各类补贴后的综合

---

① 由于社会力量参与保障房的目的是多元化的,因此本研究在调研企业追求目标时设置了多项选择题项,故各项目标选择的频次加总大于100%。

② 资料来源:中国人民银行网站,截至2016年8月15日。

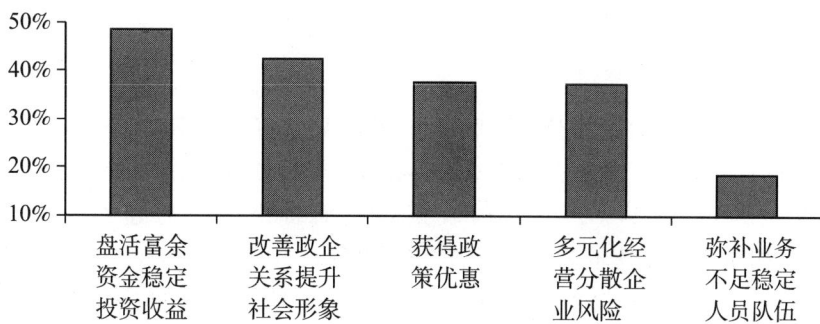

图 7-3 社会力量参与保障性住房项目追求目标

利润率最高也不到 8%，不仅低于商业房地产项目的平均利润率，也达不到社会力量参建的必要收益率。调研同时发现，造成利润率偏低，一方面是由于项目自身的"公益"属性和"保本微利"原则所决定，另一个方面是政府激励力度不足。受访对象中有 71.80% 表示政策激励力度弱；另有 24.54% 认为当前激励政策内容含糊，或执行不到位。如表 7-7 所示，当前浙江省出台的激励政策主要集中在项目审批、用地供应、资金筹措和税费减免等方面，但大都还是属于纲领性文件，只有少部分城市（如宁波北仑区）在部分条款上制定了实施细则。而且，与项目巨大的资金投入、较长的投资回收期、较高的机会成本相比，目前这些政策的激励力度总体上还很有限。

表 7-7 浙江省社会力量参与保障性住房主要优惠政策

类型	内容	文件
用地供应	1. 利用自有存量土地建设的，保留原土地用途和取得方式 2. 开发区及产业园区可采取行政划拨方式供应土地 3. 可在商品住宅用地中配建一定比例的保障房，并通过"限地价、竞保障房面积"的方式公开出让土地	浙政办发〔2012〕79 号
资金筹措	社会力量投资建设并持有且纳入政府总体规划的保障性住房项目，各银行业金融机构可按照商业原则发放贷款	银发〔2011〕193 号
	已纳入省政府批准的保障性住房建设计划的，可以同等享受中央和省级保障房建设补助	浙政办发〔2012〕79 号
项目审批	1. 对符合条件的项目，优先办理各项审批手续 2. 可规划建设配套商业服务设施，配套比例由当地政府确定	浙政办发〔2012〕79 号

(六) 障碍与风险

受访者认为社会力量参与保障房项目面临四个方面的风险：一是缺乏立法保障而带来的法律风险，约占 30.54%；二是因投资回收期长而带来的流动性和变现性风险，约占 29.24%；三是因政策调整而带来的政府违约风险，约占 22.98%；四是项目经营不善而带来的经营性风险，约占 16.97%。针对社会力量对项目缺乏参与热情的现实，本书专门对其中的障碍因素进行了分析（如图 7-4 所示）。研究发现，除了认为收益水平低（33.94%）、激励力度弱（21.93%）以外，政企缺乏互信（11.23%）；缺少相关法律制度（10.97%）；金融系统支持力度有限，对于参建企业在放贷审批、贷款利率上做了一些政策倾斜，但是幅度明显低于给国有企业的利率；企业参与模式不成熟，缺少退出机制；项目选址较偏、市政配套设施不完善，导致项目蕴含大量隐性成本等因素都在一定程度上制约了社会力量的参与。

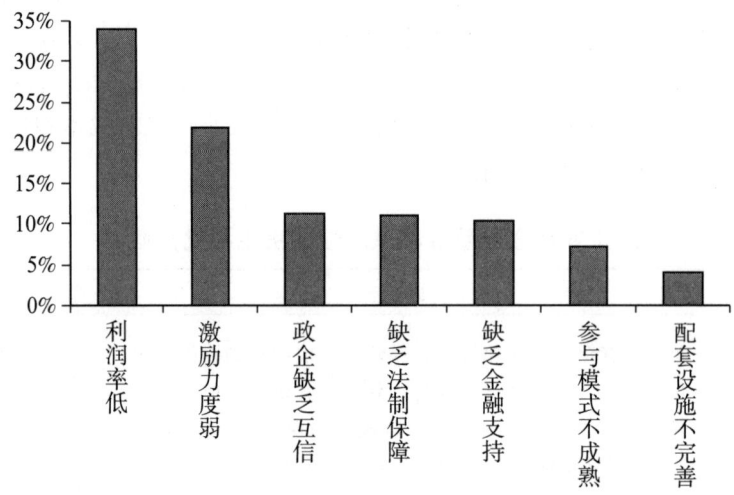

图 7-4 社会力量参与保障性住房项目主要障碍因素

第三节 社会力量参与保障性住房项目行为研究框架

社会力量参与保障房项目是其在特定情境条件下投资决策行为的一项内容，以往研究大多停留在定性描述层面。本书根据行为理论并结合专家访谈获得的信息对影响社会力量参与行为的因素进行提炼并进行概念界定。在此基础上，以行为理论分析框架为依据,构建社会力量行为决策概念模型,并提出研究假设,为后续实证分析提供理论支持。

一、变量选择与假设提出

(一)价值认同

价值认同(value identity)主要是指价值观的认同,是指组织或个体在社会活动中基于传统的、审美的、道德的以及宗教信仰等文化的角度对某类价值的内在认可或达成共识,通过这些认可或共识,形成自身在社会活动中的价值取向,并由此决定自己的理想、信念、追求以及行为方式(汪信砚,2002)[①]。罗宾斯(Robbins,1997)[②] 指出"认同什么样的价值代表了一系列的基本信念,它是衡量或评价个人行为与目标时的参照点和判别标准"。价值认同与行为的关系研究一直是学术界的热点,一直以来,人们普遍认为个体的价值观与行为之间具有一致性(陈莹,2010)[③]。如巴迪和施瓦兹(Bardi & Schwartz,2003)[④] 认为行为是个体价值观的外在表现。还有大量学者通过实证研究对两者的关系进行研究,获得了大量经验证据,如巴迪(Bardi,2003)[④]、凯达(Kaida,2016)[⑤] 分别在利他行为、环保行为、购买行为等研究中发现价值认同对相关的行为表现具有预测作用。

然而,也有学者发现价值观与行为之间的直接关联度与预期相比存在一定距离(Karremans,2007)[⑥],因而学术界开始考虑引进中介变量对传统的研究路径进行改进。如布伦斯(Bruns,2004)[⑦] 在研究人们日常行为时提出了手段—目标

---

① 汪信砚:《全球化中的价值认同与价值观冲突》,载于《哲学研究》,2002 年第 11 期,第 22～26 页。

② [美] 斯蒂芬·P. 罗宾斯著,孙健敏等译:《组织行为学(第14版)》,中国人民大学出版社 2012 年版。

③ 陈莹、郑涌:《价值观与行为的一致性争议》,载于《心理科学进展》,2010 年第 10 期,第 1612～1619 页。

④ Bardi A, Schwartz S H. Values and behavior: strength and structure of relations, *Pers Soc Psychol Bull*, 2003, 29 (10): 1207 - 1220.

⑤ Kaida N, Kaida K. Facilitating Pro-environmental Behavior: The Role of Pessimism and Anthropocentric Environmental Values, *Social Indicators Research*, 2016, 126 (3): 1 - 18.

⑥ Karremans J C, Aarts H. The role of automaticity in determining the inclination to forgive close others, *Journal of Experimental Social Psychology*, 2007, 43 (6): 902 - 917.

⑦ Brunsø, K., Scholderer, J. & Grunert, K. G.. Closing the gap between values and behavior—a means-end theory of lifestyle, *Journal of business research*, 2004, 57 (6), 665 - 670.

链理论,认为生活方式是价值观与行为的中介变量。希特林(Hitlin,2004)[①]认为态度是行为生成过程中的重要中介变量,并提出了"价值观—态度—行为"模型。阿杰恩(Ajzen,1991)[②]在理性行为理论(theory of reasoned action,TRA)的基础上提出了计划行为理论(theory of planned behavior,TPB),认为价值观等主观层面的因素都要经由行为意向来间接影响行为表现。另外,有研究表明,价值观对于个体的责任心也存在正向影响。基于上述分析,本书认为社会组织对于住房保障事业是否重视,是否认可保障房项目的价值将通过直接和间接两种路径对其参与行为产生正向影响,并由此提出研究假设 H1a、H1b、H1c。

H1a:价值认同对社会力量参与保障性住房项目的行为具有正向影响。

H1b:价值认同对社会力量参与保障性住房项目的行为意向具有正向影响。

H1c:价值认同对社会力量参与保障性住房项目的责任感具有正向影响。

(二) 责任感

责任是指个体应尽的义务和职责。大量文献证实了责任感对于相关责任行为的影响。韦伯斯特(Webster,1975)[③]指出,社会责任感强的人更容易接受普世价值观,这类人更有可能选择有利于人类和社会的生活方式。从已有文献看,学术界普遍认为责任感是导致相关责任行为发生的重要前因变量,两者之间呈现正向相关性,只是在两者的作用机制与影响路径方面存有不同看法。主要观点有两种:第一种观点认为责任感直接影响责任行为,以斯特恩(Stern,1999)[④]研究成果为代表。第二种观点提出,两者之间需要通过中介变量间接发生关系,该论点得到了许多实证研究的数据支持(芈凌云,2011)[⑤]。基于以上分析,本书认为社会力量的社会责任感对于其是否参与保障房项目具有正向作用,其主要通过行为意向影响行为,社会责任感越强,则其参与的行为意向越强。由此,提出研究假设 H2。

H2:责任感对社会力量参与保障性住房项目的行为意向具有正向影响。

---

① Hitlin S, Piliavin J A. Values: Reviving a Dormant Concept, *Annual Review of Sociology*, 2004, 30 (30): 359 – 393.

② Icek Ajzen. The theory of planned behavior, *Organizational Behavior and Human Decision Processes*, 1991, 50 (2): 179 – 211.

③ Webster F E. Determining the Characteristics of the Socially Conscious Consumer. Journal of Consumer Research, *Journal of Consumer Research*, 1975, 2 (3): 188 – 196.

④ Stern P C, Dietz T, Abel T, Guagnano G A, Kalof L. A value-belief-norm theory of support for social movements: The case of environmentalis, *Research in Human Ecology*, 1999, 6 (2): 81 – 97.

⑤ 芈凌云:《城市居民低碳化能源消费行为及政策引导研究》,中国矿业大学博士论文,2011 年。

(三) 逐利倾向

逐利性就是追逐利润最大化。逐利是企业经济责任的行为表现，而经济责任是企业最基本也是最重要的社会责任，但并不是唯一责任。林毅夫（2007）[①] 指出："由于外部性问题和由信息不对称所可能引致的道德风险行为，使企业的逐利活动与社会的整体利益之间可能会产生矛盾。"李恒（2014）[②]、李硕（2015）[③] 研究提出，企业的逐利偏好与其履行社会责任行为之间既可能冲突，也可能平衡，关键取决于企业的逐利倾向。住房保障本质上属于社会公益事业，与社会资本的逐利性相矛盾。因此，逐利性成为社会力量参与项目的重要障碍，本文在调研过程中也证实了这一观点。可见，逐利偏好会影响公众参与公益事业的热情。因此，本书认为社会力量的逐利倾向对于其参与公益事业的行为意向具有负向影响，由此提出研究假设 H3。

H3：逐利倾向对社会力量参与保障性住房项目的行为意向具有负向影响。

(四) 从众心理

从众心理（herd mentality）是指个体受到外界人群的影响，从而在思想上怀疑甚至否定自己的想法和判断，进而改变自身选择，采取与社会大众一致或相近行为的心理倾向。从众是人类社会普遍的现象，实验结果表明在被试中仅有约 30% 的测试对象没有表现出从众行为。学术界关于从众心理与行为关系的探索始于对消费者行为的研究，我国学者把从众理论引入群体的行为预测，吴光静等（2006）[④] 通过对我国证券市场从众行为的实证分析发现，从众心理强弱影响个人的跟从倾向。曹欢欢等（2015）[⑤] 在研究社交网络使用习惯时发现，从众心理会增强用户持续使用意向。总体来说，已有文献基本上都支持从众心理对于行为意向的正向影响关系，因此，本书认为社会力量的从众心理会对其参与保障房项目的行为意向产生重要影响，由此提出研究假设 H4。

H4：从众心理对社会力量参与保障性住房项目的行为意向具有显著影响。

[①] 林毅夫等：《以共享式增长促进社会和谐》，中国计划出版社 2008 年版。

[②] 李恒、黄雯：《企业逐利行为与社会责任行为关系研究》，载于《四川师范大学学报》（社会科学版），2014 年第 2 期，第 69~73 页。

[③] 李硕：《企业社会责任与逐利本质的冲突与衡平》，载于《商》，2015 年第 40 期，第 237~237 页。

[④] 吴光静、陆剑清、张俊宇：《我国证券市场从众行为的实证分析》，载于《郑州航空工业管理学院学报》，2006 年第 2 期，第 50~53 页。

[⑤] 曹欢欢、姜锦虎、胡立斌：《社交网络持续使用：从众行为和习惯调节作用》，载于《华东经济管理》，2015 年第 4 期，第 156~162 页。

（五）行为意向

意向是人对外界事物的心理反应，表现为愿望、希望、欲望、谋虑等反应倾向。行为意向（behavior intention）是指个体行动之前的心理倾向或行为动机，它与行为之间存在高度的关联性。一般来说行为意愿越强，则它越愿意执行这一行为，越愿意支付较高的时间和经济成本（Ajzen，2002）[①]。根据心理学理论，态度、信念等心理层面的因素或特征对行为产生有重要影响，而行为意向是行为生成最直接的影响因素，所有可能影响行为的主观心理因素都是通过行为意向来间接影响行为，因此，行为意向是现实行为重要的前因变量。

国内外大量文献都支持了行为意愿与行为之间的相关关系以及行为意愿在行为生成过程中的重要作用。凯泽（Kaiser，1999）[②]对3 000多个样本的行为因素进行调查分析，结果表明行为意愿对行为的解释力高达70%。米歇尔（Michele，2004）[③]对258户家庭的实证研究表明，意向是行为的直接前因变量，行为因素主要通过意向影响个人行为。我国学者张书维（2013）[④]、赵斌（2013）[⑤]、林叶（2016）[⑥]等在创业行为、群体性事件、员工前瞻性行为的研究中通过定性和定量分析也都证实了行为意向在行为生成过程中的影响作用以及与行为之间的强关联性。由此，本书提出假设H5。

H5：行为意向对社会力量参与保障性住房项目的行为具有显著的正向影响。

（六）知识经验

一般来说，个体对于相关事物掌握的知识越多、积累的经验越丰富，则其越容易开展相关的活动，实施相关行为的可能性越大。其中，知识是行为产生的前因和后果，是影响人行为变化的重要因素。国内外学者通过多视角的研究对上述

[①] Ajzen I. Perceived behavioral control, self-efficacy, locus of control and the theory of planned behavior, *Journal of Applied Social Psychology*, 2002, 32 (4): 665 – 668.

[②] Kaiser F G. Ecological behavior, environmental attitude, and feelings of responsibility for the environment, *European Psychologist*, 1999, 424 (1 – 2): 53 – 59.

[③] Michele. Determining the drivers for householder pro-environmental behaviour: waste minimisation compared to recycling, *Resources Conservation & Recycling*, 2004, 42 (1): 27 – 48.

[④] 张书维：《群际威胁与集群行为意向：群体性事件的双路径模型》，载于《心理学报》，2013年第12期，第1410~1430页。

[⑤] 赵斌：《基于计划行为理论的科技人员创新行为产生机理研究》，载于《科学学研究》，2013年第2期，第286~297页。

[⑥] 林叶、李燕萍：《高承诺人力资源管理对员工前瞻性行为的影响机制——基于计划行为理论的研究》，载于《南开管理评论》，2016年第2期，第114~123页。

理论进行检验（Hoch，1989）。[1] 另外，贾鹤等（2009）[2]、冯旭等（2012）[3] 分别在顾客参与行为、患者遵医行为等研究中，证实了知识经验与个体行为意愿、行为能力的相关关系。因此，本书认为社会力量关于住房保障的知识经验会直接影响其参与项目的行为意向和行为能力，相关知识经验越丰富，则其参与项目的行为能力越强、参与意愿越高，由此提出研究假设H6a、H6b。

H6a：知识经验对社会力量参与保障性住房项目的行为意向具有正向影响。

H6b：知识经验对社会力量参与保障性住房项目的行为能力具有正向影响。

（七）组织规模

对于企业等社会力量来说，组织规模主要是指劳动力、生产资料和产品在企业集中的程度。根据国家统计局公布的划分方法，我国一般依据从业人员数量、营业收入、资产总额三个指标将企业划分为大型、中型、小型、微型等四种类型。组织规模的大小决定了其所能控制的资源丰富程度和市场能力的强弱。一方面，大企业在人力、资金、物质资本等方面掌握更多的资源，在技术、信息、管理等方面集聚了大量的竞争优势，有能力承担大型项目。波特（Porter，1990）[4] 在企业竞争力研究中发现，规模对企业竞争力具有正向贡献，规模经济有助于企业获得多种驱动因素的支撑。可见，组织规模对于行为能力具有重要影响和促进作用。另一方面，相比小企业而言，大企业由于在社会政治经济生活中的影响和作用更加重要，出于长远发展考虑，会更多关注公益事业（陈锦华，2004）[5]。根据以上分析，本书认为组织规模会影响组织参与保障房项目的行为意向和行为能力，组织规模越大，则其参与项目的行为能力和参与意向越强。由此提出研究假设H7a、H7b。

H7a：组织规模对社会力量参与保障性住房项目的行为意向具有正向影响。

H7b：组织规模对社会力量参与保障性住房项目的行为能力具有正向影响。

（八）行为能力

能力是完成某一活动所必需的个性心理特征和主观条件。行为能力是完成一

---

[1] Hoch S J, Deighton J. Managing what consumers learn from experience, *Journal of Marketing*. 1989（53）：1 – 20.

[2] 贾鹤、王永贵、黄永春：《服务企业应该培训顾客吗？顾客知识对创造型顾客参与行为和顾客满意的影响的探索性研究》，载于《科学决策》，2009年第12期，第54~62页。

[3] 冯旭、鲁若愚、彭蕾：《顾客创新性和顾客产品知识对顾客个人创新行为的影响》，载于《研究与发展管理》，2012年第24（2）期，第104~114页。

[4] ［美］迈克尔·波特著，李明轩、邱如美译：《国家竞争优势》，中信出版社2012年版。

[5] 陈锦华：《企业家应担负起社会责任》，载于《当代经济》，2004年第4期，第1页。

项目标或者任务所需要的素质，它代表了个体完成行动的可能性。行为能力的形成受多种因素的影响，根据理查德森（Richardson，1972）[①] 和波特（Porter，1990）的理论观点，知识、技能、经验、组织规模大小等因素都是组织行为能力构成的重要因素。根据组织行为学理论，行为的生成不仅需要有实施行为的主观愿望，还需要有实施行为的必要素质和能力。有许多学者通过各自的研究证实了组织能力对组织行为绩效具有显著的正向影响（蔡莉等，2009[②]；孟佳佳等，2012[③]）。因此，本书认为，行为能力对行为生成有直接影响，由此提出研究假设 H8。

H8：行为能力对社会力量参与保障性住房项目的行为具有显著的正向影响。

（九）政策法规的情景调节作用

政策法规是政府为实现一定政策目的而采取的规制手段，政策法规对个体行为具有重要的规范指导作用（张文显，2011）。[④] 在行为研究中政策法规常常被作为重要的外部情境因素（Cameron，1985[⑤]）。刘慧茹（2014）[⑥] 通过定性和定量分析，指出企业激励政策对员工工作绩效具有情境调节作用。张士强（2016）[⑦] 以国家产业政策为调节变量，发现国家产业政策在公司管理措施和企业转型升级的关系中起正向调节作用。因此本书认为，在参与保障房项目行为选择过程中，社会力量的行为要受到国家相关政策法规的情景调节，由此提出研究假设 H9a、H9b。

H9a：政策法规在行为意愿对保障房参与行为的影响过程中起情景调节作用。
H9b：政策法规在行为能力对保障房参与行为的影响过程中起情景调节作用。

二、模型构建

早期学者主要运用理性行为理论（theory of reasoned action，TRA）的研究范

[①] Richardson G B. The Organization of Industry, *Economic Journal*, 1972, 82: 883 – 896.

[②] 蔡莉、尹苗苗：《新创企业学习能力、资源整合方式对企业绩效的影响研究》，载于《管理世界》，2009 年第 10 期，第 129 ~ 132 页。

[③] 孟佳佳、董大海、刘瑞：《网络营销能力对企业绩效影响的实证研究》，载于《科技管理研究》，2012 年第 12 期，第 91 ~ 195 页。

[④] 张文显：《法理学》，高等教育出版社 2011 年版。

[⑤] Cameron T. A nested logit model of energy conservation activities by owners of existing single family dwellings, *Review of Economics and Statistics*, 1985, 6 (2): 205 – 211.

[⑥] 刘慧茹：《谈激励机制对企业员工行为的作用》，载于《经营管理者》，2014 年第 31 期，第 184 ~ 184 页。

[⑦] 张士强：《公司管理措施与企业转型升级关系研究——以国家产业政策为调节变量》，载于《企业经济》，2016 年第 3 期，第 5 ~ 10 页。

式来解释个体行为（Fishbein & Ajzen，1975）。[1] 阿杰恩（Ajzen，1991）[2] 在模型中引入行为意向作为中介变量，并在此基础上提出了计划行为理论，提高了行为预测及解释的适当性。本书根据前文理论分析与研究假设，以计划行为理论为基础，建立社会力量参与保障性住房项目行为概念模型（如图7-5所示）。

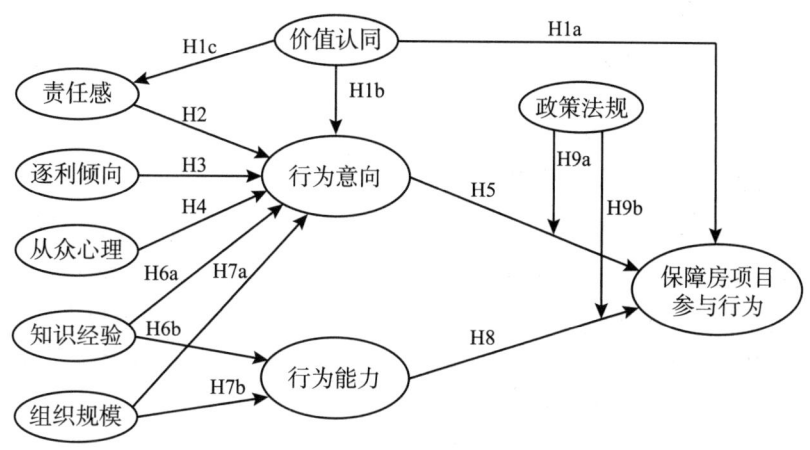

图7-5 社会力量参与保障性住房项目行为概念模型

上述模型主要包含了以下理论依据：(1) 根据计划行为理论建立价值认同、责任感、逐利倾向、从众心理等主观心理因素和保障房参与行为意向及行为之间的路径关系。(2) 根据组织行为学理论，任何行为的发生都是行为动机与行为能力在特定条件下共同作用的结果，行为能力的大小取决于行为主体所掌握的知识、技能、经验、资源等因素。因此，行为能力也是个体行为的直接预测变量，行为能力受到知识经验、组织规模等因素的影响，并由此提出行为意向、行为能力和行为之间的影响路径。(3) 借鉴国内外行为研究范式，在模型中引入外部情境变量，提出政策法规在社会力量参与过程中起情景调节作用。

概念模型建立了以下路径关系和研究假设欲加以验证：(1) 价值认同、责任感、逐利倾向、从众心理、组织规模、知识经验对保障房参与行为意向有直接影响作用（H1b、H2、H3、H4、H6a、H7a）；(2) 知识经验、组织规模对保障房参与行为能力有直接影响作用（H6b、H7b）；(3) 价值认同除了通过行为意向间接影响行为，还可以直接对保障房参与行为产生影响（H1a）；(4) 价值认同

---

[1] Fishbein M, Ajzen I. Belief: Attitude, Intention and Behaviour: an introduction to theory and research. *Philosophy & Rhetoric*, 1975, 41 (4): 842-844.

[2] Ajzen I. The theory of planned behavior. *Organizational Behavior & Human Decision Processes*, 1991, 50 (2): 179-211.

对责任感具有影响作用（H1c）；（5）行为意向、行为能力对保障房参与行为产生直接影响作用（H5、H8）；（6）政策法规对于保障房参与行为意向与参与行为之间的关系具有调节作用（H9a）；（7）政策法规对于保障房参与行为能力与参与行为之间的关系具有调节作用（H9b）。

三、研究方法和数据说明

（一）结构方程模型分析

结构方程模型（SEM）是一种通过模型建立、估计和检验因果关系的方法，既能够分析测量误差，又能分析潜变量之间的路径关系，已经成为多元数据分析的重要工具。结构方程模型主要分为测量模型和结构模型，其中包含随机变量、非随机变量和结构参数。结构方程模型分析分为四个步骤，分别是模型设定，即构建测量模型和结构模型；模型拟合，即根据观测变量的方差和协方差进行参数估计，最常用的方法是最大似然法和广义最小二乘法；模型评价，即通过一系列检验指标来检验模型的总体拟合程度，检验标准如表7-8所示；模型修正，即通过将模型中的固定参数改变为自由参数等方法改进初始模型的拟合度。

表7-8   拟合度检验指标衡量标准

指标	标准值
χ^2/df	小于5
CFI	大于0.9
RMR	小于0.05
RMSEA	小于0.08
NFI	大于0.9
NNFI	大于0.9

（二）测量工具的开发

对于变量的界定和测量国内外文献中已经形成了可供借鉴的成熟量表，本书在此基础上依据本书的具体情境进行了修正，从而开发出变量的测量题项，形成初始问卷。为保证问卷质量，本书请9名专家对问卷的合理性进行了评估。同时，对35名住房行业从业人员进行开放式调研，对问卷的文字表述和内容效度等问题进行了检查。在此基础上，形成了正式问卷。问卷分为三部分：第一部分主要围绕社会力量对住房保障的认知态度、参与意向、影响因素等。第二部分是概念模型的测试量表，变量与观测题项、文献或量表依据如表 7-9 所示。第三部分为调研对象的背景资料。

表 7-9　　社会力量参与保障性住房项目行为量表测量题项

潜变量	观测题项	参考文献或参考量表	题项
行为	我公司已通过直接方式参与保障性住房项目	建保〔2012〕91 号	Q3
	我公司已通过间接方式参与保障性住房项目		Q4
行为意愿	我公司愿意参与政府基本公共服务项目建设	Stern P, 1999; Pieters R, 1991; Chan R, 2001	Q14
	为改善社会住房条件，我公司愿对保障房进行投资，虽然效益可能并不高		Q15
	我公司愿意成为保障房项目的宣传推广者		Q16
	我公司愿意加入从事社会服务与公共管理的非政府组织		Q17
行为能力	我公司能够筹集到保障房建设所需资金	《房地产开发企业资质管理规定》住建部 2015 年版	Q18
	我公司能整合保障房开发与运营所需专业人才和技术资源		Q19
	我公司具有房地产项目建设运营相关经验		Q20
价值认同	当前我国还有大量居民住房条件急需改善	罗克奇价值观量表（RVS）; Riley E, 2000	Q21
	改善人民生活水平，促进社会和谐对我公司来说十分重要		Q22
	保障房建设需要社会力量的参与		Q23
	参与保障性住房项目会影响企业经营业绩		Q24
责任感	为改善民生，我公司愿意牺牲一些公司利益	罗克奇价值观量表（RVS）; Tanner C, 2003	Q25
	有机会我公司希望从事公益事业以提升社会福利		Q26
	住房保障是政府的事，与我无关		Q27
逐利倾向	我公司喜欢从事高回报的工作	爱德华个性偏好量表（EPPS）; 感知与偏好量表（PPI）	Q28
	富有（拥有金钱和物质）对我公司很重要		Q29
	为了获得高利润，我公司愿意承担风险		Q30
从众心理	我公司喜欢与多数人保持一致	Asch, 1951	Q31
	同行的意见对我公司很重要		Q32
	如果周围很多人都参与保障房项目，那么我才会参加		Q33

续表

潜变量	观测题项	参考文献或参考量表	题项
组织规模	我公司所在组织或单位的资产规模		Q46
	我公司所在组织或单位的人员规模		Q47
知识经验	我公司掌握房地产项目投资、开发与运营的相关专业知识	《房地产开发企业资质管理规定》住建部2015年版；芈凌云等，2011	Q34
	我公司所在组织具有房地产开发、项目投资或建筑施工等方面的从业经验		Q50
	我公司掌握保障性住房的特点、建筑要求及运营规律		Q35
	我公司掌握保障房的相关政策		Q36
政策法规	如果政府提供补贴，我公司更愿意投资保障房	孙岩，2006；杨洪刚，2009	Q37
	如果有强制性规定，我公司才会参与保障房项目		Q38
	为了避免一些行政处罚，我公司不得不参与政府公益项目		Q39
	为了获得政府和社会认可，我公司愿意参与社会公益项目		Q40

第四节 社会力量参与保障性住房行为机理实证研究

为厘清社会力量参与保障房项目的主要因素，探究变量之间的路径关系与影响机理，本节通过多元统计、结构方程等方法对社会力量参与行为进行实证分析。

一、量表信效度检验

（一）信度分析

本书采用克伦巴赫 α 系数来检验信度的高低。α 系数计算公式如下，公示中：K 表示该测验量表所包含的题项数，$\sigma_{Y_i}^2$ 表示各被试在每一题项的评分的方差，σ_X^2 表示各被试对量表各题项评分的总分的方差。

$$\alpha = \frac{K}{K-1}\left(1 - \frac{\sum_{i=1}^{K}\sigma_{Y_i}^2}{\sigma_X^2}\right)$$

信度分析结果如表 7-10 所示。可以发现，各测试变量的信度系数均在 0.6 以上，而且 10 个变量中有 8 个变量的信度系数在 0.7 以上，表明量表具有较好的内部一致性。

表 7-10　　　　　　　　量表信度分析结果

项目	测量项数	Cronbach's α 值
价值认同	3	0.787
责任感	3	0.644
逐利倾向	3	0.663
从众心理	3	0.758
行为意愿	4	0.883
组织规模	2	0.812
知识经验	4	0.710
行为能力	3	0.787
行为倾向	2	0.877
政策法规	4	0.762

（二）效度分析

1. 内容效度。

本书在设计量表时，参考借鉴了国内外已有成熟量表和相关文献的研究结论。同时，为了提高量表题项内容的完整性以及文字表述的准确性，本书对多名行业专家进行了访谈调研，对量表题项是否能够反映所测量内容的真实含义与理论边界进行评估，在此基础上对量表的题项及文字语言进行了删减和修正，形成了本书的正式量表。经过专家再次分析判断，正式量表题项具有代表性和适合性，内容效度能够满足测试的要求。

2. 结构效度。

结构效度包括收敛效度和区分效度。收敛效度分析结果如表 7-11 所示，可以发现，量表各题项的标准化因子载荷处在 0.561~0.787 的区间里，均大于标准值 0.5；各测试变量的组合信度 CR 都超过了 0.7；并且平均提取方差（AVE）都大于 0.5；因此，可以说明量表同一测试内容的各题项之间具有较高的相关性，测试结果聚合，量表的收敛效度达到检验标准。

表 7 – 11　　量表收敛效度分析结果

潜变量	观测题项	标准化因子载荷	AVE	CR
价值认同	V1：当前我国还有大量居民住房条件急需改善	0.693**	0.515	0.7591
	V2：改善人民生活水平，促进社会和谐对我公司来说很重要	0.678**		
	V3：保障房建设需要社会力量的参与	0.625**		
责任感	R1：为改善民生，我公司愿意牺牲一些公司利益	0.604**	0.510	0.7605
	R2：有机会我公司希望从事公益事业以提升社会福利	0.601**		
	R3：住房保障是政府的事，与我无关	0.561**		
逐利倾向	PT1：我公司喜欢从事高回报的工作	0.565**	0.236	0.7093
	PT2：富有（拥有金钱和物质）对我公司很重要	0.667**		
	PT3：为了获得高利润，我公司愿意承担风险	0.566**		
从众心理	GP1：我公司喜欢与多数人保持一致	0.602**	0.514	0.7602
	GP2：别人的意见对我公司很重要	0.625**		
	GP3：若很多人都参与保障房项目，那么我公司才会参加	0.585**		
行为意愿	W1：我公司愿意参与政府基本公共服务项目建设	0.766**	0.652	0.8819
	W2：为改善社会住房条件，我公司愿对保障房进行投资，虽然经济效益可能并不高	0.724**		
	W3：我公司愿意成为保障房项目的宣传推广者	0.658**		
	W4：我公司愿意加入从事社会服务与公共管理的非政府组织	0.681**		
组织规模	S1：我公司所在组织或单位的资产规模	0.754**	0.503	0.7319
	S2：我公司所在组织或单位的人员规模	0.578**		
知识经验	NE1：我公司掌握房地产投资、开发与运营的相关专业知识	0.731**	0.547	0.7653
	NE2：我公司掌握保障房的特点、建筑要求及运营规律	0.673**		
	NE3：我公司掌握保障房的相关政策	0.787**		
	NE4：您是否具有住房开发、建筑施工等方面的从业经验	0.675**		

续表

潜变量	观测题项	标准化因子载荷	AVE	CR
行为能力	A1：我公司能够筹集到保障房建设所需资金	0.690**	0.558	0.7812
	A2：我公司能整合保障房开发运营所需专业人才和技术资源	0.786**		
	A3：我公司具有房地产项目建设运营相关经验	0.631**		
政策法规	GPL1：如果政府提供补贴，我公司更愿意投资保障房	0.611**	0.514	0.7604
	GPL2：如果有强制性规定，我公司才会投资保障房项目	0.653**		
	GPL3：为避免行政处罚，我公司不得不参与政府公益项目	0.587**		
	GPL4：为获得政府和社会认可，我公司愿意参与公益项目	0.662**		
行为	BT1：我公司愿意直接参与保障性住房项目	0.656**	0.776	0.8470
	BT2：我公司愿意间接参与保障性住房项目	0.675**		

注：表中 ** 表示显著性水平 $P<0.01$（双尾检验）。

区分效度分析结果如表 7-12 所示。可以发现，各测试变量平均提取方差（AVE）的平方根取值范围为 0.637~0.881，达到标准要求；而且每一个变量的平均提取方差（AVE）的平方根都大于该变量与其他变量的相关系数，因此，可以说明量表各测试变量之间存在足够的差异性，测试模型通过区分效度检验。

表 7-12　　　　　　　　量表区分效度分析结果

相关系数矩阵与 AVE 的平方根								
	价值认同	责任感	逐利倾向	从众心理	行为意愿	组织规模	知识经验	行为能力	参与行为
价值认同	0.717								
责任感	0.254*	0.714							
逐利倾向	0.015	-0.073	0.732						
从众心理	-0.017	0.315**	0.258*	0.717					
行为意愿	0.230*	0.461**	-0.065	0.155*	0.807				
组织规模	-0.098	-0.104	-0.080	0.078	-0.172*	0.709			

续表

相关系数矩阵与 AVE 的平方根

	价值认同	责任感	逐利倾向	从众心理	行为意愿	组织规模	知识经验	行为能力	参与行为
知识经验	0.164*	0.333**	-0.123	0.204*	0.419**	-0.123	0.740		
行为能力	0.207**	0.407**	-0.025	0.129	0.680**	0.165*	0.406**	0.747	
参与行为	0.138*	0.227**	-0.069	0.141*	0.528**	-0.072	0.207**	0.452**	0.881

注：表中左下方为各潜变量的相关系数矩阵，对角线为潜变量平均提取方差（AVE）的平方根。* 表示显著性水平 $P<0.05$，** 表示显著性水平 $P<0.01$。

二、Pearson 相关性分析

相关性分析一般可以用相关系数 r 来表示两变量之间的相关关系，r 的取值范围在 -1 与 $+1$ 之间，r 的绝对值越大意味着关联程度越高。r 的计算方法中，Pearson 相关系数是最为常见的一种。Pearson 相关系数的计算公式如下，公式中 n 为样本量，S_X 和 S_Y 分别是 X 和 Y 的标准差，$\overline{X}$ 和 $\overline{Y}$ 分别代表 X 和 Y 的均值

$$r = \frac{1}{n-1} \sum_{i=1}^{n} \left(\frac{X_i - \overline{X}}{S_X} \right) \left(\frac{Y_i - \overline{Y}}{S_Y} \right)$$

（一）心理变量与行为意愿的相关性分析

根据模型假设，行为意愿与价值认同、责任感、逐利倾向、从众心理存在直接影响关系，相关性分析结果如表 7-13 所示。

表 7-13　　　　　　行为意愿与行为变量的相关系数

	价值认同	责任感	逐利倾向	从众心理	行为意愿
价值认同	1				
责任感	0.254**	1			
逐利倾向	0.015	-0.073	1		
从众心理	-0.017	0.315**	0.258**	1	
行为意愿	0.230**	0.461**	-0.065**	0.155*	1

注：* 表示显著性水平 $P<0.05$，** 表示显著性水平 $P<0.01$。

可以发现，行为意愿与价值认同、责任感、逐利倾向和从众心理均存在显著的相关关系，其中与前三者在显著性水平 $P<0.01$ 下显著相关，与从众心理在显

著性水平 P<0.05 下显著相关。四个变量中，价值认同、责任感、从众心理与行为意愿呈显著正相关关系，行为意愿与逐利倾向呈现显著负相关关系，说明社会力量对保障性住房的价值越认可、社会责任感越强、从众心理越强，则其参与保障房建设与运营的意愿就越强烈，而逐利倾向对保障房参与意愿具有抑制作用，与研究假设 H1b、H2、H3、H4 一致。从相关系数绝对值大小看，四个变量中责任感和价值认同与行为意愿呈现较强相关关系，说明保障性住房参与意愿更多受到社会责任心、公益心等道德层面的因素的影响。

（二）组织变量与行为能力的相关性分析

行为能力与组织规模、知识经验存在重要关联，分析结果如表 7-14 所示。

表 7-14　　　　　　行为能力与行为变量的相关系数

	组织规模	知识经验	行为能力
组织规模	1		
知识经验	-0.123	1	
行为能力	0.165*	0.406**	1

注：*表示显著性水平 P<0.05，**表示显著性水平 P<0.01。

可以发现，社会力量参与保障性住房项目的行为能力与组织规模、知识经验都存在显著的正相关关系，其中与组织规模在 0.05 的显著水平下相关，与知识经验在 0.01 的显著水平下相关，说明社会力量组织规模越大、相关知识经验越丰富，其参与保障房建设与运营的能力就越强，支持研究假设 H6b、H7b。

（三）价值认同、行为意愿、行为能力、政策法规与参与行为相关性分析

价值认同、行为意愿、行为能力是参与行为的前因变量，政策法规是情境调节变量，关联度分析结果如表 7-15 所示。

表 7-15　　　　　　参与行为与前因变量的相关系数

	价值认同	行为意愿	行为能力	政策法规	参与行为
价值认同	1				
行为意愿	0.230**	1			
行为能力	0.207**	0.680**	1		

续表

	价值认同	行为意愿	行为能力	政策法规	参与行为
政策法规	0.108	0.231**	0.139*	1	
参与行为	0.138*	0.528**	0.452**	0.009*	1

注：*表示显著性水平 $P<0.05$，**表示显著性水平 $P<0.01$。

可以发现，参与行为与价值认同、行为意愿、行为能力、政策法规均存在显著正相关关系，其中与行为意愿、行为能力在 0.01 的显著水平下相关，与价值认同、政策法规在 0.05 的显著水平下相关，说明社会力量对住房保障的价值越认同、行为意愿越强烈、行为能力越强、政策环境越有利，则其参与项目的可能性就越高。从相关系数的绝对值大小看，参与行为与行为意愿、行为能力的关联度更高。

三、均值和方差检验

（一）组织类型差异检验

方差分析结果显示（如表 7-16 所示），组织类型对保障房参与行为的显著性水平为 0.369，大于标准值 0.05，而且均值分析结果也表明不同类型组织的行为均值区分度较小（如表 7-17 所示），说明组织类型对保障房参与行为没有显著影响。

表 7-16　组织类型方差检验结果（因子变量=组织类型）

	平方和	df	平均值平方	F	显著性
群组之间	2.876	4	0.719	1.077	0.369
在群组内	138.845	208	0.668		
总计	141.721	212			

表 7-17　　　　　组织类型的均值分析结果

组织类型	均值
国有企业	3.486
民营企业	3.559

续表

组织类型	均值
合资企业	3.450
投资企业	3.688
其他	3.669

(二) 组织规模差异检验

从单因素方差分析可以发现（如表7-18所示），组织规模对保障房参与行为的显著性水平为0.012，小于标准值0.05，说明组织规模对保障房参与行为存在显著影响，不同规模的社会力量在保障房参与行为上表现出显著的差异。

表7-18　组织规模方差检验结果（因子变量=组织规模）

	平方和	df	平均值平方	F	显著性
群组之间	8.422	4	2.106	3.285	0.012
在群组内	133.299	208	0.641		
总计	141.721	212			

进一步结合均值分析及多重比较（Post Hoc检验）可以发现（如表7-19所示），不同组织规模的社会力量在参与行为选择上呈现以下特征：（1）相比其他规模的社会力量而言，中小型房企与特大型房企具有较高的参与比例，其中小型房地产企业积极性最高；（2）大型房企参与比例较低。

表7-19　组织规模的均值分析结果

组织或单位规模	均值
微型	3.302
小型	3.741
中型	3.495
大型	3.188
特大型	3.512

为探究其中的逻辑关系，本书对部分房地产企业高管及行业专家进行了访谈，得到内在规律或原因如下：（1）特大型房地产企业凭借雄厚的资金实力，一流的人才和技术优势，往往专注于体量较大的保障房项目，通过整合资源，扩大

规模，控制成本，形成规模效应，能够在项目中获得利润。同时，特大型房地产企业基于树立良好企业形象以及长远发展考虑，也会主动承担社会责任。而且，地方政府在推动保障房建设时，往往也会选择本地区龙头房地产企业作为委托单位，并通过行政手段施加一定压力。因此，相比较而言，特大型房地产企业在大型保障房项目上表现出较高的参与可能性；（2）中小型房地产企业在商业房地产项目上处于竞争弱势，往往无法与大型房地产企业抗衡，因此会转而关注保障房项目，特别是在市场低迷时，可以通过保障房项目维持企业的正常经营。同时，中小型房地产企业由于资金投入有限，对利润回报要求不高，同时保障房项目整体风险较低，因此，中小型房地产企业具有参与意愿，而且，一般专注于参与体量较小的保障房项目；（3）大型房地产企业由于自身所处的发展阶段，其关注的焦点还是盈利，承担社会责任还未进入企业的主要考虑范围，再加上其在商业市场上具有较强的竞争力，因此，大型房地产企业对于公益性的保障房项目兴趣较低。

（三）从业年限差异检验

从方差分析结果可以发现（如表7-20所示），房地产行业从业年限对保障性住房参与行为的显著性水平为0.009，远小于标准值0.05，说明在房地产从业时间长短、积累经验的丰富程度将对其参与行为产生显著影响。

表7-20　　从业年限方差检验结果（因子变量=从业年限）

	平方和	df	平均值平方	F	显著性
群组之间	8.843	4	2.211	3.461	0.009
在群组内	132.877	208	0.639		
总计	141.721	212			

均值分析及Post Hoc检验结果显示（如表7-21所示），房地产从业年限与其保障房参与行为总体上呈现正相关关系。相关从业年限在3年以上的社会力量参与项目的意愿显著高于从业年限小于3年的社会力量。其中的原因应该与知识经验对行为能力的促进作用有关（研究假设H6b）。从业时间越长，积累的相关知识经验越丰富，拥有的人才队伍、专业技术水平更高，项目的运作能力更强。而且从业时间越久的企业对房地产市场往往有更全面的认识，会从企业长远发展考虑多点布局，因此，其参与项目的意愿总体上要高于从业时间短的企业。

表7-21 从业年限的均值分析结果

相关从业年限	均值
没有	2.800
0~1年	3.213
1~3年	3.408
3~5年	3.664
5年以上	3.581

四、政策情景因素的调节作用分析

检验变量的调节效应是否存在意味着检验调节变量和自变量的交互效应是否显著，一般可以通过层次回归分析来检验。具体分析步骤如图7-6所示。

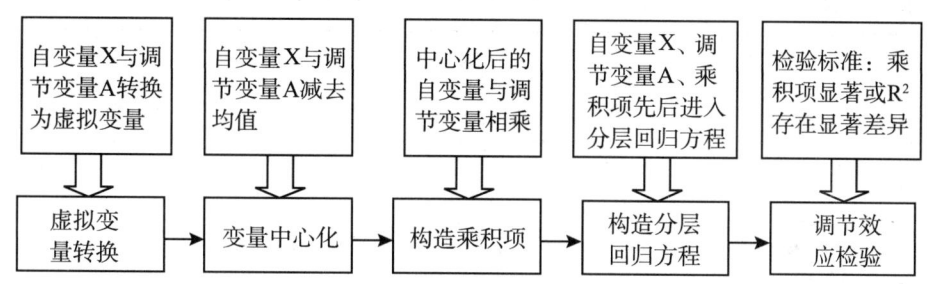

图7-6 调节效应分析检验步骤

为进一步探讨不同类型的政策法规的调节作用，本书根据政策性质和规制手段，将政策法规分为经济性和行政性两大类分别进行研究（如图7-7所示）。

（一）行为意愿与行为之间的调节效应检验

分析结果如表7-22所示，从中可以发现，行为意愿与政策法规之间的交互会对社会力量的参与行为产生显著的正向影响。模型3的F值为29.171，P<0.01。通过比较三个模型的检验数据发现，模型3的决定系数R^2为0.295，相比模型1、模型2有显著提升，交互项显著（P<0.01）且系数为正。这表明，社会力量参与保障房项目的意愿对其参与行为的影响作用受到政策法规的正向调节，政策力度越大，参与意愿与参与行为之间的正向关系就越强，检验结果支持了假设H9a。

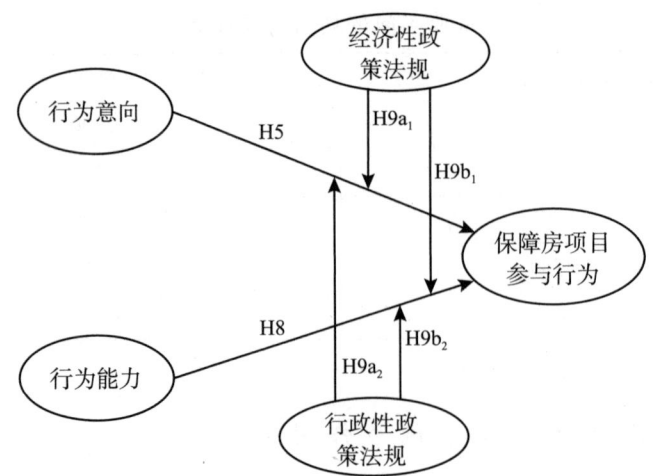

图 7-7　政策法规的情景调节效应模型

表 7-22　行为意愿与参与行为之间的层次回归检验结果

自变量	因变量（参与行为 BTM）		
	模型 1	模型 2	模型 3
WM	0.528**	0.556**	0.705**
GPLME		0.061	0.093
GPLMP		0.069	0.068
WM*GPLM			0.233**
WM*GPLMP			0.028*
决定系数 R^2	0.279**	0.292**	0.295**
F 值	81.683	43.407	29.171

变量说明：自变量为行为意愿（WM）、行为能力（AM），调节变量为经济性政策法规（GPLME）、行政性政策法规（GPLMP），因变量为参与行为（BTM）。

注：*表示显著性水平 $P<0.05$，**表示显著性水平 $P<0.01$。

本书以大于和小于均值一个标准差为基准绘制了不同政策力度下，社会力量在面对保障房项目时所表现出来的行为差异如图 7-8 所示。对于同样的行为意愿，提高政策力度有利于参与行为的生成；在意愿比较低时，加大政策力度能够较大幅度地促进社会力量参与，而在意愿比较高时，这种促进效应并不明显。这说明，在引导社会力量参与保障房项目的初期，在社会参与意愿还处于低水平时,更应该加大政策引导力度,而当社会参与意识达到一定水平后,政策力度可以适当减弱。对交互项回归系数分析发现,经济性政策法规对参与意愿与参与行为之间的关系施加的正向影响更加显著,情境调节效应更强。

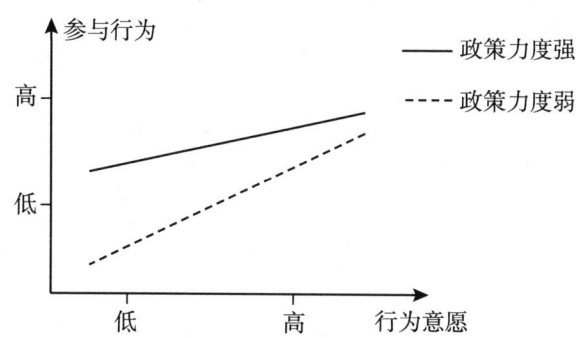

图 7-8　不同政策环境下社会力量参与保障性住房的意愿与行为的关系

(二) 行为能力与行为之间的调节效应检验

分析结果如表 7-23 所示。研究表明,能力与参与行为之间存在明显的调节效应,政策法规在其中起到了显著的正向推动作用。模型 6 的 F 值为 19.372,P<0.01,说明数据具有统计学意义。通过比较模型 4-6 的检验数据发现,模型 6 的决定系数 R^2 为 0.254,显著高于模型 4 和模型 5,交互项显著 (P<0.01) 并且系数为正,意味着社会力量的保障房参与能力与其参与行为之间的关系受到政策情境因素的正向调节,政策力度越大,则社会力量参与能力对参与行为的正向影响作用就越强烈,假设 H9b 得到了数据检验结果的支持。

表 7-23　行为能力与参与行为之间的层次回归检验结果

自变量	因变量 (参与行为 BTM)		
	模型 4	模型 5	模型 6
AM	0.452**	0.460**	0.625**
GPLME		0.186*	0.817*
GPLMP		0.310	0.405
AM * GPLME			0.856**
AM * GPLMP			0.706**

续表

自变量	因变量（参与行为 BTM）		
	模型 4	模型 5	模型 6
决定系数 R^2	0.205**	0.207**	0.254**
F 值	54.252	27.486	19.372

变量说明：自变量为行为意愿（WM）、行为能力（AM），调节变量为经济性政策法规（GPLME）、行政性政策法规（GPLMP），因变量为参与行为（BTM）。

注：*表示显著性水平 $P<0.05$，**表示显著性水平 $P<0.01$。

图 7-9 描绘了不同政策情境下参与能力与参与行为之间的关系。对于同样的行为能力，提高政策力度有利于社会力量参与行为的生成；在参与能力较强时，提高政策力度能够较大幅度地促进社会力量参与，而在参与能力比较低时，这种促进效应并不明显。这说明，政策工具对于参与能力较强的社会力量具有更加显著的调节作用。同理，对模型 6 交互项回归系数分析可知，行为能力同经济性政策法规的交互作用要强于同行政性政策法规的交互作用，说明经济性政策法规对参与能力与参与行为之间的关系施加的正向影响更加显著，情境调节效应更强。

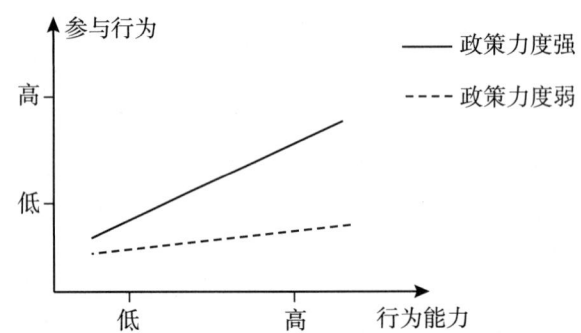

图 7-9 不同政策环境下社会力量参与保障性住房的能力与行为的关系

五、模型检验与修正

本节运用结构方程模型对各变量之间的关系进行进一步研究，对模型结构进行修正和优化。由于情境因素是作为外部调节变量作用于行为生成过程，因此，情境变量将不纳入结构方程模型中。初始结构模型如下图 7-10 所示：

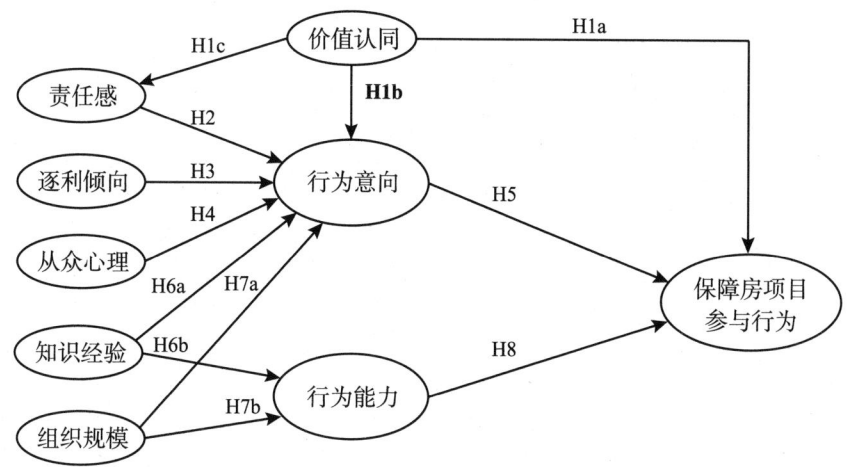

图 7-10 初始结构方程模型

（一）适配度评价指标

模型适配检验是评价收集的数据是否能够支持假设的模型结构，实证数据与理论模型契合度越高，则模型的拟合效果越好，越能够反映变量之间的路径关系。本书主要用 χ^2/df、NFI、IFI、CFI、RMSEA 和 RMR 这 6 个指标对结构模型进行评价，检验标准如下：（1）χ^2/df：一般而言，当该指标值小于 5 时，模型可以接受；（2）NFI：取值范围介于 0~1，取值越大说明模型拟合效果越好，一般而言，指标大于 0.9 模型可以接受；（3）IFI：取值介于 0~1，取值越大说明模型拟合效果越好，指标大于 0.9 模型可以接受；（4）CFI：取值介于 0~1，取值越大说明模型拟合效果越好，指标大于 0.9 模型可以接受；（5）RMSEA：是最重要的适配度评价指标，一般要求该指标须小于 0.08；（6）RMR：取值越小意味着模型的适配度越佳，一般而言，当 RMR 小于 0.05，模型拟合良好。

（二）初始模型拟合

将潜变量各题项数据导入初始结构方程模型，采用 AMOS22.0 统计软件，运用极大似然法（maximum likelihood，ML）对模型进行估计和检验，得到初始模型路径图。（如图 7-11 所示）潜变量之间的双箭线代表两者之间的相关关系，单箭线代表两者之间的影响路径（回归关系）。

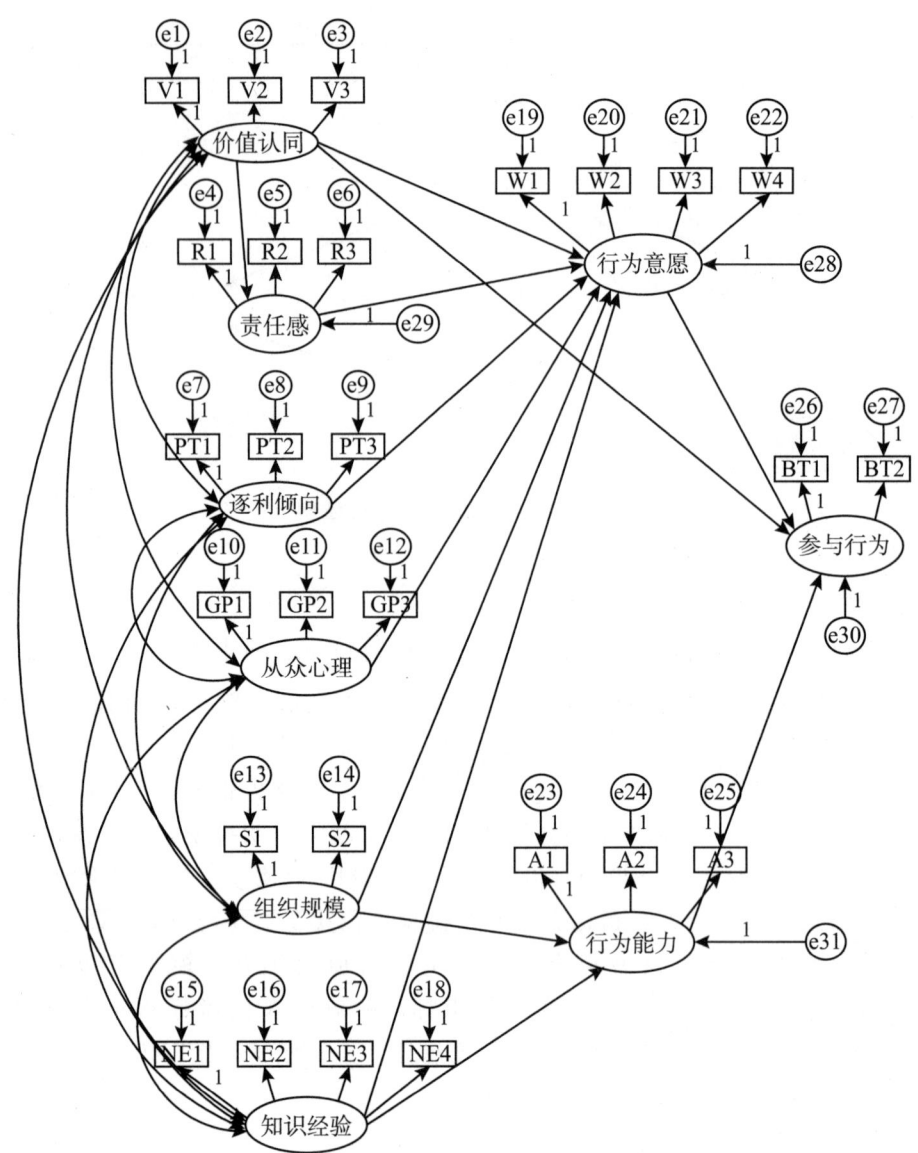

图 7－11　初始模型路径

经过计算，初始模型适配度分析结果如表 7－24 所示。

表 7－24　初始模型适配检验结果

适配度指标	评价标准	初始模型
χ^2/df	<5，越小越好	2.047
NFI	>0.90，越接近 1 越好	0.93

续表

适配度指标	评价标准	初始模型
IFI	>0.90，越接近1越好	0.92
RMR	<0.05，越小越好	0.04

检定结果表明，初始模型的卡方自由度比为 2.047，小于标准值 5；NFI、IFI、CFI 分别为 0.93、0.92、0.91，均大于标准值 0.90；RMSEA 为 0.064，小于标准值 0.08；RMR 为 0.04，小于标准值 0.05，说明初始模型整体拟合效果是良好的，模型可以接受。为了探索模型进一步优化的方向，本书对初始模型各变量之间路径假设关系进行了检验。统计结果如表 7-25 所示。

表 7-25　　　　　　　初始模型路径假设关系检验结果

假设	路径关系	标准化路径系数	T 值	假设检验结果
H1a	价值认同→参与行为	0.001	0.009	不支持
H1b	价值认同→行为意向	0.025**	6.156	支持
H1c	价值认同→责任感	0.341**	3.634	支持
H2	责任感→行为意向	0.394**	3.678	支持
H3	逐利倾向→行为意向	-0.120**	-4.392	支持
H4	从众心理→行为意向	0.019**	2.057	支持
H5	行为意向→参与行为	0.439**	4.472	支持
H6a	知识经验→行为意向	0.163	1.835	不支持
H6b	知识经验→行为能力	0.160**	4.230	支持
H7a	组织规模→行为意向	-0.691**	-10.520	反向支持
H7b	组织规模→行为能力	0.772**	10.617	支持
H8	行为能力→参与行为	0.500**	3.521	支持

注：** 表示显著性水平 P<0.01。

从中可以发现：(1) 价值认同对行为意愿、责任感有显著正向影响（P<0.01，T>1.96），标准化路径系数分别为 0.025、0.341，假设 H1b、H1c 得到了数据验证；(2) 责任感对行为意向有显著正向影响（P<0.01，T>1.96），标准化路径系数为 0.394，假设 H2 通过数据检验；(3) 逐利倾向对行为意向有显著负向影响（P<0.01，T>1.96），标准化路径系数为 -0.120，假设 H3 得到了数据验证；(4) 从众心理对行为意向有显著正向影响（P<0.01，T>1.96），标准化路径系数为 0.019，假设 H4 得到了数据验证；（5）行为意向对参与行为有显著正向影响（P<0.01，T>1.96），标准化路径系数为 0.439，假设 H5 得到了数据验证；（6）知识经验对行为能力有显著正向影响（P<0.01，T>1.96），标准化路径系数为 0.160，假设 H6b 得到了数据验证；（7）组织规模对行为能力有显著正向影响（P<0.01，T>1.96），标准化路径系数为 0.772，假设 H7b 得到了数据验证；（8）行为能力对参与行为有显著正向影响（P<0.01，T>1.96），标准化路径系数为 0.500，假设 H8 通过了数据检验；（9）组织规模对行为意向有显著负向影响（P<0.01，T>1.96），标准化路径系数为 -0.691，说明组织规模的扩大会减弱社会力量参与保障房的意愿，从而反向支持了假设 H7a；（10）价值认同对参与行为、知识经验对行为意向的影响不显著，说明上述路径关系不具有统计学意义，假设 H1a、H6a 未通过统计检验。

（三）模型修正

依据适配度分析及路径显著性检验结果，运用临界比率（critical ratio）修正指标对模型进行优化，临界比值为 T 检验的 T 值，修正的思路是逐步剔除或限制部分不显著路径如图 7-12 所示（虚线代表未通过检验的路径）。因此，删除这两条路径，得到修正模型路径图（如图 7-13 所示）。

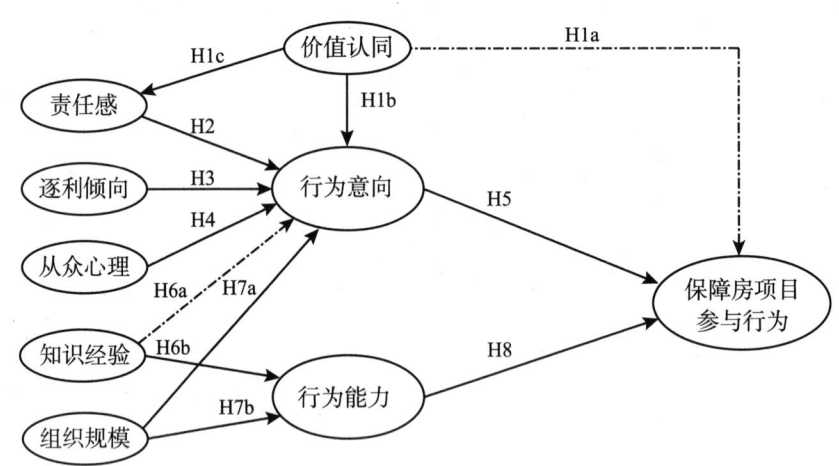

图 7-12 初始模型检验结果

对修正模型各项适配度指标进行再次检验，可见，修正模型各项指标均处于可接受范围。除了残差均方根（RMR）指数以外，其他 5 项指标均有不同程度地改进，说明修正模型比初始模型拟合程度更高（如表 7-26 所示）。

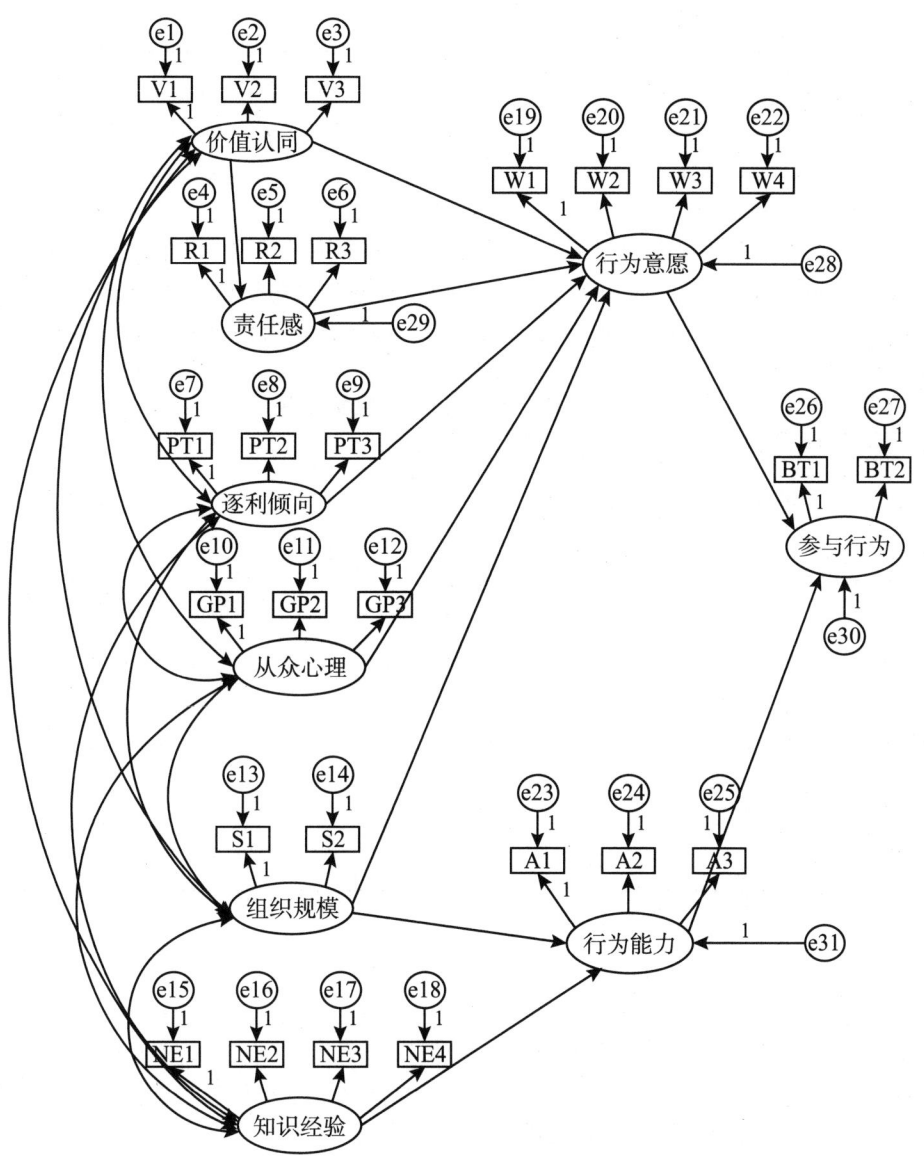

图 7-13 修正模型路径

表 7-26　　　　　　　　修正模型适配检验结果

适配度指标	评价标准	初始模型	修正模型
χ^2/df	<5，越小越好	2.047	2.040
NFI	>0.90，越接近1越好	0.93	0.95
IFI	>0.90，越接近1越好	0.92	0.94
CFI	>0.90，越接近1越好	0.91	0.96

续表

适配度指标	评价标准	初始模型	修正模型
RMSEA	<0.08，越小越好	0.064	0.061
RMR	<0.05，越小越好	0.04	0.04

对修正模型进行参数估计及路径关系检验（如表7-27所示），模型各路径系数均达到显著性水平（T>1.96），说明修正模型比初始模型更符合变量之间的内在逻辑关系，能更好地反映社会力量参与保障性住房项目行为的生成机制。

表7-27 修正模型路径假设关系检验结果

假设	路径关系	标准化路径系数	T值	显著性水平
H1b	价值认同→行为意向	0.121**	6.340	显著
H1c	价值认同→责任感	0.340**	3.650	显著
H2	责任感→行为意向	0.420**	3.882	显著
H3	逐利倾向→行为意向	-0.159**	-4.822	显著
H4	从众心理→行为意向	0.017**	2.241	显著
H5	行为意向→参与行为	0.457**	4.747	显著
H6b	知识经验→行为能力	0.180**	4.425	显著
H7a	组织规模→行为意向	-0.726**	-10.768	显著
H7b	组织规模→行为能力	0.785**	10.537	显著
H8	行为能力→参与行为	0.480**	3.404	显著

注：**表示显著性水平 P<0.01。

（四）研究假设检验

初始模型中，价值认同对参与行为的路径系数T值小于1.96，路径关系不显著，假设H1a不成立，表明价值认同虽然在保障房参与行为的生成过程中具有重要的作用，但是直接效应并不显著。

价值认同、责任感、逐利倾向、从众心理对社会力量参与保障房项目的行为意向具有直接显著影响（P<0.01），路径系数分别为0.121、0.420、-0.159、0.017，假设H1b、H2、H3、H4成立。而且，比较路径系数可以发现，责任感对行为意向的影响最大，从众心理对行为意向的影响最弱。

价值认同与责任感的路径关系高度显著（β=0.340，P<0.01），假设H1c成立。而且，价值认同在行为意向的产生过程中存在两种影响路径，除了直接作用于行为意向外，还可以通过责任感间接影响行为意向。

知识经验与组织规模都对行为能力具有显著正向影响（P<0.01），路径系

数分别为 0.180、0.785，假设 H6b、H7b 成立。且从数据中可以发现，保障房参与行为能力的两个前因变量中，组织规模对行为能力的影响更大。

行为意向、行为能力与参与行为的路径关系高度显著（P < 0.01），路径系数分别为 0.457、0.480，表明保障房参与意向与参与能力的提升能够正向促进参与行为的生成，该结论进一步验证了阿杰恩（Ajzen, 2002）[①] 的理论观点。

初始模型中，知识经验与行为意向的路径关系未通过 T 检验（T 值小于 1.96），说明知识经验与行为意向之间并不存在显著的正向关系，假设 H6a 不成立。探究其原因发现，知识经验的积累，一方面，能够加深社会力量对于项目潜在效益的认识，对参与意向具有正向促进作用；但另一方面，现阶段我国保障房项目的激励机制还不成熟，相关知识经验越丰富，越能够了解其中的政策漏洞和存在的风险，进而减弱参与动机。因此，在上述两种影响相互叠加作用下，知识经验与行为意向的路径关系不显著。

原假设 H7a 中，组织规模对行为意向具有正向影响，但检验结果发现，两者之间呈现负向关系（β = − 0.280，P < 0.01），实证数据反向支持了原假设 H7a。结合前文方差与均值检验可以得出如下结论：第一，从经济效益角度看，组织规模的扩大带来商业化运作能力的提升会减弱企业参与保障房项目的内在意愿，相比较而言，中小房地产企业对于保障房项目具有更高的参与主动性。第二，随着组织规模的提升，一方面，虽然从经济角度看，其主动参与的意愿降低，但另一方面，社会要求其承担的公益责任在增加，因而特大型房地产企业在社会期盼以及舆论压力下，从长远发展考虑，往往会参与（更多表现为被动参与）一些大型保障房项目。第三，大中型房地产企业组织规模介于两者之间，由于具备较强的市场竞争力，因此对微利的保障房项目没有内在积极性（如图 7 - 14 所示）。

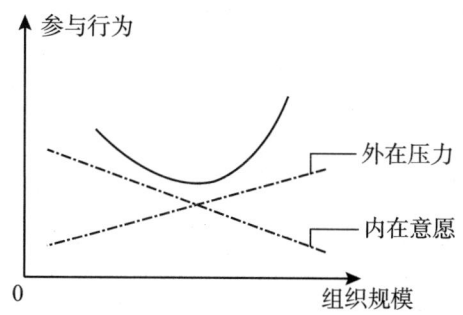

图 7 - 14　组织规模与参与行为呈现 U 字形关系

[①]　Ajzen I. Perceived behavioral control, self-efficacy, locus of control and the theory of planned behavior, *Journal of Applied Social Psychology*, 2002, 32 (4): 665 - 668.

六、小结

本节分析表明，本研究量表具有较好的准确性和可靠性；各变量之间，除了逐利倾向与行为意向负相关外，其他变量之间都呈现显著正相关。均值和方差分析表明，组织规模对参与行为有显著影响，中小型房地产企业与特大型房地产企业具有较高的参与比例与意愿；房地产从业年限与参与行为呈现正相关关系。情景调节作用检验发现，行为意愿、行为能力与参与行为之间的路径关系受到政策法规的正向调节作用；当行为意愿较低、参与能力较强时，调节作用更加明显；而且，经济性政策法规比行政性政策法规具有更强的调节效应。模型检验结果显示模型整体拟合效果良好，各假设关系验证结果如表7-28所示，模型修正过程如图7-15所示。

表7-28　　　　　　　　研究假设检验结果

假设	路径关系	检验结果
H1a	价值认同对社会力量参与保障性住房项目的行为具有显著的正向影响	不成立
H1b	价值认同对社会力量参与保障性住房项目的行为意向有显著的正向影响	成立
H1c	价值认同对社会力量参与保障性住房项目的责任感具有显著的正向影响	成立
H2	责任感对社会力量参与保障性住房项目的行为意向具有显著的正向影响	成立
H3	逐利倾向对社会力量参与保障性住房项目的行为意向有显著的负向影响	成立
H4	从众心理对社会力量参与保障性住房项目的行为意向具有显著影响	成立
H5	行为意向对社会力量参与保障性住房项目的行为具有显著的正向影响	成立
H6a	知识经验对社会力量参与保障性住房项目的行为意向具有显著正向影响	不成立
H6b	知识经验对社会力量参与保障性住房项目的行为能力具有显著正向影响	成立
H7a	组织规模对社会力量参与保障性住房项目的行为意向具有显著正向影响	反向成立

续表

假设	路径关系	检验结果
H7b	组织规模对社会力量参与保障性住房项目的行为能力具有显著正向影响	成立
H8	行为能力对社会力量参与保障性住房项目的行为具有显著的正向影响	成立
H9a	政策法规在行为意愿对参与行为的影响过程中起情景调节作用	成立
H9b	政策法规在行为能力对参与行为的影响过程中起情景调节作用	成立

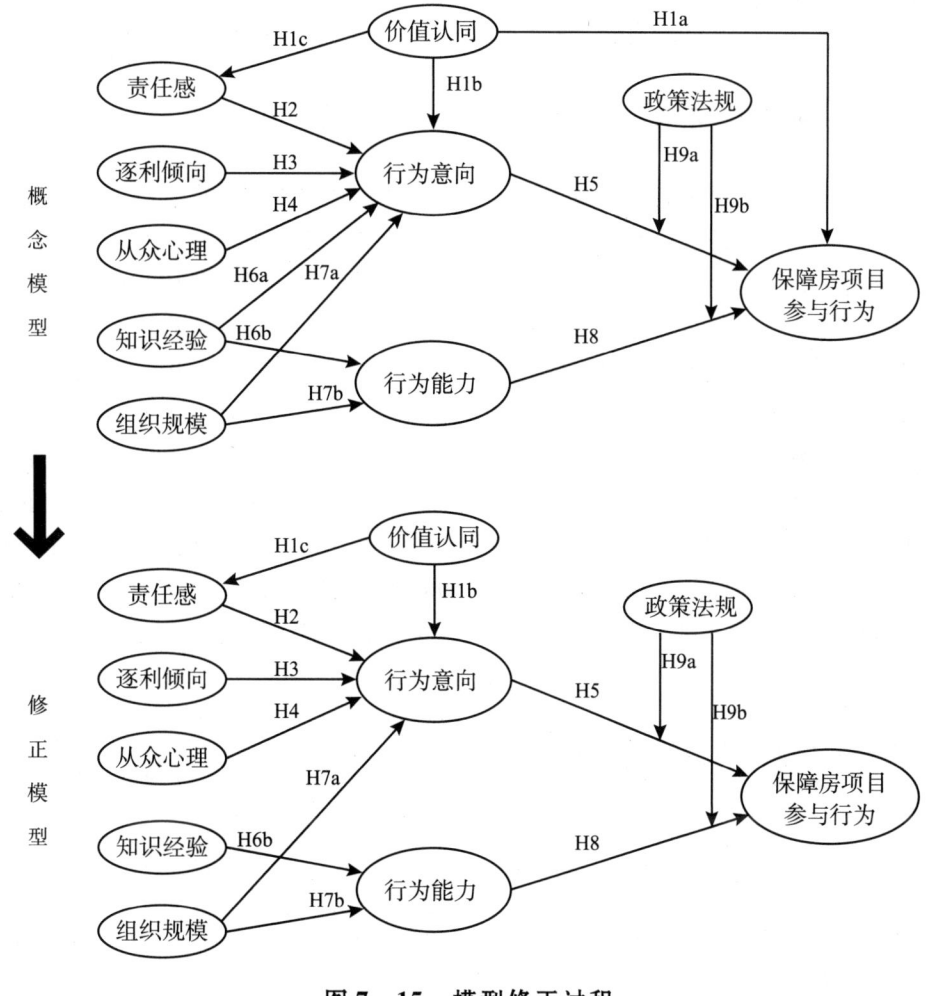

图 7-15 模型修正过程

第五节　社会力量参与保障性住房项目演化博弈分析

上一节从行为生成的视角研究了保障房社会参与问题的内外因素与影响路径。为了进一步探究政府作用如何影响社会力量的行为决策，本节运用演化博弈分析框架，着重围绕保障房公私合作过程中的政府作用机制进行研究。期望进一步厘清以下问题：政企双方的利益机制，社会力量自觉参与的前提条件，推进政企合作的关键因素和微观机制，不同条件下双方行为模式的演变路径，政府最优控制策略等。

一、演化博弈理论应用现状与适用性分析

博弈论是研究决策者在决策主体各方相互作用情况下如何进行决策及有关这种决策的均衡问题的理论和方法。传统的博弈论是建立在参与人具有完全理性的假设条件下，然而该条件在现实中很难满足。演化博弈把博弈分析和动态演化过程分析结合起来，能更好地反映有限理性群体之间博弈行为发展的动态均衡（谢识予，2006）[1]，相比传统博弈模型能更准确描述系统的发展变化。因此，演化博弈论目前已经成为重要的分析工具，在国际外交、社会治理、企业经营、政府管理等方面都有广泛的应用（Friedman，1998[2]；黄凯南，2009[3]）。巴雷特（Barrett，1994）[4] 和肯尼迪（Kennedy，1994）[5] 分析了不完全竞争市场下环境治理决策的非合作博弈过程，得到了博弈双方在长期内的互动选择结果与演化机理。弗里德曼和丰（Friedman & Fung，1996）[6] 以美国和日本企业为研究对象，用演化博弈探讨了不同条件下企业组织模式的演化路径。还有学者运用演化博弈

---

[1] 谢识予：《经济博弈论》，复旦大学出版社 2006 年版，第 208 页。
[2] Friedman D. On economic applications of evolutionary game theory, *Journal of Evolutionary Economics*, 1998, 8 (1)：15 - 43.
[3] 黄凯南：《演化博弈与演化经济学》，载于《经济研究》，2009 年第 2 期，第 132 ~ 145 页。
[4] Barrett S. Strategic environmental policy and international trade, *Journal of Public Economics*, 1994, 54 (3)：325 - 338.
[5] Kennedy P W. Equilibrium pollution taxes in open economies with imperfect competition, *Journal of Environmental Economics and Management*, 1994, 27 (1)：49 - 63.
[6] Friedman D, Fung K C. International trade and the Internal organization of firms: An evolutionary approach, *Journal of Interational Economics*, 1996, (41)：113 - 137.

理论分别对城市拆迁补偿（刘德海等，2012）[①]、公司治理（刘汉民等，2013）[②]等问题进行了探讨，指出了政府的最优控制策略。以上文献均涉及政企之间的演化博弈过程，对本书的研究有较好的参考价值。

引导社会力量参与保障房项目本质上是政府与企业之间的博弈，博弈的一方是政府管理部门，通过一系列激励约束手段规制企业的经营行为，鼓励企业参与保障房项目；博弈的另一方是企业等社会力量，主要依据政府调控策略、市场经营环境以及环境压力等因素不断优化策略选择，以使自身利益最大化。本书对象符合有限理性假设，政府及社会力量在决策博弈过程中存在短视行为，其策略选择是一个不断调整的动态过程。而且，上一节研究表明，从众心理是影响社会力量参与行为的显著因素，即表明社会力量在行为选择过程中受到外界环境的压力，存在行为上的学习模仿效应，这也符合演化博弈论关于均衡是学习和动态调整结果的理论假设。因此，运用演化博弈模型来研究政府与社会力量在保障房项目合作建设过程中的互动机制，并提出政府管控策略，具有针对性和适当性。

二、博弈模型构建

（一）基本假设

为提高社会力量参与项目的积极性，需要政府部门对社会经济组织的行为进行干预。假设博弈初始状态是"社会力量不参与且政府不监管"，政策的理想目标是通过政府规制，实现"社会力量积极参与同时逐步减少政府干预"。假设在博弈中，政府部门与社会力量都是有限理性的参与者，双方行为选择过程具有一定的惯性，决策时以现有策略为依据。前文指出，本书中社会力量的概念范围是指有能力从事住房开发与运营，提供住房服务与保障的企业、机构或行业组织。为便于讨论及不失一般性，假定社会力量主要由企业构成。

（二）参与人策略空间

在保障房合作建设过程中，面对企业的行为，假设政府有两种策略选择，其策略空间 $S_G =$（监管，不监管）。其中，"监管"策略是指政府运用公共权力颁布相关政策法规，通过检查、督促、限制等措施引导企业参与项目；"不监管"策

[①] 刘德海、尹丽娟：《基于情景分析的城市拆迁突发事件博弈均衡演化模型》，载于《管理评论》，2012年第5期，第154～159页。

[②] 刘汉民、康丽群：《公司治理的路径演化和路径选择》，载于《中国工业经济》，2013年第12期，第78～90页。

略是指其在保障房建设运营中对企业行为不进行任何干预。企业也有两种策略选择，其策略空间S_E=（参与，不参与）。"参与"策略是指企业积极响应政府号召，承担保障房项目的建设或运营；"不参与"策略是指企业不参与保障房项目，转而投资其他商业性项目。

（三）基本符号说明

若政府采取监管策略，则需要投入一定的人力和物力，监管内容包括企业是否积极承担保障房项目，在项目建设运营过程中是否严格遵守合约，是否在规划选址、施工质量、分配运营上背离政策目标等，由此产生的监管成本为C。对于参与项目的企业，政府将给予奖励，如资金补贴、税费减免、土地优惠供应、奖励容积率、配建商业性项目等，奖励额度用B表示。对于不参与的企业，借鉴国外成功经验，可以采取一定的约束性措施（Abdul - Aziz，2011），[①]如提高社保缴存比例、征收社会保障税等，额度用F表示。因住房保障主体责任在政府（Rolnik，2013），[②]若企业参与，将减轻政府财政压力、提升项目的运营效率与工程质量、提高政府声誉等，由此给政府带来的正向效益为V。另外，假定企业参与一般商业性项目的基本收益为P_0，参与保障房项目的基本收益为P_1。由此，提出政府与企业之间的博弈支付矩阵如表7-29所示。

表7-29　　　社会力量参与保障性住房项目博弈支付矩阵

政府	社会力量（企业）	
	参与（x）	不参与（$1-x$）
监管（y）	$V-C-B, P_1+B$	$F-C, P_0-F$
不监管（$1-y$）	V, P_1	$0, P_0$

三、静态博弈分析

（一）最优策略分析

根据博弈支付矩阵，假设在初始阶段，政府采取"监管"和"不监管"策

[①] Abdul - Aziz A R, Kassim P S J . Objectives, success and failure factors of housing public-private partnerships in Malaysia, *Habitat International*, 2011, 35 (1): 150 - 157.

[②] Rolnik R . Late Neoliberalism: The Financialization of Homeownership and Housing Rights, *International Journal of Urban and Regional Research*, 2013, 37 (3): 1058 - 1066.

略的概率分别为 y 和 $1-y$，企业选择"参与"和"不参与"的概率分别为 x 和 $1-x$。可以得到企业选择"参与"和"不参与"策略下的期望收益 U_{EY} 和 U_{EN} 以及群体平均期望收益 $\overline{U}_E$ 如下：

$$U_{EY} = y(P_1 + B) + (1-y)P_1 = By + P_1 \qquad (7-1)$$

$$U_{EN} = y(P_0 - F) + (1-y)P_0 = P_0 - yF \qquad (7-2)$$

$$\overline{U}_E = xU_{EY} + (1-x)U_{EN} = Bxy + x(P_1 - P_0) + P_0 + yF(x-1) \qquad (7-3)$$

式中，下标"Y"和"N"对于企业而言分别代表"参与"与"不参与"，对于政府而言分别代表"监管"和"不监管"。

同理，得到政府选择"监管"和"不监管"策略下的期望收益以及群体平均期望收益：

$$U_{GY} = x(V - C - B) + (1-x)(F - C) = x(V - B - F) + F - C \qquad (7-4)$$

$$U_{GN} = xV + (1-x) \cdot 0 = xV \qquad (7-5)$$

$$\overline{U}_G = yU_{GY} + (1-y)U_{GN} = y(F - C) + x(V - yB - yF) \qquad (7-6)$$

企业的最优策略是对于给定的 y，调整 x 的取值，使企业平均期望收益 $\overline{U}_E$ 最大。将 $\overline{U}_E$ 对 x 求导，得到：

$$\frac{\partial \overline{U}_E}{\partial x} = (B + F)y + P_1 - P_0 \qquad (7-7)$$

下面根据参数之间的关系分三种情况讨论企业的最优策略：

当 $P_0 > P_1 + B + F$ 时，必有 $\frac{\partial \overline{U}_E}{\partial x}$，则对于给定的 y，企业的最优策略是 $x = 0$。当 $P_0 < P_1$ 时，必有 $\frac{\partial \overline{U}_E}{\partial x} > 0$，则对于给定的 y，企业的最优策略是 $x = 1$。当 $P_1 < P_0 < P_1 + B + F$ 时，若 $\frac{\partial \overline{U}_E}{\partial x} > 0$，即 $y > (P_0 - P_1)/(B + F)$，则企业的最优策略是 $x = 1$；若 $\frac{\partial \overline{U}_E}{\partial x} = 0$，即 $y = (P_0 - P_1)/(B + F)$，则 x 在 [0, 1] 之间取任意值，$\overline{U}_E$ 均可取得最大值。若 $\frac{\partial \overline{U}_E}{\partial x} < 0$，即 $y < (P_0 - P_1)/(B + F)$，则企业的最优策略是 $x = 0$。

同理，政府的最优策略是对于给定的 x，调整 y 的取值，使政府平均期望收益 $\overline{U}_G$ 最大。将 $\overline{U}_G$ 对 y 求导，得到：

$$\frac{\partial \overline{U}_G}{\partial y} = F - C - x(B + F) \qquad (7-8)$$

根据参数之间的关系分两种情况讨论政府的最优策略：

当 $F-C<0$ 时，必有 $\frac{\partial \overline{U_C}}{\partial x}<0$，则对于给定的 x，政府的最优策略是 $y=0$。

当 $F-C>0$ 时，若 $\frac{\partial \overline{U_C}}{\partial y}>0$，即 $x<(F-C)/(B+F)$，则政府的最优策略是 $y=1$；若 $\frac{\partial \overline{U_C}}{\partial x}=0$，即 $x=(F-C)/(B+F)$，则 y 在 [0,1] 之间取任意值，$\overline{U_C}$ 均可取得最大值。若 $\frac{\partial \overline{U_C}}{\partial x}<0$，即 $x>(F-C)/(B+F)$，则政府的最优策略是 $y=0$。

（二）均衡点分析

根据上述分析，如果将企业的三种情况与政府的两种情况结合起来讨论，就会形成六种情况，下面分别对这六种情况的均衡点进行分析。

1. 当 $F-C<0$ 且 $P_0>P_1+B+F$ 时，博弈双方的最优策略如图 7-16 所示，从图中可以得知，此时均衡点为 (0,0)，即企业不参与，政府不监管。

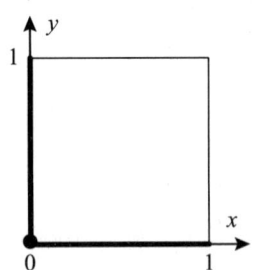

图 7-16　$F-C<0$ 且 $P_0>P_1+B+F$ 时的均衡

2. 当 $F-C<0$ 且 $P_1<P_0<P_1+B+F$ 时，双方的最优策略如图 7-17 所示，从图中可以得知，此时均衡点为 (0,0)，即企业不参与，政府不监管。

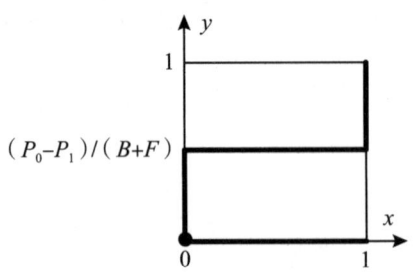

图 7-17　$F-C<0$ 且 $P_1<P_0<P_1+B+F$ 时的均衡

3. 当 $F-C<0$ 且 $P_0<P_1$ 时，双方的最优策略如图 7-18 所示，从图中可以

得知，此时均衡点为（1，0），即企业参与，政府不监管。

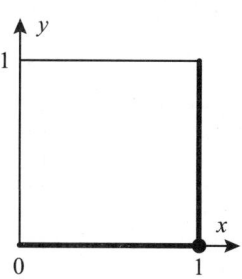

图 7 – 18　$F-C<0$ 且 $P_0<P_1$ 时的均衡

4. 当 $F-C>0$ 且 $P_0>P_1+B+F$ 时，博弈双方的最优策略如图 7 – 19 所示，从图中可以得知，此时均衡点为（0，1），即企业不参与，政府监管。

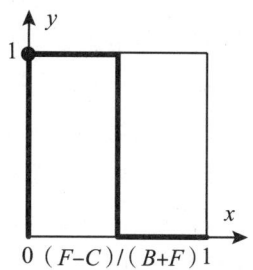

图 7 – 19　$F-C>0$ 且 $P_0>P_1+B+F$ 时的均衡

5. 当 $F-C>0$ 且 $P_1<P_0<P_1+B+F$ 时，双方的最优策略如图 7 – 20 所示，从图中可以得知，此时存在混合策略纳什均衡 [$(F-C)/(B+F)$，$(P_0-P_1)/(B+F)$]，即企业以 $(F-C)/(B+F)$ 的概率参与，政府以 $(P_0-P_1)/(B+F)$ 概率监管。

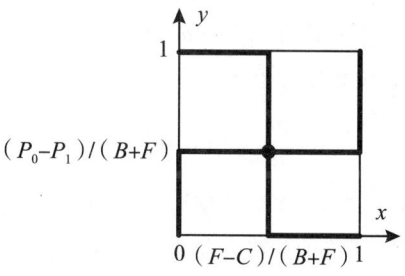

图 7 – 20　$F-C>0$ 且 $P_1<P_0<P_1+B+F$ 时的均衡

6. 当 $F-C>0$ 且 $P_0<P_1$ 时，双方的最优策略如图 7-21 所示，从图中可以得知，此时均衡点为（1，0），即企业参与，政府不监管。

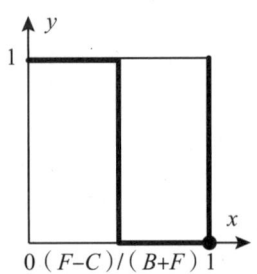

图 7-21　$F-C>0$ 且 $P_0<P_1$ 时的均衡

以上从完全信息角度分析了博弈的六种静态均衡结果，从中可以发现，均衡与博弈系统的参数取值密切相关，其中在第 3、第 5、第 6 种参数条件下，企业均具有明显的参与动力，是理想的博弈结果，这也为政策设计提供了方向。但是，上述三种条件对参数的要求都极为苛刻。其中，第 3 种和第 6 种情况要求 $P_0<P_1$，即要求保障房项目收益大于一般商业性项目收益；第 5 种情况要求 $F-C>0$，即惩罚额度大于监管成本。然而，这两个条件在现实中都很难实现，因此，在当前的参数条件下，一次静态博弈得不到理想的均衡结果，运用演化博弈模型分析双方策略的动态均衡与演化路径具有更加现实的指导意义。

四、演化博弈分析

（一）复制动态方程构建

演化博弈提出可以用反映生物进化机制的复制动态方程（Replicator Dynamics）来表示参与人策略调整的速度（Taylor & Jonker，1978）[①]。其中，参与人策略变化过程可以用下列动态微分方程来表示：

$$\frac{\mathrm{d}r_i}{\mathrm{d}t}=r_i(u_i-\overline{u}) \qquad (7-9)$$

公式中，r_i 为选择第 i 种策略类型的参与人比例；$\mathrm{d}r_i/\mathrm{d}t$ 表示该种类型参与人比例随时间的变化率；u_i 是选择该种策略的期望收益；$\overline{u}$ 代表参与人的平均期望收益。

根据前文分析，企业选择"参与"策略的期望收益和企业平均期望收益如式

[①] Taylor P D. Evolutionarily stable strategy and game dynamics, *Mathematical Biosciences*, 1978 (40): 145-156.

(7-1) 和式 (7-3) 所示，政府选择"监管"策略的期望收益和政府平均期望收益如式 (7-4) 和式 (7-6) 所示，则企业选择"参与"策略的复制动态方程 $F_E(x)$ 和政府选择"监管"策略的复制动态方程 $F_G(y)$ 分别为：

$$F_E(x) = \frac{\mathrm{d}x}{\mathrm{d}t} = x(U_{EY} - \overline{U}_E) = x(1-x)[(B+F)y - (P_0 - P_1)] \quad (7-10)$$

$$F_G(y) = \frac{\mathrm{d}y}{\mathrm{d}t} = y(U_{GY} - \overline{U}_G) = y(y-1)[(B+F)x - (F-C)] \quad (7-11)$$

（二）均衡点稳定性分析

式 (7-10) 和式 (7-11) 描述了政府与企业博弈过程中双方策略调整的动态关系，对于两种群演化博弈模型，渐进稳定状态要求满足 $F_E(x) = 0$ 且 $F_G(y) = 0$。令 $\mathrm{d}x/\mathrm{d}t = 0$ 且 $\mathrm{d}y/\mathrm{d}t = 0$，在平面 $H = \{(x, y) \mid 0 \leq x \leq 1, 0 \leq y \leq 1\}$ 上可得演化博弈的 5 个均衡点：$E_1(0, 0)$、$E_2(0, 1)$、$E_3(1, 0)$、$E_4(1, 1)$、$E_5(x^*, y^*)$。其中，$x^* = (F-C)/(B+F)$，$y^* = \dfrac{(P_0 - P_1)}{(B+F)}$，当且仅当 $x^* \in [0, 1]$ 和 $y^* \in [0, 1]$ 时 E_5 才存在。根据微分方程的稳定性理论，均衡点要成为博弈的演化稳定策略（evolutionarily stable strategy，ESS）还需要通过稳定性检验（谢识予，2006），[①] 即满足：

$$\frac{\partial F_E(x)}{\partial x} = (1 - 2x)[(B+F)y - (P_0 - P_1)] < 0 \quad (7-12)$$

$$\frac{\partial F_G(y)}{\partial y} = (2y - 1)[(B+F)x - (F-C)] < 0 \quad (7-13)$$

在不同参数取值条件下，上述 5 个均衡点的稳定性如表 7-30 所示。

表 7-30　不同参数条件下系统均衡点的局部稳定性分析

均衡点	① $F-C<0$, $P_0-P_1>B+F$	② $F-C<0$, $0<P_0-P_1 \leq B+F$	③ $F-C<0$, $P_0-P_1 \leq 0$	④ $F-C \geq 0$, $P_0-P_1 > B+F$	⑤ $F-C \geq 0$, $0<P_0-P_1 \leq B+F$	⑥ $F-C \geq 0$, $P_0-P_1 \leq 0$
$E_1(0, 0)$	ESS	ESS	不稳定	不稳定	不稳定	不稳定
$E_2(0, 1)$	不稳定	不稳定	不稳定	ESS	不稳定	不稳定
$E_3(1, 0)$	不稳定	不稳定	ESS	不稳定	不稳定	ESS

---

① 谢识予：《经济博弈论》，复旦大学出版社 2006 年版。

续表

均衡点	参数条件 ① $F-C<0$, $P_0-P_1>B+F$	② $F-C<0$, $0<P_0-P_1$ $\leq B+F$	③ $F-C<0$, P_0-P_1 ≤ 0	④ $F-C\geq 0$, $P_0-P_1>B+F$	⑤ $F-C\geq 0$, $0<P_0-P_1$ $\leq B+F$	⑥ $F-C\geq 0$, P_0-P_1 ≤ 0
$E_4(1,1)$	不稳定	不稳定	不稳定	不稳定	不稳定	不稳定
$E_5(x^*,y^*)$	不存在	不存在	不存在	不存在	鞍点	不存在

其中，E_5 在参数条件①~④、⑥时没有落在平面 $H=\{(x,y)\mid 0\leq x\leq 1, 0\leq y\leq 1\}$ 内，故不存在。在参数条件⑤情况下，E_5 存在；由于 $\dfrac{\partial F_E(x)}{\partial x}\bigg|_{x=x^*,y=y^*}=0$ 且 $\dfrac{\partial F_G(y)}{\partial y}\bigg|_{x=x^*,y=y^*}=0$，意味着此时 $F_E(x)$、$F_G(y)$ 的切线斜率都为零，则 $E_5(x^*,y^*)$ 为系统的鞍点。进一步可以采用相轨迹示意图描述系统的演化动态趋势（如图7-22所示）。

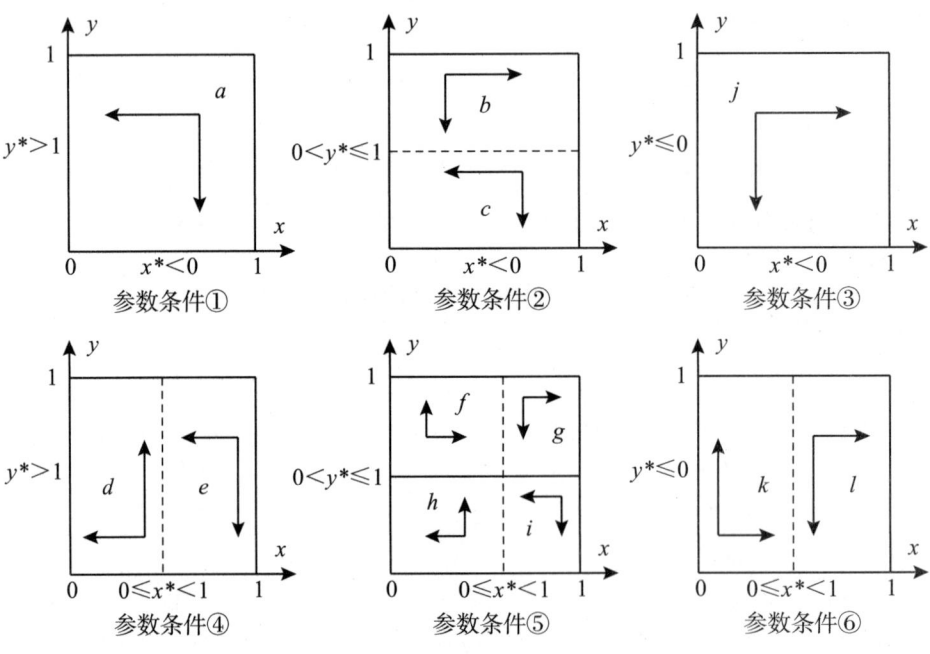

图7-22 政府与社会力量博弈演化相轨迹

从图 7-22 可以发现，对于社会力量而言，当 $y^* > 1$，即 $P_0 - P_1 > B + F$ 时，不论初始状态如何，政府采取何种策略，社会力量的策略选择都会朝着"不参与"的非合作方向演化，如图 7-22 中参数条件①和参数条件④所示。当 $y^* \leq 0$，即 $P_0 \leq P_1$ 时，社会力量都会逐渐选择"参与"，而不依赖于初始状态及政府的选择，如图 7-22 中参数条件③和参数条件⑥所示。当 $y^* \in (0, 1]$，即 $0 < P_0 - P_1 \leq B + F$ 时，社会力量的策略演化方向与政府选择相关，当政府采取"监管"策略的概率 $y > y^*$ 时，社会力量的策略选择会趋向"参与"；当 $y < y^*$ 时，社会力量的策略选择会趋向"不参与"，如图 7-22 中参数条件②和⑤所示。

进一步分析社会力量的策略演化。B 是政府奖励，F 是对不参与企业的罚金，反过来也是对参与企业的一种激励，因此，$B + F$ 实际上代表了政府对参与企业的总激励力度。$P_0 - P_1$ 是参与保障房项目的收益损失。因此，对社会力量而言，若 $P_0 - P_1$ 为负，即保障房项目基本收益大于商业性项目基本收益（$P_0 \leq P_1$），则社会力量会自然选择"参与"。若 $P_0 - P_1$ 为正，但只要政府的总激励大于参与保障房项目的收益损失（$0 < P_0 - P_1 \leq B + F$），此时只要政府实施监管的比例足够（$y > y^*$），社会力量的最终选择也会趋向于"参与"，反之则会选择"不参与"。当政府的激励不足以补偿参与项目的收益损失（$P_0 - P_1 > B + F$），此时，无论政府采取何种策略，社会力量都会选择"不参与"。

同理，对于政府部门而言，当 $x^* < 0$，即 $F < C$ 时，不论社会力量如何选择，政府都会向"不监管"策略方向演化，如图 7-22 中参数条件①、②、③所示。当 $x^* \geq 0$，即 $F \geq C$ 时，政府的策略演化方向取决于社会力量的策略选择：当社会力量"参与"项目的比例 $x > x^*$ 时，政府最终将选择"不监管"；当 $x < x^*$ 时，政府最终选择"监管"，如图 7-22 中参数条件④、⑤、⑥所示。

不难理解，C 是政府监管成本，也是政府采取监管策略的抑制成本。而 F 是对不参与企业的罚金，也是政府采取监管策略时获得的补偿性收益，该补偿只有在社会力量选择"不参与"时发生。因此，对于政府而言，若采取监管获得的补偿小于抑制成本（$F < C$），则政府缺少"监管"的内在动力，最终会选择"不监管"。若采取监管策略的补偿收益超过抑制成本（$F \geq C$），此时，若社会力量采取"参与"策略比例足够大（$x > x^*$），则政府会因为实际获得的补偿性收益小于抑制成本而选择"不监管"策略；反之，政府最终将采取"监管"策略。

（三）演化路径分析

如表 7-30 和图 7-22 所示，可以进一步得到不同参数条件下系统的演化轨迹。根据参数的取值范围及形成的均衡点，在博弈过程中会出现四种状态（如表 7-31 所示）。结合实际情况，提出政府作用条件下的系统演化路径及规制方向，分析如下。

表 7-31　　　　　　　不同参数条件下系统演化轨迹

状态	参数条件	演化稳定策略	轨迹区域	规制手段
Ⅰ	$P_0 - P_1 > 0$, $F < C$	$E_1(0, 0)$	a、b、c	$F\uparrow$、$C\downarrow$
Ⅱ	$P_0 - P_1 > B + F$, $F \geq C$	$E_2(0, 1)$	d、e	$B\uparrow$、$F\uparrow$
Ⅲ	$0 < P_0 - P_1 \leq B + F$, $F \geq C$	—	f、g、h、i	$B\uparrow$、$F\downarrow$
Ⅳ	$P_0 - P_1 \leq 0$	$E_3(1, 0)$	k、l、j	—

在政策出台初期，一方面，由于政府尚未实施严格的管制，对"不参与"企业未采取相应限制措施；另一方面，政府部门由于在监管技术、人才、经验等方面存在不足，监管成本较大，高于企业罚金（$F < C$），于是，"不监管"就成为政府部门理性的选择。同时，由于一般商业性项目收益高于保障房项目收益（$P_0 - P_1 > 0$），对于社会力量来说，选择"不参与"符合利益最大化目标。因此，在状态Ⅰ条件下，如无外力干预，最终系统会形成"社会力量不参与且政府不监管"的均衡，即：$E_1(0, 0)$，如区域a、b、c所示。为促使社会力量向"参与"方向演化，需要政府实施规制，一方面加大惩处力度（$F\uparrow$），另一方面通过监督技术创新、专业人才培训、管理过程优化等手段降低政府监管成本（$C\downarrow$），从而增强政府实施监管的内在动力，推动状态Ⅰ向状态Ⅱ演化。

随着政府加大管制力度，当政府罚金超过监管成本（$F \geq C$），且满足参与项目的收益损失超过政府激励（$P_0 - P_1 > B + F$）时，系统进入状态Ⅱ。此时由于社会力量采取"参与"策略的比例较小，政府实施"监管"的净收益大于零，因此政府会主动提高"监管"比例。但是由于政府给予的激励不足以弥补参与项目的收益损失，社会力量依然缺乏"参与"动力，因而形成"社会力量不参与、政府加强监管"的均衡，即：$E_2(0, 1)$，如区域d、e所示。在这种状态下，要求政府部门加大激励力度（$B\uparrow$），另外进一步加大惩罚力度（$F\uparrow$），从而调整社会力量的收益机制，实现状态Ⅱ向状态Ⅲ的过渡。

当政府激励足以弥补参与项目的收益损失（$0 < P_0 - P_1 \leq B + F$），同时$F \geq C$时，系统进入状态Ⅲ。此时满足$0 \leq x^* < 1$且$0 < y^* \leq 1$，演化路径如图7-22区域f、g、h、i所示。由于在状态Ⅱ向状态Ⅲ演化过程中，会形成"政府高比例监管、企业低比例参与"的状态，因此只要政府监管比例满足$y > y^*$时，博弈首先会进入f区域，此时为使更多的企业主动参与，需要政府继续提高奖励补贴力度（$B\uparrow$）以增加系统的演化速率。当企业参与比例满足$x > x^*$时，博弈进入g区域。值得强调的是，进入g区域后，企业会进一步加大参与比例，而政府则向减少监管方向演化,这种状态符合政策目标,因而系统进入 g 区域是整个演化博弈的关键环节。由于状态Ⅲ中不存在演化稳定策略,因此博弈进入 g 区域后,当政府监管比例降低到 $y<y^*$ 时,如无外力干预而让系统自然演化,博弈就会进入 i 区域,进而企业参与比例 x 会逐渐降低,这与政策目标背离。因此,为了实现调控目的,需要进行政策干预,让博弈停留在 g 区域。具体的做法是增大 g 区域的面积,可以通过降低惩罚力度($F\downarrow$)、加大奖励($B\uparrow$)来实现。

随着政府不断通过政策进行引导,企业社会责任意识进一步觉醒,g 区域不断增大,主动参与公益性项目、承担社会责任将成为社会普遍的价值取向,同时由于承担公益项目而带来的诸如企业形象提升、公共关系改善等社会效益将给企业创造更多的间接收益,参与保障房项目的综合收益 P_1 不断提高。当 P_0-P_1 由正变负时,博弈将进入状态Ⅳ。此时,企业将自发向参与方向演化,而政府将逐渐减少监管比例,如区域 k、l、j 所示,从而达到预期状态。

五、实证研究

从上述分析可知,政府通过监管及奖惩进行干预是系统向着预期目标演化的直接推动力,而演进的路径及速率主要由系统的初始状态、不同策略的收益差、政府干预的力度等因素决定。从现实操作角度而言,探究博弈系统当前的参数关系及所处的演化状态,可以为政府制定切实有效的政策框架提供理论依据和数据支持。为此,本书以浙江省为例进行了实证研究。

(一) 数据统计分析

研究数据来自本章第二节所描述的调查。从数据统计看,一方面,当前保障房项目社会参与程度较低,只有 5.22% 的单位具有参与经历;另一方面,近 6 成(57.70%)认为社会力量应该积极参与。同时,有 28.20% 曾经参与过基本公共服务项目,40.36%(不包括曾经参与过的企业)表示愿意参与。可见,随着社会的发展和公民意识的觉醒,社会各界参与国家公共服务事业的责任意识正逐渐增强,保障房项目的多元参与和社会化运营具有一定的认知基础和实践前景。

进一步研究显示,当前在引导社会力量参与保障房项目中的政府作用较弱。一方面,71.80% 的企业认为当前政府激励力度太弱。根据前文分析,要能够对社会力量形成有效驱动,保障房项目的必要利润率 P^* 应达到 8.65%。而调研发现,当前项目实际的直接利润率 P_1 不到 5%,加上各类政府补贴后的综合利润率也在 8% 以内,不仅低于一般商业性项目的投资回报率 P_0(10%~15%),也达不到参与保障房项目的必要利润率 P^*。另一方面,大部分企业认为不参与保障房项目不会对企业产生影响。这表明，无论在激励或是约束方面，当前政府施加的作用都十分有限，无法对企业行为产生有效引导和驱动。

（二）实证数值分析

由上述分析可知，当前住房保障已经成为国家重要的民生工程，各级政府出台了一系列鼓励政策，社会各界的责任意识和参与意识不断加强。但是，由于目前项目的直接收益水平较低，政府激励力度不大，无法对社会力量形成有效的利益驱动。再加上政府尚未实施有效监管，对不合作企业未采取相应制裁措施，因而现阶段主动参与的社会力量比例很低，故可以认为当前博弈系统处于"社会力量低比例参与、政府低比例监管"的状态。

进一步地，研究发现，当前保障房项目平均收益率 P_1（<5%）低于一般商业性项目平均收益率 P_0（10%~15%），而政府各类补贴后的综合收益率（P_1+B）也基本上在8%以内，故有 $P_0>P_1+B$。据企业反馈，当前因不参与保障房项目而遭到惩罚或不良影响的可能性近似为零。为探究政府对不合作企业的监管力度，本书又对住房保障部门进行了访谈调查，了解到当前政府在引导社会力量参与过程中基本上是单纯依靠正向激励的方式，尚未制定限制措施，故可以忽略政府惩罚额度对系统的影响，即 $F\to 0$。同时，政府在引导过程中需要开展一定的宣传检查、管理督促等工作，会产生一定的监管成本，因而 $C>0$。根据以上参数分析，可以认为，当前在政府引导社会力量参与保障房项目博弈系统中，满足"$P_0-P_1>B+F$"和"$F-C<0$"两个条件，由均衡点稳定性分析，可得，$y^*>1$，$x^*<0$。据此，结合图7-22和表7-31可知，当前系统处于状态Ⅰ中的a区域，如图7-22中参数条件①所示。在此状态下，政府缺乏管制的动力，社会力量也无参与的主动性，与现实状况相符。

根据系统的当前状态以及参数条件，为使博弈系统向着社会力量参与方向演化，结合前文中的演化路径分析，要求政府完善监管政策，实施正向、负向相结合的激励管制措施。同时，创新技术、优化手段、提高效率、降低监管成本，以此推动系统按照Ⅰ→Ⅱ→Ⅲ→Ⅳ的路径演化。

六、研究结论

本节运用演化博弈分析了政企在保障房项目合作过程中的互动选择和长期均衡，得到以下主要结论：

1. 政府与企业围绕保障房项目的博弈不会一开始就达到最优均衡，双方会在博弈过程中通过试错、学习和模仿调整、优化自己的策略。当博弈系统的参数条件发生变化时，均衡点及演化路径也将发生相应改变。

2. 保障房项目的"微利"甚至"无利"原则与企业的"逐利"特征相矛盾，在无外界作用情况下企业行为难以向着主动参与方向自然演化，政府通过监管及奖惩实施有效的干预是博弈系统演化的直接动力。

3. 通过确定博弈系统的初始状态，完善激励约束机制，调整监管干预相关参数，可以控制双方行为策略的演化轨迹，推动博弈系统向目标状态演化。

4. 当前社会力量参与保障房项目的比例非常低，突出的问题在于"利润率低""激励约束力度小""政企双方信任度低"以及"政府监管薄弱"；需要在监督、激励、制度创新、外部环境建设等方面完善政府调控策略及量化措施。

第六节　社会力量参与保障性住房激励与管理机制构建

一、基本原则

根据前文所述，要营造一个有效的制度环境，让社会力量变被动为主动，重点是要处理好对代理人的有效激励问题，关键就是要在机制设计中体现"激励相容"原则，具体包括：参与相容约束和激励相容约束。

（一）参与相容约束

参与相容约束是指在某种制度框架下，代理人按照政策方向采取行动时获得的期望效用超过其不采取行动时获得的期望效用（Shen，2010）。[①] 当前，保障房项目的利润率低于普通商业项目，在参与相容约束制约下，社会力量必然不会主动参与。因此，要进一步加大激励力度，健全保障与支持体系，使保障房项目逐步走出"鸡肋"的窘境。

（二）激励相容约束

激励相容约束就是要求制度的设计能够让代理人主动地采取最有利于委托人

[①] Shen. Individual rationality constraint, transaction cost and compensation and support mode for reservoir resettlement, *Journal of Hydroelectric Engineering*, 2010.

的行为（Haring et al., 2015）。① 在保障房项目政企合作中，项目参与人容易出现逆向选择和道德风险等"代理人"问题，这其中最根本的问题在于双方的利益目标不一致。根据激励相容约束原则，首先，要通过价值观念的引导使主动参与公益事业内化为企业自觉的行动。其次，要充分考虑企业经营发展的客观要求，加大激励，让企业在履行社会责任的过程中实现发展。最后，还要制定有效的监管制度和风控措施，确保双方行为的一致。

二、机制框架设计

根据社会力量参与行为的微观机理，依据"激励相容"理论，立足国情并借鉴国际经验，运用信息、经济、行政等工具构建如下规制体系（如图7-23所示）。

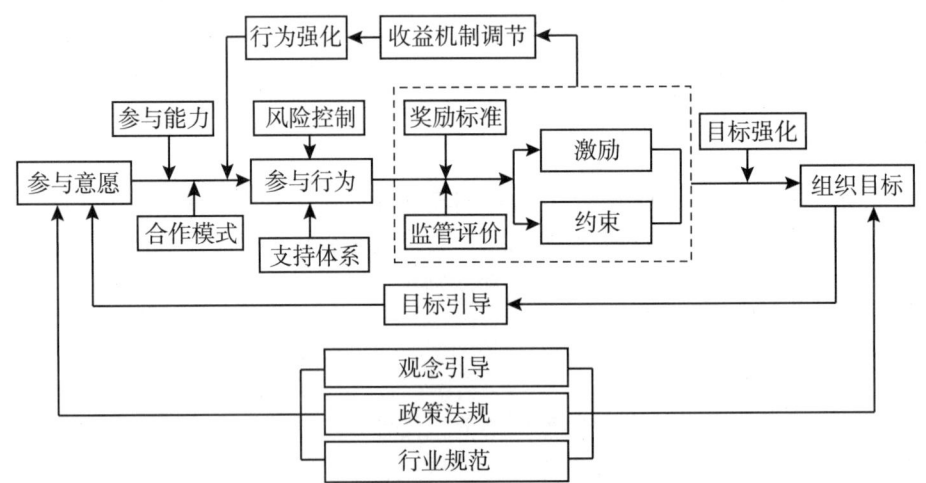

图7-23 基于激励相容理论的政府规制框架

（一）规制的主体与对象

规制的主体是具有独立法律地位的政府管制者，包括立法机关和执行机关（王俊豪，2014）②。具体到保障房社会参与问题，规制涉及的执行主体应该包括工商、税务、财政、发改委、国土资源、住房建设、人民银行、社会保障等政府

---

① Haring T W, Kirschen D S. Andersson G. Incentive Compatible Imbalance Settlement，*Power Systems IEEE Transactions on*，2015，30 (6): 1-9.
② 王俊豪：《管制经济学原理》，高等教育出版社2014年版，第4页。

部门。由于完全的政府规制无法实现帕累托最优，为提升效率，还应该发挥住房行业协会等非政府组织的规制功能。规制实施的对象是有能力直接或间接从事住房开发与运营，提供住房服务与保障的企业或机构，在现阶段主要是从事房地产开发经营的企业组织，包括一些涉足房地产项目，从事多元化经营业务的大型企事业单位。

（二）规制的目标与工具

规制的理想目标是通过政府规制，为社会力量提供投资激励，增加保障房项目的内在吸引力，实现"社会力量主动参与保障房建设并提供优质住房服务"。

结合我国国情，可以采取的规制工具主要分为经济、行政、信息三种类型。其中，经济性规制主要通过激励与约束等方式，对规制对象的收益机制进行调节。具体可以采取投资补助、税收调节、土地优惠、权益激励、融资优惠、项目质量评级奖励、差别化费率、违约处罚等措施。行政性规制主要是通过各种行政化手段对规制对象实施监督、限制与规范。具体包括监督检查、考核评价、行为限制、设定企业行为标准等方式。信息工具是指通过制度、法令并借助各种信息渠道传递政策、干预规制对象的行为方式，引导社会价值取向的一系列手段。具体可以采取宣传引导、舆论营造、立法保障、完善规章制度、制定行业规范等措施。

（三）规制的主要思路

第一，通过思想观念的引导、舆论环境的营造，提高社会力量的责任意识，引导其组织目标与社会和谐发展的要求相适应。第二，完善法制体系，加强顶层设计，为政府规制提供依据。第三，加大激励力度，提升参与企业的盈利空间；实施正向与负向相结合的激励约束措施，调节项目的收益机制。第四，加强动态监管与过程控制，定期对企业行为进行检查和规范。第五，根据社会力量的特征和内在需要实施分类引导，健全支持体系，优化社会力量参与项目的外部环境。第六，建立风险控制体系，明确保障房投资参与负面清单，约束社会力量的逐利风险。

三、政策建议

（一）加强宣传引导，提升企业社会责任意识

1. 加强企业社会责任意识教育。政府要加强宣传教育，鼓励企业投资公共

事业，增强企业的社会责任意识。要深入开展价值观教育，倡导有担当等价值取向。要加强公民意识教育，提升公众的使命感和责任心，使社会各界能够正确地认识、积极而负责地参与住房保障等社会公共事业。

2. 加强正面宣传，提升参与行为的社会效益。要通过积极的宣传，传递参与企业的爱心和"关注民生、热心公益"的企业文化，树立企业负责任的社会形象，帮助其获得良好的市场口碑，从而增加其参与项目的间接收益。

3. 加强典型示范和舆论环境的营造。要加大对参与企业的表彰力度，通过建立诸如企业社会责任排行榜、授予荣誉称号等方式，强化示范引领效应。要发挥媒体的导向作用，通过舆论的驱动让企业感受到政府和社会公众的期盼，从而增强其参与项目的外在压力。

（二）加快立法保障，完善行业规范及制度建设

1. 加快立法工作。应将住房保障制度条例上升到国家立法高度，条件成熟时尽快出台《国家住房保障法》，从而凝聚各方力量，从根本上强化社会对于住房保障事业的重视。

2. 加强顶层设计，完善规章制度。对现有政策文件中不统一或内容模糊的地方进行彻底修订；对社会力量最为关切的诸如优惠政策、支持举措等要尽快制订实施细则；对存在的政策漏洞制定必要的配套制度，例如，要建立参与保障房项目的退出机制，明确退出年限、方式、权益分配等，顺应民间资本的内在要求。

3. 加强房地产行业规范建设。要将参建政府公共项目、参与保障房项目等条文纳入房地产行业规范，发挥行业规范的导向与约束作用，并通过行业自律功能，加强房地产行业内部的自我监督与管理。

（三）提高经济激励力度，完善激励约束机制

1. 加强事前的投资补助和事后的施工质量评级奖励。如土地地价优惠、贷款贴息、行政费用减免等要进一步提高力度。要优化税收优惠政策，可以借鉴 LIHTC 计划，变现行的税收减免为税收抵免。同时，要灵活运用项目优先权、用地特许权、配建商业项目、奖励容积率等措施，增加非转移收益型激励。还要建立标尺竞争机制，改变由政府统一定价或设定价格上限的"一刀切"做法。

2. 加大特许经营权、收益缺口补助等权益型激励，对于项目到期而未能实现合理利润的企业要给予经营权的延长。对于部分租赁型项目，允许其服务期达到一定年限后上市交易以回笼资金。要对运营企业进行收益缺口补助。建立服务质量评价激励机制，由第三方机构定期对项目绩效进行考评，并据此进行正向和负向激励（如表 7-32 所示）。

表7-32　社会力量参与保障性住房项目经济性激励约束体系

合作阶段	激励约束手段	实施环节	类型Ⅰ	类型Ⅱ	类型Ⅲ
建设施工	专项投资补助	事前	转移收益型	正激励	显性
	土地优惠供应	事前	转移收益型	正激励	显性
	贴息贷款	事前/中	转移收益型	正激励	显性
	行政事业性费用减免	事前/中/后	转移收益型	正激励	显性
	项目优先权	事前/中/后	非转移收益型	正激励	隐性
	商业项目配建	事中	非转移收益型	正激励	隐性
	容积率奖励	事中	非转移收益型	正激励	隐性
	税收优惠	事中/后	转移收益型	正激励	显性
	提高政府回购价格	事后	转移收益型	正激励	显性
	工程质量评级奖惩	事后	转移收益型	正/负激励	显性
运营管理	特许经营权	事前	非转移收益型	正激励	隐性
	产权激励	事前	非转移收益型	正激励	隐性
	行政事业性费用减免	事前/中/后	转移收益型	正激励	显性
	项目优先权	事前/中/后	非转移收益型	正激励	隐性
	租金补助	事中	转移收益型	正激励	显性
	税收优惠	事中/后	转移收益型	正激励	显性
	服务质量评级奖惩	事中/后	转移收益型	正/负激励	显性
	提高政府回购价格	事后	转移收益型	正激励	显性

（四）拓宽融资渠道，健全支持体系

目前保障房融资来源主要还是依靠银行等传统渠道，来源单一、期限短，而且贷款优惠力度有限。第一，建立政策性银行，加大对购租房消费贷款的支持力度，尽快制定政策性银行等发放中长期贷款的实施办法，并加大利率优惠幅度。第二，要打通保险、养老基金等参与保障房项目的通道。第三，要设立政府住房基金，为民间机构参与项目提供增信担保，增强其融资议价能力。第四，要加强金融创新，通过企业债、资产证券化、股权融资、辛迪加组织等方式为保障房建设筹集资金。第五，还要设立地方政府保障房投融资平台，可以借鉴美国的做法，由上级主管部门根据所在地区的经济水平、人口规模、住房条件等因素综合确定平台融资规模，专项用于保障房项目的建设开发。

（五）加强企业行为的监管评价与过程控制

1. 加强企业行为监督。当前我国对企业是否积极履行社会责任等道德层面的监督还处于缺位状态，要成立专门的监督机构或委托第三方，建立企业行为动态监管机制。操作中可参考荷兰的做法，由政府主管部门、行业协会、民意代表等共同组成监管委员会，在行政审批、规划审查、质量监督、项目验收、客户反馈等环节加大检查力度，引导企业经营方向符合社会需要。

2. 完善国有企业考核评价体系。当前，在企业绩效考评中对于企业所创造的社会效益并未给予应有的体现。因此，要将企业投资方向是否符合国家需要、社会责任承担情况等因素纳入评价体系，并建立企业社会责任档案数据库，以此作为企业评级与政府激励的重要依据。具体操作中，可以根据企业的行业属性进行分类评价，例如，对于房地产开发企业和建筑类企业，则可以将保障房项目参与情况作为考核评价指标。

3. 加强过程管理和风险控制。政府要对保障房公私合作博弈系统参数进行常态化检测；同时，要建立风险控制机制，防范企业的逐利风险。要发挥政府部门、行业协会、新闻媒体的监督功能，对于不严格履约，在建设中偷工减料，在运营中暗箱操作，或者以参与为幌子，骗取政府优惠政策的行为，除了要求经济赔偿并给予严厉的行政处罚之外，还要进行社会曝光，提高企业违规成本。

（六）成立专业从事住房保障的 NGO 组织

1. 结合本轮国有企业改革，探索将一部分从事保障性安居工程项目的国有企业转化为专门从事公共住房服务的非政府组织。政府要将现有的各类保障房项目逐步移交给 NGO 组织运营，同时，出台相关法律，明确 NGO 组织的角色与定位，为其提供政策依据和权益保护。

2. 通过财税与金融等手段加大激励与扶持，包括土地供给、资金补贴、税收优惠、融资担保、资产与收益的归属与分配等。特别是在 NGO 组织发展培育期，要降低准入门槛，加大扶持力度。

3. 建立 NGO 组织的长效运作机制。完善内部决策机制，可采用董事会领导下的总经理负责制的管理模式（如图 7-24 所示）。要建立绩效评价和竞争性分配机制，通过第三方评估、信用评价等手段，将运营绩效、政策目标的实现情况、客户反馈以及社会评价等指标作为政府补贴资金分配的主要依据，以此推动良性竞争机制的建立。

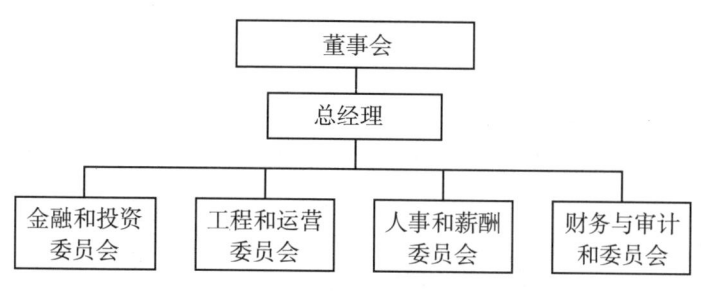

图 7-24　NGO 组织内部治理架构

（七）优化管理手段，提升规制的针对性和有效性

1. 加强合作模式创新。要尽快完善现有 BT、BOT 模式，建立统一标准，优化操作规程。同时，加快引进 BOO、TOT、IOT、ROO 等公私合营新模式，推动社会力量参与投资、建设、运营全过程。

2. 根据社会力量的内在需要实施分类引导。体量较大的保障房项目，要重点鼓励规模大、实力强的龙头房地产企业参与建设运营；体量较小的项目，可以委托中小型房地产企业来承担，从而迎合企业内在发展需要，促进合作共赢。

3. 转变行政作风，提高服务质量。主管部门要树立服务型政府的理念，简化工作流程，减少行政干预。要完善市政基础建设，并在合同中明确相关配套建设承诺，将各类隐性成本显性化。

本 章 小 结

本章将社会力量的行为决定过程纳入研究视野，通过深入调查与实证分析对社会力量参与保障房建设运营的现状水平、障碍因素、内在规律、行为机理、政企合作机制等问题展开系统研究，得到主要结论如下：

第一，当前社会力量参与保障房建设管理的水平与社会需求存在较大距离。突出表现在：一是社会力量参与比例较低，对部分与房地产开发、建设、经营相关的企业的调查发现，仅有 5.22% 参与过保障房的建设运营。二是政企合作范围与深度有待提高。

第二，社会力量参与度低的核心问题在于项目的低收益、高风险特征。研究发现，当前保障房项目实际利润率不到 5%，加上一些激励政策带来的补偿性收益，一般不超过 8%，不仅远低于商业房地产项目的平均利润率，也达不到社会力量参建保障房项目的必要收益率，企业面临较大的保本压力和亏损风险。

第三，社会力量参与的环境还不成熟。一是缺乏国家层面的法律支持，文件制度标准不统一，内容不全面。二是激励机制不健全，优惠措施力度弱、缺乏操作性。三是金融支持体系不健全，项目融资难、融资贵。四是政府管理服务不到位。

第四，在保障房参与行为诸多因素中，责任感、价值观等因素具有重要的决定作用。保障房参与行为与组织规模呈现 U 字形特征，特大型房地产企业与中小型房地产企业具有一定参与积极性。

第五，政策工具对于企业参与行为的形成具有显著外部作用，在对象参与意愿较低、参与能力较强时调节效果更为明显。相对于行政性政策工具，经济性政策工具具有更强的调节效应。

第六，保障房的"微利"甚至"无利"原则与企业的"逐利"本能相矛盾，在无外界作用情况下企业行为难以向着主动参与方向自然演化。通过确定博弈系统的状态，调整监管干预相关参数，可以推动博弈系统向目标状态演化。

第七，政企双方在博弈过程中会出现四种状态，当前博弈系统满足"$P0-P1>B+F$"和"$F-C<0$"两个参数条件，政府缺乏管制的动力，社会力量也无参与的主动性。因此，需要政府实施正向、负向相结合的激励约束措施。同时，在制度建设、技术创新、外部环境建设等方面完善规制策略及量化措施，加强监管。

第八章

公共租赁住房动态管理与退出机制研究

第一节 研究背景与现状

一、研究背景

自 2009 年国务院《政府工作报告》中首次提出"要积极发展公共租赁住房"以来,我国各级地方政府不断加大投资力度,公共租赁住房建设和供给进入了快速发展阶段。根据住建部统计,2008~2015 年,全国开工建设的公共租赁住房(含廉租房)共 1 806 万套,已经成为保障性住房供给的主要方式,标志着我国住房保障方式已由"以售为主"转向"以租为主"模式。

与出售型保障房(限价商品房、经济适用房、共有产权房)不同的是,公共租赁住房是政府全额投资或政府以购买服务的方式、以低的租金面向低收入群体或存在阶段性住房困难群体的政策性、租赁型保障住房,其特点是低租金、流动性。如果租赁型保障房不能流动起来,一些已经不符合条件的家庭不肯退出,将带来突出问题:一是形成福利固化,导致政府投入过大,财政难以维系;二是严重影响制度的公平与公正;三是降低保障制度的成效,违背住房保障性政策的初衷,加剧保障性住房的供需矛盾。

因此，在已出台的政策文件中，都对租赁型保障房的退出有明确的规定。如《廉租住房保障办法》规定，城市低收入住房困难家庭的收入标准、住房困难标准等以及住房保障面积标准实行动态管理，对不再符合规定条件的，应当停止发放租赁住房补贴，或者由承租人按照合同约定退回廉租住房。《公共租赁住房管理办法》明确，未按规定提出续租申请的承租人；提出续租申请但经审核不符合续租条件的承租人；租赁期内，通过购买、受赠、继承等方式获得其他住房并不再符合公共租赁住房配租条件的承租人；租赁期内，承租或者承购其他保障性住房的承租人，应当腾退公共租赁住房，拒不腾退的，公共租赁住房的所有权人或者其委托的运营单位可以向人民法院提起诉讼，要求承租人腾退公共租赁住房。

但是在实际执行中，退出难问题普遍存在，且是世界性的难题。如审计署公布的《2016年城镇保障性安居工程跟踪审计结果》显示，有3.36万户不再符合条件的家庭未及时退出，违规享受住房2.63万套、补贴1 197.44万元。2015年，美国住房和城市发展部的监察部门发布了一份调查报告，报告指出大约有25 000户公共住房家庭的收入超过入住条件；纽约一个年收入近50万美元的家庭，却仍住着1 574美元/月的公共住房。①HUD的这份报告引起了美国社会的广泛讨论。美国地方公共住房管理局有权对不符合条件的租户、拒付或拖欠租金的租户执行驱逐政策，但实际操作较困难，时间周期长、耗费成本高，而且如何安置其他适合公共住房的租户也是难题②。2012年英国国家审计委员会发布了一份名为"保护公共钱包"（protecting the public purse）的报告，指出在英国大约有10万套社会住房被违规占用，估计每年为此付出的代价在90亿英镑左右，政府出台防止社会住房骗租法，预计每年需要花费950万英镑处理此事。③

因此，如何管理好数量庞大的公共租赁住房，建立保障对象有进有出、补助水平有升有降的动态管理机制，是保证我国住房保障制度公正、公平运行的核心问题，是促使房源有效流转、避免重回福利分房老路的关键点。④

---

① A family in public housing makes $498 000 a year, And HUD wants tenants like this to stay, https://wenku.baidu.com/view/dc5b7cbbcfc789eb172dc8e8.html.
② Leigh, W. A. & Mitchell, M. O.. Public housing and the black community, The Review of Black Political Economy, 1980, 17（2）: 107 - 129.
③ https://www.theguardian.com/housing-network/2013/oct/15/social-housing-fraud-prevention-act-guide
④ 邓宏乾、王昱博：《租赁型保障住房退出机制研究》，载于《贵州社会科学》，2015年第3期，第123～127页。

二、基本概念

(一) 公共租赁住房

2006年深圳借鉴香港特区"公屋"经验,率先提出建立以"公共租赁住房"为主体的住房保障模式,随后在2008年1月出台的《深圳市公共租赁住房管理暂行办法》中,首次对公共租赁住房的概念作了界定,即政府提供政策优惠,限定套型面积和出租价格,按照合理标准筹集,主要面向低收入住房困难家庭出租的具有保障性质的住房。2011年9月国务院《关于保障性安居工程建设和管理的指导意见》指出,要重点发展向城镇中等偏下收入住房困难家庭、新就业无房职工和在城镇稳定就业的外来务工人员供应以40平方米左右的小户型为主的公共租赁住房。这是两个比较典型的关于公共租赁住房的官方定义,2014年起我国公共租赁住房与廉租房并轨运行之后,现阶段,公共租赁住房主要是指由政府提供政策或资金支持的出租型保障房。[1]

(二) 骗租、赖租

在住房和城乡建设部颁布的《公共租赁住房管理办法》、各地《公共租赁住房建设租赁管理暂行办法》中,都规定了两种违法行为:一是采取隐瞒事实、提供虚假资料、伪造证明材料等手段,骗租公共租赁住房的行为;二是不再符合申请条件,未按要求及时办理退出手续的行为。本书将前一种情况定义为"骗租",后一种情况定义为"赖租"。需要指出的是,"骗租"可能发生在两个时间点,一是准入时,二是退出时。本章主要研究退出时的骗租问题,但实际上两者在本质上没有什么区别。此外,一些学者将承租人拖欠租金定义为赖租问题,本书所定义的"赖租"指的是赖着不退房问题,两者存在明显区别。

在"骗租"情形中,租户明知自己已不满足继续租住公共租赁住房条件,通过隐瞒真实的资产、收入等信息获得继续租住公共租赁住房资格。"骗租"问题是由信息不对称原因造成的,解决"骗租"问题的关键之一是如何有效的核实租户的真实资产、收入信息。在"赖租"情形中,政府有关部门已经掌握租户不满足继续租住公共租赁住房条件,并明确要求租户退出公共租赁住房,但承租人始终赖着不愿腾退。"赖租"问题主要是由于一些租户缺乏法制意识,存在公共资

---

[1] 毛小平、陆佳婕:《并轨后公共租赁住房退出管理困境与对策探讨》,载于《湖南科技大学学报》(社会科学版),2017年第1期,第99~106页。

源不占白不占的心理等原因造成的,[①] 解决"赖租"问题的关键是采取何种有效手段震慑赖租者。但"骗租"与"赖租"问题有时候容易混淆并可能发生互相转化,"骗租"被发现并被要求腾退而拒绝退出时,"骗租"问题就转化为"赖租"问题;"赖租"者也有可能为获得继续租住资格提供虚假证明材料,此时"赖租"问题就转化为"骗租"问题。区别"骗租"行为与"赖租"行为的关键是看是否存在信息不对称问题。

三、主要研究目标

第一,分析影响公共租赁住房承租人腾退意愿的因素。了解掌握承租人腾退意愿的影响因素是治理退出问题的前提和基础。通过文献整理发现,目前关于公共租赁住房退出问题的研究很多,但以理论分析为主,仅有少量学者(潘雨红等,2015)[②]尝试通过问卷调查的形式对承租人的腾退意愿进行了实证分析。本章以杭州市公共租赁住房租户为研究对象,采用线上与线下相结合的问卷调查方式获得所需数据,并基于无序多项 Logistic 模型对公共租赁住房承租人腾退意愿的影响因素进行分析。

第二,基于演化博弈理论分析政府部门和承租人行为的演化规律和演化稳定策略。从博弈视角看,公共租赁住房的"赖租"问题是政府部门与租户之间的一种博弈,更准确地说是两个群体间的博弈,演化博弈理论是研究群体博弈的有效方法。本章基于有限理性假设,将公共租赁住房租户看作一个群体,政府部门看作另一个群体,构建相应的演化博弈模型,分析政府部门和租户的行为演化规律和演化稳定策略,以及影响政府部门和租户达到策略均衡的主要因素。最后对演化博弈分析过程进行案例模拟,以此证明结论的合理有效性。

第三,基于委托代理理论分析政府部门与公共租赁住房管理者间的最优契约设计及公共租赁住房管理者与承租人间的分离均衡条件。从信息经济学的角度看,"骗租"问题实则是个信息不对称问题。一般情况下,由于我国公共租赁住房管理者主要是政府部门所属的住房保障办公室(属性为承担行政职能的事业单位),研究公共租赁住房问题时对政府部门和公共租赁住房管理者不作进一步区分。但调查发现,一些公共租赁住房管理者的不作为现象是造成退出难问题的重要原因,因此本章对两者进行了区分。本章针对公共租赁住房退出管理中管理者

---

① 当然,也可能存在少量的居民的确是因为经济能力问题难以退出,这需要完善相关的制度。
② 潘雨红、曾艺文、孙起、张珊、林军伟、张昕明:《公共租赁房腾退意愿研究及政策建议——以重庆为例》,载于《建筑经济》,2015年第1期,第103~107页。

隐匿行动的道德风险问题，拟基于分布函数的参数化方法构建政府部门与公共租赁住房管理者间的委托代理模型，并利用激励理论分析政府部门的激励契约设计过程，确定政府部门最优线性激励合同的相关参数，以及公共租赁住房管理者的最优努力水平。"骗租"中的另一个信息不对称问题存在于公共租赁住房管理者与租户之间的逆向选择问题。本章拟借鉴斯彭斯（Spence，1973）的研究成果[1]，选择社会服务作为信号，构建公共租赁住房市场的信号传递模型，并通过模型分析信号发送均衡的存在与特点。最后对委托代理理论分析方法进行案例模拟，以此检验该方法的可操作性和结论的合理有效性。

第四，基于国际经验的分析与借鉴，并结合我国各地的公共租赁住房供需情况，构建我国公共租赁住房的柔性退出机制。在国外，一方面，由于公共租赁住房供过于求，如英国在1990年后期开始出现了社会住房难以出租的现象（Morrison，2000）；[2] 另一方面，贫困人口过于集中的负面效应日渐显现，因此西方国家很早就开始关注柔性退出机制问题。从美、英等国的实践看，降低准入门槛、鼓励混合居住；改造公共租赁住房居住环境、提升居住品质以及出售公共租赁住房等方式是解决"难租"问题的重要途径，同时这些方式还有助于减轻财政负担和解决低收入群体过于集中产生的"贫民窟"问题。虽然我国的"贫民窟"问题尚未显现，而且大部分地区公共租赁住房供不应求，但局部地区也出现了供过于求现象，住建部统计2016年9月底全国公共租赁住房分配入住的比例仅为67%。主要原因是公共租赁住房建设规模的确定未充分考虑各地住房供求状况的差异，或者一些公共租赁住房项目选址过于偏僻，配套设施不完善等原因造成的。

四、研究思路

本章以公共租赁住房动态管理中最难的三个具体问题"骗租""赖租""难租"为逻辑主线，以不对称信息下的委托代理理论、有限理性条件下的演化博弈理论为基础，通过文献研究、问卷调查、理论与实证分析来研究公共租赁住房退出有关问题形成的原因、影响的因素及相应对策。

如上所述，"骗租"问题实则是个信息不对称问题，本章具体又将其细分为政府部门与公共租赁住房管理者间的道德风险问题和公共租赁住房管理者与租户

---

[1] Micheal Spence. *Job Market Signaling*, The Quarterly Journal of Economics, Oxford university press, 1973, Vol. 87, Iss. 3: pp. 355–374.

[2] Morrison, N. Examining the difficulties in letting social housing within England, *Geojournal*, 2000, 51 (4): 339–349.

间的逆向选择问题，两者都基于委托代理理论分析框架进行研究。"赖租"问题类似于钉子户问题，是一种耍赖行为，实则是公共租赁住房管理者与租户间的一个博弈问题。由于承租人之间存在学习、模仿效应，这个博弈属于典型的群体演化博弈问题，因此，可以利用演化博弈理论分析公共租赁住房管理者与承租人行为的演化规律。具体的研究思路与技术路线如图8-1所示。

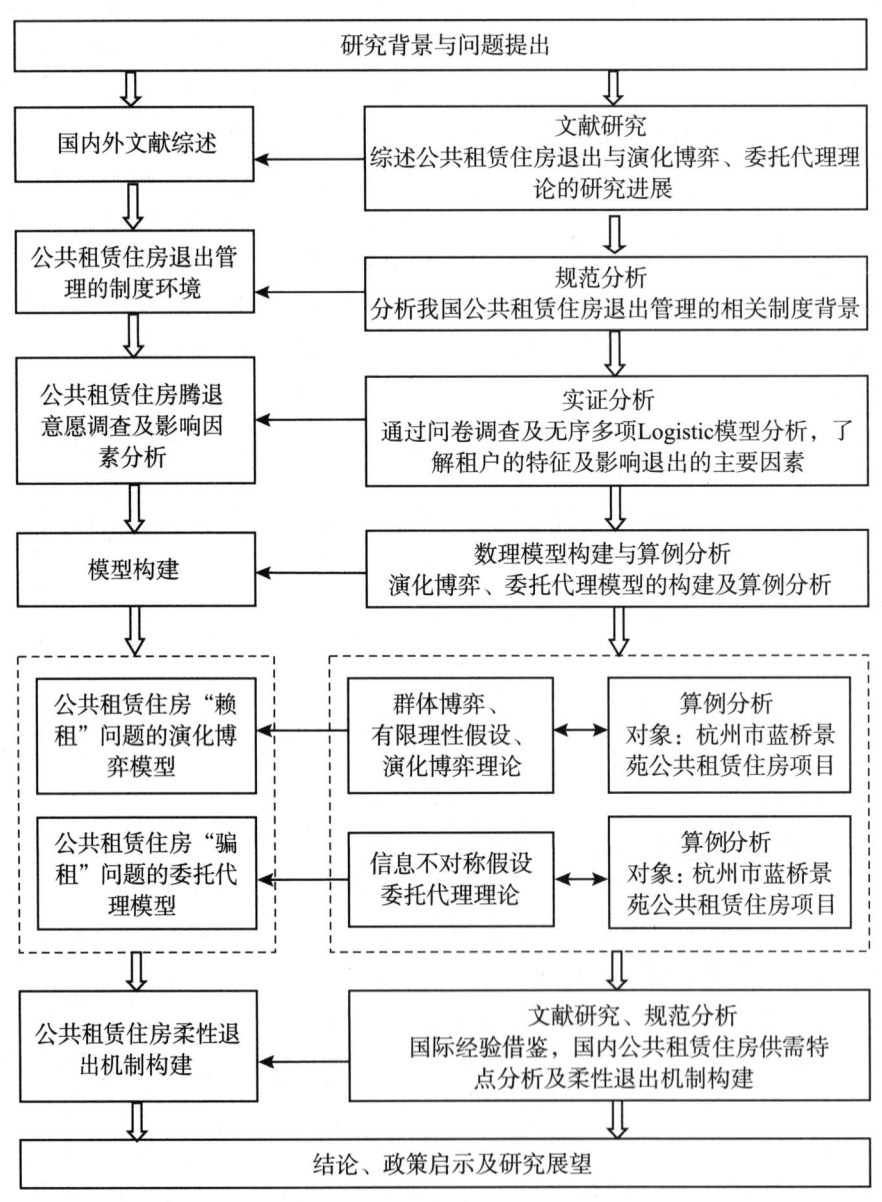

图 8-1 研究思路与技术路线

第二节 公共租赁住房动态管理与退出机制现状

目前公共租赁住房退出管理的政策法规按制定机关的不同可分为部门规章、地方性法规、地方政府规章及规范性文件,如住建部颁布的《公共租赁住房管理办法》、深圳市人民代表大会常务委员会批准的《深圳市保障性住房条例》(2010)和杭州市人民政府办公厅发布的《杭州市公共租赁住房建设租赁管理暂行办法》(2011)等;按内容可分为管理办法与实施细则,如《重庆市公共租赁住房管理暂行办法》(2010)和《重庆市公共租赁住房管理实施细则》(2011)。以下按照退出条件与方式、惩罚与激励措施进行分类归纳整理。

一、退出条件与方式

住建部《公共租赁住房管理办法》(2012)规定了承租人应予退出的两种情形:一是违法违规使用公共租赁住房,如转借、转租或者擅自调换所承租公共租赁住房;改变所承租公共租赁住房用途;破坏或者擅自装修所承租住房,拒不恢复原状;在承租住房内从事违法活动;无正当理由连续6个月以上闲置公共租赁住房;累计6个月以上拖欠租金等。二是不符合继续租住的条件,如收入超标、获得其他住房或承租、承购其他保障性住房等。

北京、重庆、深圳、杭州等地的公共租赁住房管理办法先于住建部颁布,在退出条件与方式上大体与相同。以公共租赁住房保障工作成效显著的重庆市为例,《重庆市公共租赁住房管理暂行办法》(2010)也规定了退出的两种情形:一是违法违规使用公共租赁住房,包括采取提供虚假证明材料等欺骗方式取得公共租赁住房的;转租、出借的;改变公共租赁住房结构或使用性质的;承租人无正当理由连续空置6个月以上的;拖欠租金累计6个月以上的;在公共租赁房中从事违法活动的;违反租赁合同约定的。二是不符合继续租住公共租赁住房条件,如通过购买、获赠、继承等方式在申请公共租赁住房地区获得其他住房的,或在租赁期内超过政府规定的收入标准的。

在退出方式方面,重庆是为数不多地制定了公共租赁住房出售条款的地区。文件规定承租人在租赁五年期满后,可选择申请购买所租住的公共租赁住房,购买价格以综合造价为基准;并对所购公共租赁住房的处置作了限定,规定不得进行出租、转让、赠予等市场交易,但可以继承和抵押,且如获得其他住房,或因特殊原因需要转让以及抵押处置时，需由政府回购，回购价格为原销售价格加同期银行存款活期利息。但是，政府可能考虑到在同一小区，有的住户购买、有的租赁，难以管理等问题，至今尚未实施租转售的政策。

二、拒退的惩罚措施

（一）"赖租"行为的惩罚措施

住建部《公共租赁住房管理办法》（2012）规定，承租人违规或违法使用公共租赁住房拒不腾退的，市、县级人民政府住房保障主管部门应当责令其限期退回；逾期不退回的，可以依法申请人民法院强制执行。承租人不符合条件拒不腾退的，公共租赁住房的所有权人或者其委托的运营单位应当为其安排合理的搬迁期，搬迁期内租金按照合同约定的数额缴纳。搬迁期满拒不腾退，且承租人确无其他住房的，应当按照市场价格缴纳租金。一些城市出台的对公共租赁住房"赖租"行为相关政策措施如表 8-1 所示。从表 8-1 中可见，"赖租"行为的惩罚手段主要有：（1）租金按同类地段类似房屋市场租金收取；（2）行为记入相应的征信系统；（3）通报承租人违规信息，媒体曝光；（4）5 年内不得申请住房保障；（5）申请法院强制执行。

表 8-1　　　一些城市政府对公共租赁住房"赖租"行为
相关惩罚政策措施

时间	颁布部门	文件名	主要内容
2009 年 8 月	北京市住房和城乡建设委员会等	《北京市公共租赁住房管理办法》	承租家庭不符合承租条件暂时不能腾退承租住房的，租赁合同期满后给予 2 个月过渡期，过渡期内租金按同类地段类似房屋市场租金收取。过渡期届满后承租家庭仍不退出承租住房的，按房屋产权单位规定的标准收取租金，拒不退出行为记入信用档案
2010 年 6 月	重庆市人民政府	《重庆市公共租赁住房管理暂行办法》	承租人在合同期满或终止租赁合同时应当退出。确有特殊困难的，给予一定的过渡期限；拒不腾退的，按合同约定处理，并在适当范围内公告，必要时市住房保障机构申请人民法院强制执行

续表

时间	颁布部门	文件名	主要内容
2010年1月	深圳市人大	《深圳市保障性住房条例》	有正当理由无法按期搬迁的,可以申请最高60天的临时延长居住期限。在延长限期内应当按照同期同区域同类型普通商品住房的市场租赁指导价缴纳租金。无正当理由逾期不搬迁的,主管部门应当责令其搬迁,并按照市场租赁指导价收取逾期租金;拒不执行的,可以依法申请人民法院强制搬迁
2011年10月	《杭州市人民政府办公厅》	《杭州市公共租赁住房建设租赁管理暂行办法》	自取消其公共租赁住房租赁资格之日起至实际退房之日,按标准租金的3倍收取租金;将其行为通报人民银行及市联合征信系统管理部门,市联合征信系统管理部门应将承租人的行为记入相应的征信系统;将承租人相关违规信息在公共租赁住房现场进行通报,或在有关媒体上曝光;承租人不配合的,可申请法院强制执行

(二)"骗租"行为的惩罚措施

住建部《公共租赁住房管理办法》(2012)规定,申请人隐瞒有关情况或者提供虚假材料申请公共租赁住房的,住房保障主管部门不予受理,给予警告,并记入公共租赁住房管理档案。以欺骗等不正当手段申请公共租赁住房的,处以1 000元以下罚款;登记为轮候对象的,取消其登记;已承租公共租赁住房的,责令限期退回并按市场价格补缴租金,逾期不退回的,可以依法申请人民法院强制执行,且承租人自退回公共租赁住房之日起5年内不得再次申请。

《深圳市保障性住房条例》(2010)规定如果在申请阶段被发现以隐瞒或者虚报等方式弄虚作假的,由主管部门驳回其申请或者取消其轮候资格,处5 000元罚款,并自驳回其申请或者取消其轮候资格之日起3年内不予受理其住房保障申请。在租赁期间被发现以不正当手段获取公共租赁住房的,应当解除租赁合同,收回公共租赁住房,按同期同区域同类型普通商品住房的市场租赁指导价补收租金,并处以补收租金两倍的罚款。2011年5月,深圳市进一步加大了惩罚力度。规定申请阶段发现弄虚作假的,罚款额度提高到3万元,并将3年内不予受理增加到10年;租赁期间骗租的,罚款额度提高到6万元,并要按照市场租赁指导价补收租金。另外,该条例规定,为申请人提供虚假证明的责任单位和责任人员将分别处以10万元和3万元的罚款;属于国家工作人员的,将依法给予行政处分。部分城市的有关规定如表8-2所示,发现"骗租"行为的惩罚手段主要有:(1)罚款;(2)解除租赁合同,补交租金;(3)记入信用档案;(4)5年内不得申请政策性住房;(5)媒体曝光。

表8-2　部分城市公共租赁住房"骗租"行为相关惩罚政策措施

时间	颁布部门	文件名	主要内容
2009年8月	北京市住房和城乡建设委员会等	《北京市公共租赁住房管理办法》	骗租公共租赁住房的,由产权单位解除租赁合同,承租家庭应当退出住房并按房屋产权单位规定的标准补交租金;骗租行为记入信用档案,5年内不得申请政策性住房
2010年6月	重庆市人民政府	《重庆市公共租赁住房管理暂行办法》	承租人采取提供虚假证明材料等欺骗方式取得公共租赁住房的,解除租售合同,收回公共租赁住房,其行为记入信用档案,5年内不得申请公共租赁住房
2011年10月	杭州市人民政府办公厅	《杭州市公共租赁住房建设租赁管理暂行办法》	自取消其公共租赁住房租赁资格之日起至实际退房之日,按标准租金的3倍收取租金;将其行为通报人民银行及市联合征信系统管理部门;在公共租赁住房现场进行通报,或在有关媒体上曝光;承租人不配合的,可申请法院强制执行

总体来看,在公共租赁住房退出管理方面,目前主要以部门规章、地方政府规章为主,立法层次较低且惩罚力度不足。再者,部门规章与地方法规之间还存在一些冲突。如住建部《公共租赁住房管理办法》规定,以欺骗等手段登记为轮候对象或者承租公共租赁住房的,处以1 000元以下罚款;而《深圳市保障性住房条例》规定处以5 000元罚款,在修改版中又提高到了3万元,急需进一步理顺公共租赁住房退出管理的法律体系。

三、存在的问题分析

从审计署公布的审计结果看,存在着大量"骗租"和"赖租"情况。《2013年城镇保障性安居工程跟踪审计结果》显示,由于资格审核把关不严、纠错清退等基础工作薄弱,所调查的27.25万户家庭中,有4.75万户不符合条件家庭违规享受保障性住房实物配租(售)1.93万套、住房货币补贴5 035.99万元。《2014年城镇保障性安居工程跟踪审计结果》显示,有2.34万户收入、住房等条件发生变化不再符合保障条件的家庭,未按规定及时退出,仍享受保障性住房1.53万套、住房租赁补贴1 421万元。《2015年城镇保障性安居工程跟踪审计结果》显示,5.89万户家庭隐瞒收入、住房等信息通过审核或应退出未退出,违规享受城镇住房保障货币补贴6 046.25万元、保障性住房实物配租(售)3.77万套。《2016年城镇保障性安居工程跟踪审计结果》显示,有3.36万户不再符合条件的家庭未及时退出,违规享受住房2.63万套。

可以预见,随着公共租赁住房大规模交付和分配,如果不加以严格的管理和制定有效的退出诱导机制,"骗租"和"赖租"会愈演愈烈。造成这种状况的主要原因有[①]:

第一,政策与法规不健全。通过对比分析可以发现,我国内地公共租赁住房在政策与法规方面尚存在立法层次不高、惩罚力度不足、缺乏激励机制等问题。我国内地住房保障领域尚缺一部统一的大法,《公共租赁住房管理办法》和《关于加快发展公共租赁住房的指导意见》两部规章的法律效力层次较低、影响力较小,且规定的处罚力度较轻。中国香港《房屋条例》规定,住户虚报资料将被刑事起诉,一经定罪可判2万港元罚款及6个月监禁。而大陆的处罚标准只有1 000元人民币(少数地区提到5 000元人民币),且未提升到刑事案件的高度。我国不仅没有一部保障房大法,即使有也可能会存在有法不依、执法不严的情况。

第二,机构与人员配备不到位。在组织与职能方面,我国内地公共租赁住房管理存在三方面问题,一是缺乏专职专责的退出管理部门。二是缺乏动态的日常监督管理机制。三是缺乏自上而下的监管体系。虽然许多城市都配备了相应的处室负责公共租赁住房的退出管理职能,但都未建立专职的退出管理部门;而且与其他管理职能比,退出管理职能相对弱化,管理人员偏少。以杭州住房保障办公室为例,整个编制52名。而中国香港地区房屋署设立专门的打击"滥用公房资源"办公室,配备近150名工作人员。

第三,信息不对称。目前管理部门对保障对象资产、收入等信息的核实还处于比较被动的地位,尽管一些地方已经建立了车管、房管、工商、税收等部门的信息共享机制,但是对最为重要的证券信息、银行信息很难实现互联互通。特别是我国居民隐性收入占比高,现金交易规模大,核实难度仍然很大,如果不能建立基于大数据的专门的审核机构,同时自上而下建立市、区、街道、社区等多级监督管理体系,也是比较难解决"骗租"和"赖租"问题。

[①] 李光、徐燕:《保障性住房"退出难"的破解之道》,载于《上海房地》,2012年第2期,第29~31页。

第四,诱导性退出机制缺乏。发达国家和地区为促进公共租赁住房有效退出,采取向具备一定条件的家庭提供购房贷款利息补贴、购房税费减免、租房补贴等政策,鼓励其购买商品房或租赁私人出租房,但我国各级相关政策与法规基本都未提及主动退出的激励措施。

第五,居民占便宜的心态。尽管我国五千年的正统文化推崇的儒家思想——重义轻利,但仍有一部分人利字当头,"喜欢占便宜",特别是对于公家的利益持不占白不占的态度,并为此感到心理上的满足,认为"骗租"和"赖租"行为是正常的,甚至是理所当然的。

当然,也必须看到,部分家庭处于夹心层,当租赁期满时,既不符合保障条件、但又没有能力购买或租赁商品住房,对这种情况需要政府部门完善相关的制度。

第三节 公共租赁住房腾退意愿调查及影响因素分析

一、研究区域与数据来源

本节以杭州市公共租赁住房为例,深入研究承租人腾退意愿的影响因素。截至2016年底,杭州共有市本级公共租赁住房项目10个,其中7个为自建项目,3个为收购项目,累计供应公共租赁住房80余万平方米,共计11 847套(如表8-3所示)。

表8-3　　　　杭州市市本级公共租赁租房项目一览

项目类别	项目名称	建筑面积(平方米)	总套数(套)
自建项目	田园地块公共租赁房项目	335 800	4 693
	蒋村地块公共租赁房项目	96 000	1 215
	塘北地块公共租赁房项目	63 000	839
	庆隆地块公共租赁房项目	96 000	1 492
	牛田地块公共租赁房项目	57 000	1 180
	花园岗地块公共租赁房项目	50 000	1 033
	三里亭地块公共租赁房项目	16 000	303

续表

项目类别	项目名称	建筑面积（平方米）	总套数（套）
收购项目	联合新苑保障房小区	85 540	914
	三塘高层公寓	5 921	128
	香槟之约	2 337	50
累计		807 598	11 847

资料来源：杭州市住房保障办公室，http://www.hzfc.gov.cn。

杭州田园公共租赁住房小区是本书的重点调查对象。该小区由杭州市住房保障和房地产管理局负责建设和管理，于2013年6月20日交付，是杭州市首个集中建设、浙江省建设规模最大的公共租赁住房项目。项目总用地面积135 807平方米，总建筑面积339 518平方米，共设置31幢高层、小高层住宅及3幢单身公寓，总户数达到4 693户，其中户型面积63平方米为1 220户，60平方米为904户，50平方米为2 164户，35平方米的非成套住房405户，租金标准为10.5元/平方米。

为系统研究租户退出的意愿与诉求等问题，本次调查时间是2016年7~8月，数据主要通过线上问卷调查方式获得，结合线下补充调查。线上问卷调查依托"问卷星"调查平台向公共租赁住房租户发送调查链接。杭州市公共租赁住房租户通过社交工具自发组建了交流群，为本次调查提供了便利，累计回收723份有效问卷。通过统计分析发现，参与调查的租户年龄集中在18~40岁之间（占84.8%），50岁以上的租户只有17位（2.35%），60岁以上租户只有2位（0.28%），主要原因是年龄偏大的租户很少加入公共租赁住房交流群。因此，本书在现场调查时重点补充了老年人样本。现场调研共发放了100份问卷，重点调查50岁以上租户的腾退意愿。因现场调查难度很大，尤其是许多老年对象无法独立完成问卷，因此全部采取"一对一"的方式进行调查，累计完成问卷98份，其中50岁以上租户有38人（占38.78%）。经过有效性审核、重复性剔除之后，累计获得有效问卷806份。

二、数据描述性统计分析

（一）承租人特征描述统计

参与本次调查的806位承租人中，男性占44.8%，女性占55.2%，女性略多于男性；年龄在18~40岁之间有683位，占84.8%，60岁以上有12位，占1.5%，年龄分布重心偏向中低龄群体，这与其他保障性住房（如经济适用房、廉租房）有明显不同，主要原因是公共租赁住房以存在暂时住房困难的新就业大学生、创业人员等作为主要保障对象，年纪偏轻。67.2%的被调查对象已婚，家庭人口数以3人家庭为主，占49%。

从教育程度分布情况看，承租人文化差异较大，既有初中及以下学历（占6.58%），也有硕士及以上学历（占3.47%），但以大专和本科学历为主，分别占29.16%和37.34%。此外，职业性质分布也比较广泛，以民营企业居多，占48%。家庭人均可支配收入在5万元以内的，占80.5%。目前杭州市公共租赁住房收入上限是家庭上年度人均可支配收入低于48 316元，但调查发现有19.5%的家庭收入超标，即便扣除收入不受限制的硕士及以上学历的承租人，还有超过10%的承租人不符合继续租住条件。在通勤距离方面，63.9%的承租人离工作单位的距离在9公里以内，说明大部分承租人上班较为便利。但也有12.9%的承租人通勤距离在15公里以上，通勤成本较高（如表8-4所示）。

表8-4　　　　　被调查对象个人及家庭基本情况

性别		年龄		婚姻		家庭人口	
男	44.80%	18～30岁	48.8%	未婚	29.2%	1人	9.8%
女	55.20%	31～40岁	36.0%	已婚	67.2%	2人	11.3%
		41～50岁	9.4%	离异	3.6%	3人	49.3%
		51～60岁	4.3%			4人	16.7%
		60岁以上	1.5%			4人以上	12.9%
教育程度		职业性质		人均可支配收入		通勤距离	
初中及以下	6.6%	公务员	4.2%	1万元以下	10.9%	3公里内	25.8%
高中	16.6%	事业单位	7.9%	1万～2万元	15.0%	3～6公里	20.1%
中专	6.8%	外资企业	4.1%	2万～3万元	19.2%	6～9公里	18.0%
大专	29.2%	国有企业	11.8%	3万～4万元	22.2%	9～12公里	14.5%
本科	37.3%	民营企业	48.0%	4万～5万元	13.2%	12～15公里	8.1%
硕士及以上	3.5%	个体	17.0%	5万元以上	19.5%	15公里以上	13.5%
		其他	6.9%				

（二）承租人对赖租及骗租现状认知与态度分析

美国心理学家阿尔伯特·班杜拉（Albert Bandura）1971年提出的社会学习

理论认为人的多数行为是通过观察别人的行为和行为的结果而学得的。本书拟实证公共租赁住房赖租与骗租现象中是否存在学习效应。调查发现，806位受访者中，认为赖租情况很多的140人，占17.37%，认为少量的比例249人，占30.89%，认为骗租情况很多的145人，占17.99%，认为少量的251人，占31.14%，只有10%左右的被调查对象认为没有赖租或骗租现象。另外，选择不知道是否存在赖租或骗租现象的各为333人和323人，比例都超过40%（如图8-2所示）。

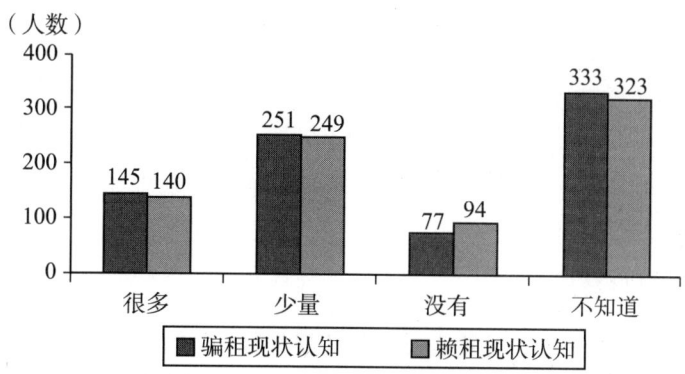

图 8-2　806 位受访者中对赖租及骗租现状认知的人数分布

如表8-5所示，赖租与骗租现象并非个例现象，在一些人的观念中，占用公共资源是很正常的现象，他们存在不占白不占的心理，806位受访者中认为赖租与骗租"很正常"分别为70人和82人，分别占8.7%和10.2%。调查发现，有一半以上的承租人认为，如果确实有困难，这种行为是可以理解的，比如刚买了商品房，需要一定的装修时间。因此，公共租赁住房的退出机制更加柔性化是必要的。当然，也有超过30%的被调查对象对赖租与骗租行为表示鄙视（如表8-5所示）。从调查情况看，大多数居民对此问题有正确的认识。

表 8-5　承租人对赖租及骗租的认知态度

态度	赖租行为 频数（人）	赖租行为 百分比（%）	骗租行为 频数（人）	骗租行为 百分比（%）
很正常	70	8.7	82	10.2
鄙视	262	32.5	317	39.3
确有困难可以理解	474	58.8	407	50.5
合计	806	100	806	100

（三）承租人对赖租与骗租惩罚力度认知分析

根据《杭州市公共租赁住房建设租赁管理暂行办法》，对于赖租、骗租行为，主要有5种惩罚措施，包括通报人民银行及市联合征信系统管理部门；在公共租赁住房现场进行通报，或在有关媒体上曝光；自取消其公共租赁住房租赁资格之日起至实际退房之日，按标准租金的3倍收取租金；自取消其公共租赁住房租赁资格之日起5年内，不再具有公共租赁住房和经济适用住房申请资格；承租人不配合的，向法院起诉并强制执行。

调查发现，被调查对象认为目前对于赖租或骗租的惩罚力度太轻、比较轻、一般的比例合计分别为50.9%和47.7%，认为较重、很重的比例合计分别为12.4%和24.8%，如表8-6所示，总体而言，被调查对象认为目前的惩罚力度偏轻，尤其是对于赖租行为惩罚。值得注意的是，分别有36.7%和27.5%的被调查对象不知道政策对"赖租"和"骗租"的具体惩罚措施，说明目前管理部门对承租人的宣传教育不足。

表8-6　　承租人对赖租及骗租惩罚力度的认知情况

惩罚力度	赖租惩罚 频数（人）	赖租惩罚 百分比（%）	骗租惩罚 频数（人）	骗租惩罚 百分比（%）
太轻	97	12.0	98	12.2
比较轻	103	12.8	83	10.3
一般	210	26.1	203	25.2
较重	57	7.1	165	20.5
很重	43	5.3	35	4.3
不知具体惩罚措施	296	36.7	222	27.5
累计	806	100.0	806	100.0

（四）承租人选择结果情况分析

承租人选择指的是承租人在公共租赁住房合同到期后，根据退出条件和自身的资产、收入情况而作出的行为决策。当被问及："如果合同到期，您的资产或收入等条件不符合继续租住公共租赁住房并已被管理部门劝退时，您会如何选择"时，59.43%的承租人表示将会按时退出，5.83%的承租人表示将会不退出（即赖租），34.74%的承租人表示将视政府采取的措施而定（如图8-3所示）。

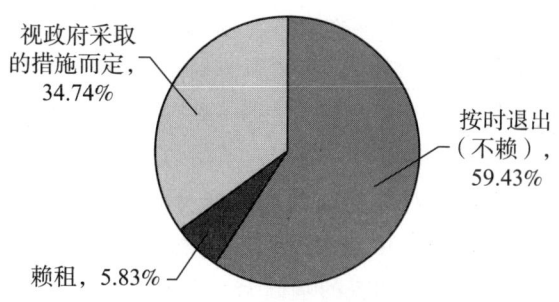

图 8-3 选择赖租行为情况

在骗租问题中，当被问及："如果合同到期您的资产或收入条件不符合继续租住公共租赁住房，您会如何选择"时，61.41%的承租人表示将会按时退出，6.70%的承租人表示将会考虑隐瞒真实情况（即骗租），31.89%的承租人表示将视政府采取的措施而定（如图8-4所示）。

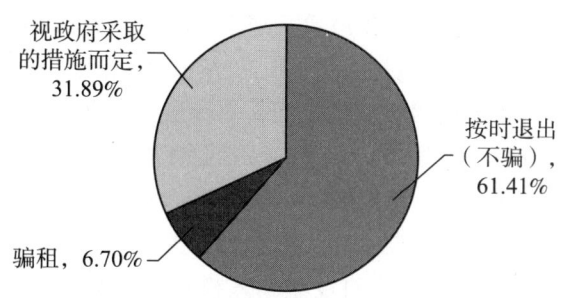

图 8-4 选择骗租行为情况

从调研情况看，综合而言，目前大约60%的承租人是自觉的，会遵守合同按时退出；而6%~10%的承租人将成为退出管理的难题；另外，还有30%左右的承租人处于观望阶段，如果政府管理部门不能及时制止并严厉惩罚骗租或赖租行为，这些观望中的承租人极有可能成为新的赖租人或骗租人。

三、赖租行为的无序多项 Logistic 回归模型分析

（一）变量选择及量化

在赖租情形中承租人与管理部门之间的信息是对称的，赖租问题研究的因变量是承租人在面临续租时的行为选择，分为三种类别：按时退出（不赖）、赖租和视政府采取的措施而定。其中，视政府采取的措施而定指的是承租人将根据政

府对其他赖租户采取的惩罚措施而作出按时退出或赖租的决定。已有研究很少考虑这一问题,但调查发现,实际中不少被调查对象有此行为倾向。究其原因,是因为我国许多法规规章的执行力较差,使得一些违法违规现象没有得到有效制止和相应惩罚,进而产生模仿效应。

将退出问题进行细化,对骗租与赖租问题分别进行研究是本书的一大创新点。已有文献研究对象主要集中在退出问题中的骗租问题,在自变量的选择方面,潘雨红等(2015)在问卷调查的基础上,选取了婚姻、学历等8个特征变量和对违规惩戒的态度、对激励政策的态度等5个控制变量作为自变量。[①] 李进涛等(2016)建立了有序Probit模型,并基于武汉市南湖新城家园、马湖新村和汉口惠民居三个公租房社区的调查数据,对影响武汉市公租房居民退出意愿的因素,包括租户个人禀赋(性别、年龄、文化程度和职业)、租户家庭特征(家庭年收入、人口和居住面积)、运行效率满意度(对指定的准入条件、分配过程、整体运行效率、现居住公共租赁住房的满意度);租户认知程度(是否了解公共租赁住房性质、公共租赁住房退出政策,退出以后是否有信心解决住房问题,对退出政策执行是否有信心)等进行了分析。[②] 尽管赖租问题与骗租问题有本质上的区别,但在影响因素方面存在相似之处,如赖租行为也可能存在学习与模仿效应、承租人的基本特征、市场租金水平的可承受性以及惩罚力度对赖租行为也可能产生影响。当然在赖租行为中,资产、收入等信息的审核不再是考虑范围,因为假设前提是管理部门已经发现承租人不符合条件并对其进行劝退。

鉴于以上分析,本书将11个自变量纳入模型,首次对赖租的影响因素进行验证,具体包括个体基本特征(包括性别、年龄、婚姻状况、职业性质、家庭人口、教育程度、家庭人均可支配收入、通勤距离)、市场租金水平、赖租现状认知、惩罚力度认知,变量设置及其量化如表8-7所示。

表8-7   因变量与自变量的定义与量化

变量	描述与量化	预期效应
因变量: 承租人选择	指的是承租人在续租申请过程中的行为抉择,按时退出设为0,赖租设为1,视政府采取的措施而定设为2	

[①] 潘雨红、曾艺文、孙起、张珊、林军伟、张昕明:《公共租赁房腾退意愿研究及政策建议——以重庆为例》,载于《建筑经济》,2015年第1期,第103~107页。

[②] 李进涛、皇甫雪芹:《公租房居民退出意愿的影响因素分析——以武汉市为例》,载于《湖北工业大学学报》,2016年第3期,第105~109,120页。

续表

变量	描述与量化	预期效应
自变量：性别	男性=0；女性=1	不确定
年龄	18~30岁=1；31~40岁=2；41~50岁=3；51~60岁=4；60岁以上=5	不确定
婚姻状况	未婚=0；已婚=1；离异=2	不确定
家庭人口	指承租人家庭人口的数量。1人=1；2人=2；3人=3；4人=4；4人以上=5	不确定
教育程度	初中及以下=1；高中=2；中专=3；大专=4；本科=5；硕士及以上=6	教育程度越高，赖租的概率越小
职业性质	公务员=0；事业单位=1；外资企业=2；国有企业=3；民营企业=4；个体=5；其他=6	公务员、事业单位赖租概率相对较低，民营、个体相对较高
家庭人均可支配收入	指的是家庭上年度人均可支配收入。1万元以下=1；1万~2万=2；2万~3万=3；3万~4万=4；4万~5万=5；5万元以上=6	不确定
通勤距离	承租人自公共租赁住房到工作单位的距离。3公里以内=1；3公里~6公里=2；6公里~9公里=3；9公里~12公里=4；12公里~15公里=5；15公里以上=6	通勤距离越远，通勤成本越高，赖租收益越小，赖租概率越低
市场租金水平	市场租金水平是指承租人从私人市场租房的租金高低。市场租金可以承受=0，难以承受=1	市场租金可承受性越低，赖租概率越大
赖租现状认知	承租人对赖租现状的了解情况，反映其他承租人行为对其产生的影响。很多=1；少量=2；没有=3；不知道=4	认为赖租情况越普遍，则赖租的概率越大
惩罚力度认知	承租人对当前各类惩罚措施的反应，反映惩罚措施的有效性。太轻=1；比较轻=2；一般=3；较重=4；很重=5；不知道具体惩罚措施=6	认为惩罚越轻，则赖租的概率越大

（二）无序多项 Logistic 回归结果分析

数据处理采用 SPSS20.0 软件，模型拟合信息显示（如表 8-8 所示），似然比卡方检验的观测值为 84.950，显著性水平 Sig. 值为 0.000，远小于 0.05，说明关于仅含截距项模型与包含自变量模型之间没有显著差异的假设被拒绝，由此可以得出结论,至少有一个自变量显著影响因变量。

表8-8　　　　　　　　　模型拟合信息

模型	模型拟合标准	似然比检验		
	-2倍对数似然值	卡方	df	显著水平
仅截距	1 353.595			.
最终	1 268.645	84.950	34	0.000

从似然比检验结果(如表8-9所示)可知,从整体上看,有4个自变量与因变量间存在相关关系,分别是职业性质、惩罚力度认知、市场租金水平和赖租现状认知。其中职业性质的Sig.值为0.005,赖租现状认知的Sig.值为0.006,市场租金水平的Sig.值为0.050,惩罚力度认知的Sig.值为0.000,表明4个变量在5%的显著性水平下都是显著的,而其余自变量的系数整体上看并不显著。

表8-9　　　　　　　　　似然比检验

效应	模型拟合标准	似然比检验		
	简化后的模型的 -2倍对数似然比	卡方	df	显著水平
截距	1 268.645	0.000	0	0.000
性别	1 271.522	2.877	2	0.237
婚姻状况	1 270.899	2.254	4	0.689
职业性质	1 296.717	28.072	12	0.005**
年龄	1 270.478	1.833	2	0.400
家庭人口	1 269.807	1.162	2	0.559
教育程度	1 270.355	1.709	2	0.425
家庭人均可支配收入	1 270.776	2.131	2	0.345
距工作地点路程	1 269.243	0.598	2	0.742
惩罚力度认知	1 275.026	6.381	2	0.041**
市场租金水平	1 285.699	17.054	2	0.000**
赖租现状认知	1 279.899	11.254	2	0.004**

在无序多项Logistic回归分析中,分别将按时退出和赖租与对照组(视政府采取的措施而定)进行比较,如表8-10所示的参数估计结果看,得到以下结论:

表 8-10　　　　　　　　　　参数估计结果

承租人选择[a]	B	标准误	Wald	df	显著水平	Exp(B)	Exp(B)的置信区间 95% 下限	上限
按时退出（不赖租）[a]								
截距	0.231	0.750	0.095	1	0.758			
年龄	-0.005	0.111	0.002	1	0.965	0.995	0.800	1.237
家庭人口	-0.080	0.074	1.157	1	0.282	0.923	0.798	1.068
教育程度	0.082	0.070	1.395	1	0.238	1.086	0.947	1.245
家庭人均可支配收入	0.068	0.050	1.833	1	0.176	1.070	0.970	1.181
通勤距离	-0.034	0.046	0.532	1	0.466	0.967	0.883	1.059
赖租现状认知	0.023	0.045	0.271	1	0.603	1.023	0.938	1.117
市场租金水平	-0.331	0.158	4.354	1	0.037**	0.719	0.527	0.980
惩罚力度认知	0.127	0.071	3.208	1	0.073*	1.135	0.988	1.305
[性别=0]	0.234	0.162	2.085	1	0.149	1.264	0.920	1.737
[性别=1]	0[b]			0				
[婚姻状况=0]	0.117	0.498	0.055	1	0.814	1.124	0.424	2.983
[婚姻状况=1]	0.101	0.468	0.047	1	0.829	1.106	0.442	2.768
[婚姻状况=2]	0[b]			0				
[职业性质=0]	1.134	0.708	2.567	1	0.109	3.108	0.776	12.444
[职业性质=1]	-0.330	0.406	0.663	1	0.416	0.719	0.325	1.592
[职业性质=2]	-0.028	0.505	0.003	1	0.955	0.972	0.361	2.616
[职业性质=3]	-0.768	0.376	4.176	1	0.041**	0.464	0.222	0.969
[职业性质=4]	-0.425	0.324	1.725	1	0.189	0.654	0.347	1.233
[职业性质=5]	-0.322	0.351	0.845	1	0.358	0.724	0.364	1.440
[职业性质=6]	0[b]			0				
赖租								
截距	-2.753	1.775	2.406	1	0.121			
年龄	0.289	0.227	1.630	1	0.202	1.336	0.856	2.083
家庭人口	-0.060	0.159	0.144	1	0.705	0.941	0.689	1.286

续表

	B	标准误	Wald	df	显著水平	Exp (B)	Exp (B) 的置信区间95% 下限	Exp (B) 的置信区间95% 上限
教育程度	-0.028	0.150	0.035	1	0.852	0.972	0.725	1.304
家庭人均可支配收入	0.098	0.107	0.827	1	0.363	1.103	0.893	1.361
通勤距离	0.006	0.106	0.003	1	0.955	1.006	0.817	1.238
赖租现状认知	-0.223	0.103	4.702	1	0.030**	0.800	0.654	0.979
市场租金水平	1.051	0.396	7.034	1	0.008**	2.862	1.316	6.223
惩罚力度认知	-0.353	0.165	4.615	1	0.032**	0.702	0.509	0.970
[性别=0]	0.442	0.351	1.584	1	0.208	1.555	0.782	3.093
[性别=1]	0[b]			0				
[婚姻状况=0]	0.582	0.937	0.386	1	0.535	1.790	0.285	11.241
[婚姻状况=1]	-0.015	0.853	0.000	1	0.986	0.985	0.185	5.241
[婚姻状况=2]	0[b]			0				
[职业性质=0]	3.885	1.284	9.156	1	0.002**	48.671	3.930	602.799
[职业性质=1]	0.948	1.187	0.637	1	0.425	2.580	0.252	26.443
[职业性质=2]	1.364	1.268	1.158	1	0.282	3.914	0.326	46.962
[职业性质=3]	0.158	1.188	0.018	1	0.894	1.171	0.114	12.013
[职业性质=4]	0.478	1.085	0.194	1	0.660	1.612	0.192	13.524
[职业性质=5]	1.115	1.108	1.011	1	0.315	3.048	0.347	26.756
[职业性质=6]	0[b]			0				

注：a. 参考类别是：视政府采取的措施而定。b. 因为此参数冗余，所以将其设为零。

1. 对按时退出产生显著影响的因素主要有3个，分别是市场租金水平、惩罚力度认知和职业性质=3这一变量。市场租金水平系数为 -0.331，表明市场租金的可承受性越低，按时退出的可能性越小；惩罚力度认知系数为0.127，表明承租人认为惩罚越严厉，按时退出的可能性越大。这两个变量的分析结果与预期一致。但职业性质=3（国有企业）的显著性系数为 -0.768，说明这一职业的承租人按时退出的概率较小，与预期相反。

2. 促使承租人选择赖租的显著影响因素有4个，包括赖租现状认知、市场租金水平、惩罚力度认知和职业性质=0（公务员）的变量。赖租现状认知的回

归系数是 -0.223，说明如果承租人认为赖租现象越少，则其选择赖租的概率越小，即赖租行为也存在明显的学习与模仿效应。市场租金水平的显著性回归系数为 1.051，表明如果承租人认为市场租金水平太高，则其赖租的概率更大。惩罚力度认知的显著性回归系数为 -0.353，说明如果承租人认为惩罚力度越大，则赖租的可能性降低。目前根据《杭州市公共租赁住房建设与管理暂行办法》的规定，赖租与骗租的惩罚措施是相同的，问卷分析结果显示，认为赖租惩罚较重或很重的比例只有 12.4%，大大小于骗租的 24.8%，说明大多数承租人认为针对赖租的惩罚过轻，而且在许多承租人的观念当中，赖租比骗租的行为更为恶劣。在调查中一些承租人指出，对于赖租者只有起诉并强制执行才能解决问题，但实际上管理部门很少采取起诉的方式，造成一些赖租户长期占用公共租赁住房。

关于职业性质对赖租行为的影响，最初的估计是公务员、事业单位、国有企业等所谓的"公家"人赖租的可能性应该较低，而私企、个体或者外企职工可能相对较高。从统计分析结果来看，有且只有公务员这一职业群体的回归系数是显著的，而且系数为正的 3.885，表明其赖租的概率相对更大，在骗租影响因素分析中也出现了类似的结论。究其原因，主要是这些年龄较大、收入略微超出公共租赁住房上限规定的承租人对目前的退出条件设置极为不满，进而以骗租或赖租的方式进行反抗。本书在与杭州市住房保障与房地产管理局相关工作人员的沟通过程中证实了这一现象确实存在。

四、骗租行为的无序多项 Logistic 回归模型分析

（一）变量的选择及量化

骗租问题中存在信息不对称问题，骗租问题研究的因变量也是承租人在面临续租时的行为选择，分为三种类别：按时退出（不骗）、骗租和视政府采取的措施而定。自变量选择的主要根据是现有研究的理论基础和实地调研（如表 8-11 所示）。本研究主要考虑 12 个自变量，分别是：个体特征（包括性别、年龄、婚姻状况、职业性质、家庭人口数量、教育程度、家庭人均可支配收入、通勤距离）、市场租金水平、骗租现状认知、审核难度认知、惩罚力度认知。

表 8-11　　　　　　　　因变量与自变量的定义与量化

变量	描述与量化	预期效应
因变量：承租人选择	承租人在续租申请过程中的行为抉择，按时退出为 0，骗租为 1，视政府采取的措施而定为 2	
自变量：性别	男性 = 0；女性 = 1	不确定
年龄	18~30 岁 = 1；31~40 岁 = 2；41~50 岁 = 3；51~60 岁 = 4；60 岁以上 = 5	不确定
婚姻状况	未婚 = 0；已婚 = 1；离异 = 2	不确定
家庭人口	指承租人家庭人口的数量。1 人 = 1；2 人 = 2；3 人 = 3；4 人 = 4；4 人以上 = 5	不确定
教育程度	初中及以下 = 1；高中 = 2；中专 = 3；大专 = 4；本科 = 5；硕士及以上 = 6	教育程度越高，骗租的概率越小
职业性质	公务员 = 0；事业单位 = 1；外资企业 = 2；国有企业 = 3；民营企业 = 4；个体 = 5；其他 = 6	公务员、事业单位相对较低，民营、个体相对较高
家庭人均可支配收入	指的是家庭上年度人均可支配收入。1 万元以下 = 1；1 万~2 万元 = 2；2 万~3 万元 = 3；3 万~4 万元 = 4；4 万~5 万元 = 5；5 万元以上 = 6	不确定
通勤距离	承租人自公共租赁住房到工作单位的距离。3 公里以内 = 1；3~6 公里 = 2；6~9 公里 = 3；9~12 公里 = 4；12~15 公里 = 5；15 公里以上 = 6	通勤距离越远，成本越高，骗租概率越低
市场租金水平	市场租金水平是指承租人从私人市场租房的租金高低。市场租金可以承受 = 0；难以承受 = 1	市场租金越高，可承受性越低，骗租概率越大
骗租现状认知	承租人对骗租现状的了解情况，反映其他承租人行为对其产生的影响。很多 = 1；少量 = 2；没有 = 3；不知道 = 4	认为骗租情况越普遍，则选择的骗租的概率越大
审核难度认知	承租人认为政府管理部门审核其资产、收入等信息的真实性的难度大小。容易核实 = 1；很难核实 = 2；不可能核实 = 3	认为审核难度越大，选择骗租的概率也越大
惩罚力度认知	承租人对当前各类惩罚措施的反应，反映惩罚措施的有效性。太轻 = 1；比较轻 = 2；一般 = 3；较重 = 4；很重 = 5；不知道具体惩罚措施 = 6	认为惩罚越轻，选择骗租的概率越大

(二) 无序多项 logistic 回归结果分析

模型拟合信息显示（如表 8-12 所示）似然比卡方检验的观测值为 155.951，显著性水平 Sig. 值为 0.000，小于 0.05，说明关于仅含截距项模型与包含自变量模型之间没有显著差异的假设被拒绝，由此说明至少有一个自变量显著影响因变量。

表 8-12　　　　　　　　　模型拟合信息

模型	模型拟合标准	似然比检验		
	-2 倍对数似然值	卡方	df	显著水平
仅截距	1 356.311			
最终	1 200.360	155.951	36	0.000

似然比检验结果显示（如表 8-13 所示），骗租现状认知、市场租金水平、审核难度认知及惩罚力度认知 4 个自变量在 5% 的水平下是显著的，表明这四个自变量与因变量存在相关关系。

表 8-13　　　　　　　　　似然比检验

效应	模型拟合标准	卡方	df	显著水平
	简化后的模型的 -2 倍对数似然值			
截距	1 200.360	0.000	0	0.000
性别	1 200.953	0.593	2	0.744
婚姻状况	1 203.215	2.855	4	0.582
职业性质	1 217.777	17.417	12	0.135
年龄	1 201.347	0.987	2	0.610
家庭人口	1 201.834	1.474	2	0.479
教育程度	1 200.834	0.474	2	0.789
家庭人均可支配收入	1 202.563	2.203	2	0.332
通勤距离	1 201.848	1.488	2	0.475
骗租现状认知	1 235.854	35.494	2	0.000**
市场租金水平	1 209.113	8.752	2	0.013**
审核难度认知	1 224.274	23.913	2	0.000**
惩罚力度认知	1 217.088	16.728	2	0.000**

将按时退出和骗租与对照组(视政府采取的措施而定)进行比较,如表 8-14 所示,对按时退出产生显著影响的变量为审核难度认知和惩罚力度认知。其中审核难度认知的系数为 -0.305,表明认为审核难度越大,则选择按时退出的概率越小。惩罚力度认知的系数为 0.129,表示认为惩罚越严重,则选择按时退出的概率越大。个体基本特征、骗租现状认知等自变量对按时退出的影响并不显著。

表 8-14 参数估计结果

承租人选择[a]	B	标准误	Wald	df	显著水平	Exp(B)	Exp(B)的置信区间95% 下限	上限
按时退出(不骗租)								
截距	0.783	0.82	0.913	1	0.339			
年龄	-0.069	0.113	0.372	1	0.542	0.933	0.747	1.165
家庭人口	0.055	0.076	0.533	1	0.466	1.057	0.911	1.226
教育程度	-0.025	0.072	0.119	1	0.73	0.975	0.846	1.124
家庭人均可支配收入	0.076	0.051	2.195	1	0.138	1.079	0.976	1.194
通勤距离	0.057	0.048	1.422	1	0.233	1.059	0.964	1.163
骗租现状认知	-0.049	0.074	0.446	1	0.504	0.952	0.824	1.1
市场租金水平	0.173	0.169	1.047	1	0.306	1.188	0.854	1.654
审核难度认知	-0.305	0.141	4.636	1	0.031**	0.737	0.559	0.973
惩罚力度认知	0.129	0.052	6.054	1	0.014**	1.137	1.027	1.26
[性别=0]	0.122	0.167	0.535	1	0.465	1.13	0.814	1.569
[性别=1]	0[b]			0				
[婚姻状况=0]	-0.483	0.515	0.878	1	0.349	0.617	0.225	1.695
[婚姻状况=1]	-0.426	0.484	0.774	1	0.379	0.653	0.253	1.688
[婚姻状况=2]	0[b]			0				
[职业性质=0]	0.465	0.573	0.66	1	0.417	1.593	0.518	4.894
[职业性质=1]	0.258	0.429	0.361	1	0.548	1.294	0.559	2.998
[职业性质=2]	0.372	0.535	0.483	1	0.487	1.451	0.508	4.144
[职业性质=3]	-0.079	0.387	0.041	1	0.839	0.924	0.433	1.976
[职业性质=4]	-0.198	0.326	0.368	1	0.544	0.821	0.434	1.554

续表

承租人选择[a]	B	标准误	Wald	df	显著水平	Exp(B)	Exp(B)的置信区间95% 下限	上限
[职业性质=5]	-0.38	0.352	1.164	1	0.281	0.684	0.343	1.364
[职业性质=6]	0[b]			0				
骗租								
截距	-2.263	1.801	1.579	1	0.209			
年龄	0.134	0.236	0.321	1	0.571	1.143	0.72	1.815
家庭人口	-0.115	0.162	0.504	1	0.478	0.891	0.649	1.225
教育程度	0.062	0.139	0.199	1	0.655	1.064	0.81	1.399
家庭人均可支配收入	0.044	0.106	0.171	1	0.679	1.045	0.849	1.285
通勤距离	0.059	0.104	0.326	1	0.568	1.061	0.866	1.301
骗租现状认知	-1.138	0.231	24.378	1	0.000**	0.32	0.204	0.503
市场租金水平	1.181	0.426	7.672	1	0.006**	3.259	1.413	7.518
审核难度认知	1.036	0.308	11.333	1	0.001**	2.818	1.542	5.151
惩罚力度认知	-0.295	0.126	5.502	1	0.019**	0.745	0.582	0.953
[性别=0]	0.158	0.366	0.188	1	0.665	1.172	0.572	2.399
[性别=1]	0[b]			0				
[婚姻状况=0]	0.277	1.067	0.068	1	0.795	1.32	0.163	10.684
[婚姻状况=1]	-0.226	1.015	0.05	1	0.824	0.798	0.109	5.835
[婚姻状况=2]	0[b]			0				
[职业性质=0]	2.572	1.093	5.539	1	0.019**	13.089	1.537	111.445
[职业性质=1]	1.293	0.987	1.714	1	0.19	3.643	0.526	25.231
[职业性质=2]	1.242	1.147	1.172	1	0.279	3.461	0.365	32.785
[职业性质=3]	0.697	0.985	0.501	1	0.479	2.008	0.291	13.831
[职业性质=4]	0.113	0.88	0.016	1	0.898	1.119	0.2	6.274
[职业性质=5]	0.549	0.894	0.377	1	0.539	1.732	0.3	10
[职业性质=6]	0[b]			0				

注：a. 参考类别是：视政府采取的措施而定。b. 因为此参数冗余，所以将其设为零。

在 5% 显著性水平下对骗租产生显著影响的自变量有 5 个,分别是骗租现状认知、市场租金水平、审核难度认知、惩罚力度认知以及职业性质中的公务员。骗租现状认知的回归系数是 -1.138,且经检验是显著的,表明公共租赁住房领域承租人之间的学习与模仿效应确实存在,如果承租人认为骗租现象越严重,则其选择骗租的概率越大。市场租金水平的显著性回归系数为 1.181,表明认为市场租金水平难以承受的承租人骗租的概率更大。审核难度认知是反映承租人对政府审核难度的判断情况,本书将审核难度等级划分为三类:容易审核、很难审核、不可能核实。调查显示,40% 的被调查对象认为管理部门容易核实,55% 的被调查对象认为很难核实,还有 5% 的被调查对象认为不可能核实,说明更多的人认为资产、收入核实是比较困难的。统计结果也表明,该变量的显著性系数为 1.036,意味着认为审核越困难,骗租概率越大。惩罚力度认知是衡量承租人对各类惩罚措施威慑力的判断,本书假设,承租人认为惩罚越严厉则骗租的概率越小。统计结果显示,该变量显著性系数为 -0.295,因此可以判断惩罚力度与骗租概率呈负相关关系,上述假设是成立的。《杭州市公共租赁住房建设管理暂行办法》规定了 5 种惩罚措施,分别是:(1) 通报中国人民银行及市联合征信系统管理部门; (2) 在公共租赁住房现场进行通报,或在有关媒体上曝光; (3) 自取消其公共租赁住房租赁资格之日起至实际退房之日,按标准租金的 3 倍收取租金;(4) 自取消其公共租赁住房租赁资格之日起 5 年内,不再具有公共租赁住房和经济适用住房申请资格;(5) 承租人不配合的,向法院起诉并强制执行。通过调研发现,承租人认为上述惩罚措施威慑力大小排序为 (5) > (4) > (3) > (1) > (2),说明目前采取起诉并强制执行的惩罚措施效果相对较好。

总体而言,职业性质对承租人行为选择的影响不显著,有且仅有公务员这一职业性质的系数是显著的。统计结果显示这一变量的显著性系数是 2.572,意味着相对于参照组,公务员群体骗租的概率更大。分析发现,在 806 份有效问卷中,职业性质为公务员的有 34 位,其中 8 位选择了骗租,19 位选择了按时退出,其余 7 位选择视政府采取的措施而定,选择骗租的比率较高。从年龄上看,8 位选择骗租的公务员年龄较大,基本都接近或已经退休。通过访谈了解到,近年来公务员群体工资不断上涨,导致部分公务员退休工资略微超过公共租赁住房租住上限,然而这些老年人大都没有自己的住房(自己的住房已用于子女结婚),渴望在公共租赁住房中拥有一个长期稳定的老年生活。同时,这些公务员长期在政府部门工作,清楚政府的制度漏洞与政策执行力,更容易引发骗租、赖租行为,一些老年公务员甚至明确表示无论如何都拒绝腾退。

五、小结

通过统计分析发现，承租人选择赖租的影响因素有4个，包括赖租现状认知、市场租金水平、惩罚力度认知及职业分类中的公务员。对骗租选择产生显著影响的自变量有5个，分别是骗租现状认知、市场租金水平、审核难度认知、惩罚力度认知以及职业分类中的公务员。在赖租与骗租的影响因素分析中，承租人关于现状认知这一变量都显示了较高的显著性水平，说明其他承租人的行为对承租人会产生明显的影响，也即承租人之间存在明显的学习与模仿效应。在惩罚措施方面，认为惩罚力度越大的承租人越可能按时退出，但惩罚措施的威慑力还与其执行力有关。在市场租金方面，被调查对象普遍认为目前的市场租金难以承受，而且这也是决定其是否选择按时退出的重要因素。公务员群体容易产生赖租与骗租行为在意料之外的主要原因是这个群体的工资收入或退休金略有超出但极不愿意频繁搬家，也无力承受高昂的市场租金；同时，他们熟知政府政策及执行力，因此更有可能通过对抗实现继续租住。老年群体的退出问题应引起有关部门的高度关注，处理不当容易激起社会矛盾。

第四节 公共租赁住房退出管理中若干核心问题及对策研究

一、管理人员的激励问题与对策分析

政府部门将公共租赁住房委托给管理者进行运营，作为理性的个体，管理者在监督与激励机制不完善的条件下，容易出现慵懒和不作为现象，而政府部门很难观测到管理者工作的真实努力程度。从信息经济学角度看，这属于典型的隐匿行为的道德风险问题，可以利用委托代理模型分析框架进行研究。

（一）研究问题描述

1. 关于政府部门。

政府部门作为委托方，将公共租赁住房委托给相应的代理方（如各地住房保

障办或私人物业管理公司）运营管理。政府的目标是将有限的公共租赁住房资源分配给真正需要的租户，实现公共资源效益最大化，因此，政府希望激励管理部门及时劝退不符合条件的租户。政府的效用函数为 $G(w)$，政府的效用与出租率、净收入 w 有关。假设政府无法直接观察到代理人的努力程度，只能看到有多少隐瞒真实信息的租户（即骗租户）被查出，令 x 代表查出的隐租户数量，x 大小不仅与代理人的努力程度相关，也与自然状态 θ 相关。假设 $x = a + \theta$，a 表示代理人一维连续的努力变量（$a \in A$，A 表示所有 a 的集合），θ 是均值为零，方差等于 σ^2 的正态分布外生随机变量，则 $E(x) = E(a + \theta) = a$。令 π 代表查出隐租户的边际效益，则 πx 表示查出 x 户隐租户所节约资金，令 $S(x)$ 表示委托人与代理人签订的激励合同，$S(x) = \alpha + \beta \pi x$（其中 α 表示代理人的固定收入，β 表示代理人的可变收入系数），则 $w = \pi x - s(x) = \pi x - \alpha - \beta \pi x$。假设委托人是风险中性的（即 $G'(w) > 0$；$G''(w) = 0$），则可令 $G(w) = w$，则可得到委托人的期望效用：

$$EG(w) = E(w) = E(\pi x - \alpha - \beta \pi x) = -\alpha + E(1-\beta)\pi x = -\alpha + (1-\beta)\pi a \tag{8-1}$$

2. 关于管理者。

公共租赁住房管理者在承担公共租赁住房退出管理任务时努力与否，委托人是不能直接观察到的，因此委托人需要设计合理的契约对代理人的努力程度进行甄别。假设代理人的效用与净收入 w 和努力程度 a 有关，效用函数为 $H(w, a)$，假设财富会给代理人带来正效用，努力会带来负效用，且代理人的效用在财富和努力间是可分的，令财富效用为 $U(w)$，努力效用为 $C(a)$，则 $H(w, a) = U(w) - C(a)$。假设代理人努力效用 $C(a)$ 可以等价于货币成本：$C(a) = \frac{1}{2}ba^2$，$b > 0$ 表示成本系数，并令 ω 表示代理人的净货币收入，由于代理人查出"骗租户"后将从委托人处获得一个转移支付 $S(x)$，则代理人的随机净收入为：

$$\omega = S(x) - C(a) = \alpha + \beta\pi(a + \theta) - \frac{b}{2}a^2 \tag{8-2}$$

假设代理人具有不变的风险规避特征，即 $U(\omega) = -e^{-\rho\omega}$，其中 $\rho > 0$ 表示绝对风险规避度量，则确定性等价收入（CE）等于随机收入均值减去风险成本，即：

$$CE = E(\omega) - \frac{1}{2}\rho\beta^2\sigma^2 = \alpha + \beta\pi a - \frac{1}{2}ba^2 - \frac{1}{2}\rho\beta^2\sigma^2 \tag{8-3}$$

其中，$E(\omega)$ 表示代理人的期望收入，$\frac{1}{2}\rho\beta^2\sigma^2$ 表示作为风险规避型代理人的风险成本。

（二）道德风险模型的构建与推导

委托代理理论存在三种模型化方法，即状态空间模型化方法、分布函数的参数化方法和一般化分布方法（张维迎，2012）。本书采用莫里斯（Mirrlees，1976）和霍姆斯特姆（Holmstrom，1979）提出的"分布函数的参数化方法"构建政府部门与公共租赁住房管理者委托代理模型，[①] 假设 $F(x, a)$ 表示通过 θ 导出的关于 x 的分布函数，$f(x, a)$ 表示对应的密度函数，$\bar{\omega}$ 表示代理人的保留效用，则委托人的规划问题（P_1）可以表述如下：

$$\max_{s(x)} \int G(\pi x - s(x)) f(x, a) \mathrm{d}x$$

$$\text{s.t. (IR)} \int [U(s(x)) - C(a)] f(x, a) \mathrm{d}x \geq \bar{\omega} \qquad (8-4)$$

$$\text{(IC)} \int U(s(x)) f_a(x, a) \mathrm{d}x = C'(a) \qquad (8-5)$$

IR 表示参与约束（participation constraint），IC 表示激励相容约束（incentive compatibility constraint）。激励相容约束是指委托人所设计的激励机制必须能够有效地甄别代理人的不同类型，使代理人有积极性揭示自己的真实信息；参与约束是指代理人接受合同获得的期望效用大于等于不接受合同时能得到的最大期望效用（陈志俊等，2002；张维迎，2012 等）。[②][③] 激励可行的契约需要同时满足激励相容约束和参与约束（Laffont & Martimort，2013）。[④]

将 $S(x)$、$C(a)$ 等方程代入 P_1 可以得到具体化的规划问题 P_2，即：

$$\max_{\alpha, \beta, a} EG(w) = -\alpha + (1-\beta)\pi a$$

$$\text{s.t. (IR)} \quad \alpha + \beta\pi a - \frac{1}{2}ba^2 - \frac{1}{2}\rho\beta^2\sigma^2 \geq \bar{\omega} \qquad (8-6)$$

$$\text{(IC)} \quad \beta\pi - ba = 0 \text{[⑤]} \qquad (8-7)$$

将（8-6）式紧化后[⑥]联合（8-7）式可以得到：

[①] Mirrlees, J. A. The optimal structure of incentives and authority within an organization, *Bell Journal of Economics*, 1976 (7): 105-131.

[②] 陈志俊、邹恒甫：《防范串谋的激励机制设计理论研究》，载于《经济学动态》，2002 年第 10 期第 52~58 页。

[③] 张维迎：《博弈与信息经济学》，格致出版社 2012 版，第 259 页。

[④] Laffont, J. J. & Martimort, D. *The theory of incentives: the principal-agent model*, Beijing: World Book Inc., 2013.

[⑤] 理性的代理人总是在委托人给定的 α 和 β 条件下最大化自身的效用或收益。因此，激励相容约束可以通过求（8-3）式的一阶条件得到。

[⑥] 激励约束和参与约束在最优情形下必须是紧的，拉丰等（2013）对此作了证明，详见第 42 页。

$$\alpha = \overline{\omega} - \frac{(\beta\pi)^2}{2b} + \frac{1}{2}\rho\beta^2\sigma^2 \qquad (8-8)$$

将（8-7）式和（8-8）式代入目标函数可以得到：

$$\max_{\beta} \frac{\beta\pi^2}{b} - \frac{1}{2}\rho\beta^2\sigma^2 - \frac{(\beta\pi)^2}{2b} - \overline{\omega} \qquad (8-9)$$

（8-9）式的一阶条件为：

$$\frac{\pi^2}{b} - \rho\beta\sigma^2 - \frac{\beta\pi^2}{b} = 0,\ \text{解得}\ \beta^* = \frac{\pi^2}{\pi^2 + b\rho\sigma^2}$$

将 β^* 代入（8-7）式和（8-8）式分别得到：

$$a^* = \frac{\pi^3}{b(\pi^2 + b\rho\sigma^2)},\quad \alpha^* = \overline{\omega} - \frac{(\pi^2 - \rho b\sigma^2)\pi^4}{2b(\pi^2 + b\rho\sigma^2)^2}$$

综上可得，在信息不对称条件下最优分成比例 $\beta^* = \frac{\pi^2}{\pi^2 + b\rho\sigma^2}$；最优固定收入 $\alpha^* = \overline{\omega} - \frac{(\pi^2 - \rho b\sigma^2)\pi^4}{2b(\pi^2 + b\rho\sigma^2)^2}$；最优努力水平 $a^* = \frac{\pi^3}{b(\pi^2 + b\rho\sigma^2)}$。

（三）道德风险模型结果分析

在本书中，委托人的目标是确定最优固定收入水平 α^* 和分成比例 β^*，激励代理人选择有利于委托人的努力水平 a，而代理人的目标是在委托人给定的固定收入和分成比例条件下，确定自身的最优努力水平 a^*，以最大化自身的确定性等价收益。通过上述分析，可以得到以下结论：

结论1：在信息不对称条件下，委托人只有将收益与代理人分成才有可能获得最大的期望收入，而最优分成比例与代理人的成本系数、风险规避度负相关。

由于 $b, \pi, \rho, \sigma^2 > 0$，显然 $\beta^* = \frac{\pi^2}{\pi^2 + b\rho\sigma^2} > 0$，意味着在不对称信息下，委托人只有将收益与代理人分成才有可能获得最大的期望收入［在信息对称条件下的最优激励合同中 $\beta^* = 0$，即代理人无法获得收益分成，委托人支付给代理人的固定收入恰好等于代理人的保留工资加上努力的成本（张维迎，2012）[1]］。最优分成比例与代理人的成本系数、风险规避度负相关，即成本系数越大和风险规避度越大，最优分成比例越小。方差越大说明不确定性越高，代理人的努力与结果的相关度越低。分成系数也代表着代理人的风险分担比例，因此，成本系数、风险规避度及方差越大，代理人承担风险的意愿越低。

π 表示查出隐租户的边际效益，b, ρ, σ^2 是固定值，假设 $e = b\rho\sigma^2$ 是一个常

---

[1] 张维迎：《博弈论与信息经济学》，格致出版社2012年版，第258页。

数（分别取 1、10、20），可以利用 Graph 绘制 $\beta^* = \dfrac{\pi^2}{\pi^2 + e}$ 的图形（如图 8-5 所示）。

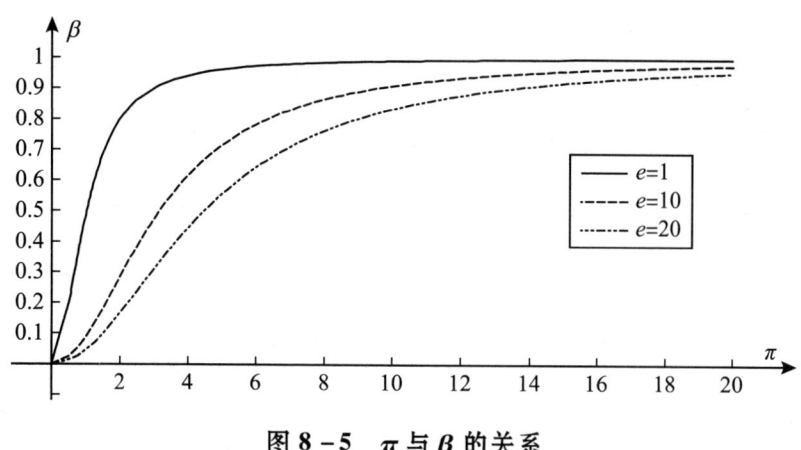

图 8-5 π 与 β 的关系

可以看出，一方面，随着边际收益 π 的增大，最优分成系数 β^* 也不断增大，但曲线从开始的陡峭逐渐趋向平缓，拐点的位置与 e 值的大小有关，e 越大，拐点出现得越晚。曲线拐点对委托人具有重要意义，在拐点之前，提高分成系数的激励效果是非常显著的，拐点之后，进一步提高分成系数的激励效果并不明显。另一方面，随着 e 的增大，曲线的凸度不断减小。说明对于成本系数大、风险规避度高和方差大的代理人来说，只需给予较小的分成比例。

结论 2：随着边际收益的增大，代理人的最优固定收入先增后减，说明边际收益越大，代理人越注重分成收益。

在研究最优固定收入与 π 的关系之前，先令 $f(\pi) = \dfrac{(\pi^2 - b\rho\sigma^2)\pi^4}{(\pi^2 + b\rho\sigma^2)^2}$，并分析 $f(\pi)$ 的变化规律。同上假设 $e = b\rho\sigma^2$ 是一个常数（分别取 1、10、20），利用 Graph 软件绘制 $f(\pi) = \dfrac{(\pi^2 - b\rho\sigma^2)\pi^4}{(\pi^2 + b\rho\sigma^2)^2}$ 的图形（如图 8-6 所示）。

可以看出，随着 π 的增大，$f(\pi)$ 先增后减，先正后负，且随着 e 的增大，$f(\pi)$ 的凸度不断增大。由于最优固定收入 $\alpha^* = \overline{\omega} - \dfrac{(\pi^2 - \rho b\sigma^2)\pi^4}{2b(\pi^2 + b\rho\sigma^2)^2}$，说明当 $\pi = 0$ 时，$\alpha^* = \overline{\omega}$，随着 π 的增大，α^* 先减后增。

结论 3：代理人的最优努力水平与边际收益呈线性递增关系，说明边际收益越大，代理人越愿意付出更多的努力。

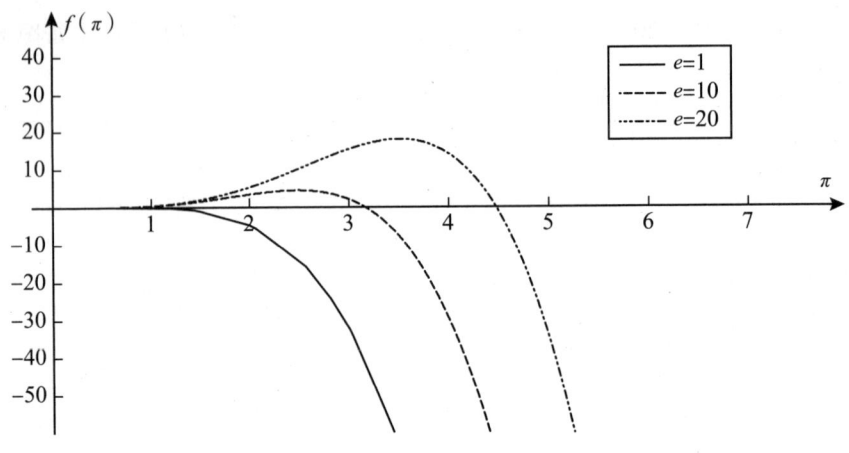

图 8-6 π 与 $f(\pi)$ 的关系

最优努力水平 $a^* = \dfrac{\pi^3}{b(\pi^2 + b\rho\sigma^2)}$，利用 Graph 软件绘制最优努力水平的变化曲线（如图 8-7 所示）。可以看出，最优努力水平 a 与 π 大致呈线性递增关系，而且 e 值越小，这种线性递增关系越明显。说明代理人的成本系数、风险规避度和方差越小，代理人越愿意提高努力水平，以获得更多的收益。

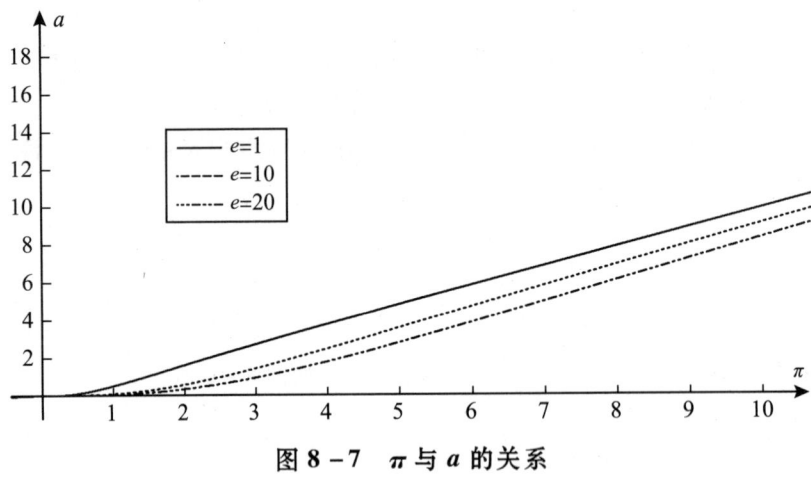

图 8-7 π 与 a 的关系

（四）结论与建议

1. 在信息不对称条件下，固定工资合同无法实现公共租赁住房管理社会福利最大化，只有给予代理人一定的收益分成，才能激发代理人的工作热情。具体分成比例的确定要综合考虑代理人的成本系数、风险规避度及产出的方差，最优分成比例与三者都呈负相关关系，但边际收益的确定相对容易，可参照货币补贴额度确定。

2. 当委托人与代理人签订协议之后，代理人会根据委托人提供的固定工资和可变收入系数的大小确定自身的最优努力水平。代理人最优努力水平与查出骗租户的边际收益大致呈线性递增关系，而且代理人的成本系数、风险规避度和方差越小，这种线性递增关系越明显。说明，如果公共租赁住房管理者监管工作难度非常大、成本非常高，则激励效果会大打折扣。政府部门应加强个人信用体系建设，构建涵盖房产、车辆、工商、银行、证券、税务等各个相关部门的统一信息共享平台，从而降低公共租赁住房管理者核实承租人信息的难度。

二、公共租赁住房骗租行为的审核问题及对策分析

骗租中的另一类信息不对称问题存在于公共租赁住房管理者与承租人之间。文献梳理发现，大部分学者将我国公共租赁住房骗租问题的根源归结为我国家庭或个人的资产、收入等信息的不透明，以及个人信用体系的不完善（樊广帅，2015；吴建强，2013；张琪，2015 等）。[1][2][3] 前面关于公共租赁住房骗租问题的影响因素分析也验证了承租人的信息难以核实是骗租问题产生的重要原因。现行状况下，公共租赁住房管理者很难核实申请人信息的真实性，或者说深入审核的成本很高。因此，实际操作中往往流于形式，或仅对容易获得的如车辆信息、房产信息等进行核实。由于承租人知道政府很难查出真实信息，即使查出信息不真，其违约的成本也很低，因此为获得保障性住房，就会不惜面临惩罚而选择少报、瞒报，甚至想方设法让单位或居委会等部门出具低收入证明。这一类信息不对称问题发生于契约签订之前的审核阶段，可以归类于逆向选择问题。

（一）逆向选择问题的解决途径

解决逆向选择问题的关键是找到一种说真话的机制。显示原理（revelation principle）指出，总是存在一种机制，能够让所有申请人说真话。解决逆向选择问题的方法包括声誉、政府与制度、信号发送与信息甄别等。声誉是指卖方通过

---

[1] 樊广帅：《公租房有序退出机制的问题与对策建议》，载于《经济研究导刊》，2015 年第 16 期，第 180～181 页。

[2] 吴建强：《住房双轨制下城市公租房退出机制研究》，载于《中国证券期货》，2013 年第 9 期，第 321 页。

[3] 张琪：《保障房的准入与退出制度研究：一个国际比较的视角》，载于《社会科学战线》，2015 年第 6 期，第 68～73 页。

长期提供高质量的产品树立可靠的形象，获得买方的认可，这种方法更适合于重复博弈的情形；政府与制度是指政府通过建立相应制度，采取强制性的措施阻止逆向选择行为的发生。但是，在个人信用体系不完备的前提下，无从考察申请者的声誉情况；在收入、资产信息难以核查的背景下，完善再严厉的制度也是徒然，因此，两种方式对于解决公共租赁住房的逆向选择问题是无效的。

诺贝尔经济学奖获得者迈克尔·斯宾塞（A. M. Spence）是信号理论的开创者，他在1973年发表的《劳动力市场中的信号问题》中首次提出了信号在市场中的作用。劳动力市场的逆向选择是指雇工知道自己的真实能力，但雇主不知道并且无法对此进行观测，以致无法准确地给不同能力的雇工定工资。斯宾塞（1973）认为解决这个问题的关键是找到一种信号，使得雇主可以通过这个信号分辨雇工的能力。他假定劳动者的劳动能力与其接受教育的水平有关，要达到同等教育水平，高能力劳动者较低能力劳动者付出的边际成本要低。由此，劳动力市场会出现这样的均衡，高能力的劳动者为了将自己与低能力劳动者区别开来，会选择接受更高水平的教育，而通过接受较高的教育水平，高能力劳动者就向雇主传递了关于自己是高能力劳动者的信号；雇主则根据不同教育水平中所包含的能力差异信息，对劳动者的能力做出判断，并做出自己的选择，这样，劳动力市场中关于劳动者能力的信息非对称状况就会得到改善。劳动力市场中的信息不对称问题与公共租赁住房中的信息不对称问题有相似之处，公共租赁住房管理者相当于雇主，不同收入的承租人相当于不同能力的雇工，管理者当前的问题是无法辨明承租人收入的真实水平。因此本书采用信号理论与方法研究骗租问题。

（二）信号传递模型的构建

1. 假设条件。

（1）参与主体：市场中存在一个公共租赁住房管理者（G）；两种类型的承租人，即收入超限者（IN_H）和符合条件者（IN_L）。由于持有低收入家庭证明的申请人的信息已经过民政部门严格审核，一般不存在骗租的可能性，因此这里的符合条件者并不包括这类群体。管理者的目标是确保公共租赁住房供给符合条件的中低收入家庭，识别收入超限者并将其驱逐出公共租赁住房。

（2）租金差异性与资源的稀缺性：公共租赁住房的租金比同等条件下的市场租金要低，获得公共租赁住房是有利可图的（假设公共租赁住房的月租金为 R_o，相同类型私人出租房的市场月租金为 R_m）。同时，收入超限者若占据公共租赁住房，会将符合条件的中收入者挤出公共租赁住房。

（3）信息不对称：收入超限者为获得租金差额会提供虚假信息，而管理者无法对承租人提供的收入信息进行有效的核查，或因成本过高放弃核查。

(4) 租住条件：假设租住公共租赁住房除了原有的资产、收入等条件规定之外，还要求承租人每月提供一定的社会服务时间（以小时为单位，用 t 表示）。此外，收入超限者与符合条件的中低收入者单位劳动时间（如每小时）的收入是不一样的，分别记为 a 和 b，显然 $a > b$。

2. 信号的选择。

斯宾塞（1973）认为，潜在的信号具有可观察、可转化的特征，这有助于雇主掌握信号发出者的真实状况。在信号传递模型设计中，信号的选择是关键点，也是难点。[①] 斯宾塞能够解决劳动力市场信息不对称问题的重要原因是找到了教育这个信号，并且作了教育成本与一个人的能力是负相关的合理假设。事实上，承租人向管理者提供收入、资产等证明资料，实际上就是一种信号发送，只是这种信号本身的真实性无法保证，从而缺乏有效性。在信号传递模型中，有效的信号必须满足以下条件：(1) 信号本身是真实的，其真实性是可以观测的；(2) 信号传递是有成本的；(3) 不同行为人传递信号的成本是不一样的。

本书提出以社会服务时间作为信号。社会服务是指承租人根据自身的职业、技能特点，向社会提供无偿或报酬很低的劳动，以此获得租住公共租赁住房的资格。社会服务的具体内容可以多样化，如参与志愿者服务，或者从事一些义工活动。一些学者可能会提出，很多高收入者乐意参与志愿或义工等活动，这个信号可能无法起到识别的作用，而且要求本来就困难的家庭提供免费劳动本身是不合理的。但本书认为，对于有骗租意图的申请人来说，主动参与无偿志愿服务的可能性比较低。由于提供社会服务是可以观测的，而且需要成本，同时对于不同收入者来说成本不同，因此，满足成为有效信号的三个条件。

3. 信息的反馈机制。

假设管理者要求承租人提供的社会服务的数量为每月 t^* 小时，则愿意提供 t^* 小时及以上社会服务的申请人能够获得公共租赁住房，租金为 R_o，不愿意提供社会服务的申请人则不符合申请条件，需要到私人部门以市场价格 R_m 获得住房（如图 8-8 所示）。

对于不同收入水平的申请人来说，每月参与社会服务 t^* 小时的成本（C）是不一样的（即信号传递成本不同），高收入者的信号传递成本 $C_H = at^*$，低收入者的信号传递成本为 $C_L = bt^*$。申请者的理性决策依据是：如果租金获利大于信号传递成本，即 $R_m - R_o > C$，则会接受社会服务要求；反之，则放弃申请。

[①] Micheal Spence. *Job Market Signaling*, The Quarterly Journal of Economics, Oxford University Press, 1973, Vol. 87, Iss. 3: pp. 355 – 374.

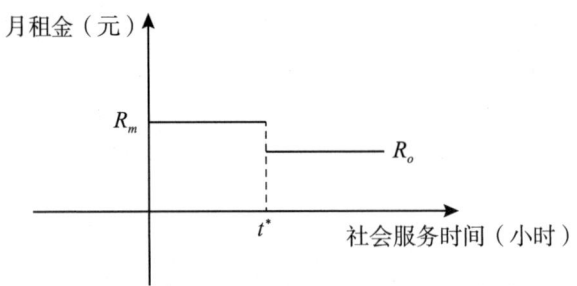

图 8-8 作为社会服务时间函数的给定租金

在斯宾塞的劳动力市场模型中,雇主最初设定的教育水平要求不一定是最优的,随着时间的推移,雇主会得到更多的信息,据此修正他对受教育水平和边际劳动生产力之间关系的主观估计,进而重新设定教育水平要求,这便是劳动力市场中的信息反馈机制。公共租赁住房管理者初次设定社会服务时间时,可以以公共租赁住房收入上限为依据。如果在设定的 t^* 小时社会服务条件下发现有收入超限者进入公共租赁住房(这里的发现并不是指通过刻意调查获得的信息,而是偶然收到群众举报或在现有审核程序和手段下发现的骗租行为),则进一步调高社会服务时间,进而改变了信号传递成本,一个新的循环开始(图8-9说明了信息的反馈过程)。

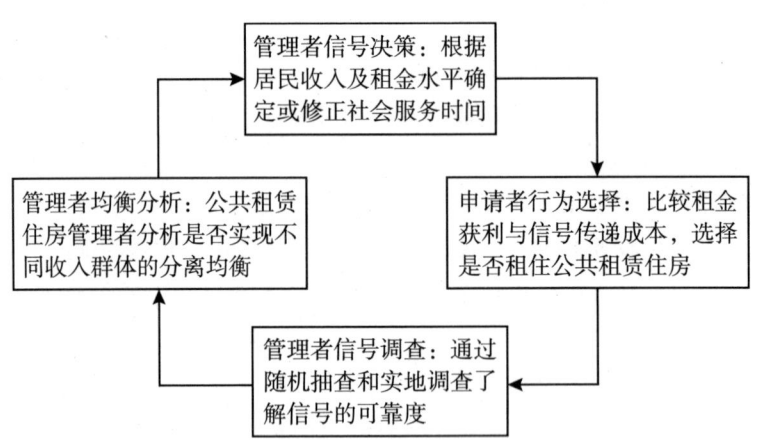

图 8-9 公共租赁住房市场中的信息反馈

(三) 信号发送均衡的分析

公共租赁住房租金与市场租金的差额记为 Ⅰ $= R_m - R_o$,收入超限者 t^* 小时的收入记为 Ⅱ $= C_H = at^*$,符合条件的中低收入者 t^* 小时的收入记为 Ⅲ $= C_L =$

bt^*。不同的社会服务时间要求会产生不同的均衡结果，分离均衡或混同均衡。

分离均衡（separating equilibrium）是指在均衡状态下，不同类型代理人所选择的可被观察到的指标的最优水平是不同的，因而委托人可以通过该指标来区分不同类型的代理人（陈钊，2005）。① 本模型中，委托人为管理者，代理人为公共租赁住房申请人，可以被观察到的指标是社会服务时间。如果Ⅱ＞Ⅰ，Ⅲ＜Ⅰ，则收入超限者会主动退出公共租赁住房，而符合条件的中低收入者会选择公共租赁住房。这样的一种均衡就是分离均衡，因为此时公共租赁住房管理者可以根据是否接受社会服务时间要求区分两类不同收入类型的申请人（如图 8－10 所示）。

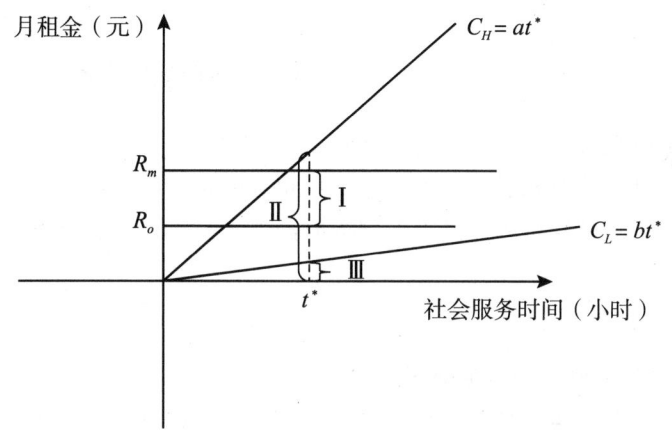

图 8－10　不同收入群体信号发送的分离均衡

混同均衡（pooling equilibrium）是指在均衡状态下，不同类型的代理人所选择的可被观察到的指标的最优水平是相同的，因而委托人不能通过该指标来区分不同类型的代理人（陈钊，2005）。② 在租赁市场中，混同均衡是指所有的承租人选择同一种类型的住房（公共租赁住房或私人住房）。如果Ⅱ＜Ⅰ，Ⅲ＜Ⅰ，则收入超限者和符合条件的中低收入者都会选择公共租赁住房。其中的原因是公共租赁住房租金与市场租金差距过大，或者该地区居民收入水平普遍较低，还有可能是所要求的社会服务时间过短。反之，如果Ⅱ＞Ⅰ，Ⅲ＞Ⅰ，则收入超限者和符合条件的中低收入者都会选择私人住房市场（如图 8－11 所示）。其中的原因是公共租赁住房租金与市场租金差距过小，或者该地区居民收入水平普遍较高，还有可能是所要求的社会服务时间过长，这样的一种均衡就是混同均衡，此

---

① 陈钊：《信息与激励经济学》，上海人民出版社 2005 年版，第 56 页。
② 陈钊：《信息与激励经济学》，上海人民出版社 2005 年版，第 61 页。

时管理者无法根据是否接受社会服务要求区分两类不同的申请人。

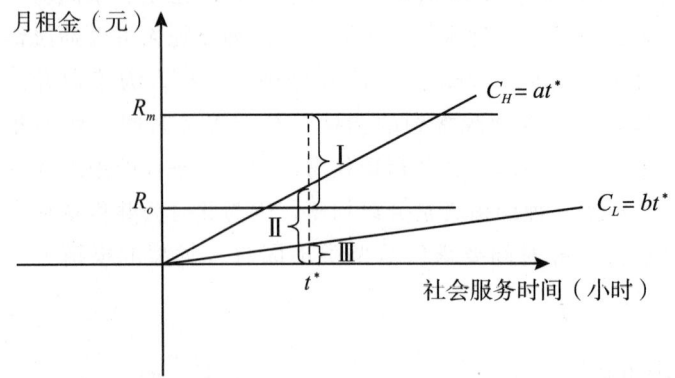

图 8-11　不同收入群体信号发送的混同均衡

通过以上分析可以发现，影响不同收入群体最终走向分离均衡还是混同均衡的因素主要包括：公共租赁住房租金与市场租金差距、居民收入分布及社会服务时间。通过合理设定租金差距和社会服务时间要求，可以达到分离均衡。

（四）算例分析

1. 杭州市公共租赁房租金确定方法。

以蓝桥景苑公共租赁住房小区为例。杭州市公共租赁房根据土地等级和个人收入水平的不同实行差别化租金策略。公共租赁住房租金的计算方式是：标准租金[①]×减免比例（如表 8-15 所示），减免只针对持有有效期内《杭州市城市低收入家庭认定证明（住房保障专用）》的家庭，其余符合公共租赁住房申请条件（2016 年的标准是申请家庭上年度人均可支配收入低于 48 316 元）但不持有低收入证明的家庭按标准租金征收房租。

表 8-15　杭州市区公共租赁住房租金标准参照　　　　单位：元/平方米·月

租金类别	土地等级	一级	二级	三级	四级	五级	六级	七级	八级
	标准租金	36	32	29	27	21	16	12	10.5
	减免租金	25.2	22.4	17.4	16.2	10.5	8	6	5.25
	减免比例	30%		40%		50%			

资料来源：杭州市住房保障与房地产管理局网站。

---

　　① 公共租赁住房租金标准是在综合考虑房屋建设、维修和管理成本的基础上，结合承租人承受能力，按低于同地段市场租金水平制定的。

2. 公共租赁住房租金 (R_o) 与匹配的市场租金 (R_m)。

蓝桥景苑项目位于杭州市江干区九堡镇八堡村，房源均为 50 平方米成套一居室户型，土地等级为六级，标准租金为 16 元/平方米·月。调查发现，蓝桥景苑周边类似档次出租房的市场租金为 27 元/平方米·月左右。因此，获得一套 50 平方米公共租赁住房，持低收入证明的家庭 (R_o) 每月的租金获益 $I_1 = (27 - 8) \times 50 = 950$（元），其余符合公共租赁住房申请条件家庭 ($R_o$) 的月租金获益 $I_2 = (27 - 16) \times 50 = 550$（元）。

3. 社会服务时间的确定与修正。

社会服务时间的初始值以公共租赁住房规定的收入上限为依据。在杭州，申请人上年度人均可支配收入低于 48 316 元即可申请公共租赁住房，将其折算为每小时收入为 24.11 元（折算方法：48 316 ÷ 12 = 4 026.33（元）为月收入，每月工作时间按 167 小时计，则每小时收入为 24.11 元）。因此，政府首次确定每月社会服务时间 $t_1^* = 550 \div 24.11 = 22.81$（小时）。即如果申请者希望获得公共租赁房资格，则至少每月需提供 22.81 小时的社会服务时间。

第一次确定的社会服务时间并不一定是最优的，社会服务时间最优的衡量标准是实现分离均衡。如果第一次确定的社会服务时间过低，则收入超限者和符合条件的中低收入者都会涌入公共租赁住房市场，是一种混同均衡结果；如果第一次确定的社会服务时间要求过高，则可能出现申请人数量急剧下降的情况，会导致部分符合条件的中低收入者也退出公共租赁住房市场，符合条件的中低收入者与收入超限者都退出公共租赁住房市场也是一种混同均衡结果。需要进一步调整社会服务时间，直至高收入群体与低收入群体实现完全分离，确定最优社会服务时间的重要工具是信息反馈机制。

4. 不同收入水平申请人的行为选择分析。

假设有 A、B、C 三个申请人，收入曲线如图 8-12 所示。

对于 A 来说，接受 t_1^* 小时（22.81 小时）的社会服务时间能够获得 550 元的租金差额收益，而按其收入水平，工作 t_1^* 小时的收入小于租金差额收益，因此，A 肯定会选择接受社会服务以获得公共租赁住房。对于 B 来说（在此假设他的收入恰好等于公共租赁住房的收入上限，因此 B 的收入曲线正好经过 I 与 t_1^* 这两条线的交点），接受 t_1^* 小时的社会服务时间所获得的租金差额收益与其工作 t_1^* 小时的收入相同，因此 B 是否接受社会服务以获得公共租赁住房的效果是相同的。对于 C 来说，接受 t_1^* 小时的社会服务时间所获得的租金差额收益小于其工作 t_1^* 小时的收入，因此 C 肯定不会选择租住公共租赁住房。因此，该社会服务时间 t_1^* 的设定实现了不同收入群体的分离均衡。

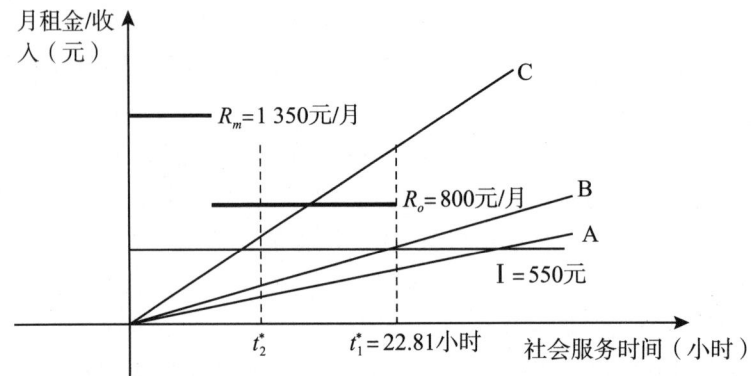

图 8-12 不同收入水平申请人的行为选择与收益分析

注：A、B、C 分别表示各自的收入曲线，R_m 表示同一区域的市场租金，R_o 表示公共租赁住房租金，I 表示租金差额收益，t_1^* 和 t_2^* 分别表示不同的社会服务时间要求。

但如果设定的社会服务时间 $t_2^* < 22.81$ 小时，则可以发现，A 与 B 接受 t_2^* 小时社会服务时间所获得的租金差额收益都大于工作 t_2^* 小时的工作收入，因此 A 与 B 都会选择接受社会服务以获得公共租赁住房。而 B 的收入实际上是超过公共租赁住房收入上限的，因此社会服务时间 t_2^* 并未有效区分收入超限者与符合条件的申请人，此时的均衡属于混同均衡状态。

通过以上分析可以发现，t^* 的大小对申请人行为选择影响很大，合理地确定 t^* 值，可以实现不同收入群体的分离均衡。但更合理的 t^* 值的确定不仅要考虑管理者所设定的收入限额，还应考虑不同申请人的职业技能，社会服务工作的具体内容等因素。

（五）结论与建议

本书的目的是希望找到一种切实可行、简单有效地解决骗租问题的方法。通过借鉴斯宾塞（1973）的研究成果，构建了公共租赁住房租赁市场的信号传递模型，选择社会服务作为信号，并通过模型分析证明了社会服务时间这一信号可以实现不同收入群体的分离均衡。

该机制的有效运行需要满足以下几个条件：一是确保申请人本人参与社会服务工作，并有专门的工作时间记录方式或者有其他可以证明的方法；二是公共租赁住房管理者要准备充足而有效的社会服务岗位，保证申请人能获得社会服务机会；三是当申请人大于可提供的公共租赁住房数量时，可以按愿意或者已经提供的社会服务时间长短进行排序，社会服务时间越长，可优先获得公共租赁住房；四是思想统一，需认同享受公共补贴的人应该为社会做些无偿的贡献。

三、公共租赁住房赖租行为的起诉问题及对策分析

本节运用演化博弈理论研究政府起诉赖租人的策略,包括什么条件下应该起诉赖租人,什么情况下不需要起诉赖租人。

(一)研究问题描述

1. 演化博弈的参与人。

两个参与群体分别是政府管理部门和公共租赁住房的承租人。政府部门的目标是尽可能地满足低收入群体的住房需求,改善低收入群体的居住条件;同时,及时发现收入、财产状况已经明显改善,不再符合继续租住公共租赁住房的承租人,令其腾退公共租赁住房。本章所指的公共租赁住房承租人是指已经不符合继续租住条件,应该腾退的承租人群体。承租人满足经济人假设,即策略选择遵循个人效用最大化原则。

2. 参与人策略空间。

赖租问题中,政府部门的策略空间 $S_1 = \{$起诉,不起诉$\}$,承租人的策略空间 $S_2 = \{$退出,不退$\}$。① 因此,双方博弈的结果有四种可能,分别是:(起诉,退出)、(起诉,不退)、(不起诉,退出)和(不起诉,不退)。

3. 参与人的支付情况。

首先作如下假设:(1)若政府部门提起诉讼,承租人选择退出,则诉讼费由承租人承担,但政府部门不对承租人进行惩罚;(2)若政府部门提起诉讼,承租人选择不退,承租人败诉,将被法院采取强制措施、负担诉讼费的同时,还将受到政府部门的惩罚;(3)政府管理部门提起诉讼,需要承担律师费以及由此增加的行政管理成本;(4)公共租赁住房的租金低于市场同类住房租金,承租人租住公共租赁住房可以获得租金差收益,退出公共租赁住房会产生搬家成本;(5)公共租赁住房供不应求,如果政府管理部门不起诉,承租人不退出,则政府部门需要筹集更多的公共租赁住房或发放更多的货币补贴;(6)根据《诉讼费用交纳办法》规定,以调解方式结案或者当事人申请撤诉的,减半交纳案件受理费,因此,当政府部门选择起诉,承租人选择退出时,诉讼费为 $C_p/2$。各种费用的符号及含义如表8-16所示。

---

① 在赖租影响因素分析中将承租人的选择分为三类,原因是不少承租人认为将视政府的惩罚措施而定。但在本章分析中,由于已经提出了具体的惩罚措施,因此不必考虑第三种选择。

表 8-16　　　　　　　　　各类费用的符号及含义

费用类别	符号	含 义
诉讼费	C_p	公共租赁住房管理部门对赖租者进行起诉而发生的费用，一般由败诉方承担
律师费	C_L	公共租赁住房管理部门聘请律师产生的代理费，一般由委托方承担
行政管理成本	C_m	公共租赁住房管理部门为处理起诉问题而增加的人力成本
公共租赁住房筹集费	C_c	赖租者占用公共租赁住房，使得公共租赁住房管理部门需要筹集更多的房源或发放更多的货币补贴而产生的支付
搬家成本	C_b	承租人腾退换房所发生的搬家相关费用，综合考虑误工费
罚金	R_1	承租人赖租期间的罚款，罚金为 2 倍标准租金
租金差收益	R_2	承租人赖租期间累计获得的租金差额收益

构建支付矩阵。演化博弈研究的是群体间的博弈，经典博弈研究的是个体间的博弈，虽然演化博弈支付矩阵与经典博弈形式相同，但内涵有所差异。演化博弈模型支付矩阵中的博弈主体，是假定从两个种群中随机抽取的两个个体，而不是两个种群。综合上述分析，可以得到如下支付矩阵（如表 8-17 所示）。

表 8-17　　　　　政府管理部门与承租人之间的博弈矩阵

参与人		承租人	
		退出	不退
政府管理部门	起诉	$C_c - C_L - C_m$, $-C_p/2 - R_2 - C_b$	$C_c + R_1 - C_L - C_m$, $-C_p - R_2 - C_b - R_1$
	不起诉	0, $-R_2 - C_b$	$-C_c$, R_2

（二）复制动态方程的构建

演化博弈理论的核心内容是演化稳定策略分析和动态调整过程分析，前者是博弈的结果，后者是博弈的过程。诸多学者对演化博弈的动态调整过程进行了研究，提出了不同的动态模型，其中，应用最多的是复制动态模型。泰勒和琼克（Taylor & Jonker, 1978）提出的复制动态模型假设某个群体中选择某一策略的比例变化率等于该策略的当前比例乘以该策略的相对收益（该策略的收益与群体平均收益的差），即 $\dot{S}_i = S_i[F(i/s) - F(S/S)]$，其中 S_i 表示群体中选择该策略的当前比例，$\dot{S}_i$ 表示选择该策略的比例变化率，$F(i/S)$ 表示选择该策略的收益，

$F(S/S)$ 表示群体的平均收益。[①]

本书采用复制动态模型研究政府部门与承租人的演化博弈动态调整过程。首先假设政府部门群体中,选择起诉的比例是 P_q,选择不起诉的比例是 P_b;承租人群体中,选择退出的比例是 q_t,选择不退的比例是 q_b。显然,P_q,P_b,q_t,$q_b \geq 0$,且 $P_q + P_b = 1$,$q_t + q_b = 1$。根据表 8-17 的支付矩阵可知,

政府管理部门选择起诉的期望收益:

$$U_{1q} = (C_C - C_L - C_m) \times q_t + (C_c + R_1 - C_L - C_m) \times q_b \quad (8-10)$$

政府管理部门选择不起诉的期望收益:

$$U_{1b} = -C_c \times q_b \quad (8-11)$$

由 (8-10) 式和 (8-11) 式可知,政府管理部门的平均收益:

$$\overline{U_1} = U_{1q} \times p_q + U_{1b} \times p_b \quad (8-12)$$

因此,政府管理部门的复制动态方程为:

$$\frac{d_{p_q}}{d_t} = p_q [U_{1q} - \overline{U_1}]$$

$$= p_q \times \begin{bmatrix} (C_C - C_L - C_m) \times q_t + (C_c + R_1 - C_L - C_m) \times q_b - \\ [(C_C - C_L - C_m) \times q_t + (C_c + R_1 - C_L - C_m) \times q_b] \times p_q - (-C_c \times q_b) \times p_b \end{bmatrix}$$

$$(8-13)$$

承租人选择退出的期望收益:

$$U_{2t} = (-C_p/2 - R_2 - C_b) \times p_q + (-R_2 - C_b) \times P_b \quad (8-14)$$

承租人选择不退出的期望收益:

$$U_{2b} = (-C_p - R_2 - C_b - R_1) \times p_q + R_2 \times P_b \quad (8-15)$$

由 (8-14) 式和 (8-15) 式可知,承租人的平均收益:

$$\overline{U_2} = U_{2t} \times q_t + U_{2b} \times q_b \quad (8-16)$$

因此,承租人群体的复制动态方程为:

$$\frac{d_{q_t}}{d_t} = q_t [U_{2t} - \overline{U_2}]$$

$$= q_t \times \begin{bmatrix} (-C_p/2 - R_2 - C_b) \times p_q + (-R_2 - C_B) \times P_b - \\ [(-C_p/2 - R_2 - C_b) \times p_q + (-R_2 - C_B) \times P_b] \times q_t \\ -[(-C_p - R_2 - C_b - R_1) \times p_q + R_2 \times P_b] \times q_b \end{bmatrix} \quad (8-17)$$

(三) 演化稳定策略的分析

演化稳定策略这一概念是由史密斯和普赖斯(Smith and Price,1973)首次

[①] Taylor P. D., Jonker L. B. Evolutionarily stable strategy and game dynamics, *Mathematical Biosciences*, 1978 (40): 145-156.

提出的，他们认为，满足以下两个条件之一的策略就是演化稳定策略：

$E_i(i) > E_i(j)$，或虽然 $E_i(i) = E_i(j)$，但 $E_j(i) > E_j(j)$。[1]

上述条件的含义是，演化稳定是指群体处于这样一种状态，没有某个个体愿意改变当前策略，因为他的当前策略收益大于改变策略后所获得的收益（$E_i(i) > E_i(j)$)，或者虽然改变策略后的收益等于当前收益（$E_i(i) = E_i(j)$），但如果对方也改变策略，他的当前策略收益还是大于改变策略后所获得的收益（$E_j(i) > E_j(j)$)。

直接用上述条件分析演化稳定策略比较复杂，实践中一般利用微分方程的"稳定性原理"解决演化博弈的演化稳定策略问题。令 $F(x) = \dfrac{dx}{dt}$，如果在点 x^* 是稳定的，则 $F(x^*) = 0$，且 $F(x)$ 在 x^* 点的导数 $F'(x^*) < 0$。

1. 政府管理部门演化稳定策略分析。

令 $\dfrac{d p_q}{d_t} = 0$，并将 $p_b = 1 - p_q$，$q_b = 1 - q_t$ 及（8-10）式、（8-11）式、（8-12）式代入（8-13）式，可得：

$$\dfrac{d p_q}{d_t} = p_q [U_{1q} - \overline{U}_1] = p_q \times (1 - p_q)[2C_c + R_1 - C_L - C_m - R_1 q_t - C_c q_t] = 0$$

(8-18)

解得，$p_q^1 = 0$、$p_q^2 = 1$ 或 $q_t = \dfrac{2C_c + R_1 - C_L - C_m}{R_1 + C_c}$，即政府管理部门有三个稳定状态，分别为 $P_q^1 = 0$，表示对所有不退出的承租人不起诉；$P_q^2 = 1$，表示对所有不退出的承租人起诉；此外当承租人群体退出的比例为 $q_t = \dfrac{2C_c + R_1 - C_L - C_m}{R_1 + C_c}$ 时，表示政府部门选择起诉与不起诉的期望收益相同，可以随意选择起诉比例。

下面进一步分析这三个稳定状态是否是演化稳定策略：

令　　$F(p_q) = \dfrac{d p_q}{d_t} = p_q \times (1 - P_q)[2C_c + R_1 - C_L - C_m - R_1 q_t - C_c q_t]$　　(8-19)

则　　　$F'(p_q) = (1 - 2P_q)[2C_c + R_1 - C_L - C_m - R_1 q_t - C_c q_t]$　　(8-20)

当 $p_q^1 = 0$ 时，　$F'(p_q) = 2C_c + R_1 - C_L - C_m - R_1 q_t - C_c q_t$　　(8-21)

如果 $q_t > \dfrac{2C_c + R_1 - C_L - C_m}{R_1 + C_c}$，则 $2C_c + R_1 - C_L - C_m - R_1 q_t - C_c q_t < 0$，因此，$F'(p_q) < 0$，$p_q^1 = 0$ 为演化稳定策略；

---

[1] Smith, J. M. & Price, G. R. The logic of animal conflict, *Nature*, 1973, 246: 15–18.

如果 $q_t < \dfrac{2C_c + R_1 - C_L - C_m}{R_1 + C_c}$，则 $2C_c + R_1 - C_L - C_m - R_1 q_t - C_c q_t > 0$，因此，$F'(p_q) < 0$，$p_q^1 = 0$ 不是演化稳定策略；

当 $p_q^2 = 1$ 时，$F'(p_q) = -(2C_c + R_1 - C_L - C_m - R_1 q_t - C_c q_t)$ (8-22)

如果 $q_t > \dfrac{C_c + R_1 - C_L - C_m + C_c}{R_1 + C_c}$，则 $-(2C_c + R_1 - C_L - C_m - R_1 q_t - C_c q_t) > 0$，因此，$F'(p_q) > 0$，$p_q^2 = 1$ 不是演化稳定策略；

如果 $q_t < \dfrac{2C_c + R_1 - C_L - C_m}{R_1 + C_c}$，则 $-(2C_c + R_1 - C_L - C_m - R_1 q_t - C_c q_t) < 0$，因此，$F'(p_q) < 0$，$p_q^2 = 1$ 是演化稳定策略；

当 $q_t = \dfrac{2C_c + R_1 - C_L - C_m}{R_1 + C_c}$ 时，$F'(p_q) = 0$，显然不是演化稳定策略。

上述分析表明，如果承租人群体退出的比例大于 $\dfrac{2C_c + R_1 - C_L - C_m}{R_1 + C_c}$，则政府管理部门起诉的比例会越来越小，直至达到不起诉的演化稳定状态；如果承租人群体退出的比例小于 $\dfrac{2C_c + R_1 - C_L - C_m}{R_1 + C_c}$，则政府管理部门起诉的比例会越来越大，直至达到全部起诉的演化稳定策略。而当退出的比例等于 $\dfrac{2C_c + R_1 - C_L - C_m}{R_1 + C_c}$ 时，政府管理部门起诉与否的效果相同。以上分析结论可以通过相图更直观的表达（如图 8-13 所示）。

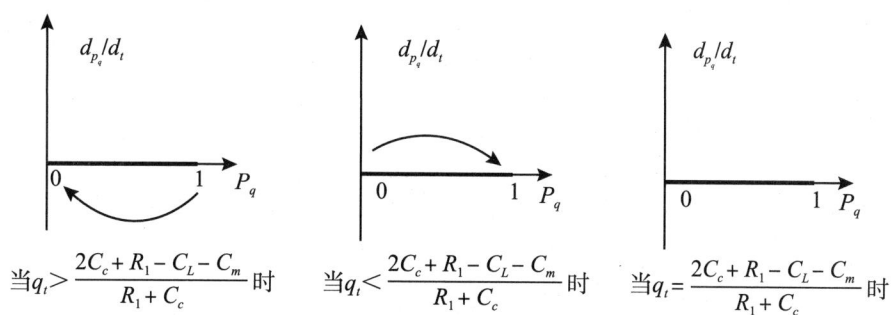

图 8-13 政府管理部门的复制动态相位

2. 承租人群体演化稳定策略分析。

令 $\dfrac{d_{q_t}}{d_t} = 0$，并将 $P_b = 1 - P_q$，$q_b = 1 - q_t$ 及（8-14）式、（8-15）式、（8-16）式代入（8-17）式，可得：

$$\frac{d_{qt}}{d_t} = q_t[U_{2t} - \overline{U_2}] = q_t(1-q_t)\left[\frac{C_p p_q}{2} + 2R_2 p_q + C_b p_q + R_1 p_q - 2R_1 - C_b\right] = 0$$

$$(8-23)$$

解得，$q_t^1 = 0$，$q_t^2 = 1$ 或 $p_q = \dfrac{2R_2 + C_b}{\dfrac{1}{2}C_p + 2R_2 + C_b + R_1}$，即承租人群体也有三个稳定状态，分别为 $q_t^1 = 0$，表示所有承租人选择不退出；$q_t^2 = 1$，表示所有承租人选择退出；当政府管理部门起诉的比例 $p_q = \dfrac{2R_2 + C_b}{\dfrac{1}{2}C_p + 2R_2 + C_b + R_1}$ 时，承租人群体选择退出与不退出的期望收益都是相同的，可以随意选择何种策略。

令 $F(q_t) = \dfrac{d_{p_q}}{d_t} = q_t(1-q_t)\left[\dfrac{C_p p_q}{2} + 2R_2 p_q + C_b p_q + R_1 p_q - 2R_1 - C_b\right]$ (8-24)

则 $F'(p_q) = (1-2q_t)\left[\dfrac{C_p p_q}{2} + 2R_2 p_q + C_b p_q + R_1 p_q - 2R_1 - C_b\right]$ (8-25)

当 $q_t^1 = 0$ 时，$F'(p_q) = \left[\dfrac{C_p p_q}{2} + 2R_2 p_q + C_b p_q + R_1 p_q - 2R_1 - C_b\right]$ (8-26)

如果 $p_q > \dfrac{2R_2 + C_b}{\dfrac{1}{2}C_p + 2R_2 + C_b + R_1}$，则 $\dfrac{C_p p_q}{2} + 2R_2 p_q + C_b p_q + R_1 p_q - 2R_1 - C_b > 0$，

因此，$F'(q_t) > 0$，$q_t^1 = 0$ 不是演化稳定策略；

如果 $p_q < \dfrac{2R_2 + C_b}{\dfrac{1}{2}C_p + 2R_2 + C_b + R_1}$，则 $\dfrac{C_p p_q}{2} + 2R_2 p_q + C_b p_q + R_1 p_q - 2R_1 - C_b < 0$，

因此，$F'(p_q) < 0$，$q_t^1 = 0$ 是演化稳定策略；

当 $q_t^1 = 1$ 时，$F'(p_q) = -\left(\dfrac{C_p p_q}{2} + 2R_2 p_q + C_b p_q + R_1 p_q - 2R_1 - C_b\right)$ (8-27)

如果 $p_q > \dfrac{2R_2 + C_b}{\dfrac{1}{2}C_p + 2R_2 + C_b + R_1}$，则 $-\left(\dfrac{C_p p_q}{2} + 2R_2 p_q + C_b p_q + R_1 p_q - 2R_1 - C_b\right) < 0$，因此，$F'(q_t) < 0$，$q_t^1 = 1$ 是演化稳定策略；

如果 $p_q < \dfrac{2R_2 + C_b}{\dfrac{1}{2}C_p + 2R_2 + C_b + R_1}$，则 $-\left(\dfrac{C_p p_q}{2} + 2R_2 p_q + C_b p_q + R_1 p_q - 2R_1 - C_b\right) > 0$，因此，$F'(p_q) > 0$，$q_t^1 = 1$ 不是演化稳定策略；

当 $p_q = \dfrac{2R_2 + C_b}{\dfrac{1}{2}C_p + 2R_2 + C_b + R_1}$ 时，$F'(q_t) = 0$，显然不是演化稳定策略。

上述分析表明，如果政府起诉的比例大于 $\dfrac{2R_2+C_b}{\dfrac{1}{2}C_p+2R_2+C_b+R_1}$，则承租人退出的比例会越来越大，直至达到全部退出的演化稳定状态；如果政府起诉比例小于 $\dfrac{2R_2+C_b}{\dfrac{1}{2}C_p+2R_2+C_b+R_1}$，则承租人退出的比例会越来越小，直至达到全部不退出的稳定状态；如果政府起诉的比例等于 $\dfrac{2R_2+C_b}{\dfrac{1}{2}C_p+2R_2+C_b+R_1}$，则承租人选择任一策略的效果相同。以上分析结论可以通过相位图更直观的表达（如图 8-14 所示）。

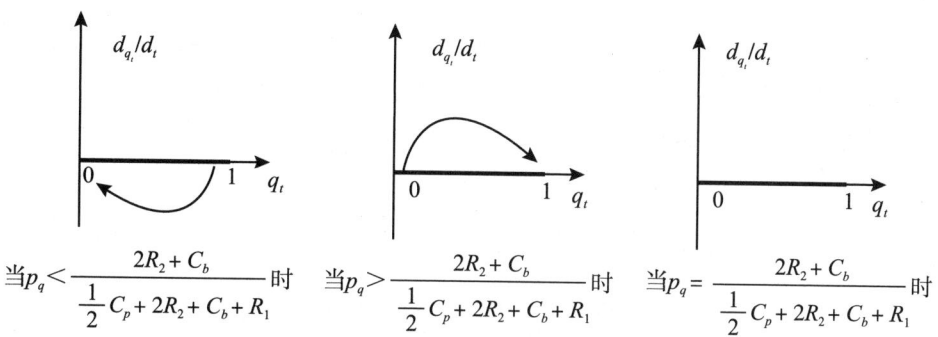

图 8-14 承租人群体的复制动态相位

（四）算例分析

1. 算例分析对象。

同样选择杭州市蓝桥景苑公共租赁住房项目为对象进行算例分析。

2. 演化博弈相关参数值的确定。

（1）租金差收益（R_2）：获得一套 50 平方米公共租赁住房，承租人月租金获益为：$(27-16)\times 50 = 550$（元）。假设从开始起诉到法院强制执行，需要一年的时间，则承租人租金差收益 $R_2 = 550\times 12 = 6600$（元）。

（2）罚金（R_1）：根据《杭州市公共租赁住房建设与管理暂行办法》的规定，对于赖租行为自取消其公共租赁住房租赁资格之日起至实际退房之日，按标准租金的 3 倍收取租金，故罚金为 2 倍的标准租金，即 $R_1 = 50\times 16\times 2\times 12 = 19\,200$（元）。

（3）诉讼费（C_p）：根据《浙江省人民法院诉讼费用标准》，涉及诉讼标的金额超过1万~10万元的，诉讼费计算公式是诉讼标的金额×0.025-200，因此本案诉讼费 C_p = 19 200×0.025-200 = 280（元）。

（4）律师费（C_L）：根据杭州市民事诉讼律师费标准，诉讼标的在10万元以下（含10万元）的，按6%~8%收取，收费不足2 500元的，可按2 500元收取。因此，本例的律师费 C_L 为2 500（元）。

（5）公共租赁住房筹集费（C_c）：杭州于2016年6月起全面实施公共租赁住房货币化补贴，补贴标准为6元/平方米·月。公共租赁住房筹集费可以通过货币补贴额来衡量，因此本例中公共租赁住房筹集费 C_c = 50×6×12 = 3 600（元）。

（6）搬家成本（C_b）：由于杭州市公共租赁住房大多为精装修住房，厨卫、空调、热水器等都已安装完毕，承租人只需购置少量大件物品，如床、衣柜、餐桌椅等，搬家费用不高。根据杭州"大众搬家"公司的估价，费用在500元左右。

（7）行政管理成本 C_m：行政管理成本是指管理部门为安排特定人员负责起诉工作而增加的支出。假设完成一项起诉任务前后累计共需投入8个工作日，按日工资标准200元计算，行政管理成 C_m 为1 600元。

3. 政府部门与承租人的策略选择分析。

将上述参数值代入公式 $q_t = \dfrac{2C_c + R_1 - C_L - C_m}{R_1 + C_c}$ 可得：

$$q_t = \frac{2 \times 3\ 600 + 19\ 200 - 2\ 500 - 1\ 600}{19\ 200 + 3\ 600} = 0.9781 \qquad (8-28)$$

由此可知，从政府部门期望收益角度看，如果承租人群体退出的比例大于97.81%，政府部门起诉的期望收益是负的，因此政府部门不必起诉；如果退出的比例小于97.81%，政府部门起诉的期望收益是正的，因此应该提起诉讼。而当承租人群体退出的比例等于97.81%时，政府选择任一策略的期望收益相同。

同理，将上述参数值代入公式 $p_q = \dfrac{2R_2 + C_b}{\dfrac{1}{2}C_p + 2R_2 + C_b + R_1}$ 可得：

$$p_q = \frac{2 \times 6\ 600 + 500}{\dfrac{1}{2} \times 280 + 2 \times 6\ 600 + 500 + 19\ 200} = 0.4146 \qquad (8-29)$$

可知，从承租人期望收益角度看，如果政府部门起诉比例大于41.46%，承租人赖租的期望收益是负的，则承租人退出是最优的选择；如果政府部门起诉比例小于41.46%，赖租的期望收益是正的，则赖租是最优选择。如果政府部门起诉比例等于41.46%，则承租人选择任一策略的期望收益都相同。

第五节　完善我国公共租赁住房动态与退出管理体系的建议

一、动态与退出管理的主要模式

（一）刚性退出

刚性退出模式，即只要资产、收入等超过规定要求必须予以腾退。目前国内相关规章大多要求刚性退出，且已有研究从提高公平与效率的角度出发，也多主张刚性退出机制（常志朋等，2014）[1]。刚性退出有许多优点，如操作便利，只要不符合规定标准，不管承租人是否能够承受市场租金或房价，必须予以腾退，人为影响因素较少；还能够最大限度地保障低收入或贫困家庭的房源供给，刚性退出能及时清退收入相对较高的租户，提高了公共租赁住房的社会福利效应。但从西方国家的实践看，刚性退出也容易产生严重的负面影响，如贫困人口过于集中带来的贫民窟问题；中高收入群体退出产生的租金收入减少和社区消费减少的问题；加剧部分处于保障条件边缘又无力消费商品住房的家庭的住房困难；以及随着房屋的老化，出现出租越来越困难等问题。虽然总体上看我国公共租赁住房仍供不应求，但部分城市，如重庆、武汉、郑州、南京等地都先后出现过公共租赁住房"遇冷"现象，部分项目空置率甚至高达七成（陈杰，2012）。[2] 如果都按制度严格执行，可能也会造成一段时间里大量的房屋空置。因此，在完善刚性退出模式的基础上，构建柔性退出模式是完善我国公共租赁住房管理的重要选择。

（二）柔性退出

柔性退出模式，即虽然资产或收入超过规定标准，但可以通过提高租金等方

---

[1] 常志朋、王先柱：《廉租房柔性退出机制研究》，载于《华南理工大学学报》（社会科学版），2014年第2期，第42~47页。

[2] 陈杰：《公租房"遇冷"的原因探究及解决思路》，载于《中国市场》，2012年第33期，第90~95页。

式保留继续租住资格。柔性退出机制从形式上看承租人并未退出，但由于已经减少甚至取消政府补助，因此从本质上来讲已经实现退出。柔性退出的模式大致可以分为三大类，即混合居住模式、私有化模式和诱导型退出模式。混合居住模式是指允许甚至鼓励不同收入群体共同居住在公共住房社区中，但根据收入水平的不同收取不同的租金。美国、英国以及其他西方发达国家都曾作过这方面的努力，以保证居住在公共住房中的家庭收入呈现多样化特征，避免低收入家庭的过度集中，促进社会的收入融合（Kleit R G. & Manzo，2006）。① 私有化模式是一种比较彻底地退出模式，指的是将公共住房直接出售给承租人，实现人与房的共同退出。出售公共住房不仅可以收回投资，还能减少今后的房屋运营维护成本，减轻了政府的财政负担。同时让更多的居民拥有产权，能加强居民的国家主人翁地位，有利于社会的稳定，英国、新加坡等国的公房出售都取得了良好的效果。诱导型退出模式是指政府通过提供利息补贴、税收减免等措施激励承租人租赁私人住房或购买商品房。如中国香港政府为鼓励富户退出公屋，对没有私有房产但缴付双倍或市场租金的住户，给予优先购买所住公屋的权利。另外，英美等国公房以较大的折扣出售给承租人本质上也是一种诱导型退出模式。我国目前的政策法规强调惩罚，并未考虑激励因素。

二、各类退出模式的选择机制

（一）模式选择的基本原则

1. 与商品房市场相协调原则。

与商品房市场相协调原则是指退出模式的选择应考虑商品房市场的供需情况。如果商品房市场处于供大于求的阶段，出售公共租赁住房会对商品房市场产生冲击，影响市场的有效运转，这时应该停止或减少销售型保障房供给。如果商品房市场处于供不应求阶段，适当地加大公共租赁住房供给、增加"租转售"数量有利于稳定市场预期，而且公共租赁住房的出售难度也相对较小。但出售公共租赁住房的前提是公共租赁住房本身的供需基本平衡或者供大于求。

2. 与承租人收入相匹配原则。

与承租人收入相匹配原则是指如果允许收入超标的承租人继续租住，租金定价应基于承租人的收入情况实行差异化定价模式，即高收入者收取高租金而低收

---

① Kleit, R. G. & Manzo, L. C.. To move or not to move: relationships to place and relocation choices in HOPE VI, *Housing Policy Debate*, 2006, 17（2）: 271–308.

入者收取低租金。这一方面可以增加政府收入；另一方面使得一些收入超标的家庭选择主动退出公共住房，更重要的是维护制度的公平。

3. 关注承租人可持续发展原则。

关注承租人可持续发展原则是指在决定清退不符合条件的承租人之前，应充分考虑承租人收入增加的可持续性，防止因退而返贫现象的发生。对于公共租赁住房中的某些承租人，如原本失业刚刚找到工作稳定下来，或者自主创业刚有起色，收入可能略微超过公共租赁住房标准，但如果立即取消租住资格可能会影响他们的进一步发展，甚至陷入所谓的住房保障福利陷阱。[①]

（二）不同模式的适用条件及操作方法

我国住房市场区域发展不平衡，公共租赁住房投资建设量与需求量的差异也很显著，因此不同的背景条件可以考虑选择不同的退出模式。

当公共租赁住房建设量较少，处于供不应求阶段时，公共租赁住房的供给要优先保证住房最困难、收入最低的家庭，因此对于已经不符合申请条件的居民，应严格执行刚性退出机制。

当公共租赁住房供需基本平衡甚至供大于求时，可优先考虑选择柔性退出机制。柔性退出机制的内容主要包括柔性退出模式、各类模式的适用条件及具体操作方法。柔性退出模式可借鉴国际经验，分别考虑采用混合居住、私有化或诱导型退出模式（如图8-15所示）。

1. 混合居住模式。

主要适用于公共租赁住房供需基本平衡的地区，允许中高收入群体以市场价格或略低于市场的价格租住公共租赁住房，这不仅可以增加小区租金收入，还可以改善社区环境，促进社会融合。此外，应尽可能地保留老年群体的租住资格，对于收入超出不多的老年群体，尤其是以退休金为全部收入的退休人群，可以通过适当提高租金的方式允许其继续租住。混合居住模式的核心问题是租金的定价，应该以不高于市场租金为原则，对不同收入的群体收取不同的租金。可以考虑采用等比例定价法，即承租人所支付的租金占收入的比例保持不变。2016年杭州市公共租赁住房的收入上限是48 316元，即4 026元/月。假设承租人原来的公共租赁住房租金是800元/月，收入是4 000元/月（符合租住条件），则租金支付比例为20%，如果现在收入增加到5 000元/月（不符合租住条件），则当

---

① 住房保障的福利陷阱可理解为本来可以通过自身努力提高收入，以市场方式解决住房问题的家庭 "挤入" 或 "滞留" 在住房保障政策中（崔光灿、汤海燕、黄静：《中国廉租住房退出中的问题及完善途径》，载于《城市问题》，2015年第8期，第74~81页）。

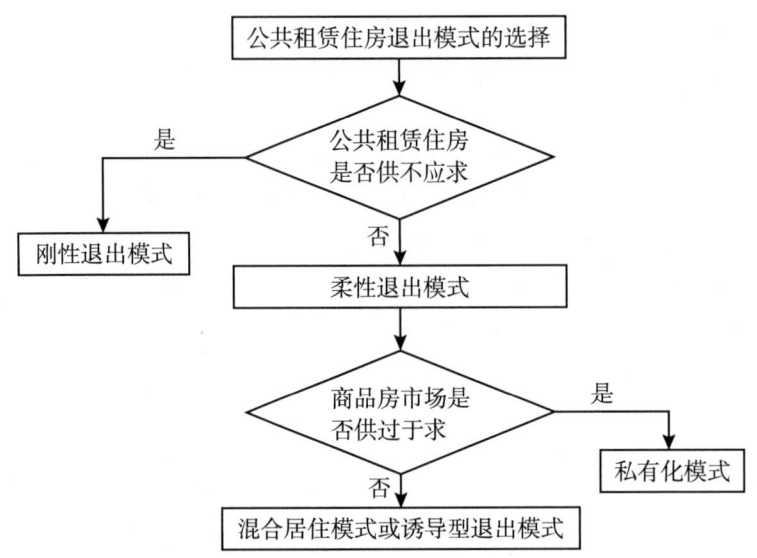

图 8-15 公共租赁住房退出模式的选择路径

前的租金应为 5 000 × 20% = 1 000（元）。

2. 私有化模式。

主要适用于公共租赁住房供大于求的地区。英国出售社会住房取得了较好的效果，但韩美等国的尝试却遭到失败，原因一方面在于韩美等国的折扣力度较小；另一方面在于承租人的支付能力较弱。私有化模式的核心问题是出售的方式与房屋定价，可以考虑共有产权模式或一次性出售模式。共有产权的基本思路是政府支持中低收入群体逐步拥有产权（虞晓芬等，2015），[①] 但具体的操作方式多种多样，比较典型的有上海模式、江苏淮安模式、湖北黄石模式等。

无论是共有产权模式或是一次性出售模式，合理的定价都是成功出售的关键。公共租赁住房出售定价应综合考虑以下几个方面的因素：一是政府的投资成本；二是承租人的经济能力；三是避免投机获利行为。因此，公共租赁住房的售价可以按成本 + 利息方式确定，并限定一定期限内（如 5 年内）不得出售，期满之后出售应与政府部门分享增值收益，且每个家庭一生只能享受一次购买的权利。为尽量避免高收入者骗购行为的发生，可同时规定如果该承租人准备购买商品房，必须先出售已购共有产权住房。

3. 诱导退出模式。

主要适用于公共租赁住房供不应求阶段，可以与刚性退出相结合，一方面要

---

① 张娟锋、虞晓芬：《以共有产权住房推动我国住房保障体系的发展》，载于《中国房地产》，2015年第 4 期，第 63~65 页。

求承租人必须腾退；另一方面给予腾退的承租人一定的激励。诱导退出模式具有双层目的，一是激励承租人退出公共租赁住房，二是将承租人引导到商品房市场，有利于增加商品房市场的有效需求，尤其适用于商品房供过于求的地区。具体的激励措施可以参照中国香港的做法，如向购买商品房的承租人提供一定额度的免息贷款或按揭还贷补助金，以及购房税费减免和房贷利息抵扣个税等优惠。

三、动态与退出管理的配套措施

（一）技术措施

1. 建立统一的"居民经济状况核对中心"。要充分利用大数据技术，整合金融、工商、车管、公积金、房产等部门的信息，加快建立住房保障对象统一数据库和收入资产信息审核平台。同时，加快推进城市间个人住房信息和信用信息的联网，将地区性、以部门为主的居民经济状况调查与全国性的个人征信管理进行整合，建立全国联网的包括个人信用档案、个人信用评估等内容在内的个人征信管理体系。另外，要学习上海的做法，建立"居民经济状况核对中心"专门机构，专职对申请政府保障的家庭经济状况进行核对，为政府相关部门提供客观依据。

2. 小区管理智能化。对于赖租行为的治理问题，采取人工催缴、贴告示、电话催缴等传统办法效果不理想。个别地方曾将"老赖"住户诉讼至法院，但时间长、成本高。除了采用法律手段外，也可利用一些智能化技术辅助解决。如杭州在全国率先采用高科技的智能化管理体系，通过三级门禁（单元门、电梯、入户门）系统实现了小区服务、提示缴纳租金、到期退出等管理功能。若承租人不符合继续租住条件，则门禁系统自动失效，承租人无法正常出入公共租赁住房，提高了租金收缴率和管理的效率，目前租金收缴率保持在97%以上。

3. 房型设计保基本。保障性住房设计上一定要体现保基本居住需求的思想，"面积不大、功能全"，坚持实用、经济的设计原则，也是通过保基本，使部分经济条件改善后的居民产生搬迁至条件更好住房的动力。

（二）经济措施

目前，我国各地在退出管理方面主要采用惩罚的手段加以威慑，但由于惩罚力与执行力不足，使得实际效果并不显著。而其他国家或地区往往很注重应用经济驱动促使保障对象主动退出，实现了公共租赁住房的有序退出。运用经济激励，一方面减少了承租人退出的机会成本，可以提高承租人腾退的积极性；另一方面在一定程度上也可对这些刚退出的家庭提供过渡性保护，避免因将其推向私人住房市场而导致家庭经济条件的再度恶化。具体措施有：

1. 购房补贴。对入住公共租赁住房的对象实施购房税费减免、购房贷款利息补贴或者购房首付资助等方式，引导他们在商品住房市场购房，实现"人"与"房"的彻底退出。

2. 租转售。以共有产权模式或一定的价格优惠向入住公共租赁住房一定年限、有一定购买力的中低收入家庭出售公共租赁住房，鼓励他们分步购买产权。

3. 租房货币化补贴。发放租房货币补贴，鼓励承租人转租私人出租房。

4. 租金梯度调整。根据居民收入变动，建立租金动态调整体系，"提租不退房"，以避免造成刚性断裂和"悬崖效应"。

（三）管理措施

通过公共租赁住房退出管理的机构与职责的分析可以发现，我国各地尚未建立专门负责退出管理的部门。随着公共租赁住房全面投入使用，退出管理的任务日益加重，应尽快建立专门的退出管理机构与专职的人才队伍。

在管理机制方面，一是实施租补分离机制，所有的公共租赁住房按接近于市场价格定价，对符合条件的保障对象给予租金补贴，变暗补为明补，有利于市场化管理。二是应配备专职队伍，建立市、区、街道、社区等多级监督管理体系，建立日常随机抽查、上门核查制度，及时掌握租户的家庭住房、经济状况、人员结构等基本情况。三是将骗租或赖租行为纳入个人征信体系，加大惩处力度，增加骗租或赖租的成本，强化承租人的守信、守约意识。四是加强社会舆论引导，媒体要敢于对骗租或赖租现象进行批评报道，营造合理使用保障房资源的氛围。五是通过电话、网络等建立全方位的举报投诉平台，健全社会监督机制。六是制定相应的激励措施，提高管理者和社会监督者的积极性。

（四）法律措施

目前我国涉及公共租赁住房退出问题的全国性法规只有住建部颁布的两部规章，法律效力层次较低，影响力小，实施效果并不理想。一是要加快出台《住房保障法》或《住房保障条例》，提高法规效力层级。二是提高惩罚力度，主要包括三个方面：第一，明确骗租、赖租等行为的性质。我国《刑法》第二百六十六条规定：以非法占有为目的，用虚构事实或者隐瞒真相的方法，骗取数额较大的公私财务的行为，按诈骗罪论处。我国香港特区对骗租者法院可以提起刑事诉讼，并可判罚 6 个月的监禁。因此，可考虑将骗租行为纳入刑事责任范畴，按诈骗罪处理。第二，加大罚款额度。目前的罚款力度较轻，骗租或赖租的成本过低，我国香港特区对骗租的罚款额度是2万港元，可以作为重要参考。第三，单位或他人帮助承租人伪造证明材料，骗取保障资格的，要从严追究责任。三是简化法律程序。对于赖租、骗租行为，目前已有相关的起诉并强制执行的法律依据，但程序繁杂，且各部门相互推诿，执行难度大。应进一步简化诉讼程序，提高办案效率。

本章小结

一、主要结论

（一）关于赖租及骗租影响因素分析结论

1. 承租人之间存在明显的学习与模仿效应。在骗租与赖租的影响因素分析中，承租人关于现状的认知对是否骗租与赖租都显示了较高的显著性水平，说明其他承租人的行为对承租人会产生明显的影响。学习与模仿效应的存在，会使骗租与赖租行为在没有得到有效制止的前提下迅速扩散。特别是，调查发现大约有30%的承租人正处于观望状态，如果政府管理部门惩罚不够严厉，这一群体将很有可能演变成新的赖租或骗租人。

2. 解决赖租问题的核心是增强法律法规的威慑力和执行力。研究发现，认为惩罚力度越大的承租人越可能按时退出。此外，在加大惩罚的同时，还应特别关注法律的执行力。例如大多数被调查者认为向法院起诉并强制执行的威慑力较强，但由于政府的执行力较差，这一惩罚措施的效果并不显著。实际情况也是如此，一些赖租户长期占用公共租赁住房，却没有受到政府管理部门的起诉，主要原因是在我国向法院起诉过于耗时耗力。

3. 解决骗租问题的核心是提高资产、收入等信息的甄别能力。调查发现，大多数承租人认为目前要核实真实收入很难甚至不可能。如果承租人资产、收入等信息的核实很困难，即使再严厉的惩罚也无济于事，因为被发现并被惩罚的概率很小。从期望收益上讲，如果承租人骗租的期望收入大于按时退出的期望收益，他们必然会选择骗租。但是每年审计署审计后都能发现大量的骗租现象，说明真要核实并非完全不可能，关键是一些管理部门缺乏人力、物力的投入以及在一些部门之间尚存在信息共享的障碍问题，特别是银行、证券等保密性较强的部门。

4. 应慎重对待老年群体的退出问题。在公共租赁住房承租人群体中，有一些即将退休或已退休的老年人，他们的退休金水平可能已经略微超过公共租赁住房收入上限规定，按规定他们应该在合同到期后按时腾退公共租赁住房，但实际上他们的收入并不足以在市场上获得适当的住房。而且，他们渴望拥有一个安定的老年生活，不情愿频繁搬家带来的生活不安全感。调查也显示，这一群体比较容易采取极端方式对抗退出要求。因此，应进一步完善现有的退出机制，避免"一刀切"退出模式带来的不稳定因素。

（二）关于赖租行为的演化博弈分析结论

1. 政府部门在决定是否起诉时，应考虑承租人群体赖租的比例。如果承租人群体赖租的比例很小，则起诉成本过高而收益很小，得不偿失。如果承租人群体赖租的比例较高，从期望收益角度看应该提起诉讼。通过演化博弈分析发现，如果承租人群体退出（不赖租）的比例大于 $\dfrac{2C_c + R_1 - C_L - C_m}{R_1 + C_c}$，政府管理部门不起诉是最优的选择，反之则政府管理部门应该提起诉讼。

2. 承租人在决定是否赖租时，也会考虑政府起诉的比例。如果政府部门起诉的比例很小，则承租人赖租的风险收益较高，会选择赖租。如果政府部门起诉的比例较高，则承租人赖租的风险成本很大，会选择按时腾退。如果政府管理部门起诉比例大于 $\dfrac{2R_2 + C_b}{\frac{1}{2}C_p + 2R_2 + C_b + R_1}$，承租人群体退出是最优的选择，反之则承租人群体会选择不退出。

3. 案例分析结论。杭州市蓝桥景苑公共租赁住房项目的案例分析表明，如果承租人群体退出的比例大于 97.81%，政府管理部门不必起诉；如果退出的比例小于 97.81%，则政府管理部门应该提起诉讼。而当承租人群体退出的比例等于 97.81% 时，政府管理部门选择任一策略的效果都相同。如果政府管理部门起诉比例大于 41.46%，承租人退出是最优的选择；如果政府管理部门起诉比例小于 41.46%，则承租人赖租是最优选择。而当政府管理部门起诉比例等于 41.46% 时，承租人选择任一策略的效果都相同。

（三）关于骗租行为的委托代理分析结论

1. 在信息不对称条件下，固定工资合同无法实现社会福利最大化，只有给予公共租赁住房管理者一定的收益分成,才能激发他的工作热情。最优分成比例 β^* 随着边际收益的增大而增大,但增大速率逐渐变小;最优固定工资 α^* 与边际收益的关系是先增后减,先正后负。而公共租赁住房管理者的最优努力水平 a^* 与边际收益大致呈线性递增关系。具体分成比例的确定要综合考虑公共租赁住房管理者的成本系数、风险规避度及产出的方差。而边际收益的确定可参照货币补贴额度的大小。

2. 要求租赁公共租赁住房的承租人提供一定时间的社会服务,有助于实现高收入群体与低收入群体的分离均衡。若将向社会提供一定时间的社会服务作为获得公共租赁住房资格的条件,对于收入达到一定水平的承租人,隐匿个人信息获得的租金差额收益会小于参与社会服务带来的成本,从而主动选择退出租住保障性住房,实现分离均衡。案例分析表明,如果社会服务时间的初始值以公共租赁住房规定的收入上限为依据,则政府第一次确定的每月社会服务时间可为 22.81 小时。

二、政策建议

(一) 技术方面

将建立统一的"居民经济状况核对中心"作为提高政府治理能力和水平的重要内容;利用一些智能化技术(如门禁系统)辅助解决承租人赖租问题;房型设计保基本,促使部分经济条件改善后的居民产生搬迁至条件更好住房的动力等。

(二) 经济方面

一方面,经济激励减小了承租人退出的机会成本,可以提高承租人腾退的积极性;另一方面,在一定程度上也可对这些刚退出公共租赁住房保障体系的家庭提供过渡性保护,避免因将其推向私人住房市场而导致家庭经济条件的再度恶化。主要经济手段包括购房补贴、租转售、租房货币化补贴、租金梯度调整等。

(三) 管理方面

一是应配备专职队伍,建立市、区、街道、社区等多级监督管理体系;二是骗租或赖租行为纳入个人征信体系,增加骗租或赖租的成本,强化保障对象的守信、守约意识;三是加强社会舆论引导,营造合理使用保障房资源的氛围;四是通过电话、网络等建立全方位的举报投诉平台,欢迎社会监督,加强社会监督;

五是制定相应的激励措施，以提高管理者的工作积极性和社会监督者的积极性。

（四）法律方面

一是加快出台《住房保障法》或《住房保障条例》，提高法规效力层级；二是提高惩罚力度；三是简化法律程序；四是提高法律的执行力。

第九章

保障性住房资产管理与可持续运行机制研究

第一节 研究背景与内容

一、研究背景

随着大规模保障性住房的建成与投入使用，全国已形成一笔庞大的保障性住房资产。至2016年9月底统计，全国历年累计开工建设公共租赁住房1 760.29万套，仅2008~2015年就完成公共租赁住房投资（含廉租住房）16 729亿元，其中大部分属于国有资产，如何对这笔庞大的国有资产进行有效管理，目前仍是一项全新的课题。一方面，国家作为保障性住房资产的所有者，不仅对其拥有法定所有权，而且有责任通过合理的经营和管理，使其所有权在经济上得以充分实现，即实现保障性住房资产的保值和增值；另一方面，保持这些保障性住房资产的完整性，维持其使用状态的良好性，防止保障性资产破坏性使用和"贫民窟"等负面社会现象的出现，也是实现住房保障制度可持续运行的必然要求。国内外大量的经验教训表明，所有人监管缺位、保障性住房管理机制不健全、管理不到位会导致保障性住房被侵占、挪用和破坏，造成保障性住房资产流失、价值的贬值和国家利益的损害，严重影响到政府住房保障事业在公民心目中的形象，威胁城镇住房保障体系的可持续运行。审计署公布的《2016年保障性安居工程跟踪审计结果》显示：有5 949套住房被违规转借、出租、销售或用于办公经营；有27.24万套住房因位置偏远、户型设计不合理等，已办理竣工验收备案但空置超过1年。这些数字已清楚地说明了对保障性住房资产管理不规范产生的严重后果。因此，研究保障性住房资产管理与运营机制问题，加快建立和完善保障性住房资产的管理机制显得尤为重要。

二、研究内容

本章在对北京、上海、重庆、成都、杭州等城市展开深入调查研究的基础上，对我国保障性住房资产与使用现状进行分析。然后，借鉴我国香港地区和其他城市经验，围绕保障性住房"物"的管理，构建建立和完善住房保障制度可持续运行的机制。包括对保障性住房资产产生的流失形式和内在原因进行系统梳理和研究，建立防范资产流失的机制；对保障性住房资产可能产生的价值贬值形式和机理进行系统研究，建立资产保值增值的管理体系；增强保障性住房资产的流动性，建立保障性住房建设资金可循环使用管理机制。主要内容包括：

第一，保障性住房资产的流失形式与成因研究。保障性住房资产流失的形式分为显性流失和隐性流失。显性流失是指保障性住房资产数量的绝对减少，如保障性住房被侵占、挪用和破坏性使用；隐性流失是指保障性住房资产相对减少，如保障性住房资产的贬值。本书在对浙江省典型城市和北京、上海、天津、重庆等城市展开深入的调查研究基础上，全面掌握保障性住房资产流失的形式与现状，进而对保障性住房资产流失的成因进行分析。主要从制度和管理层面进行分析，剖析造成保障性资产流失的原因。

第二，保障性住房资产管理先进经验借鉴。深入研究我国香港特区及内地一些城市在维护保障性住房资产价值、防止保障性住房资产流失或贬值的先进经验，旨在为我国加强保障性住房资产管理提供新思路。

第三，保障性住房资产保值增值策略研究。从理论上深入分析保障性资产保值增值的内在机理：如保障性住房项目的合理选址；本体资产（保障性住房）与外延资产（配套设施与配套物业）的合理配置；物业维护策略；社区文明管理等对保障性住房资产保值增值影响。在此基础上，从项目微观角度，提出保障性住房资产保值增值的策略。

第四，保障性住房资产可持续运营实现机制。从制度与宏观政策层面提出防止保障性住房资产流失、加强资产管理的法律手段、技术手段、市场化手段以及制度安排。

第二节 保障性住房资产及其流失现状研究

一、保障性住房资产现状

(一) 保障性住房资产内涵

保障性住房资产是通过政府土地划拨,或直接投资,或商品房配建,或税费减免等政策支持保障性住房建设形成的资产,主要可划分为本体资产和外延资产两大类。本体资产是指保障性住房,包括廉租住房、公共租赁住房、经济适用住房等。外延资产是指因保障性住房建设而派生大量的配套设施,包括门面房、物业房、架空层、专用车库以及余房。不管是本体资产还是外延资产,由政府直接建设或配建的均属国有资产,因此,需规范资产管理,建立明确的权属关系,保障增值收益。

(二) 我国保障性住房资产规模

尽管棚户区改造政府投入了相当的财力,但是其形成的资产绝大多数为居民所有。因此,我们这里研究的是保障性住房,主要包括经济适用住房和公共租赁住房。根据住建部统计,1998~2015 年我国累计开工保障性住房 3 722 万套,若按 2015 年末全国总人口 13.75 亿人、城镇化率 56.1%、期末城镇家庭户数 27 249.5 万户计算,可覆盖 13.66% 城镇家庭人口,是笔庞大的资产。

经济适用住房方面,根据统计年鉴数据,1997~2010 年我国经济适用住房累计完成投资 9 064.02 亿元,新开工面积 63 723.29 万平方米,按套均面积 80 平方米计算,约 796 万套。根据住建部的数据,2011~2015 年经济适用住房完成投资 4 494 亿元,新开工 223 万套,按套均面积 60 平方米计算,新开工面积约 13 380 万平方米。① 合计 1997~2015 年,经济适用住房累计完成投资 13 558 亿元,面积约 77 103 万平方米,约 1 019 万套。

公共租赁住房方面,2007 年之前公共租赁住房未开始推广、廉租住房主要

---

① 2011 年以后,国家统计局不公布经济适用住房的开发面积。2007 年以后,国家要求经济适用住房单套的建筑面积控制在 60 平方米左右。

以货币化补贴为主，实物数量少，相关部门也缺乏统计。2008~2015年完成公共租赁住房投资（含廉租住房）16 729亿元，开工1 806万套，基本建成1 311万套，正在实施实物配租的户数为898万户。

上述两部分合计，保障性住房总投资在3万亿元左右，总套数约2 825万套。由于政府部门统计中没有明确总投资是否包括了外延资产，如果没有包括的话，则根据一些地方保障性住房小区一般配建15%的配套设施的比例，预计外延资产规模在4 500亿元。因此，大致判断我国1997~2015年保障性住房总投资在3.45万亿元（不包括棚户区改造投资）。

二、保障性住房资产流失形式

保障性安居工程是重大的民生工程，是推动新型城镇化建设、拉动投资消费的新经济增长点。由于保障性住房类型多样、形态多元、权益关系复杂，给保障性住房资产管理带来一定难度。根据审计署连续5次（2012~2016年）开展的全国保障性安居工程跟踪审计报告显示，保障性住房资产管理中存在诸多漏洞，造成住房保障资金被挪用，保障性住房资产被违规出售或侵占，分配不合理、资源闲置等问题，直接导致保障性住房国有资产的流失或贬值，集中表现为以下几种形式：

（一）保障资金违规挪用或占用

保障性安居工程专项资金管理使用不严格，存在套取、挪用和侵占等现象，造成国家资产的直接流失，也影响保障性住房建设与运行。根据审计署公布的审计报告统计，2012年以来，累计有151.8亿元安居工程资金被违规用于非保障性住房开发、弥补办公经费、发放工资福利、出借、还贷、投资理财、财政周转等；有14.72亿元安居工程资金被通过提供虚假资料、重复申报等方式套取、骗取或侵占。另外，还普遍存在违规拨付或滞留保障性安居工程资金、保障性住房租金收入未按规定及时足额缴入地方同级国库实行"收支两条线"管理等现象。

（二）保障性住房违规出售或出租

保障性住房违规出售或侵占是指保障性住房资产被挪作他用或被违规作为商品住房出售，即未经合法合规的程序，保障性住房离开了保障性住房资产池。

历年审计报告显示，2016年，有5 949套住房被违规转借、出租、销售或用于办公经营。2015年，有6 544套保障性住房被违规销售或用于单位办公、对外出租经营等。2014年，违规使用或销售的保障性住房5 895套。2013年，有

2.65万套保障性住房被代建企业等单位违规销售,或被用于经营、办公、转借、出租、拆迁周转等其他用途。2012年,34个项目的代建企业等单位违规出售保障性住房1.83万套,另有5 333套住房被有关单位、个人违规用于拆迁周转、转借出租等。2011年,66个市县中,有5个市县的2 801套保障性住房被作为商品房对外销售;3个市县的226套保障性住房被挪作他用。另外,还有95个保障性安居工程项目部分用地被用于开发商品房、建设酒店和办公楼等。即2012~2016年,累计有68 521套被违规出售、转借出租。

(三)不符合条件家庭违规享受保障性住房

由于资格审核和退出机制不够健全、保障对象动态管理不到位、经办审核把关不严等原因,造成保障性住房被配置给不符合条件的对象,导致保障性住房权益流失。对2012~2016年公布的审计报告统计,不符合条件家庭违规享受保障性住房12.18万套,另有相当数量的不再符合条件的家庭未及时退出,2016年审计发现有3.36万户不再符合条件的家庭未及时退出,违规享受住房2.63万套、补贴1 197.44万元。

(四)不交或拖欠公共租赁住房租金

以杭州为例,杭州主城区不装智能系统的公共租赁住房小区平均收缴率仅为89%。对贵阳市调研,2016年公共租赁住房平均租金收缴率只有86.36%,其中确实因生活困难的占40%左右,恶意欠租占51%,9%为特殊群体。不交或拖欠租金,一是变相侵占了公共资产;二是影响了租赁型保障性住房的正常运营;三是带来极坏的示范效应,可能进一步降低租金收缴率;进而可能影响了住房保障制度的可持续发展。

(五)保障性住房大量闲置

已建成交付的保障性住房没有入住、闲置,也是资产的一种损失形式。2016年,审计署公布全国有12.87万套基本建成的住房因配套基础设施建设滞后,搁置1年以上无法交付使用;有27.24万套住房因位置偏远、户型设计不合理等,已办理竣工验收备案但空置超过1年。2015年,有335个项目因直接相关的道路、供水、供电等配套基础设施建设滞后,造成19万套住房不能按期交付使用。① 根据各地上报的公共租赁住房分配入住情况,到2016年9月底,全国平均

---

① 审计署,保障性安居工程跟踪审计结果(2015~2016年)。

分配入住率为67%，①最低的省份只有45.1%。

（六）规划设计不当，建筑质量低下

规划管理不善，建筑质量低下将严重影响项目的使用寿命，加快资产贬值的速度，同时，也会产生不必要的额外支出。从近年来的情况看，我国在保障性住房项目规划建设过程中普遍存在以最低价中标，施工、监理、验收质量把关不严，配套基础设施建设滞后，未严格执行招投标规定和基本建设程序等问题，个别工程还使用了不合格的建筑材料，存在质量安全隐患。审计报告公布，2015～2016年，有2 016个项目在勘察、设计、施工、监理等环节未依法履行工程招投标程序；有2 996个项目未履行工程规划许可、环境安全性评价等基本建设审批程序，或未采取必要的质量控制措施、未按工程设计图纸和技术标准施工、存在住房使用功能或质量缺陷等问题。另外，还有14个城镇安居工程项目因规划失误、管理不善等造成损失浪费或额外支出1.04亿元。

（七）资产增值速度低于平均值

保障性住房因其保障性、低利润空间，使其在区位及配套上处于劣势，压缩了保障性住房资产增值空间，从另一层面也是一种资产流失。目前已建的保障性住房多位于城市近郊区，项目周边多为未开发地带，区域布局不合理，离市区较远的项目出现"供非所需"的情况。大规模的成片开发，造成项目相对孤立，周边没有成熟的居住区配套，或配套设施尚未开发完全，在周边道路、市政、教育、医疗、文体、商业等设施不配套或规划建设落后的情况下，不同程度存在"出门难""上学难""看病难""买菜难"等问题。此外，一些保障性住房内部空间结构设计粗放，使用功能受限，以上综合因素压缩了保障性住房的增值空间。

三、保障性住房资产流失原因探析

引起保障性住房资产流失的原因是多方面的，主要因素有：

第一，资产管理的意识不强、职责不清。在"十二五"期间，各地都忙于开工、施工、竣工、分配，忙于完成各项考核指标，各级政府普遍存在"重建轻管"，保障性住房建好后就算完成了硬任务，对形成的资产"谁来管""如何管"等缺乏系统制度设计，责任主体不明。目前一些地方通过集中建设、配建、收储

---

① 分配入住率 = 累计分配入住公共租赁住房套数/历年开工建设套数。

等多渠道形成的资产尚分散在各个主体，一些资产的产权不清、对资产的归口管理关系还不顺，没有形成一个统一的管理部门，因此，也导致出现较多的管理漏洞，造成资产挪用、违规出售等情况时有发生。

第二，资产管理的手段落后。信息化是最重要的管理手段，各地住房保障信息化建设水平参差不齐，住房保障信息系统建设缺乏顶层设计和体系化，缺少统一的业务规范及数据标准，存在业务覆盖及功能不完善、数据采集不全面、信息更新和发布不及时、历史数据未做清理、数据准确性差等情况，不符合资产管理和住房保障监管数据标准的要求。甚至部分城市仍采用纸质办理、人工审批的业务办理方式，缺失电子化数据。基础工作薄弱，实物台账不完整，资产家底不清、归属不清、租金收益不清，出现管理人员一旦岗位调动变化、家底就更不清的窘境，保障性住房资产管理隐患很大。对于住房保障工作所需要的相关数据分散在各个职能部门，造成了信息无法共享，各部门掌握的信息就变成了信息孤岛。此外，资产管理的统计口径不确定，来自发改委、财政部、住建部的多渠道统计报表的表达与口径不一致，造成基层无所适从。尽管各地也正在加快信息化建设，但是各省各搞一套，江西决定用三年时间，建立省、市、县三级互联互通、信息共享的住房保障信息管理平台，浙江省2017年1月招标"浙江省住房保障统一管理系统"，预算金额235万元，搭建涵盖省、市、县三级住房保障主管部门、建设单位、协同审批单位、保障对象等在内的高安全性、高可靠性、高稳定性、易维护的系统，开发期两年。由此可见，缺乏顶层设计，应该有哪些功能？哪些内容必须进入系统？信息化重复投资严重，且建成的效果到底如何有待观察。

第三，现代资产管理的理念缺乏。现代资产管理理论突出：一是以保值增值、高效利用为核心；二是全过程管理，即从项目选址、规划、设计、使用、维护等全过程都围绕资产的保值增值、高效利用展开；三是开放性，即将资产的所有、管理、使用"三权分置"，通过引进有效的管理者，对接起所有者和使用者，为资产创造更大的使用价值、经济价值、社会价值。目前，我国各地尚未从现代资产管理的角度提升资产管理的水平，仅就事论事地做好保障性住房的建设、分配工作。

第四，资产管理的法律法规体系不完善。目前我国没有一部针对住房保障的法，因此，对保障性住房资产被违规侵占、不符合条件家庭违规享受保障性住房、不交或拖欠公共租赁住房租金、所在单位为员工提供虚假收入证明、工作人员工作失职等造成资产受损等行为，缺乏完整的法律处理依据，现有的一些文件规定处理力度轻、司法不支持，导致部分单位、部分居民、部分干部铤而走险。以2011年为例，全国查处违反规定多占住房、买卖经济适用房等保障性住房的党员干部就达到 2 349 人，涉及住房 6 398 套[①]；审计署公布：2012 年有 382 人因保障性住房违纪受到责任追究；2013 年有 290 人被追责，62 名领导干部被处理；2015 年有 797 名责任人员追究党纪政纪或法律责任；2016 年对 315 名责任人员追究党纪政纪或法律责任。迫切需要加快建立保护保障性住房资产不流失、不贬值的系统制度，树立敬畏之心。

第五，资产管理的人员配备不足。受政府编制等因素的影响，各地住房保障管理部门人数极为紧张，有的县建设局下设的住保科只有一个人，既要负责资产接收，又要负责申请受理、分配，一是权力过于集中，容易出现腐败现象；二是精力不够，难以对资产实行全面的管理。

第三节 保障性住房资产管理的香港经验

我国香港地区是世界公认的较好解决公民居住保障的典范，在解决各种住房问题的过程中形成了一套完善的公共房屋制度，不仅持续大规模地管理着公屋，而且在公共住房的运营和资产管理方面积累了丰富的经验，值得学习与借鉴。

一、管理成效

根据香港特区房屋委员会发布的《2015 年房屋统计数字》显示，截至 2015 年 3 月底，公共房屋占香港特区整个住房存量的 44% 左右。从家庭居住分布来看，居住在公共房屋占 46%，居住在私人房屋占 53.5%。由此可见，香港特区住房供应形成了公私并存、互补发展、租售同行的良性发展格局。同时，香港特区政府依托完善的管理制度和高强度的资源投入，取得了良好的管理绩效。

（一）住户满意度高

住户满意度反映了住户对产品质量、服务态度、价格等方面直观的感觉，它是管理绩效的综合体现。每年香港特区房屋委员会都会组织对住户满意度的调查，2014/2015 年度的调查涵盖 8 个公共屋邨共 20 898 个单位，统计显示，住户的满意率平均高达 95.56%，比 2003/2004 年度的 72.19% 高出 23.37 个百分点，

[①] 周英峰：《全国查处 2 349 名违规多占住房和买卖保障房的党员干部》，载于《党建文汇》（上半月版），2012 年第 2 期，第 5 页。

表明其建设与管理服务水平在持续改进（如图9-1所示）。

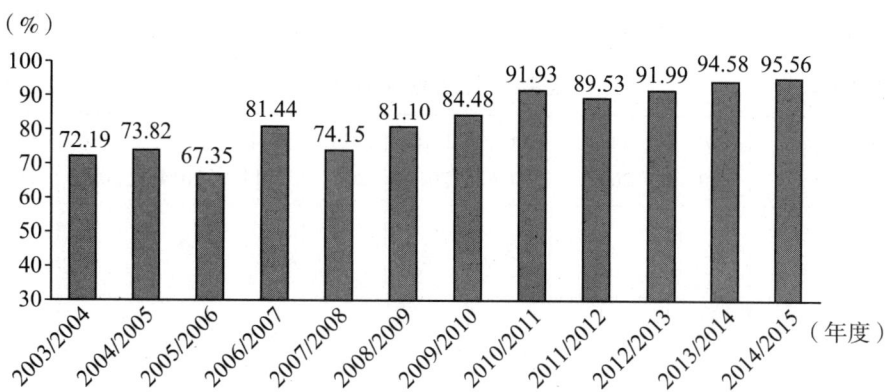

图9-1 近年我国香港特区公屋住户满意度

资料来源：我国香港特区房屋委员会历年年报。

（二）欠租率低

欠租是公共租赁住房管理中的世界性难题。香港特区公营租住房屋（简称"公屋"）欠租率一直维持在较低水平，特别是自2009/2010年度以来欠租率进一步降低到1.9%以内（如表9-1所示）。低欠租率确保了公屋运营管理所必需的经费运转，防止了公共资源的流失，保障了公屋制度的可持续性。

表9-1　　2005/2006年度至2014/2015年度公屋住户欠租率　　单位：%

主要成效指标		2005/2006	2006/2007	2007/2008	2008/2009	2009/2010	2010/2011	2011/2012	2012/2013	2013/2014	2014/2015
欠租率	住宅单位年度目标	低于4.5	低于4.5	低于3.5	低于3.0	低于3.5	低于3.5	低于3.0	低于3.0	低于3.0	低于3.0
	年底成效	4.46	4.49	3.1	2.49	1.9	1.8	1.5	1.7	1.5	1.78

资料来源：我国香港特区房屋委员会历年年报。

（三）轮候时间控制有序

香港特区对公屋实行轮候制，合理的轮候时间有利于控制不合理的需求，又便于政府安排合适的建设规模。每年房委会根据现时轮候在册人数和目标轮候时间确定来年的公屋建设规模。房委会以一般申请者平均约三年获首次配屋为目标，2005~2014年实际控制在3年以下，近年来因香港地区房价快速上升，申请需求量增大，截至2016年3月底，一般申请者的平均轮候时间3.6年，长者一人申请者则为 2 年，但轮候时间较 1999/2000 年度分别缩短了 1.6 年、1 年（如表 9-2 所示）。

表 9-2　　　　　　　　近年来公屋轮候时间　　　　　　　单位：年

主要成效指标		1999/2000	2000/2001	2005/2006	2010/2011	2011/2012	2012/2013	2013/2014	2014/2015	2015/2016
平均轮候时间	整体	年度目标	6	5	3	3	3	3	3	3	3
		年底成效	5.2	5年以下	2	1.9	2.6	2.7	3.0	3.3	3.6
	长者	年度目标	3.5	3	2	2	2	2	2	2	2
		年底成效	3	3年以下	1.2	1.2	1.3	1.5	1.6	1.8	2.0

资料来源：根据历年房屋委员会年度机构计划整理所得。

（四）空置率低

住房空置率是公共住房有效利用程度的重要反映指标。香港特区人多地少，房屋资源紧张，房委会十分注重对房源的有效管理和使用，公屋住户空置率保持在很低的水平，2015/2016 年度房屋空置率仅为 0.6%（如表 9-3 所示）。

表 9-3　　　2005/2006 年度至 2015/2016 年度公屋空置率　　　单位：%

主要指标		2005/2006	2006/2007	2007/2008	2008/2009	2009/2010	2010/2011	2011/2012	2012/2013	2013/2014	2014/2015	2015/2016
空置率	年度目标	低于1.5	低于1.5	低于1.5	低于1.5	低于1.5	低于1.5	低于1.5	低于1.5	低于1.5	低于1.5	低于1.5
	年底成效	1.4	1.3	1.0	1.3	1.0	0.9	1.0	0.6	0.5	0.3	0.6

资料来源：香港房屋委员会历年年报。

（五）资产运作能力强

我国香港特区首个房地产投资基金（简称"领汇基金"）是由香港特区房委会的公共资产发起的，房委会把为公共住房社区服务的 149 个综合零售及停车场、2个独立零售物业、29个独立停车场资产打包成REITs产品，成立领汇房产基金，于2005年11月25日在香港联交所上市，市值达到406.12亿港元。香港特区房委会不仅仅要维护经营好公屋，还通过商业楼宇、资助自置居所、资金管理等实现盈余，来弥补公租房经营亏损。2015/2016财年，香港特区房委会旗下的公租房年收入143.86亿港元，开支150.23亿港元，赤字6.37亿港元，但是通过商业楼宇盈利11.05亿港元、资助自置居所盈利24.84亿港元、资金管理账目盈利19.14亿港元，实现年度总盈利48.15亿元（如表9-4所示）。2016/2017财年显示，2017年3月31日，房委会的投资资金为489.06亿元，房委会资金在2016/2017年度的整体总回报率为4.5%。① 建立起财务上良性运行的体制与机制。

表9-4　　2010/2011财政年度至2015/2016财政年度运作结果　单位：亿港元

项目	年份	2010/2011	2011/2012	2012/2013	2013/2014	2014/2015	2015/2016
公营租住房屋	收入	95.17	106.1	104.13	118.99	137.61	143.86
	支出	104.41	112.11	116.47	120.78	137.89	150.23
	盈余/赤字	9.24	(6.01)	(12.34)	(1.79)	(0.28)	(6.37)
商业楼宇	收入	14.28	16.16	18.57	20.95	23.03	25.30
	支出	7.65	9.18	10.86	11.47	12.60	14.25
	盈余/赤字	6.63	(6.97)	(7.71)	(9.48)	(10.43)	(11.05)
资助自置居所	收入	75.20	19.19	26.42	37.07	30.66	31.82
	支出	33.12	5.08	5.94	15.69	7.47	6.98
	盈余/赤字	42.08	14.11	20.48	21.38	23.19	24.84
未计入非运作项目的综合运作盈余	收入	184.64	14.145	149.12	177.01	191.30	200.99
	支出	145.18	126.36	133.27	147.94	157.96	171.46
	盈余/赤字	39.46	15.09	15.85	29.07	33.34	29.53
	特别收入/支出净额	(0.42)	(0.35)	(0.18)	(0.20)	(0.21)	(0.74)
资金管理账目盈余/赤字		41.09	30.77	42.77	35.47	35.12	19.14
代管服务项目盈余/赤字		0.18	0.06	0.39	0.19	0.15	0.22
综合业绩		81.15	45.57	59.19	64.53	68.40	48.15

资料来源：我国香港特区房委会年度报告。

---

① 香港房屋委员会年度报表，https：//www.housingauthority.gov.hk/mini-site/haar1617/common/pdf/HKHA_Annual。

二、经验借鉴

（一）科学选址，注重与新市镇联动发展

我国香港地区新市镇建设的根本目的在于疏散大城市中心城区拥挤的人口，而公屋建设则是为了满足城市中大量中、低收入者的住房需求，新市镇发展可以为公屋提供建设的载体，而公屋的规划建设也能为新市镇发展积聚人气、提供动力。公屋与新市镇的联动发展彻底改变了香港地区的风貌，促进了香港地区社会经济的持续稳定发展。在公屋规划选址上，政府适当避免地价高和重要的中心区地段，而结合香港地区城市发展战略规划选择合适的区位。比如：香港新市镇工程于20世纪70年代在新界地区展开，目前已容纳香港地区总人口的46%，成为世界上最庞大的新市镇组群之一。为配合新市镇建设，港英政府在1972年提出公屋的"十年建屋计划"，将公共房屋与新市镇建设结合，促进了良性互动，既缓解了中心城区的人口压力，减轻了公屋用地拿地成本，又改善了中低收入民众的居住环境，实现了香港地区的深度城市化。一方面，低价、低租金的公屋吸引了大量普通收入家庭率先进入新市镇，为新市镇的发展快速集聚人气。另一方面，新市镇完整的规划、逐渐完善的配套设施与市政设施，保证了公屋的可居住性，且随着配套的成熟，公屋资产的价值快速提高。当前，约29.9%的公屋分布在都会区（港岛区和九龙区）、43.3%分布在内围新市镇、26.8%分布在外围新市镇。

同时，香港地区公屋以TOD模式为开发导向，注重居住区与交通线路的结合。大多数公屋住区的布局以公共交通为导向（TOD），分布在交通站点的周边地区。高效率的交通网络是香港地区公屋发展成功的重要因素之一。第一，较大的屋邨都有公共汽车站点，且绝大部分线路为短途，解决住区与地铁站点、大型公交总站的链接问题。第二，公交站点的位置设置步行距离基本上控制在5分钟，400米以内。如果住区规模较大，公交站点会设置在住区内，以缩短居民的步行距离，并把公交站点与住区商业及公共设施结合起来，提高设施适用的便利度。

（二）规划合理，坚持"以人为本，保证安居"的设计理念

首先，香港特区公共房屋项目在设计上以《公共房屋建筑设计纲要范本》为依据，贯彻因地制宜的规划理念，根据土地位置、地形及周边物业设施情况，可

以同时灵活采用非标准型设计、标准型新和谐式大厦设计或其组合，以克服土地面积大小和地形面貌不同等的限制，充分发挥土地的居住保障潜力。以新和谐一型为例，大厦每层20单位，共40层，虽然容积率较高，但是每座可以提供约800个入住单位，最大限度地保障了市民的居住需要。

其次，香港特区十分注重户外生活配套设施的建设和环境的改善。在配套公建上，公共房屋与私人住房标准相同，休憩用地的供应标准为每人1平方米，公屋项目绿化率普遍达到20%以上。周边都有商场、停车场、学校、公园绿地、餐馆和文化娱乐设施。公共交通四通八达，并与住区有效驳接。文化设施中包括图书馆、体育活动室、运动场等，不少社区中心还设有自修教室。建筑小品多数是结合实用功能来设计，如座椅、照明灯、指示标牌、连接不同高层的台阶、挡土墙等，都独运匠心。另外，香港特区公屋还充分利用平台花园和底层架空扩大户外用地面积。

最后，为适合普通住户的居住需求，香港特区房委会于2002年引入"通用设计"，主要包括三个方面：无障碍通道、确保家居安全、方便使用。无障碍通道是指从单元入口到电梯间、住宅户门、套内各房间入口和通道必须全无障碍，所有地面若有高差必须加设坡道。为确保居家安全，要求所有地面尤其是湿滑的浴室地面，均使用防滑地砖，浴室内设置扶手杆，厨房的门上下必须安装透视窗，公共走廊沿途设扶手栏杆。方便使用原则要求在电器配件方面，设置特大的轻触式电灯开关、门铃按钮、门口对讲机、防盗眼等装置，方便老年人使用；所有层数指示牌、信箱入口、对讲机等采用大字体及对比强烈的颜色，使视力较差的居民都能看到；楼梯的梯级边缘更以鲜亮的颜色提示梯级高度的转变。2014年已基本完成无障碍通道全面改善计划。

（三）加强质量监督，完善品质保证体系

1. 为保障公屋建筑品质，香港地区政府于1995年10月成立了地盘监察组以加强对各公屋项目的质量监管。监察组由专业工程师及测量师和技术人员组成，专职负责巡察各建筑工地，确保工程进度、质量水平、现场管理等符合规定的程度。

2. 香港特区房屋署引入承建商表现评分制（PASS），包括投入、施工效果、维护三大部分，通过工地人员的每日视察报告、工程专业人员的每月报告和独立小组的每季度报告，对承建商在项目各环节的表现进行评核。以施工效果评分情况为例，其评分涉及四部分：（1）结构工程部分占总分35%，包括脚手架、模板、钢筋及混凝土浇筑质量等；（2）建筑工程部分占总分35%，涉及构件及装修，如楼板、墙、窗、构件安装及管件安装等；（3）外部工程占总分10%，涉

及因素包括道路、紧急出口及排水等；（4）承建商履约义务部分占总分20%，涉及安全施工等因素。由于PASS评分每月进行一次，评估点随机抽取，且只在测评前半天通知承建商，因而较好地保证了其客观公正性。PASS的评分制度提供了一个有效平台以监察及考核承建商的表现，并以此为依据进行奖励与惩罚。

3. 房屋署统一公屋质量标准，制定建筑工程的规格，包括物料、工艺及测试的各项规格。清晰及统一的标准要求，有助于质量监管，促进了工业化标准生产。例如，公屋建筑架构和构建设计标准化，厨房、浴室、面墙等采用系统化建筑法和预制建筑技术，门窗、灶台、洗涤盆、装配细节及板墙尺寸标准化等，均使得建筑质量监管更简单易行，提升了建造效益和质量。同时，房屋署依据"优质房屋措施"内确立的目标对工程材料及设备都有严格的工程规格要求，包括运用环保设计、注重建筑品质及采用寿命周期成本计算法等。工程规格，参考并采用相关的国际标准，以确保产品的品质。在工程进行的过程中，承建商必须根据工程规格内的有关标准以及各个工程的施工考虑作出建筑物料的采购建议，所有建筑物料都必须在取得房屋署的审批许可后才能采用。

4. 香港特区公屋建设十分注重与环境的和谐统一，严格遵守并执行一切相关的环保法规，尽量减少在环境方面（空气、尘埃、噪声、废物及污水）对公众造成的影响。在物品采购方面，要求按照相关的环境法如采购原料、物品和服务，采购决定以环保为重要的考虑因素；选择供应商、承建商和服务供应商时，视环保承诺为评分标准，并奖励杰出环保表现者；同时，要求项目承建商和服务供应商提供"环境管理计划"，并对工程进行监督以评估有关计划的表现。此外，房屋署把安全和健康表现列为所有新建筑工程和现有建筑工程投标甄选过程中重要的考虑因素，建立承建商安全记录，持续评估承建商的安全表现，并积极与承建商合作，采纳承建商就安全建筑技术和设备所提供的意见，推广相关的安全和健康工程，借此改善有关人士的健康与安全。

（四）严格的准入与审核

从年龄、身份、收入与资产、住宅所有权等多维度设定公屋保障对象的范围。申请者及其家庭成员必须现居于香港特区并拥有香港入境权，其在香港特区的居留不受附带逗留条件所限制。配屋时，申请表内必须有至少一半成员在香港特区住满7年，而且所有成员仍在香港特区居住。年龄方面，申请者必须年满18岁，长者申请者要求年满58岁，在配屋时则必须年满60岁。住房条件上，规定申请人及其家庭成员在香港特区没有任何住宅物业，未签订任何购买住宅物业的协议。收入方面，按照家庭人口数量的不同，对1～10人以上的家庭分别规定了不同的收入限额和总资产限额（如表9-5所示）。

表9-5　租住公共房屋的申请资格准则（2016年4月1日生效）

单位：港元

	家庭人数	每月最高入息限额（2）	总资产净值限额
单身人士及一般家庭入息及总资产净值限额	一人	1 097	242 000
	二人	16 870	329 000
	三人	22 390	428 000
	四人	26 690	500 000
	五人	30 900	556 000
	六人	34 690	601 000
	七人	39 560	643 000
	八人	43 980	674 000
	九人	48 270	744 000
	十人及以上	52 440	801 000
非亲属关系之长者住户入息及总资产净值限额	二人	20 240	658 000
	三人	26 870	856 000
	四人	32 030	1 000 000
	五人	37 080	1 112 000
	六人	41 630	1 202 000
	七人	47 470	1 286 000
	八人	52 780	1 348 000
	九人	57 920	1 488 000
	十人及以上	62 930	1 602 000

注：若全部家庭成员均为年满60岁或以上的长者，其总资产净值限额为上表所示限额的两倍。

资料来源：香港房屋署。

同时，香港特区公屋实行严格的审核分配制度，准入程序包括受理、初审、再审和配屋等阶段。房委会每年对公屋申请条件进行一次调整，申请人从申请到入住公屋需要经过3次审核、5个流程才能最终入住公屋。为防止公屋分配中的"特权"现象，房屋署在处理公屋申请时，可向雇主、银行或其他公众查询有关人士的资料，也可向政府部门查询有关个人的资料，以核实申请资格。申请人在轮候期间申请资格若发生任何改变，均要求通知房屋署。如果申请人轮候期间经济状况变好，如在香港特区购买住房，或者资产、收入条件超出了公屋准入条件，轮候资格将会被取消。

(五) 轮候分配管理

香港特区在分配公屋时实行轮候制,房委会严格按照申请登记的先后次序确定分配顺序,在分配公屋时,由主管部门按照申请人的家庭人数、代际结构及公屋分配标准,以计算机随机方式从可分配的公屋中选择公屋进行分配。申请人有三个配屋建议,未具房委会接受理由而拒绝三次配屋建议将被取消申请,一年后方可再次申请。在严格按照申请先后顺序分配的同时,也对一些符合公屋申请条件的特殊人群实行优先分配,包括高龄人士(60岁以上)、受清拆影响居民、严重疾病弱能、家庭暴力受害者等。其中高龄人士优先分配政策分为高龄单身人士优先配屋计划、共享颐年优先配屋计划、天伦乐优先配屋计划。此外,为加快出租一些区位偏远、质量较差的公屋,房屋署每年推出"特快公屋编配计划"供轮候人提前选择。

(六) 实行"扣分制",防范租户不文明行为

为提高租户文明素养,促进个人及屋邨环境的卫生,房屋署于2003年8月起推行"屋邨管理扣分制",涵盖28项不当行为(如表9-6所示)。按不当行为的严重性,违规租户会被扣3~15分,两年内被扣分数累计达16分,租约会被停止。

表9-6　　　　　　　　　　租户管理扣分项目

预先警告才扣分的项目	分数
在公众地方晾晒衣物(房屋署指定地点除外)	3
利用晒衣竹插筒晾晒地拖	3
在露台放置滴水花盆或滴水衣物	3
抽气扇滴油	3
弃置杂物阻塞走廊或楼梯通道,妨碍清洁工作	5
积存污水导致蚊患	5
造成噪声滋扰	5
冷气机滴水	5
不让房屋署或房屋署指派的工作人员进入居住单位进行房屋署负责之维修	7
拒绝维修应由租户负责保养的喉管或卫生设备	7

续表

预先警告才扣分的项目	分数
损坏雨水/污水管，引致渗水往下层单位	7
在出租单位内积存大量垃圾或废物，产生难闻气味，造成卫生滋扰	7
违例时立即扣分的项目	分数
乱抛垃圾	5
随地弃置垃圾，如弃置于电梯大堂或无盖垃圾桶内等	5
未经业主书面同意在出租单位内饲养动物	5
任由携带之动物及禽畜随处便溺，弄污公众地方	5
在公众地方煲蜡	5
在公共升降机内吸烟或携带燃着的香烟	5
在公众地方非法赌博	5
高空抛掷破坏环境卫生的物件	7
在公众地方吐痰	7
在公众地方便溺	7
在垃圾收集站、楼宇范围内或其他公众地方胡乱倾倒或弃置装修废料	7
把出租单位用作食物制造工场或仓库	7
非法摆卖熟食	7
损毁或盗窃房屋委员会财物	7
把出租单位作非法用途	7
高空抛掷可造成危险或人身伤害的物件	15

租户一旦扣分会影响其日后的调迁、再申请、分配甚至可能终止租约。除非受非自愿性调迁（如重建）影响，任何住户若按扣分制被扣分，会遭禁止通过邮外或邮内调迁申请更佳/更大或任何另一居所。某住户的被扣分数若累计达 10 分（或少于 10 分，但曾被扣分 3 次），该住户会收到房屋署的警告信。当有效分数累计达 16 分时，特区政府可根据《房屋条例》发出迁出通知书，终止有关租约。另外，每个月管理处都会张贴各租户扣分情况并严格执行相关规定，形成巨大的纠正租户不文明行为的推动力。2016 年，按扣分制被扣分的个案共 2 227 宗。自扣分制实施以来，得到公屋租户广泛认同和支持，屋邨的清洁和一般卫生状况大有改善。①

---

① 香港房屋委员会年度报表，https：//www.housingauthority.gov.hk/mini-site/haar1617/common/pdf/HKHA_Annual。

（七）动态的租金调整与方便的收缴机制

租金根据所有租户家庭收入变动而调整。公屋租金每两年调整一次，增加幅度不超过10%。公屋租金根据租户家庭收入指数的变动而上调或下调，在公屋住满10年或以上的住户，须每两年申报全家收入和资产一次，以确定来年的应缴租金水平。租金调整机制提供了更为灵活的框架，更紧贴租户的负担能力，并有助促进公营房屋计划的长远持续性。

为方便住户缴费，香港特区政府为租户提供了多种简易的缴交租金的方式：（1）在便利店或超级市场缴交租金；（2）自动转账缴付；（3）为综合社会保障援助租户直接支付租金；（4）缴费灵缴付；（5）网上理财/电话理财缴付；（6）银行自动柜员机缴付；（7）屋邨缴费处缴付。另外，房委会还提供租金查阅服务，租户可透过7-Eleven便利店、房委会查租易热线、设于各屋邨办事处的查租易服务站，或房委会网上电子服务的途径查阅缴租状况。

另外，一旦发现有租户欠缴房租，房屋署将在该月15日发出第一封追租信，25日发出第二封追租信。若住户仍未清缴房租，房屋署则会在第二个月的7日、8日向该住户发出警告，21日下达最后警告。若欠租长达两个月，房屋署将终止租约，收回公屋，有时会请警察出面督促其搬离。一般来说，租户收到警告后一般都能及时补交欠租。完善的租金管控体系确保了香港特区公屋租金的收缴水平，10年以来，香港特区租住公屋欠租率基本维持在4.5%以下，2010年以来欠租率更是保持在1.9%以内。

（八）鼓励居民进入居屋第二市场

为鼓励富户迁出公屋给予更有需要的家庭，房委会先后推行"居者有其屋计划""租者置其屋计划""置业资助贷款计划"等，以政策杠杆鼓励有能力的中低收入家庭自置居屋，形成了居屋第二市场。居屋第二市场以增加居屋流转量的形式满足购房需求，凡购入满两年或以上的居屋、私人参建居屋或"租者置其屋计划"居屋，都可以在该市场出售。居民在居屋第二市场购买居屋还可获得指定银行提供的贷款优惠。居屋第二市场的买方只能是公屋租户或公屋轮候居民，曾购买居屋或领取自置居所贷款/置业资助贷款计划的居民及其配偶，不能再购买居屋第二市场的居屋。

（九）严格打击滥用公屋行为

在香港特区，滥用公屋资源的主要种类包括：长期空置单位；将公屋转租他人；在住宅内进行不法活动；将住宅作非住宅用途；虚报资料等。防范与打击方式主要有：（1）预防侦查。主要通过屋邨职员日常管理、公屋资源分组抽查、入息或资产审查以及公屋租户或公众人士举报等多渠道方式加强监管。（2）调查及行动。接到举报后，房屋署会选择不同时段突击家访租户或者突击查访租户的其他居所，同时多方面搜集证据。此外，房屋署还专门成立"网上巡查队"，在互联网上搜寻有关征租或放租公屋及其他怀疑滥用公屋的留言，深入调查及跟进，遏止出租公屋的不当行为。（3）宣传教育。广泛利用海报、电视、电台、网络宣传等教育方式，提高公众合法使用公屋资源的意识。一旦公屋租户被证实违反租约条款，滥用公屋资源，房屋署会向其发出"迁出通知书"将公屋单位收回。如有虚报资料，公屋租户或申请人会被检控，最高罚款港币 5 万元及坐牢 6 个月，并且违约租户在两年内不可再申请公屋。

（十）重视物业服务，提升居住环境

香港特区政府贯彻人本理念，十分注重公屋物业服务及居住环境的改善。一是定期维修保养和改善工程的安全健康管理模式。二是改善高楼龄公共屋邨的楼宇安全，推行全方位维修计划、屋邨改善计划、全面结构勘察计划，以及日常家居维修服务。三是在楼宇建筑工艺方面加入可持续发展元素，如再造物料、节能照明系统、能源循环和可再生能源的应用。四是注重绿化比例，占地两公顷以上的大型用地，目标绿化比率为 30%。五是设有三条 24 小时运作的电话热线，全天候为公屋居民及市民大众提供查询服务。六是不断推广和举办多项社区参与活动，如屋邨环保回收计划、全区齐参与的健康和安全运动，以加强社区的凝聚力，改善公屋居民的生活环境。此外，香港特区房委会发展和提供各式各样的零售商铺和社区设施，照顾公屋住户和邻近地区居民的日常生活所需。截至 2015 年 3 月底，房委会辖下共有 21.18 万平方米的商业和零售设施；28 300 个停车位；20.21 万平方米的工厂大厦；214.91 万平方米的社区、教育和福利设施；以及 40.84 万平方米用作其他用途的地方。这些物业的收益也成为公屋运行的有力支撑。

总之，香港特区通过从合理选址、科学规划、保证质量、严格的准入与退出管理、建立租户行为管理以及良好的物业管理等保证了公共住房小区的品质，其结果是提高了入住者的满意度，避免了英美国家"贫民窟"现象的出现，又大幅度提升了资产的价值，成为成功的典范，值得内地相关部门借鉴。

第四节 保障性住房资产管理的内地城市先进经验

一、上海：建立居民经济状况核对中心，强化资格审核

随着住房保障制度由补缺型向"适度普惠型"转变，保障的内容和涉及群体不断扩容，掌握居民家庭真实收入情况，避免虚报瞒报是促进保障性住房资源公平有效分配，确保救助对象准确、高效、公正认定的重要前提条件。近年来，由于居民收入类型日趋多样，核对难度越来越高，传统的入户察看、邻里访问核查机制面临着严峻的挑战。在这样的背景下，在强化入户调查、邻里访问、信函索证等调查手段基础上，利用大数据，加快建立跨部门、多层次、信息共享的保障性住房申请家庭经济状况核对机制，健全完善工作机构和信息核对平台十分迫切和必要。

上海市于2009年6月成立居民经济状况核对中心，专门承担公共租赁住房、经济适用房、廉租住房、最低生活保障、医疗救助、教育救助等各类社会保障项目所涉及的居民经济状况核对工作，成为全国首个为民生政策实施提供家庭经济状况权威核对信息的最强有力的支持性政务平台。核对中心以家庭为单位，与民政、人保、税务、公积金、房管、人行、证监、银监等部门和单位之间建立"电子比对专线"，突破了与银行、证券数据的互通。结合上海市居民就业形态、收入类型多元化以及保障项目的相关要求，中心将核对工作的概念由过去单纯的"收入"扩大为"经济状况"（工资性收入、经营性收入、财产性收入、转移性及其他收入），核对机构的人员通过检查申请者的家庭存款账户、股市账户、纳税、房产拥有、公积金缴纳等，了解他们的实际经济状况，是否有股票红利、债券利息等金融性资产收入，有无收取赠、扶（抚）养费和救济金等其他转移性收入等。核对的范围包括可支配收入和过去收入的结余部分，其中，收入结余部分涵盖财产，在特定情况下，还要核对其支出。

核对中心除了为福利政策的实施提供明确、科学的依据以外，核对系统作为记录个人信用的重要载体，整个核对程序也是不断强化诚信意识的过程。申请市民不仅需要授权经济状况核对中心进行信息比对，还需签字承诺"填写的申请材料和提供的相关证明材料均真实有效"。同时，为保障居民财产隐私的信息安全，防堵"安全漏洞"和泄密行为，核对中心在办公区域显著位置张贴保密规定，所

有核对工作人员均签订保密协议,定期接受保密教育,并一律持证上岗。此外,核对过程采用了严格的加密、数字签名、电子签章等多项保密技术。中心成立以来,核对工作一直保持"零泄密"。

经核对查验,当申请人基本信息与准入标准存在重大差异时,属于隐瞒虚报行为。"重大差异"是指以下三种情况之一:(1)人均住房建筑面积超过准入标准 1 倍及以上的,或拥有其他住房 2 套及以上;(2)人均年可支配收入超过准入标准 1 倍及以上;(3)人均财产超过准入标准 1 倍及以上。当发现上述差异时,受理中心不会简单认定申请家庭虚假申报,而是会向申请人提供重新确认的机会,并同时向申请人重申相关诚信规定以及违反的后果。为此,还专门设置了不超过 60 个工作日的"延期核对期限"。如果确认属于隐瞒虚报行为,民政部门将会同房地部门给予处罚,处理措施包括:在适当场合公开通报申请人隐瞒虚报行为;记录申请人不良信用,并按规定纳入上海市个人信用联合征信系统,供有关社会主体依法查询使用;取消申请人 5 年内再次申请各类保障性住房的资格等。

居民经济状况核对中心的建立给申请者的诚信意识增加了"硬约束"条件,完善了保障性住房"进退"机制。2010 年共有 2 418 户家庭进入核对系统,有 201 户家庭不符合申请条件,检出率约 9.1%,避免公共财政损失约 6 600 万元。2011 年,全市 31 452 户申请共有产权住房,经过核对,2 645 户家庭不符合条件,检出率约 8.4%,避免公共财政损失约 86 850 万元。2012 年下降到 3.4%,2013 年为 6.5%[①],2013 年之所以上升,是因社会上传言要取消共有产权住房,给特定人群造成了心理恐慌,申请户数飙升至 2.9 万户,很多家庭期望赶一趟末班车,出现不符合申请条件的家庭增加。

二、北京:采用"第三方运营"模式,加强专业化管理

为进一步深化保障性住房运营主体改革,提升管理经营效率,北京市通过组建保障性住房专业运营管理企业,采用"第三方运营"服务模式,推动了保障性住房运营管理向市场化、专业化、规范化迈进。

2011 年 6 月,北京市财政一次性注资 100 亿元成立了全国最大的保障性住房建设投资企业——北京市保障性住房建设投资中心,承担全市统筹公租房投融资、建设收购和运营管理职责,在多元化融资、标准化建造、规范化管理等方面发挥了市级示范效应,成为全国首家获得 ISO9001 质量体系认证的保障性住房运营机构,在推进"以租为主"的住房保障体系中发挥了龙头和主力军作用,构建

---

① 姚丽萍:《上海居民收入核对 5 年减损 20 亿杜绝开宝马吃低保》,《新民晚报》,2014 年 8 月 25 日。

起公租房运营管理的"北京模式"。

近年来,北京市保障性住房中心又先后与东城、西城、顺义等区合作成立保障性住房专业公司,培育和发展了一批区级保障性住房专业运营管理企业,主要负责各区公租房投融资、建设收购、运营管理,收购其他社会单位建设的公租房项目,并参与保障性住房小区物业服务等。实践经验显示,市、区合作成立专业运营公司优势明显。首先,有利于放大区财政住房保障资金使用效率。按照现行政策规定,土地出让净收益的10%须用于保障性住房建设及棚户区改造工作。成立合资公司后,可以通过市场化融资放大财政资金使用效率,而且在资金使用的审批程序等方面也将得以优化,提升资金使用效率。同时,还可利用市保障性住房中心市场3A级信用,进一步降低融资成本。其次,有利于提高各区保障性住房专业化管理水平和用户满意度。随着保障性住房陆续交付使用,后期管理工作压力不断增大。专业化、市场化的公司则能通过竞争提升服务水平,而不再像此前部分区依靠事业单位维持。而且,市保障性住房中心的公租房运营管理标准已通过ISO9001认证,由其负责合资公司的运营管理模式搭建、人员培训及运营监管,将为保障性住房项目安全平稳运营和服务标准化提供全方位保证,开启了保障性住房"多元化持有,统一规范运营"模式。此外,有利于充分发挥保障性住房管理的属地优势。区政府可以利用完备的网格化社会管理服务体系,在推动保障性住房建设、精准对接保障家庭需求、提供社会公共服务等方面发挥自身优势。

三、杭州:打造智慧系统,提升保障性住房管理信息化水平

杭州市在构建"以租为主"住房保障体系中,立足"阳光分配、阳光管理"思路,突破传统管理模式,将新技术、新理念运用于公租房管理领域,通过研发集各个管理流程、提升服务效率于一体的杭州公租房智慧管理系统,真正实现了住房保障"三分建设、七分管理"的要义。具体包括了公租房管理系统、公租房自助换房信息平台、住房保障分配监管系统等手段。2013年6月,该系统在杭州半山田园公租房小区投入运行;2014年6月,该系统被国家住建部列入科技示范工程项目,称为"开创公共租赁住房管理服务的新模式"。

一是公租房管理系统,实现小区管理智慧化。近年来,随着公租房租户的大量入住,对公租房小区的管理提出了更高的要求。因此,杭州市以做好公租房服务管理工作为目标,审时度势,加快推进公租房管理信息化、智能化建设,研发出了杭州市公租房管理系统。该系统的运用对提高公租房的管理效率,提升公租房服务水平具有重要功效。通过该系统的三级门禁(单元门、电梯、入户门),

可以实现小区服务、租金催缴、按期退出、安全防护等全方位管理。同时，利用该系统的多种信息平台功能与保障对象进行有效互动，有助于实时了解住户需求和租赁动态信息。该系统还具有对租户违约行为进行人性化的提醒和约束的功能，通过信息技术，将门禁卡的使用状态与租金缴纳情况、租赁期等绑定，有效地解决了保障性住房存在的"租金收缴难、资格退出难"等全国性保障性住房租后管理难题。此外，管理系统结合公租房室内智能终端，实现可视通话、可视抓拍、浏览周边商户信息、接收社区通知等功能，使住户可以在家直接呼叫物业、社区、邻居，提升了公租房小区居住品质。

二是公租房自助换房信息平台，给了公租房租户多一种选择。杭州市住房保障管理部门在做好保障性住房日常配租的基础上，积极做好住房保障服务工作，推出公共租赁住房房源调换的便民举措。为此，专门开通"公共租赁住房自助换房信息大厅"，使得保障对象足不出户就能完成房源调换。公租房承租户若需换房，可以通过输入姓名、身份证号、手机号码登录"公共租赁住房自助换房信息大厅"，自助发布小区名称、房屋坐落、层数、户型、边套、区域等换房意向信息，若在换房大厅找到匹配的房源便可自行联系配对。在换房双方自愿基础上，经过网上公示、提交房源调换申请表、办理调房手续、重新签订租赁合同等一系列程序，便可完成房源调换。

三是住房保障分配监管系统，实现住房保障数据共享。为做好住房保障项目的分配监管，做好住房保障信息的分析和统计，实现区、县（市）联动做好住房保障工作，杭州市立足实际，研发出了"全市住房保障分配监管信息系统"。该系统的运用，实现了各区、县（市）住房保障业务纳入统一管理范畴目标，建立了住房保障项目从规划、建设到分配使用、后续监管的全过程信息收集和跟踪管理体系。大大提高了住房保障业务协同、智能化办公的水平，对于推进住房保障数据共享和规范化、透明化管理具有重要意义。

四、成都：推行属地化与社区化管理，提高物业管理水平

一方面，普通居民小区呈现相对封闭的形态，有较为成熟的自我物业管理形式，社区管理部门一般不多涉足。但对于保障性住房小区，由于相当一部分被保障对象属于社会弱势群体，自我较为封闭，抗风险能力较差，需要更多的社会关爱。因此，保障性住房小区不仅需要物业管理，社会的管理与服务更需要跟进。另一方面，按照《物业管理条例》规定，商品房小区的业主委员会成员必须是房屋的所有权人，而在租赁式的保障性住房小区中，住户并不是房屋的所有者，因而不能成立业主委员会。因而，保障性住房小区的后期管理与普通商品房小区的

管理模式有着本质区别。

成都市针对保障性住房小区后期管理中出现的诸多问题，结合国家创新社会管理理念，推行"属地化与社区化"管理，并进一步探索出"三进"模式，成效初显。"属地化与社区化"管理就是指保障性住房小区的管理要与小区所在地的街道社区的社会管理紧密结合起来，"三进"模式包括"公共服务进小区、基层社区进小区和社会组织进小区"三大核心工作，引导多元力量加入保障性住房小区的管理体系中来。

目前，成都市保障性住房小区已经建立了社区—小区管委会—民情联络员—居民四级自治体系，采取1 000户以下的小区设立社区专职管理人员，1 000户以上的小区设立社区服务站（点）。其中，管理委员会由小区内部选举产生，充分实现小区内部的自治与服务，并搭建保障性住房小区与街道办事处以及社区之间的沟通桥梁。同时，积极引进工会、共青团、妇联、残联、行业协会等社会团体、公益组织等参与住房保障的服务管理工作，通过第三方组织解决部分公共服务职能，依托社区平台，推进就业、医疗、文化等社会服务以及对老、弱、病、残等特殊群体进行帮扶救助，逐步建立了可持续发展的协作机制。

此外，保障性住房小区建立"一户一档"，促进了物业管理的专业化、精细化水平。2010年，成都市出台《保障性住房物业管理办法》，开创性地建立起政府公共住房管理机构与物业服务企业联合实施管理的专业化管理模式，在确保保障性住房得到有效维护的同时，明确要求相关物业服务企业应建立小区居民档案，根据档案记录为小区群众提供所需要的服务。同时，要配合房产管理部门、街道办事处、乡（镇）政府、社区居委会对保障性住房的居住情况进行上门登记和动态跟踪管理，建立保障性住房及保障对象清册，在项目显著位置公示保障性住房相关信息以及当地房产管理部门设立的举报电话、信箱、电子邮箱等，大大强化了对保障性住房的监督和服务。

五、重庆：严格公租房退出机制，防利益输送

为防止公租房大规模入住后可能出现的因分配不合理、运作不规范、违规牟利进而造成保障性住房资产流失的现象，重庆在公租房运作过程中摸索设计了一整套严密的退出机制，建立公租房封闭运行模式，严防利益输送，真正让公租房成为服务中低收入群体的"民心工程"，而不是少数人牟利的渠道。

根据重庆市公租房管理办法，公租房承租以5年为一租期，其间如果承租人不愿租住或者购买了改善住房后，可随时退出，但不能转租和上市交易。同时，公租房在租满5年后，将有部分用于出售，符合条件的承租人可以成本价加银行

利息购买自住，转换成有限产权房。购买人确需转让的，由公租房管理机构回购重新作为公租房流转，回购价格为原销售价格加同期银行活期存款利息。为保证退出机制的执行效力，重庆市还设计了惩罚性的强制退出机制。对于提供虚假信息骗取公租房租住、擅自转租、转售、出借和抵押公租房，空置房屋或欠交房租6个月以上，以及违反租赁合同等违规违约者，除了解除租赁合同，强制收回所占有的公租房以外，其行为将记入个人信用档案，且申请人和共同申请人5年内不得再次申请公租房，以此堵住利益输送和无休止财政补贴这两个"黑洞"。申请者租满5年之后，若仍有住房困难的，可以继续申请5年。

为配合退出机制的顺利实施，目前，重庆市每个公租房小区都建立了房管员、楼栋信息员、网络监督员的监管队伍，形成了取证、查处整改、清退追责三步工作流程和宣传警示、动态核查、巡查走访、群众监督、严查违规等工作机制。同时，注重规范事后清退行为，建立证据收集、约谈警示、督促整改机制，发现或收集线索后，及时核实纠正或坚决查处清退。

另外，在退出机制建立中，重庆市还积极探索柔性执法，对不符合租住条件但暂时无法退房的，给予3个月过渡期，并按1.5倍计收租金；超过3个月后按2倍计收租金；对拒不腾退且经劝导教育无效的，按规定申请人民法院强制执行。通过上述举措，有效确保了公租房的公共保障属性。

第五节 我国保障性住房资产保值增值策略

加强保障性住房资产管理不是一项单一的住房管理工作，而是一项系统工程。从项目层面，它涉及规划、建设、管理等全过程。当前，我国在大规模实施保障性安居工程建设后，住房保障工作的重心将由建设环节转向建后管理环节，如何管理好这一笔庞大的保障性住房资产，使其能够在实现保障基本居住需求的目标前提下，实现资产的保值和增值，成为亟待破解的难题。

为规范和加强保障性住房资产的管理与使用，维护房屋资产的安全和完整，充分发挥房屋资产的使用效益，促进保障性住房资产的保值和增值，针对我国现行保障性住房管理中存在的弊病和漏洞，如选址空间失配、准入资格认证信息不对称、流通与退出管理不严、产权定位不清等，本节将从项目微观角度切入，从保障性住房项目选址、建设管理、物业维护、社区文明管理等方面探讨促进保障性住房保值增值的思路和策略。

一、科学规划项目选址

保障性住房的空间选址不仅影响着居住人群的生活环境、福利水平和社会交往空间，决定了民众能否顺利融入城市劳动力市场和主流社会以及获得各种公共服务、享受公平的"居住机会"，也会影响整个城市的社会空间演变，对于保障性住房资产自身价值的提升也有深远影响，在城镇化快速发展的今天，需要从城市规划、产业规划、城市发展空间定位等多角度进行顶层设计和科学规划，并通过有效的政策工具和制度安排来促进其空间布局的优化。

（一）推行"大分散、小集中"模式

大分散是指在城市的"东、南、西、北、中"都分散选址一些保障性住房项目，一是解决低收入人群过于集中可能出现的社会问题多现象，进而避免可能快速降低保障性住房资产价值，甚至影响周边商品住房价值情况的出现；二是有利于低收入人群在与其就业地相对近的地方选择安居，避免过度的职住分离。

小集中是指保障性住房相对集中在一幢楼，或一个组团，或一个小型小区，避免规划大型的纯保障性住房住宅小区。保障性对象特别是本地户籍的低收入家庭，经济承受能力有限，如果简单地安排在开发商配建的中高档住宅小区里，可能会面临来自生活理念、物业管理费承受能力等不同的冲突。

（二）邻近公共交通系统

保障性住房小区要有完善便捷的公共交通系统和主城相连。公共交通系统对于保障性住房小区居民的出行相当重要，所以需要优先考虑在轨道交通（如地铁、城市轻轨）或城市快速公交沿线进行选址，建立和主城区的快速联系。为此，一方面，可以参考我国香港特区 TOD 模式，以快速交通系统为依托，通过快速交通设施缩短周边地区与中心城区的通勤距离（如图 9-2 所示）。一般新建地铁首末端附近的几个站点相对较为偏僻，发展尚不成熟，地价相对便宜，比较适宜建设保障性住房。居民的出行需求可以首先乘坐巴士从居住社区到达轨道站点（或公交枢纽），然后从轨道站点（或公交枢纽）前往城市中心。如此，在提高其出行的便利程度的同时，也提高了城市中心优质公共服务设施的可达性。另一方面，还可以借鉴美国模式，逐步鼓励富人到郊外居住以带动周边地区的发展，而在城中心各地铁站附近规划建设保障性住房，便利的公共交通能更好地保障低收入人群的居住生活质量。

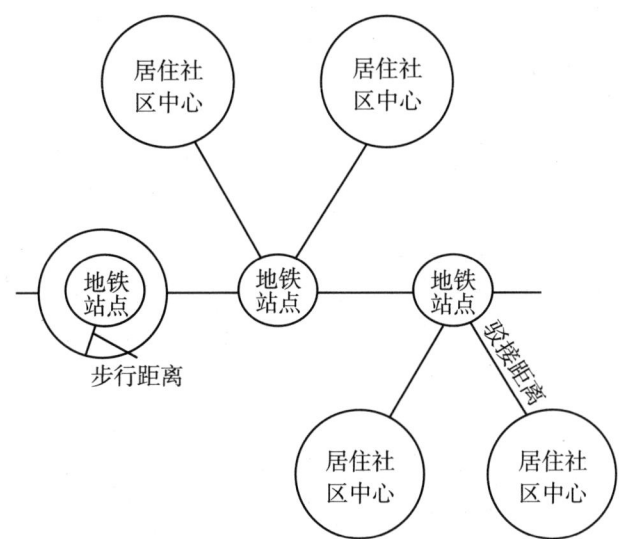

图 9-2 地铁沿线居住社区选址

（三）注重与新城区开发的联动发展

借鉴香港特区经验，以保障性住房建设促进新区开发是一个很好的策略。一是新区开发可以为保障性住房建设提供相对低廉的土地资源；二是被保障对象都是住房市场上的刚性需求者，吸引他们入住，就能很快聚集人气，有利于改变新城区人气不足的现状，能够将周边地块迅速"养熟"，加快新城区的发展，进而获得长远的区域经济收益。三是开发成功的新城区的土地和房产价值上升最快，保障性住房资产可以享受新城地价、房价上升的好处。为此，可以将保障性住房建设纳入城市新城区发展的总体规划。需注意的是：新城区规划一定要考虑好居住、产业、配套设施、环境保护的综合平衡与协调；要考虑好商品住房与保障性住房比例的协调，避免过高、过量的保障性住房建设；要注重市政设施、基础设施先行建设，确保交通便利、公共服务设施配套齐全、功能完善，生活方便。

在新城区率先开发保障性住房，尽管短期内会有社会压力，也会给先行入住的居民带来一定的生活不便，但如果新城规划科学、基础设施与市政设施先行、城市政府能坚持一张蓝图绘到底，则必定会受到居民的欢迎，而且会促进整个新城区的健康发展，并带动保障性住房资产的价值大幅度提升。

二、全面提升住宅小区智能化水平

通过信息手段全面提升日常运营、管理服务的智能化水平，可以推广杭州、南京的经验，一是在保障性住房小区推行门禁卡、梯控卡等智能安防系统。为每户家庭配备门禁卡和梯控卡，借助智能芯片和网络系统等技术手段，通过安防系统中的单元门、电梯、入户门三级门禁系统和全数字可视通话抓拍系统限制外来人口、闲杂人员进出，防止偷窃等情况的发生，增强小区的安全管理。同时，住户利用系统可以在家直接呼叫物业、社区和邻居，方便了高龄、残疾等保障对象。园区服务系统还可为住户提供日常生活常用的各种信息，包括生活信息、商户信息、社区活动等，方便住户的日常生活。二是将门禁卡和梯控卡的使用状态与租金缴纳情况绑定。卡记录着住户的租金缴纳和租赁期限等信息，且直接与保障性住房管理信息平台联网，通过门禁、梯控等智能化设备改造，就能够对住户履约行为实施监管，正常缴纳租金，则卡正常使用，反之则否。如此，不仅能减少违规转租、恶意欠租等不良现象的发生，确保保障性住房各项工作有条不紊，还能提高房源使用效率，保障最需要帮助人群的居住权利。三是随着保障性住房房源的大量交付使用，传统的手工记账运营方式已不能满足现在大体量房源管理的需求，要尽快建立房源信息管理系统，通过系统可快速生成租金、合同签约日期、缴费情况等数据，缩短租户拿房时间。租户如有退房需求，可以直接在应腾退房源中输入退房日期便可自动生成本期租金、物业费、实退租金、租赁保证金、合计实退费用等准确信息，为租户办理退房提供便利。另外，还可以探索"移动管理"模式，利用手机等终端，开发"掌上服务"信息平台，进一步提升保障性住房申报、选房、缴租、维修、续约、物业服务等工作的效率。

三、注重建筑品质和居住环境

房屋质量和居住品质是房屋价值的重要决定因素，当前在保障性住房建设开发过程中普遍存在设计粗放、工艺粗糙、用材质量低下、居住体验不佳等问题，制约了保障性房产的价值上升空间。一是要注重建设品质。规划设计上，要保证房屋功能齐全，布局合理；要坚持保障性安居工程的绿化率、小区内外的配套设施要达到同地段普通商品房的标准。材料选用上，要明确各种物料强度、寿命、规格、性能的最低标准。施工工艺上，要制定详细的技术标准、工艺流程、质量要求等。二是要全面落实质量验收制度。制定详细的工程验收标准，严把建设工程质量关，对未达到标准要求的不予验收。三是实行工程项目终身负责制。工程负责人及相关人员要对项目的质量全面负责，一旦出现质量问题，终身追责。四是积极推行住宅产业化。大力推广预制件，使用绿色、环保、节能建材，提升建设整体水平和品质。五是要通过小区景观、园林、水系、建筑小品的设计，优化小区内外部交通方式，加强周边环境的整治，增加社区服务的多样性和便捷性来提升居住品质。六是户型设计上，以功能为出发点，做到"面积不大、功能全""占地不多、环境美"。

四、重视外延资产的配置和管理

集中开发的保障性住房小区，要加大配套设施的投入和完善，小区内按建筑面积的10%~15%进行公建配置，既服务于小区居民，又可以平衡保障性住房项目收支缺口。要"按需定供"，避免结构性过剩。可配建娱乐、商场、停车场等设施，并且以招标的形式向社会公开竞价出租，定期收取设施的租金和管理费，这种"以商养房"的方式既增加了保障性住房运营资金的来源，又满足了居民的生活需求，更是创造了许多就业岗位。另外，保障性住房房源本身也可以精细化管理和使用，比如，可以规定每幢楼的底层不得安排住户，专门用于便利店经营和休闲娱乐活动。还可将路段冠名权、广告设置权等相关物业资源进行组合、打包出售，所获得的收益用于保障性住房的物业管理资金补贴，也可减轻政府压力，形成良性循环机制。

配套设施的配备必须在细致调查、准确掌握低收入群体的居住需求基础上作出，从人性化和便利化角度出发，着力提升居住的综合保障水平，加快引入优质教育、医疗、商业资源，完善基础设施建设。可结合周边区位优势、生态环境及公共服务设施等特点对保障性住房进行内涵挖掘和个性化开发。如毗邻景点，环境优美，可打造为景区房；具有学区优势的可定位为学区房；在商业区附近的住房则可对其商业价值进行深度开发。受保障家庭可根据自身个性化需求选择适宜住房，从而可以避免出现保障性住房结构单一、类型失衡、空间失配等现象。

五、加强对本体资产的管理和维护

一是要严格准入和退出。（1）从全国层面要扫清居民家庭收入与资产信息整合的所有障碍，以民政部为牵头单位，联合人民银行、公安部、住建部、国土资源部、工商管理总局、税务总局等，建立居民经济状况核查中心，建立家庭资产信息大数据平台，解决信息不对称问题，从源头上阻住一些居民骗购骗租的行为。（2）建立按照家庭住房困难程度、家庭规模、人均可支配收入、家庭资产四个维度更为全面科学的准入标准体系，根据家庭人数的不同，分别列出每月收入和家庭总资产净值限额，并且标准限额要动态修订，提高政策的公开性和透明性。（3）在房源分配环节要建立轮候制度，实行轮候制度，一方面可以为保障性住房开发量提供科学依据；另一方面也有助于进一步筛选出真正需要的、合格的保障对象。(4) 严格的审核制度和相应的惩罚机制，并对保障性住房使用状态及住户状况进行动态监管，以确保房源提供给真正的需求者。(5) 建立多元化的退出机制，比如建立家庭收入与租金核减比例挂钩制度，根据收入变化动态调整租金水平，以此实现逐步的、梯度式退出制度。对本地户籍低收入困难家庭还可以建立由租转售制度，在租住租赁型保障性住房5年以后，租户可以申请购买目前居住的保障性住房，以此实现柔性退出等（详见第八章）。

二是要加强日常使用管理，严厉打击滥用保障性住房资源的行为。要制定明确的政策法规，严禁房屋转租、空置，从事非住宅用途，进行不法活动等行为。要组织专门力量监管并打击滥用房屋资源行为，提高公共房屋流转循环使用效率，可以由住房保障部门牵头，在各社区设立保障性住房监督管理小组，对房源的使用情况进行日常监管。要广泛发动群体监督，可开通保障性房源使用情况的匿名举报制度，邀请社会各界共同参与房源的日常管理，提升并扩大监管的力度。

三是要加强对现有住房小区进行更新和维护。对于突出的居住环境问题和治安问题，要及时将其纳入政府住房工作的议事日程，通过政府专项工程限时治理解决。同时，要推行保障性住房日常维护计划，由政府每年提供专项资金支持，对住房内外结构、外立面、屋顶、地下室、公用设施等进行定期检查和维护，确保房屋质量。另外，可以选择基础设施条件、居住环境较好的地段开展较大规模的整治改善工作，提高社区的居住品质和内在价值，促进其可持续发展。上级政府部门可建立第三方独立评估机制，包括房屋完好率、居民满意率等指标。

六、强化文明管理，加强社区文化建设

第一，实现"社会化"管理，深化住房保障内涵。在传统住房保障管理和服务的基础上，建立以住保部门、社区、物业公司为核心，共青团、青联、妇联、残联、公益组织等社会团体共同参与的住房保障管理服务体系，广泛开展残疾人帮扶、空巢老人关爱、邻里守望、低保儿童午餐、义诊等活动，为保障对象提供就业、教育、医疗、特殊关怀等方面的帮助和服务，提升住房保障的高度，打造"和谐人居"，实现"住有乐居"。

第二，鼓励保障性住房小区住户参与小区管理。一方面要成立由居民代表、物业经理、公职人员等各方人士参加的管理委员会，负责协调各方的矛盾，减少工作摩擦。另一方面可成立住户自治委员会，通过住户委员会，及时收集住户的意见，及时制止小区中出现的不良倾向，并监督政府和物业管理公司的工作。可以通过邻里公约建立起住户自觉维护小区清洁、安静、文明的秩序。要发动住户

成立志愿者队伍，利用业余时间参加小区的公益事业，包括对老人的关爱活动等，志愿活动可以以积分形式存储下来，作为评比优秀住户的重要依据。实行小区自我管理与专业分包相结合的办法，有条件的廉租或公租房小区，尤其是集中建设的项目，鼓励住户自我管理、自我服务，促进业主、物业使用人与物业企业之间的良好互动，培养住户对小区的归属感和责任感（如图9-3所示）。

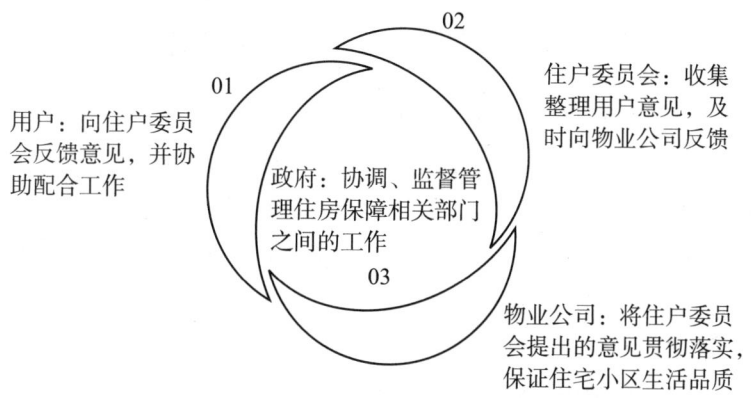

图9-3　保障性住房的物业管理运行模式

第三，加强对物业公司的监管。全面推行物业公司履约保证金制度，建立物业公司诚信档案，形成优胜劣汰的竞争机制。建立物业公司招投标备选名册，完善物业公司市场准入制度，鼓励物业公司吸纳保障对象中符合条件的待业人员和具有相应劳动技能的残疾人员参加物业管理，努力创造人性化、和谐的社区生活氛围。

第四，要经常组织社区文化活动，促进相互融合。因地制宜举办居民喜闻乐见的活动，通过这些活动既能够让租户从心理上感觉被社会接纳，又可以在某些公共环境服务方面实现租户的自我管理。同时，在推进保障性住房小区居民与周边中高收入居民融合方面，要通过社区文化活动提供一个平等的交流平台，借助平台强化他们在学校、医院、体育、文化等公共服务设施方面的共享，促进不同收入群体的社会文化融合。

第五，要对年长者实施专门照顾，加强社区公益服务。从我国目前公租房的入住情况来看，老年家庭占比较高，老年家庭是需要特殊照顾的群体，而且随着年龄增长，独立生活能力逐步减弱，家庭收入改善的可能性很低，未来主动退出公租房的可能性更低，老年租户未来将成为保障性住房管理中的一个难题。一是要加强与养老机构合作，动态评估老年家庭尤其是孤寡老人的生活自理情况，明确不适合独居条件的应由养老机构提供居住场所，符合公租房条件的可由财政继续提供租金补贴对接养老机构服务。二是在房屋功能上要根据老年人居住的特点和要求对户型和配套设施进行改造，设计上要能够满足行动不便者日常使用和护理的空间需求。三是要提倡租户参与社区公益服务,租户参与社区服务可以是兼职有偿的形式,但更应鼓励租户以各种志愿服务的方式为社区其他居民,特别是老年住户提供各种生活服务,比如为生活不便的住户理发、为老年人打扫卫生、交通疏导等。

第六节 保障性住房资产可持续运营机制

从经济角度看,保障性住房只有在确保基本保障功能的前提下,通过有效的资产管理和运营,将项目规划、建设、运营、监管、服务等环节有机结合起来,产生一定的经济效益,进而实现其价值的提升,才能真正建立起保障性住房资产可持续运营的长效机制。要通过积极探索政府指导、社会监管、市场运作的管理运营体制,落实运行资金、创新运行模式、构建收益机制、完善配套建设、提高服务效能等手段,在给中低收入家庭提供住房保障和生活便利的同时,实现保障性住房资产的循环投入和增值。

在保障性住房可持续运营的实践探索中,发达国家有许多可借鉴的经验,如英国的共有产权计划、美国的资产证券化等。国内先进地区也积累了自己的独特经验,如香港特区的租金收缴调节机制;北京市积极探索"服务管理有组织,经营增收有资产,安置就业有岗位,稳定生活有保障"的公租房运营管理新模式;上海市成立了"公租房公司",积极探索"政府主导、市场化运作"的运营管理机制,科学构建公租房租后管理制度;江苏省实施保障性安居工程专项资产管理计划,盘活了保障性住房存量资产、拓宽了保障性住房项目融资渠道,为保障性住房资产有效管理提供了有益探索。

本节将在总结国内外先进经验的基础上,针对我国保障性住房资产管理的现实问题,从相对宏观层面探索构建保障性住房资产可持续运营实现机制。首先,完善保障性住房资产管理的技术手段;其次,加强公私合作,积极推动租赁型保障性住房的市场化经营。再次,建立出售型保障性住房的收益调剂机制,以共有产权的形式出售保障性住房,按"谁投资、谁收益"原则,既解决中低收入家庭住房困难,又防止国有资产流失。最后,健全资产管理法规体系与管理制度。

一、加快建立全国统一的保障性住房综合管理信息平台

运用信息化手段,建立保障性住房综合管理平台有利于科学全面、及时准确

地反映住房供求状态，有利于实现对房、对人、对租赁关系完整的信息监管，有利于住房资源的有效配置，是提升保障性住房资产运作效率和服务水平的有效手段，建议加快建立全国统一的保障性住房综合管理信息平台。

建立统一的保障性住房信息管理平台，将各类保障性住房的资产状况、正在使用的人状况、房屋查询、住户资格审核、入住办理、数据统计、租金收缴、住户信用管理、房源报修、资格退出、保障政策查询等功能统一纳入信息管理系统，通过网络实现保障性住房的资产管理、受理审批、保障资格的实时监管、中低收入家庭的收入情况公示，各类保障性住房房源建设和管理信息发布、保障资源配售（租）结果公示等诸多功能。其中，主要包括五大功能：

第一，整合保障性住房房源信息，实现保障性住房规划设计、建设和分配使用的规范有序。从保障性住房项目的立项、规划、建设环节开始登记，并及时向社会公布，接受群众监督。及时录入存量房源和本年度新收储房源信息，对房源的销售、租赁等分配情况做动态详细登记。

第二，保障对象信息管理模块。包括申请、资格审核、摇号选房、货币化补贴、合同签订等一整套分配、管理业务流程都在信息系统中完成。该系统与公安、工商、车辆管理、税务、公积金、金融等部门定期交换数据，逐步实现动态更新，持续关注保障对象的家庭信息变化情况，实现对分配对象和住房困难群体的动态管理，初步建立保障性住房个人、家庭征信系统，完善黑名单和准入退出制度。体现社会的公平公正，做到应保尽保。

第三，资金管理模块。系统对各个地区中央资金与地方资金投入、各个项目建设资金投入、租金和物业费收入等收益情况做详细记录，每年编制预算，促进资金使用效益提高。

第四，数据分析功能模块。可以实现各类保障性住房项目规模、投入资金、使用状况、租金水平、保障对象特点、租金收缴、各项开支数据的统计功能，对后续配套和修缮资金投入、闲置情况分析做测算和评估，为后续项目规划建设提供数据依据。

第五，服务模块。包括政策咨询、投诉、换房、网上交纳租金等功能。信息系统要与短信平台、微博平台、QQ群等平台联动，加强与租户进行沟通和互动，妥善解决住户的各类居住问题。

依托全国性信息化平台，实现保障性住房任务下达、规划建设、分配入住、后期动态管理的全过程在线查询和监督。

具体操作中，要重点把握好两个关键点：一是完善保障性住房房源信息公开机制，通过信息化平台，实时监控和发布正在建设的项目，已交付入住的各类房源、配套设施资产状况，正在申请的项目；二是实行"一户一档"和实名制管理，相关信息向社会开放。要充分利用大数据技术，全面采集保障对象过去申请、异地申请与享受情况（申请地点、申请面积、批准情况）、保障对象正在保障状况（货币化补贴、实物配租、销售型保障性住房），对于实物保障的，能查询到小区位置、房号、面积、租金或房价，租金是否拖欠等。保障对象的信息应该向全社会公开，其理由是：各地申请受理时已经通过媒体等公示，因此已不存在信息的保密问题；享受公共福利的人，应该承诺允许政府公布其信息；信息公开更重要的作用是对不符合条件的居民产生威慑作用；将居民享受保障性住房情况与相关的申请和交纳租金诚信信息与社会信用体系对接，纳入社会信息体系评价系统中，增加行为规范的约束力。

二、建立健全保障性住房租售并举机制

保障性住房的后期管理一直是困扰政府的难题，如资金回收难、管理成本高、退出执行难、住户破坏性使用等，探索保障性住房租售并举，加快投资回收，有利于实现保障资金的循环使用，同时，将保障性住房出售给符合条件的人群，可以调动个人维护资产保值增值的积极性，可以释放政府后期管理的压力，并有效解决退出难等问题。世界上较早实践租售并举的典型举措有英国的优先购买权制度，规定凡租住社会住房两年以上的住户有权以优惠价格优先购买其所住的社会住房。我国香港地区也在1998年推出"租者置其屋计划"，列入该计划的通常是租住满10年以上的公屋，其租户可选择以优惠价格购买所居住的单位，售价约为市场价的40%，租户购买后的公屋将设置转让限制条款。

当前，从政府角度看，我国保障性住房运营管理压力日益显现，如何加快回收资金，盘活资产，提高资金的使用效率和周转速度是急需解决的问题。同时，从居民角度，相当一部分居民对产权有诉求、有期盼，在这样的背景下，建立租售并举机制，推广实施共有产权制度，是一种重要的长效管理机制，共有产权房相对于经济适用住房，最大的优点是产权清晰，个人与政府按照投入比例分享产权和承担收益与亏损，压缩了寻租空间[①]。操作过程中要注意：

（一）严格控制申购对象，确保惠及真正有需要的困难群体

住房管理部门在审核把关过程中要严格执行准入标准。现阶段，共有产权房的供应对象重点应该是未达到当地最低居住标准或家庭成员名下均无住房的本地

---

① 可详见本课题组成果：虞晓芬、金细簪、陈多长：《共有产权住房的理论与实践》，经济科学出版社2015年版。

户籍中低收入家庭。其中,一个家庭只能购买一套共有产权住房。如果是单身家庭申请购买的,应当对申请人的年龄做出一定限制。管理部门要通过严格的审核机制和动态的信息平台对申请者的资质进行审查,避免共有产权房成为利益寻租工具,确保政策真正为困难群众享有。同时,管理部门应加强对申请者的收入和资产进行审核,确保其具备足够的支付能力,避免保障对象因购买了共有产权房出现经济负担过大,造成家庭基本生活出现问题的现象。

(二)房屋设计要兼顾"保障"和"宜居"

共有产权政策要处理好两个关系,即保障和宜居。一方面,从保障的角度看,共有产权住房的主要功能是惠及刚需和首套的购房需求,因此套型总建筑面积比公租房可以略大些,但不应过大,建议一线城市不要大于70平方米,其他城市不要大于80平方米。另一方面,从人性化和可持续角度考虑,共有产权房要强调"同质同权",品质与普通商品住房持平。在建筑的设计上也要突出宜居性,有条件的地区可以在共有产权房的规划建设中实施全装修成品交房导向,植入绿色环保、便捷时尚等现代化元素。

(三)合理确定租售比例及销售价格

原则上,共有产权住房项目向个人销售的均价,以项目开发建设成本和适当利润为基础,并考虑家庭购房承受能力等因素综合确定。购房人产权份额,参照项目销售均价占同地段、同品质普通商品住房价格的比例确定;政府产权份额,原则上由项目所在地区级政府代持机构持有,也可以由市级代持机构持有。各地区在具体实施过程中应对保障群体的购买意愿与购买能力进行摸底调研,了解低收入群体的居住条件、收入与支出水平,综合本地财力、人口结构及住房市场等因素,确定共有产权房的租售比例及销售价格,避免政策的"一刀切"现象。

另外,为调动居民购买积极性,对于在限定期限内回购政府持有的产权可给予适当的价格优惠,并辅以金融支持手段,实现从租赁到共有产权再到完整产权的过渡。

(四)严格设置转让条件,维持共有产权房的保障属性

要通过制度设计维持共有产权房的保障属性。对于已购共有产权住房不满5年的,不允许转让房屋产权份额,确需转让只能由政府回购。购买满5年转让的,转让收入按产权比例上交给政府。同时,购房人也可按市场价格购买政府份额后获得商品住房产权。在同等价格条件下,政府可优先购买拟转让的共有产

权，并继续作为共有产权住房使用。对于已购共有产权住房用于出租的，所得租金收入要按照购房人与代持机构所占房屋产权份额比例进行分配。以上条件旨在有利于实现共有产权住房循环使用，更大程度上发挥保障作用。

需要强调的是，在实施共有产权政策过程中，政府仍需掌握一定规模的公共租赁住房，保证手中有足够的房源用于出租。用于满足本地区住房困难又无力购买共有产权房的家庭，特别是要优先保证孤、老、病、残或其他有特殊困难家庭的租住需要。同时，还要赋予受保障群众充分的自主选择权，购买共有产权要以自愿为原则，符合保障条件又无力购买或者不愿意购买的困难家庭仍可照旧享受公共租赁住房保障。购买共有产权不应该作为低保资格核定的前置条件，不能因为实施共有产权管理而强制保障对象购买或优先向"有能力购买"的家庭提供保障性住房。

三、加强公私合作，构建租赁型保障性住房的市场化运营机制

（一）引入PPP模式，组建保障性住房专业运营管理机构

实践证明，专业的"第三方运营"服务模式可以有效提升资产的管理运作水平，推动保障性住房资产管理向市场化、专业化、规范化迈进。各地应积极培育市场化的保障性住房专业管理机构，承担保障性住房资产管理、运营管理、物业服务等职责，使其成为接轨市场和执行政策的主要载体，防止政府行政事业部门和国有企业过多介入具体事务。一是服务外包。可面向社会公开招标资产管理公司、物业服务企业进行运营，具体负责辖区内的公共租赁住房的维修、养护、租户管理，收费标准由政府定。二是成立SPV公司，采用国有企业和市场上具有良好信誉的房地产商、物业管理企业成立特定目的公司，负责整个资产的运营与管理。三是明确服务的标准，如住户满意率、房屋完好率、保洁质量、安保质量等可观察可考核的指标。四是加强监管，定期对服务质量开展独立的评估，实行动态淘汰制度。

（二）充分挖掘配套商业地产的经济效益

对于只租不售的租赁型保障性住房而言，项目能带来的现金收益主要来源于住房的租金收益、商业配套的经营收入（或者租金收益）以及商业配套出售的销售收入，由于租赁型保障性住房的住房租金低于市场租金且受到严格管制，因

此，要提高资产质量主要取决于商业配套的经济潜力。在保障性住房规划设计阶段，根据区域的人口、尽可能配足商业地产用地的配比，为后续商业开发预留一定的空间。委托专业机构对商业设施进行合理市场定位、招商、运行管理，发挥商业设施的经济效益，不但有利于现实保障性住房运营的收支平衡，还能提升社区生活便利水平，增加就业和商业机会，促进社区的繁荣。

（三）实行租金的市场化调整机制，租补分离

保障性住房租金要实行动态调整，定期根据市场租金、物价水平以及租户家庭收入的变动对租金的基础水平进行调整。公租房租金可每两年调整一次，为保证租户的可支付能力，变动幅度建议不超过 CPI。租金应接近市场价格，然后，住房保障机构根据保障对象的收入水平等情况实行不同标准的租金补贴，补贴、租金应是分离的，互相独立，单独核算。既让居民明明白白地感受到政府补贴的力度，又提高公共租赁住房自身资产的质量，为证券化创造条件。为配合此项制度的实施，租户须定期申报家庭收入和资产，以确定来年的应缴租金水平和补贴水平。通过这样的租金调整机制，可以为保障性住房的管理提供更为灵活的制度框架，租金水平能够体现保障性住房的市场价值，补贴能更紧贴租户的实际负担能力，从而促进保障性住房的可持续运营。

四、加快探索资产证券化，提升资产的流动性

资产证券化是以特定资产组合或特定现金流为偿付支持，通过结构化设计进行信用增级，在此基础上发行可交易证券的一种融资形式。它能够有效增强资产的流动性和变现能力，为公共项目的建设和运营带来稳定的现金流，促进项目的可持续发展。可以学习香港特区房委会的做法，在公租房领域推广资产证券化模式，将部分公共租赁住房、配套设施证券化，即政府资产私有化，既盘活存量资产，弥补保障性住房建设资金缺口，又提高营运效率，同时也给一群有心投资房地产及物业的人士提供一个回报相对稳定的投资渠道，丰富我国资本市场投资品种，促进资本市场发展。

从条件上看，推进证券化的条件成熟，一是多部门出台的证券化试点意见，为资产证券化提供了政策依据。2012年5月17日中国人民银行、银监会和财政部联合发布《关于进一步扩大信贷资产证券化试点有关事项的通知》，正式重启信贷资产证券化。2013年7月5日，国务院办公厅下发的《关于金融支持经济结构调整和转型升级的指导意见》中提出"逐步推进信贷资产证券化常规化发展"。2013年12月银监会大幅下调信贷资产证券化次级自留比例。此外，我国

已经建立了《资产支持证券信息披露规则》《信托公司管理办法》等多项加强业务规范管理的规章制度文件，为我国保障性住房资产证券化业务的稳步开展提供了制度保障。二是公共租赁住房具有可证券化的特点，公共租赁住房有相对稳定的租金收益，且财政部已经明确土地不参与租金收益的分配，加之公共租赁住房是一种准公共物品，政府通常会给予一定的政策支持和信用担保，以提升项目资产的信用评级，降低投资的风险。

由政府牵头，委托信托投资基金公司，然后，将公租房和配套设施未来收入整合成标准的信托收益权作为证券化的基础资产打包上市，并交由专业公司经营，专业公司通过多元化的投资分散经营风险，实现资产保值增值（如图 9-4 所示）。

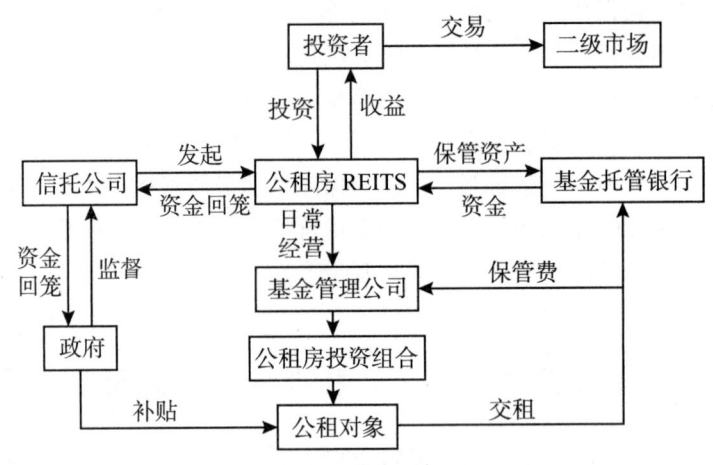

图 9-4 公共租赁住房证券化流程

五、健全资产管理体系与制度

第一，健全相关制度和法规。中央层面应该加快出台《保障性住房资产管理办法》或指导意见，明确保障性住房资产的范围、资产确认的原则、资产计价依据、资产处置方式、处置程序、资产权属与收益的归口管理部门、资产使用的主管部门、资产代持机构资产管理的职责等；加快建立社会公共资产会计制度；加快出台对违规占用、挪用保障性住房资产的处理法规；加快出台保障性住房资产证券化的指导意见；等等。

第二，健全资产管理的机构。根据建设资金来源的主体性质，对已建成的和正在建的保障性住房资产进行全面资产登记和产权确认，明确资产性质和管理主体。各市县应该明确一家政府国有公司来代表政府统一履行出资人职责，代持保障性住房资产，负责政府集中投资建设的保障性住房资产及外延资产接管、房地产开发用地上配建的保障性住房接收、通过社会收储的房源管理；负责资产核定、确权登记、资产处置和房源分配等工作；负责租金收取、出售所得归集，负责资产运营等，全面负责保障性住房建设的建、管、用、还等事务。这样做的好处，一是职责明确，便于考核与追责；二是能够最大限度盘活保障性住房资产，为政府后续保障性住房建设融通资金。资产管理机构与住房保障办的关系是，住保办负责申请对象的审核、分配、动态退出，资产管理机构则具体负责房源提供、安排配租配售、租金/购房款收缴、房屋维修、物业管理等，其中的一些业务也可以外包。

第三，完善信用监督和失信惩戒制度，推进保障性住房诚信体系建设。一方面，综合采用法律、技术、经济、行政等手段引导不符合条件的居民退出，对长期拖欠租金、长期违规占用保障性住房资源、用欺骗手段获得保障性住房资源的家庭，列入个人信用黑名单体系，对于多年严格遵守制度、社区表现良好的居民要给予租金优惠等奖励，把它作为社会诚信体系建设的重要一部分。另一方面，要建立公众监督机制，落实信息公开，充分发挥社会监督作用。要加强合同管理，明确保障对象合理使用保障性住房的权利和义务，强化其权利与责任意识。

第四，建立以需定供的机制。要改变原来的"自上而下"分解任务为"自下而上"申报需求来确定每年度的开工量和货币保障量，充分利用好保障性住房综合信息平台上各市县居民实时申请量、轮候时间，作为确定建设任务的重要依据，从而解决建设任务分配方面供需不对称问题，从源头上减少保障性住房的空置、低效率利用。

本章小结

第一，我国已经基本完成大规模保障性住房建设任务，一大批保障性住房建成交付使用，住房保障工作的重心应该从"建设供应"环节转向"建后管理"环节，要通过资产管理提升资源配置效率和保障效果，维持其资产的完整性和使用状态的良好性，同时，使其所有权在经济上实现保值和增值是实现住房保障制度可持续运行的必然要求。

第二，各地保障性资产流失、资源闲置、分配使用不合理现象严重，这是我国保障性住房资产管理急需解决的重点问题，其引起原因主要有：资产管理的意识不强、职责不清；资产管理的手段落后；现代资产管理的理念缺乏；资产管理的法律法规体系不完善；资产管理的人员配备不足。

第三，香港特区房屋署对保障性住房科学选址，以 TOD 模式为开发导向，注重与新市镇联动发展；"以人为本，保证安居"的设计理念；加强质量监督；严格的准入与审核；实行"扣分制"，防范租户不文明行为；租金动态调整与便捷的收缴机制；严格打击滥用公屋行为，以及上海建立居民经济状况核对中心，强化资格审核，北京采用"第三方运营"模式，加强专业化管理等先进经验，都值得学习与借鉴。

第四，提高保障性住房选址的科学性、完善市政配套建设、提升居住的宜居性和交通的便利性、提升物业服务水平、加强社区文化建设是促进保障性住房资产保值和增值的有效途径。

第五，通过健全保障性住房资产管理体系、加强信息化管理、推行租金的市场化调整机制、实行租补分离、完善公共住房运营管理制度、创新资产证券化模式等，健全保障性住房资产管理的长效运营机制，是实现保障性住房资产管理目标的基础。

参考文献

[1] [美] 阿列克斯·施瓦茨著,黄瑛译:《美国住房政策》,中信出版社2008年版。

[2] [英] 戴维·莫林斯、艾伦·穆里著,陈立中译:《英国住房政策》,中国建筑工业出版社2012年版。

[3] [美] 汤姆·戈·帕尔默著,熊越、李扬、董子云等译:《福利国家之后》,海南出版社2017年版。

[4] 巴曙松、牛播坤、杨现领:《保障房制度建设:国际经验及中国的政策选择》,载于《财政研究》,2011年第12期,第16~19页。

[5] 包宗华:《聚焦:住房分类供应和经济适用住房》,载于《住宅与房地产》,2002年第1期,第20~23页。

[6] 褚超孚、贾生华:《浙江省城镇住房保障"三阶段"动态演进的框架模型》,载于《浙江社会科学》,2005年第4期,第207~212页。

[7] 曹国安、曹明:《西方国家的住房保障体制及其启示》,载于《中国房地产》,2003年第6期,第73~76页。

[8] 曹柬、吴晓波、周根贵:《制造企业绿色运营模式演化及政府作用分析》,载于《科研管理》,2013年第34(1)期,第108~115页。

[9] 陈杰:《公租房"遇冷"的原因探究及解决思路》,载于《中国市场》,2012年第33期,第90~95页。

[10] 陈杰、曾馨弘:《英国住房保障政策的体系、进展与反思》,载于《中国房地产》,2011年第8期,第53~65页。

[11] 陈志俊、邹恒甫:《防范串谋的激励机制设计理论研究》,载于《经济学动态》,2002年第10期,第52~58页。

[12] 常志朋、王先柱:《廉租房柔性退出机制研究》,载于《华南理工大学学报》(社会科学版),2014年第2期,第42~47页。

[13] 陈怡芳、高峰、于江涛:《德国、瑞士低收入家庭住房保障考察报

告》，载于《财政研究》，2012年第3期，第54~56页。

［14］成思危：《中国城镇住房制度改革——目标模式与实施难点》，民主与建设出版社1999年版。

［15］程益群：《住房保障法律制度研究》，中国政法大学，2009年。

［16］崔裴、胡金星、周申龙：《房地产租赁市场与房地产租买选择机制——基于发达国家住房市场的实证分析》，载于《华东师范大学学报》（哲学社会科学版），2014年第1期。

［17］崔裴、王梦雯：《培育机构出租人是租赁市场发展关键》，载于《城市开发》，2017年第18期，第36~37页。

［18］崔光灿、汤海燕、黄静：《中国廉租住房退出中的问题及完善途径》，载于《城市问题》，2015年第8期，第74~81页。

［19］陈钊：《信息与激励经济学》，上海人民出版社2005年版。

［20］邓宏乾、王昱博：《租赁型保障住房退出机制研究》，载于《贵州社会科学》，2015年第3期，第123~127页。

［21］东建：《建设部首次分析预测我国居民2020年居住目标》，载于《城市规划通讯》，2004年第24期，第4页。

［22］董昕：《中国政府住房保障范围的变迁与现状研究》，载于《当代财经》，2011年第5期，第84~91页。

［23］邓泽宏：《国外非政府组织与企业社会责任监管——以美国、欧盟的NGO为考察对象》，载于《求索》，2011年第11期，第51~53页。

［24］冯长春、陈怡、刘保奎：《中低收入家庭住房解决途径研究》，载于《建筑经济》，2009年第5期。

［25］方福前：《论凯恩斯理论与罗斯福"新政"的关系》，载于《经济理论与经济管理》，1998年第3期，第50~57页。

［26］樊广帅：《公租房有序退出机制的问题与对策建议》，载于《经济研究导刊》，2015年第16期，第180~181页。

［27］冯俊．住房保障是重大的民生工程［EB/OL］.http：//www.scio.gov.cn/zxbd/tt/jd/Document/1372208/08/1372208.htm，20，2014-06-04。

［28］高波、赵奉军、王辉龙、毛丰付：《我国城市住房制度改革研究——变迁、绩效与创新》，经济科学出版社2017年版。

［29］郭士征、张腾：《"三元到四维"：住房保障体系的构建》，载于《探索与争鸣》，2010年第8期，第47~51页。

［30］郭晓云：《地方政府住房政策议程的影响因素及作用机理研究》，经济科学出版社2017年版。

[31] 葛扬、贾春梅：《廉租房供给不足的事实、根源与突破路径——基于转型期中国地方政府为视角的分析》，载于《经济学家》，2011年第8期，第27~35页。

[32] 郝国彩、袁小霞：《关于住房市场失灵与政府干预的思考》，载于《财政研究》，2010年第12期，第22~24页。

[33] 胡金星、汪建强：《社会资本参与公共租赁住房建设、运营与管理：荷兰模式与启示》，载于《城市发展研究》，2013年第20期。

[34] 黄国生：《从房价收入比看中国的房价问题》，载于《教育观察》，2012年第10期，第51~53页。

[35] 黄凯南：《演化博弈与演化经济学》，载于《经济研究》，2009年第2期，第132~145页。

[36] 何青、钱宗鑫、郭俊杰：《房地产驱动了中国经济周期吗?》，载于《经济研究》，2015年第12期，第41~53页。

[37] 胡毅、张京祥等：《荷兰住房协会——社会住房建设和管理的非政府模式》，载于《国际城市规划》，2013年第28期，第40~46页。

[38] 何元斌、王雪青：《保障性住房建设中中央政府与地方政府的博弈行为分析》，载于《经济问题探索》，2016年第11期，第39~44页。

[39] 黄燕芬、唐将伟：《福利体制理论视阈下德国住房保障政策研究》，载于《价格理论与实践》，2018年第3期，第16~21页。

[40] 黄忠华、吴次芳、杜雪君：《房地产投资与经济增长——全国及区域层面的面板数据分析》，载于《财贸经济》，2008年第8期，第56~60页。

[41] 黄忠华、杜雪君、虞晓芬：《英国共有产权住房的实践、经验及启示》，载于《中国房地产》，2014年第13期，第76~79页。

[42] 贾康、刘军民：《优化与强化政府职能　建立和完善分层次住房保障体系》，载于《财贸经济》，2008年第1期，第27~36页。

[43] 刘栋：《香港的公屋制度及其金融支持研究》，暨南大学硕士论文，2007年。

[44] 李罡：《荷兰的社会住房政策》，载于《城市问题》，2013年第7期，第84~91页。

[45] 李罡、聂晨：《英国是如何解决青年住房问题的?》，载于《当代世界》，2016年第11期，第66~69页。

[46] 李光、徐燕：《保障性住房"退出难"的破解之道》，载于《上海房地》，2012年第2期，第29~31页。

[47] 李进涛、皇甫雪芹：《公租房居民退出意愿的影响因素分析——以武

汉市为例》，载于《湖北工业大学学报》，2016年第31（03）期，第105～109、120页。

[48] 李莉：《美国公共住房政策演变述评》，载于《史学理论研究》，2010年第1期，第113～124页。

[49] 刘琳：《我国城镇住房保障制度研究》，中国计划出版社2011年版。

[50] 李泠烨：《城乡规划中"公共福祉"的判定研究——一则著名美国案例的分析及其对中国的启示》，载于《行政法学研究》，2012年第78（2）期，第116～123页。

[51] 李莉：《中国新型城镇化建设进程中棚户区改造理论与实践》，中国经济出版社2014年版。

[52] 吕明革：《典型国家和地区保障房建设融资主要经验及启示》，载于《电子科技大学学报》（社会科学版），2014年第1期，第28～32页。

[53] 吕萍、修大鹏、李爽：《保障性住房共有产权模式的理论与实践探索》，载于《城市发展研究》，2013年第20（2）期。

[54] 刘润秋、曾祥风：《包容性增长理念下的住房保障制度：公平与效率动态平衡》，载于《福建论坛》（人文社会科学版），2011年第2期，第118～122页。

[55] 龙雯：《公共住房保障中的政府责任研究》，湖南大学硕士论文，2012年。

[56] 梁云凤：《德国的保障房制度及对我国的启示》，载于《经济研究参考》，2011年第61期，第66～69页。

[57] 李彦芳：《建立我国保障性住宅合作社制度的构想——我国保障性住房供应体系的一种有益补充》，载于《社会科学家》，2015年第8期，第30～35页。

[58] 刘瑛：《河南省保障性住房建设现状及存在问题之分析》，载于《法制与经济（中旬）》，2013年第5期，第82～83页。

[59] 刘友平、陈险峰、虞晓芬：《公共租赁房运行机制的国际比较及其借鉴——基于美国、英国、德国和日本的考察》，载于《建筑经济》，2012年第3期，第68～72页。

[60] 李扬、汪利娜、殷剑峰：《普遍住房保障制度比较和对中国的启示》，载于《财贸经济》，2008年第1期，第37～43页。

[61] 刘志琳、景娟、满燕云：《保障性住房政策国际经验：政策模式与工具》，商务印书馆2016年版。

[62] 刘中起：《德国住房政策对中国的借鉴——以德国为例》，载于《中国

名城》，2014年第10期，第56~61页。

[63] 马珺：《美国税法中的住房抵押贷款利息税前扣除：历史、现状与改革提议》，载于《经济研究参考》，2016年第58期，第3~17页。

[64] 马庆林：《编制住房建设规划的几点思考》，载于《城市规划》，2012年第36（2）期，第37~42页。

[65] 毛小平、陆佳婕：《并轨后公共租赁住房退出管理困境与对策探讨》，载于《湖南科技大学学报》（社会科学版），2017年第1期，第99~106页。

[66] 莫智、邓小鹏、李启明：《国外住房共有产权制度及对我国的启示》，载于《城市发展研究》，2010年第17（3）期，第114~120页。

[67] 倪虹：《国外住房发展报告》，中国建筑工业出版社2013年版。

[68] 聂危萧、冯长春：《基于时间尺度的房地产市场与宏观经济发展的关联性分析》，载于《现代城市研究》，2013年第11期，第66~71页。

[69] 蒲潇：《一组图看40年中国人的住宅变迁》，http：//slide.news.sina.com.cn/slide_1_45272_247069.html#p=1.

[70] 潘雨红、曾艺文、孙起、张珊、林军伟、张昕明：《公共租赁房腾退意愿研究及政策建议——以重庆为例》，载于《建筑经济》，2015年第1期，第103~107页。

[71] 秦虹：《公共租赁住房建设融资再思考》，载于《中国改革论坛文集》，2011年。

[72] 任志强：《市场归市场、保障归保障》，载于《房地产导刊》，2011年第1期。

[73] 孙斌栋、刘学良：《欧洲混合居住政策效应的研究述评及启示》，载于《国际城市规划》，2010年第25（5）期，第96~102页。

[74] 屠国玺、王政、张周来：《第一块：推山填海造地》，载于《半月谈》，2013年第14期，第6~9页。

[75] 汤林弟：《论基于公民住房权的住房政策架构》，载于《理论导刊》，2012年第2期，第19~22页。

[76] 陶雪良、刘洪玉：《城市公共住房政策的起因与归结》，载于《财政研究》，2008年第9期，第33~36页。

[77] 谭禹：《保障性住房供给缺失研究》，经济科学出版社2015年版。

[78] 吴东航等：《日本住宅建设与产业化》，中国建筑工业出版社2009年版。

[79] 吴冬杰：《公租房项目引入社会资本的激励政策研究》，南京工业大学

硕士论文，2015年。

[80] 王丹：《论我国住房保障法律制度的完善》，华中科技大学硕士论文，2012年。

[81] 汪飞燕、赵定涛：《基于博弈分析的公共服务民营化中的责任关系研究》，载于《管理学报》，2006年第3(1)期，第31~35页。

[82] 汪海霞：《"包容性增长"的语义及其运行机理分析》，载于《求实》，2011年第4期，第38~40页。

[83] 吴建强：《住房双轨制下城市公租房退出机制研究》，载于《中国证券期货》，2013年第9期，第321~321页。

[84] 吴立群、宗跃光：《共有产权住房保障制度及其实践模式研究》，载于《城市发展研究》，2009年第16(6)期，第136~138页。

[85] 魏文：《法国通过"可抗辩居住权"法案》，《中国审计报》，2007年1月31日。

[86] 王宏哲、石雁：《"适当的"：住房人权的概念解读》，载于《北京科技大学学报》（社会科学版），2007年第23(4)期，第83~87页。

[87] 向春玲：《165岁的德国住房保障制度》，载于《城市住宅》，2012年第3期，第30~33页。

[88] 熊衍仁、沈綵文：《国外住房发展报告》，中国建筑工业出版社2016年版。

[89] 易成栋、张中皇：《中国城镇家庭住房状况分析——基于第五次和第六次人口普查资料》，载于《中国房地产》，2013年第16期，第3~11页。

[90] 余劲、李凯：《俄罗斯的青年家庭住房保障制度》，载于《城市问题》，2010年第3期，第81~86页。

[91] 岳静宜、晏姿、任旭：《开发商参与保障房配建市场化模式研究》，载于《工程管理学报》，2015年第1期，第76~80页。

[92] 姚玲珍：《德国社会保障制度》，上海人民出版社2011年版。

[93] 姚玲珍、刘霞、王芳：《中国特色城镇住房保障体系研究》，经济科学出版社2018年版。

[94] 虞晓芬、邓雨婷：《美国共享权益住房制度与启示》，载于《中国房地产》，2014年第11期，第39~43页。

[95] 虞晓芬、金细簪、陈多长：《共有产权住房的理论与实践》，经济科学出版社2015年版。

[96] 虞晓芬、任天舟、朱旭丰：《居民住房负担能力与房价合理性研究》，

经济科学出版社 2011 年版。

[97] 虞晓芬、周力锋：《公共租赁房企业化建设运营面临的问题》，载于《中国房地产》，2012 年第 13 期，第 23~26 页。

[98] 虞晓芬、张利花、范建双：《危旧房改造增值评估——实物期权方法》，载于《管理评论》，2015 年第 27（10）期，第 54~59 页。

[99] 袁秀明：《我国住房保障制度设计问题剖析与建议》，载于《宏观经济研究》，2009 年，第 27~32 页。

[100] 住房和城乡建设部政策研究中心：《2013·中国房地产企业社会责任实践报告》，《中国建设报》，2013 年 12 月 25 日。

[101] 朱福惠、李燕：《论公民住房权的宪法保障》，载于《暨南学报》（哲学社会科学版），2009 年第 31（2）期，第 118~122 页。

[102] 曾国安、胡晶晶：《论中国城镇住房保障体系改革和发展的基本思路与目标构架》，载于《江汉论坛》，2011 年第 2 期，第 15~20 页。

[103] 中国房地产业协会：《2014~2015 年度全国保障性住房研究报告》，http://www.fangchan.com/data/13/2015 – 03 – 10/5980881828247311239.html，2015 – 03 – 10。

[104] 张根生：《淮安推行"共有产权房"模式》，载于《共产党员》，2010 年第 7 期，第 53 页。

[105] 张泓铭：《关于设立中国住房保障银行的建议》，载于《中国房地产》，2011 年第 10 期，第 11~12 页。

[106] 曾辉、虞晓芬：《国外低收入家庭住房保障模式的演变及启示——以英国、美国、新加坡三国为例》，载于《中国房地产》，2013 年第 2 期，第 23~29 页。

[107] 曾辉、虞晓芬：《美国公共住房退出管理中的两难抉择及启示》，载于《中国房地产》，2016 年第 27 期，第 72~80 页。

[108] 张娟锋、虞晓芬：《以共有产权住房推动我国住房保障体系的发展》，载于《中国房地产》，2015 年第 4 期，第 63~65 页。

[109] 周坚卫：《地方公共财政理论与实践》，中国财政经济出版社 2008 年版。

[110] 周江：《中国住房保障理论、实践和创新研究》，中国经济出版社 2018 年版。

[111] 臧美华：《新中国城市住房发展历程 1949~2016》，人民出版社 2018 年版。

[112] 张琪：《保障房的准入与退出制度研究：一个国际比较的视角》，载

于《社会科学战线》，2015 年第 6 期，第 68~73 页。

[113] 张清、梁军：《适足住房权的司法救济研究》，载于《学习与探索》，2012 年第 12 期，第 71~75 页。

[114] 张齐武、徐燕雯：《经济适用房还是公共租赁房？——对住房保障政策改革的反思》，载于《公共管理学报》，2010 年第 7 期，第 86~92 页。

[115] 张清、严婷婷：《适足住房权实现之国家义务研究》，载于《北方法学》，2012 年第 2 期，第 82~91 页。

[116] 张锐：《我国政府住房保障支出水平分析》，载于《山西财经大学学报》，2007 年第 S1 期，第 112~113 页。

[117] 张维迎：《博弈与信息经济学》，格致出版社 2012 年版。

[118] 张昕、张宇祥：《典型国家和地区住房保障政策的经验与启示》，载于《宏观经济研究》，2008 年第 3 期，第 77~79 页。

[119] 张永岳、谢福泉：《房地产企业参建保障房的利益驱动和主要风险》，载于《科学发展》，2011 年第 11 期，第 63~67 页。

[120] 张祚：《公共商品住房分配及空间分布问题研究》，中国地质大学硕士论文，2010 年。

[121] Alex Schwartz, The credit crunch and subsidized low-income housing: The UK and US experience compared, *Journal of Housing and the Built Environment*, 2011, 26 (3): 353-374.

[122] Ann Dupuis, David C. Thorns. Home, Home Ownership and the Search for Ontological Security, *The Sociological Review*, 1998, 46 (1): 24-47.

[123] Arthurson K. Australian Public Housing and the Diverse Histories of Social Mix, *Journal of Urban History*, 2008, 34 (3): 484-501.

[124] Bacher J C. *Keeping to the Marketplace: The Evolution of Canadian Housing Policy*, MQUP, 1993.

[125] Beckhoven E. V. & Kempen R. V.. Social effects of urban restructuring: a case study in Amsterdam and Utrecht, the Netherlands, *Housing Studies*, 2003, 18 (6): 853-875.

[126] Berman P. The study of macro-and micro-implementation., *Public Policy*, 1978, 26 (2): 157-184.

[127] Boyne G., Walker R. Social Housing Reforms in England and Wales: A Public Choice Evaluation, *Urban Studies*, 1999, 36 (13): 2237-2262.

[128] Bratt R. G., *Rebuilding a low-income housing policy*, Temple University Press, Philadelphia, PA, 1989.

［129］Brophy P. C. & Smith R. N. Mixed - Income Housing: Factors for Success, *Cityscape*, 1997, 3（2）: 3 - 31.

［130］Brunso K, Scholderer J, Grunert K G. Closing the gap between values and behavior - a means-end theory of lifestyle, *Journal of Business Research*, 2004, 57（6）: 665 - 670.

［131］Chatterjee. Poverty Reduction Strategies—Lessons from the Asian and Pacific Region on Inclusive Development, *Asian Development Review*, 2005, 22（1）: 12 - 44.

［132］Christopher Jencks, Susan E. Mayer, *The Social Consequences of Growing Up in a Poor Neighborhood*, Washington, D. C. Publisher: National Academy Press, 1990.

［133］Chung E C. Low Income Housing Policies in Korea: Evaluations and Suggestions, *Konkuk University*, 2005.

［134］Conceição P. , Gibson D. V. , Heitor M. V. , et al. Knowledge for Inclusive Development: The Challenge of Globally Integrated Learning and Implications for Science and Technology Policy, *Technological Forecasting & Social Change*, 2001, 66（1）: 1 - 29.

［135］Crook A D H, Whitehead C M E. Social housing and planning gain: is this an appropriate way of providing affordable housing? . *Environment & Planning A*, 2002, 34（7）: 1259 - 1279.

［136］Crook A. D. H. . Affordable Housing and Planning Gain, Linkage Fees and the Rational Nexus: Using the Land Use Planning System in England and the USA to Deliver Housing Subsidies, *International Planning Studies*, 2015（1）: 13 - 48.

［137］Crook, A. D. H. &Whitehead, C. *The Achievement of Affordable Housing Policies through the Planning System*, Restructuring Housing Systems: From Social to Affordable Housing?, York: York Publishing Services, 2000.

［138］Eriksen M. D. , Rosenthal S. . Crowd Out Effects of Place-based Subsidized Rental Housing: New Evidence From the LIHTC Program, *Journal of Public Economics*, 2010, 94（12）: 953 - 966.

［139］Feitosa, F. F. , Wissmann, A. . *Social-mix policy approaches to urban segregation in Europe and the United States*, Zentrum fur Entwicklungsforschung Center for Development Research Universitat bonn, 2006: 1 - 30.

［140］Glen Bramley. An affordability crisis in British housing: Dimensions, causes and policy impact, *Housing Studies*, 1994, 9 (1): 103 – 124.

［141］Goh L. E. Planning That Works: Housing Policy and Economic Development in Singapore, *Journal of Planning Education & Research*, 1988, 7 (3): 147 – 162.

［142］Goodchild B. & Cole I. Social Balance and Mixed Neighbourhoods in Britain since 1979: A Review of Discourse and Practice in Social Housing, *Environment & Planning D Society & Space*, 2001, 19 (1): 103 – 122.

［143］Goodlad, R. K. *The Housing Authority as Enabler. Coventry and Harlow*, England: Institute of Housing and Longman Group UK. 1993.

［144］Green R K, Malpezzi S. Primer on U. S. Housing Markets and Housing Policy, A, *Urban Institute*, 2003: 618 – 624.

［145］Griffin L. Creating Affordable Housing in Toronto Using Public – Private Partnerships, *Faculty of Environmental Studies York University*, 2003: 1 – 40.

［146］Harloe M. Private rented housing in the United States and Europe, *C Helm*, 1985.

［147］Hays, R. A. *The Federal Government and Government and Urban Housing*, The State University of New York Press, 1995.

［148］Icek Ajzen. The theory of planned behavior, *Organizational Behavior and Human Decision Processes*, 1991, 50 (2): 179 – 211.

［149］Johnston Birchall. *Housing policy in the* 1990s, London: Routledge, 1992.

［150］Kim S H. Belated but grand? The future of public housing in Korea, *City Culture & Society*, 2014, 5 (2): 97 – 105.

［151］Kleinhans R. Social implications of housing diversification in urban renewal: A review of recent literature, *Journal of Housing & the Built Environment*, 2004, 19 (4): 367 – 390.

［152］Kleit R G. & Manzo L C. To move or not to move: relationships to place and relocation choices in HOPE VI, *Housing Policy Debate*, 2006, 17 (2): 271 – 308.

［153］Kutty, N. K. The House Poor – Are High Housing Costs Keeping Non – Poor Americans at Poverty Standards of Living? *Paper Presented at the ENHR 2002 Conference in Vienna*, Austria, 2002.

［154］Laffont, J. J. & Martimort, D. *The theory of incentives: the principal-agent model*, Beijing: World Book Inc., 2013, 284 – 285.

[155] Lansley S. *Housing and public policy*, Croom Helm, 1979.

[156] Leamer E. E. Housing is the Business Cycle, *Social Science Electronic Publishing*, 2007, 46 (3): 149-233.

[157] Leigh, W. A. & Mitchell, M. O. Public housing and the black community, *The Review of Black Political Economy*, 1980, 17 (2): 107-129.

[158] Lindsey Appleyard, Karen Rowlingson. *Home-ownership and the distribution of personal wealth*, Birmingham: University of Birmingham, 2010.

[159] Lisa L. Mohanty, Lakshmi K. Raut. Home Ownership and School Outcomes of Children: Evidence from the PSID Child Development Supplement, *American Journal of Economics and Sociology*, 2009, 68 (2): 465-489.

[160] Lund, B. *Understanding Housing Policy*, Bristol, UK: The Policy and the Social Policy Association, 2006.

[161] Maio, Richard G. Emergent themes and potential approaches to attitude function: The function-structure model of attitudes, *Z Physik*, 2000, 127.

[162] Malpass P. Fifty Years of British Housing Policy: Leaving or Leading the Welfare State? *International Journal of Housing Policy*, 2004, 4 (2): 209-227.

[163] Malpass P. Housing and the New Welfare State: Wobbly Pillar or Cornerstone? *Journal of Urban & Regional Planning*, 2008, 23 (1): 1-19.

[164] Malpezzi S. & Vandell K. Does the low-income housing tax credit increase the supply of housing? *Journal of Housing Economics*, 2002, 11 (4): 360-380.

[165] Michael E. Stone. What is housing affordability? The case for the residual income approach, *Housing Policy Debate*, 2006, 17 (1): 151-184.

[166] Milligan V. R. *How different? Comparing housing policies and housing Afford-ability consequences for low income households in Australia and the Netherlands*, Utrecht: Universities Utrecht, 2003, 162-201.

[167] Mirrlees, J. A. The optimal structure of incentives and authority within an organization, *Bell Journal of Economics*, 1976 (7): 105-131.

[168] Morais M D P, Cruz B D O. Housing Demand, Tenure Choice, and Housing Policy in Brazil, *Urban Land Markets*, 2009 (10): 253-282.

[169] Morrison N. Examining the difficulties in letting social housing within England, *Geojournal*, 2000, 51 (4): 339-349.

[170] Moskalyk A. *The Role of Public—Private Partnerships in Funding Social Housing in Canada*, CPRN Research Report, 2008 (9).

[171] Murray M. P. Subsidized and Unsubsidized Housing Stocks 1935 to 1987: Crowding out and Cointegration, *Journal of Real Estate Finance & Economics*, 1999, 18 (1): 107 – 124.

[172] Murray, M. P.. Subsidized and Unsubsidized Housing Starts: 1961 – 1977, *Review of Economics and Statistics*, 1983, 65 (4): 590 – 597.

[173] Musterd S., Ostendorf W., & Vos S. D. Neighborhood effects and social mobility: a longitudinal analysis, *Housing Studies*, 2003, 18 (6): 877 – 892.

[174] Nicole Gurran, Christine Whitehead. Planning and Affordable Housing in Australia and the UK: A Comparative Perspective, *Housing Studies*, 2011, 26 (7 – 8): 1193 – 1214.

[175] Office of the Deputy Prime Minster. *Social Housing and Housing Policy in England* 1975 – 2002, London. 2005. 12.

[176] Parashar D. The Government's Role in Private Partnerships for Urban Poor Housing in India, *International Journal of Housing Markets and Analysis*, 2014, 7 (4): 524 – 538.

[177] Ponce J., Land Use Law, Liberalization, and Social Cohesion Through Affordable Housing in Europe: The Spanish Case, *Urban Lawyer*, 2004 (3): 317 – 340.

[178] Priemus H. Social housing management: Concerns about effectiveness and efficiency in the Netherlands, *Journal of Housing & the Built Environment*, 2003, 18 (3): 269 – 279.

[179] Robert M. Buckley and Alex F. *Housing Policy in the U. S.: The Evolving Sub-national Role*, http://milanoschool.org/wp-content/uploads/2013/04/Buckley_and_Schwartz_2011 – 06. pdf., 2011: 1 – 35.

[180] Ruel E., Oakley D., Wilson G. E., & Maddox R.. Is public housing the cause of poor health or a safety net for the unhealthy poor? *Journal of Urban Health Bulletin of the New York Academy of Medicine*, 2010, 87 (5): 827 – 838.

[181] Ryan, A. *Public and private property*, in: S. Benn & G. Gaus (Eds) *Public and Private in Social Life*, London: Croom Helm, 1983.

[182] Saunders, P.. *A Nation of Home Owners*, London: Hyman and Unwin,

1990.

[183] Schill M. H. Distressed public housing: where do we go from here? *University of Chicago Law Review*, 1993, 60 (2): 497 - 554.

[184] See Marie Loison. The Implementation of an Enforceable Right to Housing in France, *European Journal of Homelessness*, 2007, 1: 185 - 196.

[185] Smith T B. The Policy Implementation Process, *Policy Sciences*, 1973, 4 (2): 197 - 209.

[186] Smith, J. M. & Price, G. R. The logic of animal conflict, *Nature*, 1973, 246: 15 - 18.

[187] Spence, M. Job market signaling, *The Quarterly Journal of Economics*, 1973, 87 (3): 355 - 374.

[188] Stearns J. E. Voluntary Bonds: The Impact of Habitat II on U. S. Housing Policy, *Journal of General Physiology*, 1937, 21 (1): 1 - 16.

[189] Swan C.. Subsidized and Unsubsidized Housing Starts, *American Real Estate and Urban Economics Association Journal*, 1973, 1 (4): 119 - 140.

[190] Taylor, P. D. & Jonker, L. B. Evolutionarily stable strategy and game dynamics, *Mathematical Biosciences*, 1978 (40): 145 - 156.

[191] Townsend P. A Sociological Approach to the Measurement of Poverty—A Rejoinder to Professor Amartya Sen, *Oxford Economic Papers*, 1985, 37 (4): 659 - 668.

[192] Tumanov A. Affordable housing sector in Russia: evolution of housing policy through the period of transition, *Housing Finance International*, 2013 (Spring): 25 - 31.

[193] Vale L. J. The future of planned poverty: Redeveloping America's most distressed public housing projects, *Neth. J. of Housing and the Built Environment*, 1999, 14 (1): 13 - 31.

[194] Walsh K. *Public Services and Market Mechanisms*, Macmillan Education UK, 1995.

[195] Weicher J C. Urban Housing Programs: What Is the Question? *Cato Journal*, 1982, 2 (2): 411 - 436.

[196] Werna E. The provision of low - cost housing in developing countries: a post - or a pre - fordist process of production? *Habitat International*, 1994, 18 (3): 95 - 103.

[197] Whitehead C M E. Private finance for housing associations, *Avebury*,

1993.

[198] William M. Rohe, Shannon Van Zandt, George McCarthy. *The Social Benefits and Costs of Homeownership: A Critical Assessment of the Research*, Cambridge: Joint Center for Housing Studies Harvard University, 2001.

后 记

2013年10月29日中央政治局就加快推进住房保障体系和供应体系建设进行第十次集体学习，习近平总书记主持学习并讲话，指出，"加快推进住房保障和供应体系建设，要处理好政府提供公共服务和市场化的关系、住房发展的经济功能和社会功能的关系、需要和可能的关系、住房保障和防止福利陷阱的关系。"这次会议给了人们加快住房保障的想象空间。但遗憾的是5年后的今天，我国在完善住房保障体系和运行机制的建设方面，没有取得实质性的进展，某种程度上还出现了倒退，比如"十三五"住房规划时，原则上不再新建公共租赁住房，实质是以棚户区改造（含城中村改造）替代了住房保障工程。而2015年以来全国实施商品住房去库存和大规模棚户区改造（含城中村改造），导致的又一轮城市商品住房的猛涨，进一步加剧了住房领域不平衡、不充分发展的矛盾和住房保障的压力。我国各地面临的住房问题要比2013年严重得多、复杂得多，政府面临的挑战也大得多，既要更坚定地践行"以人民为中心"为理念，切实解决好住房困难家庭的住房问题，又要维持房地产市场的平稳健康发展，防止房地产价格下降带来的金融风险。

2017年8月我带着学生到杭州城中村实地调研外来务工人员居住状况时，脑子里总是浮现恩格斯写《论住宅问题》时描述的当时资本主义国家面临的住宅短缺、恶劣的工人的居住条件现象。实事求是地说，今天的中国大城市局部区域也存在着类似的问题。解决好当前我国城镇居民住房困难：一是要进一步提高各级政府对住房问题的认识，邓小平同志曾经讲过"社会主义国家有个最大的优越性，就是干一件事情，一下决心，一做出决议，就立即执行"，我们政府若下决心想解决好住房困难群体的住房问题，一定能解决得好的，关键还是各级政府的认识是否到位，这也是为什么本书在第一、二、三章花较大篇幅阐述住房保障的必要性和现实需求的原因。二是健全住房保障法规，把住房保障工作纳入法制化、规范化的轨道，明确各级政府在住房保障上的职责，建立稳定的制度保障体系，避免因政府换届、换人而出现政策的大摇摆。三是确定住房发展目标和阶段性住房最低标准，以此为主要指标，建立指导和考核各级政府的住房保障绩效体系。四是完善"租、售、改、补"四位一体的保障方式，充分尊重保障对象的选择权。全面建立轮候制度，根据轮候规模、轮候合理时间、轮候对象的需求，合理安排各类保障方式的规模。五是建立要素保障体系，建立保障性住房建设与管理基金、政策性住房银行，要确保新增供地中用于保障性住房（不含拆迁安置用房）的比例不低于20%，从土地供给的源头就建立起为住房困难的中低收入家庭解决住房的保护机制。六是严格准入与退出管理，国家从顶层进行设计和推动，建立"居民经济状况核对中心"，集银行、工商、车管、房管、公积金中心、证券等信息于一体，解决因信息不对称而带来的骗租骗购问题。采取技术的、经济的、法律的方法引导居民及时退出公共租赁住房。

由于收入与资产分布的不均衡性，城市里永远存在难以通过市场解决住房的群体，因此，保障性住房就像城市里的道路、医院、学校、加油站一样是不可缺少的。当然，随着市场供求关系和价格的变化，其占比会发生变化，政府解决居民住房困难的保障方式会发生变化，但唯一不会变的，总有一部分群体是需要政府给予救济或资助的。因此，住房保障事业是一项长期性、基础性工程，也值得学者们持续关注和研究。

虞晓芬

2018年10月30日于杭州

教育部哲学社会科学研究重大课题攻关项目成果出版列表

序号	书　名	首席专家
1	《马克思主义基础理论若干重大问题研究》	陈先达
2	《马克思主义理论学科体系建构与建设研究》	张雷声
3	《马克思主义整体性研究》	逄锦聚
4	《改革开放以来马克思主义在中国的发展》	顾钰民
5	《新时期　新探索　新征程 ——当代资本主义国家共产党的理论与实践研究》	聂运麟
6	《坚持马克思主义在意识形态领域指导地位研究》	陈先达
7	《当代资本主义新变化的批判性解读》	唐正东
8	《当代中国人精神生活研究》	童世骏
9	《弘扬与培育民族精神研究》	杨叔子
10	《当代科学哲学的发展趋势》	郭贵春
11	《服务型政府建设规律研究》	朱光磊
12	《地方政府改革与深化行政管理体制改革研究》	沈荣华
13	《面向知识表示与推理的自然语言逻辑》	鞠实儿
14	《当代宗教冲突与对话研究》	张志刚
15	《马克思主义文艺理论中国化研究》	朱立元
16	《历史题材文学创作重大问题研究》	童庆炳
17	《现代中西高校公共艺术教育比较研究》	曾繁仁
18	《西方文论中国化与中国文论建设》	王一川
19	《中华民族音乐文化的国际传播与推广》	王耀华
20	《楚地出土戰國簡册［十四種］》	陈　伟
21	《近代中国的知识与制度转型》	桑　兵
22	《中国抗战在世界反法西斯战争中的历史地位》	胡德坤
23	《近代以来日本对华认识及其行动选择研究》	杨栋梁
24	《京津冀都市圈的崛起与中国经济发展》	周立群
25	《金融市场全球化下的中国监管体系研究》	曹凤岐
26	《中国市场经济发展研究》	刘　伟
27	《全球经济调整中的中国经济增长与宏观调控体系研究》	黄　达
28	《中国特大都市圈与世界制造业中心研究》	李廉水

序号	书名	首席专家
29	《中国产业竞争力研究》	赵彦云
30	《东北老工业基地资源型城市发展可持续产业问题研究》	宋冬林
31	《转型时期消费需求升级与产业发展研究》	臧旭恒
32	《中国金融国际化中的风险防范与金融安全研究》	刘锡良
33	《全球新型金融危机与中国的外汇储备战略》	陈雨露
34	《全球金融危机与新常态下的中国产业发展》	段文斌
35	《中国民营经济制度创新与发展》	李维安
36	《中国现代服务经济理论与发展战略研究》	陈 宪
37	《中国转型期的社会风险及公共危机管理研究》	丁烈云
38	《人文社会科学研究成果评价体系研究》	刘大椿
39	《中国工业化、城镇化进程中的农村土地问题研究》	曲福田
40	《中国农村社区建设研究》	项继权
41	《东北老工业基地改造与振兴研究》	程 伟
42	《全面建设小康社会进程中的我国就业发展战略研究》	曾湘泉
43	《自主创新战略与国际竞争力研究》	吴贵生
44	《转轨经济中的反行政性垄断与促进竞争政策研究》	于良春
45	《面向公共服务的电子政务管理体系研究》	孙宝文
46	《产权理论比较与中国产权制度变革》	黄少安
47	《中国企业集团成长与重组研究》	蓝海林
48	《我国资源、环境、人口与经济承载能力研究》	邱 东
49	《"病有所医"——目标、路径与战略选择》	高建民
50	《税收对国民收入分配调控作用研究》	郭庆旺
51	《多党合作与中国共产党执政能力建设研究》	周淑真
52	《规范收入分配秩序研究》	杨灿明
53	《中国社会转型中的政府治理模式研究》	娄成武
54	《中国加入区域经济一体化研究》	黄卫平
55	《金融体制改革和货币问题研究》	王广谦
56	《人民币均衡汇率问题研究》	姜波克
57	《我国土地制度与社会经济协调发展研究》	黄祖辉
58	《南水北调工程与中部地区经济社会可持续发展研究》	杨云彦
59	《产业集聚与区域经济协调发展研究》	王 珺

序号	书　名	首席专家
60	《我国货币政策体系与传导机制研究》	刘　伟
61	《我国民法典体系问题研究》	王利明
62	《中国司法制度的基础理论问题研究》	陈光中
63	《多元化纠纷解决机制与和谐社会的构建》	范　愉
64	《中国和平发展的重大前沿国际法律问题研究》	曾令良
65	《中国法制现代化的理论与实践》	徐显明
66	《农村土地问题立法研究》	陈小君
67	《知识产权制度变革与发展研究》	吴汉东
68	《中国能源安全若干法律与政策问题研究》	黄　进
69	《城乡统筹视角下我国城乡双向商贸流通体系研究》	任保平
70	《产权强度、土地流转与农民权益保护》	罗必良
71	《我国建设用地总量控制与差别化管理政策研究》	欧名豪
72	《矿产资源有偿使用制度与生态补偿机制》	李国平
73	《巨灾风险管理制度创新研究》	卓　志
74	《国有资产法律保护机制研究》	李曙光
75	《中国与全球油气资源重点区域合作研究》	王　震
76	《可持续发展的中国新型农村社会养老保险制度研究》	邓大松
77	《农民工权益保护理论与实践研究》	刘林平
78	《大学生就业创业教育研究》	杨晓慧
79	《新能源与可再生能源法律与政策研究》	李艳芳
80	《中国海外投资的风险防范与管控体系研究》	陈菲琼
81	《生活质量的指标构建与现状评价》	周长城
82	《中国公民人文素质研究》	石亚军
83	《城市化进程中的重大社会问题及其对策研究》	李　强
84	《中国农村与农民问题前沿研究》	徐　勇
85	《西部开发中的人口流动与族际交往研究》	马　戎
86	《现代农业发展战略研究》	周应恒
87	《综合交通运输体系研究——认知与建构》	荣朝和
88	《中国独生子女问题研究》	风笑天
89	《我国粮食安全保障体系研究》	胡小平
90	《我国食品安全风险防控研究》	王　硕

序号	书名	首席专家
91	《城市新移民问题及其对策研究》	周大鸣
92	《新农村建设与城镇化推进中农村教育布局调整研究》	史宁中
93	《农村公共产品供给与农村和谐社会建设》	王国华
94	《中国大城市户籍制度改革研究》	彭希哲
95	《国家惠农政策的成效评价与完善研究》	邓大才
96	《以民主促进和谐——和谐社会构建中的基层民主政治建设研究》	徐 勇
97	《城市文化与国家治理——当代中国城市建设理论内涵与发展模式建构》	皇甫晓涛
98	《中国边疆治理研究》	周 平
99	《边疆多民族地区构建社会主义和谐社会研究》	张先亮
100	《新疆民族文化、民族心理与社会长治久安》	高静文
101	《中国大众媒介的传播效果与公信力研究》	喻国明
102	《媒介素养：理念、认知、参与》	陆 晔
103	《创新型国家的知识信息服务体系研究》	胡昌平
104	《数字信息资源规划、管理与利用研究》	马费成
105	《新闻传媒发展与建构和谐社会关系研究》	罗以澄
106	《数字传播技术与媒体产业发展研究》	黄升民
107	《互联网等新媒体对社会舆论影响与利用研究》	谢新洲
108	《网络舆论监测与安全研究》	黄永林
109	《中国文化产业发展战略论》	胡惠林
110	《20世纪中国古代文化经典在域外的传播与影响研究》	张西平
111	《国际传播的理论、现状和发展趋势研究》	吴 飞
112	《教育投入、资源配置与人力资本收益》	闵维方
113	《创新人才与教育创新研究》	林崇德
114	《中国农村教育发展指标体系研究》	袁桂林
115	《高校思想政治理论课程建设研究》	顾海良
116	《网络思想政治教育研究》	张再兴
117	《高校招生考试制度改革研究》	刘海峰
118	《基础教育改革与中国教育学理论重建研究》	叶 澜
119	《我国研究生教育结构调整问题研究》	袁本涛 王传毅
120	《公共财政框架下公共教育财政制度研究》	王善迈

序号	书　名	首席专家
121	《农民工子女问题研究》	袁振国
122	《当代大学生诚信制度建设及加强大学生思想政治工作研究》	黄蓉生
123	《从失衡走向平衡：素质教育课程评价体系研究》	钟启泉 崔允漷
124	《构建城乡一体化的教育体制机制研究》	李　玲
125	《高校思想政治理论课教育教学质量监测体系研究》	张耀灿
126	《处境不利儿童的心理发展现状与教育对策研究》	申继亮
127	《学习过程与机制研究》	莫　雷
128	《青少年心理健康素质调查研究》	沈德立
129	《灾后中小学生心理疏导研究》	林崇德
130	《民族地区教育优先发展研究》	张诗亚
131	《WTO主要成员贸易政策体系与对策研究》	张汉林
132	《中国和平发展的国际环境分析》	叶自成
133	《冷战时期美国重大外交政策案例研究》	沈志华
134	《新时期中非合作关系研究》	刘鸿武
135	《我国的地缘政治及其战略研究》	倪世雄
136	《中国海洋发展战略研究》	徐祥民
137	《深化医药卫生体制改革研究》	孟庆跃
138	《华侨华人在中国软实力建设中的作用研究》	黄　平
139	《我国地方法制建设理论与实践研究》	葛洪义
140	《城市化理论重构与城市化战略研究》	张鸿雁
141	《境外宗教渗透论》	段德智
142	《中部崛起过程中的新型工业化研究》	陈晓红
143	《农村社会保障制度研究》	赵　曼
144	《中国艺术学学科体系建设研究》	黄会林
145	《人工耳蜗术后儿童康复教育的原理与方法》	黄昭鸣
146	《我国少数民族音乐资源的保护与开发研究》	樊祖荫
147	《中国道德文化的传统理念与现代践行研究》	李建华
148	《低碳经济转型下的中国排放权交易体系》	齐绍洲
149	《中国东北亚战略与政策研究》	刘清才
150	《促进经济发展方式转变的地方财税体制改革研究》	钟晓敏
151	《中国—东盟区域经济一体化》	范祚军

序号	书名	首席专家
152	《非传统安全合作与中俄关系》	冯绍雷
153	《外资并购与我国产业安全研究》	李善民
154	《近代汉字术语的生成演变与中西日文化互动研究》	冯天瑜
155	《新时期加强社会组织建设研究》	李友梅
156	《民办学校分类管理政策研究》	周海涛
157	《我国城市住房制度改革研究》	高 波
158	《新媒体环境下的危机传播及舆论引导研究》	喻国明
159	《法治国家建设中的司法判例制度研究》	何家弘
160	《中国女性高层次人才发展规律及发展对策研究》	佟 新
161	《国际金融中心法制环境研究》	周仲飞
162	《居民收入占国民收入比重统计指标体系研究》	刘 扬
163	《中国历代边疆治理研究》	程妮娜
164	《性别视角下的中国文学与文化》	乔以钢
165	《我国公共财政风险评估及其防范对策研究》	吴俊培
166	《中国历代民歌史论》	陈书录
167	《大学生村官成长成才机制研究》	马抗美
168	《完善学校突发事件应急管理机制研究》	马怀德
169	《秦简牍整理与研究》	陈 伟
170	《出土简帛与古史再建》	李学勤
171	《民间借贷与非法集资风险防范的法律机制研究》	岳彩申
172	《新时期社会治安防控体系建设研究》	宫志刚
173	《加快发展我国生产服务业研究》	李江帆
174	《基本公共服务均等化研究》	张贤明
175	《职业教育质量评价体系研究》	周志刚
176	《中国大学校长管理专业化研究》	宣 勇
177	《"两型社会"建设标准及指标体系研究》	陈晓红
178	《中国与中亚地区国家关系研究》	潘志平
179	《保障我国海上通道安全研究》	吕 靖
180	《世界主要国家安全体制机制研究》	刘胜湘
181	《中国流动人口的城市逐梦》	杨菊华
182	《建设人口均衡型社会研究》	刘渝琳
183	《农产品流通体系建设的机制创新与政策体系研究》	夏春玉

序号	书名	首席专家
184	《区域经济一体化中府际合作的法律问题研究》	石佑启
185	《城乡劳动力平等就业研究》	姚先国
186	《20世纪朱子学研究精华集成——从学术思想史的视角》	乐爱国
187	《拔尖创新人才成长规律与培养模式研究》	林崇德
188	《生态文明制度建设研究》	陈晓红
189	《我国城镇住房保障体系及运行机制研究》	虞晓芬
	……